비교한국경제사
(上)

비교한국경제사

(上)

오두환

경인문화사

머리말

　필자가 젊은 나이에 대학 강단에 선 이후, 경제학의 여러 과목을 강의할 기회가 있었지만, 주로 한국 경제사, 한국 경제론과 동아시아 경제사를 강의했다. 경제사가 강의의 중심이었지만 사회 경제사적 접근이 토대가 되었다. 한편 필자의 주된 관심은 한국 경제사였지만, 여러 과목을 강의하면서 조금이나마 역사 연구에 현재적 관점을 유지하는데 도움을 받았다. 그리고 동아시아 경제사를 강의하면서 자연히 동북아 3국의 비교에 관심을 갖게 되었다.

　이 과정에서 필자는 한국 경제사라는 학문의 생산자이기도 하였지만, 소비자인 학생들에게 전달자 역할을 하면서 소비자가 느끼는 애로를 생각할 수 있었다. 역사는 사료가 그 스스로를 말하지 않는 만큼 연구자가 사료를 꿰는 시각이 중요하다고 인식한다. 연구자의 연구 시각과 역사적 사실이 잘 짜여있을 때 이론과 사실의 상호 교통과 생산자와 소비자의 교류가 잘 이루어진다고 할 수 있다. 이런 점에서 가능하면 내가 생각하는 관점이 배어 있는 한국 경제사를 저술하고 싶다는 생각을 하게 되었다.

　그러나 장기간에 걸친 다양한 범위를 포괄하는 통사를 쓴다는 것은 애당초 무리라는 생각을 금할 수 없다. 실증에 충실한 연구자는 역시 생각하기 힘든 무모한 일이다. 그러나 스스로가 한국 경제사의 독자이고, 전달자라는 입장에서 생각하면 부족하나마 하나의 시각에서 개괄적 통사를 엮어볼 필요가 있다고 생각되었다. 역사를 전체적으로 조감하여 보는 시도가 여러모로 부실하겠지만, 줄거리가 있는 역사가 가진 장점이 있을 수도 있다고 생각된다.

그러나 학문이 부족한 데다 부지런하지도 못해 아무런 성과를 내지 못하고 정년퇴임을 맞이해서야 좀 더 관심을 갖고 시작했지만 이제는 건강이 뒷받침되지 못해 속도가 나지 않았다. 그러나 부족한 대로 매듭을 지어야겠다는 일념에서 이제야 책을 낼 준비를 하게 되었다. 가능하면 좀 더 넓은 비교사적 관점을 유지하여 보편과 특수를 반추하는 기회가 되기를 바라지만 나의 희망일 뿐이다. 그래도 한국 경제사에 관심을 가진 독자들에게 비교경제사적인 기초를 제공하여 한국사의 특수성에 나타나는 보편성을 생각하는데 조금이나마 도움이 된다면 필자로서는 더 바랄 것이 없다. 그리고 아무래도 화폐사에 관심을 가져온 만큼 상대적으로 그 분야의 기술을 소홀히 하지 않도록 유의하였다.

졸렬한 필자를 여기까지 이끌어 주신 데는 안병직 선생님과 한국 경제사 선학, 동료 그리고 후배 여러분들의 도움이 크다. 특히 경제사학회 및 낙성대경제연구소의 훌륭한 동학 연구자들에게 감사의 뜻을 전하고 싶지만 일일이 거명하는 것은 피한다. 또한 국사편찬위원회의 『한국사 데이터베이스』에 기여한 국학 연구자 여러분들에게 감사의 마음을 전하고 또한 이를 이용할 수 있어서 큰 도움을 받았다는 말씀도 드리고 싶다.

불충분하고, 또 충분히 입증되지 못한 가설들도 있을 수 있지만 나름대로 한국 경제사의 시대별 특징과 분석 시각을 드러내고자 하였다. 이는 비록 부족하더라도 필자의 견해를 분명하게 하는 것이 오히려 상호 간에 견해의 소통과 토론에 도움이 된다고 생각하기 때문이다. 그러나 많은 것들이 충분히 논증되었다고 말할 수 없고, 부족한 많은 점들은 필자의 어리석음으로 인한 것이다. 또한 많은 선배 동학들의 연구가 나의 생각에 많이 스며들었지만 충실하게 전거(典據)를 밝히지 못한 부분이 없지 않을 것에 대해 너그러운 용서를 빌 뿐이다.

한편 이 책을 준비하면서 오랜 동안 나와 고락을 같이 하고, 일상을 돌봐 준 나의 아내 이순희님에게 깊은 감사의 뜻을 전한다. 그리고 이미 오래 전에 돌아가셨지만 근대 한반도 역사의 풍랑을 함께 한, 나의 부모님 오영근, 신필주님에게 항상 마음 깊이 간직한 애틋한 마음을 한 자 글로 남기고 싶다. 그리고 나의 세 자녀와 손자들에게도 할아버지의 관심을 전한다.

마지막으로 이 책의 출판에 애써주신 출판사 관계자 여러분들에게 감사한 마음을 표시한다.

2021년
오두환 삼가 쓰다.

6

전체 목차

목차

총론

방법론과
비교사

제1절 사회 경제사의 방법

경제사는 인간의 물질생활에 관한 역사적 기록이다. 물질생활은 인간 생존의 바탕이므로 인류사에 관한 기록은 대부분 경제사와 연관되어 있다. 다만 경제사는 역사학의 다른 분야와 달리 일찍부터 역사 이론을 구성하고자 하였다. 독일의 역사학파 경제학, 마르크스의 사적 유물론 그리고 근대 경제학을 이용한 성장사학 등 경제사의 여러 방법론들은 모두 나름의 이론에 기초한 경제사를 추구했고, 그들의 논리를 사실로 증거하고자 하였다.

그러나 독일의 역사학파 경제학이나 마르크스의 사적 유물론은 사회 발전을 개인의 선택에 의한 행위의 집합적 결과물로 설명하지 않고, 민족이나 계급 등 집단행동의 결과로서 설명하고자 하였다. 그런 점에서 그들은 개인행동의 분석에 기초한 성장사학자와 구분하여 사회 경제사학자라고 부를 수 있다. 그들은 집단행동의 경로를 역사발전단계론으로 제시했고, 일찍부터 사회 발전을 위해 시장 경제에 대한 국가 개입의 필요성을 인식하였다.

근대 경제학과 구분되는 독립된 학문으로서의 경제사는 독일의 역사학파 경제학(historical economics)으로부터 시작되었다.[1] 역사학파는 다양한 역사발전단계설을 제기하여 역사에서의 보편적 발전의 법칙을 발견하고, 고전학파 경제학을 대신하는 새로운 경제 이론을 형성하고자 하였다. 이들이 제시한 역사발전단계론이 의도한 것은 새로운 경제학이었고, 그들은 역사학파 경제학자(historical economist)가 되고자 하였다.[2]

---

1 Gras, N. S. B. "*The Rise and Development of Economic History*".(1927)
2 19세기 독일은 신성로마제국의 붕괴 후 여러 공국으로 분열된 유럽의 후진국이었다. 이 와중에 프러시아를 중심으로 하는 새로운 통일 독일을 건설하려는 움직이

그러나 역사학파 경제학자들이 시도한 집단이나 공동체의 경제 행위가 논리적 보편성을 가진 인과관계로 설명될 수 있는가에 관해서는 많은 회의가 제기되었다. 한계효용학파의 카를 멩거(Carl Menger)와 독일 역사학파의 구스타브 쉬몰러(Gustav. von Schmoller) 사이의 방법 논쟁을 통해 사실상 귀납적 방법에 의한 집단의 경제 행위를 보편적 이론으로 구축하기는 어렵다는 인식에 도달하였다.[3] 그리고 막스 베버(Max Weber)는 가치 판단 논쟁에서 사회과학에서의 가치로부터 자유로운 방법론의 중요성을 역설하였고, 사회 인식에서의 '이념형'[4]과 이를 바탕으로 하는 비교사적 특징을 논하는 유형론을 강조하였다. 결과적으로 역사학파는 집단의 행동을 보편적 이론으로 설명하는데는 실패하고, 경제학자(economist)가 아닌 경제사가(economic historian)로 변신하게 된다.[5] 이들의 경제사는 사회 경제사라고도 불린다.

다른 한편 비슷한 시기에 강단 사회주의라고도 불린 역사학파와 달리 혁명적 사회주의를 지향하는 또 다른 역사발전단계설이 마르크스(Karl Marx)에 의해 제기되었다.[6] 마르크스는 사회는 그 재생산 과정에서 생산력

있었다. 당시로서, 힐데브란트, 쉬몰러 등 역사학파 경제학자들은 앞서가는 영국을 추급하기 위해서는 개인주의에 바탕을 둔 자유시장 경제보다 국가가 집단적으로 경제 발전을 추구하는 것이 필요하고, 그러한 집단 혹은 공동체의 경제 발전의 법칙을 역사발전단계설로 제시하고자 하였다. 칼 뷰허는 가내경제(家內經濟)→도시경제(都市經濟)→국민경제(國民經濟)로의 발전을 제시했고, 힐데브란트는 자연경제(自然經濟)→화폐 경제(貨幣經濟)→신용경제(信用經濟)로의 발전을 제시하였다.

3 Carl Menger, *Investigations into the Method of the Social Sciences*, New York University, 1985.
4 논리적 일관성을 지닌, 모순되지 않는 이상적(ideal) 개념의 순수한 유형을 의미한다. 寺田篤弘, 「比較概念としての理念型」, 『年報社會學論集』, 1988, pp 47-54.
5 Gras, N. S. B. *"The Rise and Development of Economic History"*. (1927).
6 Karl Marx (1859), A *Contribution to the Critique of Political Economy* (edited by Maurice Dobb), Progress Publishers. 1977.

과 생산 관계에 의해 생산 양식이라는 하부 구조가 형성되고, 그 위에 조응하는 상부 구조가 형성되어 사회 구성체가 이루어진다고 설명했다. 그리고 사회 구성체는 생산력이 발전함에 따라 사회혁명을 거쳐 교대하였으며 역사적으로 아시아적, 고대적, 봉건적 그리고 근대 부르주아 생산 양식으로 발전했다고 하였다. 그러나 엥겔스 이후 사적 유물론의 논리 체계에서 아시아적 사회라는 개념은 생산 수단의 소유를 둘러싼 계급 대립이 불분명한 사회여서, 역사 발전 교대 법칙의 사회 구성체에서 탈락했다. 스탈린 시대에 사적 유물론은 원시 공산제, 노예제, 봉건제, 자본주의와 사회주의라는 5단계설로 정식화되었다.

1989년 베를린 장벽 붕괴로 현실 사회주의에 대한 이상적 기대는 쇠퇴하고, 사회 구성체론에 대한 신뢰도 무너졌다. 그럼에도 불구하고 시장 경제의 사회적 모순에 대한 비판과 자본주의에 대한 반명제로서의 평등과 공동체를 강조하는 이념은 여전하다. 또한 사회 구성체론은 인류사의 발전 과정을 경제적 과정을 토대로 하면서도 사회적 관계와 정치적 변화 과정을 통합적으로 설명하는 장대한 이론으로서의 특별한 장점을 가지고 있다. 다만 사회 경제사적 접근은 더 이상 엄밀한 의미의 이론을 추구하거나 보편적 사회 발전 법칙을 추구하지는 않게 되었다. 그럼에도 불구하고 인류사 발전의 보편 개념을 설정하는 것은 개별 역사의 비교사적 기준을 제시하고, 그 특수성의 의미를 설명하는 불가결한 조건이다.

경제사 방법론으로서의 역사학과 경제학이나 사적 유물론이 약화되면서 신고전학파적 성장사학이 경제학 분야의 경제사 연구에서 중심 경향이 되고 있다.[7] 이 과정에서 성장사학은 단순히 서술적인 통계학적 방법을 이

---

7 성장사학은 영국의 클래팜(Clapham), 애쉬톤(Ashton) 등에 의한 산업혁명사 연구에서 비롯하여 각국의 산업혁명 과정을 연구하는 것으로 확산되고, 경제 성장 과정 일반을 분석하는 보편적인 방법으로 발전되었다. 근래에는 알렌(Robert Allen)이 영국 산업혁명의 발생에 관해 특히 16세기 이후 중상주의와 제국주의에 따른 국제무

용하는데 그치지 않고, 경제사 연구에 가설을 도입하고, 그 가설을 통계적 검증을 통해 진부를 평가하며, 그 결과로서 역사 과정을 해석하는 계량 경제사(econometric history)로 나아갔다.[8] 그리고 경제 성장사 연구자는 역사학자로서의 성격보다 다시 경제학자로서의 성격이 강화되었다.

나아가 더글러스 세실 노스(Douglass Cecil North) 등 성장사학자들은 사회제도의 형성 과정을 개인적 선택의 결과로 설명하고자 한다. 시장의 정보는 불완전하고 거래비용이 존재하므로 이를 줄이기 위한 개인의 합리적 선택으로 제도가 형성된다. 신제도학파는 집단 자체의 전통이나 발전 과정을 강조한 사회 경제사와는 방법론이 다르다.

한편 근래에 통합성장이론(unified growth theory)이 제시되고 있다.[9] 성장의 주요인이 노동·토지·자본·기술 진보 등으로 순차적으로 옮겨지고, 최근 지식기반 사회로의 이행이 진전되면서 인적 자본의 중요성이 더욱 커지고 있다. 갤러(Oded Galor) 등은 분자생물학적 연구를 이용하면서, 인적 자본의 축적이 경제 성장과 사회에 미치는 영향을 통합적으로 설명하고자 한다.

성장사학이 경제학 내의 경제사학의 주류로 자리잡았지만, 성장사학은 기본적으로 계량 가능한 변수들을 중심으로 분석이 이루어지고, 시장의 자율적 기능과 개인의 선택을 강조한다. 개인은 분석 가능한 행위의 주체이고 단위로서, 개인의 자유와 독립은 근대 사회 성립의 핵심이고 중요한 가치이지만, 동시에 개인은 사회와 분리되어 존재할 수 없다. 개인과 구분되

역의 확대 과정에서의 도시화와 모직물을 비롯한 제조업의 발전 등으로 인한 임금 상승에 의해, 에너지와 자본에 비한 노동의 상대 가격이 높아진 것이 주요인이라는 경제 분석적 설명을 제시하고 있다. 그러나 성장이론에는 신고전학파가 주류이긴 하나, 고전학파나 마르크스 학파 등도 있으므로 그들 이론을 원용하는 성장사학도 존재한다.

8 미국의 포겔(Fogel)에서 시작하고 노스(North)등에 의해 발전되어 현재는 전세계로 확산되어 경제사 연구의 주류적 흐름을 차지하고 있다.

9 Oded Galor, *Unified Growth Theory*, Princeton University Press. 2011.

는 이러한 대소 집단의 행동을 분석하여 그 인과관계를 엄밀하게 이론화하기는 힘들다. 그러나 개인은 항상 분업과 협업을 통한 사회의 일원으로 살아가고, 그 사회와 그들 사회 전체를 통할하는 국가를 이해하는 것은 중요하다. 비록 수학적·통계적 방법이 아닐지라도 합리적 추론을 통한 서술적 방법도 경제 사회 발전의 이해에 불가결한 방법이다.

역사 방법론의 차이를 비유적으로 설명하면 아름다운 인물화나 조각은 인체에 대한 해부학적 지식이 풍부할수록 생동감이 있다. 경제사 연구도 경제 성장 과정을 이해하려면 '경제인'(homo economicus)의 행동 가설에 입각한 신고전학파 경제학의 응용으로서의 분석적인 경제 성장사가 유용하다. 그러나 개인주의적 자유에 입각한 효율의 추구 외에 사회적 공존을 위한 평등과 정의 그리고 성·진·선·미·(聖·眞·善·美)라는 사회적 공유가치를 추구하는 다양한 행동 동기와 사회집단이 존재한다. 개인은 사회를 형성하기도 하지만 사회에 의해 규제된다. 현실 사회 경제의 총체상 변화를 이해하기 위해서는 개인만이 아닌 개인을 둘러싼 사회와 국가를 분석 시야에 포함한 사회 경제사가 유익한 것으로 생각된다.

본서는 사회 경제사적 접근을 추구하지만 단계적 역사 발전의 법칙을 구성하거나 혹은 일정한 틀에 맞추어 역사를 설명하고자 하는 것은 아니다. 그러나 사회과학의 현 수준에서 고대, 중세와 근대라는 큰 틀의 역사 발전을 무시한 역사 연구는 비교 가능한 세계사적 보편 개념으로 제시되기 어렵다. 한국 역사의 경험과 세계사가 끊임없이 교류하면서 그 과정에서 보편성을 발견하고, 동시에 개념의 유형화를 통해 특수성을 설명하려는 시도가 역사에 대한 이해를 증진하는 방법이 된다고 생각한다.

제2절 경제와 사회

　현실 사회에는 경제와 사회 그리고 국가라는 서로 중복되면서도 상이한 영역들이 있다. 이들은 상이한 동기와 원리에 따라 행동하고 또한 상호 구분되면서도 혼효하며 병존한다. 이들의 거시적 상호 관계를 분석하는 틀로서 마르크스의 사회 구성체론이 있다. 인간은 경제생활을 영위하는 과정에서 분업과 협업을 통해 사회적 노동을 하며, 그 사회는 생산 수단의 소유 관계인 계급관계로 구성된다. 소유 계급은 비소유 계급으로부터 잉여를 수취하며, 국가는 이것을 제도화하고 보호한다. 생산력이 발전함에 따라 생산 수단의 소유관계, 즉 사회가 변화하고 따라서 국가도 변화한다. 이러한 설명은 많은 문제점에도 불구하고 사회의 종합적 이해에 커다란 영향을 미치고 있다.

　그러나 장기적으로는 사회 구성에 경제적 요인이 결정적일 수 있지만, 현실에서는 병존하는 여타 요인들도 대단히 중요하다. 사회에는 계급만으로 설명하기 힘든 계층, 신분 등의 범주가 있고, 생산만이 아닌 교환의 영역이 있으며, 이해관계만이 아닌 기타의 가치 요소들도 중요하다. 국가는 경제 사회에 의해 형성되기도 하지만 경제 사회를 지배하기도 한다. 현실 사회를 이해하기 위해서는 병존하는 여러 영역(sphere)과 그 상호 관계를 복합적으로 이해할 필요가 있다.

　영역이라는 개념은 카를 폴라니(Karl Polanyi)가 경제 영역과 사회 영역 등으로 자주 구분하여 사용했다. 그러나 영역이 개념적으로 인간 생활의 구분된 '부문'(department)을 의미하는지 혹은 인간 행동의 한 '동기'(factor)를 의미하는지는 불분명하고, 또한 각 영역을 명확하게 구분하기도 어렵다. 영역은 복합적 인간 행동의 한 '동기'이기도 하고, 다른 한편 행위의 주체가 부문별로 구분될 수도 있으므로, 영역을 동기와 부문의 복합적 개념으로 사용하고자 한다. 부문에는 국가와 사회, 경제라는 행위의 주체가 그리고 인간 행동의 동기에는 권력과 명예 그리고 부(富)라는 상이한 가치가 존재하고, 사회는 이들을 연결하고 통합하는 시장이라는 공통의 영역위에 존재한다.

이들 영역 중 국가는 통치 기구로서 권력을 토대로 사적 영역에 개입하여 사회적 안정 및 공정을 추구하고, 사회에 기반하면서도 사회의 상위에서 사회를 통제하는 위치에 있다. 역사적으로 국가는 최상위의 사회이고, 전(全) 사회를 포섭하면서도 위계질서에 따라 편성되어 정점에는 최고의 권력자가 존재하였다.

사회 영역에는 개인과 국가 사이의 다양한 중간적 집단이 존재한다. 기초적으로 혈연에 기반한 가족과 친인척이 중요하고, 그 외에 이익단체와 지연이나 학연, 종교 등을 통한 결연집단이 형성된다. 한국 전근대에서 가족은 모든 사회 형성의 단위이자 영속적인 존재로 중시되었으며, 이는 문중으로 연결되고, 나아가 당파를 형성하기도 하였다. 한편 인간은 개인적및 집단적인 경제적 이익 외에 본성의 능력과 자질 등을 발휘하여 스스로를 실현하는 탁월성을 성취하고자 한다. 이를 통해 사회에서 명예와 성·진·선·미라는 사회적 공유가치를 추구하며, 이들 사회적 공유가치의 축적이 문화를 형성한다.

한편 경제 영역은 재화나 용역이 생산되는 영역으로 효율과 부를 추구한다. 생산은 분업과 협업을 통해 이루어지고, 이 과정에서 생산의 사회적관계가 형성되고 분배가 이루어진다. 특히 근대에는 다양한 회사가 조직되고 관련된 사회관계가 형성된다. 그러나 전근대 사회에서 백성은 국가에의한 역제(役制), 즉 신분제로 편제되었다. 따라서 경제 영역도 사회 영역의 일부로서 존재하고, 예외적인 한계적 활동으로 독립적 경제 활동이 이루어졌다.

분업과 시장 그리고 사유제도가 상호 발전하면서 개인이 사회에서 상대적으로 독립하고, 경제 영역도 사회 영역에서 상대적으로 독립된다. 인간은 자신의 이익(self-interest: 사리사욕)을 얻고자 경제적 부를 추구하고 이 과정에서 효율과 혁신을 달성한다. 자유시장 경제가 성립되면 경제는 정치나 사회적 영역과 구분되어 가격 기구에 의해 자율적으로 작동한다.

또한 재정적 사회적 물류를 포괄하는 유통 영역이 있다. 유통 영역은 그 자체로서 하나의 구조를 이루기보다는 국가, 사회와 경제의 부문을 연결하고 통합하는 혈맥과 같다. 유통 영역은 부와 효율을 추구하는 점에서 경제 영역과 동일하고, 때로는 경제 영역의 일부로 취급되기도 한다. 그러나 유통 영역, 즉 시장은 개인과 기업 및 국가를 포함한 다양한 집단이 소비자와 생산자로 만나 각자의 선호와 기술 체계, 예산 등의 정보를 전달하는 영역이다. 그것들은 시장에서 상호 조정되어 가격에 반영되고, 또한 가격은 그들의 의사결정에 영향을 미친다. 시장은 가격이라는 정보를 창출하고 유통시킴으로써 재화나 용역의 흐름이 조절되는 기구로서의 특별한 역할을 한다.

프리드리히 엥겔스(Friedrich Engels)는 모든 "사회 구조의 기초에는 생산과 함께 생산물의 교환이 있고, 무엇이 어떻게 생산되고, 어떻게 교환되느냐에 따라 부가 분배되고 사회가 계급으로 구분되는 방식이 결정된다"[10]고 하여, 교환 방식이 하부 구조의 중요한 요소임을 지적한 바 있다. 폴라니는 사회를 통합하는 유통 채널에는 국가에 의한 재분배, 상호 호혜, 그리고 시장 교환의 세 형태가 있다고 설명하였다.[11] 자본주의 시장 경제는 시장의 교환이 가장 일반적인 물류 형태로 된 사회이며, 경제 영역의 자율화의 기

---

10 Frederick Engels, *ühring. Herr Eugen Dühring's Revolution in Science*(Translated: by Emile Burns from 1894 edition), ProgressPublishers, 1947, p170.
11 Karl Polanyi, *The Great Transformation*. New York: Farrar & Rinehart, 1944.

반이 된다. 시장의 가격 기구는 경쟁을 통해 효율을 추구하는 메커니즘이 므로, 그것이 작동하기 위해서는 경쟁의 동기인 이윤 획득과 그 이윤의 사유화가 전제된다. 따라서 가격 기구는 불가피하게 근대 자본주의 사회에서만 온전하게 작동한다. 생산 수단의 소유 관계가 체제를 구분하는 결정적 요소이지만, 그에 못지 않게 교환의 방식 혹은 배분의 방식이 기능적으로 중요하다.

국가, 사회와 경제가 존재하는 형태와 시장의 물류로 연결된 모습을 전통 사회의 경우에는 다음의 〈그림 1〉과 같이 묘사해 볼 수 있다. 전근대 사회는 왕실이 정부를 구성하고, 정부와 연계된 신분과 혈연이 사회의 중심적 구조와 연계망을 형성하고, 경제는 사회와 불가분의 종속적인 위치에 있다. 교환이 이루어지는 시장은 물류에서 상대적으로 역할이 작고, 개인의 독립과 자유도 제한적이다.

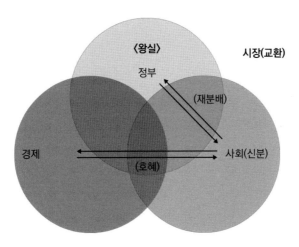

〈그림 1〉 전근대의 사회 경제

조선 시대는 사실상의 통일체로 존재하는 이 세 개 영역의 최상부에서 왕실이 모든 것을 지배하는 사회였다. 정부는 궁중과 부중으로 구성되어 있고, 사회는 왕실을 중심으로 신분제와 역제로 편성되어 있다. 보다 자발적인 집단들로는 유향소, 서원, 사찰, 문중, 도중, 보부상단 그리고 각종 계 등이 존재하였다. 경제는 국가에 의한 왕토사상과 재정으로 통제되었으며, 신분적 소유관계가 지배적이고 시장도 미숙하였다. 개인도 가족을 통해 신분과 혈연망에 통합되어 사회와 분리된 경제 영역이 존재하기 어려웠다. 그러나 사회의 한계적인 존재로서 이윤을 추구하는 영역이 있고, 한국 전통 사회에서는 사상도고(私商都賈)가 이에 비교적 가까운 존재였다.

전근대 사회일수록 자원 배분에서 국가 재정의 재분배(redistribution)가 잉여의 흐름의 중심을 차지하고, 사회적 지인 간의 호혜(reciprocity)에 의한 선물의 교환이 보완적 역할을 했고 시장을 통한 교환(exchange)은 대단히 제한적이었다. 재정적 물류는 기본적으로 일방의 강제 징수이지만, 전근대 에도 반대 방향의 진휼(賑恤)을 위한 지출이 존재하고 사회통합의 기능을 하였다. 호혜와 교환은 주고받는 점에서 모두 교환에 속하지만, 호혜는 동류 집단 내의 신뢰를 바탕으로 하는 장기적인 사회적 교환이다.

전근대의 사회 경제는 사회 발전에 따라 먼저 경제 영역이 자율화되면서 여타 영역들도 상대적으로 분리된다. 폴라니에 의하면 자율적인 시장 경제는 경제 영역을 정치와 사회로부터 제도적으로 분리한다. 폴라니에 의하면 전근대 사회는 경제가 사회에 내재화(embedded)되어 있는데 반해, 근대는 경제가 사회로부터 외재화(disembedded)된 사회이다.[12] 그러나 근대에도 개인은 분업을 통해 유기적 사회를 형성한다. 사회 영역은 경제적 영역과 구분되는 사회단체의 영역으로도 나타나지만, 인간 행위에서 경제적 동

---

12 Polanyi, Karl (2001), *The Great Transformation - The Political and Economic Origins of Our Time*. 2nd ed. Boston: Beacon Press. p77. pp81-82. pp92-93.

기와 구분되는 종교적, 문화적, 예술적 가치의 추구로 나타난다.

한편 근대 사회는 〈그림 2〉와 같은 사회로 묘사해 볼 수 있다. 근대 사회에서도 국가의 역할은 크지만, 전근대 사회와 달리 경제의 자율성이 높아지고, 시장이 사회 구성의 여러 영역을 통합하는 지배적인 역할을 한다. 재정적 물류는 여전하지만, 호혜적 교환은 부수적·주변적인 것으로 되어 그림에서 따로 표시하지 않았다. 또한 근대 사회에서 가족을 포함한 전통적 공동체의 역할은 약화되고 시장의 발달 및 분업의 심화와 함께 개인의 독립성이 강화된다.[13]

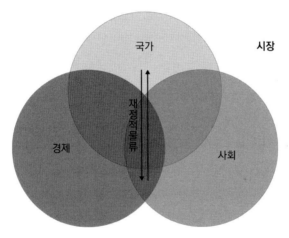

〈그림 2〉 근대의 사회 경제

18세기 중반 이후 경제학은 인간 본성은 자신의 이익(self-interest)을 취함에 있고, 이것에서 벗어난다면 인간 행동은 시장에서 분업을 통해 자율적 조화를 이루고, 사회 전체의 이익을 가져온다고 생각한다.[14] 근대에 개

---

13 시장을 통한 개인의 독립과 상호 의존 및 통합에 관해서는 뒤르켐의 대표적 연구
   가 있다. Emile Durkheim, *The Division of Labor in Society*, The Free Press, 1997.

인과 기업은 시장에서 이윤을 추구하는 것이 행동 원리가 되고, 신분적 혈연단체가 약해지는 반면에 이익단체인 기업이 사회의 중심적 요소가 된다. 이 과정에서 다른 한편에는 개인들의 다양한 사회적 연대가 발전하고, 비이윤 동기의 사회 조직도 형성되며, 그 개인과 사회 조직들을 총괄적으로 포섭하는 국가의 역할은 여전히 온존한다. 그리고 현대 사회에서 국가의 규모는 오히려 커지는 경향을 보이고 있으며, 시장의 침투로 이미 공동체에서 독립한 개인은 정보기술의 발전으로 역설적으로 국가에 직접적으로 파악되고 노출되어 있다.

근대 사회에서의 물류는 전통 사회에서 이방인과의 거래 방식이었던 시장 교환이 일반화한다. 시장은 개인의 독립과 자유가 실현되는 공간이기도 하다. 시장 교환을 위해서는 화폐가 필요하고, 보편적 화폐가 성립하기 위해서는 사회적 수용이 전제되며, 그런 점에서 시장 교환도 사회관계의 한 형태이다. 시장 경제에서 화폐를 통한 거래적 사회가 신분 사회를, 효율을 추구하는 시장 질서가 혈연의 친소와 신분의 존비를 중시하는 전통 질서를 대체한다. 또한 국가와 사회·경제 영역의 물류에서 조세 외에 금융이 대단히 중요해진다. 그러나 현대에는 시장 질서가 효율의 달성에 도움이 되지만, 사회적 공존 혹은 공동체에 필수적 요소인 정의와 공정(fairness)을 달성하지는 못하므로 이를 위해서는 정부의 적절한 개입이 필요한 것으로 인식되고 있다.

화폐는 자율적 경제의 형성과 분업을 통한 사회 성립의 주요 기제이다. 특히 신용 화폐는 계산의 단위로서 정치적 권위에 의한 강제적 지불 수단으로 성립한다. 사회관계는 명시적·묵시적 부채관계라고 할 수 있고,[15] 화

---

14 애덤 스미스(Adam Smith)의 『도덕정조론(*The Theory of Moral Sentiments*, 1759)』, 『국부론(*An Inquiry into the Nature and Causes of the Wealth of Nations*, 1776)』이 대표적이다.

15 그레버(D. Graeber)는 사회관계를 부채관계로 이해할 수 있고, 사회 윤리는 채무의

폐는 채무관계의 형성과 청산에 직접 개입한다. 따라서 국가의 통화 발행은 사회와 경제에 대한 국가 개입을 의미하고, 사회관계(=채무관계)의 구조와 물가, 나아가 소득 분배 및 사회 안정에 큰 영향을 미친다. 특히 화폐가 소재 가치와 완전히 분리되고, 관리통화제가 시행되면서 국가의 사회에 대한 지배력이 크게 강화되었다.

현대는 사회주의 붕괴 이후 시장 경제로의 체제적 수렴이 이루어진다. 비 시장 경제에서도 각 부문에서 나름의 합리적 선택, 즉 '기술적 효율'을 추구할 수는 있어도 각 부문의 선호를 조정하여 사회적 최적, 즉 '경제적 효율'을 달성하기는 어렵다. 그러나 같은 시장 경제이면서도 국가 역할의 크기나 기업 지배 구조 등에 따라 경제 제도가 다르다.16

변제를 당위로 삼는 것에서 출발하며, 국가는 그것을 강제하는 기구라고 이해한다. 다만 그레버는 화폐의 발생과 관련하여 화폐는 물물교환 경제에서 출발하여 교환의 매개 수단으로 발생한다는 통설을 부인하고 국가에 의해 지불 수단으로서 계산의 단위로 성립한다고 한다. (*David Graeber, Debt: The First 5,000 Years*, International Bestseller, 2012). 신용 화폐의 경우 그 발생과 관리에서 국가의 역할이 증대한다. 그러나 화폐 발생의 기원과 관련하여 계산의 단위로서의 화폐 성립이 상품 화폐 시대부터 국가의 강제력으로 시작되었다는 견해에 대해서는 유보적이고, 또한 국가의 강제력만으로 상품 화폐의 작동원리를 설명할 수 있는지 의문이다. 화폐 발생과도 관련이 있지만 화폐의 본질이 무엇인가에 관해 '일반적 교환의 매개 수단'의 기능을 강조하는 견해와 '가치척도=계산의 단위' 기능을 강조하는 견해의 차이가 있어 왔다. 멩거(K. Menger)이래 고전학파의 화폐수량설론자들은 '교환의 매개 수단' 기능을 강조한 반면 케인즈는 '계산의 단위' 기능을 강조하였다. (J. M. Keynes, *A Treatise on Money VI*, Macmillan and co., ltd., 1953, 4-5면). 대체로 '계산의 단위' 기능을 강조하는 논자들은 국정 화폐설을 지지하고 크나프(G. F. Knapp)는 그 대표이며, 그래버도 그에 속한다.

16 경제의 체제적 차이를 가져오는 요인으로 중요한 것은 먼저 국가의 구성과 역할이다. 국가가 민주적으로 구성되는가, 국가 부문의 크기는 어느 정도인가, 국가의 주된 역할은 성장인가, 복지인가에 따라 체제적 성격이 달라진다. 그리고 경제를 구성하는 사회의 지배적 형태인 기업의 지배 구조와 기업들의 연계조직인 산업 구조의 특징 등이 중요하다. 기업의 소유권이 국가 혹은 금융기관 또는 특정 개인이나 가족에게 소유되어 있는가, 그리고 기업의 지배 및 감사 구조는 투명한가, 시장의

한국 경제사는 경제와 사회, 그리고 국가와 시장이라는 영역들이 상호 작용하는 가운데 이루어진 한국 경제 발전의 역사를 살펴보는 것이다. 역사 발전에 보편적 법칙이 존재하는지는 의문이지만 지금까지 인류의 현대로의 역사는 물질적 부를 추구하는 자본주의적 발전의 틀을 벗어나지 못했다.

독과점이나 산업 조직, 내부 거래를 포함하는 공정 거래 여부 등이 경제와 사회의 체제적 차이를 가져오는 요인들이다.

제3절 아시아 사회의 가산제, 농본주의와 서구의 자치 도시

　서구 사회의 역사 발전을 보편 개념으로 하는 근대 사회과학에서 아시아사 연구는 불가피하게 그 특수성을 어떻게 이해할 것인가의 문제를 수반한다. 이를 외면하거나 종래의 보편 개념을 피해 지역을 의미하는 '아시아적'이라는 접두사를 붙인 개념이 사용되기도 한다. 그러나 '아시아적'이라는 사회의 성격을 다시 보편적 개념에 준거하여 비교적으로 설명할 수 없으면, 개념의 실체가 불분명해진다. 그리고 '아시아적' 사회라는 개념은 그것이 지닌 정체론적 함축성을 어떻게 극복할 것인가의 문제를 제기한다.

　한국 전통 사회의 특수성을 설명하는 많은 논리의 뿌리에는 마르크스의 아시아 사회론이 있다. '아시아적 사회'라는 개념은 『정치경제학비판』의 서문에서 먼저 사회 구성체의 한 단계로서 제시되었지만, 자세한 설명은 없었고, 자본주의에 '선행하는 제형태'에서 단편적인 설명들이 제시되어 있다.[17] '아시아적 사회'는 주로 마르크스와 엥겔스의 초기의 서한들이나 마르크스의 인도론에 기초하여 자연 경제와 토지 사유의 결여라는 인식을 가져왔다. 아시아 사회는 '제조업과 농업의 자기 유지적 통일체'이며, 토지는 '부족적 혹은 공동체적 소유'이다. 소규모의 공동체 단위들은 그들의 잉여 생산물의 일부를 '전쟁이나 종교적 신앙 등의 (대규모의) 공동체의 비용'을 지불하기 위해, 그리고 관개나 통신의 유지 등의 경제적으로 필요한 활동을 위해 바친다. 그리고 '전제 정부는 소규모 공동체들의 위'에 존재하

17　Karl Marx, *Pre-capitalist Economic Formations*, Lawrence & Wishhart, London, 1964(translated by Jack Cohen, edited and with an Introduction by E. J. Hobsbawm).

였다.

그러나 이러한 잉여 생산물의 양도는 '최초의 의미에서 영주적 소유권'의 배아를 내포하며 봉건제(농노제)가 발생할 수 있다. 공동체 단위의 폐쇄적 성격으로 도시가 거의 존재하지 않으며 다만 "특별히 위치가 해외 무역에 유리하거나 또는 지배자와 그들의 통치자가 그들의 수입(잉여 생산물)을 노동과 교환하기에(그들은 그것을 노동기금으로 사용하지만) 유리한 지역"에만 발생한다. 그러므로 아시아적 사회는 계급 사회가 아니며, 만약 계급 사회라면 그것은 가장 원시적인 형태일 것이다.[18]

마르크스의 '아시아 사회'는 새로운 사회로의 발전에 저항하고, 계급 발전이 원시적인 사회로서 사적 유물론의 이론적 체계상 계급투쟁이라는 내부 모순의 지양을 통한 자본주의 발전에 취약한 사회이다. 그러나 한편 잉여 생산물이 존재하고, 따라서 영주적 소유나 도시의 발생 가능성을 부정하고 있지는 않다. 이와 같이 마르크스의 '아시아 사회론'에서의 '사유의 부재'라는 인식은 '전제 군주론'과 함께 서구와 대비되는 아시아적 특성으로 이후의 연구에 뿌리 깊게 각인되었다.

카를 비트포겔(karl August Wittfogel)은 대표적인 아시아 사회의 사유 부재론자이다. 그는 아시아 사회의 특성을 수전 사회(hydraulic society)에서 찾고, 아시아에는 수전(水田)농업의 경영을 위해 일찍부터 관개치수사업이 중요했고, 이를 위해 광역의 전제 군주국가가 성립하고, 농민 토지의 사적 소유는 공동체 및 국가 소유에 매몰되어 존재하지 않았다고 한다. 또한 러시아혁명 후 스탈린에 의한 농업 집단화와 무자비한 탄압을 보면서, 러시아는 혁명 후에 또 다시 사유 재산과 다원화된 사회가 인정되지 않는 '아시아적 사회'로 회귀했다고 인식하였다.[19]

---

18 E. J. Hobsbawm, Introduction (Karl Marx, *Pre-capitalist Economic Formations*, Lawrence & Wishhart, London, 1964).

그러나 아시아 전근대 사회에서의 '사유의 부재'라는 개념은 중국사를 비롯한 동양사 연구에서 부정되었다. 역사적으로 토지 소유는 공동체적 소유가 선행하고 이를 바탕으로 상위의 공동체인 국가에 의한 잉여의 수취가 이루어졌다. 그러나 점차 공동체 내부에서 사적 소유가 발생했으며, 족장들의 연맹체로서 고대 국가가 형성되었다. 아시아의 고대 국가는 중앙 집권화가 진전되면서 일군만민(一君萬民)의 이념 아래 율령제가 시행되고 관료제가 형성된다. 이 과정에서 촌락 공동체 수장층이 체화하고 있던 공동체의 토지 소유권이 국가로 집중되고, 왕토사상이 형성된다.

　국가는 농업이 기본적으로 가족농으로 이루어지는 생산력 단계에서는 가족농의 경작권을 인정하고 소농이 성립하게 된다. 초기에 국가에 의한 부세 수취는 비록 촌이라는 공동체를 통해 징수했으나 가호(家戶)의 전·신호(田·身戶)를 파악하는 단계로 나아갔다. 공동체적 소유에서 분리된 경작권은 소유권으로 발전해왔다. 사유를 폐지한 20세기 사회주의는 실패했고, 향후 생산력 발전에 따라 또 다른 소유제가 가능할지는 미래의 영역이다.

　촌락 공동체 내에서 먼저 가호(家戶)가 분화되고, 이어서 근대에는 가호에서 각 개인의 분화가 이루어졌다. 이 과정에서 토지의 사유가 공동체 족장에서 호와 소가족, 나아가 개인의 소유로 발전하였다. 다만 권리로서 '사유'가 성립하기 위해서는 전통 사회에서는 봉건적 분권 통치, 그리고 근대에는 시민의 참정권이 전제되어야 하지만 아시아 사회에서는 민주적 전통이 취약한 것이 '사유의 부재'라는 인식의 뿌리에 존재한다.

　아시아의 집권국가는 일찍부터 통치 영역을 대상으로 하는 조세 국가적 성격을 가지고 있었다. 고대 국가는 지방 정부로부터 공납제적 수취를 하였고, 지방 정부는 촌으로부터 수취하였다. 중세에는 정부의 조세원의 파

---

19 Karl August Wittfogel, *Oriental Despotism: A Comparative Study of Total Power*, Yale University Press, 1957

악이 촌 아래 수준에까지 미치고, 호구와 별도로 토지를 파악했으나, 부세의 담당자는 개별 호(戶)에 머무르고 개인이 호로부터 독립하는 것은 근대 이후이다.

〈그림 3〉은 국가의 부세 수취에서의 지방 정부와 촌 그리고 가호의 관계를 보여준다. 국가는 촌락별로 농가의 전·신호를 파악하여 부세를 수취하지만, 중앙 정부의 재정 관리는 군현에서 그쳤다. 군현에서는 향리가 징수의 실무를 담당하고 그들은 촌리에서 리정(里正)을 통해 수취한다. 그리고 리정은 농가로부터 그들의 토지와 성인 남성 인력 및 가족을 고려하여 부세를 수취했지만, 반드시 개별 소가족을 대상으로 직접 징수하는 것은 아니다. 시대별로 신라 시대에는 공연(孔烟), 고려조에는 정(丁), 조선 시대에는 호수(戶首 - 8결작부제의 책임자)라는 몇 개 소가족의 결합체를 통해 징수한다. 사회의 기본 단위인 호(戶)의 존재 형태는 혈연 가족 모습의 변화와 농업 기술의 발전에 따른 소농경영의 자립 정도에 따라 변화하였다.

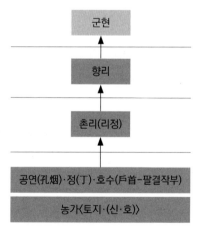

〈그림 3〉 부세의 수취와 촌과 호

부세 수취의 최종 부담자인 농민의 경작지를 언제부터 사유로 볼 수 있는지에 관해 왕토사상과 관련하여 많은 논의가 있다. 기본적으로 국가가 통일 신라부터는 공연이라는 호를 대상으로 부세를 부과했고, 적어도 가족의 경작권은 성립하였다. 중세 유럽에서 농노의 경작권도 하급 소유권으로 인식되고 있다. 따라서 비록 완전하지 않아도 세습적 경작권은 사유의 한 형태로 인정된다. 더욱이 아시아에서의 농민은 토지에 대해 종속된 결박성이 약해 상대적으로 이동의 자유가 있었다.

경제학에서 사적 재화는 배제성과 경합성을 특징으로 하고 그것을 전제로 소유가 성립한다. 다만 그 소유가 안정적으로 성립하기 위해서는 비소유자가 소유자의 동의없이 그것을 사용할 수 없도록 하는, 즉 소유권을 강제하는, 혹은 소유권을 보호하는 사회적 메커니즘이 필요하다. 소유권에는 여러 개의 중요한 성질이 있다. 소유권에는 1)수확물의 처분 및 잔여소득의 전유에 대한 권리, 2)매매, 임대, 상속, 증여 등의 처분에 관한 권리, 3)복합적인 통제권(관리, 의사결정, 감독 등의 재산의 사용에 관한 권리)과 경영의 독립성 여부 등이 중요하다. 이외에 4)소유자의 재산권 행사에 대한 완전한 소유는 없고 제약(법, 관습, 전통, 도덕률)이 존재하며, 5)문서상의 명목적인 소유권과 실질적인 소유권의 구분이 다를 수 있는 등의 문제가 따른다.[20]

야노쉬 코르나이(Janos Kornai)가 지적한 앞의 세가지 가장 중요한 소유권의 성질은 로마법 이래의 소유권을 규정하는 1)수익권 2)처분권 3)사용권을 설명한 것이다. 그러나 4)와 5)에서 설명하듯 이러한 소유의 성질이 흔히 완벽하게 존재하지 않고, 이 경우에 무엇을 보다 중시하여 소유권의 성립 여부를 판단할 것인지가 중요하다. 코르나이는 토지에 대한 용익권이 불완전한 처분권에도 불구하고 소유에서 중요하다는 인식을 보여준다. 코

---

20 Janos Kornai, *The Socialist System*, Princeton University, 1992, pp 62-67.

르나이는 비록 토지 시장이 성립하지 않아도 세습적 경작권을 사유의 지표로 인정한다.[21]

토지 시장이 존재하지 않아도 용익권이 존재하면 그것의 경제적 자본가치가 성립되고 이전의 가능성이 성립한다. 용익권의 이전이 매매의 형식을 취하지 않고 채무 변제나 기진(寄進)의 형태로 이루어질 수 있고, 이는 전근대에 흔한 것이었다. 다만 소유권의 이전이 보편화되는 정도는 화폐 경제의 발전과 지역 간 및 사회적 이동성의 여부, 그리고 국가의 암묵적 용인 등의 여러 요인에 의존한다.

잔여(residual)에 대한 전유권, 즉 수익권이 과도하게 침해되거나 경작권이 주기적으로 재분배된다면, 경작권을 사적 소유라고 보기 어렵다. 그러나 한국의 전통 사회에서 부세 부담은 사실상 규정보다는 훨씬 많았던 것으로 보이지만, 국가는 명분상 1/10세를 표방하였다. 그리고 한국 전통 사

---

21 코르나이(Kornai)는 법적으로 촌락 소유인 현대 중국 농민의 경지가 사유인가, 아닌가에 관해 흥미로운 평가를 하고 있다. 개혁 전 중국에서는 집단농장 체제에서 토지는 물론 공유였지만, 농민의 주택과 그에 부수하는 채마밭은 상속이 되었다. 생산력 쇠퇴로 집단농장이 해체된 후, 중국의 농지는 가정연산승포책임제(家庭聯産承包責任制) 아래, 경지가가(家)의 생산에 위탁되고, 법적 소유자인 촌락에 거주하는 각 가정이 연대하여 생산을 책임지도록 했다. 그리고 각 가정에게 주어진 경작권의 매매는 허용되지 않는다. 마치 왕토사상 아래 토지가 촌을 매개로 농민에게 경작이 위탁된 것을 연상하게 한다. 덧붙여 중국에는 촌이 토지 소유의 주체로 남아 있고, 호구제(戶口制)도 존속한다. 농민에게 생산이 맡겨진 농지의 경작권은 1998년 이후 '토지관리법'에 의해 30년 간 허용된다. 2020년 현재도 매매는 허용되지 않지만 경작 기간이 만료되어도 이주하지 않는 한 경작권은 다시 연장되고 자녀에게 상속된다. 자녀가 없다면 촌락에 환수된다. 이러한 중국의 농경지는 사유인가 아닌가와 관련해, 코르나이는 잔여(residual) 소득에 대한 권리의 측면과 복합적인 통제의 권리, 즉 경영의 독립 등 경제적인 실질에서 농가의 사유성이 강한 것으로 평가했다. (Janos Kornai, *The Socialist System*, Princeton University, 1992, p85 참조). 중국 내에서도 경영청부권이 물권인가, 채권인가 등 많은 논의가 있지만 민법의 재산권, 즉 물권에 관한 절에서 다루어지고 있고, 경영청부권을 임대할 수 있도록 경작권이 강화되는 추세이다.

회에서 국가에 의한 경작권 재분배의 기록은 없고, 토지 경작권은 상속되어 제한적 처분권이 인정되었다. 또한 보편적이지는 않지만 토지 매매와 채무 반제 그리고 기진(寄進)을 통한 경작권의 이전이 이루어진 점 등에서 볼 때 농민의 경작지는 불완전하지만 사유였다.

그러나 공동체로부터 호, 그리고 호로부터 개별 소가족이 언제 분화되었는가, 그리고 왕토사상 아래 호 또는 개별 소가족의 경작권은 과연 사유인가 아닌가를 검토할 필요가 있다. 한국사에서 씨족 공동체 수장의 토지 소유권은 이미 청동기 시대에 성립하였고, 통일 신라 시대에는 가호의 소유권이 공연의 소유 형태로 성립하였다. 중국에서 일찍이 진(秦)나라 때 토지 사유와 매매를 허용한 것과 달리 한국은 토지 시장이 성립하지 않았지만, 통일 신라의 연수유전답은 국유지의 차지(借地)라기 보다는 자유 보유지(freehold land)에 가깝다. 그렇지만 농가의 세습 가능한 경작권이 온전한 사적 소유권이 되기 위해서는 매매 등 처분권에 대한 국가의 인정과 토지 시장의 성립이 필요하며, 이는 조선조 초에야 가능했다. 서구에서 토지 시장이 성립하는 것은 흑사병 이후 인구 감소와 토지 통합, 화폐 경제의 발전 및 인클로저(enclosure) 현상 등이 계기가 되었으며, 권리로서 소유권이 성립하기 위해서는 부르주아 권력이 전제되어야 한다.

아시아 사회의 특수성과 관련하여 토지 사유 여부와 함께 노예제, 봉건제의 존재 여부도 중요하다. 노예제의 경우, 노예는 한국을 포함한 아시아에서 물론 존재했지만 고전고대(古典古代)에 비해 인구 대비 비중이 10% 이내로 적고, 지배적 생산 양식으로서 노동 노예제는 존재하지 않았다. 아시아에서는 그리스, 로마와 달리 국가나 귀족이 상업적 목적으로 노예를 취득 판매하지 않았고, 대규모 농장에서 그들을 대량으로 사역하는 비중도 적었다.

마르크스는 노동 노예제가 없는 고대 아시아 사회를 '총체적 노예제'라 불렀지만, 그것은 노동 노예와는 다른 경작권이 없는 예농을 의미한다. 마르크스는 "이 형태에서의 개인은 (토지의) 소유자가 아니고 점유자일 뿐이며, 실제로는 그 자신이 소유물로, 공동체의 통일성에 체화된 노예이다"[22]라고 하였다.

　고대 국가는 흔히 하위의 공동체로부터 보호의 대가인 일종의 선물로 생산물을 수취하는 공납제적 수취제도를 가지고 있었다. 흔히 공납제는 농민이 생산물의 일부를 영주나 국가에 바치는 부세제도를 의미한다. 조선 왕조의 부세제도를 공납제로 설명하기도 하였다.

　사미르 아민(Samir Amin)은 공납제를 부세제도가 아닌 생산 양식의 한 형태로 파악하고자 했고[23] 봉건제도 공납제의 발전된 형태로 이해하였다. 그러나 생산 양식으로서 공납제는, 토지 소유제도와 관련하여 농민의 세습 경작권이 인정되지 않았던 중세 이전의 고대에 국한하여 사용할 때 그 의미가 분명해진다. 중세의 농노는 비록 토지에 긴박(緊縛)되어 있지만, 관습법적으로 제한된 부세를 제외한 자기 경영을 가지고 세습적 경작권을 소유하였다.

　고대에는 하위 공동체의 수장이 공동체적 토지 소유를 바탕으로 스스로 공동체의 화신이 되어 농민에게서 부세를 수취하였다. 생산자인 농민은 공권력으로부터 과세 대상으로 파악되지 못하고, 공동체에 매몰된 생산 조건의 일부가 되어 인격적으로 독립하지 못한, 공동체(혹은 그것을 의인화한 공동체 수장)의 노예적 존재에 가까웠다. 따라서 총체적 노예제는 공납제 사회에서 소유권적 경작권을 갖지 못한 '고대적 예농'을 지적한 것으로 보인다. 공납제는 아시아 사회라는 개념의 공허함을 채우는 개념일 수 있다.

22　Karl Marx, *Grundrisse der Kritik der politischen Oekonomie*, Berlin, Dietz Verlag, 1953, p.393. 영어번역은 Jack Cohen trans. *Pre-capitalist Economic Formations*, Lawrence & Wishhart, London, 1964.

23　Samir Amin, *Modes of Production and Social Formations*, Ufahamu: A Journal of African Studies, 4(3), 1974, pp 57-58.

한국사에서는 청동기 시대 군장제가 성립된 이후의 고대 원삼국 시대와 삼국 시대를 포괄하는 (원)삼국 시대가 공납제 사회에 해당한다.

봉건제에 관해서도 많은 논점이 제기되었다. 중앙 집권적 군주제가 성립한 아시아에는 봉토(fief)와 분권적 통치체제가 성립한 유럽형 봉건제가 존재하지 않았다. 그러나 베버는 상부 구조에서 서구적 가산 관료제와 구분되는 아시아적 가산 관료제를 수조(지) 봉건제(prebendal feudalism)라고 불렀다. 상부 구조인 가산 관료제의 모습은 달리하지만, 공통적으로 봉건제는 최소한 농민의 경작권을 인정하고, 나아가 소유권을 허용한 바탕에서, 봉건지대를 역(役)과 공부(貢賦) 혹은 화폐의 형태로 수취하는 제도라 정의할 수 있다고 생각한다. 생산 수단의 소유관계가 사회 구성의 성격을 결정하는 요소이며, 이 점이 시대 구분에서 지니는 의미를 보다 강조할 필요가 있다. 경작권에 기초한 소농이 존재하지 않으면 농노제 그리고 봉건제가 성립될 수 없다.

조선 시대의 가산 유교 관료제는 서구 영주제와 달리 비(非)신분제적 요소가 있다. 업적주의적 과거제는 토지 시장의 성립과 노동 이동의 자유 그리고 소경영의 발전 등과 연계되어 근세적 요소로 생각된다. 그러나 과거제 자체가 전근대적 신분제에 기초하고, 정규 관료의 숫자가 대단히 소략하며, 전문기술직인 중인은 상승 기회가 단절되고, 지방 향리는 급여도 없이 조세 징수에 기생하는 존재에 불과하였다. 조선의 유교 관료제는 국가 운영 및 재정과 관련되어 전문 관료들이 수입과 지출의 합리화를 통해 부국강병을 추진하는 근대적 기구가 아니었다.

봉건제의 착취 양식인 농노제의 존재 여부도 논쟁의 대상이다. 봉토제의 경우와 달리 직접 생산자인 농민의 사회 경제적 성격이 농노적이었다고 하는 점에 대해서는 상대적으로 반론이 적다.[24] 그러나 농노제의 형태

---

24 김석형은 조선 시대를 국가와 양반 관료의 상호 보험적 결탁에 의한 농민의 봉건

와 관련하여 지대를 수취하는 토지 소유자가 국가였는가 또는 사적 지주였는가에 관해 논쟁이 있다.[25] 잉여의 수취가 시장의 등가 교환을 통하지 않고, 고율지대(高率地代)의 현물로 징수되는 것은 경제외적 강제력을 수반한다. 다만 고려조까지도 농민이 국가에 조세를 내고도 사적 지주에게 지대를 부담할 능력은 제한적이었다. 따라서 고려조의 귀족은 국가로부터 수조지를 사여 받은 경우는 물론이고, 개간·겸병·투탁 등으로 형성된 조업전을 경영하는 경우에도 국가로부터 면조권을 획득하고자 하였다. 고려조까지 농민의 부담은 국가에 대한 조세가 기본이고, 농민은 국가적 농노의 성격이 강했다.

한편 농업 생산력의 발전에 따라 사적 지주권은 국가의 수조권과 병존하게 된다. 병작제는 국가의 수조권과 병존하고, 농민은 병작반수(竝作半收) 아래 50%의 고율 소작료를 내면 그중에서 지주는 지세를 내고 나머지는 지대로 수취하게 된다. 그런 점에서 병작제에서의 농민은 국가와 지주의 상호 보험적 결탁 아래서의 농노였고,[26] 이는 사적 농노의 성격이 강해진다는 것을 의미한다.

아시아 사회는 평균 경지 면적이 유럽에 비해 많아야 1/5에 불과하면서,[27] 벼농사를 토대로 높은 인구 밀도를 가진 점에서 유럽과 구분되고, 다

적 수탈체제로 파악했다. 김석형,『조선봉건시대 농민의 계급구성』, 북한 과학원출판사.

25 국가적 농노제의 개념에 대해서는 中村哲,『奴隸制·農奴制の理論-マルクス·エンゲルスの歷史理論の再構成』, 東京大學出版會, 1977年. 이영훈은 15세기 이전에는 토지 사유가 성립하지 않았고, 이후 사유가 성립하여도 한국의 병작제는 경제외적 강제가 존재하지 않아 사적 농노제가 성립할 수 없었고, 조선 왕조는 국가적 농노제였다고 한다. 이영훈,『한국 경제사 1』, 일조각, 2016, p46. p31. p468.

26 김석형, 위와 같음. 자작농이 국가적 농노였다면 병작 지주 아래서 보다 열악한 소작농이 농노가 아니었다는 것은 논리적 모순이다.

27 중국의 토지 보유는 평균적으로 장원제 아래의 영국 농민에 비해 규모에서는 1/5에 불과했다. (Gang Deng, *The Premodern Chinese Economy-Structural equilibrium and*

른 한편 가족 노동을 이용한 소농 경영사회라는 점에서 공통된다. '소농'은 가족농이며, 가족농은 가족의 세습적 경작권이 성립하면 성립하고, 그 가족의 모습은 시대와 사회에 따라 상이하게 나타난다. 서양사에서 세습적 경작권을 가진 농노는 소농이다. 한국사에서 「신라촌락문서」의 개별 소가족 혹은 복합 가족으로 구성된 공연은 이미 가족농이다. 복합 가족은 비록 규모가 크지만, 그 자체가 하나의 혈연적 생산 공동체이고, 소가족 경영에 결여되기 쉬운 협업을 보장하는 방법이기도 하다. 복합 가족농도 가족농인 점에서 소농이 발전되는 한 형태이다.

소농의 모습은 역사 진행에 따라 변화한다. 서양사에서는 화폐 경제와 토지 시장의 발전 과정에서 배타적 소유권이 발전하고, 15세기에 독립 자영 농민, 즉 자영 소농이 나타나지만 16세기 이후 농민 분해가 시작된다. 한국사에서도 15세기 이후 토지 매매가 허용되었지만, 그 무렵에 이미 무토지 농민이 30%에 달했다.[28] 농업 생산력의 발전과 매매와 사유의 허용으로 15세기 후반에는 자영 소농이 형성되었다고 볼 수 있지만 곧 병작제의 진전으로 19세기에는 대체로 농민의 70%가 소작·자소작 등 소작 소농으로 되었다.[29] 농민의 무산자(無產者)화가 진행된 것은 동일하지만 유럽에서는 농민의 노동자화가 일정하게 진행된 반면, 조선에서는 농촌에 체류하고 소작농인 반 (反)프롤레타리아로 형성된 것이 커다란 차이점이다.

---

capitalist sterility-, Routledge, London and New York, 1999. chap. 2). 한국은 1942년 농가호 당 단순 평균 경지 면적이 논밭 합해 1.45정보에 불과하여 유럽의 표준적 농노인 hufe(약 12헥타르=약 30에이커) 농노의 1/8 수준이었다. 유럽에서 직영지도 농노의 경작지로 안분하여 포함시키면 약 1/10로 줄어든다.

28 "신(평산 도호부사 정차공)은 그윽이 생각건대, 우리 나라는 토지가 협소하여 전지가 없는 백성이 10분의 3에 가깝고, 토지 소유자가 유고로 경작할 수 없으면 인리의 족친이 병경하여 나누는 것이 곧 민간의 흔한 일입니다." (『세조실록』, 세조 4년 (1458) 1월 17일).

29 이영훈, 『조선후기사회 경제사』, 한길사, 1988, pp 89-91.

17세기 이후 한국에서 수도작 발전을 기초로 일군만민의 주자학적 통치이념이 번성하며, 가부장적 소가족제가 성숙되는 등 사회구조의 전환이 있었다. 미야지마 히로시(宮嶋博史) 교수는 이 점을 중시하여 17세기 이후의 한국사를 특수하게 '소농 사회론'이라는 관점에서 이해하고자 했다.[30] 그러나 '소농 사회론'은 유럽 중심의 근대화론이나 '내재적 발전론'에 대해서 비판적[31]일뿐만 아니라 근대 혹은 근대화의 논리 자체가 결여되어 있다. 소경영의 발전이 가져오는 광범위한 사회 변동은 중요한 것이지만, 20세기 일제강점기와 해방 후 1960년대 이후의 급속한 경제 발전과 사회 경제적 변화가 시야에서 탈락되는 역사적 공백이 있다.

경제적 근대를 의미하는 자본주의 발전을 위해서는 자본과 노동의 투입과 기술 진보 그리고 이와 연관되어 기업가정신, 유능한 정부, 사유 재산제도 등이 필요하다. 자본과 노동의 창출은 전통 사회의 해체 과정과 연계되어 있고, 봉토 봉건제에서의 노동의 창출은 특히 구체제의 해체 그 자체이다. 아시아의 전통 사회에서 노동의 이동성은 존재했지만, 자본이 부족하고 상품의 판로와 투자의 배출구를 찾기도 어려웠다. 그러나 현실적으로 성장의 요소들이 갖추어지면 전통 사회의 성격과 관련없이 성장이 가능하고, 절대적 정체 사회는 없다. 다만 성장의 요소들을 마련하는 과정이 전통 사회와의 마찰이나 그 해체를 필요로 하는 경우 좀 더 많은 장애 요인이 존재하는 것일 뿐이다.

전통 사회에서 자본주의로의 이행 과정이 대외적 폐쇄 경제에서 이루어지는 경우는 구제도의 이완과 함께 내부적으로 농업 생산성이 증가하여

---

30 미야지마는 아시아의 전근대적 공통성을 소농의 발전이라는 관점에서 이해한다. 아시아 사회는 서양의 대규모 직영지 경작에 기초한 토지 귀족이 존재하지 않은 반면, 집권군주제 아래 소농이 성립한 '소농 사회'로 파악한다. 미야지마 히로시(宮嶋博史), 『나의 한국사 공부』, 너머북스, 2013, p 43.
31 미야지마 히로시, 같은 책, p 43.

농업 잉여(agricultural surplus)가 창출되고,[32] 이것이 공업화를 위한 선행 조건들, 즉 자본의 공급, 국내 시장의 형성, 노동의 공급과 외환의 공급 등을 마련해야 한다.[33] 이 과정에서 상공업이 발전하고, 프로토 공업화가 진행되며, 이농이 이루어지고 농업의 구조 변화가 이루어지는 등 변화가 수반된다. 그러나 근대화는 성장률이 높은 상공업 발전을 통해서만 이루어지고, 농업 발전도 견인하는 것이지 그 반대는 아니다. 달리 말해 폐쇄 경제에서 농업혁명이 산업혁명에 선행하여 공업화의 필요조건을 마련할 수 있고 또 해야 하지만, 가일층 농업 발전과 근대화를 선도하는 것은 상공업 발전이다.

그런 점에서 서구의 근대화 과정에는 도시의 발전, 중상주의와 식민지 획득, 이를 통한 부르주아의 성장, 국가와 기업에서의 혁신을 수행하는 기업가의 발전 등이 중요했다. 전통 사회에서 소농 사회의 발전은 물론이고, 경영형 부농도 그 존재의 검출만으로는 자본주의 발전의 지표가 될 수 없다. 일정 시점에 경영형 부농이 검출되어도 상공업 발전이 전제되지 않으면, 그것이 지속적으로 확대 재생산될 수 없고, 따라서 자본주의 맹아가 되기 어렵다.

자본주의적 경영형 부농의 발전을 보여주는 농민 분해는 인당 경지 면적(land-labor ratio)이 줄어들지 않으면서 노동 생산성 증가가 이루어져야 가능하다. 그래야만 고용 노동을 이용한 농업 경영의 경제적 수익성이 가

32 Lewis, W. Arthur, "*Economic Development with Unlimited Supplies of Labour*", The Manchester School. 22 (2), 1954. G. Ranis and J.C.H. Fei, "*A Theory of Economic Development*", American Economic Review, Vol 51, 1961. Ranis, G. and Fei, J.C.H. (1961), "*A Theory of Economic Development*", American Economic Review, VolRanis, G. and Fei, J.C.H. (1961), "*A Theory of Economic Development*" American Economic Review, Vol 51. 농업 잉여는 농업 생산물 중에서 농업 내부에서 소비하고 남은 잉여, 즉 공업과 도시로 이전될 수 있는 잉여를 의미한다.
33 Bruce F. Johnston and John W. Mellor, "*The role of agriculture in economic development*", American Economic Review, Vol 51, 1961.

능해진다. 그리고 (토지/노동) 비율이 하락하지 않고 높아지는 것은 상공업 발전을 통한 이농의 가능성이 있어야 성립하고, 이 과정에서 임금과 인당 소득의 증가가 나타난다. 상공업 발전이 선도하지 않는 농업 발전, (토지/노동) 비율이 하락하는 농업 발전, 즉 토지 생산성의 증가는 인당 소득의 증가가 아닌 인구 증가를 초래하고, 지주적 발전을 가져온다.[34] 지주적 발전이 자본주의적 공업화로 연결되는 경우는 지대의 농외 투자가 활발하여 상공업 발전이 이루어지는 경우로 제한된다.

오데드 갤로어(Oded Galor)는 경제 발전 단계를 신석기혁명 이후 18세기 중·후반까지를 '맬서스 시기'로 정의하여, 이 기간은 인당 소득의 증가는 없고, 경제 성장은 인구 밀도의 증가로 나타난다고 하였다. 인당 소득이 증가하는 근대의 경제 성장은 18세기 후반 자본 축적과 생산성 증가로 이루어지며 이는 상공업 발전으로 가능하고, 특히 1870년대 이후는 인적 자본의 축적을 통한 생산성 증가와 출산율의 하락으로 급속한 인당 소득 증가가 이루어진다.[35]

한국의 전통 사회에서 인민의 노고와 지혜로 점진적인 농업 생산력의 발전이 이루어지면서, 인구가 증가했지만 인당 소득의 증가는 없었다. 농업의 주요 생산 수단인 토지 소유를 둘러싼 끊임없는 갈등이 이어지고, 지주적 지위를 유지 발전시키기 위한 신분제가 만들어지면서, 많은 생산자가 신분제의 질곡에서 헤어나지 못했다. 또한 국가에 의한 부세 수취를 둘러싸고 온갖 탐학과 부정이 이루어지고 있었다.

이러한 곤궁을 벗어나기 위해 지식인들에 의한 개혁 정책이 제시되었지만 그것은 전제 군주제 아래의 유교적 신분 질서에서 농업을 본위로 하는

---

34 Maurice Dobb, *Studies in the Development of Capitalism*, Routledge & Kegan Paul, Ltd. 1946. London, 1946, pp 56-59.

35 Oded Galor,

것이었다. 18세기 말 박제가 등 북학파는 보다 적극적인 상공업 발전관을 제시하기도 하였지만 농·공·상의 구분을 폐지할 수 없었다. 한편 유교 개혁론자들의 논의에서도 중국에서 이미 오랜 시간에 걸쳐 진행되어 인지하고 있었을 것으로 짐작되는, 영소작권(永小作權) 등의 경작자 보호와 소작료율 인하 등 보다 현실적이고 실천적인 방안들이 검토되지 않았다.

중국에서는 송나라 시대인 994년에 이미 영전권(永佃權)이라는 농민의 세습적 경작권 보호가 법으로 제정되었다.[36] 중국은 일찍이 토지 매매와 사유를 허용했지만 경작권의 보호로 토지 소유는 보다 중층적으로 유지되었다. 자유 보유권(freehold right)과 임차권이 분리·병존하게 되었고, 청조 말까지도 지주권인 전저권(田底權)과 경작권인 전면권(田面權)이 병존하였다.[37] 그 결과 중국은 자작지 비율이 높고,[38] 고정지대(固定地代)가 지배적이며,[39] 농민은 인격적으로 보다 자유로웠고, 노복의 예속성과 세습성은 송대 이후 상업화 과정에서 현저히 쇠퇴하였다.[40] 다만 이러한 논의가 복수의 지대를 부담해야 하는 최하층 농민의 착취율이 높을 수도 있는 것을 부정하는 것은 아니다.[41] 농민의 경작권은 중국 근대에 서구적인 일원적·배

---

36 Gang Deng, *The Premodern Chinese Economy-Structural equilibrium and capitalist sterility-*, Routledge, London and New York, 1999, chap 2

37 Philip C. C. Huang, Code, *Custom and Legal Practice in China: The Quing and the Republic Compared*, Stanford University Press, 2001. Chap 5, 6

38 경작권 보호로 임차농의 전면권도 소유권화하고 전면권자가 토지를 전대(轉貸)하여 지대를 수취함으로써, 최하층 농민은 복수의 지주에게 지대를 지불하는 문제도 발생했지만, 여전히 경작권의 안정은 유지되었다. 결과적으로 중국 농민은 일차적이든 이차적이든 토지 소유자가 상대적으로 많아 "범 사적 토지 소유자가 중국인의 70%에 달하였다"(Gang Deng, 위와 같은 책, 제2장 2절 참조)

39 중국에는 병작제 대신에 고정지대가 많아져 청초기에 고정지대는 남쪽에서 지배적인 형태가 되었고, 북쪽에서는 약 1/3에 달하였다. (Gang Deng, 위와 같은 책, 제2장 2절 참조).

40 Richard von Glahn, *The Economic History of China*, Cambridge University Press, 2016, pp 218-219.

타적 소유권을 도입할 때 장애가 되기도 하였으나 농가 경제 안정에 도움이 되었다.

한국 전통 사회에는 사농공상이라는 직업적 신분 차별이 이루어지고, 상공인 및 농민을 자유롭게 하는 도시가 부재하였다. 또한 지역 간의 교역과 해외 무역의 미발달 특히 사실상의 쇄국과 현실 회피적인 배청(排淸) 이념으로 인해 문명의 도입과 발전이 지체되었다. 상공업 발전 없는 소농의 발전, 특히 지주적 소농제로는 근대화를 가져오기 어려웠다.

다만 소위 '근면혁명'[42]을 통한 토지 생산성의 증가를 수반하는 소농 사회의 발전이 양질의 근면한 노동력을 축적하여 일정한 조건 아래, 예를 들어 해외 시장 개척 등 상공업 발전의 계기를 맞아 공업화가 시작되면 그에 유리한 조건으로 작용할 수 있다. 그러나 소농 사회 발전이 자본주의 발전의 내재적 길이 되는 것은 아니며, 근대화 과정에서는 상공업 발전과 이를 위한 자본 축적과 기술 진보가 중요하다.[43]

아시아의 근대화 과정은 서양의 충격 속에 개방을 통해 이루어졌다. 근대화를 설명하기 위해서는 서양의 봉건제와 아시아의 특징인 과잉인구형 소농 사회를 포괄하여 농업 사회가 상공업 사회로 전환되는 근대화의 논리가 필요하다. 이 과정을 농업 발전을 통한 전통 사회 내부에서의 경제적

---

41 최하층의 농민의 입장에서는 개별적으로는 저율이지만 하나의 토지에 전저권과 전면권 등 여러 명의 지주가 있을 수 있는 것이어서 전체적인 지대율은 50%에 달할 수 있었다.

42 Jan de Vries, *The Industrious Revolution: Consumer Behavior and the Household Economy, 1650 to the Present*, Cambridge: Cambridge University Press, 2008. Hayami, Akira, "*The Industrious Revolution*", Look Japan

43 알렌은 1500~1750년의 영국 농업혁명의 중요성을 지적하면서도, 농업혁명이 산업혁명을 이끈 것이 아니고, 세계무역과 농촌 공업 그리고 도시의 제조업이 임금을 상승시키고, 농업 생산성을 높여, 성장의 엔진 역할을 하였음을 지적하였다. Robert C. Allen, *The British Industrial Revolution in Global Perspective*, Cambridge, Cambridge University Press, 2009.

인 내적 모순의 전개 과정만으로 설명하기는 어렵다. 도시 부르주아의 성장과 국가 기구의 개편이 중요한 역할을 했고, 막스 베버(Max Weber)는 특히 근대화 과정에서의 관료제 정비를 통한 국가 구조의 변화, 가산 관료제에서 근대 관료제로의 변화를 중시했다. 근대 관료제는 절대주의 근대 국가의 형성 과정에서 만들어진다.

막스 베버에 의하면, 군사적(혹은 행정적) 서비스와의 교환으로 토지의 사용권이 주어진 모든 형태는 사실상 가산적 성격을 가지고 있으며, 가산제 (patrimony)는 가부장제가 발전한 것이다. 가산제는 혈연 중심의 사회가 확산되어가는 과정에서 형성된 세계사적 보편 현상이었고, 가산 관료제는 왕에게 집중된 권력을 분권적으로 배분하는 과정에서 나타난 현상인 점에서 공통적이었다. 베버는 군현제의 수조(지) 봉건제와 서구 봉건제도 역시 동일한 가산 관료제에 속하는 것으로 파악했다. 그러나 가산제가 확대하면 군주의 절대적 단일 지배가 불가능해지고, 군주와 인민의 중간에 관료가 존재하여 일정한 행정권을 행사하는 신분적 관료제가 형성된다. 베버는 이 것을 근대 관료제와 구별하여 가산 관료제라 불렀는데 봉토 봉건제도도 가산 관료제의 하나의 형태이다.[44] 국가가 형성되면 관료제가 필요하고, 관료에게는 보상을 해야 하는데 그 보상이 가부장적 군주의 선물, 특히 토지나 토지의 수확물로 주어지면, 봉건제가 성립한다. 그러나 부세 수취와 관료에의 지급 방식이 다르다. 아시아는 전국적인 통일된 부세제도 아래 관료에게 수조권이나 녹봉이 지급되었다.

---

44 Max Weber, *Economy and Society* (edited by Guenther Roth and Claus Wittich), University of California Press, 1978, pp 255-259.

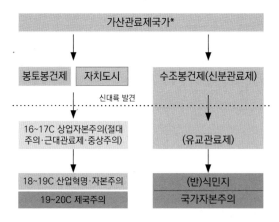

〈그림 4〉 가산제의 유형과 자본주의로의 이행

〈그림 4〉는 베버의 가산제의 유형과 자본주의로의 이행 과정을 토대로 서구와 한국의 경험을 도시한 것이다. 가산제에는 봉토(fief)에 기초한 봉토 봉건제(Lehensfeudalismus)와 은대지(benefices)에 기초한 수조(지) 봉건제(prebendal feudalism)의 두 유형이 있다.[45] 베버의 수조(지) 봉건제는 한국 전통 사회에서의 수조(收租)권적 토지 지배와 녹봉제를 포함하는 것이다. 울프(Wolf)도 소농의 잉여를 수취하는 체제에는 가산 봉건제와 수조적(prebendal)인 것이 있다고 하였다.[46] 이러한 가산제의 유형 차이와 함께 서양의 전근대에는 농업 사회와는 이질적인 상업적 자치 도시가 봉토 봉건제와 함께 발전한 커다란 특징이 있다.

서양의 봉토 봉건제는 16~17세기 상업 자본주의 시대를 거쳐, 18~19세

45 Max Weber, 같은 책, p 260. *Religion of China*, New York, Free Press, 1951. *Religion of India*, New York, Free Press, 1958.

46 Eric R. Wolf, *Peasants*, Foundations of Modern Anthropology Series. Englewood Cliffs: Prentice-Hall, 1966. 그는 소농의 잉여를 수취하는 체제에는 가산 봉건제와 수조적 (prebendal)인 것, 국가 소유에 의한 명령적 원리(사회주의) 등이 있다고 했다.

기의 산업혁명과 자본주의 그리고 19~20세기의 제국주의 시대로 변모하였다. 이와 달리 아시아는 수조(지) 봉건제 시대에서 (반)식민지로 되었고, 독립과 함께 국가 중심의 자본주의적 발전을 추구하였다.

아시아 수조(지) 봉건제의 '수조(收租: prebend)'는 흔히 성직록으로도 번역되고, 성직자에게 그 직무의 봉사에 대한 대가로 주어지는 녹봉이나 토지를 의미한다. 그러나 토지는 그 자체가 세습적으로 주어지는 것이 아니고, 그 수확물의 일부를 봉사의 대가로 수취할 수 있는 권리, 즉 수조권을 수여하는 것이다.[47] 수조지가 세습화되면 봉토 봉건제와 유사해진다. 베버는 봉건적인 '가산 관료제'를 '신분적 가산제'로 파악하고 있었다. 서양의 봉건제에 비해 한국은 과거제를 통한 관료제가 시행되어 업적주의적 요소가 존재하지만 가산 관료제는 본질적으로 신분제에 기초한다. (유교)가산 관료제도 반상제와 결부되어 신분적 요소를 벗어난 것은 아니다. 다만 조선 중기 이후에는 녹봉제가 시행되어 관료의 토지 지배적 요소는 약화되고, 반면에 사적 지주권은 강화되었다.

전근대는 공통적으로 '신분적 가산제'에 속하지만, 관료 등용 기반의 확대 과정을 감안하여 통일 신라 시대는 '가산 귀족 관료제', 과거제가 시행되었지만 세습적 문벌과 향리 통치가 많았던 고려 시대는 '가산 신분 관료제', 그리고 과거제 중심의 조선 시대는 '가산 유교 관료제'로 구분하여 명명하고자 한다. 가산 관료제의 발전 과정은 분산적인 재정에 기초하는 수조 봉건제에서 상대적으로 집중적인 재정에 기초하는 수조 봉건제로의 발전과 병행한다. 수조 봉건제는 식·녹읍제에서 전시과·과전제 등의 관료전

---

47 팔레는 수조지(收租地)를 prebend로 번역하였다. (James B. Palais, *Confucian Statecraft and Korean Institutions-Yu Hyŏngwŏn and the Late Chosŏn Dynasty-*, University of Washington Press, 1996, pp 64-69). 베버는 수조(지)봉건제(prebendal feudalism)를 이슬람권, 인도, 중국을 포괄하는 지역에서 시행된 관료의 직위에 대한 녹봉으로서 수조지 사여라는 의미로 사용하고 있다.

제 그리고 녹봉제로 변화한다. 집권적 재정의 발전은 지방관의 파견과 향리 등 토착 재지 세력의 약화, 조선조 세종 때 '국용전제(國用田制)'의 시행, 조선 후기 대동법 등을 통한 부세 징수는 토지로의 집중 현상 등으로 나타난다.

통치제도에서의 서양의 봉토 봉건제가 분권적인데 비해 아시아의 수조 봉건제는 집권적이다. 이러한 차이를 가져온 요인들로는 유교 사회의 과거제와 연계된 문민 우위 그리고 병농일치를 통한 부병제 등이 그 근저에 있었다. 아시아에서는 직업군인제가 도입된 후에도 문민 통제 아래 집권제가 유지되었다. 송대 이후의 중국이나 16세기 이후의 한국은 서구의 절대주의적 근대와 유사한 사회의 모습을 지니고 있었다. 집권적이고 관료제가 발달하고, 특히 중국은 화폐 경제가 발전하고 직업군인제가 시행되었다. 그러나 아시아에는 상공업 발전을 추구하는 부르주아와 그를 토대로 부국강병을 추진하는 근대적 국가가 성립되지 않았다.

서구의 역사에 비추어볼 때 서구와 아시아를 구분하는 가장 뚜렷한 차이는 노예제나 봉건제의 차이 이상으로, 아시아에서는 농본주의가 강조되고, 상공업을 천시하며, 상공업 자치 도시와 자율적인 시민 사회가 형성되지 못한 것이다. 서구에서의 자치 도시가 성립한 것은 분권적 통치의 도시적 방식으로 볼 수 있다. 아시아에 상인이나 상공업이 없었던 것은 아니지만 그들은 천대받았고, 도시가 없었던 것은 아니고 오히려 대도시가 존재했지만 행정 도시였을 뿐이다.

아시아의 유교는 끊임없이 몸과 마음을 닦아 덕성을 함양한 군자가 군주의 관료인 치자가 되어 '인(仁)'을 실현하는 이상 사회를 이루고자 하였다. 유교는 군자를 '리(利)'에 깨닫는 소인과 달리 '의(義)'에 깨닫는다고 하여,[48] '의'를 중시하는 군자가 되도록 수양할 것을 강조하였다. 그러나 전

---

48 "君子喩於義, 小人喩於利". (『論語』, 里仁).

근대 유교에 모든 인간이 사실상 자신의 이익(self-interest)을 추구한다는 평등한 보편성이나 자신의 이익 추구가 시장의 교환 과정에서 사회 전체의 이익이나 미덕 즉 '의'와 조화될 수 있다는 인식은 없었다. 군자의 '의'는 소인들의 '리'를 '불의'로부터 지켜주는 것이고, 군자도 '리'로 생활한다는 보편성을 외면하면 유교는 신분제에서 벗어나기 어렵다.[49] 조선조 양반은 스스로 '의'를 추구하는 대인이라 자처하고, '리'인 '조(租)', 즉 녹봉이나 지대를 생활 자료로 수취하면서도, 직접 생산자를 소인(小人)이라 구분하고 강고한 신분제를 유지했다. 또한 그들의 일부는 방납 등 부세 상납에 관여하여 상업적 이익을 추구했지만 스스로가 관상(官商)이 되어 부를 추구할 수 없는 존재였다.

유교는 인간이 양육되고, 인간성이 함양되는 요람인 가정을 무엇보다 중시하여 '효(孝)'를 인간 윤리의 기본으로 강조하였다. 그러나 유교의 인간적 '사(私)'는 중요하지만 가족주의가 가정의 범위를 벗어나 문중으로 그리고 국가로 확대되면서, 한편으로는 사회의 안정에 기여했지만 반면에 폐해도 적지 않았다. 가족주의는 친족과 친밀하고 존위에 있는 사람을 존중하라는 '친친존존(親親尊尊)'의 사회적 예제(禮制)로 되었다. 결과적으로 가족주의가 혈연적 친·방계의 촌수에 따른 계서적 친소 관계를 통한 정실주의 그리고 존위에 따른 위계적 신분제의 토대가 된 것을 부인할 수 없다. 유교도 보편적 공(公)의 가치를 중시하고 인간의 보편적 평등성에 눈을 감지는 않았지만, 현실에서 평등한 인간의 개인주의 대신 사(私)인 가족주의적 효(孝)와 가족의 연장으로서 국가에 대한 충(忠) 및 이로부터 얻을 수

---

49 근대 경제학은 모든 인간이 공통적으로 금전적 편익(pecuniary benefit)과 비금전적 편익(non-pecuniary benefit)을 포괄하는 만족감(효용), 달리 말해 '리'를 추구하는 것으로 간주한다. 비금전적 편익을 주거나 교육 등 급여 이외의 편익 제공은 물론이고 사회적 존경이나 여가의 가치도 포함한다. 또한 개인의 만족감을 토대로 사회 전체의 만족감을 증대하는 것을 사회적 미덕으로 생각한다.

있는 존위(尊位)가 강조되고,[50] 정실과 세습적 신분제가 지배하였다.

사회사상으로의 유교는 군주제와 농본주의를 토대로 하였고, 민본을 중시했지만 비민주적이었으며, 시장에 우호적이었지만 비(非) 자본주의적이었다. 유교의 민본주의는 '인민의, 인민에 의한, 인민을 위한' 정부가 아니라, 기본적으로 군주의, 군주에 의한 '인민을 위한' 정부가 표방되었다. 그러나 부분적으로 과거제를 통한 '인민에 의한' 정부, 또한 향촌과 장시의 자율성을 인정하는 '인민의' 정부도 될 수 있었지만 근대적 천부인권과 자유민에 의한 시장 질서를 인정할 수는 없었다. 유교 국가는 정기시(定期市)의 개설과 농민들의 참여에 개방적이었지만, 상인들이 상품 운송에 필요한 노동의 대가 이외에 투기적 이익을 얻는 것을 금기시하였고, 자율적 상인의 세계를 보장할 수는 없었다.

조선에서 농본주의 아래 상업이 천대받고 화폐 경제의 발전이 지체된 것은 유교적 경제관과 상호 보완적이었다. 중국도 외침에 대비한 부국강병의 필요성이 적고, 빈부 격차의 확대가 가져올 사회 불안을 두려워하여 상업을 장려하지 않았다. 아시아에 상공업 자치 도시가 부재한 것은 전제 군주제가 조기에 성립하고, 세속 권력과 종교 권력의 갈등이 없어서 지배 질서의 공극이 작고, 따라서 상인 중심의 소규모 자치 권력이 형성되기가 어려웠기 때문이다.

서양에는 아시아의 농본주의와 달리 무역을 중시하는 해양 도시 국가의 유산이 중세 상업 도시로 이어지고 있었다. 서양에는 고대부터 귀금속 화폐를 이용하여 부를 추구하는 상인이 존재했고, 중세 상업 발전의 부활과 함께 자치 도시가 성장하며, 그 안에서 새로운 근대의 담당자로서 부르주아가 형성되었다.[51]

---

50 "夫孝, 始於事親, 中於事君, 終於立身"(『孝經』, 開宗明義章). 효는 사친에서 시작하고, 입신으로 끝나는데, 입신은 사군에서 이루어지는 것으로 해석된다.

마르크스는 근대를 생산 양식으로서 자본주의가 성립된 사회로 인식하고, 자본주의를 발생시키는 요인으로 사유 재산제도와 분업의 발전을 중시하였다. 그러나 페르낭 브로델(Fernand Braudel) 등 프랑스 역사학자들은 자본주의를 화폐 자본의 이윤 추구 활동으로 인식하고, 상업과 화폐 및 금융의 발전을 중시했다.[52] 브로델에 의하면 자본이 생산 활동에 참여하는 산업자본주의는 오랜 화폐 자본의 이윤 추구 활동의 새로운 한 형태일 뿐이다.

유럽에서 상인의 화폐 자본 축적에는 오랜 역사가 있다. 그리스, 로마시대부터 지중해를 통한 중근동 지방과의 교역이 활발했고, 결제 수단으로 귀금속 화폐가 사용되었다.[53] 이후 상업의 부활과 함께 아프리카 수단 지역 금의 공급에 의존하여 13세기에 플로렌스의 플로린(florin), 베니스의 듀카트(ducat) 등에서 금화가 주조되어 한동안 유럽의 국제 화폐로 통용되었으며, 화폐의 단위가 금속의 중량에서 독립되었다.[54] 그러나 여러 국가에서

---

51 유럽 고대의 아테네나 로마는 도시 국가에서 출발하고, 해양 국가로 일찍부터 지중해 무역에 큰 이해관계를 가지고 있었다. 로마가 멸망한 후에도 먼저 번성하기 시작한 것은 지중해 무역에 바탕을 둔 베니스, 제노아 등 이탈리아의 해양 도시 국가였다. 해양의 상업적 도시가 성립하고 스스로의 힘이나 종교 권력의 승인 아래 독립국가로 발전한 역사가 상업의 부활과 함께 유럽 내륙과 북부에서의 자치 도시들의 성장의 전례가 되었다. 이러한 자치 도시의 성장은 지역 영주들로부터 독립을 의미하는 것이어서 교황의 승인을 받거나, 국왕의 승인을 받아 국왕 직속의 도시로 되거나 또는 세속 영주로부터 직접 인정을 받기도 하였다.

52 Fernand Braudel, *The Mediterranean and the Mediterranean world in the age of Phillip II*, Vol Ⅰ, Ⅱ (translated by Sian Reynolds), University of California Press, 1995, pp318-322. David Graeber, *Debt: The First 5,000 Years*, International Bestseller, 2012, p 260.

53 로마 시대부터 사용된 금·은화는 로마 멸망 이후 유통량이 감소했다. 신대륙 발견 이전 유럽의 중세는 화폐 부족의 시대였다. 금화는 카로링거 시대에는 주조가 중단되었고, 은화만 소량이 주조되었다.

54 그리스, 로마의 주된 교역 대상 지역인 중근동은 지중해를 통해 서유럽과 넓은 아시아를 연결하는 지역이고 일찍부터 문명이 발전한 지역이었다. 로마에서 화폐의

의 금, 은화의 주조에도 불구하고, 지속적인 동양으로의 유출로 중세 유럽은 항상 화폐 부족에 시달렸고, 상대적으로는 은의 사용이 많았다. 15세기 독일 아우구스부르크에서 은광이 발견되고, 신대륙 발견 후 16세기 이후에는 멕시코 은이 대량 발견되면서 19세기 중엽까지도 은화가 동서양을 막론하고 국제 무역의 중심 화폐가 되었다.

이탈리아 도시 상인들, 특히 베니스와 제노아 상인은 유럽 내륙에서의 상업의 부활 과정에서, 귀금속 화폐를 기초로 비잔트 무역을 통한 향료 및 견직물 등과 북유럽의 양모·모직물 등 원격지 교역을 중개하는 금융의 편의를 위해 환어음(bill of exchange)을 사용하였다.[55] 환어음은 정기시에 모여 일종의 중앙 집중식으로 결제되고 부득이한 차액만큼만 지금(地金)으로 운송, 결제되었다. 중심적인 정기시에서는 상품의 거래만이 아니라 지불정기시(payment fairs)가 이루어지고 환어음이 상호 결제되었다.[56] 환어음의

기초 단위는 solidus금화이고 원칙적으로 4.5g의 금을 함유하는 것이었다. 은화는 데나리우스화인데 대체로 1솔리두스=12데나리우스였다. 일반적으로 중세 유럽에서 화폐의 도량에 사용된 단위는 크게 libra, solidus, denarius이고 1 libra는 20 solidus, 1 solidus는 12 denarius이다. Libra라는 영어의 pound이고, 파운드가 £로 약기되는 것은 이 libra에서 유래한다. 동일하게 solidus는 영어로 shilling이고, denarius는 영어로 penny이다. 영어의 penny가 d로 약기되는 것은 이 denarius로부터이다. 즉 영어의 £, s. d. 및 그 환산율은 로마와 비잔틴 전통이다. Florin이나 Ducat 모두 1개에 약 금 3.5g이었고 13세기 유럽 화폐의 표준이었던 Florin은 1252년 최초 주조 시, 그 1개는 1 lira=20soldi=240denari로 유통되었다. 15세기에는 Ducat이 유럽 국제상인들과 이슬람권의 선호 화폐가 되었다. 그러나 16세기부터는 스페인 달러(은화)가 국제무역의 지배적 통화로 자리잡았다.

55 환어음은 제3자에게 일정한 기일에 특정인에게 일정 금액을 지불하도록 위탁한 증권이다. 환어음은 상거래에서의 금융의 편의를 제공할 뿐 아니라, 가톨릭이 금지하던 이자를 수수료 명목으로 획득하여, 화폐 자본이 자기 증식을 실현할 수 있는 합법적 방법이었다.

56 유럽의 신용 네트워크의 중심은 경쟁을 통한 상권의 이동 과정에서 샹파뉴(Champagne), 제네바, 리옹(Lyon), 앤트워프, 제노아, 암스테르담과 런던 등으로 순차 이전되었다. John Day, *Money & Finance in the Age of Merchant Capitalism*, Blackwell, 1999, p 132.

유통은 금속과 분리된 계산 단위(unit of account)의 성립을 촉진하고, 환어음이 여러 사람들에게 이전되어 유통되면 신용 화폐로 발전한다. 귀금속 화폐와 상업 활동은 자본주의 발전에 불가결한 화폐 경제를 형성하였다. 화폐 경제가 발전하여 화폐 단위가 소재 가치와 분리되어 독립적으로 성립하면, 생산물의 절대 가격이 성립하고, 이윤 계산이 가능해지며 경제적 합리화 행동의 토대가 마련된다.

화폐 경제의 온상인 중세 도시는 고대부터 있었던 것이 아니고, "특수한 노동과 스스로의 생산 도구를 가진 자유롭게 된 농노들에 의해 형성된 것"[57]이었다. 그러나 서양의 봉건제에서 자본주의가 성립하는 과정에서 결정적으로 중요한 도시의 성장과 화폐 경제의 발전 및 도시의 자치가 성립되는 내재적 논리를 찾기는 어렵다. 마르크스 자신도 봉건제에서 도시가 성장하는 내적인 논리는 언급한 바가 없다.[58] 그럼에도 불구하고, 봉건제 해체의 주된 동인은 특히 "봉건 농촌과 그 경계에서 발전한 도시와의 사이의 투쟁과 상호 작용의 결과를 통해 나타나는 교역의 성장이다"[59]라고 하였다.

서구에서 14세기 중반의 흑사병으로 인한 인구 감소와 이어지는 농민 반란 등으로 인한 봉건 위기(feudal crisis)가 봉건제의 동요와 이완을 가져오고, 봉건 영주들의 국왕에 대한 의존도가 높아져, 그 결과 집권적 국왕 권력의 증대를 가져온 중요 요인의 하나가 되었다. 그러나 위기가 근대를 가져오는 것은 아니고 도시의 발전과 부르주아의 성장이 그 추진력이었다.

아시아에서도 상업이나 화폐 경제의 발전이 없었던 것은 아니지만, 부

57 K. Marx, *The German Ideology*, Part I: Feuerbach, Opposition of the Materialist and Idealist Outlook, B The Real Basis of Ideology.

58 Karl Marx, *Pre-capitalist Economic Formations*, Lawrence & Wishhart, London, 1964. E. J. Hobsbawm의 Introduction에서의 평가이다.

59 Karl Marx, *Pre-capitalist Economic Formations*, Lawrence & Wishhart, London, 1964 (translated by Jack Cohen, edited and with an Introduction by E. J. Hobsbawm). pp45-46.

르주아의 산실인 자치 도시가 없었다. 농본주의인 아시아 사회에서 상업은
존재했지만 상인은 억압되고 그들 스스로의 질서를 만들 수는 없었다. 농
업만이 생산적이고 불가결하며 사회 안정의 토대라는 농본주의적 인식은
아시아의 조기적인 전제 군주 국가의 형성과 그 이후의 안정 추구 경향 그
리고 수도작의 높은 생산성 및 유교의 가르침과 밀접하게 연계된 것으로
보인다.

   역사적으로 서구 중세 도시의 유래는 다양하다.[60] 중세 도시의 수공업자
들은 자치 조직인 길드를 형성하고,[61] 단결된 힘을 기반으로 국왕이나 대
공으로부터 도시의 자치권을 획득하였다. 도시의 자치권 획득은 분권적 봉
건제가 형성된 것과 마찬가지로 종교 권력과 세속 권력의 분리, 특유의 군
사제도와 연계된 왕권과 영주권의 분리 등과 같은 분할적 요인들이 토대
가 되었을 것이다. 마르크스는 자본주의 발전 과정에서 유럽 내륙에서의
중세 자치 도시의 발전과 도시 상인에 의한 농촌 공업의 발전을 중시하였
다. 중세 도시의 성장 과정에는 국왕이 봉건 영주의 지역 통치권을 배제하
면서 도시 부르주아의 자유로운 공간을 인정한 것이 중요하다. 이후 부르
주아의 발전 과정에서 도시의 성장과 함께 영주국 사이의 경쟁도 중요했

---

60 시기가 이른 곳은 이미 6~7세기 프랑크 왕국 시대에 기독교 주교(主教) 성당이 있
   는 곳 등에서 도시가 형성되기 시작하였다. 그러나 십자군 원정 등을 통한 상업의
   부활과 함께 교통의 요충지나 과거 도시의 유적지 등에서 재지 영주와의 타협을
   통해 11~13세기에 새롭게 중세 도시가 형성되기 시작했다. Henri Pierenne (Translated
   by Frank D. Halsey), *Medieval Cities: Their Origins and the Revival of Trade*, Princeton
   University Press, 1980.
61 "도망 노예로 인한 도시와 농촌 간의 지속적인 전쟁과 조직된 자치적 군사력의 필
   요, 특수한 노동 소유자들의 연대, 수공업자가 상인이기도 한 시대에서의 물품을
   팔기 위한 공통의 건물의 필요성, 다양한 수공업자들 간의 갈등, 그들 숙련의 보호
   필요, 농촌의 봉건적 조직 등으로 인해 그들 스스로의 자치조직인 길드를 형성하였
   다". K. Marx, *The German Ideology*, Part I: Feuerbach, Opposition of the Materialist
   and Idealist Outlook, B The Real Basis of Ideology.

다. 영주국 간의 경쟁은 국가적 자본주의를 발전시키고, 도시의 성장은 민간의 자본주의를 발전시킨다.

도시의 성장이 진행되면서 상인이 수공업과 분리되는 분업의 새로운 발전이 이루어진다. 상인의 자본은 '동산 자본(movable capital)'이고 수공업자들에게 체화된 특별한 능력인 분리 불가능한 '부동 자본(estate capital)'과는 다른 것이다.[62] 상인은 분업의 소산이지만 시장에서 비교우위를 이용한 차익 거래의 기회를 포착하고 상거래를 촉진하여 전문화와 분업을 확대·심화한다. 상인 자본은 도시를 넘어 거래하고, 도시들 상호 간의 분업을 가져오며, 이는 도시의 길드 규제를 벗어난 제조업자를 발생시킨다. 흔히 상업은 '가치를 생산하지 않는'[63] 비생산적 산업으로 경시되지만 화폐 자본은 자본주의의 본 모습일 수 있다.

도시의 폐쇄된 경제 규모가 도시 상인에게 협소하다고 느껴지면 부르주아는 주변 농촌에 선대제 형태의 농촌 공업을 장려하고, 생산물을 역내는 물론 역외로 판매한다. 이는 농촌의 사회적 분업을 진전시키며 농촌 공업화 그리고 프로토 공업화를 진전시킨다. 초기적 산업 자본은 도시의 하층민과 봉건제 해체 과정의 특히 16세기 초 목양 인클로저 운동으로 인한 다수의 부랑자를 흡수하며 생산을 증대하였다.

이 과정에서 국왕과 도시 부르주아는 영주국의 경계를 허물고 민족주의를 장려함으로써 국민 국가 형성의 길로 나아간다.[64] 국민 국가는 내부적으로 통합된 실체를 형성하는 과정임과 동시에 세계 경제에서 스스로의 개별성을 확인하는 과정이기도 하다. 국민 국가 상호 간의 중상주의적 경

---

62 K. Marx, 위와 같음.

63 Karl Marx, *Capital Vol Ⅲ*, Part Ⅳ, chapt 16 "commercial capital".

64 Maurice Dobb, *Studies in the Development of Capitalism*, Chap4. The Rise of Industrial Capital, London: George Routledge and Sons. 1946. 大塚久雄,『國民經濟 - その歷史的考察』, 講談社學術文庫, 1994.

쟁의 성공은 생산 영역에서의 전반적인 효율의 증가에 의존한다.[65]

자본주의 발전은 합리적인 계산 그리고 이윤을 위한 수단의 합리적 선택에 의해 성취되며, 근대 관료제는 전문 지식에 기초한 합리주의 발전을 통해 근대화에 기여한다.[66] 아시아에서는 주로 도시가 행정 중심지에서 형성되고, 상공업이 존재하지만 자치 도시는 존재하지 않아 근대의 주체로서 부르주아가 성장하지 않았다. 특히 한국의 전통 사회는 상공업을 천시하여 그 발전을 위한 사회적 공간이 협소하였다.

중국이 전근대 사회의 높은 문명과 생활 수준에도 불구하고 왜 정체되고 영국이 최초의 산업혁명을 통해 높은 소득 수준을 달성했는지는 경제사의 중심 과제 중 하나이다. 영국이 어떻게 공업화에 성공하여 소위 대분기(great divergence)가 가능하였는가에 관한 유력한 설명 중의 하나는 영국에는 식민제국을 통한 원료 공급과 에너지 혁명(석탄과 증기기관)이 있었기 때문이라고 한다.[67]

그러나 이러한 외생적 요인 이외에, 노동 절약적 공업화가 가능했던 내부적 경제 논리가 중요하다. 자본 집약적 근대의 공업화는 상대적으로 희소한 노동과 에너지를 포함하는 풍부한 자본, 즉 높은 임금과 낮은 이자율이 존재해야 된다. 영국에는 18세기 중엽에 인구 증가에도 불구하고, 상업 및 무역에서의 높은 생산성으로 임금이 높고, 이자율이 낮아 노동 절약적 기계에 대한 투자가 가능한 조건이 존재했다. 이외에 잘 조직된 중상주의 국가가 인도에서의 면직물 수입을 배제하고, 아메리카에서 값싼 면화를 수

---

65 Immanuel Wallerstein, *The Modern World System Ⅱ*, Academic Press, INC., 1974, p 38.

66 베버의 근대 관료제는 형식적 합법성에 의존하는 엄격한 위계 질서 아래 전문 지식을 토대로 직무를 수행한다. Max Weber, *Economy and Society* (Guenther Roth & Claus Wittich edit.), University of California Press, 1978, p 215. 그리고 관료제는 혁신적 정치가에 의해 통제된다.

67 Kenneth Pomeranz, *The Great Divergence; China, Europe, and the Making of the Modern World Economy*, Princeton University Press, 2000, p23.

입하여 가공하며, 수출을 장려하는 등 효과적인 수입 대체를 추진한 것이 중요하였다.[68]

농업 사회에서 공업화가 어느 정도 지속되면 자연자원이 소진되어 성장 과정에서의 수요와 공급의 누적적 상호 작용이 저해된다. 분업의 확대는 전문화를 통한 시장의 확대를 가져오고, 이는 다시 분업의 심화를 통한 공급의 증가와 시장의 확대라는 상승 작용을 가져온다. 그러나 공업화의 지속은 농업 잉여를 감소시키고 공업 원료 조달을 어렵게 하며, 에너지 소비의 증대를 가져오면서 비용 상승을 초래하기 쉽다. 지속적 공업화를 위해서는 이러한 비용 상승 요인을 제어하고, 수출 시장을 통해 빠르게 증산되는 공산물의 판로를 개척하는 것이 필수적이다.

영국은 식민지에서의 노예 노동을 이용한 값싼 농업 원료의 조달과 석탄의 발견이라는 외생적 요인으로 지속적 공업화를 저해하는 상황을 완화할 수 있었다. 그리고 수입 대체와 수출 촉진을 위한 중상주의적 국가 정책이 중요한 역할을 하였다. 이매뉴얼 월러스타인(Immanuel Wallerstein)은 유럽에서 자본주의적 세계 경제가 창출된 원인을 두개의 주요 제도에서 찾았다. 첫째, 세계적 범위의 노동 분업이고, 둘째, 특정 지역에서의 관료적 국가 기구다.[69] 유럽에서의 중상주의는 현대 개발 국가(developmental state)의 선행자였다.[70] 국가는 때로 직접 기업 활동을 했는데, 민간 기업 활동에 장애가 되는 봉건 요소를 철폐하고, 국내 시장을 통괄하며, 나아가 해외 진출을 적극 돕는 등 중요한 역할을 하였다. 중상주의 시대에 "국가는

---

68 로버트 알렌(R. C. Allen)은 영국의 산업혁명을 위한 시장 조건을 설명하고자 하였다. Robert C. Allen, T*he British Industrial Revolution in Global Perspective*, Cambridge University Press, 2009.

69 Immanuel Wallerstein, *The Modern World System* Ⅰ, Academic Press, INC., 1974, p 63.

70 Alice Amsden, *The Rise of "The Rest": Challenges to the West from Late-Industrializing Economies*, Oxford University Press, 2001.

그들이 원하든, 원하지 않든 간에 그 세기의 가장 큰 기업가(entrepreneur)였다."[71]

아시아는 전통 사회에서 유럽의 근대화를 가져온 두 가지 중요한 제도인 식민지와 근대 개발 국가가 결여되었다. 그러나 한편으로 중국도 강남, 신강, 티베트, 만주 등으로 내부 식민 활동을 지속하였다. 다만 중국의 식민 활동은 내외의 구분이 불분명한 확장 과정이므로, 중심 주변의 차별을 통한 중심의 집중적 발전이 불가능한 점에서 서양과 차이가 있었다. 오히려 현대 중국의 '선부론'(先富論)[72] 이 지역 간 격차를 억누르면서 중심에 의한 주변의 차별, 도시에 의한 농촌의 차별을 토대로 국가 자본주의적 발전을 추진하는 것으로 볼 수 있다.

중국은 역사적으로 예외적 기간을 제외하고는 농본적 방임을 토대로 적극적으로 상업세를 징수할 의지가 없었고,[73] 국채를 발행하지도 않았다. 또한 정부는 동전만 발행하였지, 귀금속 화폐를 주조하지 않았고, 따라서 그 조작을 통한 주조 이익이나 금융 수익을 얻고자 하지도 않았다.[74] 한편 중국은 청의 지배 이후 강력한 경쟁자가 없어, 근대적 상비군을 육성하거나

---

71 Fernand Braudel, *The Mediterranean and the Mediterranean world in the age of Phillip II*, Vol I (translated by Sian Reynolds), University of California Press, 1995. P 449.
72 1985년 등소평이 중국의 정책은 먼저 부유하게 된 계층이 빈곤층을 원조하도록 하는 것이라고 하여 선부론을 제기했고, 이는 먼저 빈부 격차를 용인하는 것이었다.
73 중국사에서 한무제나 북송의 왕안석 신법 등 부국강병을 위한 중상주의적 규제는 예외적이었고, 유교적 자유방임과 중농주의가 장기적으로 지속된 역사였다. Richard von Glahn, *The Economic History of China*, Cambridge University Press, 2016. 참조.
74 중국은 19세기 중엽까지 '은 1량= 동전 1,000문'의 기준 비율을 지켜 농민 경제의 안정을 기하고자 하였다. 동전은 운반이 불편하여 송과 원나라 정부가 동전의 단위인 관, 문을 이용한 다양한 지폐를 발행한 적도 있으나 중단되었고, 근대에 민간의 전장(錢莊)이나 표호(票號) 등에 의해 장표나 환어음의 역할을 하는 회표(滙票) 등이 발행되기도 하였으나 국가적 제도로 성립된 것은 아니었다. 중국은 신용 화폐를 통한 발행 이익을 도모하지 않았다.

이에 필요한 재정 수입을 늘리고자 하지 않았고, 관료제를 개혁하지도 않았다. 청은 스스로가 외부자여서 중국의 개혁에 적극적이기도 어려웠다. 중국은 가산제 조세 국가에서 근대적 재정 국가로 발전할 조건을 갖추고 있음에도 변화하지 않았다.[75] 재정 국가는 조세 국가와 구분하여 조세 외에 기타의 수입 특히 금융적 수입을 추구하는 국가라고 할 수 있지만, 전근대 중국은 재정을 확대하여 국가 중심의 경제개발을 추진하지 않았다.

일본은 전국시대에 지방 영주(大名)와 도요토미 히데요시(豊臣秀吉) 등에 의해 군비 조달을 위한 다양한 금·은화가 발행되었고, 식민지 획득을 목적으로 임진왜란을 일으켰다. 이후 도쿠가와(德川) 막부는 기초 화폐인 동전 이외에도 귀금속인 금화와 은화를 타원의 판형(判形)으로 주조하였다.[76] 금속 화폐 외에 지방의 영주들이 막부 말기에 '한사츠(藩札)'라는 지폐를 발행하기도 하였다. 일본 막부는 귀금속 화폐를 주조하고, 그 양목과

---

75 중국에는 진시황 때부터 정부가 주조한 통일된 기초 화폐(base money)인 원형방공(圓形方孔)의 동전이 사용되었다. 동전은 지불의 편의를 위해 발행된 주조 이익이 없는, 농민 경제의 거래를 위한 소액 화폐였다. 민간에 귀금속인 은이 널리 유통되었지만, 상업 거래는 정부의 보호 대상이 아니었고, 19세기 말 이전에 정부가 주화(coin)로 만든 적이 없으므로, 귀금속은 칭량(秤量) 화폐에서 벗어나지 못했다. 전근대 중국은 화폐 발행과 금융을 통한 재정 수입을 도모하지 않았고, 따라서 조세 국가이긴 하나 재정 국가는 아니었다. 중국은 상업이 발전하고, 전통적 금융기관인 전장(錢莊)도 발전하고, 은 준비도 충분하여 국가 중심의 본위화 제도를 마련하고 지폐를 발행할 수 있는 조건이 있었다. 그러나 부국강병을 위한 수입 증대를 추구하지 않았고, 금융제도를 개혁하여 민간 경제에 개입하고자 하지 않았다.

76 막부는 소판(小判)이라는 금화와 정은(丁銀)이라는 은화, 그리고 동전을 발행하였다. 일본은 오사카를 중심으로 '은을 가격의 기준'(銀建)으로 하는 관서 지역과 '금을 가격의 기준'(金建)으로 하는 에도의 관동 지역으로 구분되어 원격지 교역이 이루어지고, 금과 은의 교환 비율은 시장에서 결정되었다. 막부는 금화의 경우 무게와 독립된 계수 화폐를 주조하였고, 은화의 경우는 칭량 화폐를 주조했는데, 금은 중량을 줄임으로써, 그리고 은화는 은의 함량을 줄임으로써 주조 이익을 얻을 수 있었다.

품질을 조작함으로써 수입을 얻고자 하였다. 일본은 전근대적 국가이면서도 금융 수입을 추구했고, 이는 일본이 메이지 유신 후에 성공적으로 근대 재정 국가로 변신하는 바탕이 되었다. 18세기에 일본은 당시 가장 중요한 수입품이었던 중국산 백사(白絲)를 수입 대체하여 메이지(明治) 시대에 생사를 수출액의 70%에 달하는 주요 수출품으로 만들고, 기타 인삼, 면직물, 설탕 등의 수입 대체에도 노력했던 것이 외화 획득과 산업 발전에 기여하였다.

한국은 고려 시대에 다양한 동전을 발행하고, 은화가 유통되기도 하였으나 조선조에는 중엽까지도 화폐가 시장에서 사라졌고, 17세기 중엽 이후 일본 은의 수입으로 은화가 잠시 유통되었다. 18세기에 정부가 상평통보를 다량 주조하기 시작했으나 귀금속 화폐의 국내 유통은 극히 드물었고, 조선 정부가 주조한 바는 없다. 조선은 전통적인 가산제 부세 국가에 머물렀고 비록 대전을 발행하고자 한 적도 있지만 현실적으로 금융적 수입을 추구하는 재정 국가는 아니었다.

제4절 근대 재정 국가와 표준적 본위화제도

근대에 민간 부르주아의 발전과 함께 국가가 '큰 기업가'로 변신하여 사회 변혁을 추진하는 것이 자본주의 발전에 중요했으며 이는 재정제도의 발전을 토대로 하는 탄력적 수입을 전제로 하였다. 전근대적 조세 국가에서 근대적 재정 국가로 변모하는 것은 단계적이었다. 근대적 재정 국가는 근대 관료제 국가로서 재정을 통일하고, 조세의 확충 외에도 금융 수입, 특히 중앙은행권 제도를 통한 탄력적 재정 수입 구조를 갖춘 국가라고 할 수 있다. 근대적 재정 국가의 수립 과정은 절대 왕정에서 근대적 관료제를 형성하고, 부르주아 국민 국가를 건설하는 과정과 궤를 같이 하였다.

전근대 재정은 국가기관별 별도의 수입원을 가지고 스스로 경비를 조달하여 지출하는 특징을 지니고 있는데, 이를 분립자판제(divisional self-support system)로 부르고자 한다. 한국은 조선조 초까지도 왕실과 정부기관 그리고 그에 소속된 인원의 경비를 조달하기 위한 각종 공해전(公廨田)과 위전(位田)이 존재하였다. 세종이 기관별, 용도별 공전을 국용전(國用田)으로 통합했으나 일부 존속하였고, 또한 지방관에 의해 수세는 통합적으로 이루어져도 내부적으로 기관별로 별도로 정해진 액수가 구분되어 상납되고 있었다. 근대의 국민 국가는 절대 왕정을 통해 형성되고, 절대 왕정과 근대 관료제는 보다 일원화되고 통합된 재정제도를 마련하는 과정과 동반하였다.

〈그림 5〉는 조선 시대 세종조 이후의 재정제도를 토대로 전근대에 보편적인 분립자판제 재정을 묘사한 것이다. 그림에서 지방의 군현은 농가로부터 부세를 수취하여 중앙에 상납한다. 이 과정에 다양한 조세 청부나 관료의 독직으로 조세의 징수와 상납이 비효율적으로 이루어진다. 그리고 지방의 군현은 상납한 조세의 일정 부분을 존류(存留)시키고 나머지를 상납하

되 왕실과 중앙 정부의 각 기관 그리고 중간적 정부인 감영에 상납하는 구조이다.

〈그림 5〉에서 보듯이 전근대 국가 재정의 특징은 먼저 재정 기구가 통일되어 있지 않은 것이다. 국왕은 사가의 수장과 국가의 수반을 겸하고, 정부에서 왕실에 수입을 이전하는 등 왕실과 정부는 혼효되어 있지만, 왕실은 정부와 별도의 재산과 수입원을 가지고 상위에 존재하였다. 먼저 중앙 정부와 지방 정부가 분리되고, 정부 내에서도 기관별로 별도 관리되어 재정의 분립자판제가 이루어졌다. 분립자판제는 지방 주군이 상부의 각 기관에 재정 수입을 별도로 상납할 수도 있고, 또는 정부 각 기관이 별도의 재산을 소유하고 거기에서 직접 영유 수입(domain revenue)을 얻는 경우도 있다. 조선 시대 왕실관·유지인 궁장토나 역둔토 수입, 내장원의 운영 등도 이에 속한다. 또한 흔히 관세나 물품세 등은 재무성과 별도의 기관에서 취급되었다.

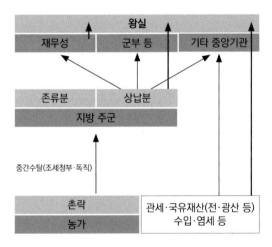

〈그림 5〉 전근대 재정의 분립자판제

서구의 봉건제는 분할 통치여서 국왕을 포함한 각 영주는 각자의 직영지와 기타 재산에서의 영유 수입이 중심이었다.[77] 봉토 봉건제인 일본도 막부의 수입은 직영지와 광산 등의 영유 수입이 중심이고 이외에 공상세, 화폐 주조 이익 등이 있었다. 수조 봉건제인 중국은 중앙 집권적 행정 기구를 통해 전국에 걸쳐 조세를 징수하였다. 중국이 지세와 호세로 구성된 직접세가 중심이지만 상업세인 염세도 큰 비중을 차지했다면, 조선은 직접세가 대부분이었다.

　　봉토 봉건제는 재정 운영에서 중앙과 지방의 분리가 당연한 것이지만, 중앙 정부 내부에서도 수입이 재무성에서 통일적으로 운영되지 않았고, 기관별 지출이 분립적으로 이루어졌으며, 군사비에 있어서는 국왕은 별도의 수입을 가지고 재무성 예산과 별도로 취급되는 것이 일반적이었다. 집권적 수조 봉건제에서도 지방 정부가 조세의 잔류분을 가지고 독자 운영하므로 분산적인 점에서 동일하였다. 또한 수조 봉건제의 중앙기관들 사이에도 재정의 통일이 이루어지지 않고, 국왕은 중앙 정부와 별도의 수입을 가지고, 군대는 독립적 재정으로 운영되는 등 분립자판적 재정 운영이 이루어졌다.

　　전근대 재정은 주된 수입원이 농가의 지세와 인두세 등의 직접세이므로 비 탄력적이었다. 조선은 '비총제'에 의해 군현이 중앙 정부에 상납하는 부세액은 정해져 있었고, 청나라에서도 중앙 정부는 지방 정부에서 받는 부세을 '원액주의'라는 총액제로, 일본은 마을 별로 촌청제로 정해 수취하였다.[78] 전근대 국가는 비 탄력적인 수입을 바탕으로, '양입제출'(量入制出)

<hr />

77 "영국 왕실의 평상 수입은 정규적인 국내 조세에서 나오기 보다는 국왕의 영지, 관세, 그리고 왕실의 징발권이나 보호비와 같은 봉건적 권리에서 발생하였다". Wenkai He, *Paths toward the Modern Fiscal State*, Harvard University Press, 2013. Chap1.
78 '비총제'는 전국의 총 결수에 비례하여 군현별 총 결수, 촌락(면리)의 총 결수를 정해두고 그에 따라 촌락이 공동으로 부세를 납부하는 것이다. '원액주의'는 건륭제가 청의 조세수취액을 종래의 수준으로 고정시킨 것을 말한다(岩井茂樹,『中國近世財政史の研究』, 京都大學出版會, 2000). 그리고 '촌청제'는 연공이나 부역을 촌

을 원칙으로 절약을 미덕으로 삼는 재정을 운영하였다.

한편 중앙 정부의 조세 징수 기구는 군현 단위에 머물렀고, 지방의 군현은 촌락의 공동 납부를 기본으로 하였다.[79] 다만 고대에는 정부가 부세 부과에서 촌락 이하의 세원 파악을 하지 못하는 공납제적인 것이었다면, 중세 국가는 촌락 이하의 농가의 세원을 파악하고 가호에 대한 개별적 부과를 원칙으로 하였으나 실제 징수는 행정기관이 촌락 별 혹은 가호를 몇 개 묶어서 시행하였다. 근대에는 가호를 구성하는 개인별로 재정 기구가 직접 과세 징수한다.

중세에 조세는 물납이 중심이고 점차적으로 화폐납이 도입되어 갔다. 그러나 화폐납의 수준은 국가별로 달라서 중국은 청나라 시절에는 화폐납이지만, 계산의 단위가 무게에서 독립하지 못한 상품으로서 칭량 은화였고, 조선은 현물 재정이지만 후기에 부분적으로 대전납이 이루어졌으며, 일본은 도쿠가와 막부 시대에 석고제(石高制) 아래 물납이었다. 따라서 3개국 모두에서 근대적 의미에서 금속 가치와 분리된 화폐 단위가 성립하지 못했고,[80] 그런 의미에서는 중국도 온전한 화폐 재정이 성립하지 못했다. 그러나 조선은 군역과 요역 등 노동력 동원이 이루어져 조세 국가라는 표현보다도 오히려 출역 부세 국가라는 표현이 적합하였다.

전근대 국가에는 재정 기구가 행정 기구와 별도로 성립되지 않았다. 정

락 단위로 촌락 전체의 책임으로 납부하는 제도이다. 모두 기본적으로 촌락 단위로 정해진 부세액을 징수하는 것이다.

79 비총제, 원액주의, 촌청제는 모두 촌락 별 공동 납부가 기본이었다. 한편 영국에서도 촌락에서의 조세 징수가 개별 납부가 아니고 사실상 젠트리에 의해 대행되고 있었다. (Wenkai He, *Paths toward the Modern Fiscal State*, Harvard University Press, 2013. Chap 2).

80 케인즈에 의하면 화폐의 '계산 단위'가 금속의 중량과 독립적으로 성립하면서 비로소 '화폐다운 화폐'(money proper)가 성립한다. (J. M. Keynes, *A Treatise on Money* VI, Macmillan and co., ltd., 1953, pp 4-5). 이 과정에서 화폐 1단위가 무엇을 뜻하는지를 국가가 법정하는 크나프(Knapp)의 법정 화폐주의(chartalism)가 실현되는 것이다.

부가 세원을 정확하게 파악하고자 하였지만 재정 관료제와 절차가 정비되지 못해 안정적 재정 수입을 확보하는 것이 쉽지 않았다. 조세 징수 과정에서 급여가 없는 보조적 관리나 상인 그리고 젠트리 등 유력 지주에 의해 조세 청부나 독직(venality of office)이 행해지는 경우가 많았다. 조선 시대 방납이나 향리의 가렴주구는 초기적인 조세 청부와 독직의 형태이다.

근대 국민 국가는 절대주의를 거쳐 근대 재정 국가의 형성으로 나타나고, 국민 국가는 자본주의 발전의 동반자였다. 근대의 재정 국가는 여러가지 특징을 지니고 있다. 근대 국가는 중앙 집권을 강화하기 위해 재정의 중앙 집중제(centralized fiscal system), 즉 재정기관의 통일을 추진한다. 이 과정은 점차적으로 이루어졌지만 군사비도 재무성에서 예산을 편성하고, 지방 경비도 중앙에서 배분하게 된다. 공화정이 성립되면 왕실도 국가 기구의 일부로 편입되어 왕실비도 국가 예산의 일부로 편성된다. 근대 국가는 상비군을 설립, 유지하기 위해 수입을 증대하고자 한다. 국가는 종래의 지세, 인두세 등의 직접세와 함께 소비세, 관세 등 간접적 상업세를 확대하며, 이외에도 관직의 판매, 국채의 발행, 종교 재산이나 정적의 재산을 몰수하는 등 여러 방법으로 수입을 증대하고자 하였다. 한편 근대 국가는 조세의 효과적인 징수와 지출을 위한 재정 관료 기구의 정비가 필요하다. 베버는 합리적인 행정 관료가 행정에서의 신뢰성과 예측성을 높이고 자본주의 발전에 기여하는 역할을 평가하였다.[81]

그리고 근대 재정 국가에서의 조세의 집중 관리는 징수 기구와 운송, 관리에 이르기까지 많은 시설이 필요하며, 이에는 제도 정비와 적절한 출납 장부의 작성 기법, 병행적인 금융의 발전, 훈련된 인력 등이 필요했다. 이것들을 전제로 성립되는 근대 국민 국가의 재정은 통일적 재정기관에서의

---

81 Max Weber, *Economy and Society*, volume Ⅱ (Berkley: University of California Press, 1978), pp 974-975, pp 1393-1394.

개인별 납부, 화폐 납부 등을 특징으로 한다.[82] 조세의 납입과 중앙 관리, 지방에의 배분 등이 원활하게 이루어지기 위해서는 금융기관을 이용한 국고제도와 금융기관 상호의 신속한 연락망과 환 제도 등이 필요하다.

재정의 통일과 함께 근대 재정 국가는 직접 국유기업을 운영하여 경제 발전을 촉진하고 일종의 근대적 영유 수입(domain revenue)을 얻고자 한다. 국가 전매 사업이나 철도 그리고 통신 사업 등이 대표적인 것들이었다. 개항기 비록 재정기관의 통일과는 거리가 있지만, 왕실이 내장원을 통해 홍삼 전매를 비롯한 다양한 수입을 확보하고자 한 것도 영유 수입의 일종이다.

그러나 근대 재정 국가의 무엇보다 중요한 특징은 중앙은행을 통한 통일적 화폐제도의 수립과 금융의 이용이다. 베버는 경제적 관점에서의 근대 국가를 화폐적 통합 능력 또는 화폐 창조의 독점으로 정의한다.[83] 민간의 금융 발전 과정에서, 국가 부채의 발행과 국채의 유통을 통한 금융의 발전, 조세의 예치와 국채를 준비로 하는 독점적 중앙은행권의 발행은 근대 재정에 획기적인 것이고, 근대 재정 국가는 중앙은행권 제도로 그 능력이 비약적으로 신장된다. 근대의 표준적 중앙은행권 제도는 귀금속을 본위로 하고, 보조화를 두며, 태환 가능한 지폐를 발행하는 제도이다.

화폐제도와 관련하여 보조화의 유통량을 제한하여 본위화(本位貨)와의 태환을 유지하는 것을 카를로 치폴라(Carlo M. Cipolla)는 '표준식'(standard formula)이라는 개념으로 불렀지만,[84] 이를 확장하여 본위화를 대위하는 지폐와 함께 보조화의 태환이 유지되는 화폐제도를 근대의 표준적 본위화제

---

82 Wenkai He, *Paths toward the Modern Fiscal State*, Harvard University Press, 2013. Chap 1.

83 Max Weber, *Economy and Society*, volume Ⅰ (University of California Press, 1978), p 166.

84 Carlo M. Cipolla, *Money, Prices, and Civilization in the Mediterranean World, Fifth to Seventeenth Century*, New York: Gordian Press, 1956, p 27.

도로 부를 수 있다고 생각된다. 근대의 표준적 본위화제도는 근대 관료제에 기초한 근대 재정 국가의 완성태로 성립한다. 이 과정에서 지폐의 유통과 본위화와의 태환을 담보하는 것은 어려운 일이었다. 그러나 보조화의 유통과 본위화와의 태환을 담보하는 것은 오랜 기술의 발전과 경험을 필요로 하여 영국에서도 영란은행권 지폐 발행보다 한참 늦은 1816년에야 가능했고, 토머스 존 사전트(Thomas John. Sargent)등은 이것을 '소액 화폐의 큰 문제(big problem of small change)'라고 불렀다.[85] 근대의 표준적 본위화제도의 성립은 근대 재정 국가 성립의 완성을 보여주는 것이다.

중앙은행권은 정부의 강제 통용과 함께 통일 재정의 중앙 집중된 조세를 화폐 가치 안정의 담보물로 제공하는 것에서 신용을 확보한다. 조세 예치를 통한 정부의 신용은 금융기관으로부터의 차입에 대한 신용 제공이기도 하지만 다른 한편 인민의 지폐에 대한 신용의 제공이기도 하다. 정부는 조세를 담보로 장기차입을 통해 신축적 수입을 얻을 수 있지만, 은행권의 화폐 가치 안정은 민간의 저축과 투자를 촉진하여 자본주의 발전의 기틀을 마련한다. 경제 성장에는 국가의 재정 수입 증대보다도 오히려 화폐 가치의 안정과 그 적절한 공급이 중요하다. 국민 국가는 자본주의 발전이 진전되고 급여가 일반화되면서 19세기 중반 이후에 소득 세제와 누진 세제를 도입하기 시작한다. 개항기 조선 정부는 재정기관을 통일하고 표준적 화폐제도의 수립을 통해 재정 수입 증대와 안정된 화폐 공급을 추구했으나 실패하였다.

근대 재정 국가의 성립은 절대주의에서 국민 국가에 이르는 오랜 과정

---

85 보조화와 본위화와의 태환이 영국에서는 1816년, 미국에서는 1853년에야 가능했다. Thomas J. Sargent and Francois R. Velde, *The Big Problem of Small Change*, Princeton University Press, 2002, p5. Carlo M. Cipolla, *Money, Prices, and Civilization in the Meditrrranean World, Fifth to Seventeenth Cuntury*, New York: Gordian Press, 1956. p 27.

이었다. 절대주의는 국민 국가의 선행 조건이지 그 자체는 아니었다. 16세기에는 부르주아의 이해가 국가에 국한되지 않았고, 오히려 개방된 국제 경제에 관심이 있었지만, 17세기 말이나 18세기가 되면 부르주아 중에서 민족주의의 진정한 옹호자들이 나타났다. 국민 국가는 구성원을 동질적인 국민으로 통합하는 것이고, 18세기에 부르주아의 지원 아래 국가 기구의 관리자들이 좀 더 동질적 종족 그룹을 중심으로 외곽 지역을 동화할 수 있는 통합된 민족 국가를 형성하였다.[86]

자본주의는 처음부터 세계 경제에서 발생하는 불공평을 유지하고 보다 큰 잉여를 얻기 위해 민족주의적 정서를 가진 강력한 국가 기구를 이용하고자 한다. 자본주의는 경제 문제에 대한 국가의 불간섭에 기초한 체제가 아니고 오히려 그 반대이다. 자본주의는 "경제적 손실을 정치체가 끊임없이 흡수하면서 경제적 이익은 사인(私人)에 분배되는 구조를 기초로 하고 있는"[87] 것이다.

국민 국가는 중상주의 단계와 달리 제조업의 성장을 촉진하는 점에서 구별된다. 부르주아는 "특정한 분업 체제에 기초한 세계 경제를 수립하고자 하며, 이 체제의 정치 경제적 수호자로서 중심 지역에 국민 국가를 창출하고자 한다".[88] 국민 국가는 대외적으로 세계 경제를 지향하는 다른 한편 지역적 통합성과 개별성을 분명히 한다. 국민 국가는 관세를 통한 국내 시장 보호와 식민지에서의 독점 등을 추구하고, 대내적으로는 제조업 부문의 투자를 증대하고 경쟁력을 높이고자 한다.

중상주의 이후의 자유주의는 길드 규제를 해체하고 '영업의 자유'(free trade)를 통해 종래의 생산량이나 상품 질의 통제를 폐지하고 자유 가격을

---

86 Immanuel Wallerstein, *The Modern World System* I, Academic Press, INC., 1974, pp 146-147.

87 Immanuel Wallerstein, 같은 책, p348.

88 Immanuel Wallerstein, 같은 책, p357.

통해 가격 경쟁을 주로 하는 것이었다. 이제 상인 자본은 농촌 수공업에 진출하여 값싼 상품을 대량 생산·판매하며 효율을 높이기 위해 노력한다. 초기의 자유주의는 상인 자본의 이해를 대변했지만 산업 자본을 육성하게 되었다. 그러나 경제적 자유주의는 국내에서 중상주의적 규제를 철폐하고 경쟁을 통해 효율을 높이는 것이었지만, 대내외적으로 일관된 것은 아니었다.[89] 그리고 국내에서 자유로운 경쟁이 가능한 제도를 형성하는 것도 국가의 중요한 역할이다. 한편 공업화가 뒤늦은 유럽 대륙의 자본가는 처음부터 지속적으로 국가의 보호를 주장하였다.[90]

국민 국가는 재정 능력 확대 과정에서 화폐 및 금융을 통합한다. 성장하는 국민 국가는 국제 화폐인 이탈리아의 금화 유통을 금지하는 대신 국내 금화를 발행하고 내부화하며, 국제 금융 상인에 장악된 국내 상업을 해방하고 금융 발전을 꾀하였다. 이 과정에서 각국에는 은행이 발전하고 은행권이 발행된다.[91] 영국은 1694년 영란은행(Bank of England)을 설립하고, 영란은행이 국채를 인수하는 대신 조세 수입을 독점적으로 예치하고 유한책

---

89 영국은 지속적으로 아시아의 면직물 수입을 금지했고, 영국에서 자유주의가 무역 자유주의로 나아가는 것은 1840년대 곡물법의 폐지 이후이다. 산업 자본이 자유주의를 소리 높게 외친 것은 영국이 세계의 공장으로 확립되어 굳이 국가의 보호를 필요로 하지 않는 1840~1860년대의 짧은 기간에 그쳤다. 미국의 남북전쟁 후 면화 가격이 상승하자 영국은 1870년대 이후 인도 내의 면직물 생산을 중단하고 면화를 영국에 팔도록 하였다. 1870년대의 자본주의는 이미 독점 자본주의와 제국주의로 나아가고, 국가는 해외에서 자본가의 이익을 옹호할 것이 기대되었다.

90 Rudolf Hilferding(1910), *Finance Capital. A Study of the Latest Phase of Capitalist Development.*, Routledge & Kegan Paul, London, 1981. chap 21, 'The reorientation of commercial policy' 참조.

91 서양에서 지폐의 원형은 이탈리아 상인의 환어음이다. 영국에서 발전된 형태는 '금장이 발행한 예탁증서'(goldsmith note)이다. 금장은 화폐 교환상에서 출발하여 상인의 예금을 받고 국가에 대한 대출 업무 등을 하면서 금장은행으로 발전하였다. '금장증서'가 은행권으로 발전하지만, 이후 정부가 특정 은행을 중앙은행으로 만들면서 일반 상업은행의 은행권은 사라진다.

임회사로서 독점적으로 은행권을 발행하도록 하였다. 국내 지점망이 갖추어지면서 영란은행권은 종래의 환어음 대신에 국내 및 대외 지급 수단으로 사용되었다. 이 밖에 금융망의 형성을 통한 국고제도와 금융 이전의 편의성 확보는 중앙 집중적 재정 운영의 불가결한 요소의 하나이다.

그러나 18세기부터 1930년대 이전의 유럽 화폐제도는 금본위 제도에 기초하였다. 따라서 중앙은행권은 국가의 경제 운용 수단이지만, 그 발행량은 기본적으로 금 준비에 의존하고 민간의 예금 화폐도 그 공급이 금 준비에 자율 규제되었다. 영국보다 1세기 이상 지체된 프랑스나 독일의 중앙은행 제도는 그들 지역에서의 근대 재정 국가 형성의 지체를 보여주는 것이다. 미국은 연방준비은행(FRB)이 1913년에야 설립되었지만, 1860년대에 이미 재무성이 법정 지폐를 발행하거나 국립은행들로 하여금 은행권 발행 준비로 재무성 증권을 인수하도록 하여 탄력적 수입을 확보하는 근대 재정 국가로 변신하였다.

아시아의 가산제 사회에서 근대화를 위해서는 특히 정치개혁을 통해 근대 국가를 건설하고 상공업 발전을 위한 국가의 적극적 정책이 필요했다. 국가의 개발 정책은 신축적이고 안정적인 재정 수입의 확보가 전제되어야 한다. 중국은 명말부터 이미 서양을 접하고 있었고,[92] 18세기 중가르 지역에의 원정에도 불구하고,[93] 19세기 초까지는 지속적인 은의 유입 속에 상업이 발전되고 재정도 여유가 있었다. 그러나 1820년경부터 아편 수입으로 인한 은의 유출로 디플레와 재정 궁핍을 겪었고, 이어서 아편전쟁과 태평

---

92 중국은 명나라 말인 16세기 후반부터 마카오로 출입하는 서양의 선교사와 상인들을 통해 서양 사정과 서양 문물을 접하고 있었다. 임진왜란을 통해 서양식 화기의 성능도 알았고, 이미 1602년에는 마테오리치가 '곤여만국전도', 1603년에는 '천주실의'를 출판하였다. 17세기 후반부터는 이미 광동13행 체제를 통해 서양과의 교역이 증가하고, 서양 문물과 사회를 이해하는 중국 상인 및 지식인들도 늘어나고 있었다.
93 중국은 17세기 말 강희제의 원정 이후, 1755년에는 건륭제가 신강(新疆)의 북서쪽 및 몽골 서쪽에 있던 중가르(Zunghar Khanate) 지역으로 원정하였다.

천국의 난으로 국가적 위기를 맞게 되었다.[94] 다만 19세기 후반 수출 증가와 특히 1870년대 이후 서구가 금본위제로 이행하면서, 가치가 하락한 은이 다시 중국으로 유입되었다.

중국은 위기적 상황에서 국내 관세인 '리진'(釐金)이나 관세 등의 상업세를 강화하여 재정 수입을 증대하고자 하였다. 그러나 중국은 다른 동북아 국가와 마찬가지로 민간에서 금융 차입의 전통이 없었다. 국가 재정이 부족하지 않았던 측면과 함께 민간 금융 자본이 성장하지 못한 양면이 작용했을 것이다. 결과적으로 중국은 오랜 중앙 집권과 관료제 그리고 화폐 운용의 경험에도 불구하고 안정된 화폐 가치의 신용 화폐 제도의 기초 위에 장기 차입이 가능한 근대 재정 국가로 전환하지 못했다. 중국은 무엇보다 정치개혁을 통한 재정기관의 통일을 달성하지 못하고 분립자판제가 유지되어 조세를 담보로 하는 전국적 신용 화폐 발행 제도를 만들지 못했다.

중국은 장기간의 은화 유통에도 불구하고 정부가 은화를 주조하지 않아, 은화의 계산 단위가 금속의 무게로부터 독립하지 못했다. 중국은 재정난으로 1850년대에 '은 표시 지폐'(은표)와, '동전 표시의 지폐'(보초)를 발행하고 유통시켰으나 실패했다. 지폐가 전국적으로 태환 가능성을 확보하기 위해서는 태환성의 확보, 전국적 수용과 금융 이전의 편이, 강제 통용 등이 필요하나 미흡하였다. 또한 지금(地金)에서 분리된 '계산 단위'로서의 화폐의 성립이 금융 조작 혹은 지폐 등의 신용제도 수립을 위해 필수적인 사회적 제노이나, 태평천국의 혼란기에는 단기간에 달성하기 어려웠다. 퓨어워커는 조세 등으로 지급이 담보된 국가 부채(funded national debt)의 부재를 중국 근대화 정체의 주요인의 하나로 들고 있다.[95] 담보부 국채는 장기

94 중국으로의 은 유입과 호부의 은 재고에 관해서는 Richard von Glahn(2016)의 같은 책, p 323 그림 8.2와 p 362 그림 9.3 및 p 367 표 9.5 참조.

95 Albert Feuerwerker, "*Chinese Economic History in Comparative Perspective*", Studies in the Economic History of Late Imperial China, Michigan Monographs in Chinese

차입을 의미하지만 중앙은행권도 실질적인 의미에서 장기 차입의 한 형태로 볼 수 있다.

청조는 중국 사회 내부에 깊이 침투하지 않고, '원액주의'라는 공납제적 조세제도를 가지고 있었다. 한편 양무 정권은 청조를 타도하려는 태평천국의 난을 진압하는 과정에서 성립되어 국민 국가로의 발전이 어려웠다. 또한 청조는 근대 재정 국가로의 전환에 민족적 한계가 있었던 것을 인식했다. 신해혁명의 이념인 삼민주의에서의 민족이라는 개념이 '만주족의 구축과 중화의 회복(驅逐韃虜, 恢復中華)', 즉 '멸만흥한'(滅滿興漢)이었던 것은 이를 반증한다.

근대 재정 국가는 재정 기구의 정비와 통일, 조세 수입원의 다양화, 금융기관의 정비 및 중앙은행을 통한 신용 화폐제도의 창출로 완성되며, 아시아에서 일본만이 성공하였다.[96] 메이지(明治) 정부는 봉건 영주의 '한(藩)'을 폐지하고 재무성(대장성)으로의 재정기관의 통일을 추진했다. 메이지 정부는 초기에 재정 부족의 큰 부분을 지폐 발행에 의지한 결과 인플레로 큰 어려움을 겪었고, 이를 시정하고자 '한사츠'(藩札)의 발행 경험을 토대로 정부 지폐의 태환제도를 마련하고자 하였으나 성공하지 못했다. 이어서 1872년 국립은행 조례를 만들어 종래의 정부 지폐를 일본 국채로 교환시키고, 국립은행이 그 국채를 담보로 은행권을 발행하도록 하였으나, 태환제도 마련에 실패하고 인플레가 지속되었다. 일본은 1882년에 일본은행 설립을 통해 국가 독점의 은행권제도를 마련하고, 1884년 은본위를 시행함으로써 비로소 태환제도에 기초한 화폐 가치 안정에 성공할 수 있었고,

---

Studies, 1996.

96 일본은행은 1882년 설립되고, 1885년 은본위제도, 1897년 금본위제도를 확립하여 안정된 근대 화폐제도를 수립했다. (구)한국은행은 1905년 일본에 의해 설립되었다. 중국은 사실상 국민당 정부에서도 실질적인 단일 중앙은행 제도를 수립하지 못하였다.

1897년 금본위제로 이행하였다.

19세기 후반에 아시아는 서세동점(西勢東漸)의 위기의식에서 메이지 유신, 양무 운동, 개화 운동 등에서 보듯이, 선각 지식인을 중심으로 하는 위로부터의 개혁을 통해 가산 관료제 사회를 변혁하고 근대 재정 국가의 수립을 추진하였다.[97] 아시아는 그 내부의 자체적 부르주아 발전 수준이 낮아, 부르주아적 이익이 국가적 이익으로 자리 잡지 못했다. 따라서 지식인이 정치개혁을 통해 국가 기구를 근대적 관료제로 개편하고, 이를 바탕으로 국가 주도의 자본주의적 발전과 민간 자본의 육성을 추진하였다. 아시아에서 일본의 메이지 유신, 그리고 중국의 신해혁명은 형식은 공화정이고 내용상은 절대주의 정치 체제였으나,[98] 이를 토대로 위로부터의 부르주아적 발전을 추구하였다. 뒤늦게 출발하는 국가는 절대주의 왕권에서 부르주아 국민 국가의 형성을 동시에 추구하는 점에서 급진적이었다.

아시아는 상대적 차이에도 불구하고 서구적 자치 도시나 시민 부르주아가 성립하지 못하고, 이런 점이 이후의 근대화 과정에서 공통점을 가져온 측면이 있다. 메이지 유신 후에 일본은 재정기관의 통일, 다양한 재정 수입의 확대, 일본은행의 설립과 표준적 화폐제도의 수립 등을 통해 근대 재정 국가로 변모하였다. 일본은 식산흥업 정책과 민간 자본의 발전을 통한 국가 주도의 아시아적 공업화 모형을 최초로 만들고 전파했다. 그러나 일본 성공의 배후에는 일본 자체의 상대적 장점 외에 '아시아 간 무역'[99]과 이후

---

97 다카하시 고하치로(高橋幸八郞)는 자본주의 발전의 두 길을 제시하고 뒤늦은 나라는 '위로부터의 개혁'이 이루어짐을 지적한 바 있다. (Takahashi, H.K., *"The Transition from Feudalism to Capitalism: A Contribution to Sweezy-Dobb Controversy"*, Science and Society, ⅩⅥ, 4, 1952, pp 313-345). 한편 안병태는 한국의 근대적 전환은 새로운 전망을 가진 정치 권력에 의한 보호 육성에 의해 이루어질 수밖에 없음을 지적한 바 있다. (安秉珆, 『朝鮮近代經濟史硏究』, 日本評論社, 1975).

98 일본의 천황제, 중국 국민당의 당국 체제(黨國體制) 등은 모두 국민 주권이 제한된 절대주의 체제이다.

일본제국주의의 해외 팽창을 통해 아시아 주변 국가들과의 불평등 발전을 초래한 차별적 요소도 간과할 수 없다.

중국에서 위로부터의 근대 개혁을 시작한 양무 정권은 동도서기론에 입각한 흔히 관독상판(管督商辦)이라 부르는 위로부터의 근대화를 시도했으나 성공하지 못했다. 신해혁명을 통해 성립된 국민당 정부는 사대가족(四大家族)의 금융 자본이 관제탑을 장악한 가운데 근대 재정 국가로의 변신과 관료 자본주의적 근대화를 추구했으나 실패하였다.[100]

그러나 보다 긴 역사적 관점에서 보면 국가주의가 반드시 아시아의 본래적 특성이라고 볼 수만은 없다. 아시아의 전근대 집권 국가는 봉토 봉건제에 비해 조세 부담률이 낮고 공공 부문이 상대적으로 작았다. 중국으로 대표되는 아시아에 중앙 집권의 전제국가가 존재했으나, 사회적으로는 농본주의 경제에서 '무위이치(無爲而治)'라는 민간 자율성이 존중되었다. 프랑스의 중농주의자 푸랑수아 케네(Francois Quesnay)는 이점을 높게 평가하여,[101] 중국적인 자율 경제에서 배우고자 하였고, 이러한 사상은 영국의 자유주의 경제학으로 이어졌다. 이후 영국에서는 부르주아에 의한 국내적 자

---

99 일본은 19세기 말부터 인도산 목면을 원료로 면사, 면직물을 생산하여 중국이나 한국 등 아시아 각 지역에 수출하면서, '아시아 간 무역'을 통해 근대 공업화에 성공할 수 있었다. 杉原薫, 『アジア間貿易の形成と構造』, ミネルヴァ書房, 1996.
100 장제스(蔣介石), 숭쯔원(宋子文), 쿵샹시(孔祥熙)와 천귀푸(陳果夫) 등 네 가문이 장악한 중앙은행, 중국은행, 교통은행, 농민은행 등 은행 자본을 의미한다. 이들은 1935년 11월 폐제개혁(幣制改革)으로 은(銀)본위제를 폐지하고 발행된 국민당 정부의 법정 은행권인 법폐를 발행하는 4개 은행으로 되었다. 법폐는 일본의 침략 속에 화폐 가치 안정에 실패했다.
101 케네는 『중국의 전제 군주제(Le Despotisme de la Chine)』에서 중국의 전제 군주제를 법치 사회로 인식하고, 사유 재산은 보호되었고, 상업은 대외 무역의 규모가 작았으나 국내 상업은 번성하였다고 한다. 그리고 과거제의 업적주의, 표준화된 조세, 보편적 교육제도 등을 높게 평가했다. 또한 『경제표(Tableau Economique)』에서는 농업만을 생산적 산업으로 파악하여 농본주의적 견해를 제시하였다.

유주의 경제와 함께 대외적 국가주의가 병존하는 체제가 이루어졌다. 반대로 아시아는 뒤늦게 근대화를 추구하면서 국가주의적 성장 전략이 채택되었다고 볼 수 있다.

역사적으로 자유주의와 국가주의는 상호 대립적이지만 고정적이지는 않았고, 시기별로 교대하는 국면이기도 했고, 때로는 동시적으로 대내 외에 다른 모습으로 나타나는 양면성을 보여준다. 그러나 근대는 자유주의를 보다 기저적인 토대로 하는 점에서 전근대와 구별된다. 근대 문명과 민주주의는 시장의 화폐 경제를 기본적인 토대로 하며, 개인의 자유와 다원화된 사회의 자율성이라는 자유주의적 기초 위에 성립한다. 케네가 평가한 중국의 자율 경제는 세계사적으로 특수하지만, 은(銀)을 토대로 하는 상인의 원격지 무역 및 국가 재정과 이중 구조를 이루면서, 보편적으로 성립한 동전을 토대로 하는 지역 내의 농민적 상품 화폐 경제에서 작동하고 있었다.[102] 중국의 화폐 경제는 서구와 달리 자본주의나 민주주의를 허용하지 않는 '유교적 화폐 경제'의 특성을 지니고, 소농 위주의 농본 경제라는 굴레 안에서 작동한 것이었다.

한국은 개화파 및 광무 정권이 개혁 주체와 방법이 달라 위로부터의 근대화를 추구했으나 성공하지 못했다. 개화파는 입헌군주제를 지향하며 영업의 자유 등 자유주의적 개혁을 주장했으나 권력적 기반이 취약하고, 대외 의존적이었다. 광무 정권은 군주제 황실이 중심이 된 관상(官商) 자본주의적 발전을 추구했으나,[103] 엄혹한 대내외적 여건 아래 근대적 재정 국가를 달성할 수 없었다.

근대의 재정 국가는 절대주의를 거쳐 근대 국민 국가가 성립하는 과정

---

102 黑田明伸, 『中華帝國の構造と世界経濟』, 名古屋大學出版會, 1994. 참조.
103 관상 자본주의란 관료나 관료 출신들이 상업 활동에 직접 나서거나 관독상판적 기업 운영을 하는, 국가와 연계되어 관료 출신이 중요한 역할을 하는 자본주의라는 의미로 사용한다.

에서 형성된다. 그러나 세계 체제의 반주변부(半周邊部)에서는 절대주의에서 부르주아 근대 국민 국가를 형성하지 못하고 사회주의 근대 국가가 수립되었다. 20세기 사회주의 국가들도 '세계 경제 체제 내에 존재하는 경제들'이었다.[104] 20세기 말 고전적 사회주의가 붕괴되면서 이들은 근대 국민 국가로 환원, 재탄생되었다.

한국은 오랜 기간 폐쇄 국가였고, 19세기에 민중의 위기의식과 민란이 고양되었지만, 새로운 정치 변혁을 실현하고, 나아가 폐쇄된 중국의 조공 체제에서 벗어나 내·외부에서 스스로의 힘으로 근대화의 기제를 찾는 개혁을 추진하지 못했다. 외압에 의한 개항 이후 한국은 처음으로 화폐를 추구하는 상업 자본 및 식민자들과 그들의 상업 사회를 만났고, 근대 문물을 접했다. 국내적 정치개혁이 우선되지 못했지만, 역설적으로 개항은 한국 사회 변혁의 기회를 제공할 가장 큰 개혁의 출발이었다. 개항은 닫힌 사회에서는 불가능했던 근대화에 필요한 자본, 기술, 시장 등을 획득하고 내부를 개혁할 기회를 제공하였다. 개항은 문명의 전환을 알리는 획기였지만, 외압 아래 한국 사회는 분열되었고, 시행착오를 교정하고 통합할 시간적 여유가 없었다.

한국의 개항기에 정부의 가장 지속적인 개혁 시도는 새로운 금융제도를 마련하는 바탕 위에 국가의 재정 수입을 늘리고자 하는 것이었다. 근본적으로 조선 후기는 수조 봉건제에서 사유화의 진전으로 무산자는 대량 창출되었지만, 화폐 자본은 결여된 사회였다. 토지 자산이 집중된 조선 사회에서 근대적 화폐 및 금융제도 수립을 통한 재정 자금의 이용과 토지의 자본화는 국내 자본을 동원하기 위한 거의 유일한 방법이었다. 개항기 한국 정부는 지속적으로 근대 재정 국가로의 변신을 시도했으나 내외적 조건의

---

104 Immanuel Wallerstein, *The Modern World System I*, Academic Press, INC., 1974, p 351.

불비로 실패하고 식민지화되었다.

한국은 실질적 식민지인 보호국 체제에서 화폐·재정 정리 사업을 통해 표준적 화폐제도와 재정기관의 통일 및 징수 기구의 정비가 이루어졌다. 이어서 다양한 수입원의 확보, 토지 조사 사업을 통한 지세의 안정적 증징을 통해 식민지 근대 재정 국가로 변화되었다. 그리고 토지 금융제도를 이용하여 토지 자산의 자본화를 도모하였다. 나아가 법인과 급여 소득자의 증가에 따라 '조선소득세령'을 통해 1920년에 법인세, 1934년에 개인에 대한 소득세 제도 등을 마련하였다. 이는 식민지적 근대화 과정과 병행되었다. 한국 경제는 일본에 통합되고 사회적 분업이 진전되었다.

그러나 식민지 체제는 주권을 강탈한 상태에서 한국인을 차별하는 것이었다. 일제강점기 한국에 일본의 근대법이 외연적으로 적용되고, 근대적 재정제도, 관료제, 사유 재산제 등이 시행되었으나 국민 주권이 존재하지 않았다. 국민 국가는 민족적 통합성을 전제로 하지만 식민지는 일본제국의 본국을 중심부로 하는 통합이고 식민지는 중심에 봉사하는 (반)주변부이다. 일본은 제국의 분업 체제에서 농산물 공급을 위해 지주제를 유지하고, 공산품 판매를 위해 시장을 통합하였다. 그리고 조선에서 공업화도 일부 추진되었으나 일본의 정공업을 보완하는 조공업을 육성하는 것이었다.

그러나 조선에는 일본에 부족한 수력전기와 광산물이 존재하여 1930년대에 전력을 이용하는 화학비료나 자원 수탈에 적합한 군수공업화가 추진되었다. 전시공업화는 전쟁 수행에 필요한 우선 순위에 따라 계획적이고 차별적으로 추진되었으며 일본제국주의 체제에서 반(反)주변부적이었다.[105] 그러나 내부적으로 식민지 조선은 정치적으로 스스로 국민을 형성하지 못한 식민지 주의(colonial absolutism) 시대였고,[106] 부분적 공업화와

---

105 식민지 조선은 엔블록 체제에서 일본 본토에 대해 주변부적이지만 대 만주 및 대 중 관계에서는 중심적이었고, 그런 의미에서 반주변부적 성격을 지니고 있었다.

화폐 경제의 발전으로 (반)주변부 자본주의적 발전을 하였음에도 불구하고, 내부 구성에서 절대 다수의 인민이 소작 농민인 식민지 반(反)봉건사회였다.

근대에 경제제도로 중요한 것은 주식회사, 특히 은행 및 여타 금융기관이 성립된 것이다. 상대적으로 영국의 은행은 단기적 상업자금 대출을 주로 수행한 반면 독일이나 미국 등의 후발국에서는 은행이 투자은행으로서 장기 산업 자금을 공급하였다. 독일과 미국은 철강 등에서 새로운 생산 방법으로 효율을 높이고 영국과 경쟁하게 되었다. 이후 자본의 축적과 집중이 지속되면서 과잉 생산과 투자기회 부족이 항상화된다. 산업 자본과 은행이 결합된 금융 자본은 불황을 극복하고자 국내에서 카르텔 등으로 경쟁을 제한하고자 하는 한편 제국주의적 해외 팽창을 통해 새로운 시장과 자본 수출 기회를 얻고자 했다. 후발국의 산업이 경쟁력을 가지게 된 뒤에도 그들은 보호적 관세를 통해 카르텔을 유지하고 초과 이윤을 얻고자 한다.[107] 특히 독일은 해외로 팽창하여 경제적 영토를 넓히고 대규모 생산으로 경제적 효율을 얻고자 식민지 획득을 위한 세계전쟁을 초래했다.

제1차 세계대전 후 유럽은 지속적인 불황을 겪으면서, 관세와 평가절하를 통해 경쟁력 강화를 위한 국가 간의 파괴적 경쟁이 지속되었다. 결국 1929년에 대공황을 맞고, 1930년대에 금본위제도에서 탈피하고 관리통화제도가 성립되어 국민 국가의 경제 관리 능력은 또 다시 신장되었다. 국가는 신축적인 통화 공급과 차입으로 조세 수입은 물론, 지급 준비에도 엄격하게 구애받지 않은 '양출제입'(量出制入)의 재정 원리를 구현할 수 있게

---

106 식민 모국인 일본의 메이지 정부가 절대 왕정인가, 부르주아 국가인가에 관해서는 오랜 논쟁이 있는 복합적인 문제이다. 그러나 조선총독부의 권력은 메이지 헌법 자체가 적용되지 않는 삼권을 가진 체제이고, 조선인은 정치적 무권리 상태인 점에서 명료한 식민지 절대주의 체제였다.

107 Rudolf Hilferding, 같은 책, 같은 장 참조.

되었다. 양출제입은 경기 변동의 완화에 유효한 수단이지만 다른 한편 통화 팽창과 소비를 부추기는 계기가 되었다.

한편 제1차 세계대전의 전후 처리 과정에서 독일은 막대한 전쟁 배상금의 지급 부담으로 안정적 경제 관리가 힘들어 급격한 초인플레로 어려움을 겪었으며, 미국의 지원으로 경제가 회복되는 과정에 발발한 세계 대공황은 다시 독일에 큰 어려움을 주었다. 이 과정에서 배타적 민족주의와 국가 중심의 경제 회복을 내세운 나치즘이 집권한 후 영토 확장을 시도하여 제2차 세계대전이 발발하였다. 근대의 세계 경제는 독자적 자본주의 발전을 추구하는 근대 국가 사이의 치열한 경쟁 체제였다.

제5절 글로벌 체제와 한국 경제

종전 후 세계 자본주의는 강력한 미국의 헤게모니 아래 IMF, GATT라는 국제 기구를 마련하여, 개별적 경쟁 관계 대신에 공통의 제도를 만들고, 보다 통합도가 높은 글로벌 체제를 구축했다. 한편 전후의 자본 수출은 증권 투자와 함께 다국적 기업의 직접 투자가 많아지면서 세계 경제의 분업화가 보다 진전되고, 주변부의 공업화를 촉진하는 계기가 되었다. 특히 미국의 시장 개방은 저개발 경제에 노동 집약적 공산품 수출을 통해 간접적으로 노동을 이용함으로써 소득을 높일 수 있는 기회를 제공하였다. 세계 경제는 대부분의 예상과 달리 전후 세계의 경기 회복과 IT산업 등에 힘입어 지속적으로 성장하고 자본주의의 활기찬 생명력을 보여 주었다.

전후의 은행은 전통적인 예금·대출 이외에 투자은행 역할을 증대하고 은행 이외에 보험회사나 증권회사 기타 투자기관 등 다양한 금융기관이 발전하게 된다. 이들 금융기관은 다양한 금융 부채(=금융자산)를 상품으로 판매하고 유휴 자금을 흡수하며, 자금 공급을 늘려 이자율을 낮추는 긍정적 역할을 한다.[108] 기업은 부채 금융(debt financing) 이외에 주식 금융(equity financing)을 통해 미래의 기업 가치를 현재의 주가로 연결하여 금융 비용을 절약한다. 이들 금융자산은 생산량이나 여타 자산의 가치보다 빠르게 증대되어 중요성이 커지고 있다.

금융 자본은 상거래를 위한 편의 수단으로 상인 자본에서 출발했고, 직접 생산을 조직하지 않는 이동성 자본이다. 그러나 금융 자본은 상인 자본

---

108 Gurley, J. G. and E. S. Shaw, '*Financial Intermediaries and the Saving-Investment Process*', Journal of Finance, 11, 1956.

과 달리 주식이나 회사채의 매입을 통해 산업 자본을 직접 지배할 수도 있는 상위의 자본 형태이다. 루돌프 힐퍼딩(Rudolf Hilferding)과 레닌은 금융 자본을 "산업가에 의해서 고용되고, 은행에 의해서 통제되는 자본"[109]으로 보았지만, 20세기 말의 금융 자본은 예금·대출이 아닌 금융자산의 매매가 중심이고, 생산과 분리되어 보다 유동적 자본으로 되었다.

20세기 말에 동유럽의 많은 나라는 소련의 해체 과정에서 부르주아 근대 국민 국가로 변신하였고, 중국은 사회주의 시장 경제를 표방하는 국가 자본주의로 개혁되었다. 사회주의 붕괴는 자본주의 세계 경제 체제 내의 근대 국민 국가로의 전환으로 나타났다. 20세기 사회주의는 사회 발전이 앞선 국가가 아니었고, 시장의 화폐 경제가 존재하지 않으면 생산성 향상과 지속적 성장이 어렵다는 사실을 확인했다.

제2차 세계대전의 종전으로 한국은 해방되었다. 그러나 강대국의 군사적 편의에 따라 남북으로 분단되고, 결과적으로 두 개의 분단 국가 수립이 추진되었다. 식민지에서의 억압과 투쟁 과정을 통해 보다 뚜렷이 형성된 민족이 좌우로 분열되었다. 서양의 봉건 말기와 달리 식민지 절대주의 아래 (반)주변부 자본주의적 발전 과정에서 성장한 사회주의자와 노동자·농민은 스스로 정치적 주도권을 장악하고자 하였다. 일제강점기 당시 소수인 부르주아와 토지 자본은 일본의 제국 체제와 부분적으로 이해관계를 같이 했다. 그들은 이로 인해 한편의 부르주아적 근대성에도 불구하고, 스스로가 근대 국가 민족 형성의 정치적 대표권을 장악할 수는 없었다. 그들은 해외 독립운동 세력인 임시 정부를 수립했고 이승만을 지지하여 대한민국을 건국했으며, 이승만은 명확하게 미국 중심의 세계 질서에서 부르주아

---

109 Vladimir Illich Lenin (1917), *Imperialism, the Highest Stage of Capitalism*, "Ⅲ. *Finance Capital and the Financial Oligarchy*", Progress Publishers, 1963. 레닌은 금융 자본에 관해 힐퍼딩의 개념을 그대로 인용하였다.

시장 경제를 추구하였다. 근대에 외세의 침략으로 초래된, 부르주아적 근대성과 대중적 반일 민족 감정의 괴리가 오랫동안 한국 사회 분열의 뿌리가 되었다.

한국은 해방 후, 국민 주권의 실현과 기본권의 보장 그리고 농지개혁을 통한 전근대 사회의 기반 해체, 귀속 사업체 불하에 의한 민간 기업 형성을 통해 시장 경제 질서가 형성되었다. 그렇지만 한국의 헌법은 투쟁의 결과로 사회 내적으로 형성된 것 보다는 서구의 선진제도를 도입한 것이어서, 사회 속에 내재화 되는 데는 많은 조건과 시간이 필요했다.

한국은 50년대 전쟁을 겪은 후, 소비재 공업화를 통해 근대 사회를 추진하는 부르주아를 형성했지만 제조업 발전과 중산층 형성이 미흡하고, 절대 다수인 농민의 생활 수준을 높이지 못했다. 자유시장 경제만으로는 부르주아적 국가 이익을 효과적으로 조직하여 추진할 수 없었고 정부의 역할이 중요하였다. 한국은 1960년대 이후 국가 주도로 급속한 공업화와 기업 육성을 추진하는 '국가 자본주의'(state capitalism)[110] 발전의 길을 추구하였다. 정부는 개발 계획을 수립하고, 외자를 도입하고 내자를 동원했으며, 재벌을 육성하였다.

국가 자본주의는 '개발 국가'와 유사하나 경제 체제적 개념이다. 흔히 국가 자본주의와 중상주의를 혼용하나 국가 자본주의는 국가가 지주나 상인적 발전이 아닌 제조업 중심의 발전을 통해, 화폐가 아닌 '부'(wealth), 즉 소득을 추구하는 점에서 중상주의나 절대주의와 구별된다. 이점을 의식하

---

110 국가 자본주의라는 용어는 독일 사민당의 리프크네히트(Wilhelm Liebknecht), 그리고 레닌 등에 의해 처음 사용되었으나 주로 국유 기업을 의미하는 용어였다. 레닌은 관련하여 독점 자본주의 단계에서의 국가의 자본주의에의 개입을 국가 독점 자본주의라고 불렀다. 이후 주로 일본의 대내력(大內力) 등이 국가 독점 자본주의를 수정 자본주의를 지칭하는 개념으로, 그리고 혼다 겐키치(本多健吉) 등이 국가 자본주의를 국가에 의한 자본주의 추진을 의미하는 용어로 사용했다.

여 '신중상주의'라는 개념을 사용하기도 하나 약간 혼란스럽기도 하다.

제2차 세계대전 후 신생 국가는 한편에서 자본주의 시장 경제를 선택했지만, 다른 한편에서는 고전적 사회주의는 국가로 나아갔다. 고전적 사회주의는 사실상 사회는 존재하지 않고, 공산당 당국 체제(黨國體制)아래 국가(사회)주의적인 계획 경제를 실시했다. 계획 경제는 가격 기구가 존재하지 않고 정부의 책정 가격이 단지 회계 가격(accounting price)으로 기능하는 가운데 물재의 수급을 맞추는 사실상의 현물 경제이다. 계획 경제는 배급 경제를 의미하지만 물재 별로 생산과 사용의 수급을 균형 잡는 것이므로 계획(수급) 경제로 부르도록 한다. 또한 정부에서 수급을 중앙 관리하지만, 군대를 비롯한 국가기관별로 분립자판제적 성격을 가지고 있어서, 전근대적 재정제도로 후퇴한 것이다. 가격 기구가 존재하지 않으면, 효율의 달성이나 분업과 사회 발전이 현실적으로 어렵다.

엥겔스(Friedrich Engels)에 의하면 자본주의가 발전하면, 프롤레타리아가 권력을 장악하고, 생산 수단을 국가 소유로 전환하면서, 사실상 모든 계급 구분과 계급 적대를 폐지하고, 국가도 폐지된다고 한다.[111] 그러나 고전적 사회주의는 이러한 사회가 아니었고, 자율적 사회가 국가를 대신할 가능성은 기대하기 어렵다. 오히려 마르크스가 문명의 지표로 인식한 '개인의 자유로운 발전'이 불가능한 상황을 경험하였다.[112] 근대 문명이 개인의 자유와 독립을 가져왔지만, 그 자유가 모두에게 기본적인 경제적인 자유를 보

---

111 Frederick Engels, *ühring. Herr Eugen Dühring's Revolution in Science*
112 마르크스는 '인간의 해방 과정은 인간의 개인주의화'이고, "인간은 역사 과정을 통해서만 개인화된다. 교환은 무리적 동물을 불필요하게 하고, 그것을 해체한다". "자유로운 개인의 발전이라는 인간주의적 이상에 자본주의는 선행하는 어느 역사 단계 보다도 가깝다. 그러나 발전된 자본주의는 개인에게 외부적이고 적대적이다" 라고 비판했다. (Karl Marx, *Pre-capitalist Economic Formations*, Lawrence & Wishhart, London, 1964, pp 14-15). 그러나 20세기 고전적 사회주의에서 개인은 자율적 사회가 아닌 관료적 집단에 지배되어 사실상 국가 기구로부터 소외되었다.

장하지 못했고, 이를 시정하기 위해 등장한 사회주의가 오히려 개인의 자유를 부정하는 결과를 가져왔다.

고전적 사회주의에서 소득 분배는 자본주의 국가보다는 평등했지만, 표방하는 만큼 평등하지 않고, 당과 국가 기구의 멤버들은 정치적 지위 상승과 함께 화폐 소득보다는 물질적 후생의 특혜로 높은 실질 소득을 누렸다.[113] 그러나 인민은 거주 이전은 물론 직업 선택과 여행의 자유도 없었고, 삶의 질은 높지 못해 개혁·개방이 불가피하였다.

유일하게 공산당 당국 체제(黨國體制)를 유지하면서 경제개발에 성공한 것으로 보이는 중국은 "당의 최종 목표는 공산주의의 실현이고, 중국은 아직 사회주의의 초급 단계에 있다"고 한다.[114] 중국은 개혁·개방으로 소유의 다양화와 시장 경제를 도입했고, 이것을 마르크스주의적 사회주의를 향한 과도기적인 것으로 표방하고 있지만, 30년에 걸친 고전적 사회주의 실험의 실패에서 교훈을 얻은 결과이기도 하다.[115]

중국은 1992년 당 대회에서 시장 사회주의를 채택하고, 공산당 지배 아래의 국가 자본주의적 발전을 추진하고, 2001년 WTO에 가입했으며 개방을 강화하였다. 이어서 2013년 말 이후 금융 자유화를 추진하여[116] 경제의 선진화를 꾀하고 있다. 그러나 중국의 시장 사회주의가 자본주의로의 개혁

---

113 Janos Kornai, *The Socialist System*, Princeton University, 1992, pp 316-332. 총체적으로 코르나이는 20세기 고전적 사회주의 아래서의 물질적 후생의 불평등은 자본주의 국가보다는 낮았다고 한다.

114 「중국공산당규약(총칙)」, 중국공산당 제19회 전국대표대회(2017).

115 2002년 공산당 16회 대회 규약에서 이전까지 존재했던 "사회주의는 반드시 자본주의를 대신한다"는 주장이 삭제되었다.

116 2013년 11월 제18기 삼중전회(三中全會: 중국공산당 중앙위원회 3차 전체회의)에서 금리 자유화, 예금보험제도의 도입이 결정되었다. 금리 자유화는 국유 기업에 대한 우대금리를 철폐하는 것이어서 국유 기업개혁과 병행되었다. 이 외에 외환 자유화와 자본 거래의 자유화 등을 추진하여 위안화를 국제 준비 화폐로 격상하고자 한다.

인가, 그리고 시진핑 집권 이후에도 지속될 것인가는 불확실하다.[117] 중국은 2021년 공산당 창당 100주년을 맞아 유교적 개념인 소강(小康) 사회의 실현을 축하하면서, 건국 100주년인 2049년을 목표로 소강 이후의 대동(大同) 사회를 내걸지 않고, '사회주의 현대화 강국'을 제시하였다.[118] 중국이 지속적으로 공산당 지배 아래의 국가 독점 자본주의로 발전할지 사회주의로의 회귀가 될지는 미래의 영역이다.

중국의 성장 과정은 지금까지 특히 한국의 중화학공업 부문에 자본재와 중간재 수출의 기회를 확대하고, 무역 흑자를 가능하게 하여 한국 경제의 중심 기능을 발전시키는데 도움이 되었다. 그러나 중국은 국가가 중심이 되어 첨단 중심 산업을 육성하고, 중심의 통합력을 강화하며, 전범위 공업화를 추진하고 있다. 한반도는 역사상 영토가 가장 크고 강력한 집권 국가인 중국과 직접 국경을 마주하고 있다. 강력한 중국은 역사적으로 주변국의 복속을 강요하는 패권 국가의 모습을 보였다. 한국이 지속적으로 중심 산업을 확충하고 발전시켜 나가야 되는데 주변 환경은 더욱 엄혹해지고

---

117 코르나이는 생산 수단 소유제의 변화와 물가, 환율 등 거시적 안정 및 그 메커니즘의 변화가 자유 경제로의 전환에 중요한 것으로 평가했다. 한편 코르나이는 국가 소유 기업은 결국 다시 관료화를 가져오고 시장화와 모순되어 결국 시장과 사회주의는 양립하기 힘들다고 인식하였다. (Janos Kornai, *The Road to a Free Economy*, W. W. Norton & Company, 1991). 와타나베는 공산당 지배 아래 있지만 중국은 사유화와 시장화의 측면에서 시장 경제로 전환하였고, 다만 국가의 역할이 큰 왜곡된 자본주의로 되었다고 평가했다. (渡邊利夫, 제10장 「中國-中國型資本主義の摸索」, 『アジア經濟讀本』, 동양경제신보사, 2009). 코르나이도 중국의 시장 경제화를 높게 평가했지만, 시진핑 이후에 중국이 다시 사회주의 독재로 회귀할 가능성을 경계하고 있다. (Janos Kornai, "*Thoughts about the Chinese market reform*", Acta Oeconomica, 69(4), 2019, pp 485-494).

118 '사회주의 현대화 강국'은 생산력 발전을 통해 여유로운 사회주의 건설과 국방력 강화 등을 추진하는 것으로 표현되고 있다. (「중국공산당규약(총칙)」, 중국공산당 제19회 전국대표대회).

있다.

한국은 해방과 함께 분단되어 남북에서 각각 자본주의와 사회주의의 길을 선택했다. 2016년 북한의 헌법에 북한은 '사회주의 국가'이고, 주체사상을 "활동의 지도 지침으로 한다"고 규정되어 있다. 또한 헌법 서문에서 김일성 동지는 '사회주의 조선의 시조'이고, 김일성 동지와 김정일 동지는 "이민위천(以民爲天)을 좌우명으로 항상 인민 중에서 인민을 위해 생애를 바치고, 고귀한 인덕 정치로 인민을 돌보고 이끌며, 전 사회를 일심단결의 대가정으로 변화시켰다"고 한다. '이민위천', '인덕' 등 유교적 이념과 '시조', '대가정' 등의 가부장적 통치를 분명히 하였다. 북한은 조선조 전통 사회의 유산인 가부장제와 유교 이념을 주체의 사회주의와 결합시키고 있다. 남·북한은 생소하지만 긴 역사의 관점에서 보면 통일을 비원의 과제로 가진 새로운 남·북국 분열의 시대를 겪고 있다.

생산력 발전이 낮은 사회주의는 국가 주도의 공업화를 추구하는 점에서 국가 자본주의와 공통된 면이 있다. 알렉산더 거센크론(Alexander Gerschenkron)은 산업혁명이 늦을수록 후발국의 추급(catch up)과정에서 집단적인 에너지를 동원하기 위한 민족주의나 사회주의 등의 급진적인 이데올로기가 이용된다고 지적했다.[119] 이는 국가 자본주의와 사회주의에 공통되는 국가주의를 지적한 것이다. 그러나 고전적 사회주의는 집단 농장을 포함한 생산 수단의 국유 및 공유를 바탕으로 계획 경제를 실시하고, 마르크스가 문명의 지표로 삼은 개인의 자유와 독립이 전제되지 않고, 또한 자급적인 균형 경제, 즉 상대적으로 폐쇄적인 경제 체제를 지향한 점에서 국가 자본주의와 상이하다.

해방 후 한국의 근대화 과정은 가산 관료제에서 식민지 절대주의를 거

---

119 Alexander Gerschenkron, *Economic backwardness in historical perspective*, a book of essays, Cambridge, Massachusetts: Belknap Press of Harvard University Press. 1962.

처, 자본주의 시장 경제를 건설했다. 한국은 해방 이후 전란을 겪고, 1950년대 농지개혁, 귀속 사업체 불하 등 국가제도 수립기를 거쳐 1960년대부터 1990년대까지 국가 주도로 개발을 지향하고 민간 기업을 육성하는 국가 자본주의 시대를 경험했다. 국가 자본주의는 재정 외에 금융 지배를 토대로 자본주의적 발전을 추구하면서 여타의 이익을 억압하는 권위주의 체제이기도 하다.

한국은 (반)주변부에서 중심 국가(core state)를 바라보며 중화학공업과 IT 산업 등 중심 산업(core industry)을 형성했다. 한국은 IMF, GATT 체제 아래 세계 경제 성장률이 높은 자본주의 확장기에 상대적으로 일찍 수출 대체적 공업화를 추진하여 성공했다. 70년대의 중화학공업화로 부실과 외채 누적의 곤경에 처했으나, 구조조정과 1985년부터의 3저 호황으로 난관을 극복하고 90년대에는 금융 자유화가 추진되었다.

7차에 걸친 경제개발 계획이 끝나고 1996년 OECD에 가입하여 선진국 대열에 진입했다. WTO 체제 아래 1997년 외환위기 이후, 구조조정과 함께 경제의 자율화·개방화가 추진되고 사회적 자유화도 진전되었다. 2000년대에는 국가의 직접적인 경제 개입이 감소하고, 중심 산업을 바탕으로 대기업의 글로벌화가 진전되면서 시장 경제가 한 단계 발전하였다. 민간 산업의 특징인 재벌의 성장 과정은 한국 경제 사회의 역사적 발전 과정의 자화상이고, 한국의 경제 사회가 성취한 귀중한 자산이다. 주요 수출 기업들은 한국 경제와 원화 가치, 그리고 국민 생활의 안정을 떠받치는 기둥들이다. IT 산업의 발전과 함께 새로운 대기업들이 성장하고, 중소기업들의 창업과 내실화도 나름대로 진전되고 있다.

"세계 경제에서의 분업은 직업상 과제의 계층 구조를 포함하고, 고수준의 숙련과 보다 큰 자본을 필요로 하는 과제는 보다 상위의 지역들을 위해 준비된다. 자본주의 세계 경제는 인적 자본을 포함한 축적된 자본에 대해 '단순'(raw) 노동력보다 높은 보상을 하므로, 이들 직업적 숙련의 지역적 불공평 배치는 강한 자기 유지적 경향을 가진다. 시장의 재력은 그것들을 손상하기보다는 오히려 강화한다".120 그리고 중심 국가는 생산의 효율 우위가 출발이라면, 이를 바탕으로 상업적 우위, 그리고 금융적 우위로 나아간다.121 한국은 주요 몇 개 산업에서의 생산적 우위를 갖게 되고, 어느 정도 자체적인 상업망을 갖게 되었다. 금융은 비록 여전히 취약하지만, 외환위기 이후 외환보유고가 증대되고, 자본 수출국이 되었다. 그러나 지정학적으로 불안정하고 농산물과 에너지 등을 대외에 의존하며, 수출입 의존도가 높은 등 구조적 불안정 요소를 극복해 나가야 하는 과제를 가지고 있다.

한국은 국가 자본주의를 거쳐 선진국 대열에 참여하게 되었다. 대공황 이후에 형성되는 선진국 자본주의를 시장과 국가의 혼합경제(mixed economy) 또는 수정 자본주의라고 부른다. 국가는 재정 금융 정책으로 거시적 안정 정책을 실시하고, 독과점을 규제하며, 소득 재분배 및 건강과 환경을 포함한 사회복지 정책을 강화하고, 때로는 단체협약 등을 통해 이익단체의 이해관계를 규제·조정하는 등 경제 사회의 안정적 관리에 적극 관여한다. 종래에 이러한 자본주의의 모습을 국가 독점 자본주의라고도 불렀다.122 국가 독점 자본주의는 기본적으로 독점 자본주의 단계이고, 민간 부문의 기업 발전이 선진국 수준으로 형성된 것을 전제하는 점에서 국가 자본주의보다 높은 단계의 자본주의를 의미한다.

---

120 Immanuel Wallerstein, *The Modern World System* I, Academic Press, INC., 1974, p 350.

121 Immanuel Wallerstein, *The Modern World System* II, Academic Press, INC., 1974, pp 38-39.

122 국가 독점 자본주의는 레닌의 『제국주의론』에서 처음 사용되었지만, 자본주의 독점 단계와 동일시되었다. 국가 독점 자본주의는 국가가 자본의 이익과 안정을 위해 경제에 적극 개입하는 것을 의미하며, 특히 1930년대 이후 관리통화제도 아래 정부의 적극적인 재정 금융 정책과 사회보장제도의 시행을 포괄하는 의미로 사용될 수 있다.

오늘날 각국의 자본주의는 글로벌 경제의 일부로서만 존재한다. 먼저 영국을 비롯한 많은 선진국들이 대공황 이후 금본위제를 포기하고 관리통화제도를 채택하여 환율이 불안하게 되었다. 제2차 세계대전의 종전을 앞둔 1944년 세계는 브레튼우즈(Bretton Woods) 협정에 의한 IMF 체제로 달러 기준의 고정환율제도를 만들어 무역과 경제의 회복을 추구하였다. 세계의 기축 통화로 성장한 달러는 대외 가치를 유지하기 위해 제도적으로는 금 1온스=35달러라는 대외 태환 제도를 유지하였다. 상당 기간 어느 나라도 달러 보유고에 대해 금태환을 요구하지 않는 가운데 달러의 팽창이 계속되었지만, 60년대 중반 이후 프랑스를 비롯한 여러 국가들의 태환 요구가 이어졌다.

미국은 1971년 금태환 중지를 선언했고, 주요국 통화가 변동환율제로 이행되면서 브레튼우즈 체제는 붕괴되었다. 금태환의 속박에서 벗어난 미국의 달러는 불환 지폐가 되었지만, 미국의 정치·군사·경제적 헤게모니에 힘입어 사실상 세계 화폐의 역할을 하게 되었다. 이에는 1975년 사우디가 원유 결제 대금을 달러로 할 것을 선언한 것도 중요한 요소였다. 세계 중앙은행인 IMF는 SDR의 공급이 비(非)신축적이어서 '최후의 대부자'로서의 역할도 제한적이었으므로 사실상 FRB가 세계 유동성 공급을 결정하게 되었다. 주요 경제권들 EU, 중국, 일본, 영국 등이 지급 준비로 달러와 미국 재무성 증권을 보유한 신용에 기초하여 준기축 통화를 발행한다.[123] 기타 국가들은 달러를 중심으로, 여타 준기축 통화를 보조적인 대외 지급 준비로 삼아 국내 통화를 발행하는 체제이다. IMF 8조에서 원칙적으로 각국에 경상 거래에 따른 외환 지급의 자유를 규정했고, 한국은 1988년에 비로소 8조 국이 되었다.

---

123 IMF는 달러와 이들 준기축 통화, 즉 유로, 위안, 엔, 파운드를 '자유 이용 가능 통화'(freely usable currency)라 부르며, SDR의 바스켓 통화에 포함시킨다.

1970년대에 미국과 영국 등은 스태그플레이션(stagflation)을 경험하였다. 1980년대에 이를 극복하기 위해서 국영 기업의 민영화, 규제 완화, 노동시장의 유연화, 감세를 통한 민간의 투자 증대, 정부 지출의 축소와 건전 통화 등 시장 자율 기능을 강조하는 신자유주의 정책이 추진되었다. 신자유주의는 자유화와 함께 '작은 정부'를 추구했지만, 짧은 기간을 제외하고는 정부 지출의 증대와 통화 증발이 지속되고, 재정 적자가 증가하였다. '작은 정부'로서의 신자유주의는 실현되지 않았고, 끊임없는 자본의 요구가 있지만, 지속적 체제로 정착되기는 힘들었다.

미국은 지속되는 재정과 무역수지의 쌍둥이 적자를 달러 발행으로 충당하여 세계 경제에 유동성을 공급하였다. 흑자국(黑字國)에 공급된 달러는 미국 재무성 증권에 대한 투자로 미국에 환류되었다. 그리고 정보통신의 발달로 세계의 금융 정보망과 결제 시스템이 연결된 가운데, 월가를 중심으로 하는 금융 자본이 세계의 자본을 지배하고 있다. 신자유주의는 금태환에서 해방된 달러가 팽창되고, 월가(Wall Street)를 중심으로 축적된 방대한 유휴 금융 자본이 대내외적으로 시장 자유화와 금융시장 개방을 강제하는 자기 증식 논리이기도 하였다. 1995년 출범한 세계무역기구(WTO)는 지속적으로 공산품 외에 농산물과 정보통신 그리고 금융 등 서비스 시장의 개방을 추구하였다.

한국은 1997년 외환위기를 통해 글로벌 금융 체제에 보다 깊숙하게 개방되고 통합되었다. 구조조정의 깊은 상처를 남겼으나 세계 금융시장에 개방되고 월스트리트에 접근하여 저금리의 풍부한 자본을 이용할 수 있게 되었다. 세계 경제는 2008년의 세계 금융 위기를 겪으면서 파생 금융 상품을 통한 자산의 과도한 증권화와 금융 자본의 투기적 이동에 대한 경계가 나타나고 있다. 또한 과도한 미국의 적자로 인한 달러 팽창의 인플레 부담을 세계가 공유하는데 대한 의구심도 존재한다. 이 과정에서 세계 경제에서의 중국의 지위가 높아졌고, 이로써 미·중의 패권 경쟁이 나타나고 있다. 미국에서는 금융 자유화의 다른 한편에 자국의 고용을 확대하기 위해 미국 시장을 보호하고, 자국 내 공급망을 확보하는 미국 우선주의가 나타나고 있다.

미국 우선주의는 세계 경제에 시장을 제공하는 미국의 앱소버(absorber) 역할을 제한하는 것이고, 중국은 물론이고 동맹국과의 관계에서도 중심 산업을 미국 내에 집중하고자 한다. 이는 미·중 관계만이 아니라 세계 경제에서의 미국의 역할과 달러의 세계 체제를 재평가하는 계기를 제공한다. 또한 달러의 지속적인 팽창은 세계 각국이 미국의 통화 팽창 부담을 공유해야 하는 것을 의미한다. 이러한 모순을 해결하기 위해 달러 이외의 보다 다각적인 국제 결제 제도의 도입을 모색할 가능성도 없지 않다.124 각국 중앙은행의 디지털 화폐의 발행과 유통이 이들 화폐의 국제 결제 기능을 강화하여, 달러 글로벌 체제를 약화시킬 가능성도 있다.

그러나 미국처럼 시장을 개방하고 적자를 감수할 나라가 없고, 글로벌 체제가 사라져서 근대의 각국 간 경쟁 체제로 환원되는 것은 바람직하지 않은 점에서 달러 체제가 상당 기간 유지될 가능성이 크다. 주변에 중국, 러시아, 일본이라는 강대국에 둘러싸인 한국의 근대사에서 비록 양면적 성격이 있지만, 미국은 한국 경제가 세계로 진출하는 고도성장의 환경을 제공하였다. 미국 우선주의로 한·미 간에도 중심 산업의 확보를 둘러싸고 경쟁과 갈등이 높아가지만 유연하고 실용적인 접근을 하고 있다.

현대 사회는 20세기 중반 이후에 임금 노동이 다수가 되면서, "자본주의 국가들은 부르주아 사회에서 노동 사회로 전환되었다".125 이에 따라 국가

---

124 달러를 대체하는 세계 화폐의 성립은 먼저 IMF의 SDR의 강화로 이루어질 수 있으나 미국의 동의를 얻기는 어렵다. 다른 방법으로는 EURO나 중국의 위안(元), 일본의 엔(円), 영국의 파운드 등의 화폐가 국제적인 환 준비로서 역할을 강화하고, 금융망의 새로운 지역적 통합과 그들의 상호 협력을 전제로 새로운 국제 질서의 형성을 모색할 수도 있다.

독점 자본주의는 나라별로 정도는 다르지만 보통선거제 아래 정치적으로 다수인 근로 대중의 이해관계를 반영할 수밖에 없다. 복지 국가는 고용자와 피용자의 집단적 이해를 사회적으로 조정하는 본질적으로 정치적 제도이고 그 모습은 다양하다.[126] 복지 국가는 힘든 과정이지만 다원화된 사회와 그 사회의 동의를 얻은 과도하지 않은 누진소득세가 필요하다.[127] 다른 한편 재정 지출을 위한 조세 증가에 대한 거부감을 회피하여 손쉽게 통화를 증발하는 경향도 나타나지만 또한 그것은 사회적 비용을 수반한다. 국가의 재분배는 긴요하지만 그 이전에 생산, 즉 분배의 파이가 커져야 하고, 또한 높은 수준의 사회적 공존 문화로 일차적 분배가 상대적으로 평등한 사회가 갈등이 적은 사회이다.

글로벌 체제의 현대 자본주의는 새로운 특징을 가지게 되었다. 먼저, 노동 사회에서 사회관계의 매트릭스를 구성하는 부채의 지배적 형태가 종래의 사적 부채에서 사회적 부채로 바뀐다.[128] 각국에서 국방비 증가, 경제 안정과 재분배 그리고 사회 보장을 위한 지출 증대에 비해 감세 등으로 수입의 증가는 느리고 재정 적자와 국가 부채는 증가한다.[129]

---

125 Michel Aglietta, *Money: 5,000 Years of Debt and Power*, Verso, 2016, p 149.

126 복지 사회를 위한 사회적 조정은 앵글로-색슨의 사회적 자유주의, 스칸디나비아의 사회 민주주의, 독일의 질서 자유주의, 프랑스의 사회적 조합주의 등 다양한 모습을 보여준다. (Michel Aglietta, 같은 책, pp 149-150).

127 복지 정책, 즉 재분배는 누진세와 동전의 양면이다. 한편 주택 문제에서도 사회적 고려를 우선한 다양한 질적 규제 이전에 경제 원리에 입각한 합리적이면서 보편적인 누진세 정책이 유효할 수 있다. 스위스에서는 자기 소유 주택에 대해 그 '암묵적 비용(implicit cost)' 즉 기회 비용적인 '임대소득(rental cost or rental income)'을 기준으로 보편적 소득세를 부과하되, 실현된 화폐 소득이 아니므로 일정하게 할인된 금액을 과표로 적용하고 있다.

128 Michel Aglietta, 같은 책, p 149. 사회적 채무는 국가 채무를 말한다.

129 David Graeber, *Debt: The First 5,000 Years*, International Bestseller, 2012, pp 368-372. Michel Aglietta, 같은 책, pp 341-345.

한편 사회 복지의 확대 과정에서 보험 및 연기금의 축적이 증가되면서, 연기금 자본주의(Pension Fund Capitalism) 발전이 이루어지고,[130] 자본의 사회화가 나타나고 있다. 이 과정에서 가계는 "한 조각의 자본주의를 매입하는 것이 장려된다."[131] 가계는 보험과 연금을 가지고, 주식을 매매하고, 자가 소유의 꿈을 실현하고자 하며, 특히 한국은 부동산 대출로 인한 가계 부채의 증가가 눈에 띈다. 이로 인해 가계도 깊숙이 금융시장에 연계되었다.

그리고 기저에 제조업 중심의 자본주의가 정보통신 산업의 발전과 함께 소프트웨어 중심의 지식기반사회로 바뀌고, 인공 지능이 발전되며, 네트워크를 토대로 한 플랫폼 경제로 전환되고 있다. 이 과정에서 산업의 표준을 만들고, 플랫폼을 선점하고, 네트워크를 통제하는 헤게모니가 중요해지고 있다. 정보통신 산업의 발전은 산업의 구조뿐만 아니라, 국가와 시민 사회의 관계, 사회 구조 등 모든 점에서 근본적인 변화를 초래한다. 미국 금융 자본의 헤게모니는 네트워크 경제에서 보다 제도화되었다.

보다 복합적 요인에 의해 선진국 특히 한국에서 저출산·고령화가 진행되고 있다. 이는 노동 인구의 감소, 저축률 하락, 사회 보장 지출의 증대와 잠재성장률 하락 등을 가져온다. 종래 출산·양육·교육·주거·노인 부양 등에 이르는 생활 서비스의 많은 것이 가정 내에서 이루어져 왔다면, 이제 시장과 사회 그리고 국가에 의존하는 부분이 조금씩 커지면서 새로운 과제들이 제기된다. 생활 양식의 변화는 인간 자체의 재생산 그리고 사회 구조에 심대한 영향을 미치지만, 건강한 가정이 건강한 사회의 기초이다.

현대에는 일반 인민도 자본을 소유하여 자본의 사회화가 이루어지는 경향이나, 인민과 국가의 부채도 증가하고 있다. 또한 모든 자산은 증권화(securitization)되고 유동 자본화하여 매매의 대상이 되고, 다수의 국민이 자

---

130 Gordon L. Clark, *Pension Fund Capitalism*, Oxford University Press, 2000.
131 David Graeber, 같은 책, p 376.

본 거래에 참여하고 있다. 그러나 세계 금융 자본의 이동성 증대는 세계 자산 시장의 변동을 상호 연계시킨다. 주식과 채권 등의 금융자산은 물론 이고 부동산도 직접 거래와 함께 다양한 자산의 증권화를 통해 세계 금융 시장과 직·간접으로 연계된다. 미국의 유동성 증가는 세계로 확산되고, 복지 국가의 '값싼 화폐'(easy money) 정책과 맞물려 자산 인플레와 그에 이은 물가 상승을 초래할 위험이 뒤따른다. 일정한 범위를 벗어난 화폐 가치 하락은 증분적 효율 추구를 방해하고 사회 안정을 해치기 쉽다.[132]

경제적 이상향을 찾아 계산의 단위이자 욕망의 대상인 화폐를 통한 효율의 추구와 경쟁 그리고 축적을 하지 않아도, 인간다운 생활을 할 수 있는 사회를 꿈꿀 수 있다. 혹은 소규모의 경쟁이 없는 금욕적 자족 사회를 상상할 수도 있다. 그러나 이것들은 "능력에 따라 일하고, 필요에 따라 소비한다"는 구상만큼이나 사회의 전반적 현실과는 거리가 있다. 인류의 역사가 보여준 사회 제도적 대안은 신분제가 아닌 경쟁적 시장 사회에서 시장 경제의 취약점을 보완하는 복지 국가를 마련하는 것이다. 복지 국가는 개인의 자유와 독립이라는 근대 문명의 기초 위에, 인간다운 생활을 위한 최소한의 경제적 자유를 보편적으로 보장하는 사회 건설의 과정이다. 다른 한편 자본주의 아래서의 기생성을 제거하기 위한 급진적 방안들이 제기되기도 하나 토지나 화폐 자본에 의한 지대적 소득의 발생과 사적 향유를 근원적으로 제거할 수는 없고,[133] 합리적으로 보정할 수 있을 뿐이다.

---

132 독일은 바이마르 정부의 '초인플레이션'에 대한 반동으로 성립된 히틀러 정권으로 극단적 사회 파괴와 전쟁을 겪은 다음, 1949년에 질서 자유주의를 '기본법'으로 공식화했다. 국가의 경제적 역할은 시장의 제도적 구조 내에서 이루어져야 되고, 화폐의 안정성은 정치를 초월하는 사회제도의 핵심적 구성 요소로 간주된다. 물가 안정과 재정 균형을 중시하여 '기본법'115조에서 "원칙적으로 차입이 없이 수입과 지출은 균형되어야 한다. 이러한 원칙은 "자금의 차입에 의한 수입이 명목 GDP의 0.35%를 넘지 않을 때에 충족된다"고 정했다.

133 현대의 경제적 진보주의의 기초에는 마르크스주의 외에 케인즈의 『일반이론』에

글로벌 세계 체제에서 지식 기반 산업의 발전을 위해서는 제조 능력과 함께 다양한 소프트웨어 분야의 발전 그리고 개인의 창의성이 어느 때보다 중요하다. 국민 국가는 여전히 세계 경쟁의 단위이고, 한국은 고소득 선진국, 즉 고비용 국가가 되어, 생산성 향상을 통한 세계 경쟁력이 불가피해졌다. 한국의 현대사는 개방된 세계 시장에서 인민의 활력을 바탕으로 새로운 문물을 도입하고 국가와 기업 그리고 국민이 개혁과 혁신을 지속하여 중심 산업(core industry)을 확충하고 창의적인 선진국으로 발전하는 과정이었다.

서 소개된 이단의 두 경제학자 즉 헨리 조지(Henry George)의 '지대단일세론'과 실비오 게젤(Silvio Gesel)의 '부의 금리론'이 있다. 헨리 조지는 손문의 민생주의를 비롯한 토지개혁 사상에 많은 영향을 주었고, 신비오 게젤은 오늘날 지역 화폐 발행과 '값싼 화폐(cheap money)' 정책의 논리적 토대가 되고 있다. 기본적으로 재산의 불평등이 지대와 소득의 불평등 분배로 연결되는 고리를 단절해야 한다는 진보적 이론이지만 논리 그대로 도입되어 실현되고 있는 나라는 없다. 경제 현실에서 체제를 불문하고, 지대의 발생 자체를 막을 수는 없고, 지대가 시장에서 자본화되어 거래되는 것이 국가에 의한 지대의 배분 체계보다 토지의 효율적 이용과 양질의 주거 환경 조성에 유익한 것으로 보인다. 또한 부의 금리보다 화폐 가치의 안정과 양의 금리가 저축의 동원과 투자를 통한 축적과 성장에 유리하기 때문이다. 따라서 현실적으로 적절한 누진 상속세 및 누진 소득세와 이를 토대로 하는 복지 지출이 널리 활용되고 있다.

제1장

농경과 씨족
공동체

제1절 현생 인류의 이동과 한민족

인류의 발생과 진화에 관해 대체로 직립 인간(homo erectus)이 아프리카에서 기원하여 세계의 여러 지역으로 퍼져 나갔고 각 지역에서 호모 사피엔스(homo sapiens)로 진화했다는 데는 동의한다. 한편 호모 사피엔스 사피엔스(homo sapiens sapiens), 즉 현생 인류의 기원에 관해서도 '아프리카 기원설'이 현재로는 유력한 가설로 제기되었지만, '다 지역 기원설'도 엄존하여 단정하기 어렵다. 유전학적으로 아프리카 단일 기원이라는 견해와 여러 지역에서 자체적인 진화와 교배를 거쳐 여러 유형의 인류가 탄생하였다는 견해의 대립이 있다. 다 지역 기원설의 한 형태라고 볼 수 있지만, 한반도의 현생 인류의 기원에 관해 여러 인골의 발견을 토대로 '본토 기원설'이 강력하게 제기되었다.[1]

현생 인류가 이동할 무렵의 지구는 상대적으로 온난했으나, 이후에도 주기적인 빙하기가 찾아왔고, 2만 년 전 빙하기 해안선의 형태는 지금과 크게 다른 것이었다. 이 무렵의 한반도는 남해와 황해의 대부분이 육지로 되어, 지리적으로 한반도는 중국 대륙 그리고 일본 열도와도 연결되어 있었다. 최종 빙기가 끝난 후, 기후의 온난화로 기원전 4천 년경에 해수면이 현재 수준이 되어 한반도의 해안선은 오늘날과 비슷하게 되었다.

한반도에서는 평양 상원의 검은모루 동굴을 비롯하여 웅기의 굴포리,

---

1 인골이 직접 발견되지는 않았지만 평양 상원 검은모루 동굴에서 70만 년 전의 것으로 평가되는 여러 동물 화석과 석기류가 발견되었다. 이후 여러 지역에서 진화를 거듭한 인골들인 화대 사람, 력포 사람, 덕천 사람, 승리산 사람, 만달 사람 등이 발견되었고, 이들이 한민족의 기원이 되었다고 한다. 이종호, 『한국인의 뿌리』, 과학사랑, p 160. 김정배, 「韓民族의 起源과 國家形成의 諸問題」, 『국사관 논총』 제1집, 1989.

평남 덕천 등지와 연천의 전곡리, 단양의 금굴, 공주의 석장리, 제천의 정말동굴, 제주의 빌레못 동굴 등에서 구석기 유적이 발견되었다. 그리고 함북 화대 사람(30만 년 전), 평남 덕천 사람(10만 년 전), 평양 력포 사람(10만 년 전) 등의 고인류의 인골이, 그리고 평남 덕천 승리산 사람(5~4만 년 전), 평양 승호구역 만달 사람(2만 년 전) 등 현생 인류의 화석이 발견되었다. 또한 충북 청원 두루봉 동굴에서도 흥수아이(4만 년 전)가 발견되었다.

현생 인류(homo sapiens sapiens)의 기원에 대해 아직 정설이 있다고 말하기는 힘들지만, 약 10만 년 전에 아프리카에서 떠난 인류의 경우 그들이 한반도에 접근한 경로는 두개가 상정된다. 첫 번째인 남방로는 아프리카를 떠난 인류가 메소포타미아 '기름진 초승달' 근처에서 동남진하여 인도를 거쳐서 미얀마를 통해 중국의 화남 지역에 도달하고, 이어서 중국 동북부로 북상하여 한반도의 남서부로 이동한 경로이다. 이들은 약 5만 년 전에 중국의 화남에 이르러 동북부로 이동한 것으로 보인다. 두 번째인 북방로는 메소포타미아에서 북상하여 흑해와 카스피해의 연안을 거쳐 동진하여 알타이 산맥을 지나 실크로드를 거치거나, 바이칼 호수와 연해주 등의 시베리아를 거쳐 남진하여 만주 지방에서 한반도로 접근하는 것이었다. 이는 몽골 북쪽의 초원의 길(steppe road)을 통해 이동하는 것인데, 기마 유목 민족들의 교류와 이동 통로로 주로 이용된 것이다.

두 개의 길을 통해 현생 인류가 한반도에 접근한 시기에 관해 여러 견해가 있으나 기원전 4~3만 년 전에 접근한 것으로 보인다.[2] 이후 2~3만 년 동안 수렵과 채취 및 어로의 구석기 시대 생활을 지속하며 대단히 느린 심해의 조류와 같은 발전을 보였을 것으로 생각된다.

---

2 현생 인류의 일본 열도에의 접근에 관해 4~3만 년 전으로 평가되고 있으므로 늦어도 이 무렵에는 한반도에의 접근이 이루어졌을 것으로 생각된다. (http://factsanddetails.com /japan/cat16/sub105/entry-5276.html).

동북아에는 아프리카를 떠나 동남아를 통해 이동해 온 현생 인류가 접근하고, 다른 한편에는 북방의 현생 인류인 몽골리안이 접근했다. 이들은 요하 유역과 한반도 등에서 서로 섞이고 새로운 문명을 탄생시켰다. 그러나 이들이 혼효되는 시기별 동태적이고 구체적인 모습은 역사 연구의 영역으로 남아 있다.

다만 현재 한민족 유전자 분포의 정태적 분석 결과는 한민족이 북방계와 남방계의 혼효로 형성된 것을 보여준다. 북방계는 시베리아 몽골에서 남하한 인류를 말하고, 남방계는 동남아에서 북상한 인류를 말한다. 한민족의 기원에 관해서 아프리카에서 출발한 북방 기원설과 남·북 혼합설 외에 본토 기원설이 있다. 다수 의견은 북방 기원설이었고, 남·북 혼합설은 북방계에 남방계가 상당 부분 유입되었다는 견해이다.

그러나 북한에서 발견된 여러 고인류 화석들을 토대로 한민족 본토 기원설 주장도 있다. 한반도에서는 세계적으로도 특이하게 석회석과 석회암 동굴이 많아 10여 군데에서 고인류 화석이 계통적으로 발견되었다.[3] 본토 기원설은 북방계나 남방계 외에 본토계가 존재하고 "본토인들이 북방계와 남방계에 의해 동화되었다"는 견해이다.[4] 다시 말해 한반도에는 북방계와 남방계가 혼효되었고, 그리고 본토계가 존재하여 동시적 혼효가 이루어졌을 가능성이 있다.[5]

현생 인류는 혈연을 중심으로 집단 생활을 영위하면서 서서히 이동하고 있었고, 생계를 위해 산야에서의 식물 채집, 강에서 잡은 어류나 패류, 그리고 동물의 수렵을 통해 먹거리를 조달했다. 그리고 현생 인류가 한반도

---

3 이종호, 『한국인의 뿌리』, 과학사랑, 2016, p 172.
4 이종호, 같은 책, p 202.
5 호모 사피엔스 사피엔스(homo sapiens sapiens)의 아프리카 '단일 기원설'은 본토계가 점차 절멸되었다는 견해이고 '다지역 기원설'은 본토계도 자체적인 진화나 교배 등으로 생존하고 혼효되었다는 견해이지만 아직 논쟁이 완전히 정리되지는 않았다.

로 이동한 시기는 구석기 말기로 불의 사용은 이미 알려져 있었다.

구석기 시대의 한반도는 중국의 요동반도, 산둥반도 그리고 일본과도 육지로 연결되어, 육로를 통한 접근이 가능하였다. 그리고 약 1만 2천 년 전에 시작된 홀로세, 즉 충적세 이후 한반도에 서해와 대한해협이 생기게 되고, 현생 인류는 선박을 이용하여 중국의 동남 연안에서 한반도로 접근하기가 보다 쉬워졌을 수도 있다. 중국의 춘추 전국 시대에는 이미 대규모 수군이 동원되고 있었다는 것을 감안하면 기원전 2천 년경에는 선박 이용이 시작되었을 것으로 추정된다.[6] 한편 시기적인 선후를 알기는 어려우나 한반도 북방과 만주, 몽골 지역과의 육로를 통한 인구 이동도 점차 증가했을 것이다.

오늘날의 유전학적 분석은 한민족의 이동 경로와 주변 민족과의 혈통관계를 파악하는데 유력한 시사점을 제공하고 있다. Y-DNA는 아버지에게서 아들에게로 오직 부계 혈통을 통해서만 전달되며, 반면에 미토콘드리아 디앤에이(mtDNA)는 어머니에게서 남녀 모두의 자식에게 모계 혈통을 통해서만 전달된다. Y염색체를 이용한 연구 결과에 의하면 한민족의 뿌리는 크게 두 갈래로 70~80%는 북방계이고 20~30%는 남방계이며 기타 일부 유럽인과 다른 그룹이 섞여 있다고 한다.[7] 좀 더 구체적으로 동아시아의 Y-DNA하플로 그룹의 국가별 구성을 보면, 한국인은 만주족과 가장 가까운 유전적 특성을 가지고 있으며, 일본인과 달리 남방계 특성이 적은 것으로 나타난다.[8]

---

6 'galley'(https://ja.wikipedia.org)
7 이종호, 『한국인의 뿌리』, 과학사랑, 2016, p 213. 김욱의 연구를 인용한 것이다.
8 하플로 그룹 D가 많은 일본인과 달리 한국인을 포함한 대륙 쪽에는 그룹 D가 거의 없고, 같은 북방계 중에서도 하플로 그룹 C가 많은 몽골인과 달리 한국인이나 만주족은 적고, 중국 한족, 한국인, 만주족에서 그룹 O3가 공통적으로 많지만 몽골은 적고, 특히 중국 한족에게 별로 없는 O2b가 한국인과 만주족에서 많이 나타나는 점에서 한국인은 만주족과 가장 가깝다. Maciamo Hay, *Genetic history of the Japanese*

한편 모계로 이어지는 미토콘드리아 유전형 분석에 의하면 일본의 원주민이라 할 수 있는 조몽인(繩文人)은 전형적으로 남방계이고, 일본은 물론 한국을 포함한 아시아 지역의 미토콘드리아 유전형들은 거의 전부 남방 루트로 이동한 여성들의 것과 공통된다. 이렇게 보면 한국인은 일본인과 비슷한 모계 혈통을 가지고 있지만, 부계 혈통은 차이가 있다. 한국인은 북방계 남자가 남방계 여자를 만나 후손을 늘려왔으며, 전체적으로 한국인은 북방계가 우세하지만 남방계의 비중도 적지 않음을 보여준다.[9]

한반도에 유전학적으로 남방 기원의 인류도 상당 부분 존재한다는 것은 현생 인류의 이동 경로와 부합되는 것이기도 하다. 그리고 문화적으로도 고인돌 무덤이나 솟대, 벼농사의 전파, 난생설화 등은 남방 문화적 특징이고, 가야국 김수로왕의 왕비 허황옥이 인도의 아유타 국에서 왔다는 「가락국기」의 기록도 남방적 요소를 보여주는 것이다.

한반도에 북방계와 남방계의 이주와 혼효 외에 본토계가 존재하여 동시적 혼효가 이루어졌을 수 있고, 이들은 나름의 독특한 생활 양식과 문화 그리고 그것을 공유하는 초기적 겨레를 형성하기 시작했다. 신용하는 초기 신석기 시대에 한반도에서 일찍이 농경을 시작하고 '단립벼와 콩'을 식용하는 독자적인 고대 문명을 형성하였다고 한다.[10]

한반도의 고대 문명은 기후 변동과 인류의 이동 과정을 통해 북방으로

people, 2016. (https://www.wa-pedia.com/history/origins_japanese_people.shtml). 이종호, 같은 책, p 215-216.

9 이홍규, 『한국인의 기원』, 우리역사연구재단, 2010, p 218. "Origin of Korean People and DNA Tracking", 『Origin of Korean People and DNA Tracking Origin of Korean People and DNA Tracking 한국 시베리아연구』 제24권 2호, 2020. Won Kim&Wook Kim et al, "High frequencies of Y-chromosome haplogroup O2b-SRY465 lineages in Korea: a genetic perspective on the peopling of Korea", Investigative Genetics 10(2011).

10 신용하, 『고조선 문명의 사회사』, 제2장 고조선 문명의 탄생의 기원(1), 지식산업사, 2018.

이동하고 또다시 북방의 문화가 남향하고 서로 혼효하는 과정을 통해 한
반도와 요하 유역과 연해주에 이르는 만주 지역은 하나의 공통된 문명권
을 형성했다. 또한 이들 지역은 하나의 공통된 정치체인 (고)조선을 형성하
고 고고학적, 언어학적 및 유전학적으로 밀접한 공통 문화를 발전시켰다고
보인다.[11]

---

11 신용하는 한반도 신석기 문화 유형을 공유한 무리가 밝은 태양을 숭배하는 '밝' 혹
은 '밝달'족이었고, 그들의 일부가 온난기에 북으로 이동했으며, 거기에서 예맥족
이 분화되었다고 주장한다. 그리고 기원전 3천 년경의 한냉화로 예맥족이 남하하
고 잔류한 한(韓)족이 결합하여, 예맥·한으로 구성된 '밝달'족이 평양의 '아사달(=
조선의 의미)'에 도읍하여 국가를 세운 바, 이것이 한반도에 공통된 문명을 포괄하
는 최초의 국가인 (고)조선이었다고 한다. 신용하 가설의 가장 중요한 토대는 기후
변동과 인구 이동을 연계한 것이다. 아프리카에서의 초기의 인류 이동 이후 구석기
시대 말기에 최후 빙하기가 닥쳤고, 그 절정은 약 2만 7천 년 전~1만 4천 년 전
(BP)에 걸친 것이었다. 이 기간에 만주나 시베리아에 있던 인류가 북위 40도 이하
의 남방으로 이동하여 동굴에서 혹은 움막을 짓고 번식하였다. 이후 기원전 1만 년
경에 시작된 온난화로 한반도에는 일찍이 농경 문화가 발전하고 인구 밀집 지역이
되었다. 농경 문화를 구현한 '밝'족의 일부가 북방으로 이동하면서 서북 지역에는
맥족이 그리고 동북 지역에는 예족이 형성되고, 한반도 중남부의 농경 문명이 만주
와 연해주 일대로 전파되었다. 그리고 기원전 3천 년경 다시 건조화와 한냉화로 인
구의 남방 이동이 일어나고, 한반도 서북 쪽의 맥족과 동북 쪽의 예족이 한반도 내
에서 "한족이 북상한 '환웅' 일족"과 연대하여 (고)조선을 세웠다고 한다. 신석기
이전에 이미 북방계·남방계·본토계의 혼효로 이루어진 '밝(달)'족의 일부가 신석기
이후 북방으로 이동하고, 거기에서 한반도에 잔류한 한강 유역의 '한족(韓族)'과
구분되는 예맥의 종족으로 분화되었다는 의미로 해석된다. 이렇게 기후 변동과 인
구 이동을 연계한 역사 줄거리는 명료한 가설이지만 행간의 공백이 많다. 먼저 기
후 변동과 인구 이동을 연계한 설명이 과학적으로 입증되었는지가 문제이다. 그의
설명에는 동에서 서로의 문명 전파가 중시되고 있으나 서에서 동으로의 이동이 결
여되어 있다. 아프리카에서 출발한 현생 인류(homo sapiens sapiens)가 3~4만 년 전
에 한반도로 이동하는 과정에 대한 설명이 없고, 최후의 빙하기에 동북아에서 북위
40도 이상의 인류가 절멸된 것은 아니다. 북위 40도 이상의 지역에서 최후 빙하기
이전은 물론이고, 최후의 빙하기 그리고 이후의 구석기 시대 유적지들이 발견되었
다. 또한 한민족의 체형상의 특징이 원-몽골리안과 유사하고, 이들 특징의 원형이
바이칼호 부근에서 형성되었다는 사실이 간과되고 있다. 북방계의 남하 과정에서

동북아시아 한·예·맥족의 형성 과정에 대한 동태적 설명에는 여러 난점이 있지만 정태적인 단면에서 한국인과 만주족의 유전자가 가장 가깝고, 만주족의 뿌리가 예맥이며, 이들 지역에서의 출토 유물과 언어에서 공통된 문명권의 모습을 보여주고, 한민족이 만주족보다 인구가 훨씬 많다는 것은 사실이다. (고)조선문명은 광대한 지역의 동북아에서 언어와 다뉴조문경, 비파형 동검 등의 유물 그리고 생물학적 유전자에서 공통성을 가지고 있으며 이는 중국 문명과 구분되는 것이었다.

유전학적 기원과는 별개로 (고)조선의 형성을 통해 한(韓)과 예맥이 문화·사회적으로 보다 통합된 문명권을 형성하게 되었다는 것은 부정할 수 없다. 중국 상고사에서 동쪽의 동이(東夷)와 은상(殷商)은 동북에서 이동한 다른 계통으로 서하(西夏)계의 하나라와 주나라와 구분되는 것이었고, 이후 중국사는 서방에서 동방으로 이동하는 과정이었다.[12] (고)조선은 건국 초기에 한반도의 중부 일부와 서북부, 즉 경기도 북부, 황해도, 평안도, 자강도, 강원도 서부 등을 포괄하는 지역이었다.[13] 이후 (고)조선은 한반도 전체와 중국의 동북 3성과 내몽골 자치구의 일부와 연해주를 포괄하는 광대한 지역으로 확대되었다. 동북아 고대에 상나라가 포함되는 현재 중국의 산서(山西), 하북(河北)과 산동(山東)을 연결하는 지역과 그 이북의 유목 문화는 중국과 구분되는 (고)조선 문명권에 속하는 것이었다.[14] 한반도에서의 이른 농경 문화의 발달이 초기 (고)조선의 중요한 기반이 되었겠지만, (고)조선의 주요 활동 무대는 요서와 요동을 포괄하는 만주 지역이었다.

유전학적으로는 몽골·시베리아의 북방계에 보다 가까운 예맥이 신석기 이전에 이미 구분되어 형성되고 발전되었을 가능성도 선험적으로 배제할 수는 없다.

12 傅斯年, 「夷夏東西說」, 『慶祝蔡元培先生六十五歲論文集』, 1935.

13 손진태, 「우리나라 역사와 민속」, 『남창손진태선생 유고집(최광식 엮음)』, 지식산업사, 2012, p 160. 신용하, 같은 책, p 201.

14 신용하, 같은 책, 제6장. 특히 pp 276-278.

(고)조선은 한편으로 농경민을 토대로 했지만 유목민이 중요한 부분을 차지했다. 대단히 이른 시기에 광대한 영토의 국가를 건설한 (고)조선은 국가의 유지에 필요한 최소한의 통신 및 수송망 그리고 국방의 필요를 생각할 때, 유목민의 기동성을 제외하고는 적은 인구로 그렇게 넓은 국가를 건설하고 장기간 지속한 것을 상상하기 어렵다.

　유목민은 수렵 사회 기원설과 농경 사회 기원설이 있다. 인류사에서 수렵·어로·채취 사회가 농경 사회보다 선행한 점을 살펴보면 유목이 농경보다 선행할 가능성도 있다. 그러나 유목에는 수렵과 달리 동절기의 사육을 위한 사료 채취와 생산 그리고 저장의 보완이 필요하여 유목이 시기적으로 농경보다 앞선다고 단정하기는 어렵고 거의 비슷한 시대에 시작되었을 가능성이 있다. 인류는 야생의 물소와 양을 먼저 사냥하고 길들이고 사육하기 시작했다. 흔히 아리안족, 셈족 등이 가축의 사육을 먼저 시작하여 수렵 생활의 야만족과 분리되었으며 이는 '최초의 위대한 사회적 노동 분업'[15]이었다. 가축의 사육이 전업화·주업화된 것이 유목민이라 할 수 있다.

　농경은 약 1만여 년 전(BP)에 메소포타미아에서 시작되었지만, 기원전 5500년경에 시작한 기후의 온난화는 특히 서아시아에서 초원의 건조화라는 현상을 가져오고, 농경을 버리고 유목을 택하는 길을 열었다고 생각된다.[16] 비슷한 시기에 북방의 초원 지대에서도 목축이 시작되고 어디서나 먼저 양이 가축화 되었다. 유목민의 경우 어릴 때부터 말에 익숙해지면 특별한 도구가 없이도 승마할 수 있고, 초기의 유목민은 재갈을 물리는 것으로 충분하였다.

　유목민은 우유와 유제품, 고기 외에도 가죽과 털을 제공하여 의류를 생

---

15 Friedrich Engels, Ⅸ. Barbarism and Civilization, *Origin of the Family, Private Property and the State*, International Publishers, New York, 1933
16 '遊牧民'(https://ja.wikipedia.org)

산하게 하였다. 생산의 증대와 함께 교환이 발생하고, 무기와 도구들의 발전과 함께 수공업자들이 생겨나기 시작한다. 유목민은 교환과 수공업 외에도 사육을 통한 자본의 증식을 이해하고 사유 재산 그리고 상속 등 문명 사회의 여러 속성을 체현하였다. 물론 사육을 위해서는 사료 생산을 위해 원예가 불가결하고 이 과정에서 옥수수 등 재배가 이루어지고 이는 농업으로 연계된다. 교환은 화폐의 발명을 낳고 소유는 발전하여 토지 소유로 나아가며 문명의 발전을 가져온다.[17] 목축에서 번식을 통한 잉여의 생산과 교환 그리고 축적은 보다 나은 생존을 위해 필요한 가시적인 전제였고, 문명의 추동 요인이었다. 그러나 목축은 넓은 공지와 낮은 인구 밀도 그리고 이동을 전제로 하므로 사회적 분업의 심화와 도시의 발달 그리고 축적을 통한 고도 문명의 전개에는 한계가 있다.

전통 사회에서 이동하는 유목민의 일반적 생활 수준은 농민과 다를 바가 없고, 유목민의 기동력과 군사력은 오랜 기간 농경 국가보다 오히려 우위에 있었다. 또한 전근대에 농업 생산력이 높지 못할 때에는 비록 유목민이 모든 것을 자급자족할 수는 없고 넓은 초지를 필요로 하지만, 생계를 유지하는데 필요한 노동 시간이 농경보다 많지는 않고, 강력한 군사력을 가질 가능성이 컸다.

17세기 중국의 청이 명을 정벌하는 과정을 생각하면 이때까지도 유목민은 비록 문화 수준이 낮아도, 내부에 농경 정착 도시를 포괄한 복합적 문화를 형성하면서, 보다 강력한 군사력을 바탕으로 발전된 농경 국가를 지배할 수 있었다. 그러나 유목 생활이 발전하기 위해서는 이동에 편리한 수레와 기마 도구의 도입 등 다양한 기술 진보가 필요하였다. 수레는 기원전 3500년경 메소포타미아에서 발명된 것으로 보이지만, 그 후 200~300년 내

---

17 Friedrich Engels, Ⅸ. Barbarism and Civilization, *Origin of the Family, Private Property and the State*, International Publishers, New York, 1933. 참조.

에 유럽과 초원 지대 서부에 퍼지고, 중국은 기원전 2000년경에 사용되었다. 유목민은 빠른 기동력으로 문화의 전파자 역할을 하였다.

구리와 주석 등을 합금하여 동보다 단단한 청동은 기원전 3500년경 무렵에는 메소포타미아에서 사용되었고, 기원전 2000년경 무렵에는, 초원 지대에도 청동이 만들어지게 되었다. 초원 지대 동부에 후기 청동기 카라스크 문화(Karasuk culture)가 시작되었다. 청동기 생산이 진보하고, 예리한 단검이나, 도끼와 함께, 마구(재갈)와 그에 부수하는 기구가 만들어지면서, 이동하는 본격적인 기마 유목민이 탄생한다.[18] 그들이 형성한 최초 국가인 스키타이(Skythai)는 기원전 9세기~기원후 4세기까지 유라시아에서 활동했으며, 중앙아시아에서는 12세기까지도 활동하였다.

고대에 유목 기마족은 신속한 문화 전파자 역할을 하였고, 국가 무력의 중요한 역할도 하였다. 유목과 기마 문화의 기원에 관해 북방민족설이 통설이었지만 농경민이 먼저 말을 가축화했다는 설도 있다.[19] 한편 기마 문화는 청동제 마구의 제작 시기에 크게 발전했는데 대체로 요동 지역에서는 기원전 18~14세기에, 요서 지역에서는 기원전 8세기 이전에 형성된 것으로 보고 있다.[20] 그러나 말은 초원이나 고원 혹은 삼림 지대에서 자생하는 점에서 역시 자생지에 가까운 북방의 유목민들이 먼저 가축화했을 가능성이 크다. 요동 지역이 요서 지역에 비해 출토된 마구들의 제작 연대나 기마 문화의 발전이 보다 빠른 것도 이것을 반영한 것으로 판단된다.

---

18 'Karasuk culture' (https://en.wikipedia.org/wiki/Karasuk_culture).

19 신용하는 농경 생활에서 말의 가축화가 먼저 이루어졌다는 추론 아래 동북아에서 부여 농경민이 몽골족보다 먼저 말을 가축화했다고 생각한다. 기원전 약 3천 년경 강우량 감소와 한냉화로 북방으로 이동했던 '밝달'족의 지류인 맥족과 예족이 다시 남방으로 이동하면서, 이동하지 못한 부족들이 식재료 조달을 위한 방식의 하나로 '전업적 목축'을 추구하여 동북아에서 유목민이 출현한 것으로 추정한다. (신용하, 같은 책, p 448. p 357).

20 신용하, 같은 책, p 460.

유목 국가는 이동생활이었으므로 사회의 안정성이 낮아 응집력이 약하고, 부세를 부과할 토지와 인민의 파악이 어려우므로, 국가 형성이 상대적으로 늦고, 정복 국가의 형태를 취하는 경우가 많았다. 그러나 자체의 문자가 없어서 그 실상을 잘 알 수 없지만, 기마 유목민은 이동성이 강하고, 상대적으로 강력한 군사력을 가진 집단이어서, 이들이 정착할 농경 지역과 그 주변에서 지배권을 장악할 가능성이 많았다.

대표적인 농경 문화의 하나인 중국 최초의 "하(夏) 왕조와 연계되는 '용산(龍山) 문화 집단'은 유목 민족적인 부계 집단"이었다.[21] 또한 홍산(紅山) 문화도 농경 문화인지, 수렵 문화인지에 관해 많은 논쟁이 있지만 반농반목의 양측 면이 있었다.[22] 홍산(紅山) 문화는 중국 하북성 북부에서 내몽골 자치구 동남부, 요녕성 서부에 걸쳐 기원전 4700~2900년에 존재한 신석기 시대의 문화이다. 홍산 문화는 지리적으로 유목 지역과 농경 지역의 접경 지역에 속하고, 발굴 유물도 농기구를 비롯한 농경 문화와 석촉과 동물 뼈 등 유목 문명의 양면적 성격을 보이고 있다. 이곳에서 발견된 제단, 돌무덤은 물론이고 신석기 시대로 간주되는 빗살무늬 토기, 청동기 시대의 비파형 동검 등도 한반도의 (고)조선 문명과 유사하여 그 연관성이 주목되고 있다. 한민족 최초의 국가인 (고)조선의 발상지와 수도를 둘러싸고 평양설에서부터 요하(遼河) 지역설까지 다양한 견해가 있으나, (고)조선의 발흥도 유목민과 관련이 깊은 것으로 생각된다.

오랜 석기 시대에서 벗어나 인류 문명의 새로운 기원을 여는 청동기는 중국에서는 기원전 3000~2000년 전에 그 제작 기법이 알려지기 시작하였고, 상나라 시대(기원전 16~11세기)에는 대형의 많은 청동기가 제작되어

---

21 '夏 (三代)', 『ウィキペディア (Wikipedia)』.
22 오대양, "요서 지역 적석총문화의 기원과 형성 과정", 『동북아역사논총』, 제45호 (2014년 9월).

보편화 되었다. 만주 지역은 기원전 2천 년경에 청동기가 시작되었다.

한반도에서 청동기가 시작된 연대에 관해 청동기의 기원을 기원전 31~24세기로 보다 앞당겨야 한다는 견해가 있다.[23] 북한의 대동강 문화권에서 기원전 31~26세기의 것으로 추정되는 청동기 유물인 청동 조각이나 청동 창끝, 그리고 청동 단추 등이 발견된 것을 토대로 한 것이다. 일찍이 발전한 한반도의 청동기 문화가 상나라를 통해 북방의 중국으로 전파되었다고도 한다. 적어도 청동기 제작 기술이 기원전 25세기 이전에 한반도에서 개발되었다고 생각되지만, 이 시기의 청동기가 사회적 변화를 수반하였는지는 의문이다. 먼저 기원전 25세기 무렵의 시대상의 변화를 보여주는 청동기 표지 유물이나 보다 대량 대형의 유물 그리고 이를 뒷받침하는 주변의 고대 동광산 등이 밝혀진 바가 없다. 따라서 비록 한반도에서 청동기가 조기에 발생했다고 해도 오랜 시간이 지나 기원전 15세기 무렵에 북중국 은상(殷商)에서 대량 생산되고 보편화되었다.

종래에 한반도에서 청동기가 시작된 것은 기원전 15세기경 러시아 노보시비르스크 부근 시베리아 초원 지대 카라스크 문명의 도입을 통해 이루어진 것으로 알려져 있다. 이 무렵 스키타이족 동물 미술 양식의 암각화 문화가 도입되었다. 이와 함께 청동기 시대의 주요 묘제인 석관의 전파 경로도 카라스크-타가르(Tagar) 계통의 돌널(석관: 石棺) 무덤을 통해 도입되고, 타가르 문화가 주민들의 기마 기동력과 팽창을 통해 몽골, 만주, 한반도, 연해주 등지로 퍼져 나갔다.

한반도에서 청동기 문화의 일부로 생각되는 민무늬 토기가 발견되는 것은 기원전 15세기 경부터로 생각되지만, 한반도와 만주 지역에 청동기 시대의 표지 유물에 해당하는 동검이나 동경 등이 등장하기 시작하는 것은 기원전 12세기 무렵이다.[24] 한편 남양주시 진중리의 유적이나 천안 봉룡동

---

23 신용하,『고조선문명의 사회사』, 지식산업사, 2018, pp 102-104, pp 364-371. p 676.

유적에서 신석기 시대의 빗살무늬 토기와 청동기 시대의 민무늬 토기가 함께 발견되고 있다. 이는 청동기 시대의 문화가 "이주민이 새로운 문화를 전파하고 선주민이 이를 수용하는 과정을 통해서 이루어졌다"[25]는 것을 보여준다. 한반도에 청동기 문명이 전파되는 과정은 초원의 유목 문화가 함께 도입되는 과정이었다.

메소포타미아 지역을 포함하여 기원전 5천 년경에 아시아 북부 초원 지대에도 거의 동시에 유목민이 생겨났을 것으로 생각되지만, 청동기 시대에 수레를 이용하고, 또한 기마족으로 발전했을 것으로 추정된다. 한편 남방로와 북방로를 이용한 사람들과 본토계가 한반도에 공존했지만, 이들 중 일부는 온난기에 북방으로 이동하였고, 한반도에 잔류한 사람들은 선주민으로 존속되었다. 이들은 일찍부터 가축의 사육과 농경 생활을 하였지만 커다란 국가를 형성하지는 못했고, 소규모의 정치체를 형성한 가운데, 이후 북쪽에서 유목민이 청동기 및 철기 문화를 가지고 접근한 것으로 판단된다.

신채호에 의하면 "조선, 만주, 몽골, 터키, 헝가리와 핀란드는 3천 년 전에는 틀림없는 같은 동족이었다. 아시아에 남기도 하고, 유럽으로 이주하기도 하면서, 유라시아 대륙의 동서로 갈린 것"이라고 한다.[26] 신채호는 조선 민족이 파미르 고원이든, 몽골 초원이든, 어디에선가 광명의 본원지를 찾아 동진을 해왔다고 한다. 그리고 조선이라는 국호는 광명이라는 고어에서 비롯된 것이라고 한다.[27] 범 유라시아는 유전학적으로나 언어학적으로 많은 공통점이 있지만, 그 기원과 상호 교류의 관계에 대해서는 여전히 불확실한 점이 남아 있다.

---

24 노태돈, 『한국고대사』, 경세원, 4.
25 노태돈, 같은 책, p25.
26 신채호, 『조선상고사』(김종성 역, 위즈덤하우스, 2014), p 83.
27 신채호, 『조선상고사』(김종성 역, 위즈덤하우스, 2014), pp 91-92.

한민족의 언어가 알타이어족에 속하고, 유전학적 몽골반점을 가지고, 고 고학적 유물로 민무늬 토기로 불리는 질그릇을 많이 사용한 특징 등이 북 방 민족과의 공통성의 지표이기도 하다. 그러나 공통성은 확인되지만 그 기원에 관해서는 여전히 단언하기 힘든 여러 가설들이 있다.[28] 종래 (고)조 선의 기원에 관해 요하 주변의 만주 지역을 중시하였다면, 근래에 한반도 중부의 새로운 선진적 농경 문화의 발견에 기초하여 그 문화의 독자성과 선진성이 주목되고 있다.

(고)조선 시대인 기원전 1000년경부터 한반도에서는 종래의 빗살무늬 토기 대신에 민무늬의 무문 토기 시대로 넘어갔는데 이는 북방 민족인 퉁 구스 계통의 예족과 맥족의 특징이었다. 이들이 유입되면서 이전에 한반도 와 만주 일대에 존재하던 빗살무늬 토기 문화가 구축되고 무문 토기가 중 심이 되었다. 무문 토기 문화의 주인공은 예맥(濊貊)족이고, 이 단계에서는 사회 발전 단계로 보아 미흡하지만 정치 집단의 출현이 보이는 시기이 다.[29] 예맥족은 넓게는 알타이족 좁게는 퉁구스족과 밀접한 연관성이 있는 것으로 생각되지만, 예맥족의 원뿌리가 한반도인지 혹은 요하 지역이나 시

---

28 최근에 마틴 로비츠(Martine Robbeets)등의 연구자에 의해 한국어는 퉁구스어, 몽골 어, 투르크어, 일본어 등 범 유라시아 언어와 함께 9000년 전 신석기 시대에 지금의 중국 동북부에 살던 농경민에서 비롯되었다는 견해가 제시되었다. 이것은 통설적 이었던 종래의 보다 후기의 '유목민 확산설' 대신에 보다 이른 시기의 '농경민 확 산설'이라 할 수 있다. 그들은 유럽에서 동아시아에 이르는 트랜스 유라시아 어족 (語族)이 신석기 시대에 중국 랴오강(遼河, 요하) 일대에서 기장 농사를 짓던 농민 들의 이주 결과라고 한다. Martine Robbeets et al., *Triangulation supports agricultural spread of the Transeurasian languages*, Nature, November 2021. 그러나 이들의 연구 에는 한반도에서의 벼와 맥의 재배를 청동기 시대인 기원전 1300년경에 중국의 요 동과 산동에서 유입된 것으로 파악하는 등 한반도에서 보다 이른 시기에 시작된 농경 문화가 반영되어 있지 않다. 신용하는 고조선어가 퉁구스를 비롯한 알타이어 의 기원이 되었다고 하며 (신용하, 같은 책, 제15장 고조선 문명 과 고조선 공통 조 어의 탄생, 참조) 보다 검증이 되어야 할 것으로 생각된다.
29 金貞培, 「韓民族의 起源과 國家形成의 諸問題」, 『국사관 논총』 제1집, 1989, 10면.

베리아인지 등의 여부는 별개의 문제이다.

한편 한반도 한강 이남 지역에는 기원전 2세기 무렵에는 진국(辰國)이 확실히 존재했지만, (고)조선과 마찬가지로 진국의 건국 연대나 강역 등은 불명확한 점이 많다. 한반도 남부의 정치체로서 모습이 비교적 분명하게 드러난 것은 삼한의 존재인데, 진국과 삼한의 관계에 관해서도 아직 통설은 없는 것으로 보인다.

제2절 고대 농업혁명

신생 인류의 한반도 접근은 3~4만 년 전부터 시작되었지만, 그것은 단속적인 것이었다. 홍적세에도 간빙기가 있었지만 이후에도 주기적인 빙하기가 나타나고 있었다. 동아시아로 접근한 현생 인류는 홀로세 이전 마지막 빙하기의 절정기에 생존을 위해 남으로 이동하고자 했고, 다수가 북위 40도 이남으로 남하했던 것으로 보인다. 한반도로 유입한 인류의 구석기 시대 유적지는 동굴 안이나 보다 생존에 유리한 중남부 이하에서 주로 발견되었다.

구석기 시대에는 수렵·채취의 이동 생활이 중심이므로 토지에 대한 소유의 개념은 생기지 않았다. 혈연을 중심으로 하는 무리 생활이 이루어지고, 무리 내에서 풍부한 경험을 가진 장로가 지도자 역할을 하였다. 생산과 소비는 기본적으로 공동으로 행해졌을 것이고, 생산 도구의 중심은 타제석기였다. 사회는 대체로 평등하고 항상적 분업은 이루어지지 않았으며, 남성과 여성도 평등하고 노동의 성적 분업은 성립하지 않았다고 판단된다.

오랜 구석기 시대 이후, 문명의 여명기인 신석기 시대에는 정착된 농경 생활과 목축이 발달하면서 이전의 수렵·채취 생활에 비해 식량이 풍부해지고, 인구도 증가하기 시작했다. 또한 잉여 생산물도 발생하여 그 수취와 관리를 담당하는 권력이 형성되기 시작하였다. 그리고 정착지의 농경지에 대한 소유의 개념도 발생하고, 생산 및 생활 도구가 발달할수록 그것들에 대한 사유의 개념이 강해졌다. 인간 활동의 연장인 노동이 투하될수록 그 생산물을 스스로의 일부로 생각하는 소유 관념이 발생한다. 신석기 시대 생활 도구의 중심은 마제석기와 토기의 사용이다.

정착 거주하는 무리는 여전히 혈연 중심의 소규모 군집 생활이었고, 이 복합적 혈연 집단을 초기적 씨족이라 할 수 있다. 오랜 시간이 지나면서 씨족이 부계의 자와 친손만으로 이루어진 집단으로 단계화(單系化)되어 가지만 이는 '부단계(父單系)' 씨족으로 인류 역사에서 최근의 것으로 구분된다. 초기적 씨족은 정착생활이 진전되면서 주변의 집단과 일정한 연계를 형성하고 좀 더 넓은 부족이 형성되고, 그 부족의 장으로서 중심적 지위를 형성하는 장노 겸 족장이 나타나기 시작하였다.

홀로세(Holocene)의 신석기 시대인 기원전 약 9천 년경부터 메소포타미아 지역에서 농경생활이 먼저 시작되고, 황하 유역에서는 기원전 약 7천 년에 시작되었다. 그리고 조금 늦게 인더스강이나 나일강 등에서도 세계적인 고대 문명이 시작되었다. 신석기 시대와 농경이 최초로 시작된 이후 역사의 진행 속도는 빨라진다. 구석기 시대와 비교하며 신석기혁명 이후의 역사 변화는 혁명적인 것이었다. 농업 생산성이 높아지면서 토지의 인구 부양 능력이 높아지고, 인구가 증가하고 인구 밀도가 높아진다. 그리고 사유가 발생하고 가족제도가 변화하며 국가가 형성되는 문명이 발생한다.

종래 한국은 중국보다 늦게 문명이 시작된 것으로 알려져 왔다. 농경생활이 중국에서 먼저 시작되고, 조나 벼의 재배 방법이 중국에서 전파되었다는 인식이 그 뿌리에 있다. 그러나 1998년 발굴된 청원군 소로리 유적에서 발견된 볍씨가 기원전 1만 5천~1만 3천 여년의 것이라는 탄소연대 측정이 이루어졌다. 이는 세계에서 가장 오랜 볍씨로 간주된다. 그러나 그것이 반드시 재배 벼라는 단정은 어렵고, 재배 벼 이전 단계인 '순화 벼'로 평가되어 벼농사의 시작을 알리는 것으로 확정하기는 어렵다.[30] 다만 1991년 발굴된 고양의 가와지 볍씨는 기원전 3천 년경의 재배 볍씨로 평가되고, 이 무렵에는 늦어도 한반도에서 벼농사가 시작되었을 것으로 추정된다.[31]

---

30 이융조, 「소로리 볍씨, 왜 중요한가?」, 한국선사문화연구원 발표논문, 2014.
31 이융조 등에 의해 소로리 발굴보고가 있고(이융조우·종윤, 제1회 국제학술회의;

그밖에도 기원전 4000~3600년에 조성된 인천 운서동 취락의 토기에서 조와 기장이 포함된 곡류의 압흔(壓痕, 눌린 흔적)이 발견되었다. 또한 신석기 시대 중기의 양양 지경리 유적의 토기에서도 조와 기장, 들깨 등 곡물 압흔이 대량으로 발견되었다. 강원도 양양군 오산리 토기에서 동북아 최고(最古)인 기원전 5천 년경의 초기 신석기 시대 콩·팥 압흔(壓痕, 눌린 흔적)이 발견되었다.[32] 충주 조동리, 여주 혼암리, 안면도 고남리 등 다수의 유적에서 단립 벼 외에도 조, 기장, 콩, 팥, 수수, 밀과 보리 등이 함께 출토되어, 이들 곡물의 농업 경작이 동시에 이루어지고 있었던 것으로 보이며, 이외에 진주 대평리에서는 들깨도 발견되었다.

특히 콩과 팥은 여러 종류의 품종이 있어서 한반도가 원산지이면서 재배도 제일 먼저 시작된 품종이 존재할 가능성이 있다. 기원 544년 가사협(賈思勰)이 저술한 『제민요술(齊民要術)』에 여러 대두 중에 고유한 고려 황두와 고려 흑두가 열거되어 있다.[33] 그리고 한국에서 간장과 된장이 최소 2천 년 전부터 사용되어 동양에서는 대두 발효식품의 원조로 생각된다. 간장은 중국의 고유한 것이 아니고 고구려 때 국내에서 도입된 것으로 추정된다.[34]

불확정적 요소가 있음에도 불구하고 한반도에서는 신석기 시대 중기인 기원전 3500~3000년경에는 조와 기장의 농경이 보급된 것으로 보인다. 벼 농사는 종래에 청동기 시대(기원전 2000~1500년경)에 시작된 것으로 추정

『아세아 선사농경과 소로리볍씨』, 충북대박물관·청원군, 2003), 손보기 등에 의한 고양 일산지역에 대한 학술보고가 있으며(손보기·신숙정·장호수, 『일산새도시개발지역 학술조사보고 1』, 1992), 이후 지속적인 연구와 탄소연대 측정이 이루어졌다.

32 국립문화재연구소, 『한국 신석기 시대 고고식물 압흔 분석보고서』, 2015, pp 256-261.

33 『제민요술(齊民要術)』 卷2, 大豆編.

34 William Shurtleff & Akiko Aoyagi, "*KOREAN WORK WITH SOYFOODS OUTSIDE KOREA (544 CE TO 2014)*", www.soyinfocenter.com ISBN9781928914662.

된 것에 비해 보다 최소 천 년 이상 이른 기원전 3000년경에는 시작된 것으로 보인다.

한국 고대사에서 (고)조선은 여전히 불명확한 점이 많다. 단기의 기원을 흔히 기원전 2333년으로 잡고 있는데, 조선이 기록에 등장하는 것은 기원전 7세기 인물인 관중(管仲)에 관한 기록인 『관자』에서 비롯된다. (고)조선의 실체는 천오백 년 이상의 오랜 문헌기록의 공백을 유전학적, 기후학적, 고고학적 및 언어학적 등의 다제적 연구를 통해 밝혀야 되는 과제이다. 많은 문제점이 있지만 새로운 자료와 시각으로 새롭게 조명하는 시도들이 이루어지고 있다.

종래에 (고)조선은 한반도에서 농경이 보편화되기 이전에 건국된 것으로 추정되어 설명하기 힘든 역사적 괴리가 존재했으나 농경이 보다 일찍 시작된 것으로 밝혀지고 있다. 신용하는 곡물 종자의 발견들과 중국 동북 지역에서 발굴되는 새로운 고고학적 자료 등을 근거로 새로운 가설을 제기했다. 그는 다양한 자료를 근거로 (고)조선 문명이 한반도 중남부에서 시작하였고, 세계의 5대 문명에 속하는 독자적인 고대 문명으로 5,500년 전(BP)의 수메르 문명과 비슷한 시기에 '단립 벼+콩'을 식문화로 하는 독특한 문명이 형성되었다는 과감한 가설을 제기하였다.[35] 그리고 이른 시기에 독자적으로 청동기도 생산하고 유목민에 의해 (고)조선이 형성되었다고 하지만 여전히 논증에는 공백이 많이 남아 있다.

한반도에서 이른 시기에 곡물의 압흔들과 볍씨들이 발견되어 농경이 이미 기원전 3천 년경에는 시작된 것으로 생각되지만 식생활에서 재배 곡물의 위치가 중심을 차지하게 되는 것은 그 보다 훨씬 이후이다. 구석기 시대 이래로 수렵 활동은 선사 시대 한반도의 주민들에게 중요한 생계 수단이었다. 조, 기장을 포함한 작물의 재배가 시작된 신석기 시대와 청동기 시

---

35 신용하, 『고조선 문명의 사회사』, 지식산업사, 2020, pp 33-36.

대에도 어로, 수렵 등은 주요한 영양 섭취원이었다. 안정 동위 원소 분석을 통한 연구는 신석기 시대에서 청동기 시대로 이행하는 과정에서 섭취하는 곡류가 조, 기장 등의 잡곡에서 점차 쌀, 두류의 비중이 높아지는 변화를 보여준다. 또한 신석기 시대 해안과 청동기 시대 내륙에서 수산자원, 재배 작물과 함께 야생 육상 동물들을 섭취했음이 확인된다.[36] 한반도의 청동기 시대 농경민들은 송국리형 문화 단계에 집약적 도작 농경이 확립된 이후에도 생업 활동을 하는 데에 있어 작물 재배와 함께 다양한 전략을 보조적으로 활용했던 것으로 추측된다.[37]

한반도의 벼농사는 청동기 시대(기원전 2000~1500년경)에 본격적으로 시작된 것으로 보이지만, 삼국 시대에 이르러서도 벼가 주식으로 활용될 정도로 도작 농경이 활성화되었다고 보기는 힘들다. 쌀은 단위 면적당 수확량이 소맥에 비해 40% 이상 높아 밀에 비해 인구 부양 능력이 높고, 또한 조건이 맞으면 쌀과 맥의 1년 2작이 가능해질 수도 있다. 그러나 비록 벼농사가 보편화되었지만, 역사 기록에서 벼의 주 소비층으로 언급된 상위 계층의 경우에도, 실질적인 섭취량은 조선조 초까지도 그다지 많지 않았던 것으로 추정된다. 조선 시대 중후기 이후 상위 계층에 이르러서야 벼의 안정적인 섭취가 가능해진 것으로 판단된다.[38]

작물 재배에서 조와 기장이 미와 맥으로 전환되어 가는 과정은 경작법의 변화와 관련된다. 고대 정착 농업의 출발에서 화경이 존재하였을 것으로 생각되지만 구체적 실상은 알 수 없다. 화전의 구체적 모습은 일제강점

---

36 곽승기, 김경택, 「先史土器와 土壤試料分析을 통한 韓半島新石器·靑銅器時代 生計經濟 硏究 -微量 有機 炭素安定同位元素分析을 中心으로-」, 『호서고고학』 권 40, 2018.

37 곽승기, 「특정화합물 안정동위원소 분석법을 이용한 청동기 시대 중서부지방 생업 양상 연구」, 『韓國上古史學報』 권 95, 2017.

38 이준정, 「作物섭취량 변화를 통해 본 農耕의 전개 과정 -한반도 유적 출토 人骨에 대한 안정동위원소 분석 결과를 중심으로-」, 『한국상고사학보』, 권 73, 2011.

기 당시 조사한 바가 있어서[39] 고대 사회에 그 존재를 유추 해석할 소지는 있지만, 반드시 정확하다고 말하기는 어렵다. 화전 농업은 전통적으로 다우(多雨) 지역에서 많이 행해지고, 연작을 하지 않고, 초목을 태워 시비 효과를 얻고, 병충해를 구제하지만 조방적이다.

한국의 경작법 발전과 관련하여 이춘녕은 화전에서 점차 밭으로 그리고 논으로 농경이 확대되는 과정을 그리고 있다.[40] 그는 "한국에서 아직 화경(火耕)[41] 시대의 유물이나 굴봉(堀捧) 사용의 현존을 찾아볼 수는 없지만 다음과 같은 추측은 할 수 있다. 즉 신석기 시대 초중기에 있어 농기구로는 굴봉(掘棒: 뒤지개)을 사용하고 작물로는 피·모밀·콩 같은 것으로 시작하여 점차 전래되어 온 기장·조·수수 같은 것이 뒤따랐을 것으로 생각된다"[42]고 한다.

이후 화경은 화경대로 존속하여 가면서 이것에서 분화된 밭갈이는 평야로 확산되고, 초목회(草木灰) 이외에 거름도 주고 경운법도 달라졌을 것이다. 밭농사에서 가꾸는 작물도 기장·조·수수·피 등이 본격적으로 경작되는데 농기구로는 따비와 괭이 등이 목재와 석재로 쓰였다. 그리고 수확용 도구로 돌칼(石刀), 돌톱(石鋸)과 돌낫(石鎌) 등이 사용되고 탈곡·제분용 기구로는 갈돌, 돌확 등 간단한 맷돌을 이용하였다.[43]

이어 "소립 잡곡에 뒤이어 맥류(麥類)가 새로 들어온 것은 곡식 작물의 새로운 부가로서 물론 재배 기술에 큰 변화가 생기게 하였다. 즉 보리와 밀은 가을에 파종하여 월동시키고 봄에 이삭이 나오게 하여 여름이 되면 거두어 들이게 되나 추위가 심한 고지대에서는 맥류를 봄에 씨 뿌려 가을

---

39 小泉昇平, 「火田民生活狀況に關する調査」, 『朝鮮彙報』, 1917.
40 이춘녕, 「韓國 古代의 農業技術과 生産力硏究」, 『국사관 논총』 제31집, 1992.
41 (小野武夫, 《日本農業起源論》 (日本評論社, 1942) p.375.
42 이춘녕, 「韓國 古代의 農業技術과 生産力硏究」, 『국사관 논총』 제31집, 1992.
43 이춘녕, 「韓國 古代의 農業技術과 生産力硏究」, 『국사관 논총』 제31집, 1992.

에 수확하는 것이다. 맥류 재배와 관련시키고 있는 석기 농구로는 돌낫, 석거(石鋸[44]-소형 석제톱으로 나무나 뼈에 끼어 쓰는 것으로 추측)가 있고 토기로는 채도(彩陶)를 보리와 연관시키는 이가 있다. 맥류는 선구 작물들이 누렸던 소위 서속(黍粟) 문화에서 속맥(粟麥) 문화로 변전하는 계기를 마련한 것이다."[45]

이춘녕은 벼(稻)재배의 도래에 관련하여 최근에 출토된 볍씨(김포군, 고양군)가 기원전 2000년 이상의 신석기 시대의 것이라고 하는 것이 확인된다면 벼의 재배는 응당 밭벼(陸稻) 재배로 이루어졌을 것으로 추정한다. 논벼(水稻) 재배는 밭농사에 비해 너무나 고도의 기술이 필요하며 몇 단계의 과정이 필요한 것이다. 그는 벼 재배의 한반도 전파가 신석기 시대 후기에 일어났든, 청동기 시대에 생긴 일이든 밭농사의 일부로 전해졌을 가능성이 크고, 처음의 밭 벼(陸稻) 재배에서 건답(乾畓) 재배로 이어서 직파 재배 그리고 모내기 재배로 진전되었으며, 조선 시대 중엽까지도 이 4단계가 병행되었다고 한다.[46]

인류가 신석기 시대부터 농경생활을 시작하고, 문명이 싹트고, 국가가 형성되기 시작한다. 한편 농업의 발전은 농기구의 발전과 궤를 같이 하며, 농기구는 일찍부터 석기와 목재 공구가 사용되었지만 문명 발전의 속도를 가속화한 것은 청동기의 사용이다. 그러나 청동기가 어느 정도의 경도를 가지고, 무기나 농기구로도 사용되었지만 여전히 경도가 약하므로 석기나 목재 공구를 완전히 구축하지는 못하고 병용되었다. 청동기는 여러가지 물건을 담거나 제기용 혹은 기념물로서 널리 사용되기 시작하여 정치사회적으로 중요하게 이용되었다. 청동기 시대는 선사 시대와 역사 시대의 경계

---

44 R.J. Braid, 〈The Agricultural Resolution〉(《Scientific American》, Sept. 1960)
45 이춘녕, 「韓國 古代의 農業技術과 生產力硏究」, 『국사관 논총』 제31집, 1992.
46 이춘녕, 「韓國 古代의 農業技術과 生產力硏究」, 『국사관 논총』 제31집, 1992.

에 있고, 세계에서 가장 오랜 문자가 발명되었으며, 동시에 세계 각지의 문명에서 국가가 형성되기 시작한다. 중국에서는 특히 상나라 시대의 은허에서 다양한 문자가 기록된 청동기가 발견되어 주목을 받았다.

한반도에서도 청동기가 시작되면서 농경생활이 보다 발달하고, 비파형 동검 등의 무기도 발달한다. 농업 잉여 생산물이 생기면서 그 수취와 관리를 위한 권력이 형성되고, 청동기 시대에는 부족의 장로 보다 권력이 강한 군장(chief)이 출현했다. (고)조선도 군장제 성읍 국가들의 연맹체였을 가능성이 크다고 본다. 한반도에서 청동기 시대의 시작에 관해 한반도와 만주의 요동 및 길림 지역에서 동검이나 동경 등이 등장하는 기원전 12세기 정도로 추정되어 왔다.[47] 근래에 청동기의 시기를 앞당겨야 한다는 견해가 제기되고 있으나 아직 공통적 이해에 도달하지 않은 것으로 보인다.

농업의 발달을 구체적으로 파악할 수 있는 방법은 농기구의 발달 과정을 검토하는 것이다. 농기구는 석기나 목제 공구보다 편의성과 내구성이 좋아야 할 뿐 아니라 청동기보다 높은 경도를 요구하므로 그 본격적인 발전을 위해서는 철기가 필요했다. 동아시아 철기 문화는 중국에서 기원전 7~6세기경에 시작되어, 기원전 4~3세기경 주철에서 단조로 발전했다.

철기의 도입과 관련하여 통설적인 중국 전래설과 다른 가설이 있다. 근래의 연해주 일대의 발굴 조사를 바탕으로 기원전 12세기 히타이트 멸망으로 그 문명의 철기가 초원의 길을 따라 기원전 10세기에는 시베리아로 전해지고 그것이 연해주를 거쳐 북중국, 한반도, 그리고 사할린을 통해 일본으로 전해졌다는 가설이다.[48] 이것은 한반도로의 문화 전파 경로가 반드시 중국을 경유하지 않고, 초원의 길을 통해 직접 전해졌을 수도 있으며,

---

47 노태돈, 『한국고대사』, 경세원,

48 進藤義彦, 「古代日本の鐵器文化の源流に關する一考察」, 『亞細亞大學敎養部紀要』12, 1975.

(고)조선이 만주의 무순지역이나 함경북도 무산지역의 풍부한 철광산을 토대로 중국과 동시대에 독자적인 철기 문화를 가졌다는 것을 시사한다.

강동군 향목리 1호 고인돌에서 출토된 철검(鐵劍·쇠장검), 철칼, 철제 기계활인 쇠뇌(鐵弩·석궁) 등은 기원전 7세기에 강철이 생산된 것을 보여준다. 이는 늦어도 기원전 7세기에는 철제 무기와 농구 생산이 가능했음을 의미한다.[49] 또한 기원전 4~3세기에 연나라에서 사용하던 명도전(明刀錢)이 압록강 중류 지방에서 서북 지방에 걸쳐서 철기류와 함께 출토되었다. 남부 지역에는 기원전 108년 한무제가 낙랑군을 설치한 후, 한반도 중남부로 전파되고, 무기류와 함께 도끼, 가래, 낫 등 철제 농기구가 보급되기 시작한 것으로 보인다. 그러나 이 시기 철은 여전히 불충분했고, 3세기 무렵의 낙랑군에서도 철제 농기구의 보급이 제한적이었다고 한다.[50]

농업 생산 과정은 기경 및 정지, 파종, 제초와 시비, 수확 등의 과정을 거치고, 그에 필요한 농기구의 발전을 가져온다. 적합한 농기구의 발전에는 장구한 세월이 필요했지만, 특히 기경 및 정지구의 발전이 중요하다. 이와 관련하여 이춘녕은 중국에서 중국 원시 농업의 구분을 화경(火耕) 농업(8,000~10,000년 전), 서경(鋤耕) 농업(4,500~8,000년 전), 려경(犁耕) 농업(4,500년 전 이후) 등 3기로 나누고 있는 것을[51] 한반도에 적용하여, 한국 농업을 굴봉(堀棒)농업, 따비 농업, 쟁기 농업의 3단계로 생각할 수 있다고 한다.[52]

한반도에서 처음으로 사용한 양식의 맨 위 농기구는 굴봉(掘棒, 뒤지개, digging stick)이다. 같은 용도의 뒤지개에는 석기도 있지만, 굴봉은 긴 작대기의 한 끝을 뾰족하게 깎은 것으로, 땅 속의 식물이나 그 뿌리를 캐고 씨

---

49 신용하, 『고조선 문명의 사회사』, 지식산업사, 2018, pp 431-433.
50 노태돈, 『한국 고대사』, 경세원, 53.
51 張之恒, 〈中國原始農業的産生和發展〉(《農業考古》 1984年 2期).
52 이춘녕, 「韓國 古代의 農業技術과 生産力研究」, 『국사관 논총』 제31집, 1992.

앗 구멍을 내는 데에 썼다. 굴봉은 한반도에서 철기의 사용과 함께 날을 끼워 먼저 따비로 발전했다. 이후 따비는 한편에서 손작업 농기구인 호미와 괭이 등의 괭이 계통과 발을 같이 사용하는 농기구인 삽, 그리고 그것을 발전시켜 축력을 이용할 수 있는 복합적인 쟁기 계통의 농구로 분화 발전하였다.

〈그림 1-1〉은 기원전 1세기 삼한 시대로 생각되는 광주 신창동 유적지에서 출토된 한국에서 가장 오래된 따비의 모습이다. 이와 함께 중국 하남성 안양(安陽)에서 출토되었고, 춘추 전국 시대 화북 지역에서 주로 유통되었던 포폐를 보여준다. 포폐는 여러 종류가 있지만 여기서는 보는 바와 같이 두 발을 가진 것이 일반적이고 따비와 많이 닮았다. 중국의 농기구 박(鎛)=산(鏟)은 기경과 함께 주로 제초용으로 사용되는 괭이나 삽과 같은 것이었다.

중국에서 농구인 삽의 모양을 한 화폐를 포폐(布幣)라 하는데, 이는 박폐(鎛幣)에서 연원된 것이고, 박(鎛)은 고대 삽모양의 농기구를 말한다. 박(鎛)의 중국 발음은 '보'이고, 포(布)는 중국 발음으로 '부'여서 후에 박폐(鎛幣)가 포폐(布幣)로 이름이 바뀌었다. 이춘녕은 따비도 '따보'에서 비롯되고, 쟁기의 옛 이름이 '보'에서 나왔다고 하면서도, '보'가 어디서 비롯된 명칭인가에 대해서는 불명으로 남겨 두었다.[53] 그러나 '따보'의 '따'는 땅이고, '보'는 '박(鎛)'의 중국 발음에서 비롯된 삽 모양의 농기구를 의미하는 것으로 생각된다. 삽이나 보습을 의미하는 '박(鎛)'에서 따비나 쟁기가

---

53 이춘녕에 의하면 "쟁기의 원이름은 '보'나 이에 가까운 것이 분명한 듯하다. 그러고 보면 따보(따비·따부 등)의 '보'와 연원이 같은 것으로 볼 수 있고 사실, 고서에도 '이사(犁耜)'와 같이 쟁기와 따비가 병기되거나 통칭되는 수가 가끔 있다. 아마도 따비와 쟁기가 모두 '보'라고 불렸던 것이 뇌사(耒耜)는 따(따는 '땅'의 고어)를 붙인 '따보'로 비칭되면서 리(犁)가 '보'로 호칭되다가… 훨씬 후에 와서 쟁기라고 하게 되었을 것이다"라고 한다. 이춘녕, 「韓國 古代의 農業技術과 生産力研究」, 『국사관 논총』 제31집, 1992.

비롯된 것으로 보인다.

중국의 뇌사(耒耜)나 일본의 '답초'(踏鍬·'후미수키')도 모두 한국의 따비와 같은 계통의 농기구이다. 다만 따비나 뇌사, '후미수키'(답초) 등은 이후 보습을 단 삽이나 괭이 같은 모양으로 분화한다. 그리고 보습의 모양이 삼각형 형태로 분화 발전하면서 쟁기가 발전한다. 동아시아에서 중세에 쟁기 농업이 보편적이었던 것과 마찬가지로, 그 이전의 고대에는 따비 농업과 이를 이은 서경(鋤耕) 농업이 보편적이었음을 보여준다.

〈그림 1-1〉 신창동 따비와 중국의 포폐(布幣)

* 출처: 국립중앙박물관

따비는 굴봉과 비슷한 점이 있지만, 굴봉이 단순하게 끝이 뾰족한 막대기라면, 따비는 단단한 목재만으로 만들 수도 있지만 끝 부분에 금속을 끼워 사용했다. 따비는 모양이 뾰족한 송곳이나 주걱 그리고 코끼리 이빨 등 다양한 모습을 지니고, 무엇보다 체중을 실을 수 있는 발판을 만들기 시작한 특징을 가지고 있다.

〈그림 1-2〉는 대전에서 출토된 농경문 청동기(青銅器)로서 당시의 농경 생활을 보여준다. '농경문 청동기'는 초기 철기 시대의 것으로 보이고, 한

면에 코끼리 이빨형 따비로 밭을 가는 남성과 팽이로 흙을 파는 사람이 그려져 있고, 왼편에는 수확물을 그릇에 담는 여성을 표현하고 있다. 농경민의 생활과 농지 및 농구의 모습을 잘 보여준다.

〈그림 1-2〉 농경문 청동기

* 출처: 국립중앙박물관

청동기 시대에 쓰인 대표적인 농기구인 따비는 손과 발을 모두 쓸 수 있는 도구이고, 팽이나 가래 혹은 삽 어느 쪽으로도 발전할 수 있는 도구이다. 그러나 한반도에서 고대의 목제 보습의 따비가 발굴된 것은 존재하지 않고, 다만 따비의 금속제 보습이 기원전 후 무렵의 창원 다호리 유적에서 낫, 가래, 쇠스랑 등의 형태와 함께 발견되었다.

따비에서 분화된 팽이는 손 작업 농구이고, 호미는 팽이보다 자루가 짧은 특징이 있다. (고)조선 문명권이라 할 수 있는 요서와 요동 지역에서는 기원전 천 년경에 철제 팽이, 호미, 낫, 삽, 반달칼과 철제 도끼 등이 사용된 것으로 보인다. 그러나 한반도에서는 기원전 3~2세기경부터 여러 출토품이 있으며, 그중 팽이는 많이 사용되고, 출토품도 많다.[54] 한편 팽이가 사람이 혼자 토지를 일구는 기구인데 반해 쟁기는 삽이 발전하여 앞에서 사람이나 가축이 견인하여 토지를 갈아 엎는 기구이다. 괭이와 마찬가지로 쟁기의 프레임은 나무 막대기에 넓직한 쇠, 즉 보습을 달아 땅을 파고, 앞에서 끌어서 연속적으로 땅에 고랑을 만들면서, 한편으로는 그 흙을 갈아 엎어 이랑을 만들어가는 농기구이다. 따라서 보습이 발견된다는 것은 삽이 사용되었고, 삽을 앞에서 견인하면 쟁기가 되는 만큼 쟁기도 이미 사용되었을 가능성이 크다.

그러나 우경용 쟁기는 삽보다 보습의 크기가 크기 때문에 앞에서 끌기 위해서는 끌채를 포함하여 구조가 보다 튼튼하게 바뀐다. 대체로 철기 시대에 들어오면서 철제 농기구가 사용되고, 괭이나 호미류와 함께 보습이 사용되었음을 확인할 수 있다. 한반도에서는 익산 보덕성지(報德城址)에서 백제 말기의 보습이 출토되었지만, 쟁기의 목재 구조물이 발견되지 않아 쟁기갈이의 구체적인 모습에 관해 말하기는 어렵다.

농기구의 발달과 함께 경작방법도 변화하고, 이에 따라 경작지의 규모나 형태도 달라진다. 한편 보다 직접적으로 농업 생산 방식을 유추할 수 있는 고대의 경작 유구들이 발견되었다. 신석기 시대 유구로서 강원도 고

---

54 먼저 기원전 3~2세기로 평가된 평안북도 영변 세죽리 유적(細竹里 遺蹟)에서 철기(鐵器)인 괭이와 함께 호미가 출토되었다. (김정문, 「세죽리 유적발굴 중간보고」, 1, 『고고민속』 2, 1964. 김영우, 「세죽리 유적발굴 중간보고」 2, 『고고민속』 4, 1964. 최성락, 철기 문화를 통해서 본 고조선, 『국사관 논총』 제33집, 1992). 그리고 경주 구정리의 토광묘에서 철제 낫과 철제 괭이가 나왔다. (김원룡, 「慶州九政里出土金石倂用器遺物에 관하여」, 『歷史學報』 1, 1952). 한편 4세기 중후반대로 편년되는 황남대총 남분에는 U자형 삽날 14점, 쇠스랑 20점, 그리고 쇠괭이가 295점이나 부장될 정도로 다량의 농기구가 들어 있다. (최병현, 「古新羅 積石木槨墳의 變遷과 編年」, 『韓國考古學報』 10·11, 1981). 백제에서도 몽촌토성이나 4세기대의 석촌동 고분에서 출토된 농기구들을 통해 백제에서도 3~4세기경에는 이미 쇠 삽날과 쇠괭이 등 발달된 철제 농기구가 널리 사용되고 있었음을 알 수 있다. (서울대학교 박물관, 『石村洞 3 號墳東쪽古墳群整理調査報告』, 1986. 서울대학교 박물관, 『夢村土城-東南地區發掘調査報告』, 1988).

성 문암리의 밭 그리고 청동기 시대의 유구로서 밀양 금천리의 논, 대구 동천동의 밭, 부여 구룡리의 논, 보령 관창리의 논, 진주 대평리의 밭 등이 발굴되었다. 그러나 청동기는 농구로는 적극적으로 활용되기 어려워서, 이들 유구의 대부분은 비교적 소규모였다.

삼국 시대에는 철기가 보급되면서 농기구에 이용되고, 농경지가 확대되고 규모도 커진다. 연기군 대평리, 진주 평거 지구의 논이나 진주 대평리의 밭 그리고 하남 미사리의 밭 등이 발견되었다. 진주의 평거 지구 논의 경우 청동기 시대에는 논 한 면의 평균 면적이 약 22m²(청동기 시대 1층)인데 비해, 삼국 시대가 되면 1,509m²(삼국 시대 1층)로 되어 면적이 크게 증가한다.[55] 그리고 실제 조사 사례에서 "삼국 시대 논에서 쟁기 자국과 함께 소 발자국, 사람 발자국이 많이 확인되었다. 이러한 논 경작지의 조성과 더불어 수리 시설의 설치도 이루어지기 시작하여, 논 경작지의 확대 및 논 경작 기술 발달에 기여하였다".[56]

한편 삼국 시대 경작유구 중 특히 미사리의 유적은 비교적 규모가 크고, 시기를 달리하는 경작유구가 상하층 겹구조로 발견되어 경작 방법의 발전과 연계되어 특별한 관심을 받았다. 미사리 유구 하층부의 제1 경작유구는 4~5세기의 것으로 추정되고, 남북 110m, 동서 50m로서 약 1,700평에 달한다. 고랑과 이랑의 폭은 각각 70~80cm로서 그 합은 150cm 정도이고, 고랑의 깊이는 약 15cm 정도이다. 그리고 고랑에 약 30cm 간격으로 직경 20cm 가량의 원형의 파종처가 지그재그로 남아 있다. 고랑의 단면 형태는 대부분 U자형에 가까운 수직으로 굴착된 것이 많고, V자형에 가까운 사례도 있다. 그러나 경작물이 무엇이었는지 직접적 증거가 없지만, 수전이 아닌

---

55 경남발전연구원 역사문화센터, 『진주 평거3-1지구유적』, 2011, p 438.
56 윤호필, 「경작유구를 통해 본 경지 이용 방식의 변천 연구」, 한국고고학회편, 『농업의 고고학』, (주)사회평론, 2014, p 172. 한국고고환 경연구소편, 『한국 고대의 수전농업과 수리 시설』, 2010.

밭작물이었던 것으로 보인다.

한편 미사리 상층부의 제2 경작유구는 6세기 무렵의 것으로 판단되고, 남북 160m, 동서 60m로서 약 3,000평으로 제1 유구보다 넓다. 제2 유구는 이랑의 폭이 70~75cm, 고랑의 폭이 25cm 정도로 합 100cm 정도로서,[57] 고랑의 폭이 좁아지고 깊이는 25~30cm로 제1 유구보다 깊어졌다. 제1, 2 유구를 막론하고 미사리 유적지는 위례성 주변이고, 한강이 가까운 특징이 있으며, 넓은 평탄부여서 이곳의 경작 형태는 사회적·자연적 조건에서 한반도에 보편적인 것이라기 보다는 양호한 조건에서의 선진적인 농법을 반영하는 것으로 생각된다.

시대의 변천에 따른 제1 유구에서 제2 유구로의 변화 과정에서 나타난 경구의 형태 변화를 토대로 경작법의 변화를 유추하는 해석이 이루어지고 있다. 하층부의 제1 유구는 비교적 넓은 고랑과 이랑을 만들고, 또 얕은 고랑 바닥에 30cm 간격으로 작물을 심었던 반면에, 상층부의 제2 유구는 남북 방향 160m의 긴 경구를 만들면서, 깊이 30cm의 고랑을 만들었기 때문에 우경을 하였을 것으로 추정된다.[58] 하층부의 제1 유구는 고랑 깊이가 15cm 내외에 불과하여 축력을 이용해 밭갈이를 한 것으로 보기 어렵고, 수경했을 것으로 보인다. 제1 유구의 경작법을 유추하면서, 중국에서 한대(漢代)의 대전법 실시 이전에는 뇌사(未耜)로 고랑과 이랑을 만들었음을 고려할 때,[59] U자형 따비로 갈이 작업을 하였을 가능성이 높다는 해석이 있다.[60] 다른 해석으로는 고랑의 벽이 수직으로 만들어진 것을 감안하면

---

57 서울대학교 박물관,『미사리』4, 1994, 208쪽. 여기서는 단지 이랑과 고랑을 합한 폭이 100cm였다고 기술하였다. 한편 숭실대학교 박물관,『미사리』3, 1994, 358-359쪽에서 이랑의 폭은 70~75cm, 고랑의 폭은 25~27cm 정도이고, 양자를 합한 폭은 1m 남짓 된다고 하였다.

58 이기동,「신라의 정치경·제와 사회」,『신편 한국사』7, 2002, pp 220-222.

59 최덕경,「제철 농구(製鐵農具) 출현 후의 토지 이용법 변화」,『중국 고대 농업사 연구』, 백산 서당, 1994, 221~222쪽.

호미로 작업하였을 것이라고도 한다.[61] 그러나 호미나 괭이는 수직벽을 만들기 어렵고, 따비나 삽도 전후로 기경을 진행하면서 측면에 직선의 수직벽을 만드는 것은 어렵다. 필자는 특정의 보습날을 가진 쟁기에 의해, 천경이지만 토양을 절삭하면서 전진하는 우경을 제외하면 제1 유구의 측면 수직벽의 형성을 합리적으로 추론할 수 없다.[62]

한편 경작법의 발전과 관련하여 제기된 유력한 가설은 제1 경작유구에서 제2 경작유구로의 변화를 중국 한대(漢代)의 대전법의 발달과 연관하여 설명하는 것이다.[63] 중국 한대의 조과(趙過)에 의한 대전법은 호당 13,500

---

60 김기흥, 「미사리 삼국시기 밭 유구의 농업」, 『역사학보』 146, pp 22-23.

61 이영훈, 같은 책, 94면.

62 한국 고대에 사용된 보습의 형태 중에는 U자형도 있고, 또 보편적이지는 않지만 유상려도 사용되고 있었다. (이현혜 「韓國古代의 犁耕에 대하여」, 『國史館論叢』 第37輯, 1992). 이현혜는 삼국 시대 쟁기(耕犁)는 여러 보조 장치의 미발달로 후대에 비해 기경(起耕)의 깊이가 그만큼 얕았으며, 이는 당시의 파종용 보습의 등대 높이가 5cm 미만으로 아주 낮았던 것으로도 간접적으로 뒷받침이 된다고 한다.

63 중국에서는 전국 시대(戰國時代)에 비교적 넓은 이랑과 고랑을 만들고 이랑에다 작물을 산파(散播)하여 경작하다가, 한나라 시대의 대전법 단계에 넓이 6자(1자는 23cm), 길이 240보(1보는 6자)의 경지에 각1자(23cm 내외) 넓이의 고랑과 두둑(이랑)을 3개씩 만들고 고랑에 작물을 파종하여 경작하게 된다. 대전법의 명칭은 1자 폭의 이랑과 고랑을 매년 교대하여 경작하는 것에서 대전(代田)이라는 명칭이 생긴 것이다. 이 방법은 「후직의 고법后稷의 古法」으로도 불리고, 종래는 사(耟, 따비)로 경작하던 것을 조과(趙過)가 2우3인의 기본적 노동조직에 의한 본격적인 우경 농법으로 개량한 것이다. 또한 대전법은 호당 1경(1경은 4.5 ha)을 기준으로 5호 즉 5경마다 정부가 제작한 려(犁)를 가지고 경작하도록 한다. 려는 두 개의 보습을 가지고, 2우 3인으로 작업하는 대형으로 이 려로 1자 간격으로 깊이 1자, 폭 1자의 고랑과 폭 1자 높이 1자의 이랑을 교차하여 만들고, 고랑에 파종한 모(苗)가 3잎을 낼 무렵부터 모의 생장에 따라 흙을 고랑에 떨어뜨려 메꾼다. 그러면 여름에는 이랑과 고랑의 차이가 없게 되고, 뿌리가 자연히 깊게 되고 바람이나 햇볕에 견딜 수 있게 되는 농법으로, 파종구(播種溝)를 만들어 파종만 하는 것에 비교하여 20~50%의 증수가 있다고 한다. 대전법이라 불리는 것은 당년도의 이랑은 다음 해에 고랑으로 만들고, 그 다음 해에는 다시 이랑을 만드는 식으로 매년 이랑과 고랑의 장소가 바뀌기 때문이다. 西嶋定生, 『中國經濟史硏究』, 東京大學出版會, 1966. 米田

평이라는 넓은 면적을 5호씩 묶어 67,500평을 기준 단위로 경작하는 것이다. 먼저 폭 6자 길이 240보의 면적(약 150평)을 3개의 대상(帶狀)의 경지로 작조(作條)하고, 이것을 하나의 경구(약 450평)라 하면, 호당 경지 1경은 30개의 경구가 된다. 그러면 호당 90개의 대상(帶狀) 경지가 생기고, 여기에 쟁기질로 각각 3개씩의 고랑과 이랑을 만들고 고랑에 파종을 하는 열조법(列條法)을 시행한 것이다. 대전법은 여기에 2우3인의 공동작업으로 우경(牛耕)을 하고, 고랑에 파종하여 보습을 함으로써, 20~50%의 증수 효과가 기대되는 경작법이었다.

이러한 중국의 농법 발전에 비견해 볼 때, 미사리 제1 유구는 같은 대전법이어도 이랑과 고랑의 폭이 넓었던 「후직(后稷)의 고법(古法)」 단계에 해당하고, 반면 제2 유구는 전에 비해 고랑과 이랑의 간격을 줄임으로써 토지 이용을 극대화시킨 단계, 말하자면 조과(趙過)의 대전법 단계에 해당하는 것이 아닌가 하는 가설이다. 나아가서 "제2 경작유구는 전단계보다 고랑과 이랑의 간격을 줄임으로써 토지 이용을 극대화시켰던 단계의 유적이었을 것이다. 매년 폭이 좁은 고랑과 이랑을 번갈아 이용했다면 상경(常耕)도 가능했을 것이기 때문이다. 이것은 심경이 가능해지면서 지력의 회복 기간이 단축된 데 힘입은 결과였다"[64]고 한다.

대전법과 관련한 제1 유구와 제2 유구의 비교 해석은 농법 발전 연구의 토대가 될 수 있는 가설이지만 관련된 문헌자료가 없고, 해명되지 못한 난점들이 남아있다. 먼저 제1 유구가 우경이 아니었다는 해석은 유구의 수직벽을 따비나 서경(鋤耕)의 방법으로는 설명하기 힘든 문제가 있다. 그리고 제2 유구의 경우 조과의 대전법에서 볼 수 있는 증산의 조건, 즉 상대적으로 넓은 경지에 우경을 하고, 종래의 파종구에 파종하는 방식 대신에 고랑

賢次郎, 「趙過の代田法」, 『中國古代農業技術史研究』, 同朋舍, 1989.
64 이기동, 「신라의 정치·경제와 사회」, 『신편 한국사』 7, 2002, pp 221-222.

에 파종하는 것이 유리하다는 조건 등이 재배 작물과 관련하여 밝혀져 있지 않다. 중국의 경우 화북의 건조 지역에서 맥류를 재배할 때 고랑에 파종하고, 이랑의 흙으로 보토하는 방법이 생산성에 유리하다고 할 수 있다. 그러나 제2 유구의 경우 재배 작물이 불분명하고, 또 그것이 맥류라 할지라도 건조지가 아닌 한강변에 소재하여 생산성 상승의 조건이 되었는지 명확하지 않다.

한편 이영훈은 미사리 제1 유구의 경작 방법에 대한 사회적 검토를 하고 있다. 그는 하층부의 제1 유구도 원래는 발굴된 1,700평을 초과하는 3,000평 이상에 달했을 것으로 주장한다.[65] 미사리는 백제 수도 위례성 주변의 큰 강 유역이라는 특수성이 있어서, 미사리 유구는 농업으로서는 선진적이었을 것이고, 사회적으로는 권력의 접근 가능성이 높은 지역이었다. 타 지역에서 발굴된 유구 중에서 진주 대평리의 경우에도 800~1,500여평에 이르는 유구들이 발견된 바 있지만, 대부분은 이보다 작은 것들이 많아, 미사리 유구는 비교적 드문 큰 경지였다.

이영훈은 우경이 시작되기 이전 단계에서 노동력이 고작 2명 내외에 불과한 개별 주거의 소규모의 가족이 이렇게 넓은 경구를 경작할 수는 없었을 것으로 판단하고 있다. 그는 근처에서 발굴된 주거지에 거주하는 작은 주거의 소가족들을 통합하는 큰 주택의 권위 있는 주인이 10여기의 소가족을 하나의 생산 단위로 통합하여 경작했을 것으로 판단하고 있다.[66] 나아가 그는 소가족에 의한 독립 경영은 성립하지 않았다고 한다.

그러나 4~5세기에 보편적으로 소경영이 존재하지 않았다고 생각하기는 어렵다. 먼저 공동 경작을 소가족 생산보다 유리하게 만드는 생산력 조건이 무엇인가 문제가 있다고 본다. 쟁기가 개발되어 중국 대전법에서의 '2

---

65 이영훈, 한국 경제사 1, 95면.
66 이영훈, 『한국 경제사』1, 95면.

우3인'의 우경 농법이나 서양 중세의 대형 유륜 쟁기 등을 공동으로 이용하기 위해서는 경작 강제가 성립할 수 있다. 그러나 미사리 하층의 제1 유구에서 우경(牛耕)이 성립하지 않았다면, 농구상의 생산력 향상을 위한 경작 강제의 근거는 희박하다. 그리고 우경 등으로 경작 강제가 성립하여도 그것이 강제 노동의 형태로 나타나기 보다는 자경지를 가진 개별 소생산 농민의 협업 조직으로 이루어지고 있어 소생산과 병존할 수 있다.

축력을 이용한 대경영은 협업으로 가능할 수도 있고, 우경이 성립하기 이전의 시기에 소생산을 위한 따비와 목제의 팽이, 삽, 고무래 등이 사용되고, 철기 시대에는 쇠스랑, 팽이, 호미와 삽 등의 발전이 이루어지고 있었다.[67] 농법의 발전은 한 방향으로 이루어지는 것이라기보다는 농기구의 발전과 사회 조직의 변화에 따라 소농-대농-소농의 교대적·혼재적 발전으로 나타날 수 있다. 농업은 한편에서 협업을 필요로 하고, 특히 수도작은 그러하지만 다른 한편 소농의 생산력은 토지 소유제에 따라 상호 영향을 받는다. 농업 생산은 토지의 개량 투자와 작물의 알뜰한 관리를 필요로 하고, 소농은 토지에 대한 자본 투자의 회수 가능성 그리고 경영의 잔여분에 대한 온전한 취득 가능성 등에 따라 노동 의욕과 생산성이 달라진다. 한편에서는 공동체적 협업의 가능성, 다른 한편에서는 사적인 이득의 가능성이라는 복합적 요소에 따라 소농의 생산성과 발전의 가능성이 좌우되는 것이다. 소농의 협업이 어려운 사회는 대경영이 이루어지기 쉽다.

역사적으로 농업 생산은 노예제 생산이나 집단 농장을 제외하면 소농을 토대로 공동체의 협업이 이루어졌다. 농업의 집단 생산은 당연히 특정 권력자의 토지 소유, 혹은 권력자가 위임받은 공유지를 전제로 한다. 그러나 4~5세기로 추정되는 미사리 제1 유구가 특정 권력자의 소유라 할지라도, 그러한 대규모 경지 이외에 존재하였을 소규모 농지들은 대체로 농민의

---

67 김도헌, 「농기구와 농경」 (『농업의 고고학』, 한국고고학회편, 2013), pp 127-135.

소경영으로 경작되었을 것으로 생각된다. 농업 생산에서는 예속적 농민에 의한 대경영이 존재해도, 그것은 주변에 다수의 소경영과 병존하는 것이 보통이다.

전근대 사회에서 모든 토지에서의 공동 생산과 공동 분배가 이루어지는 농업 생산을 상상하기는 어렵다.[68] 20세기 고전적 사회주의처럼 공동 노동이 이루어지는 강제 동원 체제가 원시 사회에 존재하기는 어렵다. 4~5세기는 철기 시대로 개별 소가족이 주거에서 별도의 화덕을 소유하여 최소한 소비생활에서의 독립이 확인된다. 한편 토지 소유권이 사실상 씨족에서 독립한 족장 권력에 의한 의제적 공동 소유로 존재할 수 있지만, 이미 개별 가부장 가족의 경작권이 강화되고 있는 시기였다.

공동체 수장이 장로의 위치에서 지배자로 변신한 족장제 사회에서 씨족 구성원이 공동 생산을 하는 경우에도, 반드시 대경영만 존재하기는 어렵다. 농경이 확고하게 자리 잡은 청동기 이후의 고대 군장제에서 토지 소유는 공유가 의제(擬制)될 수 있지만 사실상 먼저 족장의 사유가 성립하고, 이어 농민의 경작권이 성립한다. 또한 고대 농경 사회는 공동 생산과 공동 분배를 토대로 개별 생산과 공동 생산이 병존하는 가운데, 족장이 상위 권력자에게 공납을 제공하는 사회였다.

미사리 제1 유구의 경지가 개별 소가족의 경지로서는 너무 커서 어느 권력자가 여러 소가족을 동원하여 경작했을 가능성이 있다. 이는 고대 국가 아래서 중앙 권력의 관료, 혹은 촌락의 족장이나 혈연 집단의 장로가 권력이나 가부장적 권위로 소가족을 동원하는 경우이다. 군장 국가 성립 이후 삼국 시대까지 한국 사회는 공납제 국가로서 하위 공동체의 수장은

---

68 마르크스는 "농경 인민에게 있어서 공동체적 가정 경제는 토양의 공동 경작과 마찬가지로 불가능하다"고 한다. K. Marx, *The German Ideology*, Part I: Feuerbach, Opposition of the Materialist and Idealist Outlook, A. Idealism and Materialism, footnote 참조.

상당한 권위의 존재였을 가능성이 크고, 중앙 권력의 관리라면 더욱 강력한 경제외적 강제를 행사할 수 있었을 것이다. 그러나 대경영은 소경영과 병존하고, 소가족 경영의 존재를 배제하고 공동 생산만이 존재하는 전근대 농업 사회를 생각하기는 어렵다.

제3절 씨족 공동체

현생 인류는 이동에서부터 정착생활 그리고 그 후에 이르기까지, 거친 자연과 야생의 위협 그리고 다른 집단의 공격으로부터 스스로를 보호하고, 최소한의 분업과 협업을 통해 생존의 조건을 개선하기 위하여 무리를 지어 생활하였다. 최초의 무리는 혈연에 기초한 씨족이었다.

구석기 시대 인류는 군혼 상태의 무리를 이루어 동굴에서도 생활했지만 움집도 마련하기 시작하였다. 오랜 시간이 경과된 후 인류는 지혜가 쌓이고, 생산 도구의 개선을 이루어 신석기 시대를 맞이하였다. 한국 고대 사회의 형성 과정을 이기백은 다음과 같이 기술하고 있다. "B.C. 8000년경부터 시작되는 것으로 믿어지고 있는 신석기 시대의 사람들은 한 마을을 단위로 하고 살았었다. 그 마을에 사는 사람들은 같은 조상에서 핏줄기를 이어받은 혈연 중심의 사회였는데, 이를 보통 씨족이라고 불렀다. 사로(斯盧)의 육촌(六村) 같은 것이 그 구체적 예가 되겠다. 이 씨족은 여러 가족으로 구성되어 있었는데, 암사동을 위시한 각지에서 발견되고 있는 신석기 시대 집자리를 통해 이를 알 수가 있다. 그 집자리의 크기로 보아 당시 가족은 부부가 2~3명의 자녀를 거느리고 사는 핵가족이었다고 생각된다".[69]

이들 가족으로 구성된 마을 단위의 씨족은 하나의 공동체를 이루고 있었지만 그 구체적인 모습을 파악하기에는 불확실한 점이 많다. 많은 불명확한 점에도 불구하고 이기백은 다음과 같이 설명하고 있다. "씨족은 기본적으로 씨족 안에서 모든 것을 해결하는 폐쇄적인 사회였다. 그러나 이웃 씨족과 교역도 하고, 또 결혼 상대를 다른 씨족에서 구하는 족외혼(族外婚)

---

69 이기백(李基白), 「총설 -한국사의 전개-」, 『신편한국사』, 국사편찬위원회

을 하기도 하였다. 그런가 하면 인구의 증가로 인해서 씨족이 분열되어 나가기도 하였다. 이러한 관계로 인해 가까운 사이에 있는 씨족들이 연결되어 부족이라는 보다 큰 사회를 이루게 되었다. 6촌이 모인 사로(斯盧)는 원래 그 같은 부족이었을 것이다. 그런데 이 부족의 사회적 구성 원칙은 씨족과 마찬가지였다. 가령 부족 전체의 일을 씨족장 회의에서 결정했는데, 사로의 육촌장 회의 같은 것이 그것을 말해주고 있다".[70] 이는 고대의 씨족과 씨족들의 연합으로서 부족의 형성 과정을 보여주고 나아가 이러한 부족들의 연맹체로서 고대 국가가 형성되는 과정을 잘 설명해주고 있다.

고대 사회의 중심인 씨족을 형성하는 기본적 원리는 혈연 가족의 형태 변화와 연관되어 있다. 엥겔스는 인류의 결혼제도는 집단혼에서 일부일처제로, 가족 형태는 모계에서 부계로 전환되었고, 이 과정은 사유 재산과 계급 그리고 국가의 발생과 궤를 같이 한다고 했다. 그는 모계에서 부계로의 변화가 인류 최초의 사회혁명이고, 이러한 변화를 가져온 추동력은 기본적으로 정착 농경생활이 진행되면서 생산 수단의 축적과 사유가 이루어지고, 그 사유 재산을 적자에게 상속하고자 하는 욕구가 부계 가족의 형성을 추동하고, 사유 재산의 형성은 계급의 분화를 가져오고, 자산 계급의 이익을 옹호하기 위한 국가의 형성으로 나아간다고 한다. 국가는 사회에서 발생했지만 사회로부터 독립한, 지배 계급의 국가이다. 가족제도의 변화와 사유 재산의 형성 그리고 국가의 발생은 농경생활에 따른 사유 재산의 발생에서 비롯된 동시적 현상으로 해석된다.[71]

엥겔스는 루이스 헨리 모건(Lewis Henry Morgan)의 『고대 사회』[72]에 기

---

70 이기백, 「총설 -한국사의 전개-」, 『신편한국사』, 국사편찬위원회

71 Friedrich Engels, *Origin of the Family, Private Property and the State,* International Publishers, New York, 1933.

72 Lewis H. Morgan, 'Part III Growth of the Idea of the Family', *Ancient Society,* MacMillan & Company, London, 1877.

초하여 결혼제도의 변천을 설명하고 있다. 모건에 의하면 인류는 초기에 집단의 난혼에서 족내혼을 금지하고, 이어서 씨족 내의 결혼 금지에서 다른 씨족의 혈연자에게로 결혼 금지가 확대된다고 한다. 이 과정에서 가족은 집단혼에 기초한 가족들이 부계제 단혼 가족으로 변화한다. 집단혼 가족들은 혈족 가족(consanguine family, 최초의 가족)에서, 푸날루아 가족(punaluan family)으로 그리고 대우혼(對偶婚) 가족(syndyasmian family 또는 pairing family)으로 변화한다.[73] 이어서 가부장 가족(patriarchal family)을 거쳐 부계제 단혼(monogamous family)으로 변화한다. 대우혼은 흔히 여성이 자신의 씨족 내에 머무르고 남성이 다른 씨족으로 전출하는 모계제이고, 이후 부계제 가족으로 변화한다.

모건과 엥겔스의 설명은 인류사에서 과연 난혼 단계가 있었는지, 또 모계 사회의 존재가 보편적이었고 그것은 모권 사회였는가 등에서 의문이 제기되고 있다. 그러나 모계 사회에 관한 여러 의문에도 불구하고, 인류는 중심적 경향으로 문명과 함께 부계 사회가 형성되었고, 부계 내에서는 가부장제를 거쳐 단혼 가족으로 변화했다. 다만 부계가 형성되는 과정은 대단히 점진적이었고, 가부장권의 내용도 지역과 시기에 따라 많은 차이가 있었다. "고대 한국(신라와 그 이전)의 가족에 관한 모든 기록(한국 측·중국 측)은 이것을 종합하면 모계제의 존재를 증명하는 것이 아니고 부계가 우위에 선 비단계제(非單系制)의 존재를 뒷받침하는 기록이다"[74]라고 한다.

부계 사회는 기본적으로 일부일처제이고, 부권의 형성과 함께 여성을 씨족 외에서 데려오는 족외혼이 권장된다. 그러나 실질적으로는 장기간 그

---

73 푸날루아 가족은 처의 자매·남편의 형제와의 자유혼이다. 한편 대우혼(對偶婚) 가족(syndyasmian family 또는 pairing family)은 복수의 형제자매 집단 간의 집단혼이지만 점차 가장 중요한 남편과 아내가 존재하여 단혼의 맹아가 된다. (Lewis H. Morgan, 위와 같음).
74 최재석(崔在錫), 『한국가족제도사연구』, 일지사, 1983, p 94.

내부에 부계만이 아닌 모계를 포함하는 양계적 요소와 자녀 균분 상속이 지속되는 등 시대적 편차가 있다. 그리고 부계제 가족도 그 지배적 구성에서 방계를 포괄하는 복합 가족의 형태에서 직계 가족으로 그리고 단혼 가족으로 변화한다. 한편 부계로 이행한 후에도 상당 기간 근친결혼이라는 혈족혼의 요소가 존속하고, 일부일처와 함께 축첩제 등 일부다처제가 병존하기도 한다.

그러나 최근에는 결혼제도의 새로운 변화가 시작되어 가부장제 그리고 부계제의 모습도 변화하고 있다. 인당 소득이 급증하고, 인적 자본의 축적과 교육 투자의 중요성이 높아지면서, 핵가족화가 심화되고 출생률이 감소하고 있다. 동시에 남녀 동등의 젠더 혁명이 추구되면서 호주제가 폐지되고 부모의 성을 함께 쓰는 복성제가 도입되는 등 현대의 단혼 가족 모습은 새롭게 변화하고 있다. 이러한 기저적인 가족제도의 변화가 미래의 사회제도 전반에 심대한 영향을 미칠 것으로 생각된다.

한반도에 정착 농경이 시작되는 신석기 시대의 결혼제도나 사회의 모습은 흔히 모계제 사회와 연계된 원시 공동체로 그려진다. "신석기 시대에는 취락을 단위로 하는 씨족의 구성원들이 그들의 중요한 일을 공동으로 처리해 나가는 원시 공동체였다. 신석기 시대에는 씨족이 생산과 소비의 주체로서 이 씨족을 단위로 취락을 형성했는데 고기잡이, 사냥과 농경 등 중요한 생산 활동은 주로 씨족 전체의 공동 노동에 의해 이루어졌으므로 자연히 분배와 소비도 그 속에서 공동으로 이루어졌다"[75]고 한다. 또한 "신석기 시대의 일정한 시기에는 자식이 아버지의 씨족에 속하는 것이 아니라, 어머니의 씨족에 속하는 이른바 모계 사회가 형성되어 있었다"[76]고 그리고 있다. 그러나 신석기 시대에 모계제적 요소가 강하게 존재했지만 반

75 백홍기, 「Ⅱ 신석기문화」, 『신편한국사』 2권, 국사편찬위원회, 2002. p 307.
76 백홍기, 「Ⅱ 신석기문화」, 『신편한국사』 2권, 국사편찬위원회, 2002. pp 307-308.

드시 모계제였다고 단정할 수 있는지는 불명확하다.

한반도에서 신석기 시대에 농경이 시작되고 청동기 시대에 본격화되면서, 경제생활, 가족제도, 사회 조직 등이 크게 변화한다. 그러나 단편적인 중국 측 자료 이외에는 기록이 존재하지 않으므로, 선사 시대 유적지에서 발견되는 주거와 유물들 그리고 농업 생산의 흔적을 통해 그들의 삶의 모습과 사회상을 유추하는 수밖에 없다. 한국사에서 언제까지 모계제 사회였는지 그 주된 지표는 어디서 찾을 수 있는지 뚜렷하지 않지만, 흔히 주거 형태에서 움집의 규모가 작아지는 것을 가부장적제 가족의 출현과 연관시키고 있다.

한반도에서 선사 시대에서 청동기 시대는 물론이고 철기 시대 초에도 가장 보편적이었던 주거 형태는 움집이다. 움집이란 원형, 혹은 네모나 긴 네모로 땅을 파고 기둥을 세우고, 꼭대기는 바닥에 비해 좁혀 원뿔이나 네모뿔 모양을 만 들어, 그 지붕을 포함한 바깥 면을 갈대나 짚 등으로 덮은 주거 형식을 말한다. 주거지의 평면을 보면 앞선 빗살무늬 토기 시대에는 원형의 주거지가 많은 반면에 청동기 시대의 경우는 방형 또는 장방형이 위주인데, 그 외형 지붕 모습은 맞배 지붕이나 우진각 지붕이다.[77]

청동기 시대에도 전기에는 복수의 노지를 가진 세장방형 주거에 다수의 가족이 공동 거주하는 특징을 보이고, 후기에는 움집의 규모가 작아지고 주거 내에 단수의 노지가 있거나 전혀 없는 모습으로 변화한다. 움집은 모두 수혈(竪穴) 주거인데 지붕의 서까래가 땅에 닿지 않은 것을 반수혈 주거지라 한다. 움집은 땅을 파서 상대적으로 온난하지만, 습기를 피하기 위해 땅에는 나뭇잎이나 갈대 등을 깔았을 것이다. 움집의 가장 단순한 초기적인 형태는 원뿔형이고, 네모나 긴 네모형의 움집은 평면의 면적이 조금 더 크다. 규모가 큰 움집은 수직 벽체가 생기고, 벽체에서 경사 지붕을 만

---

77 김정기, 「馬韓領域에서 發見된 住居址」, 『馬韓百濟文化』 3輯, 1979, p 38.

들려면 기둥을 세운 위의 기둥머리에 도리를 걸고 서까래를 걸치는 등 조금 복잡한 구조로 변화하게 된다.

흔히 움집의 중앙에는 바닥을 파고 자갈을 돌려 경계를 지은 화톳불 자리가 있으며, 이는 난방과 취사를 겸한 용도였을 것이다. 이외에 토기를 파묻은 저장공과 출입구가 존재하였다. 비록 고구려에는 큰 규모의 집도 있었다고 하나 역시 대부분은 초옥이었고, 남쪽의 삼한 지역은 『삼국지(三國志)』에 사람들이 풀로 엮고, 흙으로 꾸민 초옥토실(草屋土室)에 거처했다고 기록하고 있다.[78] 실제로 전국 각 지역에서 발굴된 초기 철기 시대부터 삼국 시대 전기에 이르는 집터 대부분은 깊이 20~50cm 정도되는 반움집이다.[79]

한반도 고대의 주거 생활에서 움집과 초옥토실은 오랫동안 지속되었지만 원삼국 시대 무렵에 온돌이 생기기 시작하고 부뚜막이 만들어진다. 철기 시대에 취사 용도의 부뚜막, 난방 목적의 구들이 남한에까지도 널리 이용되었음이 강원도 춘천 중도, 경기도 수원 서둔동, 광주 미사동의 집터 발굴을 통해 확인되었다. 이 구들은 우리나라 가옥 구조의 대표적인 특징인 온돌 시설의 원형으로서, 굴뚝은 벽면에 붙어 있고 고래는 벽면을 따라 만들고, 아궁이는 'ㄱ'자형으로 꺾어 집안 한가운데에서 불을 때게 하였다.[80] 부뚜막과 온돌은 취사와 난방을 동시에 해결함과 동시에 연통을 설치하게 되어 보온과 환기, 화재 방지 등의 많은 역할을 하게 된다. 단순한 노지는 취사, 보온, 환기, 화재 방지 등 면에서 모두 취약한 것이다.

한편 수혈식 거주가 대부분인 고대 한반도에서 취락의 규모는 유적지에 따라 다르다. 기원전 3~2세기 청동기 후기의 보령시 관창리 유적은 10~50m^2 규모의 다양한 기지가 있지만 특정 시점의 기지가 100여기에 달한 큰 취락이었다. 움집 1개당 4~5인 가족으로 계산하면 400~500명에 달하

---

78 "居處作草屋土室 形如塚 其戶在上 擧家共在中" (『三國志』 권 30, 魏書 30).
79 이헌규, 『신편 한국사』 3권, 「청동기문화와 철기 문화」 II. 철기 문화의 주거편 참조.
80 이헌규, 『신편 한국사』 3권, 「청동기문화와 철기 문화」 II. 철기 문화의 주거편 참조.

는 적지 않은 규모였다고 생각된다. 그러나 이것은 예외적이고 대체로 발굴된 취락의 규모는 10개 미만이며, 4~5개도 많아 취락의 규모를 일반화하기는 어렵다. 다만 대체로 청동기 전기에 비해 후기에는 인구 증가와 거주 방식의 변화 등과 연계되어 취락에서의 주거지의 수가 크게 증가한다.

다음 〈그림 1-3〉은 청동기 시대 부여 송국리의 원형 주거지와 철기 시대 하남 미사리의 여자형(呂字形) 주거지를 보여주는 것이다. 먼저 송국리는 구릉 지역에 100여 기 이상의 주거지가 형성되어 있었고, 마을을 둘러싼 환호와 목책 시설이 확인되었다. 그림의 송국리 원형 움집은 초기의 대표적인 소형 움집 형태이며, 가운데에 길이 1.0m 안팎으로 타원형의 구덩이를 파고 기둥 구멍을 2개 만들어 놓았고 저장 구덩이로 생각되는 구덩이가 있다. 노지가 별도로 존재하지 않아 바깥에서 공동으로 취사를 한 것으로 추정된다.

한강변 미사리 유적은 신석기에서 청동기, 그리고 초기 철기 시대에 이르기까지 층위를 달리하며 누층적으로 존재한다. 신석기 시대의 층위에서는 원형 주거지 약 30개가 출토되었고, 기원전 6~4세기로 추정되는 청동기 시대의 층위에서는 규모를 달리하는 방형, 장방형 그리고 세장방형의 주거지가 출토되었다. 기원전 2~1세기로 추정되는 초기 철기 시대의 층위에서는 주거지와 저장공·고상식 건물이 조사되었다. 주거지는 (타)원형과 장방형, 방형, '여(呂)'자형 등 네 유형이 있다. (장)방형이 많지만 '여(呂)'자형은 미사리에는 하나뿐이다. 그러나 '여(呂)'자형은 출입구가 따로 설치된 네모형의 움집과 같다고 볼 수 있다. '呂'자형은 대형 움집으로 크기가 90m²에 이른다. 가운데 자갈을 깐 노지도 있고, 변두리에 'ㄱ'자형의 초기형의 온돌과 부뚜막이 설치되어 있다.

〈그림 1-3〉 부여 송국리 원형 주거지 및 하남 미사동 '여자형' 주거지

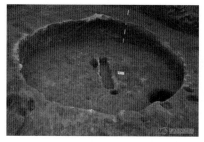

* 저작권: 국립중앙박물관   * 출처: 한양대학교 박물관

　송국리나 미사리 그리고 기타 여주 흔암리, 울주 검단리 등 여러 지역에서 발굴되는 청동기 주거지의 바닥 면적은 편차가 있다. 대체로 청동기 시대 주거지의 경우, 큰 것은 80㎡, 작은 것은 10㎡정도이며, 면적 20㎡의 장방형 주거지가 표준 주거지로 여겨진다. 다수를 차지하는 20㎡ 규모의 소형은 통설적으로 단혼 가족이 거주한 것으로 평가되고, 그들 단혼 가족이 4~10여개 모여 취락을 형성하고 소위 씨족을 형성한 것으로 보고 있다. 그리고 주거지 규모가 50㎡에 달하는 대형은 3개 이상의 소가족이 모인 확대 가족이 거주하는 것으로 생각된다.

　인당 거주 면적을 얼마로 보느냐에 따라 다르지만, "1인당 5㎡의 면적을 가지는 것으로 본다면, 표준 가족은 4~5명으로 구성되는 핵가족이며, 10㎡씩의 단위로 증가함에 따라 두 쌍 정도가 느는 확대 핵가족, 또는 한 쌍의 부부의 단위 가족이나 또는 어린 자녀의 출산에 따라 증가되는 것으로 보인다".[81] 이러한 소형 주거를 단혼 가족의 주거지로 파악하는 견해가 흔히 공유되고 있다. "이 시기의 사회는 가부장적인 가족 공동체가 중심이 되며 즐문토기 시대의 모계적인 대우혼 가족에서 벗어난 일부일처제의 단혼 가족이 중심이었다"[82]라고도 한다.

81　金正基, 「馬韓領域에서 發見된 住居址」, 『馬韓百濟文化』 3輯, 1979, p 37.

한편 북한의 학자들은 1인당 주거 면적을 3m²로 조금 낮게 추정하고 있다. 그들은 북한에서 발굴된 무산(茂山)의 범의 구석, 공귀리, 침촌리 등 주거지 면적과 분포를 검토하여, 대체로 3개의 집자리가 모여 하나의 가족 공동체를 이루고, 가족 공동체라고 볼 수 있는 주거지 인구의 수가 약 50명~100명에 해당할 것으로 추측한다.[83]

북한 지역의 무산범의 구석이나 침촌리 등 집자리 유적에서 살펴볼 때, 이들 취락은 3~4개의 확대 가족이나, 10~15개의 핵가족으로 구성된 부락 공동체로 보인다. 이러한 "부락 공동체는 서로 혈연관계로 이루어질 가능성이 많으며, 이러한 부락 공동체(마을 또는 리)가 여러 개 합쳐져 최소한 오늘날의 면이나 현과 같은 취락을 형성하는데 이는 부족 단계에 해당한다. 이러한 것들이 또다시 오늘날의 군과 같은 규모의 족장 단계를 이루고 최후에 왕검성(王儉城)과 같은 행정 중심지를 기반으로 하는 소위 고대 국가가 이루어지게 된다"[84]고 한다.

이들은 공통적으로 4~5명이 거주하는 소형의 움집은 대우혼 가족에서 벗어난 일부일처제의 단혼 가족의 주거이고 이들이 당시 가족 형태의 기본이 되었다고 한다. 대체로 청동기 후기에는 부계제적 가족제도를 보여주는 주거 형태가 나타났다고 평가하는 것이다. 한편 규모가 큰 주거지는 가부장적인 가족 공동체가 거주한 것으로 파악한다. 그러나 청동기 시대 한반도에 형성된 문명 단계에 해당하는 최종의 결혼제도인 단혼 가족의 성격은 어떤 것이었을까에 대해서는 보다 구체적인 검토가 필요하다.

모계의 대우혼 가족에서 부계의 단혼 가족으로 이행하는 과정에는 과도

---

82 최몽룡, 주거생활, 한국사론 13 한국의 고고학 Ⅱ, 1983, 150면.
83 최몽룡, 주거생활, 韓國의 考古學 Ⅱ, 韓國史論 13, 1983.社會科學院考古學硏究所, 『조선고고학개요』, 과학백과사전 출판사, 1977, pp. 115-116. 황기덕, "조선에서의 농업 공동체의 형성과 계급 사회에로의 발전"력사과학 1978.3, pp. 36-37.
84 최몽룡, 주거생활, 韓國의 考古學 Ⅱ, 韓國史論 13, 1983, pp 156-157.

기적 형태로 가부장제가 존재하며 이에는 다양한 형태가 있다. 엥겔스는 과도기적인 가부장제로 가부장제 가족(patriarchal family) 혹은 가부장적 가계 공동체(patriarchal household community)의 존재를 지적하고 있다. "세르비아인이나 불가리아인의 사이에 자드루가(zadruga, 붕우 단체) 내지는 브라츠토바(bratstvo, 형제 단체)의 이름으로 존재하고, 독일인도 호이스러(Heusler)[85]에 의하면 경제 단위(economic unit)는 원래 근대적 의미에서의 개별 가족이 아닌 주거 공동체(house community)이고, 이것은 몇 개의 세대 또는 몇 개의 개별 가족들로 이루어지고, 이 외에 자주 비자유인도 포함한다. 로마의 가족도 이 형태로 환원된다. 구 세계의 문화제 민족이나 기타 다수의 민족에서 모권제와 개별 가족의 사이에 그것이 연출한 중요한 과도적 역할을 우리는 의심할 수 없다"[86]고 한다. 여기서 엥겔스는 과도기적 가부장 가족제의 특징으로서 '주거 공동체'(house community)'가 하나의 '경제 단위'(economic unit)로 나타나는 것을 지적하고 있다. 그러나 하나의 '경제 단위'로서의 '주거 공동체'가 공통의 이해관계를 가진 근주하는 집단이라 할 수 있지만, 재산이 가족 전체의 공유인지, 또 재산은 상속 등에 의해 분할 가능한지, 공동 노동에 기초한 생산인지 또는 개별 생산인지, 그리고 소비는 개별적으로 이루어지는지 등에 대한 엥겔스의 언급은 없었고, 역사에서 그 모습은 다양할 수 있다고 생각된다.

'자드루가(Zadruga)'는 남부 슬라브족들에서 보는, 같은 아버지 후손들의 여러 세대가 부인들과 함께 같은 울타리 내의 거주지에 거주하는 공동체이다. 그들은 공동체 수장의 주택 근처에 주거 복합체를 만들어 거주했고, 공동의 재산에서 생활하고 그들 노동의 잉여를 공유하였다. 이 공동체는

---

85 Andreas Heusler, *Institutionen des Deutschen Privatrechts*, Leipzig, 1886. 엥겔스의 저서에는 'Institutionen des deutschen Rechts' (『독일법의 제제도』)'라 되어 있다.

86 Friedrich Engels, 'The Pairing Family', *Origin of the Family, Private Property and the State*, International Publishers, New York, 1933.

약 30명의 구성원이 공동 경지를 경작한 것으로 알려져 있다.[87] 한편 독일의 가부장적 주거 공동체는 같은 주택에 여러 세대(generation)나 여러 개별 가족들이 동거하는 형태를 가지고 있었다. 따라서 가부장제적 대가족제는 지역에 따라 동거의 형태와 분거의 형태가 모두 존재하였다.

한국의 역사에서 조선 시대에도 가부장적 대가족이 드물게 한 울타리의 주거에서 동거하는 경우도 있지만, 많은 경우는 가부장의 주위에 분거했고, 재산은 가부장의 사망 시에 분재하였다. 그러나 구체적인 생활의 모습은 다양하다. 주거를 '거(居)'로, 재산은 '재(財)'로, 생산은 '산(産)'으로, 식생활은 '식(食)'으로 표현하면, 대체로 동거공재(同居共財)는 공동 생산과 공동 소비하는 공산 공식, 분거별재(分居別財)는 개별 생산과 개별 소비를 하는 별산 별식이었다. 그러나 중간적 혼합 형태들인 분거공재(分居共財)나 분거공식(分居共食) 등 여러 방식이 존재한다.

그리고 가부장제 가족은 부계 단혼 가족으로의 과도기적 형태이므로 가부장제 복합 가족의 구성도 모권의 존속 강도에 따라 다양한 형태일 수 있다. 엥겔스에 의하면 가축의 사육으로 생기는 부에 의해 형성된 남성의 독재에 의한 단혼 가족으로의 변화 과정에서, 과도적 형태인 가부장제 가족 내지는 가부장제 가계 공동체에서의 가장은 반드시 절대 권력자는 아니다. 가족 구성원들이 완전한 무 권리 상태가 아니고, (가장은) 선거로 선출되고 최고 권력은 성인 남녀의 가족회의에 있는 형태도 포함한다.[88] 모계 씨족에서 출현하는 가부장제 가족의 가장이 절대 권력일 수도 민주적 선출 권력일 수도 있다는 것이다.

부계 단혼 가족의 성립 과정은 가부장권의 성립과 밀접한 관련이 있고, 이것은 모권의 배제와 표리 일체의 관계에 있다. 그러나 한국 전통 사회에

---

87 30명이라는 숫자는 다음 참조, 'zadruga' (Iz Wikipedije, slobodne enciklopedije).
88 Friedrich Engels, 위와 같음.

서는 부계가 중심적으로 성립하지만 모계적 요소가 장기간 존속되었다. 한국은 여성의 성씨가 결혼 후에도 그대로 유지된다. 성씨가 유지되는 점에서 기혼의 딸 내외가 친정 부모와 함께 거주하는 솔서제(率婿制)는 절반의 부계 가족으로 볼 수도 있다.

엥겔스는 모계제의 대우혼에서 부계제 단혼 가족으로의 과도기로 가부장적 가계 공동체(patriarchal household community)를 설정했지만 주거 공동체(house community)에는 중심적으로 부계이지만 모권을 배제하지 않는 양계제(兩系制)적 가계 공동체가 존재할 수 있다. 인간의 가정생활에서 모계는 생태적이고 부계는 보다 사회적이다. 따라서 가부장제는 사유 재산에 기초한 경제적 기반을 토대로 강화되는 것이어서 권력층은 상대적으로 이른 시기에 성립한다. 그러나 일반 서민은 서로에게 보험적 존재가 되는 친척을 찾아 생활하므로 양계제적 성격이 오랫동안 존속하는 것이 자연적인 정리이다.

한편 부계 단혼제 가족은 모계제에서의 공동 소유와 공동 생산, 공동 소비의 제도를 해체한다. "(단혼제는) 옛 씨족 질서에 균열을 만든다. 단일의 가족이 권력이 되고, 그 성장은 씨족에 위협"[89]이 된다. 부계 질서의 등장과 함께 남권이 강화되고, 이 과정에서 "자유인과 노예 외에 부자와 빈자의 구분이 생긴다. 새로운 노동의 분업, 사회의 계급으로의 분열이 생기는 것이다. 개별 가장들 사이의 재산의 불평등은 살아남은 오랜 집단적 가계 공동체들을 해체하고, 이와 함께 공동체를 위해 이들에 의해 공동으로 경작된 토지를 해체한다. 경작지는 처음에는 임시적으로, 후에는 영구히 개별 가족들에게 할당된다. 완전한 사유지로의 이행은 대우혼에서 단혼으로의 이행과 병행하여 점진적으로 수행된다. 개별 가족이 사회의 경제 단위

---

89 Friedrich Engels, 「IX. Barbarism and Civilization」, *Origin of the Family, Private Property and the State*, International Publishers, New York, 1933.

가 되는 것이다.'[90]

청동기 및 초기 철기 사회에서 족장에 의한 토지의 의제적 공동 소유가 강하게 나타날 수 있다. 고대 사회에서 국가에 의한 상급 소유권을 대신하는 것이 족장에 의해 의제된 공동체적 토지 소유다. 그러나 농업 생산력 발전 과정에서 이러한 사적 개인으로서 족장 권력의 성장 과정과 개별적 가족 경작권의 소유권으로의 성장은 병존한다. 통일 신라 이전의 삼국 시대까지는 가족의 사유와 공동체적 소유는 길항(拮抗)관계에 있고, 가족적 사유가 성장하고 있었지만 족장에 의해 의제된 공동체적 소유가 지배적 소유였다고 볼 수 있다.

한국사의 선사 시대에 흔히 모계제 사회가 상정되지만, 그 실태를 파악하기는 어렵다. 그러나 조기의 부계제는 모계제의 태내에서 완전 독립하여 환골탈태할 수는 없고, 점진적 진화 과정을 밟았다. 조기의 가부장 가족제는 비교적 평등한 부부의 자녀들이 양계제적으로 분거하여 집단을 이루는 것이 일반적인 모습일 수 있다. 그러나 시간의 경과에 따라 족외혼, 포족의 성립 등을 통해 씨족 혈통의 분화가 이루어지고 부계화가 진전된다. 이 과정에서의 분가의 형태도 주거, 재산, 생산, 소비와 생활 등 공동으로 혹은 개별적으로 이루어지는가에 따라 다양한 모습으로 나타난다. 한국사에서 '동거공재'와 다른 가족의 생활방식으로 자식이 같은 마을의 근처에 거처를 정하는 경우가 많다. 이것을 흔히 '분가별산(分家別産)'으로 부르지만,[91] 여기서는 '분거분재(分居分財)'로 표현하고, '별산'은 개별 생산의 의미로 사용하고자 한다.

한국 고대에 움집의 형태로 보는 가부장적 주거 공동체는 부락, 즉 혈연 공동체의 일부로 존재하였다. 부락은 복수의 가부장 가족들로 구성되고,

---

90 Friedrich Engels, 전게와 같음.
91 정승모, 「민속과 사회」, 『한국사론』 29권, 1999, p64.

청동기 시대 한국의 가부장적 주거 공동체는 세 가지의 생활 양식을 가지고 있었다. 첫째, 큰 움집에서 여러 세대가 함께 거주하는 동거 공식형 가부장 가족이다. 이는 물론 공동 재산과 공동 생산을 수반했을 것이다. 둘째, 작은 움집에서 나누어 살지만 공동으로 소비를 하는 분거공식형 가부장 가족으로, 거주는 개별적이지만 함께 소비하며, 공동 재산과 공동 생산에 기초했을 것이다. 셋째, 나누어 살면서 개별적으로 소비를 하는 분거별식형 가부장 가족으로 아직 공재 공산의 가부장 가족의 일원이지만 개별 소유와 개별 생산을 하는 분재별산(分財別産)의 단혼 가족으로 분리되는 가족이다. 철기 시대가 진행되면서 분거별식(分居別食)형 가부장제 가족, 그에 이어서 분거공식(分居共食)형 가족이 단혼 가족으로 분리되기 시작한다. 한편 동거공식(同居共食)형 가부장 가족은 점진적으로 분거하게 되지만 일부는 이후에도 오랫동안 가부장제 대가족으로 존속하였다.

고대 국가는 씨족들의 연합으로 부족, 그리고 부족들의 연합으로 군장 국가가 형성되지만, 보다 큰 규모의 영토 국가적 권력이 형성되면 국가는 씨족적 질서를 토대로 하면서도 직접적으로 씨족 공동체가 아닌 개별 공연=호를 부세 담당자로 파악하고자 한다. 이 과정에서 개별 공연=호가 부세의 담당자로 되면 가족의 토지 경작권은 공동체적 족장 질서에서 벗어나고, 사유가 성립한다.

한국의 청동기 시대 주거의 모습은 보다 초기의 가락동·역삼동 유형에서 상대적으로 후기인 부여 송국리 유형으로 넘어가면서 좀 더 소규모화되었다. 면적이 축소됨과 동시에 하나의 움집 안에 복수의 노지가 존재하던 것이 단수의 노지로 바뀌고, 주거 안에 노지를 설치하지 않고 야외 노지를 이용하는 경우도 많았다. 이러한 변화의 요인을 핵가족화로 보는가 혹은 거주 방식이 공동 거주에서 단독 거주로 변화한 것인가 등에 대해서는 상이한 견해들이 있다.[92]

그러나 후기에도 주거의 규모는 축소되지만 취락 내에 대형의 주거는 별도로 존재하며 송국리도 예외가 아니다. 대형 주거의 경우 그것은 전기와 같은 "대가족 주거의 성격이 아니라 유력 개인의 주거일 것이다. 대형 주거에서는 대형 토기가 출토되는 예가 많다. 잉여 생산물이 대형 주거에서 관리되었다고 할 수 있다."[93] 그리고 후기에는 주거 면적이 축소되면서 주거 내부에 있던 저장 시설이 송국리에서는 고상식 건물 등 주거 외부에 별도로 설치된다.

한국의 청동기 시대 후기의 주거 면적이 축소된 송국리형[94] 수혈식 주거 구조에는 4~5명의 단혼 가족의 생활 터전인 움집에 화덕이나 식량의 저장공(貯藏孔)을 별도로 갖추지 못한 것들이 많아, 개별 가족의 독립적 소비생활이 보편화된 것으로 볼 수는 없고, 소가족들의 상당 부분은 야외에서 공동으로 취사 생활을 한 것으로 파악된다.

이영훈은 이와 같이 소비생활을 같이 하는 소가족의 결합을 세대(household)라 부르고, 이러한 세대가 모여 세대 복합체(household complex)를 형성하고 이들이 모인 것을 취락으로 파악하고 있다.[95] 달리 설명하면 몇개의 집자리가 모여 세대라는 가족 공동체를 이루고, 이것이 3~4개 모여 10~15개의 개별 가족으로 구성되는 세대 복합체가 형성되고, 이것이 몇 개 모여 부락 공동체가 형성된다는 것이다. 청동기 시대 소가족은 생산은 물론이고 소비에서도 독립을 하지 못한 만큼, 소가족은 세대 그리고 보다 상위의 세대 복합체에 매몰되어 있는 것으로 이해하였다.

---

92 핵가족화로 보는 견해는 안재호, 「청동기 시대 취락 연구」, 부산대박사학위논문, 2006 그리고 거주 방식의 변화로 보는 견해는 이형원, 『청동기 시대 취락구조와 사회 조직』, 서경문화사, 2009 등.

93 이수홍, 「청동기 시대 주거고고학」, 『한국고고학전국대회 발표문』, 2013, p 58.

94 金元龍, "江陵浦南洞住居址問題" -先史文化의 復元" 「歷史學報 43, 1969. pp. 104-120.

95 이영훈, 『한국 경제사 1』, 일조각, p 69-72. 이영훈은 都出比呂志 (『日本農業社會の成立過程』, 岩波書店, 1989)의 개념을 도입한 것으로 생각된다.

주거 형태에서 그 시대의 사회 모습을 읽고자 하는 연구 시각은 중요하다. 고대의 사회는 혈연과 가족이 중심이고, 따라서 고대의 사회상은 혈연집단의 주거 형태에 따라서 가족제도의 변화를 기초로 하지 않을 수 없다. 역사적으로 혈연관계로 이루어진 주거 공동체는 하나의 '경제 단위'로서, 재산의 소유나 공동 생산 등 공통의 경제적 이해관계에 기초하며 공동 소비도 그 일환으로 이루어진다.

소비의 독립 여부를 중심으로 파악된 '세대'라는 개념은 '경제 단위'의 중심 내용을 구성하는 소유, 생산과 소비 등 여러 측면의 하나를 파악한 것으로 볼 수 있다. 식생활의 독립 여부는 물론 개별 가족의 독립 과정에서 중요한 것이고, 그것은 하나의 경제 단위에서 개별 가족이 분리되고, 재산 소유와 생산에서의 독립으로 이어지는 과정의 한 측면이라 할 수 있다. 그러나 세대(世帶)라는 개념이 일반적으로 '동거하며 소비생활을 같이 하는 집단'의 의미로 사용되는데 비해 거주를 달리하는 집단을 지칭하고 있고, 또 소비의 독립 여부에 따라 세대(household)의 실체가 시대별로 달라지는 혼란이 따른다.[96] 이것을 그 때마다 별도로 설명하는 것은 번잡하다. 그러므로 필자는 개별 가정(household)을 '가계'라는 용어로 통일하고, 고대에 '경제 단위'로 나타나는 가부장적 '주거 공동체'(house community)'를 '근주 가계 공동체'로, 그것들이 다수 모인 부락을 '근주 혈연 공동체'로 이름 짓고자 한다.[97]

'가계(household)'는 소비의 주체이지만 보다 넓게는 공통의 이해관계를

---

96 이영훈은 세대 복합체를 10여개의 소가족(연)을 포괄하는(같은 책, p 58) 취락을 의미하던 것에서, 후에는 소가족이 소비에서 독립함에 따라 3개 정도의 연, 즉 소가족을 가진 공연을 세대 복합체로 파악하여(같은 책, p 179), 시대에 따라 그 실체가 바뀌고 있다. 개념 정의에 따른 논리적 귀결이지만, 시대에 따라 그 실체를 달리 설명해야 하므로, 이해가 혼란스럽다.
97 이영훈의 '세대'는 '근주 가계 공동체', '세대 복합체'는 '근주 혈연 공동체'에 가깝다.

가진 경제 단위로서 영어권에서도 하인을 포함하는 가족을 의미한다.[98] 몇
개의 가계가 모인 '근주 가계 공동체'는 가족의 규모에 따라 그 크기가 다
를 수밖에 없지만 한국사에서 호(戶)의 실체에 가깝고, '근주 혈연 공동체'
는 씨족 부락에 가깝다.[99] 그러나 '근주 혈연 공동체'가 부계의 씨족으로만
구성되는 것은 아니다. '근주 가계 공동체'에 예속 노동을 포함한 비혈연이
포함될 수 있었고, 특히 '근주 혈연 공동체'에 부계를 달리하는 씨족이 포
함되어 지연에 기초한 사회로 변모되어 갈 수도 있다.

청동기 시대 씨족의 주거와 사회생활은 3~4개의 가계가 가부장을 중심
으로 근주 가계 공동체를 형성하고, 그들 근주 가계 공동체가 또한 몇 개
모여 근주 혈연 공동체를 이루는 바 이것이 씨족이다. 씨족은 근주를 바탕
으로 한 생활 공동체로 발생하지만, 성씨 제도로 가족 관념의 자의식이 형
상화되고, 제사 등의 공동 의례와 족보로 조직되면서 지속화와 광역화될
수 있다. 한국 전통 사회의 중요한 특징 중의 하나가 유력한 집단이 일찍
부터 성씨를 사여 받고, 장기적으로 유대감을 가지고 존속한 것이다. 씨족
의 근거인 주거 공동체를 파괴하고 사회적 이동성을 높이는 요인들인 전
쟁과 내란이 빈번하지 않고, 상공업 및 화폐 경제의 발전이 지체되며, 반상
제가 존속하는 등 요인은 사회적 유동성을 제한하는 요인들이었다.

청동기 주거지에서 개별 소가족이 독립의 화덕이나 식량의 저장공을 갖
추지 못해 독립적인 소비생활의 주체가 되지 못한 경우도 적지 않았다. 그
러나 움집 중에는 노지가 없거나 저장공이 없는 것도 많지만, 있는 것도

---

98 household의 어원적 의미는 다음과 같다. "members of a family collectively (including
servants)," also "furniture and articles belonging to a house;" (출처: Online etymology
dictionary)

99 하타다 다카시(旗田 巍)는 공연은 '가족 생활의 실제상의 단위에 가까운 것'으로,
보통의 의미의 호(戶)이고, 소부락은 '혈연자가 사는 소공동체'이며 촌주는 혈연 집
단의 장이라고 하였다. 필자의 생각은 그의 견해와 가깝다. 旗田 巍, 「新羅の村落-
正倉院にある新羅村落文書の硏究」-(I)(II), 『歷史學硏究』 226-227, 1958, 1959.

많아 그들은 개별적인 소비생활이 가능했고[100] 이들은 병존하였다. 송국리의 경우 대부분 집터가 20m² 이하로 작고 편차도 작지만, 그래도 큰 것은 40m²에 이르러 차이가 있고, 청동기 여타 지역 주거지의 경우는 움집의 규모에 편차가 커 10m²에서 70m²에까지도 이른다.[101] 큰 것은 세 가족 이상을 포괄할 수 있는 규모로서 가족 구성의 분화 나아가서 계급 분화가 보여지는 다양성이 있다.

이런 점에서 청동기 주거 상황은 공동 생산과 공동 소비의 가부장 가족에서 먼저 소비에서의 독립이 이루어지는 다양한 모습을 보여주는 것으로 생각된다. 움집의 유형은 가부장제 가족의 모습에 따라 큰 것과 작은 것 그리고 노지와 저장공이 있는 것과 없는 것이 병존하였고, 이는 단혼 소가족이 분화하여 나가는 과도적 가족 유형들과 연관되어 있다.

수렵 채취 경제에서는 공동 생산 공동 소비가 안정적이지만, 정착 농경 생활이 진전되고 경작에 필요한 생산 수단의 사용과 축적이 나타나고, 토지의 개량을 위해 자본(죽은 노동) 투하가 증가되면 경작권이 형성되고, 개별적 생산이 효율적으로 변화하기 시작한다.[102] 농기구에서도 따비나 서경(鋤耕) 농구 등 개별적 인력 농구가 발전하는 것은 노동 과정의 독립성이

---

100 송국리의 경우 71%가 노지를, 46%가 저장공을 가지고 있다. (李眞旼, 「中部地域 無文土器時代 前·中期 文化에 대한 一考察」, 고려대학교 고고환경연구소 편, 『송국리 문화를 통해 본 농경사회의 문화체계』, 서경문화사, p 44). 윤기준은 청동기 시대 평면장방형이 84.1%의 주류를 이루고, 화덕자리를 갖춘 집터가 66%에 달한다고 한다. (윤기준, 「우리나라 청동기 집터에 관한연구」, 『白山學報』 32, 1985).

101 김정기, 「집터」, 『신편한국사』 3권, 2002, p 157.

102 농지는 토지가 풍부한 시대에도 사실 공공재(public goods)와 같은 성질의 자원이 될 수 없고, 흔히 생각하는 이상으로 많은 자본(=죽은 노동)을 투하해야만 경지로 될 수 있다. 따라서 경지는 여러 법적·사회적 제약이 있음에도 불구하고, 농지의 개척과 경작 과정이 개별 가정 단위로 이루어진다면, 사적 소유 개념이 일찍부터 싹틀 수밖에 없다.

조기에 성립할 가능성을 의미한다. 물론 소경영 생산의 독립성과 효율성은 오랜 세월에 걸쳐 점진적 단계적으로 발전하지만, 농업에서의 소경영은 조기에 성립된다.

동양사 특히 중국사에서 흔히 개별 가족을 호(戶)라 부른다. '호(또는 가)'는 나라와 시대와 용례에 따라 다양한 의미를 가지고 있지만, 포괄적으로 '혼인을 토대로 형성된 가족을 중심으로, 한 집에서 생활하는 사람들의 집단'으로 이해할 수 있다. 이러한 의미의 '호(또는 가)'는 가족(family)을 중심 개념으로 하면서도 주택(house), 경제 행위의 단위로서의 가계(household), 때로는 호의 생활의 터전이 되는 가산 혹은 가업(family property, family business) 등을 포괄하는 다양한 함축성을 지니고 있다.

중국에서는 진한(秦漢) 시대부터 이미 부계의 혼인 가족(conjugal family)인 단혼 소가족이 '호'의 지배적인 형태가 된 것으로 보인다. 중국사에서 한 집에 거주하는 가족 즉 '가'에서 성인 남성이 둘 이상인 경우, 진(秦)의 상앙(商鞅)이 법으로 '호'를 분립하도록 하여, 부계의 혼인 가족(conjugal family)으로 '호'를 표준화하고, 남자 균분 상속을 제도화하였다.[103] 그러나 역사의 진행 과정에서 부(父)와 적장자가 동거하는 직계 가족제가 형성되고, 또한 여타 혈족을 포함하는 호족의 '가'도 존재하여 반드시 '호'의 구성이 단순한 것은 아니었다. 그렇지만 중국사에서 '호'는 소가족 중심으로

---

103 기원전 356년 상앙(商鞅)은 2명 이상의 성인 남성 호(戶)는 세금을 두 배로 하였다. ("民有二男以上, 不分異者, 倍其賦", 『史記』 商君列傳). 제2차 변법에서 상앙은 부자, 형제가 한 집에 함께 사는 것을 금지했다. 이후 장자 상속제도는 폐지되고 남자 균분 상속이 제도화되었다. "그러나 일단 구부로서 호부의 제도가 확립되면, 호의 구성을 1호 1장정에 한정하는 것은 중요한 의미를 갖지 않게 되고, 실제의 변법 후의 가=호에서는 부와 적장자의 동거가 일반화되고, 다른 한편에는 종래의 족(族)이나 실(室) 등의 혈연의 범위를 가(家)의 범위에 포함하여 통솔하는 호족의 가를 낳게 된다." 佐竹靖彦, 「秦國の家族と商鞅の分異令」, 『史林』 63(1), 1980, p 26.

일찍이 표준화되고 소경영의 자립이 진전되면서 안정된 것으로 보인다.

한국사에서 고대로부터 주거와 가족 형태를 표현하는 고유한 용어로 '연호(烟戶)'가 있다. '연(烟)'은 연기가 나는 집 그리고 그 집에 사는 가족을 의미한다고 할 수 있다. 한국사에서 연(烟)은 호(戶)와 비견될 수 있는 표현으로 '연'과 '연호' 그리고 때로는 '연'과 '가(家)'의 구분이 없이 혼용된 것으로 보인다.104 그러나 「신라촌락문서」에서는 개별 가족을 '연(烟)', 몇 개의 가족을 묶어서 '공연(孔烟)'으로 파악하고, 이를 부세의 부과 단위로 삼았다. 이는 몇 개의 소가족이 밀접한 관련성을 가지고 근주 가계 공동체를 형성하고 있던 것을 반영한 것으로 생각된다. 근주 가계 공동체는 번성한 집안과 빈한한 집안 등 다양한 모습이 존재한다. 시간이 흐르면서 근주 가계 공동체 내의 소가족들의 독립성이 강화되어 갔다. 그리고 근주 가계 공동체 내에 비혈연을 포괄하는 경우도 적지 않았지만,105 공연(孔烟)이나 '호'의 역사적 시원은 근주 가계 공동체에 있었다고 판단된다.

근주 가계 공동체의 농업 경영은 기본적으로 확대 가족농이고 이는 생산력 발전 과정에서 개별 소가족의 경영으로 분화한다. 특히 한국은 가족의 공통적 가산을 유지하지 않고, 호주의 사망 시 분가분재하는 전통이다. 한국사에서 근주 가계 공동체의 모습이 드러난 「신라촌락문서」에서 공연들은 중하연 이하 등급이며 평균 구수는 11인이고, 이것은 대체로 3개 정

---

104 광개토대왕 능비(廣開土王 陵碑)에 "신(新)·구(舊)의 신민은 광개토왕대에 공략하였던 지역의 民을 뜻하며, 능비에서 한(韓)·예(穢)가 이들이다. 신민은 광개토왕 재위전에 고구려의 영역이 되었던 지역의 주민으로서 출신지를 살펴볼 때 원고구려인 5부 지역 이외의 피복속지의 주민으로 여겨진다. 신민과 구민의 비율은 2:1이다. 수묘호를 합쳐, 국연(國烟)이 30가(家)이고 간연(看烟)이 300가로서, 도합 330가이다"고 하여 연(烟)과 가(家)를 동일하게 사용하였다. (前, 朴), 民(水, 王, 李, 武)
105 신라의 공연에도 '노(奴)'가 포함되어 있지만, 19세기 호적에도 촌락에 '노비'를 포함하여 1호에 21인 이상, 또는 51인 이상의 가구들도 일부 존재했다. (四方 博, 『朝鮮社會經濟史研究』 中國書刊行會, 1976).

도의 소가족으로 생각된다. 「촌락문서」에 나타나지 않는 상등연들에서 근주 가계 공동체의 규모가 20~30인을 넘는 경우도 있을 것이나 보편적인 것들은 아니다.

고대 사회에서 가족 농업의 성립 여부에는 족장의 의제된 공동체적 소유로부터 근주 가계 공동체의 토지 경작권 혹은 소유권이 독립했는지의 여부가 중요하다. 족장의 의제된 공동체적 소유로부터 가부장 가족의 토지 경작권이 독립하면 사적 소유와 가족 경영이 성립한다. 이는 중앙 권력에 의해 직접적으로 호구 파악이 이루어지고 개별 호에 대한 과세가 이루어질 때 실현된다. 가부장 가족인 근주 가계 공동체의 사적 소유가 성립하면 개별 소가족의 소유는 분가분재를 통해 자연스럽게 발생한다. 실제로 「신라촌락문서」에서 보듯 공연 중에는 개별 소가족이 존재하였으며, 이들은 청동기 시대 이래의 분거별식형 가족의 후예였을 수 있다.

가족제도에서 부계의 단혼 가족은 부권이 성립된 사회를 의미하지만, 한국사에서는 중세에도 자녀 균분 상속이나 서류 부가혼 등의 양계제적 가족제도가 강인하게 존속되었다. 솔서제는 결혼 후 임시적인데 그치지 않고, 사위가 처부모를 공양하는 사례도 적지 않았다.[106] 결혼 후에도 여성의 성씨가 유지되었으며, 최근에는 결혼 후 친정 근린 주거 경향으로 나타나기도 한다. 따라서 전근대 '호'의 실체인 가부장 가족의 근주 가계 공동체는 직계 가족만이 아닌 복합 가족의 모습을 가질 수 있다.

한국의 상고대 사회에서 개인은 말할 것도 없고, 개별 소가족도 공동체로부터 독립하지 못하고, 가부장적 가족인 호에 매몰되어 생산에서 독립 경영으로 성장하지 못하고 소비에서도 독립하지 못한 개별 가족이 적지 않았다. 청동기 시대에는 개별 가족의 소비 독립이 일부에 그쳤고, 철기 시대에는 개별 가족의 주거에 부뚜막이 설치되고 소비에서의 개별 가족의

---

106 노명호, 「2가족제도」, 『신편 한국사』15권, 국사편찬위원회, 2002, p 86.

독립이 보편화되었다. 그러나 생산의 단위는 근주 가계 공동체였고, (원)삼국 시대[107]까지는 부세의 수취가 공납제로 행해지고, 근주 가계 공동체의 경작권이 근주 혈연 공동체인 촌락의 토지 소유에서 분리되지 못한 것으로 생각된다.

그러나 통일 신라 시대에는 「촌락문서」에서 보듯이 공연이 부세 담당과 토지 소유의 주체로 파악되었고 이는 공연, 즉 근주 가계 공동체가 생산의 단위로 확립되었음을 의미한다. 그러나 공연은 상속과 이동 과정에서의 '분호(分戶)'와 '입호(立戶)'를 통해 분화되는 존재이다. 따라서 공연의 경작권 독립은 그 내부에 개별 소가족의 독립과 개별적 소유를 배태하고 산출하고 있는 것이다.

근주하는 '가계 공동체의 공동 소유와 공동 생산론'[108]은 직접적으로는 인구 증가 과정에서의 분가와 분재를 설명하기 어렵다. 족장의 씨족 구성원에 대한 집단적 지배가 해체되고, 국가의 인민 파악이 개별 '호'에 미치면 개별 '호'가 토지 소유의 주체로 성장한다. 그러나 혈연 단체인 '호'는 호주의 사망으로 소가족들로 분호하고, 토지는 소가족 소유로 된다. 인구 증가 과정의 분가분재는 개별 소가족 단위로 이루어질 수밖에 없고, 개별 가족이 그 아래 몇 개의 소가족을 거느리게 될 때 이루어지는 것이 아니다.

---

107 필자는 원삼국 시대와 삼국 시대를 포괄하여 (원)삼국으로 표기한다.
108 이영훈은 철기 시대와 함께 "개별 주거가 중요 생활 자료의 취득과 소비의 주체로 서 곧 개별 세대로 자립했지만, 세대의 자립은 노동 생산 과정의 수준에까지 미치지 못했다"고 한다. 세대의 자립이 생산 과정에까지 이르는 것은 그보다 훨씬 늦은 조선 초 15세기에 전래의 세대 복합체로서 정호(丁戶)가 해체되고, 소규모 가족 경영이 분출되는 시기였고, 이 시기는 공동체 사회의 해체와 신분제 사회로의 이행이 이루어지는 시기였다고 한다. 말하자면 철기 시대 이후 고려 말까지 근주 가계 공동체가 토지 소유와 공동 생산의 주체이자 경제적 단위였다는 해석이다. (이영훈, 『한국 경제사1』, 일조각, p 95. p 347. p 179, p 380). 그러나 근주 가계 공동체의 토지 소유는 그 속에 이미 개별 가족의 소유와 생산을 포함하는 것이다.

개별 가족의 소비에서의 독립은 소유와 생산에서의 독립을 잉태하는 것이고, 곧 실현되는 것이다. 토지의 매매에 제한이 있었다 하여도 상속이 가능한 세습적 경작지는 사적 소유지였다. 가족의 모습이 시대에 따라 변화하지만, 가부장 가족의 소유는 상대적으로 사적인 경제 단위의 사유이면서 가부장의 사유이다. 그리고 상속으로 가족의 구성원에게 분할된다. 보편적 토지 시장이 성립하지 않고, 국가에 의해 매매가 금지되어도 세습적 경작지에는 사적 소유권이 성립한다. 소유권의 이전은 매매만이 아닌 투탁, 기증과 부채의 변제 등으로도 이루어진다.

모건은 토지 소유와 귀족의 발생에 대해 다음과 같이 설명하고 있다. 부족의 공동 보유 토지는 경작이 시작되면서, 각 씨족에게 분배되고, 그 몫은 씨족의 공동 소유였으나, 시간이 지나면서 개별적으로 할당되고, 종국적으로 개별 소유로 성숙된다. 미사용지나 황무지는 공유지로 유지된다.[109] 한편 족장의 지위는 씨족 내에서 상속되고 씨족들 간에는 선출되었지만, 점차 대물림되고 귀족화되어 갔다. 비록 이들이 초기 부족 국가의 민주적 질서를 본질적으로 변화시키지는 못하지만, 재산과 공직은 귀족제가 자라는 토양이 된다.[110] 한국 고대사의 모습은 이러한 묘사에서 벗어나지 않았다고 생각된다.

---

109 Lewis H. Morgan, 'Chapter , LondoⅡ. Three Rules of Inheritance (Continued)', *Ancient Society*, MacMillan & Companyn, 1877.

110 Lewis H. Morgan, 'Chapter Ⅱ. Three Rules of Inheritance (Continued)', *Ancient Society*, MacMillan & Company, London, 1877.

제2장

(원)삼국 시대와 공납제

제1절 부족과 군장 국가

한국 상고대에 관해서는 후대의 구전 기록이나 중국 측의 단편적인 문헌 기록 그리고 고고학적 유물만으로는 그 사회의 모습을 그리기가 쉽지 않다. 이를 보완하기 위해 인류학적 지식이 도움이 된다. 인류의 최초의 사회적 모습은 혈연 사회에서 기초하는 것은 공통적이므로 혈연 사회의 발전과 지연 사회로의 탈화 그리고 국가의 형성 과정이 상고대의 모습이라 할 수 있다.

루이스 모건(Lewis H. Morgan)에 의하면 인류 사회는 혈연 사회에서 영토에 기초한 근대 사회로 발전한다. 인류의 "첫 번째의 가장 오래된 사회 조직은 씨족(gentes)과 포족(胞族, phratries), 부족(tribes)에 기반을 둔 것이다. 두 번째는 최근의 정치 조직으로 영토와 재산을 기초로 한다. 첫째, 씨족 사회(gentile society)를 만드는 것으로 정부는 사람들의 씨족과 부족과의 관계를 통해 그들을 다루었다. 이 관계들은 순전히 개인적인 관계이다. 둘째, 하나의 정치적 사회를 건설했는데, 정부는 영토와의 관계를 통해 예를 들면 읍, 면, 군, 국 등과의 관계를 통해 사람들을 다루었다. 이들 관계는 순전히 영토적이다. 이 두 계획은 근본적으로 다르다. 하나는 고대 사회에 속하고 다른 하나는 근대 사회에 속한다. 씨족 조직은 우리에게 인류의 가장 오래되고 보편적인 제도 중의 하나를 보여준다".[1] 단순화하면 혈연 씨족 사회(gentile society)는 지역 사회인 부족의 형성을 거쳐 영토 국가를 낳는다.

씨족 사회에서 부족의 형성 그리고 영토 국가에 이르는 과정에서 엘먼

---

1 Lewis H. Morgan, *Ancient Society*, Chapter Ⅱ The Iroquois Gens, 1877

서비스(Elman R. Service)는 부족에서 영토 국가와의 사이에 군장제라는 단계가 존재한다고 한다. 그에 의하면 영토 국가의 발전 과정은 밴드, 부족, 군장제, 국가의 4단계를 거친다. 밴드 사회는 수렵 채집민(foragers), 부족은 조방적 농업(horticulture), 군장제는 목축(pastoralism), 그리고 국가는 농업(agriculture)과 연계되어 있고, 군장제는 목축이 중요했던 시대에 발생한다. 그리고 군장제에는 효율적인 관리의 이득(managerial benefits)이 있는 중앙 집권적 조직이나 관료제의 맹아가 보인다.[2] 모건의 논리에 따라 서비스(E. Service)의 군장제(chiefdom)를 해석하면, 그것은 혈연 씨족 사회의 마지막이고 문명 국가 직전 상태의 사회 조직으로서 과도기적 사회라 할 수 있다. 국가는 보다 집중화, 관료화, 계층화된 사회인데, 군장제도 그들 제도의 맹아적 형태를 가지고 있으므로 국가와의 구분이 불명확한 점이 있다.

한국사에 등장하는 최초의 국가는 (고)조선이다. (고)조선의 설립 연대와 강역 그리고 나라를 연 태백산과 평양성의 위치와 관련하여 많은 논의가 있다. (고)조선은 한반도에 그치지 않고 만주 지역에서 강성했으며, 중국계 문화와는 상이한 문화적 유형을 가지고 있었다. (고)조선은 문헌상으로는 기원전 7세기의 인물인 관중에 관한 저술인 『관자』에 처음 등장하나, 『관자』 자체는 후대인 기원전 4세기 무렵에 저술된 것으로 알려져 있다. 그리고 (고)조선이 『사기』나 『전국책』 등에 보다 구체적으로 기록되어 있는 것을 보면, 늦어도 기원전 4세기 중엽에는 그 실체가 북중국인들에게 알려져 있었다.[3] (고)조선은 이후 중국과의 잦은 충돌이 있었으나, 기원전 3세기경 전국 시대에 연(燕)나라의 사세가 확장되면서 점차 수세적으로 된 것으로 보인다. (고)조선은 연(燕)에서 이주한 위만(衛滿)이 (고)조선의 준왕 아래

---

2 Elman R Service,*Primitive Social Organization: An Evolutionary Perspective*, Random House, Chicago IL, 1976.

3 노태돈, 『한국고대사』, 경세원, p 33~34.

에서 서쪽 변경을 지키는 장군 역할을 하다가 모반을 하여, 기원전 194년에 준왕(準王)이 구축되었다. 이후 기원전 108년에 위만조선도 한무제에 의해 멸망하였다.

(고)조선이 망한 후 한반도 북부에 한사군이 설치되었다. 그러나 진번, 임둔과 현토군은 곧 폐지되고 기원전 1세기 중엽에는 낙랑군이 속현 25개를 거느리는 대군으로 존재했다. 낙랑군의 25개 속현 중 현성이 확인된 것은 9개 정도였다. 이는 위만조선 시기 이래의 토착 세력가에 의해 축조된 기존 토성을 재활용한 경우가 많다.[4] 한반도 중남부에는 기원전 2세기경에 진(辰)과 삼한의 존재가 확인되고, 만주 지역의 송화강 유역에 위치한 부여국도 늦어도 기원전 2세기 초에는 역사상으로 그 존재가 확인된다.

(고)조선의 국가 형태와 사회 성격에 관해서는 성읍(城邑) 국가라는 평가가 있다. 성읍 국가는 부족연맹 국가, 족장 국가, 군장 국가 등 여러 개념과 혼용되고 있으나 서양사에서의 도시 국가와 유사한 것으로 이해되고 있다. "성읍 국가는 군사적으로 강대한 성읍 국가를 중심으로 해서 연맹체를 형성하게 되었다. 이 연맹체를 보통 부족 연맹 국가라고 불러왔으나, 여기서는 연맹 왕국이라 부르고자 한다. 이 단계가 되면 (고)조선은 대동강 유역에서 요하 유역에 걸치는 방대한 영토를 지배하게 되었다. 송화강 유역의 부여(夫餘)나 한강 이남의 진국(辰國), 혹은 삼한(三韓)도 그러한 연맹 왕국들이었다. 연맹 왕국에서는 맹주격인 성읍 국가의 지배자가 국왕으로서 지위를 차지했으며, 실질적인 권력은 여전히 성읍 국가의 지배자들이 누리고 있는 형편이었다"[5]고 한다.

(고)조선과 마찬가지로 한반도 남부에 존재했던 '진(辰)국'의 실체와 삼한의 유래에 대해서도 불명확한 점이 많다. 먼저 진국에 관한 중국의 문헌

---

4 노태돈,『한국고대사』, 경세원, 51.
5 이기백,「한국사의 전개」,『신편 한국사』1권, 2002, p4.

사료에 기초하여 기원전 2세기 무렵에 존재했던 것으로 인식되었다.[6] 그러나 신용하는 진국은 '밝'족의 본류인 한족(韓族)이 세운 (고)조선의 후국(侯國)으로 기원전 2천 년기에 건국되었다고 한다.[7] 그리고 진국이 중남부 국가 중 하나였다는 기록에서부터,[8] 중남부 삼한 전역이 진국이었다는 기록 등,[9] 그 강역도 불분명하다. 그러나 진국(辰國)이 중남부에서 (고)조선과 같은 광역의 통합 국가를 형성하지는 못한 것으로 보인다. 이는 중남부가 농경 국가이고 기마 유목 민족이 존재하지 않았으며 한강이 남북을 구분하는 커다란 장애물이었던 요인들이 작용했을 것으로 생각된다.

『삼국유사』에는 위서(魏書)를 인용하여 "위만이 조선을 치니 조선왕 준(準)이 궁인(宮人)과 좌우(左右)를 데리고 바다를 건너 남으로 한(韓) 땅에 이르러 나라를 개국하고 이름을 마한(馬韓)이라고 하였다"고 한다.[10] 『삼국유사』가 근거한 위서(魏書)에는 (準王)이 "그의 근신(近臣)과 궁인들을 거느리고 도망하여 바다를 경유하여 한지(韓地)에 거주하면서 스스로 한왕(韓王)이라 칭하였다"고 한다.[11] 이때 비로소 중국 사서에 마한, 진한 등 '한(韓)'이라는 명칭이 처음으로 나온다. 그리고 5세기의 『후한서(後漢書)』에서 '삼한(三韓)'이 처음으로 사용된다. 그러나 '한지(韓地)'에 거주하였다 하여, '한(韓)'이 지역명으로 이전에도 존재했다고 볼 수 있다.

한편 (고)조선이 망할 무렵, 그 유민들이 이동하여 삼한 지역의 여러 소

---

6 "眞番·辰國欲上書見天子雍閼不通. 師古曰 "辰謂辰韓也." (『삼국유사』, 卷 第一, 紀異第一, 衛滿朝鮮). 『삼국유사』에 "진·번진국이 편지를 올려 천자(한(漢)나라)를 알현하고자 하였으나, (위만의 우거가) 또한 막아서 통행하지 못하였다"고 한다. 그리고 사고는 진은 진한이라 하였다.

7 신용하, 같은 책, pp 210-212.

8 "辰韓者, 古之辰國也"(『삼국지(三國志)』, 위서(魏書) 동이전).

9 "三韓皆古之辰國" (『後漢書』, 동이전).

10 『삼국유사』, 卷 第一, 紀異第一, 馬韓.

11 『삼국지(三國志)』, 위서(魏書) 동이전(東夷傳), 한(韓).

국들을 세웠다는 기록이 여러 사서에 존재한다. 『삼국사기』에 신라의 전신인 사로국의 육촌에 관해 "조선의 유민들이 산골짜기에 분거하여 육촌이 되었다"고 한다.[12] 또한 중국의 통전(通典)에 "조선의 유민(遺民)들이 나뉘어 70여개 국으로 되었으니 지역은 모두가 사방 100리나 되었다"라고 하였다.[13] 후한서(後漢書)에는 "조선의 옛 지역에 처음에는 4군을 두었다가 뒤에는 2부를 두었는데, 법령이 점차 번거로워지면서 갈라져 78개 국으로 나뉘고 각각 1만 호씩이다" 라고 하였다.[14]

그러나 (고)조선의 유민이 삼한의 70여개 국을 만들었다는 기록은 그 뜻을 음미하여 이해할 필요가 있다. 기존의 연구에서 한반도 중남부에 삼한(三韓)이 성립하기 이전의 선주민에 관한 연구는 부족하지만, 기원 무렵의 한반도 중남부 지역에 인구가 적다거나 문화 수준이 낮았다고 보기는 어렵다. 중남부 지역에도 이미 다수의 선주민이 여러 소규모 집단을 형성하여 농경생활을 하고 있었고, 석기·청동기 시대의 유적들이 다수 발굴되었다. 기원전 2세기 무렵부터 유입되는 (고)조선의 유민과는 다른 선주민이 그 이전에 이미 존재했고 그들이 '삼한(三韓)'의 뿌리였다. 그들이 결집된 정치체를 형성하지는 못했지만, 삼한을 구성하는 78개 소국들의 대부분을 차지했을 것으로 판단된다.

그러나 삼한(三韓)이 성립하기 이전부터 한강이라는 명칭이나 '한지(韓地)'가 존재했더라도, 한반도 남부의 여러 소국이 정치사회적 자의식에서 공동 명칭으로서의 '한(韓)'인식했는가는 의문이다. '한'이라는 정치체 이전에 '한'을 인식하는 공통의 동류 의식이 생기기는 어렵다. '한(韓)'을 공통으로 여러 소국들을 삼한으로 통칭하는 것은 마한 등의 '한(韓)'이라는

---

12 "朝鮮遺民分居山谷之間, 爲六村"(『三國史記』, 卷第一 新羅本紀 第一).
13 通典云 "朝鮮之遺民分爲七十餘國, 皆地方百里." (『三國遺事』, 卷 第一. 紀異第一).
14 後漢書云 "西漢以朝鮮舊地初置爲四郡後置二府, 法令漸煩分爲七十八國各萬戶" (『三國遺事』, 卷 第一. 紀異第一).

정치체가 먼저 생기고, 이 '한'이 주변을 통합하면서 제3자가 밖에서 통괄하여 명명한 것으로 추정된다.

마한 지역 소국들에 관한 연구에 의하면,[15] 3세기 전반 마한 소국 연맹체의 맹주는 목지국(目支國 또는 月支國)의 진왕(辰王)이었다. 소국들 중에는 백제국처럼 북방계 유이민의 정착을 계기로 하여 형성된 집단도 있지만, 초기 철기 문화를 배경으로 대두되는 집단도 있었다. 마한 지역은 경상도 지역의 초기 철기 시대(세형동검 문화 단계) 유물에 비해 청동기 유물이 풍부하게 출토되고 있다. 마한 지역 소국의 대부분은 기원전 3~2세기 이래의 세형동검 문화(細形銅劍文化)를 배경으로 대두된 다수의 정치 집단들이 지속적으로 성장 발전한 것이었다.

또한 진한은 옛 진국이라는 기록이 있어,[16] 진국이 멸망한 후 생긴 것으로 보인다. 『삼국사기』에는 진한 지역에도 사로국이 성립하는 무렵에 이미 12개 소국들이 존재한 것으로 알려져 있다.[17] 조선의 유민들이 양산촌, 고허촌, 진지촌, 대수촌, 가리촌, 고야촌의 여섯 마을에 분거할 때, 박혁거세를 왕으로 삼았는데, 이것이 사로국이다. 그러나 진한의 여타 소국들도 모두 다른 조선 유민들에 의해 성립되었는지는 의문이다. 그리고 그 기원을 잘 알 수 없는 변한의 소국들도 선주민들에 의한 것일 수 있다. 변한은 통일된 국가를 구성하지 못했으나, 김해의 구야국, 동래의 독로국, 함안의 안야국 등을 비롯한 여러 소국이 존재하였다. 변한 지역은 늦어도 기원전 1

---

15 이현혜, 「마한소국의 형성에 대하여」, 『역사학보』 92, 1981.

16 "辰韓者, 古之辰國也"(『삼국지(三國志)』, 위서(魏書) 동이전).

17 "진한은 처음 6國이었다가 차츰 나뉘어져 12국이 되었는데 신라는 그중의 한 나라이다". ("辰韓始有六國, 稍分爲十二, 新羅則其一也", 『梁書』, 東夷列傳 新羅). 진한을 이루는 12개의 소국은 사로국, 기저국, 불사국, 근기국, 난미리미동국, 염해국, 군미국, 여담국, 호로국, 주선국, 마연국, 우유국 등이라고 한다.(李丙燾,「三韓의 諸小國問題」, 『韓國古代史硏究』, 1976. 千寬宇,「辰·弁韓諸國의 位置 試論」, 『白山學報』 20, 1976. 참고).

세기 전반에는 철기가 사용된 것으로 보이고,[18] 우수한 철 제품은 주변 지역은 물론 일본 및 낙랑군과 대방군으로 수출되었다.[19] 따라서 삼한 지역에 존재했던 다수의 소국들은 (고)조선의 멸망 이전부터 존재했을 가능성이 크다.

한편 이 무렵 철기 문화의 전파는 농경 문화를 한 단계 높이는 중요 계기였고, (고)조선 유민은 그 중요한 전파자가 되었을 것으로 생각된다. 동아시아 철기 문화는 중국에서 기원전 7~6세기경에 시작되어, 기원전 4~3세기경 주철에서 단조로 발전했다. 한반도에서는 서기전 4~3세기에 연나라에서 사용하던 명도전(明刀錢)이 압록강 중류 지방에서 서북 지방에 걸쳐 철기류와 함께 출토되었다. 남부 지역에는 기원전 108년 한무제가 낙랑군을 설치한 후, 한반도 중남부로 전파되고, 무기류와 함께 도끼, 가래, 낫 등 철제 농경구가 보급되기 시작한 것으로 보인다. 이 과정에서 (고)조선 유민들은 선진 철기 문화를 가지고 이동하여 주도권을 가지게 된다. 그리고 비슷한 시기에 일본으로 철기가 전파되었다고 알려져 왔다. 그러나 이 시기 철은 여전히 불충분했고, 3세기 무렵의 낙랑군에서도 철제 농기구의 보급이 제한적이었다고 한다.[20]

철기의 도입과 관련해 통설적인 중국 전래설과 다른 가설이 있다. 근래의 연해주 일대의 발굴 조사를 바탕으로 기원전 12세기 히타이트 멸망으로 그 문명의 철기가 초원의 길을 따라 기원전 10세기에는 시베리아로 전해지고 그것이 연해주를 거쳐 북중국, 한반도, 그리고 사할린을 통해 일본

---

18 동래의 복천동래성 유적이나 경남 늑도 유적과 다호리 유적 1호묘 등에서의 출토 철기 등으로 확인된다. 李南珪, 「前期伽倻의 鐵製 農工具-낙동강 하류 지역을 중심으로」, 『국사관 논총』 74집, 1997, pp 4-5. 변한에서는 우수한 철 제품들이 주변 지역은 물론이고 낙랑군과 대방군 그리고 일본으로 수출되었다.
19 國出鐵韓濊倭皆從取之諸市買皆用鐵如中國用錢又以供給二郡(三國志魏志東夷傳).
20 노태돈, 『한국고대사』, 경세원,53.

으로 전해졌다는 가설이다.[21] 이것은 한반도로의 문화 전파 경로가 반드시 중국을 경유하지 않고, 초원의 길을 통해 직접 전해졌을 수도 있고, (고)조선이 만주의 풍부한 철광산을 토대로 중국과 동시대에 독자적인 철기 문화를 가졌다는 것을 시사한다.

북한 지역의 강동군 향목리 1호 고인돌에서 출토된 철검(鐵劍·쇠장검), 철칼, 철제 기계활인 쇠뇌(鐵弩·석궁) 등은 기원전 7세기에 강철이 생산된 것을 보여준다. 이는 늦어도 기원전 7세기에는 철제 무기와 농구 생산이 가능했음을 의미한다.[22] (고)조선 문명권은 함경북도 무산(茂山) 지역과 만주 무순(撫順) 지역에 풍부한 철광석을 바탕으로 철제품을 생산했다. 따라서 종래에 기원전 3세기경 연(燕)의 철기 문화가 도입되었다는 견해보다 이른 시기에 철기가 사용되었음을 보여준다. 한반도는 중국과의 오랜 교류의 역사를 가지고 있지만, 북방 초원의 문화와 많은 공통점을 가지고 있었다.

한편 이미 3~4만 년 전에 한반도로 접근한 현생 인류가 한반도 중남부에 이른 시기부터 수렵 채취와 함께 농경 생활을 시작한 만큼 (고)조선의 유민이 북방에서 유입되기 전에 나름의 사회 발전을 보였을 것이다. 그러나 '한'이라는 정치체 이전에 스스로를 '한'으로 인식하는 공통 의식이 생기기는 어렵다. 여러 소국들을 삼한으로 통칭하는 것은 '한(韓)'이라는 정치체가 먼저 생기고, 이 '한'을 전제로 제3자가 밖에서 명명한 것으로 생각된다. 그런 점에서 정치사회적 의미의 '한(韓)'족은 (고)조선의 유민에 의해 한반도 중남부를 아우르는 하나의 통일체로서 성립하기 시작한 것으로 생각된다.

신채호는 한반도 남부 삼한의 성립을 (고)조선의 멸망과 연관하여 설명

---

21 進藤義彦, 「古代日本の鐵器文化の源流に關する一考察」, 『亞細亞大學敎養部紀要』12, 1975.
22 신용하, 『고조선문명의 사회사』, 지식산업사, 2018, pp 431-433.

하고 있다. 기원전 4세기경 조선이 신조선, 불조선, 말조선의 삼조선으로 분립되었고, 조선이 망하면서 말조선이 마한으로 불조선이 변한으로 신조선이 진한으로 되어 삼한이 성립되었다고 하였다. 그리고 원래의 '한(韓)' '칸(Khan, 可汗)'에서 유래한 단어라고 해석하였다.[23]

(고)조선이 거대 영역의 대국으로 일찍이 성립했음에도 불구하고, 한반도 남부에 78개나 되는 소규모 부족 국가가 분립하고 있었던 것은 한편으로 산천을 경계로 분리된 혈연 집단이 그 만큼 많았다는 것을 의미한다. 그러나 그들 혈연 집단이 좀 더 광역의 정치체로 통합되지 못했다. 만주와 달리 각 지역이 산천으로 나누어지고, 산골짜기 평탄부에 소규모의 안정적 농업은 발전했지만 넓은 초지가 부족하여 유목에는 제약이 있고, 기마병과 마차가 활동하기에 불편하였다. 그러나 농경의 발전은 인구 증가를 가능하게 하고, 정착 생활에 따른 집락의 형성과 문명의 발전을 싹 틔운다.

한반도 중남부에 북방계 유이민이 정착하면서 그들이 문화적·정치적 주도권을 장악하고, '한(韓)'국과 '한(韓)'민족을 형성하여 간 것으로 보인다. '한' 민족은 선주민과 함께 북방계가 중심으로 정치체가 형성되었지만, 이후 삼국 통일로 고구려가 멸망하면서 만주를 잃고, 북방 민족과의 지역적 연계가 약화되었다. 종국적으로는 17세기 중엽에 청나라가 성립되고, 만주가 중국과 통합되면서 만주와의 연계가 단절되고, 연길 일대의 간도 지역이 조선인의 주된 이주지가 되었다. 현대의 중국은 중국 국경 내의 모든 역사 활동을 중화민족의 역사로 주장하고 있다.[24]

---

23 신채호, 『조선상고사』 (김종성 역), 위즈덤하우스, 2014, 제3편 삼조선분립시대, pp 121-150.

24 중국이 신해혁명 당시 '멸만흥한(滅滿興漢)'의 기치를 내걸고 만주를 분리하는 구호를 잠시 외쳤으나, 곧 포기하고 중국은 다민족 국가임을 내세워 영토를 확고히 하고자 하였다. 근래에는 페이샤오퉁(費孝通)의 '다원일체론(多元一體論)'(중국 56개 민족이 불가분의 일체)을 토대로, 중국 영토에서 이루어진 모든 것을 중국과 중화민족의 역사로 포섭하며, 소위 동북공정으로 고구려사도 중국 지방 정권의 역

한반도 남부에서의 국가 형성은 삼한이 최초이고, 삼한을 군장제 사회로 부르는데 대체로 의견의 일치가 있는 것으로 보인다. "삼한은 대체로 족장 사회(Chiefdom), 즉 군장(君長) 사회이나 여기에서 왕 등의 칭호가 있는 사회가 국가의 단계로 진입한다"[25]고 한다. 한편 족장 사회는 흔히 족장제와 군장제라는 용어로 병용되고 있지만, 족장제는 혈연 단체의 의미를 강하게 지니므로 군장제가 지연적 단체인 부족장 혹은 부족장들의 우두머리를 표현하는 용어로 보다 적합하다.

군장제(chiefdom)란 혈연적 기반의 부족 공동체를 토대로 하지만 이미 불평등한 사회가 형성되어 지배자가 나타나고 초기적 국가와 위계가 만들어지는 단계이다. 한국사에서 군장은 아주 폭넓게 사용되기도 한다.[26] 최근에 창원 동면 덕천리에서 발굴된 고인돌이 조상 숭배를 위해 성역화한 기념물로 당시의 군장 사회의 성격을 잘 나타내 준다고 하겠다. 또 여기에는 계급 사회 특징 중의 하나인 방어 시설이 등장한다. 우리나라에서 청동기 시대 주거지 주위에 설치한 환호(環濠)가 이를 입증한다. 이들 중 울주 검단리와 창원 서상동이 대표적인 예이다.[27] 이는 고인돌 축조 사회를 군장 사회 단계로 보는 것이다.

군장제는 지연 단체를 기초로 하므로 한국사에서 고구려, 백제, 신라로 정립되는 4세기 이전의 원삼국 시대의 소국들의 정치체를 표현하는데 적합하다. 삼국 시대의 수장은 왕으로 불리고, 왕은 통치 범위가 보다 광역화되고, 잘 지켜지지 않았지만 부자 승계의 원칙을 가지고, 신분제와 관료제가 갖추어지는 등 국가의 모습을 가지고, 부족 연맹체인 군장제에서 탈피

사로 간주하고 있다.

25 金貞培, 「韓民族의 起源과 國家形成의 諸問題」, 『국사관 논총』 제1집, 1989.

26 "李萬烈, 「단재 신채호의 고대사인식 시고」(『한국사연구』 15, 1977) 53-55쪽)

27 최몽룡, 「21세기의 한국고고학: 선사 시대에서 고대 국가의 형성까지」, 『한국사론』 30권, 국사편찬위원회, 2000, p47

하는 모습을 보이고 있었다. 따라서 삼국 시대는 국가가 성립한 것으로 볼 수 있다.

다만 삼국 시대에도 왕이 여러 족장들의 회의체에 의해 선출되고, 족장들의 회의체가 최고 의사결정 기구로서의 역할을 하는 점에서 부족 연합체로서 군장제적 요소가 존속하고 있었다. 통일 신라에서도 귀족 회의가 중요한 역할을 하고 왕의 성씨가 여러 차례 교체되었으며, 고구려와 백제도 부자 승계가 잘 지켜지지 않아 부족 연합체적인 군장제의 성격을 완전히 탈각할 수 없었다.

고대 사회에서 씨족이 부족을 거쳐 군장제에 이르는 과정은 씨족과 포족이 마을을 이루고, 보다 큰 읍락을 형성하는 과정과 연계되어 있다. 고대 혈연 집단이 마을=부락(hamlet, village)을 이루고, 큰 부락이 읍락(town)=성읍을 이루어 초기적인 도시의 모습을 갖추며, 읍락들 중 중심적인 대읍을 축으로 원삼국 시대의 군장제 그리고 나아가서 삼국 시대의 국가를 형성하여 갔다. 기본적으로 고대의 부락은 씨족이나 복수 씨족의 포족 단계의 집단으로 형성되고, 상대적으로 넓은 농경지를 가진 지역에 큰 부락인 읍락=국읍이 형성되었다. 이들 큰 부락은 여러 포족을 포함한 지연적인 부족 단계로서 군장제를 형성하였다. 삼국 시대에는 왕을 호칭하는 권력자를 중심으로 여러 개의 부족이 결집하여 영토 국가의 모습을 갖추게 된다.

씨족의 구체적인 모습을 그려보는 것은 주거 공동체에서 시작할 수밖에 없다. 공통의 조상을 가진 씨족 무리는 주거 공동체를 형성하고 생활하나, 인구 증가와 세대의 변천 과정에서 어느 계기로 씨족은 혈연의 계통을 달리하는 두 개로 분열된다. 포족은 이 씨족의 분열 과정과 밀접한 관련을 갖는다. "포족은 형제 관계로서, 무리가 씨족들로 자연히 성장한 것이다. 포족은 특정한 목적을 위한 2개 혹은 그 이상의 씨족의 유기적 결합이나 연합이다. 이들 씨족들은 원래 씨족의 분열로 인해 형성되는 것이 보통이다."[28] 그리고 각각의 씨족은 또한 분열하는데, 포족은 최초의 씨족이 분열하여 발전한 것이므로 보통 2개, 4개 등의 짝수 씨족으로 구성되어 있다. 씨족들은 분열 과정에서 씨족 내의 혼인을 배제하고, 이러한 족외혼 제도는 형제자매 간의 결혼의 가능성을 배제하는 극히 중요한 진전이다. 후기가 되면 포족에서 다수의 씨족이 파생하고 상이한 씨족의 합병에 의해 포족 내의 씨족 간에 통혼이 가능하게 된다.

씨족 사회는 부계 씨족 사회를 형성하는 것이 보통이지만 현실에서는 양계제적 요소가 장기간 존속한다. 씨족 사회에서 씨족의 장로는 공적인 역할을 수행하고 씨족들의 연합체인 포족, 그리고 포족의 연합체인 부족과 부족장(chief) 및 군장제(chiefdom)가 발생한다. 그리고 군장제의 연합체인 보다 큰 영토 국가가 형성된다. 원삼국 시대는 수십개에 달하는 다수의 군장 사회가 병존했던 시대이고, 삼국 시대는 원래의 소국 군장들이 강국을 중심으로 연합하여 소국들의 연합체인 3개의 영토 국가로 통합한 것이다.

사회 발전의 세포가 되는 구체적인 씨족의 주거 생활과 관련한 연구에 의하면, 대체로 3개의 집자리가 모여 하나의 가족 공동체를 이루고, 가족 공동체라고 볼 수 있는 주거지(住居址) 인구의 수는 약 50~100명인 것으로 추정한 바 있다.[29] 또 다른 연구자는 취락의 모습과 관련하여 "취락은 3~4개의 확대 가족이나, 10~15개의 핵가족으로 구성된 부락 공동체로 보인다"[30]고 하였다. 한국사에서 이러한 주거지의 모음을 취락이나 부락 등으로 혼용하여 온 것으로 보이지만 부락으로 통일하고자 한다.

한편 약간 과도한 수치이지만, 1세대에 평균 4명의 아이가 장성하고, 자녀의 반인 2명이 가정을 이루어 부모와 근주하고, 나머지 반은 출가하여 배우자 부모와 근주한다고 가정하면, 같은 조부모 아래에는 3세대에 최대

28 Lewis H. Morgan, Chapter III 'The Iroquois Phratry', *Ancient Society*, 1877.
29 최몽룡, 「주거생활」, 『韓國의 考古學 II』, 韓國史論 13, 1983. 황기덕, "조선에서 의농업공동체의 형성과계급 사회에로의발전"력사과학 1978.3, pp. 36-37.
30 최몽룡, 주거생활, 韓國의 考古學 II, 韓國史論 13, 1983, pp 156-157.

7개, 그리고 같은 증조부 아래에는 4세대에 걸쳐 최대 15개의 소가족이 근주할 수 있다. 따라서 10~15개의 소가족으로 구성된 부락은 같은 조상을 가진 하나의 씨족일 수 있지만 곧 분화될 가능성이 있는 혈연 가족이다. 그러나 20개 이상의 주거가 존재하는 부락은 마지막 세대의 미혼 자녀 즉 고손의 입장에서 볼 때, 동고조(同高祖) 8촌 이내의 친족으로 구성된 씨족은 아니고, 이미 분열된 복수의 씨족으로 형성되어 있다고 볼 수 있다.

호남에서 발굴된 3~4세기의 부락을 검토한 연구에 의하면,[31] 발굴된 139곳의 부락에 총 3,749개의 주거지가 있어서 산술 평균하면 1부락에 27개의 주거지가 존재한다. 전체 주거지 수에서 11~30기 규모의 부락이 차지하는 주거지 수가 가장 많다. 100기 이상의 부락이, 부락 수에서는 5%이지만 기지수에서는 43%를 차지하며, 이들은 1부락 당 주거지가 평균 231기에 달한다. 이들 200기 이상의 부락은 혈연 사회의 마지막 단계라 할 수 있는 포족의 사회 말하자면 형제자매 씨족들의 사회에서 부족 사회화가 진행된 것으로 생각된다. 그러나 다른 한편 30기 이하의 부락이 전체 부락 수의 79%를 차지하는데 비해 기지수에서는 27%, 평균 기지수는 9기를 조금 넘는데 불과하다. 200기 이상의 집촌화된 부락은 인구가 약 1천 명에 달하는 읍락을 구성하게 되는 것으로 볼 수 있다.

관련하여 뒤늦은 7세기의 자료이지만 「신라촌락문서」의 경우에도 자연 촌락은 광대한 지역을 촌역(村域)으로 가지고 있음에도 불구하고 공연의 수가 8~15개에 불과하다. 이는 공연당 3개의 소가족을 가정하면 25~50개의 소가족으로 구성된 것으로 볼 수 있고 이도 분산적으로 존재했을 가능성이 있어서, 여전히 자연 촌락의 규모는 작았다.

한편 보다 많은 주거가 밀접한 지역을 부락과 구분하여 읍락이라 부른

---

31 조규택, 「호남지역 마한·백제주거 구조와 전개」 (중앙문화재연구원 편, 『마한·백제인들의 일본열도 이주와 교류』, 서경문화사, 2012).

다. 읍락은 여타 산촌의 부락과 구분된 특정의 집촌을 의미할 수도 있고, 읍락과 주변의 산촌 부락을 포함한 일정한 영역을 의미할 수도 있다. 읍락도 규모가 각각 상이하므로 큰 읍락은 이미 복수의 포족을 포함한 부족 사회이다. 그들 읍락이 몇 개 모여 그 중 가장 큰 읍락을 중심으로 지연에 바탕을 둔, 부족 사회를 형성하고 고대의 도시 국가 흔히 성읍 국가라고 하는 소국을 형성하였다. 마한 54국, 진한 12국, 변한 12국 등의 표현이 그것을 의미한다. 이들 부족 국가가 통합되어 하나의 영토 국가로 형성되고, 이것이 한반도의 고대 삼국으로 되었다. 비정을 하자면 읍락 사회는 면 단위, 소국의 국읍 사회는 군 단위, 삼국은 도 단위 이상으로 확장되었다고 판단된다.[32]

한편 서양의 경우 고대 아테네나 로마에서 중요한 의사결정은 씨족의 대표들로 구성되는 회의체에서 결정되었다. 국가는 몇 개의 부족으로 구성되고, 부족은 포족으로, 그리고 포족은 씨족으로 구성된 것이었다.[33] 한반도의 고대 3국도 부족 연맹 국가였고, 각 부족의 대표가 회의체를 구성하여 왕의 선출과 국가의 중요사를 결정하는 중요한 역할을 하였다. 주요 성씨가 이들 부족을 대표하는 것으로 보아, 부족은 씨족이나 포족들과 밀접한 연관을 가지고 있었던 것으로 보인다.

---

32 林炳泰, '1. 部族移動과 鐵器文化의 普及', 『한국사』 2, 국사편찬위원회, 1984. 임병태는 읍락사회는 면 단위, 국읍 사회는 군 범위 정도에 해당할 것이라고만 언급하였다.

33 아테네는 4개의 부족(tribe)으로 구성되고, 1개의 부족에 3개의 포족(phratry)이 존재했으며, 1개의 포족에 30개의 씨족(gentes)이 존재하여, 아테네는 총 360개의 씨족으로 구성되었다고 한다. 그리고 로마는 3개 부족에 부족별로 10개의 포족(curia), 그리고 포족은 각 10개의 씨족(gentes) 따라서 300개의 씨족을 가졌고, 이들 씨족의 대표가 원로원을 구성했다고 한다. Lewis H. Morgan, 'Part II. Chapter IX. The Grecian Phratry, *Tribe and Nation*', 'Chapter XII. The Roman Curia, Tribe and Populus', *Ancient Society*, MacMillan & Company, London, 1877.

읍락 사회의 모습에 관한 연구에 의하면,[34] 읍락을 성립시킨 동력은 철기의 보급과 농업과 관련한 수리 시설의 개발과 유지를 위한 공동 노동의 필요 외에 철기, 토기, 소금 등 읍락 단위의 유통의 필요성 등이었다. 읍락은 하나의 완결된 경제 단위체이고, 농경 의례를 통한 종교적 단위체이기도 하며, 혼인의 상대를 다른 부락에서 구하되 읍락의 범위를 벗어나지 않는 등 자기 완결성을 갖는 단위 세력으로 파악하였다. 중국의 사서에 동예(東濊)와 같은 지역의 경우에, "그들의 습속에 산천을 중히 여긴다. 산천은 각각 부분이 있어 서로 헛되이 들어가지 못한다. 동성끼리는 혼인하지 않으며 꺼리는 바가 많다. 읍락이 서로 침범하면 번번이 서로 벌책으로 사람과 말과 소를 챙기는데 이것을 일컬어 책화(責禍)라고 한다"[35]라고 하여 읍락의 단체성을 시사하고 있다.

읍락 사회의 규모와 관련하여 삼한에 존재한 건마국(乾馬國)의 인구 수가 한군현(漢郡縣)의 1개 현에 해당하는 약 1만 명 정도로 추정하기도 하고, 비교적 큰 나라인 사로국은 2만~2만 5천 명 정도로 추정하기도 한다.[36] 한편 "전체적인 삼한 소국의 평균 규모가 대개 2천 호 내지 3천 호 정도로 산정되기도 하여, 개별 읍락의 인구는 500호 내지 600호에서 출발하여 약 1천여 호에 이르는 것으로 이해되고",[37] "읍락의 공간적 범위는 사로육촌(斯盧六村)의 각 촌에 비정하여 대략 직경 10km 정도로, 선사 시대의 주민들이 교통 수단의 보조 없이 수렵, 어로, 채집 그리고 농경 등을 할 수 있

---

34 권오영, 「三韓社會 '國'의 구성에 대한 고찰」, 『韓國古代史硏究』 10, 1995, pp.36-44.

35 "其俗重山川 山川各有部分 不得妄相涉入 同姓不婚 (中略) 其邑落相侵犯 輒相罰責生口牛馬 名之爲責禍. (『三國志』 魏志東夷傳 濊條).

36 金貞培, 「三韓社會의 '國'의 解釋問題」, 『韓國古代의 國家起源과 形成 』, 1985, pp 224-229. 「三國史記에 보이는 國의 解釋問題」, 위의 책, pp 314-336.

37 三韓社會의 小國을 城邑國家로 이해하면서, 지금의 행정단위인 郡 정도의 크기로서 이와 같이 추정하였다(千寬宇, 「三韓의 國家形成(上)-三韓攷 第3部-」, 『韓國學報』 2, 1976, pp.12-17).

는 크기로 여겨진다"[38]고 한다. 개별 읍락이 통할하는 인구는 600~1,000여 가에 약 3~5천 명 정도가 되며, 이는 적어도 집촌 1개를 포함하여 10~30가로 구성된 부락 30여개 이상을 포함하는 것으로 추정된다. 삼한의 국은 이들 읍락 사회를 여러 개 통합한 것이었다. 후일 신라로 성장한 사로국 6개촌은 그 각각이 읍락이었고, 가야의 구촌(九村) 또는 구간(九干)의 실체도 9개의 읍락으로 생각된다.

이 단계의 부락은 근주 혈연 공동체이지만 동시에 하나의 지역적 씨족 사회이기도 하다. 한 부락에 거주하는 씨족들은 어느 연고로든 동일한 조상의 후손이지만 그와 함께 어느 부락의 거주민이라는 것이 인식되고, 그 것이 보다 큰 사회에 의해 규정되게 되면, 그 부락은 하나의 지역적인 씨족 사회가 된다. 지금까지도 부락의 경작지는 씨족이 사용하고 수익을 얻어 소유권을 가지고 있었지만, 씨족이 참여하는 보다 큰 사회가 형성되고, 그 사회에 의해 부락의 배타적 사용권이 인정될 때, 비로소 부락의 안정적 경계와 소유권이 성립한다.

씨족 사회가 연계하여 읍락 사회를 형성하게 되면 거기에는 고구려의 가(加), 마한, 진한과 변한의 읍락에서는 거수(渠帥) 또는 장수(長帥)라고 불리는 우두머리가 있었다. 동이전 마한조에서는 "마한은 서쪽에 있는데 그 백성은 정착해 농경을 하는데 누에 치는 법을 알고 면포를 만든다. 각각 우두머리가 있는데 큰 것은 신지(臣智)라 하고 그 다음은 읍차(邑借)라 한다. 산과 바다 사이에 흩어져 살고 성곽이 없다"[39]라고 한다. 읍락이 큰 경우에는 상당한 권력을 가진 신지(臣智)가 있고 작은 경우에는 읍차(邑借)라는 주수(主帥)가 있다고 하였다. "변진(弁辰)도 역시 12국이며 또 여러

---

38 문창로, 「삼한시대의 읍락사회와 그 변천과정」, 『국사관 논총』 제74집, 1997, p 192. 단 중국측 사료의 戶로 표현된 것은 개별 家를 의미하는 것으로 보인다.

39 馬韓在西 其民土著 種植 知蠶桑 作綿布 各有長帥 大者自名爲臣智 其次爲邑借 散在山海間 無城郭(『三國志』 魏志東夷傳).

소별읍(小別邑)이 있다. 각각 거수(渠帥)가 있는데 큰 것은 신지(臣智)라 하고 그 다음은 험측(險側) 다음은 번예(樊濊) 다음은 살해(殺奚) 다음은 읍차(邑借) 등이 있다"[40]고 한다. 그러나 읍루조에서는 "대군장은 없고, 읍락에는 각각 대인이 있고, 산림 사이에 거처한다"[41]고 하여, 이들 우두머리를 대군장과 구분되는 대인이라는 용어로 부르고 있다.

소규모 다수의 부족 국가들로 이루어진 분립 체제는 새로운 유력 세력이 등장하면서 재편되기 시작하였다. 한반도 북부 지역에는 기원전 194년 조선이 멸망한 후 위만조선이 잠시 존재하였다. 그러나 한무제가 위만조선을 멸하고 기원전 108년경 한사군을 설치하였다. 한사군 중에서 낙랑군을 제외한 여타 군은 (고)조선 주민들의 저항 속에 일찍 사라지거나 낙랑군에 편입되고, 평양 등의 북서부 지역을 중심으로 하는 낙랑군이 오랫동안 지속되었다. 낙랑군은 내군과 동일하게 군현제를 실행하고자 하였지만 실제로는 기존 사회 질서를 활용하여 지배 체제를 구축했기에 토착민을 한인(漢人)과 동일한 방식으로 통치하기는 어려웠다.[42]

그러나 낙랑군을 제외한 한사군이 약화되는 가운데, 『삼국사기』에 의하면 기원전 37년에 주몽(朱蒙)이 이끈 부여족의 한 갈래가 압록강 유역에 고구려를 건국하였다. 그리고 기원전 18년에 마찬가지로 부여족 계통의 온조(溫祚)에 의해 한강 유역을 중심으로 백제가 건국되고 타 마한의 소국들을 통합하기 시작하였다. 그리고 기원전 57년 진한 지역에 박혁거세에 의해 사로국이 개국하고 이후 서라벌로 개칭하였으며, 그 후 진한 소국들을 통합하며 발전하여 신라로 되었다. 변한 지역의 소국들은 가야가 되었으나 통일 왕국을 건설하지 못하고 금관가야, 대가야, 아라가야, 소가야, 성산가

---

40 弁辰亦十二國 又有諸小別邑 各有渠帥 大者名臣智 其次有險側 次有樊濊 次有殺奚 次有邑借(『三國志』魏志 東夷傳, 弁辰條).

41 "無大君長 邑落各有大人 處山林之間" (『三國志』魏志 東夷傳, 挹婁條).

42 노태돈,『한국고대사』, 경세원, 51. 참조.

야, 고령가야 등으로 분립하여 비록 상호 협조하였으나 소국들로 존속하여, 562년 신라에 병합되었다. 이로써 676년에 삼국 통일이 이루어지기 전까지 한반도는 고구려, 신라와 백제 삼국이 정립하게 되었다.

제2절 족장 질서와 공납제 사회

삼국의 정립(定立) 과정은 소국들의 통합을 통해 부족 연맹 국가가 형성되는 과정이다. 이 과정에서 가장 강력한 씨족에 의해 왕권이 성립되지만 왕국은 초기에는 부족 연맹 국가였고 점차 중앙 집권 국가로 변모하고, 소국들의 지배 세력은 중앙 권력의 귀족으로 편입되어 간다. 그러나 중앙 권력의 지방 침투에는 한계가 있으므로 지방 촌락은 여전히 족장에 의한 씨족 공동체의 지배 형태로 존속되었다.

한편 고대 삼국의 발전 과정에서 먼저 주목할 것은 인구의 증가이다. 전근대 사회에서의 인구 증가는 경제 규모의 증가 즉 경제 성장을 가늠해 볼수 있는 유력한 증거이고 모든 사회 발전의 척도라고 하여도 과언이 아니다. 한국 고대의 인구에 관한 기록은 일관되지 않아 그 실상을 파악하기어렵다. 그럼에도 먼저 삼한의 소국이 78개였다고 하고, 대국은 1만여 가, 소국은 수천 가로서 모두 10만여 호가 되었다는 개괄적 기록이 있다.[43] 그리고 변진(弁辰)이 24국으로 대국은 4~5천 가 소국은 6~7백 가로 총 4~5만호라는 기록이 있다.[44] 그리고 78개 소국은 각각 1만 호라는 기록도 있어,[45] 이들 자료만으로 인구를 추정하기는 힘들다. 그러나 삼한 78개 소국이 각각 1만 명 정도의 구수를 가진 것으로 평가하고 그중에서 대국은 보다 많은 인구를 가졌을 것으로 보아 기원 1세기 무렵의 한반도 중남부 인

---

43 "弁韓·辰韓各十二國, 馬韓有五十四國. 大國萬餘家, 小國數千家, 總十餘萬戶, 百濟卽其一也", 『양서(梁書)』, 동이열전(東夷列傳), 백제(百濟)조
44 "弁·辰韓合二十四國 大國四五千家 小國六七百家 總四五萬戶", 『三國志』, 魏書 30 東夷傳, 韓, 弁辰傳
45 『三國遺事』, 卷 第一. 紀異第一.

구가 100만 명 정도 되었을 것으로 추정한다. 한편 낙랑군의 경우 62,812호에 406,748명의 인구였다는 기록이 있고,[46] 이는 대체로 호당 6.5명 정도이다. 한반도 중북부에는 낙랑 외에 기타 지역과 누락분도 존재하여 이들을 포괄한 한반도 중북부 인구는 50~60만 명 정도였을 것이다. 전체적으로 기원후 1세기경 평양을 포함하는 고려 시대의 강역을 기준으로 한반도 인구가 150만 명 정도였을 것으로 추정된다.

이후『삼국유사』의 기록에는 백제의 전성기에 152,300호였다 하고, 고구려는 전성기에 210,508호였다고 한다.[47] 전성기의 연대를 확정하기도 어렵지만 대체로 4~5세기에는 삼국이 정립된 시기로 보고자 한다. 이를 토대로 호당 인구를 낙랑군의 예에 따라 6.5명으로 간주하면 백제 152,300호는 약 100만 명 이상으로 볼 수 있고, 고구려 210,508호는 약 140만 명으로 볼 수 있다. 그러나 고구려에는 만주 지역도 포함되어 이를 제외한 한반도 중북부는 60만 명 정도로 보아도 큰 무리가 없을 것으로 생각된다. 이들 자료를 토대로 약간의 누락을 감안하면 기원후 4~5세기 삼국의 인구는 백제 100~120만 명, 신라 80~100만 명, 고구려 지역 150만 명 정도로 합계 350만 명 정도였을 것이다. 만주 지역을 제외한 고려 강역 기준 한반도의 인구는 대체로 약 250만 명 정도로 추정한다. 당시 한나라 시대 중국의 인구가 6천만 명 정도로 추정되므로,[48] 한반도 인구가 그 1/20에 못 미치는 정도로 생각된다.

필자는 통일 신라 8~9세기의 인구를 약 4~5백만 명,[49] 고려조 12~13세기

---

46 『漢書』,「地理志」
47 『三國遺事』卷 第一, 紀異第一. 卞韓 百濟조. 高句麗 조. 그리고 辰韓조.
48 Albert Feuerwerker, *Studies in the Economic History of Late Imperial China*, Center for Chinese Studies, The University of Michigan, Ann Arbor, 1995, chap1.
49 이기봉은 신라 전성기의 인구를 114만 호, 약 570만 명으로 추정하였다. 이기봉,『고대도시 경주의 탄생』, 푸른역사, 2007.

의 인구를 약 6~7백만 명,[50] 조선조 16세기 초의 인구를 약 9백만~1천만 명[51] 정도로 이해한다. 물론 인구는 단선적으로 증가하는 것이 아니고, 그 사이에 질병과 전쟁 그리고 기근 등으로 커다란 인구 감소를 겪기도 하지만 인구의 변동 과정에서 일종의 정점기들의 인구에 대한 추정치를 표현한 것으로 이해할 수 있겠다. 7세기 후반 고구려 멸망 당시 호수가 69만 호였다는 기록이나 백제 멸망기의 호수가 24만 호에 이르렀다는 기록 등은 어느 정도 납득할 수도 있는 숫자이나 백제의 호수가 76만 호였다는 기록은 수긍하기 힘들다.[52]

한반도에 성립한 고대 삼국의 정확한 건국 연대를 알기는 어렵지만 늦어도 기원 무렵에는 이미 삼국이 정립되었다. 중국 측 사료에 나타나는 건국 순서는 고구려, 백제, 신라의 순서인데 이는 중국과의 관계 설정의 연대로 보이지만 사실에 부합될 가능성도 있다. 한반도의 고대 삼국은 모두 부족 연맹 국가로 출발하여 왕도 전제적 권력자라기보다는 부족 수장들의 합의에 의해 선출되고, 권력의 행사도 부족장들의 합의에 의해 시행되었다. 부족의 족장은 세습제로서 그 자체가 하나의 작은 정치체였던 것으로 보인다. 4세기 이후 고구려를 선두 주자로 하여 족장 사회의 질서를 율령,

---

50 고려의 인구에 관한 유일한 기록인 『송사 고려전』에는 "무릇 3경, 4부, 8목, 118군, 390현진, 섬이 3,700개인데… 군읍의 작은 것은 단지 100호 밖에 안되었고, 남녀는 210만 명으로 병, 민, 승이 각각 1/3이다"고 한다. 그러나 인구 210만 명이라는 숫자는 너무 적어 믿기 어렵다. 『민족문화대백과』(한국학 중앙연구원)는 고려조 937년경의 인구를 약 780만 명으로 추정했으나 그 산출의 기초인 660년경 통일 신라의 인구를 675만 명으로 설정하여 약간 과대평가한 것으로 생각된다.

51 1500년의 인구를 권태환, 신용하는 9,412,000여명으로 추정하였다. 권태환·신용하, 「조선 왕조시대 인구추정에 관한 일시론」, 『동아문화』 14, 1977.

52 고구려 69만 호 설은 『舊唐書』, 東夷列傳, 高句麗 總章元年(668) 九月. 그리고 백제 76만 호 설은 『三國史記』, 卷第三十七 雜志 第六, 地理四 百濟 조 (이는 『資治通鑑』의 기록에 근거한 것이다). 백제 24만 호 설은 정림사 5층 석탑의 「唐平濟碑銘」,

관료제, 보편 종교인 불교로 대체해 가는 집권적인 국가가 출현하였다. 고대 삼국에서 중앙 권력이 강화되면서 부족의 족장들은 중앙 권력의 귀족으로 흡수되어갔지만 그 독자적인 재지의 기반은 존속되었다.

먼저 "고구려는 원래 1인 전제주의의 나라가 아니라, 귀족 공화제의 나라였다. 국가의 기밀 사항도 왕이 단독으로 처리하지 못하고, 왕과 5부 신들의 회의로 결정했다. 형벌 같은 것도 회의의 결정에 따라 처리했다".53 그러나 각 부가 자치력을 유지하면서도 왕실과 상하 질서를 유지했다. "왕은 계루부의 장인 동시에 5부와 고구려국 전체를 총괄하는 존재였다. 그러나 아직 초월적인 권력자라기 보다는 대가(大加)를 대표하는 성격을 지녔다".54 지자체의 연합체와 같은 국가 구조를 지닌 초기 고구려에서 각 집단이 분립하는 가운데서도 국가적 통합력을 유지하는 데에 주요한 기제로 작용한 것이 제의(祭儀)였다. 고구려는 동맹이라는 국중대회(國中大會)에서, 일종의 추수감사제를 지내고, 왕은 5부의 대가들이 참가하는 동맹제에서 신계와 인간계를 연결하는 최고 사제로서 신인적인 존재였다. 동맹제는 5부에 소속된 사람들의 정서적 일체감을 배양하고, 사회적 통합과 결속을 다지는데 기여하였다.

이후 고구려는 244년 위(魏)의 유주자사(幽州刺使) 관구검의 공격으로 큰 타격을 입었으나 미천왕 때 고토를 회복하고 3세기 말부터 중앙 집권을 강화하고 4세기 이후 중앙 집권적 영역 국가로 발전했다. 고구려는 미천왕(美川王, 300~331년 재위) 시대에 종래의 5부 체제를 유지하면서도 중앙 집권의 강화와 행정 제도의 정비가 갖추어진 것으로 보인다. 특히 소수림왕 재위 기간(371~384년)에 율령을 반포하고 조직의 체계를 갖추어 중앙 집권적 영역 국가의 모습을 갖추었다. 4세기 후반 이후 광개토대왕과 장수

---

53 신채호, 『조선상고사』(김종성 역, 위즈덤하우스, 2014), p 242.
54 노태돈, 『한국고대사』, 경세원, 64.

왕을 거치면서 고구려는 전성기를 맞이했으며 장수왕 15년(427)에 국내성에서 평양으로 천도하여 서수남진(西守南進)정책을 뚜렷이 하였다. 『구당서』 '발해열전'에서는 "옛날 고구려 전성기에는 강병이 30여만 명이었으며, 이는 당나라와 비슷한 규모였다"고 했다.

고구려는 6세기 말에서 7세기 중엽에 걸쳐 수양제와 당태종의 공격을 받았으나 방어에 성공하고 적에게 큰 타격을 주었으며, 642년 연개소문이 집권했다. 연개소문은 스스로 신크말치라 칭하여 행정권과 병권을 총괄하는 대권을 장악하였다. 그는 4부 살이의 평의회도 폐지하고, 관리의 인사와 국고의 출납 및 선전, 강화 등의 국사도 모두 신크말치의 전권으로 처리하도록 하였다. 연개소문은 고구려 900년의 전통인 호족 공화제를 타파하고, 정권을 장악했으며, 장수태왕 이래로 철석 같던 서수남진 정책을 남수서진 정책으로 바꾸었다. 그러나 고구려는 지속되는 전쟁으로 어려움을 겪었고, 668년 나당 연합군의 공격으로 멸망하였다

한편 백제의 건국 시기와 관련하여 기원전 18년으로 평가한 『삼국사기』의 기록이 있지만 고구려와 마찬가지로 이보다 앞선 시기일 가능성이 있다. 백제 초기에는 50여 개의 마한 국가들 중의 하나로 존재했으나 점차 주변 소국들을 합병해간 것으로 보인다. 백제는 '사(沙), 연(燕), 협(劦), 해(解), 정(貞), 국(國), 목(木), 백(苩)' 등 8대 씨족 가문이 있었지만[55], 부여씨가 권력을 독점했기 때문에 귀족 공화제인 고구려와는 달리 초기에 집권적 요소가 약간 강했던 것으로 보인다.[56]

『삼국사기』에 3세기 중반 고이왕 대에 17관등제와 6좌평제가 제정되었다고 기록되어, 이 무렵에 백제가 중앙 집권이 강화되고, 관료제가 모습을 갖추고 영토 국가적 모습을 비교적 뚜렷하게 드러낸 것으로 보인다. 백제

---

55 『隋書』百濟條.
56 신채호, 『조선상고사』(김종성 역, 위즈덤하우스,

도 근초고왕(近肖古王) 시대에 뚜렷한 업적을 보여 371년에 고구려의 평양성을 함락하고 중국 및 일본과 통교하는 등 중앙 집권 국가의 모습을 보이고 있다. 그러나 백제는 475년 고구려의 공격으로 개로왕은 살해되고 한성을 잃었으며, 곧 웅진(공주)으로 천도하여 중흥을 시도했다. 동성왕과 그 뒤를 이은 무령왕 대에 백제는 지방 권력과 마한의 잔여 세력에 대한 지배권을 강화하고, 가야의 일부를 병합했으며, 선진 문물을 수용하여 문화 수준을 높였다. 이후 성왕 16년(538)에 사비(부여)로 천도하고, 6좌평제와 16등 관등제를 정비했고, 도성을 5부로 구획하고 각부(部)에는 5항(巷)을 두었으며, 전국은 군(郡)으로 편제하고, 각 군 아래 성(城)을 두었다. 대외적으로는 중국의 남북조 및 왜와 활발한 교류를 이어 갔으며 이는 동아시아 여러 나라들이 불교, 유교, 한자, 율령 등 문화를 공유하는 문화적 공통 기반을 형성하는데 크게 기여하였다.[57]

그러나 백제에도 귀족 공화정의 모습을 시사하는 것으로 "국가에서 장차 재상(宰相)을 의논할 때에 뽑을 만한 사람 서너 명의 이름을 써서 상자에 넣고 봉하여 바위 위에 두었다가 얼마 후에 열어 보아 이름 위에 도장이 찍힌 자국이 있는 사람을 재상으로 삼았다"[58]는 정사암(政事嵒) 회의가 있다.

『삼국사기』에 의하면 신라는 혁거세 거서간에 의해 기원전에 멸망했다. 고구려나 백제와 마찬가지로 그 기년이나 왕대수를 그대로 믿기는 어렵다. 신라는 거서간 시기를 거쳐, 탈해왕 때 왕의 호칭이 니사금으로 되는 시기를 맞는데, 이때의 국명은 여전히 진한 개 국 중 하나인 사로국이었고, 다수 부족의 연맹체적 성격이었으며, 장노들의 영향력이 강하게 존속하였다.

고구려의 압박에 대응하는 가운데 마립간 시기에 신라는 낙동강 이동

---

57 노태돈, 『한국고대사』, 경세원.
58 『三國遺事』 卷 第二, 紀異第二.

소백산맥 이남의 각 지역에 대한 통제력을 강화했다. 점령한 지역 중 일부는 촌 단위로 편제하고 그 수장인 간지를 촌주로 임명하여 촌을 통치케 하였으며, 일부 지역은 기존 소국의 특정 정치 세력에게 그 지역에 대한 자치권을 인정하고 군사적, 정치적 지원을 하여 그 지역 일대를 장악하게 하고 사로국의 후국으로 삼았다.[59] 고대 촌락의 수장이자 씨족의 족장의 실체를 정확히 알기 어려우나 냉수리비나 봉평비 등의 금석문의 분석을 통해 볼 때 신라의 '간(干)' 혹은 '간지(干支)'로 부르는 존재가 그에 가까운 것이었고 이들이 중앙 권력에 의해 촌주로 임명되고 군현제가 정착되는 과도적 과정이 있었다고 판단된다.[60]

신라는 원래 박, 석, 김 내물왕에서 지증왕에 이르는 마립간(麻立干) 시기에는 사로국의 중앙 집권력이 강해지고, 이후 김씨가 왕위를 세습하였다. 그러나 이 무렵에도 대수장인 마립간은 절대적인 초월적 권력자가 아니라, 간지(干支)의 대표와 같은 위상을 지녔음을 의미한다. 즉 마립간은 으뜸 간지로서 간지 중 최상자였다.

이후 중앙 집권을 강화하면서, 지방의 후국(侯國)들을 해체하여, 그 지역을 촌 단위로 편제하고, 마립간 때 공식적으로 왕호를 칭하게 되고, 국호를 신라로 확정하였다. 그리고 지증왕 구역을 정하고, 군주(軍主)라는 지방관을 파견하기 시작하여 강력한 왕권을 정점으로 하는 중앙 집권적인 영역 국가를 지향했다. 특히 신라는 5세기 말부터 6부 체제로 주요 정치 세력의 연합체를 형성하고, 법흥왕(法興王)은 520년에 율령을 발포하고, 독자의 관위제를 정비했으며, 법흥왕 15년(528)에는 불교를 공인했다. 불교는 왕실과 국가의 존엄성 강화에 기여하였다.

한편 낙동강 서측에는 상대적으로 소국이었지만 가야(伽倻)가 세워졌다.

59 노태돈, 『한국고대사』, 경세원, 86.
60 朱甫敏, 「新羅의 村落構造와 그 變化」, 『國史館論叢』第35輯, 1992. 참조.

가야는 여러 소국으로 분립되어 있었는데, 이들을 삼국지 동이전에서는 변한 또는 변진(弁辰)이라 하였다. 가야 지역에는 1세기 이후 새로운 철기 문화가 토착 문화와 결합하여 점진적으로 퍼져 나갔다. 이러한 새로운 철기 문화와 농경에 유리한 자연 조건을 토대로 창원, 김해 등지에서 새로운 정치체인 군장제(chiefdom)가 성장하여 두각을 나타내게 되었다. 삼한의 여러 소국의 한인(韓人)과 낙랑인, 왜인들이 가야에 와서, 철을 교역해 가기도 하였다. 가야는 낙랑에서 일본 열도에 이르는 연안 항로를 따라 전개된 무역로의 중간 기착지로 중요성을 띠었다. 남해안 여러 곳에서 당시 사용되던 중국 화폐와 금속기 등이 발견되었다. 오수전, 화천 등과 함께 동복(銅鍑), 철복(鐵), 동정(銅鼎), 곡도(曲刀) 등은 낙랑과의 교역을 증명해주는 유물들이다. 덩이쇠(鐵鋌)가 화폐 기능을 하기도 하였다. 5세기 초에는 고령의 대가야를 중심으로 세력을 확장하고, 479년에는 남중국 남제(南齊)와 조공관계를 맺기도 하였다. 그러나 6세기 중반 가야는 백제와 신라의 협공으로 분열되고, 대가야는 신라에 합병되어 멸망하였다.

원삼국 시대에서 고구려, 백제와 신라에 의한 삼국 시대로 발전하는 과정은 끊임없는 전쟁과 정복의 과정이었다. 대체로 5세기경에는 이들 삼국이 어느 정도의 국경을 안정시키고, 중앙 집권을 강화하며, 율령제를 시행하고 관료제를 갖추면서 고대 영토 국가로서의 면모를 갖추었다고 생각된다.

고전적 고대 왕국이 형성되면서 지금까지의 부족 연맹적 국가는 보다 중앙 집권적인 체제로 변모되기 시작한다. 그러나 중앙 집권이 강화되는 과정에서도 각 부족의 지방 지배의 근거는 존속되었으며, 부족장들은 서서히 중앙 권력의 귀족으로 흡수되었다. 고구려의 제가회의(諸加會議), 백제의 정사암 회의, 신라의 화백(和白) 회의 등은 모두 삼국이 부족 연맹 국가일 때의 부족장들의 회의가 각국의 중앙 집권이 강화되면서 귀족 회의로 전환된 것이다. 그러나 삼국 시대의 정치체는 여전히 부족장들의 힘이 강하여, 전제 군주제로 완성되지는 못했고, 귀족 공화제적 성격이 강했다고 할 수 있다.

삼국 시대의 정치는 중앙 집권의 강화 가운데서도 유력 씨족의 지방 지배 체제가 상당 기간 존속되었다. 고구려의 경우 "5나에서 연유한 5부는 여전히 국가 구성의 핵심 세력으로 자리잡았고, 후기의 관료에 의한 지방 지배가 관철되면서도 적어도 그 상층 지배 세력들은 5부의 귀족으로 고구려의 국가 권력을 향유했다. 신라는 유리 니사금 9년(32) 봄에 6부(六部)[61]의 이름을 바꾸고, 성씨(姓氏)를 사여하였다.[62]

양부(梁部)[63]의 성(姓)은 이(李)[64]로, 사량부(沙梁部)[65]의 성은 최(崔)로,

---

61 6부(六部): 상고기에 신라 국가를 구성했던 6개의 정치체. 그렇지만 본 기사에서 전하는 시기에 6부가 모두 갖추어져 있었는지에 대해서는 논란이 있다. 이에 대해서는 본서(삼국사기) 권1 신라본기1 시조 혁거세 거서간 17년(B.C. 41)조의 주석 참조.

62 6부(六部)의 … 사여하였다: 6부의 '이름을 바꾸었다'는 것은 혁거세 등장 이전에 경주 지역에 선주해 있던 6촌이 그대로 6부로 이어졌다는 인식이 반영된 것이다. 그렇지만, 6촌과 6부는 '6'이라는 숫자의 공통성이 있을 뿐 실체와 성격은 다르다고 보는 것이 학계의 일반적인 인식이다(朱甫暾, 1992). 양부를 비롯한 6개의 부가 모두 성립한 것은 김씨 족단의 주도권이 확립된 5세기 이후의 일로 파악되며, 양부와 사량부는 김씨 족단이, 모량부는 박씨 족단이, 한기부는 석씨 족단이, 나머지 본피부와 습비부는 그 외의 중소 정치 세력이 중핵을 이룬 부로 여겨진다(강종훈, 2000). 6부에 관해서는 본서 권1 신라본기1 시조 혁거세 거서간 17년(B.C. 41)조의 주석 참조. 아울러 본 기사에서 6부에 '성씨'를 사여했다고 하는 것 역시 사실로 보기 어려운데, 이에 관해서는 본서 권1 신라본기1 시조 혁거세 거서간 즉위조의 주석 참조. 〈참고문헌〉朱甫暾, 1992,「三國時代의 貴族과 身分制 -新羅를 中心으로-」,『韓國社會發展史論』, 一潮閣, 강종훈, 2000,『신라상고사연구』, 서울대출판부.

63 양부(梁部): 신라 6부의 하나로,「포항 냉수리 신라비」(503)를 비롯한 6세기 대의 여러 금석문에는 '탁부(喙部)'로 나온다.『삼국유사』권제1 기이제1 신라 시조 혁거세 왕조에는 '급량부(及梁部)'라고도 표기하였다.

64 이(李) : 이 시기에 '이(李)'라는 성씨가 사용되었다고 보기 어려움은 본서 권1 신라본기1 시조 혁거세 거서간 즉위조의 주석 참조. 7세기 이후 통일 신라 시대에는 6두품 신분 가운데 이씨 성을 사용한 사례가 확인되는데, 경덕왕 대에 대나마로서 간언을 올린 '이순(李純)'이 대표적이다.

65 사량부(沙梁部): 신라 6부의 하나로서,「포항 냉수리 신라비」(503)를 비롯한 6세기

점량부(漸梁部)의 성은 손(孫)[66]으로, 본피부(本彼部)[67]의 성은 정(鄭)[68]으로, 한기부(漢祇部)[69]의 성은 배(裵)[70]로, 습비부(習比部)[71]의 성은 설(薛)[72]

대의 여러 금석문에는 '사탁부(沙喙部)'로 나온다. 6세기 당시 양부와 함께 신라 김씨 왕실의 구성원들이 속했던 부로 파악되고 있다.

66 손(孫): 이 시기에 '손(孫)'이라는 성씨가 사용되었다고 보기 어려움은 본서 권1 신라본기1 시조 혁거세 거서간 즉위조의 주석 참조. 7세기 이후 통일신라 시대 손씨 성이 사용된 사례로는 『삼국유사』 권제5 효선 제9에 나오는 '손순(孫順)' 정도가 있다.

67 본피부(本彼部): 신라 6부의 하나로, 6세기 초의 금석문인 「포항 냉수리 신라비」 (503)와 「울진 봉평 신라비」(524)에는 '본파부(本波部)'라는 이름으로 나온다.

68 정(鄭): 본 기사에서는 본피부에 내린 성씨로 되어 있으나, 『삼국유사』 권제1 기이 제1 신라의 시조 혁거세 왕조에는 '최(崔)'씨로 나와 차이를 보인다. 이는 본피부에 최치원의 고택이 있다는 전승에 맞춰 『삼국유사』의 저자 일연(一然)이 사량부와 본피부의 성씨를 바꾼 데서 기인한다. 이 시기에 '정(鄭)'이라는 성씨가 사용되었다고 보기 어려움은 본서 권1 신라본기1 시조 혁거세 거서간 즉위조의 주석 참조. 7세기 이후 통일 신라 시대에 정씨 성이 사용된 사례로는 청해진 대사 장보고와 함께 활동한 '정년(鄭年)'이 대표적이다.

69 한기부(漢祇部): 신라 6부의 하나로, 본서 권1 신라본기1 지마 이사금 즉위조에는 '한기부(韓岐部)'로 나오며, 『삼국유사』 권제1 기이제1 신라시조 혁거세 왕조에는 '한기부(漢岐部)'로도 나온다. 금석문에서는 '한지(漢只)○○'(「창녕 신라 진흥왕 척경비」), '한지벌부(漢只伐部)'(「경주 월지 출토 「조로2년」명 전」) 등의 이름으로 확인된다.

70 배(裵): 이 시기에 '배(裵)'라는 성씨가 사용되었다고 보기 어려움은 본서 권1 신라본기1 시조 혁거세 거서간 즉위조의 주석 참조. 7세기 이후 통일 신라 시대에는 6두품 신분 가운데 배씨 성을 사용한 사례가 확인되는데, 흥덕왕 사후에 벌어진 왕위 쟁탈전 때 제륭(희강왕) 편에 섰던 '배훤백(裵萱伯)'이 대표적이다.

71 습비부(習比部): 신라 6부의 하나로, 6세기 초의 금석문인 「포항 냉수리 신라비」 (503)에는 '사피부(斯彼部)'로 나온다.

72 설(薛): 이 시기에 '설(薛)'이라는 성씨가 사용되었다고 보기 어려움은 본서 권1 신라본기1 시조 혁거세 거서간 즉위조의 주석 참조. 설씨는 6부 성 가운데 비교적 이른 시기부터 나오는데, 7세기 전반에 당으로 건너가 당 태종의 고구려 정벌에 참여한 '설계두(薛罽頭)'가 대표적이다. 당나라 시인 진자앙(陳子昂)이 지은 「설요묘 지명(薛瑤墓誌銘)」의 내용을 토대로, 원래 김씨 왕족의 일원이 '설(薛)' 땅을 식읍으로 받으면서 설씨 성을 사용하게 되었다고 파악하는 견해도 있다(盧重國, 1999,

로 하였다.[73] 4세기가 진전되면서 사로국은 동, 서, 남, 북으로 세력을 확대하였다. "4세기 초 이후 니사금 시기 종반부에 사로국이 초기 고대 국가 단계로 진입했다는 추정도 가능하게 한다".[74]

『삼국사기』와 중국 사서에 나오는 성씨로, 고구려에는 왕실의 고씨(高氏) 외에 해(解), 을(乙), 예(禮), 송(松), 목(穆), 우(于), 주(周), 마(馬), 손(孫). 창(倉), 동(董), 예(芮), 연(淵), 명림(明臨), 을지(乙支) 등의 성씨가 존재했으며, 백제는 왕실의 여씨(餘氏) 외에 사(沙), 연(燕), 협(劦), 해(解), 진(眞), 국(國), 목(木), 백(苩)의 8대성과 왕(王), 장(張), 사마(司馬), 수미(首彌), 고이(古爾), 흑치(黑齒) 등이 존재하였다. 이들은 대개 왕실과 귀족들에 해당하는 경우라 볼 수 있다. 『삼국유사』에서 각 촌이나 부(部)의 재편 과정을 설명하면서 부계 성씨의 출현을 중심으로 설명하는 것으로 보아,[75] 삼국 시대 4~5세기에는 상층부에서 중국 성씨를 사용하면서, 부계 가산제가 형성되기 시작한 것으로 보인다.

국가 성립의 단계에 들어서면서 국왕은 자기의 부를 기반으로 세력을 구축하는 과정에서 이제는 다른 부들의 세력자들을 무마하고, 일정한 권력을 배분하면서도 기본적으로 그들 세력자들을 귀족화해주는 과정을 밟아 갔다.[76] 삼국 시대에 전제 왕권의 성립이 이루어지지 않은 것은 고구려 왕의 혼인에서 보이는 계루부와 연노부의 세혼(世婚), 신라의 삼성 간의 결혼 및 왕위의 교립(交立) 등에서 잘 나타난다. 고구려와 신라에서 귀족을 의미하는 '가(加)'나 '간(干)' 등의 호칭은 족장의 명칭에서 비롯된 것이다.

백제나 신라 등에서의 사성제도는 종래의 씨족 질서가 국가에 의한 성

「新羅時代 姓氏의 分枝化와 食邑制의 實施」, 『韓國古代史硏究』 15).
73 『三國史記』卷第一, 新羅本紀 第一 儒理 尼師今.
74 노태돈, 『한국고대사』, 경세원, 84.
75 三國遺事 卷 第一.
76 김기홍, 같은 논문, p 100.

씨의 사여에 의해 부계 씨족으로 정비되기 시작하는 과정이라 할 수 있다. 이는 종래의 씨족 사회를 바탕으로 그것이 중앙에 의해 추인, 재편되는 과정이고 국가에 의한 골품제, 즉 신분제로 정비되는 과정이다. 국가에 의한 부족장들의 귀족제로의 편입 과정은 씨족 신분제와 관등제의 결합으로 나타난다. 국가는 율령의 반포와 관료제의 정비 그리고 군현제의 실시 등으로 중앙 집권을 강화하고자 한다.

이 과정에서 종래의 씨족 질서의 서열을 골품제라는 신분제를 통해 포용하고, 중앙 집권의 강화 과정에서의 관료제의 위계를 관등제로 규정하여 이 두 개를 결합하고자 하였다. 삼국 시대 씨족 신분제의 대표적인 제도가 신라의 골품제이다. 골품에 따라 허용되는 관등의 범위를 한정하여, 신라의 정치제도나 권력 구조는 궁극적으로 신분 제도에 의해서 규제되었다. 종래 씨족의 신분을 토대로 각 신분별로 관등의 상승 한도를 정하는 방법으로 씨족 질서에서 관료제로의 전환 과정을 연계하고자 한 것이다. 그러나 중앙 집권과 관료제가 강화되면서 실효적인 반대급부가 주어지는 관등의 중요성이 보다 커져간다고 할 수 있다. 이것은 비단 신라의 경우에만 국한되는 현상은 아니며, 고구려와 백제의 정치 체제 역시 이 같은 골품제적 규제 아래 계획되어 운영되었다고 생각된다.[77]

신라의 골품제는 성골, 진골 이하의 육두품제와 연결된 것이다. 육두품(六頭品)은 원래 사로 부족을 구성했던 씨족 족장족과 과거에 독립된 부족 국가의 왕족이나 독립된 왕국의 상류 귀족이던 가문들이 육두품으로 편입된 것이며 진골에서 강등되어 육두품이 되는 경우도 있다. 육두품 출신은 아찬(阿湌)이나 집사시랑(執事侍郎) 이상으로 승진할 수는 없었지만 왕권과 결합하여 국학과 같은 유교의 교육 기관이나 독서삼품과와 같은 학문에 의한 등용 방법으로 관리가 되어 정치적 참여를 하였다.[78]

77 李基東, 「三國時代史연구의 최근 動向」, 『韓國史論』23, 1993, p 215.

삼국 시대에는 골품제와 함께 관료제의 정비 과정에서 관등제가 형성되었다. 백제는 고이왕(古爾王) 27년(260)에 6좌평(佐平)·16관등(官等)이라는 관계(官階)를 설치했다. 이는 제솔회의(諸率會議)의 의장 기능을 가졌다는 좌평계(佐平系)와 소집단의 수장층, 읍락의 거수층이 중앙 귀족화하는 과정에서 나타난 것이다. 이는 솔(率)·덕(德)계통이 초기에 존재했음을 인정하고 있는 면에서 백제의 관계도 연맹기의 전통에서 발전한 것으로 볼 수 있다.[79]

골품제는 통일 신라기까지도 존속했지만 고려 시대에는 성씨에 의한 씨족은 존재하지만 골품제는 사라지고 관료제만 남는다. 고려조의 씨족 중에서 관료제에 편입된 씨족은 새로운 명문 가문으로 형성된다. 고려조의 명문 씨족은 중앙 권력의 일부로 편입된 관직을 기반으로 형성되지만, 지방의 근거지에 혈족이 향리 등으로 존속하는 경우가 많았다. 조선조가 들어오면서 중앙에서 물러난 관료들이 비록 관직은 없지만 다시 지방으로 돌아가 중앙 권력이 규정한 신분제에 의해 스스로의 경제 사회적 기반을 확보하고, 유향소 등을 통해 중앙의 지방 통치를 안정적으로 보조하는 역할을 하기도 한다. 관료제에 기초하는 양반 신분 제도 씨족 질서를 벗어난 것은 아니지만, 골품제가 자체적인 재지(才智) 기반이 강한 반면에 양반 신분제는 중앙 권력에 의존하는 차이가 있다. 그럼에도 양반 신분제가 재지 기반이 전혀 없었던 것은 아니고, 따라서 지방의 재지 양반이 강해지면 중앙과 마찰의 소지도 존재하였다.

삼국 시대의 귀족 연합체적 정치 체제에서 왕가는 물론이고 귀족층에서도 부계 혈연제가 형성되고 있었지만, 아직도 족친혼이 흔했던 것으로 보아 가부장제나 가산제가 정착되지는 않았다고 보인다.[80] 통일 신라 시대에

---

78 이기백, 「신라 육두품 연구」, 『신라정치사회사연구』, 일조각 1972, pp 34-64.
79 盧重國, 『百濟政治史硏究』, 一潮閣, 1988, pp.218-219.
80 若新羅則不止取同姓而已, 兄弟子·姑姨從姉妹, 皆聘爲妻. 雖外國各異俗, 責之

는 실현된 것만은 아니지만, 원칙적으로 왕위의 부자 계승 원칙을 세우고 부계제와 가산 관료제를 형성하고자 한 것으로 보인다. 그러나 현실은 적손이 없거나 여타 이유로 부자 계승의 원칙이 반드시 지켜지지는 않았고, 성골과 진골 중에서 박씨, 석씨, 김씨 등이 번갈아 왕위를 계승하고, 때로는 여왕이 계승하기도 하였다. 또한 중요한 국사가 귀족들의 회의체인 화백 회의에서 결정되어 귀족들의 권한이 유지되었다. 그런 점에서 통일 신라 시대에는 고대적인 부족 연맹적 요소와 양계제적 사회가 존속되었다. 그러나 다른 한편 중앙 집권적 군현제와 율령제 등이 강화되고 개별 농민에 대한 과세원이 파악되는 등의 측면에서 고대와 구분되는 집권적 가부장 가산제의 발전이 이루어지고 있었다. 따라서 고대적 족장 질서와 중세적 가산 관료제의 혼합적 성격에도 불구하고 통일 신라는 가산 관료제 국가에 포함될 수 있다고 생각된다.

한편 씨족 질서가 관료제로 변화되는 과정은 씨족적 지방 지배에 기초한 공납제로부터 국가에 의한 일원적인 호별 세원 파악을 바탕으로 하는 과세제도의 성립과 병행하여 나타난다. 그러나 기층 사회 조직인 가족제도 및 씨족 사회와 연계되어 있는 신분제는 대단한 생명력을 가지고 존속되며 새로운 정치제도의 발전에 적응하고 변형되면서 끈질기게 존속한다. 씨족의 영속성을 위한 헌신과 가족주의를 배제하고 아시아 사회 발전의 끈질긴 추동력과 함께 신분제의 강인함, 당파주의, 유교 윤리의 지속 등 역사적인 사회 제도의 특성과 문제점을 이해하기 어렵다.

삼국 시대의 국가는 비록 중앙 집권이 강화되는 과정이었지만 부족 연합체적 성격을 탈피하지는 못하였다. 삼국에는 초기 국가의 형성과 운영에

以中國之禮, 則大悖矣 (신라의 경우에는 같은 성씨를 아내로 맞이할 뿐만 아니라 형제의 자식과 고종·이종 자매까지도 모두 맞이하여 아내로 삼았다. 비록 외국은 각기 그 습속이 다르다고 하나 중국의 예속(禮俗)으로 따진다면 도리에 크게 어긋났다고 하겠다). 三國史記, 卷第三 新羅本紀 第三.

서 중핵을 이루는 집단이 존재하였다. (고)조선의 상(相)을 우두머리로 하는 집단, 부여의 제가(諸加) 집단, 고구려와 백제의 5부, 신라의 6부 등이 그것이다. 이들 집단은 그들이 속한 초기 국가의 구조에서 중심적 위치를 차지하였다. 이들 '부(部)' 집단은 각각이 부족이나 소국과 같은 실체를 지닌 집단이었다.[81] 그리고 각 '부'의 주민은 귀족에서 빈민에 이르기까지 계급이 분화되어 있었으나, 삼국의 국가 구조 내에서 볼 때 여타 피 복속 집단의 구성원에 비해서는 집단적으로 우월한 지위를 점하였다. 한편 삼국 초기, 삼국에 병합된 피정복 지역의 주민들은 병합될 당시 소국이나 읍락 단위로 각각 중앙 정부 또는 부에 복속되었다. 이들은 자치를 행하면서 중앙 정부에 공납을 하고 군사적으로 협력했다. 이들 중 일부는 5부나 6부의 하위 동맹 세력인 후국(侯國)이 되고, 일부는 집단 예민이 되는 등 다양한 양상으로 편제되었다.[82]

이들 '부(部)'의 중요한 씨족 집단이 재지 기반을 가지고 소국의 지배자적 지위를 유지하는 상황에서는, 삼국 시대에 중앙 권력이 강화된 후에도 국가가 개별 호를 파악한 토대 위에서 부세를 촌락을 통해 직접적으로 수취하기는 어려웠다. 중앙 권력은 상당 기간 개별 호가 아닌 이들 촌락의 지배자로부터 일괄적 총액의 공납 형태로 부세를 수취한 것으로 보인다.

중앙 권력의 재지 세력에 대한 경제적 부담의 수취는 초기에는 군사적 부담, 제의에 대한 부담 및 대외 교섭에 따른 부담 등을 요구하였을 것이다. 그리고 "이들 주변 세력에 대한 수취는 집단 세력자의 존속을 일부 인정하는 바탕에서 마련되었다. 종래의 지배자를 대표로 하여 집단의 생산력과 인구 수가 참작되는 수취가 있었을 것이다. 생산력의 발전이 아직 미흡했고, 종래의 집단을 해체하고 직접 통치하기에는 왕실의 통치력이 한계가

---

81 노태돈, 『한국고대사』, 경세원.
82 노태돈, 『한국고대사』, 경세원.

있었음에도 수취 방식은 이 같은 집단적 수취에 머물 수밖에 없었을 것이다. 이러한 형편에서 각 집단 예민의 재산 정도에 대한 국가의 조사가 실시될 필요성도 극히 적었을 것이며, 따라서 그 같은 문제에 유념하지 않았을 것은 당연하다".[83]

국가의 부세 수취 과정에서는 "처음에는 우선 형식상으로는 부별 수취가 지방관에 의한 지방 단위 별 수취로 전환하는 과정이 있었을 것이다. 그리하여 과거 부장이나 부내의 가신들을 통하여 조세가 부과되고 징수되는 양태가 점차 소멸됨으로써 국가의 직접적인 수입원에 대한 파악이 시도되었을 것이다. 군역의 징발은 전단계의 귀족이나 호민류, 왕경민 위주의 부담에서 전(全)주민의 부담으로 확대되어 갔다. 삼국이 국경을 접하게 되고, 영토와 주민의 확보를 적극 지향한 만큼 이 같은 목적 달성과 아울러 방어를 위해서도 총력적인 동원이 있을 수밖에 없었을 것이다. 노역도 지방 단위별로 정남(丁男)들에게 부과되어 갔다. 따라서 지방관들은 호구를 정확히 파악하고 이제는 율령에 의하여 매년 일정량의 노역을 부과하게 되었을 것이다."[84]

노동의 징발 외에 조조(租調)의 현물 징수도 강화되었다. "생산력의 증대와 전쟁 비용이나 관료의 보수, 그리고 왕실의 경비 등 각종 국가의 재정 수요가 증가함으로써 국가는 공민들에게 전보다는 증가된 액수의 곡물과 포 기타 특산물을 요구하게 되었다. 수리 시설의 확대와 농업 기술의 보급 등을 통한 생산력의 증가와 대가나 호민의 관례적이고 불법적인 수탈을 국가가 상당 부분 방지함으로써 그 같은 수취는 시행될 수 있었을 것이다."[85]

그러나 농민에게서 직접적인 부세의 수취는 여전히 재지 세력들에 의해

---

83 김기흥, 「삼국 시대 세제의 성격」, 『국사관 논총』 제35집, 1992, p 103.
84 김기흥, 같은 논문, pp 105-106.
85 김기흥, 같은 논문, p 106.

이루어졌다. "고구려의 왕은 물론 상가(相加) 또한 자기 관료를 따로 거느리고 있었는데, 이들도 각각 자기 집단에서 공물을 집단적으로 징수했을 것이다. 이런 면에서 고구려의 5부, 신라의 6부, 백제의 5부가 국가의 행정편제로 확정되기 전은 물론이고 그 이후도 종족적, 지연적 및 공동체적 잔재 위에서 촌주와 같은 그 장(長)을 통해 집단적으로 수취했을 것으로 추측된다"[86]고 하였다.

한편 지방에 자체적인 지배력을 가지고 있었던 지방의 부족장들은 중앙 권력에 독자적인 세력권을 가지고 있었고, 일정한 자치권을 가지고 있었다. 흔히 '부' 체제라는 간접 통치 체제에서 중앙 권력에 의한 지방의 개별 농민에 대한 부세의 부과는 힘들었을 것으로 생각된다. 다만 각 '부'는 유사시에 촌락을 통해 군사력을 동원함과 동시에 일정하게 생산물을 상납하는 공납 체제가 행해졌을 것이다. 이러한 제도와 연계되어 "흔히 4, 5세기의 신라 지방 지배 형태를 간접 지배라 일컫고 그 구체적인 내용으로 공납제(貢納制)를 손꼽고 있다. 이에 대해서는 다음의 논고(論考)들이 참고된다.[87] 말하자면 피복속 지역은 공납이란 복속의례(服屬儀禮)를 매개로 신라 중앙 정부에 의해 자치를 보장받았다는 것이다".[88] 삼국 시대 향(鄕)·소(所)·부곡(部曲) 연구를 통해 지방의 지배가 간접적인 공납제를 통해 이루어진 것을 지적하기도 하였다.[89]

공납이라는 개념은 아무런 등가물의 대가 없이 직접 생산자나 하위 단

86 李昊榮, 「三國時代의 財政」, 『國史館論叢』 제13집, 1990.
87 韓㳂劤, 〈古代國家成長過程에 있어서의 對服屬民施策(上)〉(《歷史學報》 12, 1960) p.101.; 申東河, 〈新羅 骨品制의 形成過程〉(《韓國史論》 5, 1979) pp. 44-52.; 全德在, 〈新羅 州郡制의 成立背景研究〉(《韓國史論》 22, 1990) pp. 6-22.; 하일식, 위의 논문 pp. 11-22.; 李宇泰, 〈新羅 中古期의 地方勢力 研究〉(서울대 박사학위논문, 1991) pp.34-47.
88 朱甫敏, 「新羅의 村落構造와 그 變化」, 『國史館論叢』 第35輯, 1992.
89 金龍德, 「鄕·所·部曲」, 『白樂濬博士還甲記念國論叢』, 1955.

체로부터 현물을 수취하는 것을 의미한다. 공납은 농업 생산이 지배적인 경우에 나타나며 폭 넓은 의미에서의 생산물 지대에 가까운 것이다. 부세 제도로서의 공납제는 국가가 개별 생산자를 파악하지는 못하고 재지 지배 층으로부터 생산물의 일부를 수취하는 제도를 의미한다. 부족 국가의 성립 이후 통일 신라 이전의 (원)삼국 시대의 경우, 씨족 질서의 촌락에서 농민 이 공동체로부터 해방되지 못했다. 그러나 이미 족장은 공동체를 대표하는 하나의 권력이자 소유권자로 성립하고 직접 생산자에게서 부세를 수취하 여 중앙 권력에 상납했다.

이러한 특징을 가진 공납제를 생산 양식 혹은 사회 구성과 관련하여 적 극적으로 해석하는 견해가 있어 왔다. 한국사에서 이북만, 이청원 등이 공 납 노예제라는 개념을 사용한 바가 있고,[90] 최호진이 삼국 시대를 '총체적 노예제 사회'[91]로 설명한 바 있다. 강진철은 "아시아적 생산 양식=농업 공 동체가 고대 사회로 진전한 이후에 있어서도 아시아적 생산 양식의 유제 ─고대 사회의 수장에 대한 공동체 성원의 개별로서가 아니라 총체로서 예속 상태, 군소 공동체의 수장들을 통제해서 그 권한을 흡수한 최고 수장 의 전제 군주화, 그리고 이 전제 군주에 대한 재래의 공동체 구성원들의 총체적, 인격적 예속 등이 아직 강하게 잔존한 아시아 제지역에서는 고대 국가=고대적 사회 구성의 하부 구조는 계속 총체적 노예제라는 형태를 취 하는 것이라고 보는 견해가 꽤 유력한 듯하다. 이것은 아직 고대 사회에 이행한 이후에도 아직 토지의 개별적 사유가 형성되지 못하고 여전히 공 동체가 생산 조직으로서 상당한 정도 강력히 기능한 아시아 지역의 특수 한 조건에 유래하는 것"[92]이라고 이해하고 있다.

사미르 아민(Samir Amin)은 생산 양식으로서 공납제 개념을 명시적으로

---

90 이북만, 『이조사회 경제사』, pp. 23-32. 이청원, 『조선역사독본』, pp. 49-50.
91 최호진, 『한국 경제사개론』, 1962.
92 薑晉哲, 「社會經濟史學의 導入과 展開」, 『국사관 논총』 제2집, 1989

도입하고, 공납제 생산 양식을 "촌락 공동체의 존속과 공물을 수취하는 형태로 공동체를 착취하는 사회적·정치적 기구의 존속을 병치하는 것"[93]으로 특징 지운다. 아민은 나아가 공동체적 소유 관계가 사적 소유에 의해 해체되면서 나타나는 것은 새로운 생산 양식이 아니라 보다 진전된 형태의 공납제 사회, 유럽에서는 봉건제라고 한다. 말하자면 공납제가 보다 보편적이고 봉건제는 그 발전된 형태라는 것이다. 울프도 비슷한 관점에서 3개의 생산 양식을 제시한 바, '친족질서 양식(kin-ordered mode)'과 공납제 양식 그리고 자본주의 양식을 제시하였다.[94] 울프는 나아가 공납제 양식은 권력이 정상의 지배층 엘리트에 집중되어 있는 것과 권력의 대부분을 지방의 지배자가 소유하고 정상의 지배가 취약한 두 경우가 있으며, 이는 권력 배분의 연속선 상에 있다고 하여 양자의 공통성을 인정하였다.

이렇게 보면 공납제와 수조 봉건제 아래서의 직접 생산자의 사회 경제적 지위는 모두 지대=조세=공납 형태의 잉여를 직접적 강제에 의해 수취 당하는 점에서 비슷하다. 그러나 제도적으로 수조 봉건제에서의 농민은 공민으로서 국가의 법적 보호 대상이고, 토지 소유에서 경작권을 보호받는 점에서 차이가 있다. 서양의 봉건제에서는 관습법과 교회법이 영주의 자의성을 제한한다. 촌락 공동체에서 족장의 폭력이 보다 자의적이고 위협적일 수 있는 반면에 율령에 의한 국가의 폭력은 보다 보편적이고 합리적이다. 공납제에서는 공동체적 소유로 의제된 족장의 권력 아래 직접 생산자의 소유권이 위협받는 데 비해, 수조 봉건제에서는 개별 농민이 직접적으로 공적인 부세의 부담을 지는 대신에 경작권이 인정된다. 따라서 필자는 공납제 사회를 봉건제를 포괄하는 개념이 아니라 농민의 하급 소유권이 인

---

93 Samir Amin, *Modes of Production and Social Formations*, Ufahamu: A Journal of African Studies, 4(3), 1974, pp 57-58.

94 Eric Wolf, *Europe and the People Without History*, University of California Press, 2010, p 76.

정되지 못한 고대 시기에 국한하여 사용하고자 한다. 경작권이 성립하면 농노제 그리고 봉건제가 성립하여 고대와 구분되고, 소유제는 생산자의 사회 경제적 성격과 사회 구성을 특징짓는 중요한 요소로 생각된다.

아시아의 고대에 '아시아적 사회'라는 개념 대신에 공납제 사회라는 개념을 적용하는 것은 씨족적 공동체를 바탕으로 하는 사회상과 합치되면서, 그 보편성과 구체성을 확장한 점에서 유용하다고 생각된다. 마르크스가 아시아 사회의 특징으로서 "비록 토지의 사적이고 공동적 소유와 용익권이 있지만, 사적 토지 소유는 없다"[95]고 지적한 내용이 공납제 사회 개념에 잘 수용될 수 있다. 공납제는 사회 제도로서의 뚜렷한 성격을 가지고 있으며, 공납제 아래의 직접 생산자는 예속적 농민이 대부분이다. 그 농민의 사회 경제적 성격에 관해서는 '공납 노예'나 '공납제 예농' 혹은 마르크스의 '총체적 노예제(Allgemeine Sklaverei)' 등 여러 개념으로 불리고 있다. 그것들은 농민에 의한 토지 사유의 부재를 지적하는 개념들이다.

그러나 원삼국 시대의 공납제 사회의 농민은 부자유한 강제 노동을 특징으로 하는 노동 노예와는 다른 것이다. '총체적 노예제(Allgemeine Sklaverei)'의 '총체적(Allgemeine)'이라는 의미는 전제 권력자인 공동체 수장을 제외한 모든 인민은 보편적으로 노예와 같은 처지에 있다는 의미이다. 마르크스의 관점에서 보면 사유 재산을 소유하지 않은 노동은 사실상 생존을 위해 타인의 이익이 되도록, 자유의지가 아닌 강제에 의해 노동을 제공할 수밖에 없다. 마르크스는 이런 의미에서 고대 아시아적 사회의 농민은 노예에 가까운 존재였다고 규정한 것으로 보인다. 근대의 임금 노동자를 '임금 노예(wage slave)'라고도 부르는 것을 감안하면, 총체적 노예제의 농민은 토지의 소유자가 아닌 점에서 노예에 비견될 수 있지만, 서양의 노동 노예와는 달리 인격적으로는 보다 자유롭다. 이러한 공납제 아래서의 경작권을 보호

---

95 Karl Marx, *Capital* *III*, p927.?

받지 못하는 예농을 농노와 구분하여 '고대적 예농'으로 부를 수 있다. 다만 일반적 예농과 달리 흔히 신분상 노비라고 부르는, 보다 더 노예적인 신분이 별도로 존재했다. 그러나 삼국 시대는 물론이고 고려조까지도 노비의 비중은 인구의 10% 이하여서 그 생산 노동에서의 비중이 지배적인 것은 아니었다. 이들이 생산 수단의 비소유자이고 주인에게 전적으로 생계를 의지할 수밖에 없는 점에서 노예적 존재인 것은 변함이 없지만, 이들의 비중이 제한된 점에서 한국 고대가 노비 노예제였다고 말하기는 어렵다. 경작권을 인정받지 못한 예농이 지배적인 공납제 사회였다고 할 수 있다.

한국사에서 농민의 사회 경제적 처지를 결정하는데 중요한 것은 자경지의 소유 여부와 함께 국가의 부세 부담이었다. 국가의 토지가 아닌 호족의 사전을 경작하는 농민은 국가의 보호를 받지 못하는 대신에 호족의 비호 아래 국가에 대해서는 부세 부담이 없는 경우가 많았다. 따라서 곤궁한 농민은 강압에 의해서 때로는 자의로 국가의 부세 부담에서 벗어나 유력자의 사민이 되는 경우도 적지 않았다. 사민은 신분적으로 노비는 아니었지만 사실상 공민이 아닌 점에서는 노비와 같은 처지였다.

이들은 자경지가 없고, 신분적으로 일반 양인 농민과 노비의 중간적 존재들이었다. 신라 시대에 정복지의 주민을 노(奴)라 불렀다거나,[96] 고구려에서 호민이 하호를 노복으로 취급했다거나,[97] 고려조에도 처간[98]이라 부

---

96 신라 시대의 울진 봉평비(524) 신라에 정복된 지방민을 '노인'(奴人)이라 부르고 이들에게 적용하는 법을 '노인법'(奴人法)이라고 했다.

97 고구려의 왕자 발기가 하호(下戶) 3만여 명을 거느리고 중국의 공손강(중국의 후한 말~삼국 시대에 요동에서 웅거하던 실세였던 공손도(公孫度)의 아들이다. 204년 공손도가 죽자 그 뒤를 이었다《삼국지》권8 公孫度傳 附傳). 공손도의 활동 시기는 본문의 연대와는 맞지 않는다. 그것은 《삼국지》나 《통전(通典)》 등 중국 측 문헌을 그대로 따오면서 생긴 오류이다. 《삼국사기》권16 산상왕 즉위년조에는 같은 사실을 공손도와 관련한 것으로 쓰고 있는데, 이는 연대상의 모순을 해결하기 위하여 수정을 가한 것이라고 생각한다.)에게 투항했다는 기록이 있다. (三國史記, 卷

르는 노비와 양인의 중간적 존재들이 많았다. 조선조에서도 향소부곡(鄕所部曲)의 주민들은 천민에 유사한 하층 신분으로 간주되었다.

이들은 법적인 신분상 노비는 아니지만 사회 경제적 처지는 노비에 가까웠다. 그들은 국가의 공민으로 인정받지 못하고, 사실상 유력자에 의해 인격적으로 지배되고, 자기 경영이 부정되어도 저항하기 힘들었다. 대체로 전쟁이 잦고 국가가 통일되지 않은 삼국 시대까지는 이들 하층 농민이나 정복지의 농민은 국가의 공민으로 취급받기 어려웠다. 통일 신라 이후는 정복지가 적고, 정치적 안정이 이루어지면서 정복지의 농민도 점차 공민으로 취급된 것으로 생각된다. 그러나 유력자들에 의해 이들을 사민화하려는 시도는 끊임없이 있어 왔고, 이 과정에서 중앙 권력과 귀족들의 갈등이 지속되었다.

한편 중앙 권력의 성립과 지방 지배 질서의 변화 그리고 공납 사회의 형성 과정에서, 관료의 서비스에 대한 보상제도가 변화한다. 종래에는 중앙 권력이 재지 족장 세력의 연합체로 운영되다가, 중앙 집권이 강화되면서 공납제가 시행된다. 이어서 관료제가 확충되면 관료의 서비스에 대한 반대급부로 식읍제의 시행이 먼저 나타난다. 통일 신라 시대에는 녹읍제와 녹봉제가 도입된다. 씨족 질서가 관료제와 융합되며 나타나는 이 과정은 오랜 시간에 걸쳐 점진적으로 발전된다. 최종적으로는 녹봉제로 귀착되지만 지방의 씨족적 지배의 영향은 오랜 기간 존속된다.

第十六 高句麗本紀 第四 故國川王). 하호는 고구려의 하층민을 말하는 바, 이들을 신분상 노예로 보는 견해와 하층민으로 보는 견해가 있지만, 당시 중국인은 하호를 노복처럼 보고 있었다. ("邑落有豪民 民(名)下戶皆爲奴僕", 三國志 魏書 30. 東夷傳 夫餘).

98 '처간이란 타인의 토지를 경작하여 주인에게 조를 주고, 용(庸)과 조(調)는 관에 내는 전호이다. 당시 권귀에 속한 농민을 모아 처간이라 이름하여 3세를 포탈하니 그 폐가 대단히 무겁다'라고 하면서 강수형이 반드시 호를 점검할 것을 상주하였다. (고려사 권제28, 36장 세가 28 충렬왕 4년 7월).

먼저 식읍제는 유력 씨족의 지방 지배의 유습이 반영된 것으로 생각된다. "국왕 중심의 지배 체제가 강화되면서 부의 독자성이 쇠퇴하고 신분제가 만들어지며 귀족이 출현하거니와[99] 종래 부에 의한 집단적인 지배 체제가 국왕 중심으로 바뀌면서 이제는 부에 대신하여 귀족 개인의 가계(家系)가 정치 사회적으로 중요한 비중을 차지하게 되고 그것이 지방 지배에도 반영되어 식읍이 나오는 것"[100]으로 보인다. 말하자면 5세기 후반부터 국가의 지방에 대한 직접적인 지배가 실현되면서 특정 지역에 대한 귀족의 개별적인 지배를 인정한 것을 식읍제로 볼 수 있다는 것이다.[101]

식읍제는 이후 그 사여 기간이 짧아지고, 재지 지배권과 분리된다. 식읍이 왕족이나 공신 등에게 그 신분에 합당한 토지와 가호를 지급한 것이라면, 녹읍은 관료에게 그 녹을 대신하여 읍을 내리는 제도라 할 수 있지만, 통일 신라 이후 관료제가 확충되면서 녹읍과 녹봉제가 도입되었다.

99 이에 대해서는 別稿를 준비 중이다.
100 朱甫敏, 「新羅의 村落構造와 그 變化」, 『國史館論叢』 第35輯, 1992.
101 朱甫敏, 「新羅의 村落構造와 그 變化」, 『國史館論叢』 第35輯, 1992.

제3절 농업 경제와 부세제도

고대 농업 발전의 수준을 결정하는데 중요한 것은 철기의 보급을 토대로 벼농사와 쟁기갈이가 보급된 수준이다. 철제 농기구가 이미 기원 무렵에는 사용되고 발굴되지만 그 수량이 많았던 것으로는 보이지 않는다.[102] 여전히 한반도에서의 철기 문화 발전의 수준은 높지 않았고, 3세기 무렵의 낙랑군에서도 철제 농기구의 보급이 제한적이었다고 한다.[103]

그러나 4세기 이후 신라 지역에는 새로운 철기 제작 기술이 널리 전파되었으며, 그 결과 철제 농기구의 사용이 상당히 보급되었다고 보인다. 이는 4~6세기의 고분과 유적에서 발견되는 철제 농기구의 종류와 수량이 크게 증가한 사실에서도 알 수 있다.[104] 한편 철제 공구의 생산 기술도 발전했다. 종래의 주조에 의한 방법이 아니라 단조 생산을 발전시켜 한 차원 높은 철제 공구를 생산할 수 있게 되었다. 도끼와 칼에서 망치와 끌과 대패, 그리고 톱의 제작이 그것이었다. 강하고 예리한 철제 공구의 제작은 신라의 토목 건축 기술에 혁신적인 변화를 가져왔다. 6세기 후반부터 시작된 신라의 대사찰과 석탑의 건립은 우수한 철제 공구의 개발 제작으로 가능해진 것이다.[105] 신라의 탈해왕(재위 57~80년)이 단조 기술을 가진 대장장이 출신이라는 전설을 다 믿지는 못하더라도 기원 1세기에는 단조 철제 생산 기술이 보급되었다고 볼 수 있다.

철제 따비와 괭이, 호미, 삽날, 쇠스랑과 낫 등의 농기구가 보급되었고

---

102 金在弘, 「新羅 中古期의 村制와 地方社會 構造」, 『韓國史研究』 72, 1990, pp 15-23.

103 노태돈, 『한국고대사』, 경세원, 53.

104 金光彦, 「新羅時代의 農器具」, 『民族과 文化』 I, 正音社, 1988, p46.

105 전상운, 「Ⅴ. 과학기술」, 『신편 한국사』 8, 2002.

발굴되어 농업 생산의 획기적 발전의 토대가 마련되고 있었음을 보여준다. 이외에 국가는 수리 관개 사업에도 관심을 가지고 추진하였다. 백제는 330년에 벽골제를 쌓았으며, 신라의 법흥왕도 전국의 제방 수리를 명하고, 통일 신라는 사람을 징발하여 벽골제를 증축하였다. 이것들은 벼농사를 장려한 것과 관련이 깊을 것으로 생각된다.

그러나 삼국 시대 유적으로 발견된 논들은 밭에 비해 상대적으로 규모가 적어 대규모 벼 재배를 확인하기는 어렵다. 그리고 인골에 대한 안정동위원소 분석을 통한 섭취 식료의 분석에 의하면 삼국 시대 사람들은 C3계 식물들인 벼, 맥류, 두류 등을 주로 섭취했음을 보여주고 있다. 그러나 삼국 시대에도 벼가 주식으로 활용되었다고 보기는 힘들고 섭취량은 제한적이었다. 그리고 평민들의 경우 벼목이면서도 비교적 건조하고 척박한 땅에서도 잘 자라는 조, 수수, 기장 등 C4계 식료 소비가 중심이었을 것으로 판단된다.[106]

농업의 발전 과정에서 우경도 보급되었을 것으로 짐작된다. 그러나 고대의 보습은 발견되지만 목제 구조물이 존재하지 않아 확실한 우경의 연대를 확정하기는 어렵다. 비록 신라 지증 마립간 3년(502)에 "주주(州主), 군주(郡主)에게 우경을 장려"[107]했다는 기록이 처음으로 확인되지만 그 이전에 우경이 소개되었을 가능성이 크다. 357년에 축조된 고구려 안악 3호분에는 검정 소, 누런 소, 얼룩 소 등 세 마리의 소와 여물통이 있는 외양간이 그려져 있다. 같은 고분에 소가 끄는 수레가 그려진 그림이 있는 것으로 보아 이들 소는 수레 견인용으로 사육된 것으로 보이지만, 수레를 소가 끈다면 민간에서 쟁기를 끄는 소도 사육되지 않았을까 생각된다.

---

106 이준정, 「作物 섭취량 변화를 통해 본 農耕의 전개 과정: 한반도 유적 출토 人骨에 대한 안정동위원소 분석 결과를 중심으로」, 『한국상고사학보』, 73권, 2011.
107 "三月, 分命州郡主勸農, 始用牛耕", 『三國史記』 권4, 新羅本紀, 智證麻立干 3년조.

비록 쟁기의 실물이나 기록이 발견되지 않아도 늦어도 한사군 시절에는 적어도 낙랑군과 그 일대에서 우경이 보급되고 있었을 것으로 보는 것이 상식적이다. 대전법과 우경의 보급이 한사군이 설치된 한무제 시절에 제도화된 만큼 이후 400여년 이상 지속된 낙랑군에 보급되지 않았다고 볼 수는 없다. 늦어도 3~4기에는 우경이 알려지고 여타 지역으로도 확산되었다고 생각된다.

다음 〈그림 2-1〉은 우경용 쟁기의 기본적인 구조와 명칭을 보여주는 것이다. 쟁기는 먼저 기둥이자 운전대인 술의 바닥에 보습을 고정시키고, 술에 끈을 연결하여 인력으로 견인하는 단순한 형태에서, 끌채(성에, 轅)로 우마의 멍에와 연결하여 앞에서 끌 수 있도록 하는 형태 등 다양했다. 우마가 견인하는 쟁기는 특히 튼튼한 나무 프레임의 술을 만들고, 쟁기의 술과 끌채(성에, 轅)를 연결하는 보조적 막대인 한마루를 설치했다. 술바닥이 평평하게 긴 것을 장상려, 술바닥이 없는 것을 무상려(無床犁)라 한다.

고대의 한국 쟁기가 출토되지 않아 그 모습을 알기 어렵지만, 오히려 일본에서 중국형과 구분되는 조선형 쟁기의 특징이 남아 있다. 일본에 6~7세기에 전해진 조선 쟁기는 중국과 달리 무상려였다.[108] 무상려는 선쟁기라

---

108 일본에서 "재래려(在來犁)의 형태에 관해 지금까지 각지의 지형이나 토지에 부합하게 개량되고 진화되었다고 생각되어 왔지만, 사실은 그렇지 않고, 6세기 전후에 조선 반도에서 온 제2기 도래인이 재래려를 가져온 것이 시작으로, 그것이 주변에 퍼지기 시작한 단계에서 야마토(大和) 개신(改新)정부가 중국계 장상려를 기초로 하는 정부 모델 려를 전국에 배부한 결과 조선계 려가 사용되어 온 지역에서의 혼혈형이 생기고, 려가 없었던 지역에는 정부 모델 려(犁)가 정착하였다. 그리고 그 정책의 파도가 지나간 후에 도래한 최후의 도래인, 즉 백제 고구려 난민의 입식지에는 조선계 무상려가 비혼혈 그대로 남고, 이들 려형은 일단 형이 정해져 부서지면 다시 같은 형으로 되풀이하여 온 결과 660년대 정해진 형이 20세기까지 계승되고, 그것이 우리가 눈으로 보는 재래려라는 것이 분명하게 되었다" 河野通明, 「近世農業と長床犁」, 『商經論叢』 第46卷 第1號, 神奈川大學經濟學會, 2010, p104.

고도 하고, 유상려(有床犁)는 눕쟁기라 하여 쟁기의 술이 밑에서 지면과 수평이 되도록 휘게 만든 것이다. 한반도는 중국의 화북 지역보다 건조하지 않아 상대적으로 토지 저항력이 강하여 무상려가 일반적이었다.

〈그림 2-1〉의 쟁기는 짧지만 평평한 술바닥이 있어 무상이 아닌 단상려로 평가할 수 있다. 무상려는 보습이 좀 더 곧추서고 평평한 술 바닥이 없는 것을 말한다. 쟁기는 앞으로 나아가면서 땅을 파고 갈아 엎어 옆으로 제끼는 역할을 원활하게 하기 위해 보습 위에 볏을 달기도 하며, 이를 유벽려(有鐴犁)라고 한다. 대체로 쟁기는 볏이 있고, 극젱이는 쟁기와 닮았지만 볏이 없으며 주로 밭에서 사용하는 특징이 있다. 한반도의 쟁기에서 볏을 사용하게 된 시기에 관해서는 여러 견해가 있으나 늦어도 고려 시대에는 사용이 시작되었을 것으로 판단된다.[109] 쟁기는 오늘날의 관점에서 보면 단순한 구조이지만 각 지역의 자연 환경에 맞는 기경을 위해 오랜 세월에 걸친 지혜의 축적이 나타난다.

한편 인력 쟁기도 있었으며 구조는 비슷하나 좀 더 소형이며 한 사람이 두 손으로 쟁기와 연결된 막대기를 잡고, 다른 사람이 끈을 어깨에 걸어 쟁기와 연결하여 견인하는 형태이다. 일제강점기에도 가난한 농민들이 많이 이용한 만큼 소가 없는 고대 농민들은 대부분의 경우 인력경을 하였을 것으로 생각된다.

---

109 위은숙, 「고려 시대 농업기술과 생산력 연구」, 『국사관 논총』 제17집, 1990, 7면.

〈그림 2-1〉 우경 쟁기와 인력 쟁기

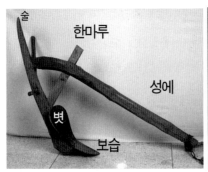 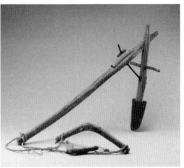

* 쟁기(경기도), 한국민족문화대백과사전   * 출처: 금산역사문화박물관
ⓒ 한국학중앙연구원

한편 우려경(牛犁耕)의 시기는 중국에서 춘추 전국 시대부터 이루어졌으나, 한반도의 경우 원삼국 시대부터는 이루어졌을 것으로 생각된다. 고구려 영토였던 중국 지안(集安)에서 한대(漢代) 보습들이 출토되었고, 익산의 보덕 성터에서 백제 말기의 보습이 출토되었으며, 김용섭은 일찍이 이미 기자 정권 시대에 우경이 시작되었다고 한다.[110] 대체로 한반도에서도 원삼국 시대에는 쟁기갈이가 시작되었을 것으로 생각된다.

중국에서는 일찍이 한대의 대전법에서 이미 두 개의 보습을 가지고, '이우삼인'(二牛三人)으로 작업하는 우경(牛耕)이 장려되고 있었다. '이우삼인경'은 한 사람이 소를 몰고, 두개의 보습이 달려 있으므로 두 사람이 각각 한개의 보습을 맡아 기경의 깊이를 조절하는 등의 방법으로 우경을 한다.[111] 또는 "한 사람은 보습을 맡고, 그리고 다른 사람은 끌채를 잡아 기경의 깊이를 조절하고 그리고 또 한 사람은 소를 모는 방식으로 밭 갈이를 하였다"[112]는 해석도 있다. 이후 보습이 개선되고 소를 다루는 기술이 발전

---

110 김용섭, 『농업으로 보는 한국통사』, 지식산업사, 2017, 48면.
111 范文瀾, 『中國通史簡編』, 人民出版社, 1978. ('耦犁', 百度百科 참조).
112 '耦犁' (https://baike.baidu.com)

함에 따라 혼자서 쟁기질을 하게 되는 것으로 보인다. 중국의 감숙성 하서 회랑(河西回廊)에서 출토된 고분의 그림 벽돌들에 의하면 한나라 시대의 이두경이 3~6세기의 위진(魏晉) 시대에 '이우일인경'과 함께 한 마리의 소가 하나의 보습을 견인하는 '일우일인경'으로 전환된 것으로 나타난다.[113] 그러나 기원전 206~기원후 8년 무렵인 서한 말부터 '일우일인경'으로 바뀌었다는 설도 있다.[114]

〈그림 2-2〉는 시대적으로는 한참 뒤늦은 것들이지만 쟁기의 발전 과정을 이해하는데 도움이 된다. 먼저 좌측 그림은 조선조 18세기 말경의 김홍도의 풍속화인데, 한 사람이 이두경을 하는데 보습이 두 개이다. 중국의 전한시대 '이우삼인경'에서 두 개의 보습을 사용한 기록이 있지만, 김홍도의 풍속화에 보이는 보습 중 하나는 경작자의 힘이 직접 주어지지 않는 구조이다. 그리고 오른쪽은 익숙한 하나의 보습에 일두경을 그린 양기훈의 풍속화이다.

크게 보아 한국에서도 쟁기갈이는 이두경에서 일두경으로 나아갔으며, 조선 시대의 논에서는 일두경이 지배적이었지만 부분적으로 밭이나 산간 지대에서는 이두경도 사용된 것으로 보인다.[115] '이우삼인경'의 단계에서 쟁기와 보습이 개량되고, 코뚜레와 고삐 등 소를 통제하는 도구의 개발, 소를 사육하면서 오랜 인간과의 교감을 높여온 것 등이 혼자서 소를 몰고 밭 갈이를 할 수 있는 발전의 조건이 되었을 것이다.

---

113 「魏晉時期中國牛耕實現從"二牛抬杠"到"一犁一牛"轉變」(news.sina.cn/2017-06-15).
114 傅筑夫, 『中國經濟史論叢』. ('耦犁', 百度百科 참조).
115 이경법으로는 전작지대는 이우경, 답작지대는 일우경이고, 답작지대 가운데 경기도, 충청도와 경상좌도의 산간 지방은 이우경 지대라고 분류하였다. 禹夏永, 『千一錄』, 山川風土 (閔成基, 「朝鮮後期 旱田輪作農法의 展開」, 『朝鮮農業史研究』, 一潮閣, 1988, pp 184-185).

<그림 2-2> 밭갈이 그림들(김홍도 풍속화, 양기훈 풍속화)

* 출처: 국립중앙박물관

  우경의 이두경은 가족 경영이 불가능한 것은 아니지만 상대적으로 어렵고, 일두경이나 인력경은 물론 가족 경영과 그 협업으로 가능하다. 따라서 이두경에 의한 일종의 경작강제(Flurzwang)가 존재하여도, 그것은 보편적인 것은 아니고 가족 농업과 병존했을 것으로 보인다. 중국의 장원 경제와 소농 경영의 병존 등은 모두 이러한 모습이다. 한반도에서도 농업 생산에서의 가족 영농이 이른 시기에 분화되어 공동 생산과 병존하고 있었을 가능성이 크다.

  한편 삼국 시대를 이해하는데 빼놓을 수 없는 중요한 점은 한반도가 북방의 유목 문화와 대단히 밀접한 연관을 가지고 있었다는 점이다. 북방의 초원 지대에서 유목민이 태어난 것은 오래 전이지만 기마에 필요한 마구가 지속적으로 개발되어, 오늘날에 보듯이 안장으로 방석이 아닌 경식 안장을 설치하고, 발걸이(鐙子)를 널리 사용하는 시기는 4~5세기부터로 보인다.[116]

---

116 林俊雄, 『スキタイと匈奴 - 遊牧の文明』(興亡の世界史), 講談社學術文庫, 2017, pp. 341-343.

* 출처: 국립중앙박물관

〈그림 2-3〉은 5세기 초중엽으로 추정되는 중국 집안현(集安縣)의 고구려 무용총 수렵도이다. 말을 타고 달리면서 활을 쏘는 모습은 발걸이와 경식 안장을 설치한 완숙한 기마 유목민의 모습이다. 경주 금령총의 6세기 초엽 신라 시대의 기마인물형 토기도 경식 안장과 발걸이를 완벽하게 갖춘 모습을 보여주고 있을 뿐 아니라 말 등에 유목민이 사용하던 동복이 실려 있다. 여기서 주목하고 싶은 것은 유라시아 초원 지대에서 유목민이 경식 안장과 등자를 사용하는 시기와 한반도에서 그것들을 사용하는 시기가 거의 동시대라는 점이다. 유라시아 초원의 문화 전파는 동시대적이었고, 한반도에서 농경 정착 생활의 발달과 함께 유목 생활의 발달 수준도 당시의 첨단 수준임을 보여주고 있다. 이외에 5세기 무렵의 신라의 금관도 초원의 문화와의 밀접한 연관성을 보여주는 것으로 이해되고 있다. 또한 5세기 중엽에서 6세기 전반에 축조된 것으로 보이는 황남대총, 금관총, 금령총, 천마총과 서봉총 등에서 발굴되는 화려한 색깔의 로만 글라스도 초원의 길을 통해 도입된 것으로 보인다. 그리고 경주의 적석목곽분이나 동복(銅鍑, 청동 솥) 등도 초원의 문화와의 관련성을 보여주는 것들이다.

이러한 한반도와 초원의 문화의 동시대적 교류는 신라 지역의 경우는 4

세기 이전에는 존재하지 않았을 수도 있지만,[117] 만주와 두만강 일대는 청동기 시대에도 초원의 유목 문화가 별 시차 없이 전파되었을 가능성이 크다. 삼국 시대에 권농과 함께 어느 국가에서나 가축의 사육도 동시에 이루어졌겠지만 고구려는 그 강역 내에 말갈 등의 유목민을 포괄하고 있었다. 그리고 신라에서도 신라에 관한 기록 중 "바다의 산에서 목축을 한다"[118]는 등에서 그 일단을 파악할 수 있다.

삼국 시대에 농경과 목축이 병존하는 가운데 중앙 집권이 강화되면서 관료제가 형성되고 직접적 지방 지배 체제가 정비되기 시작한다. 이 과정에서 국가 권력은 보다 직접적으로 인민을 파악하고 율령제 아래 보편적 합리적 통치를 시도한다. 신라는 6세기에 지방을 주군촌(州郡村)의 행정 단위로 정비하고 왕이 지방관을 파견하여 율령에 따라 전국의 토지와 인민을 지배하게 되었다. 각 지역이 왕의 국토가 되었다는 것은 곧 지방관에 의해 그 지역의 호구를 조사하여 주민들을 연령 등급별로 구분하여 파악해 인두세와 역역(力役)을 부과하고, 지역의 토지와 산물을 파악하며 세금을 부과한 조치가 뒤따랐음을 의미한다. 나아가 그 지역에 사는 인민도 모두 왕의 신민으로 여긴다는 인식 변화가 따랐다. 이러한 제도 변화는 점진적으로 진행되었을 것으로 생각되고, 구체적으로 통일 신라의 「신라촌락문서」에서 확인할 수 있다. 한편 국가에 의해 직접적으로 개별적 과세 수취가 이루어지는 것은 근대의 일이지만, 중세에는 개별적 인민 파악을 토대로 촌락이라는 중간적 매체를 통하여 부세를 징수하게 된다.

삼국 시대의 부세 부과는 수취 품목에서 현물로는 곡물과 포(布) 그리고

---

117 신라 마립간 시기의 적석목곽분의 기원과 관련하여 그 양식이 알타이 지역의 묘제와 비슷하여 외부 기원=주민 이동설이 제기되어 4세기경 신라 문화의 단절적 성격이 제기된 바 있다. 노태돈, 『한국고대사』, 경세원, p 89-90.

118 宰相家不絶祿, 奴僮三千人, 甲兵牛馬猪稱之. 畜牧海中山, 須食乃射. 息穀米於人, 償不滿, 庸爲奴婢. (『新唐書』(1), 東夷列傳, 新羅).

각종의 특산물의 수취가 있었으며 신역으로서는 군역과 부역이 있었다. 먼저 현물로 수납되던 구실로는 『삼국사기』의 기사를 통해 볼 때, 현물세는 '조조(租調)'로서 주로 보이고, 이 외에도 대외 관계에 있어서 제공되는 '공(貢)'이 보이고 있다.[119] 국가가 조와 포를 조조(租調)로, 그리고 군역과 부역 등의 역을 수취한 것이다. 그러나 그 구체적인 부과 방법이나 수취량은 불명인 가운데 고구려의 부세 조항이 약간 구체적인 내용을 전하고 있으나, 이 또한 해석상의 여러 문제점을 지니고 있다.

고구려 부세 조항은 "인세는 포 5필과 곡 5석. 유인은 3년에 1세, 십인이 함께 세포 1필. 조는 호에 1석 다음은 7두 아래는 5두"(人稅布五匹 穀五石 遊人則三年一稅 十人共細布一匹 租戶一石 次七斗 下五斗)로 기록되어 있다.[120] 이 규정의 해석을 두고 김기홍은 성인 남자 1인의 조세 부담으로 비록 과도한 느낌이 없지 않지만, 다른 특별한 자료가 없으므로 문자 그대로 성인 남자 1인이 매년 포 5필과 곡 5석을 부담하는 것으로 해석했다. 그리고 유인을 말갈 등 고구려에 대한 부용민으로 파악하였다.[121] 이에 대해 이영훈은 이러한 세 부담은 과도하여 수긍할 수 없으므로, 자료의 인(人)을 50인을 단위로 하는 취락으로 해석하여 사실상 성인 1인의 조 부담을 1두로 파악했다.[122]

필자는 수서 고려전의 부세 규정을 두 부분으로 나누어 해석하여 보고자 한다. 즉 '인세 포 5필과 곡 5석'은 농경 정착민에 대한 조조(租調) 규정이고, 그 이하는 유인에 대한 조조 규정으로 보는 것이다. 그리고 유인의 경우 원문대로 10인을 공동 부담 단위로 세포를 부과했고, 호를 대상으로 3등호에 따라 조를 부과한 것으로 해석한다. 그러나 앞의 인(人)이 부담하

119 김기홍, 「삼국 시대 세제의 성격」, 『국사관 논총』 제35집, 1992,
120 『隋書』, 東夷 高麗傳.
121 김기홍, 같은 논문, p 115.
122 이영훈, 같은 책, pp 128-130.

는 포와 곡물은 농경민에 대한 조조(調租)이고, 조조(調租)는 토지가 별도로 파악되지 않은 상태에서는 모두 '호'에 대해 부과되므로, '인세'는 1인의 세가 아니라 유인의 경우와 마찬가지로 10인을 기준으로 포 5필과 곡 5석을 부과하는 것으로 해석한다. 이외에 비록 고구려의 부세 규정에 명시되지 않았지만 '신(身)'에 대해서는 군역과 부역이 별도로 부과되었을 것이다.

이러한 해석은 문언대로의 번역은 아니어서, 억측의 소지가 없다고 말할 수 없지만 고대의 사회 경제적 조건과 합치되는 측면이 있다. 먼저 1인당 평균 곡물 소비량을 1석으로 기준 삼으면 5인 가족의 1년 소비량은 5석, 성인 10인의 10개 가족 50인의 소비량은 50석이 된다. 1년에 5석을 조로 납부한다는 것은 5인 가족 10가족이 소비하는 곡물 50석의 10% 정도가되어, 대체적인 전근대 사회의 조세율 1/10세와 부합한다.

한편 유인을 정착 농경민이 아닌 유목민으로 해석하고 싶고, 그들의 많은 부분이 말갈 등의 고구려의 부용민일 가능성이 있다고 판단된다.[123] 이외에 고구려의 부세 조항에 나타난 3등호제의 구분 기준은 불명확하지만, 토지대장이 정비되지 못한 상태에서 호별 경지 면적의 차이와 인정의 다과를 함께 고려하여 호등을 구분했을 것으로 생각된다.

고구려 이외의 신라나 백제에서도 조조(租調)를 수취한 기록들이 다수 있지만 그 구체적인 방법은 알려져 있지 않다. 그러나 삼국 간의 끊임없는 전쟁으로 병력과 물자를 조달하기 위해 전국의 호구와 토지 그리고 산물을 조사하고 부세를 수취한 것으로 보인다. 호구의 경우, 단양 적성비나 나주 목암리 목간 등에서 군역과 노역에 동원할 수 있는 인력을 확보하기 위해 백성을 연령대별로 나누어 등재했는데, 정(丁), 중구(中口), 소구(小口) 등이 그 예이다. 또한 토지에 관해서는 진흥왕 창녕비, 궁남지와 목암리의

---

123 김기홍, 「삼국의 정치와 사회 I -고구려」, 『신편 한국사』 5, 2002.

목간 등에서 토지를 형태와 용도별로 구분하여 파악했다. '형', '결' 등의 면적 단위로 그 넓이가 측정되고 토지의 종류도 '백전', '맥전', '수전', '답' 등으로 구분 파악되었다. 그리고 군역과 노역을 동원하기 위해 촌민을 조직하였다.[124]

---

124 노태돈, 『한국고대사』, 경세원 참조.

제4절 교역과 화폐

삼국 시대를 포함한 고대는 국제적으로 개방된 열린 시대였다. 국가의 강역이 존재했지만 상대적으로 국가의 통제력은 약했고, 바다길도 열려 있었다. 국민 국가 성립 이전의 국가는 이후에 비해 민족적 이익을 위한 응집력이 약하고, 상대적으로 배타적이고 폐쇄적인 조직이 아니었다. 국경도 유동적이고 다양한 교류를 원천적으로 막을 방법도 없었다.

313년과 314년 고구려에 의해 낙랑군과 대방군이 소멸된 이후, 그 유산을 둘러싸고 백제는 고구려와 각축을 벌였다. 특히 낙랑, 대방군의 유산 중 백제가 차지하여 계승하려고 한 것 중 하나는 그들이 개척한 고대의 동방 무역로였다. 낙랑에서 해안을 따라 한반도 남부를 거쳐 일본 열도에 이르는 해로는 낙랑군 설치 이후 오랜 기간 활용된 무역로이다. 이 교역로 상의 여러 지점에서 한(漢)의 화폐가 출토되었다. 유명한 철의 산지로 낙랑인과 왜인이 와서 철을 교역해간 가야의 소국들도 이 무역로 상에 위치하였다. 그리고 연안 항로를 따라 북으로 올라가 요동반도 해안을 거쳐 산동반도 해안을 돌아 양쯔강 하구에 이르는 항로를 이용한 교역로 또한 활용하였다.125

그러나 4세기 초반 낙랑, 대방군의 멸망으로 연안 항로 일대의 교류가 단절되었고, 또한 고구려의 진출로 서북 연안 항로는 어려움에 처하고, 5세기에는 가야를 몰아낸 신라로 인해 동남 연안 항로도 이용할 수 없게 되었다. 백제는 중국과의 교류를 위해 황해를 건너 산동반도에 이르는 약 200킬로에 달하는 바다를 직접 건너는 항해 기술을 발전시켜 나갔으며, 왜

---

125 노태돈, 『한국고대사』, 경세원,

(倭)와도 서남 해안에서 쓰시마로 직접 항행했던 것으로 보인다.[126]

〈그림 2-4〉는 고대의 백제, 신라와 가야의 해상 교역로를 보여주는 그림이다. 이 그림에서 보듯이 백제, 신라, 가야가 모두 일본과 활발한 교역을 한 것을 보여준다. 그리고 특히 백제는 중국과 활발한 교역을 한 것을 보여주고 있다. 신라가 초원의 길을 통해 로마와도 연결되는 교역로를 가진 한편 삼한 지역에서 다수 발견되는 유리구슬은 대부분 인도-태평양계 유리여서 해로를 통한 교역이 또한 활발했음을 말해준다.

〈그림 2-4〉 4~6세기 고대의 교역로

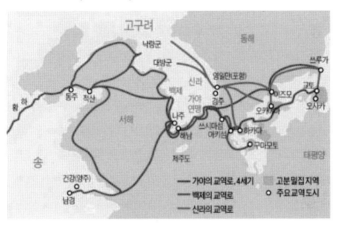

활발한 대외 교역과 함께 국내 상업도 발달했다. 신라는 소지왕 12년(490)에 처음으로 경주에 시장을 열고 사방의 화물을 유통시켰다. 지증왕 10년(509)에는 동시를 열고 관원을 두어 이를 감독하게 하였다. 그리고 695년에는 서시와 남시를 개설하여 관원을 둬 동시전과 같게 하고 삼시전이라고 불렀다. 그러나 시장에서 화폐를 사용한 것으로는 보이지 않는다. 다

---

126 유호균, 「나라와 나라를 이어준 뱃길」, 1919.10.24. 국립해양문화재연구소

만 변진에서 생산되는 철을 한, 예, 왜(倭)가 모두 가서 사서 모든 교역에 마치 중국에서 돈을 쓰듯이 사용한다고 한다.[127] 그리고 신라에서 금·은을 사용하여 그릇을 만들거나 집을 장식한 기록들이 있고[128], 금관을 비롯한 금속 공예품이 부장품으로 많이 발굴되는 것을 보면 금·은 등 귀금속이 화폐의 역할을 하였을 수 있다. 그러나 삼국 시대에 금·은화를 주조하거나 기타 동화나 철화 등을 주조하여 사용한 유품이 남아있지는 않다.

자체적인 주화의 사용은 확인되지는 않지만, 상고대에 화폐가 전혀 만들거나 이용되지 않았다고 보기는 어렵다. 고고학적 자료에 의하면 요동반도 남단 요녕성 금현 고려채 유적에서 일화전(一化錢) 23개, 또한 요동반도 남단 대련시(大連市) 목양성 터에서 일화전 2개와 명화전(明化錢) 3개, 그리고 자강도 자성군 서해리 무덤 터에서 650개의 일화전, 평안남도 덕천군 청송리에서도 91개의 일화전이 출토되었다. 이 일화전은 중국의 산해관 남쪽에서는 발견된 적이 없고, 고조선 영역 밖에서는 요녕성 서북쪽 지역 한두 곳에서만 발견되었을 뿐이다.[129] 이러한 사실들을 토대로 홍희유는 일화전과 명화전이 '고조선에서 주조하여 유통시킨 화폐'[130]라고 주장한다.

일화전이나 명화전은 모두 방공원형의 금속 화폐고, 명화전은 일화전보다 큰 화폐인데, 중국은 이것들을 연(燕)의 화폐라고 주장하고 있어 이견이 있는 상태이나 고조선 화폐일 가능성이 크다.

유자후는 기자조선의 흥평왕(興平王) 원년에 자모전이라 칭하는 대소 2종의 전화가 주조되었다고 하는 바, 이 자모전이 어떠한 것이었는가는 불

---

127 國出鐵濊倭馬韓並從市之 凡諸貿易 皆以鐵爲貨(『後漢書』 東夷傳, 韓).

128 신라 일성왕(逸聖王) 11년(144)에 영을 내려 민간에서 금은주옥(金銀珠玉)을 쓰는 것을 금하고, 애장왕(哀莊王) 7년(806)에 금수(錦繡)로 불사(佛事)를 하는 것과 금·은으로 그릇을 만들어 쓰는 것을 금하였다. (『삼국사기』)

129 홍희유, 『조선상업사』, 과학백과사전종합출판사(백산자료원 영인본, 1989), p 18.

130 홍희유, 『조선상업사』, 과학백과사전종합출판사(백산자료원 영인본, 1989), p 19.

명이고 실물은 전하지 않는다. 이외에 마한의 동전, 진한의 철전, 동옥저의 무문전과 신라의 금은 무문전 등이 주조되었다고도 한다.[131] 특히 유자후는 고려 시대의 고려장에서 흔히 나오는 조선통보(朝鮮通寶)는 시대적으로 조선 왕조 이전의 것이고, 고려 시대에는 주조 기록이 없으므로 기자 조선 시대 홍평왕이 주조한 것이라고 하는 바, 그의 견해는 나름 여러 전적의 기술을 토대로 한 것이었다.[132] 중국의 전폐 역사를 감안하면, 만주에서 그리고 낙랑군을 통해 중국과 밀접한 교류를 해 온 한반도에서 곡물이나 포이외에 금속 화폐를 주조하여 사용한 것은 충분히 가능한 일이나 다만 그 양이 충분하지는 않았다고 생각된다.

제임스 팔레(James B. Palais)는 "아마도 철은 기원전 3세기 고조선에서 조야한 금속 형태로 교환의 매개 수단으로 사용됐을 것이며, 기원후 수세기 간 한반도의 남부 지역에서 계속되었을 것이다. 금과 은이 동옥저와 신라에서 아마도 주화 형태로 부자들의 필요에 응해 교환 수단으로 사용되었을 것이다. 최소 기원전 3~4세기경부터 중국의 화폐가 한국에서 사용되었다"[133]고 평가한다.

중국전의 사용은 폭넓게 확인된다. 삼국 시대의 경제생활과 관련하여 출토된 유물 가운데, 물론 청동기나 토기 그리고 금동 장식, 마구 등의 유물 등이 그 시대의 모습을 짐작케 하는 중요한 것들이다. 이 밖에 두드러지게 나타나는 것 중의 하나는 상당히 많은 곳에서 중국의 화폐가 출토되고 있는 점이다. 중국 한(漢)나라의 주화, 특히 A.D. 14년의 오수전과 그 거푸집들 그리고 또한 화천 및 대천오십(大泉五十)도 남부와 제주도에서 발견되었다. 이후 삼국 시대와 통일 신라 이후에도 중국 화폐가 일부 유입되

131 柳子厚, 『朝鮮貨幣考』, 理文社, 1940, pp 13-42.
132 柳子厚, 『朝鮮貨幣考』, 理文社, 1940, pp 29-31.
133 James B. Palais, *Confucian Statecraft and Korean Institutions-Yu Hyongwon and the Late Choson Dynasty-*, The University of Washington Press, 1996, p51.

<그림 2-5> 명도전

* 출처: 국립중앙박물관

<그림 2-6> 반량전

* 출처: 국립중앙박물관

고 유통되었다.

한반도에는 명도전 등의 전국 시대의 화폐들이 출토되고 있으며, 매장 시기가 확실한 것으로는 백제 무령왕(523년 몰)의 묘에서 토지신에게 토지 매입 대가로 매장한 오수전(五銖錢) 90매가 부장품으로 출토되었다. 토지가 매매되었다는 것과 교환 수단으로서 오수전이 사용되었다는 것을 확인할 수 있다. 백제는 중국의 양나라와 잦은 교류를 하였다. 『삼국사기』에는 신라 말기 철원의 시전에 중국의 상인이 기우(寄寓)하고, 쌀과 교환으로 고경(古鏡)을 산다는 이야기 등을 전하여,134 중국과의 민간 교류도 있었음을 알 수 있다.

한반도에서 발견된 중국 화폐는 여러 종류이지만 연나라의 명도전이 많다. 명도전은 명(明)자가 새겨진 칼 모양의 중국 화폐인데, 자루에는 3줄의 직선무늬가 있고 끝은 고리 모양으로 되어 있다. 도전(刀錢)은 유목민에 필수적인 칼을 형상화한 것이다.

한반도에서는 청천강, 대동강, 압록강 상류 지역과 한반도 서북부에서 많이 발견되었다. (고)조선이 연과 활발하게 교역하였음을 알 수 있다.

반량전은 중국의 진(秦, 기원전 221~206년), 한(漢, 기원전 202~220년) 때 쓰던 화폐로, 원형방공(圓形方孔)의 형태로 만들어져 이후 아시아 동전의

---

134 『삼국사기』 列傳, 宮裔

기본 형태가 되었다. 전면에는 '반량(半兩)'이라는 글자가 새겨져 있으며, 한반도에서는 남해 늑도에서 출토된 바 있다.

〈그림 2-7〉 오수전

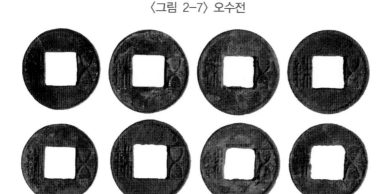

* 출처: 국립중앙박물관

오수전의 출토와 관련하여 한반도에서 금속 화폐는 철기 문화의 유입이나 낙랑 문화의 출현과 그 궤를 같이 한다. 출토 지역도 대부분 중국 문화의 직접적인 영향을 받은 낙랑군에 속한 평양을 비롯한 비롯한 은율, 황주 등지에서 다수 발견되었다. 그러나 그 출토 빈도나 수량에 있어서 상대적으로 적지만, 거문도에서도 980여 점이 발견된 바 있고, 가야 지역과 제주도나 강릉, 한강변의 풍납토성, 영남 내륙의 경산 동해안 지역의 강릉에서도 출토된 바 있다.

"고대 중국 전폐(錢幣)가 가끔 우리나라 초기 금속 유물과 함께 발견되는 바, 그중 주목되는 것은 전국 시대의 전폐인 '도(刀)전'과 '포(布)전'의 발견이다."[135] 포전은 한국의 따비와 같은 농기구 삽의 모양을 한 방족포(方

---

135 정백운, 『조선 금속문화 기원에 대한 고고학적 자료』, 과학원출판사, 1957, p 31.

足布)의 형태이고, 조(趙)의 안양포(安陽布), 위(魏)의 택양포(宅陽布), 연(燕)의 양평포(襄平布)등이 있다. 한편 전폐 외에 거푸집도 다수 발견되었다. 평양 동구역 낙랑리(樂浪里)에서 발견된 사수(四銖) 반냥(半兩)전을 지은 활석제 거푸집들을 위시하여 오수전(五銖錢)과 왕망(王莽)때의 화천(貨泉), 대천오십(大泉五十)등 거푸집과 범모(范母 또는 範母-거푸집을 만들기 위한 거푸집) 등이 발견되었다.[136]

한국 고대에 해로를 이용한 한·중·일 삼국의 무역이 활발하고 한반도의 거의 전 지역에서 전국 시대와 한나라 시대의 중국 화폐가 발견되는 것은 당시에 동아시아에서 중국 화폐가 국제 화폐로 기능한 것을 보여준다. 특히 오수전은 동아시아 여러 지역에서 출토되었다. 일본에서도 중국 화폐가 많이 발견되고 가마쿠라 막부 시대까지도 중국 동전이 화폐로 사용된 것을 감안하면 중국 동전의 국제적 유통성을 이해할 수 있다. 한반도의 삼국 시대에 한국 독자의 화폐가 주조되어 널리 유통된 것으로는 생각되지 않지만, 약간의 동전과 함께 무문의 금·은전이 부분적으로 사용되었을 것으로 판단된다. 그리고 비교적 개방적인 국제 환경에서 한국을 포함한 동아시아에 중국의 화폐가 국제 화폐로 널리 유통된 것으로 보인다.

---

136 정백운, 같은 책, p 34.

제3장

통일 신라 시대의
가산 귀족 관료제

제1절 가산 귀족 관료제와 식·녹읍제

만주를 포함한 한반도 고대에는 삼국이 정립되어 상호 간에 국세와 영토를 확장하기 위해 치열한 경쟁을 하였다. 삼국은 때로는 침략을 때로는 방어를 위해 연대와 대립을 일삼았으며, 주변의 강국인 중국과 통교하고 조공관계를 맺으며 외교적인 지원을 얻고자 하였다. 또한 일본과도 밀접하게 교류하고 상호 커다란 영향을 주고받았다.

삼국 간에는 잦은 국경 분쟁이 있었으나 고구려가 가장 강국이었고 중국과 직접 국경을 마주하여 중국에게도 큰 위협이 되었다. 따라서 중국은 백제 혹은 신라와 협조하여 고구려를 견제하고 공격하는데 힘을 쏟고 있었다. 일본은 한반도 남부의 가야 지역과 오랜 교류를 가지고 있었다. 일본은 신라와 백제 모두와 교류했으나 신라가 변한을 장악한 후에는 대체로 백제와 가까운 협력관계를 유지하였다.

통일 신라 시대는 한반도의 역사에서 (원)삼국 시대와 확연히 구분되는 시기이다. 그러나 신라사 중심의 관점에서 보면 삼국 통일은 신라의 연속적 확장 과정의 한 획기에 지나지 않을 수도 있다. 1145년에 편찬된 『삼국사기』의 「신라본기」에는 신라를 상대, 중대, 하대로 구분하고 있다. 상대는 시조에서 진덕여왕까지, 중대는 무열왕에서 혜공왕까지, 하대는 780년 선덕왕이 왕위에 오른 때부터 935년 마지막 경순왕이 물러날 때까지의 시기로 구분한다. 통일 신라는 신라의 국력이 가장 강력했던 시대인 중대의 초기인 무열왕과 문무왕 시기에 당나라와 연합하여 먼저 백제를, 그리고 이어서 고구려를 멸함으로써 달성되었다.

신라는 비록 중대에 삼국을 통일하고 한동안 전성기를 누리게 되었지만 이는 그 전시기에 이룩한 성과에 기초하였다. 신라는 지증왕 시대인 6세기에 중앙 집권적 정치제도를 정비하기 시작하고 사실상 삼국 통일 이후에도 그 체제를 확장하여 간 것으로 보인다. 신라는 지증왕대에 국호를 신라, 그리고 군주의 이름을 왕으로 정했다. 이어서 법흥왕이 율령제를 정비하고, 화백 회의에 참석하는 고위 관직인 대등 중에서 상대등이라는 일종의 총리직을 두고, 국왕은 그 위에 군림하는 존재로 되었다. 왕권 강화와 국력 신장으로 신라는 6세기 중엽에 진흥왕에 의한 급속한 영토 확대가 가능하게 되었다. 진흥왕은 고구려와 백제의 분쟁을 이용해 고구려와 백제의 영토를 차지했으며, 562년에는 대가야를 합병하였다. 또한 진흥왕은 한강 유역을 차지하여 중국과의 직접 교통로를 확보하고, 고구려나 백제와 마찬가지로 중국과 교류하였다. 진흥왕은 북제(北齊)에 사신을 보내 565년 '낙랑군공 신라왕(樂浪郡公 新羅王)'이라는 책봉을 받았다. 또한 566년 이후 수차에 걸쳐 남조의 진(陳)에도 사신을 보내 조공하였다.

한편 중국은 5호 16국, 위진남북조의 분열 시대를 거쳐 수나라로 통일되고, 수나라 문제가 598년 고구려를 침입했으나 패전하고, 뒤를 이른 수양제가 612~613년 대규모로 침공했으나 역시 패전한 후 국가가 멸망한다. 고구려는 수양제와의 전쟁에서 승리했으나 이후 당이 건국되자 또 다시 전쟁의 위기감을 느끼게 되었다. 연개소문은 국왕을 시해하는 비상한 방법으로 고구려의 실권을 장악하고, 당과의 전쟁에 대비하였다. 수나라를 이은 당의 2대왕 당태종이 645년 고구려를 다시 침공했으나 패하고 649년에 사망했다. 이 과정에서 고구려는 당의 위협에 맞서 백제와 제휴하여 당에 대비하고자 하였다.

한편 신라는 중국에 당이 건국된 후에는 진평왕이 바로 사신을 보내 조공하였고, 624년 '낙랑군공 신라왕(樂浪郡公 新羅王)'으로 책봉을 받았다. 이후 고구려가 당에 대비하고자 백제와의 연합을 시도하면서 신라는 한반도에서 외교적으로 고립되었고, 이를 벗어나기 위해 진평왕의 뒤를 이은 선덕여왕은 친당 노선을 추진하였다. 김춘추와 김유신은 손을 맞잡고 선덕여왕의 후사가 없는 혼란을 극복하여 진덕여왕을 세우고 친당 노선을 지속하였다. 김춘추는 중국의 율령제도를 도입하고, 650년에 신라 독자의 연호를 폐지하고, 당의 연호를 사용하는 등 친당을 강화했다. 김춘추는 654년에 무열왕으로 즉위하고 지속적으로 당나라와의 연합을 모색했으나, 당나라는 상당 기간 지켜볼 뿐이었다.

당태종이 대고구려 전쟁에서 패한 이후, 후계인 당고종이 고구려와의 전쟁을 위해서는 먼저 백제를 멸하고, 남북으로 고구려를 공격할 의도로 신라와의 연대를 결정하고 나당 연합군을 형성하게 된다. 신라는 당군과 연합하여 660년에 백제를 멸하는데 성공하였다. 이어 663년에 나당 연합군은 백촌강에서 백제의 구원군으로 파견된 일본의 수군을 궤멸시키고, 668년에 고구려를 멸망시켰다. 이후 신라는 전쟁에 대한 협력의 대가로 대동강 이남에 대한 통치권을 요구했으나 당은 오히려 신라를 위협하였고, 신라는 당이 티베트(吐蕃)와의 전쟁에 휩싸인 사이 군사를 일으켜, 676년에 구백제령과 함께 평양을 제외한 대동강 이남의 구고구려 땅을 포함하는 영토를 차지하게 되었다.

그러나 신라가 삼국 통일을 달성했다고 하지만, 고구려 국토의 대부분과 평양이 당나라 땅이 되어 삼국 통일이라 하기에는 미흡하고 삼한 통일이라는 편이 실체에 가까웠다. 한편 676년 이후 당과의 이면적 대립이 지속되고 있는 상황에서 신라 조정은 소박하지만 삼국인을 아우르는 차원의 종족 의식을 '삼한 일통 의식'으로 전면에 내세웠다".[1]

삼국 통일 이후에도 신라와 당의 국경 분쟁은 지속되었고, 고구려 후손인 대조영에 의해 698년 발해가 건국되었다. 이로써 신라는 당과 직접 국경을 접하지 않게 되어 상대적 안정을 회복하였다. 732년 발해가 바다를 건너 산동의 등주(登州)를 공격하자 당은 신라에 발해의 남쪽 공격을 요청

1 노태돈, 『한국고대사』, 경세원, 2014, pp 198-199.

하였다. 신라는 이에 응했고, 이에 대한 보상으로 당현종으로부터 735년에 이미 차지하고 있던 패강(대동강) 이남의 땅을 사여의 형식으로 공인받았다. 한반도는 발해가 고구려 땅을 복구함으로써 926년 발해가 멸망하기까지 남북국 시대로 유지되었다.

다른 한편 통일 신라와 당의 교류는 밀접했고, 중국의 제도와 문화가 보다 깊숙이 침투하고, 신라의 언어와 문화는 중국과 많이 닮아갔다. 이후 후삼국 시대를 거쳐 고구려의 후계임을 자처한 고려조가 흥기하고 북진 정책으로 평양과 그 이북을 차지하여, 어느 정도 현재 한반도의 국토 모습을 갖추는 기틀을 마련하였다

신라는 법흥왕 이후 중앙 집권을 강화해 왔지만 귀족 회의 자체를 폐지할 수는 없었다. 신라는 골품제로 대표되는 신분제와 부족 연맹 체제가 지속되었다. 신라 귀족 회의 참여 자격이 신분제 상으로 진골 외의 6두품도 포함될 수 있느냐는 불분명하지만, 그들은 족장 출신인 점에서는 공통적이다. 그러나 귀족 회의는 점차 관료제가 확충되면서 약화되었다.

신라는 법흥왕 7년(520)에 율령을 반포하고 백관 공복을 제정하였다.[2] 『삼국사기』에는 태종무열왕이 즉위하자 율령을 개정하였고,[3] 문무왕은 유조를 통해 율령 격식에 불편한 점이 있으면 곧 개정하라고 명하였다.[4] 아마도 신라의 율령은 법흥왕의 원형으로부터 꾸준히 개량되었으며, 통일 신라에 들어서는 법에 대한 연구와 교육을 담당하는 율령전(律令典)을 설치하고 율령 박사를 두어 관리하도록 하였다.[5]

---

2 "七年, 春正月, 頒示律令, 始制百官公服朱紫之秩". 『三國史記』 卷第四 新羅本紀 第四.

3 "五月, 命理方府令良首等, 詳(《삼국사절요》에는 參으로 되어 있다.) 酌律令, 修定理方府格六十餘條". 『三國史記』 卷第五 新羅本紀 第五.

4 "律令格式, 有不便者, 即便改張. 布告遠近, 令知此意, 主者施行", 『三國史記』 卷第七 新羅本紀 第七.

5 "律令典, 博士(정덕본에는 ■土로 한 글자의 판독이 불분명하나, 이후 내용을 볼

율령은 형법인 '율'과 행정법인 '령'을 의미하며, 왕의 의사적 명령으로서 법의 제정으로 나타나지만 한국사에서 고려조까지도 별도의 법전이 편찬되지는 않아서 형법에 관해서는 중국에서 전래된 당률이 중요한 역할을 하였다. 따라서 한국 사료를 통해 구체적으로 확인할 수 있는 율령제의 내용은 관청의 직제와 관등제 등의 관제가 중심이다.

『삼국사기』에 기록된 법흥왕(520) 율령의 내용은 관등에 따라 공복의 색깔을 구분하는 것이었으므로 이 무렵에 17관등제에 관한 규정이 마련되었을 것으로 짐작된다. 신라의 17관등제에는 골품제에 의해 골품별로 관직 진출에 상한이 있었다. 진골은 모든 등급의 관직으로 진출할 수 있지만, 6두품은 6등급, 5두품은 10등급, 4두품은 12등급의 관직이 상한이었다. 한편 신라 하대에는 관품이 관등에 비해 높거나 낮은 경우에 사용하는 칭호인 행수법(行守法)이 행해졌다. "행수법(行守法)은 신라 하대에 들어 일부 실행했지만, 중대에는 실행하지 않았다. 각 관직에는 취임할 수 있는 관등이 여러 개이다. 경우에 따라 원론상으로는 차관이 장관보다 더 높은 관등을 지녔을 수도 있다."[6]

신라의 17 관등제는 골품제와 연계된 중앙 관직의 위계 즉 경위를 보여주는 것이다. 신라의 골품제는 전국 주민을 대상으로 하는 신분제는 아니고, 어디까지나 신라 6부인 과 6부로 이주해 온 피복속민으로 구성된 왕경인의 신분제였다.[7] 신라는 사로국을 중심으로 확대되어 종국적으로 통일 신라가 형성되었으므로, 국가 발전의 중심축이었던 왕경인을 우대하고 그들을 중핵으로 하는 국가 조직의 형성을 보여주는 것이 중앙의 관등제이다.

때, 博士로 판단된다.)六人". 『三國史記』 卷第三十九 雜志 第八. "夏四月, 選醫官精究者, 充內供奉, 置律令博士二貝". 『三國史記』 卷第九 新羅本紀 第九(경덕왕).
6 노태돈, 218면. 이는 고려조 전시과 체제에서 관등이 낮은 자가 신분이 높아 보다 많은 전시지를 받는 것과 기본적으로 같은 현상으로 생각된다.
7 노태돈, 『한국고대사』, 경세원, 2014, pp 200.

다른 한편 신라의 확장 과정에서 지방민에게는 경위와 구분되는 11등의 외위(外位)가 주어졌다. 외위는 11관등으로 '간(干)' 이상의 관등과 그 아래의 관등으로 대별된다. '간'은 종래의 부족장급이고 그 아래는 부족장들의 신료이다. 그러나 통일 신라 문무왕 14년(674)에 외위를 경위로 대치함으로써 외위는 소멸되고 신라의 관등 체계는 일원화되었다. 복속한 백제, 고구려의 귀족들도 관위제도에 편입되었다

신라는 율령을 통한 관료제의 정비와 함께 지방 통치 조직을 정비하고 군현제를 확대하여 중앙 집권 체제를 수립하고자 하였다. 신라는 신문왕 5년(685)에 군현제를 내부 구조로 하는 9주 체제가 성립되었다. 통일 신라는 비록 재지 귀족 세력이 온존하였지만 전국을 9주로 나누고 그 아래에 군·현을 설치함으로써 중앙 집권적 국가의 형태를 갖추고 국왕의 권력을 강화하고자 하였다.

주군제(州郡制)에서 '주' 내부에는 읍격이 다른 군(郡)과 성촌(城村)이 존재했다. 지방 통치를 보다 일관된 중앙 집권적 군현제로 정비하고자 하는 노력은 종래에도 진행되고 있었지만, 통일 후 보다 체계적으로 추진되었다. 전국적으로 군현제를 실시하고 중앙에서 지방관을 파견하여 집중적으로 통치하고, 중앙에서 전국 촌락의 호구와 경지를 파악하며 과세 기반을 정비하는 것은 쉬운 일이 아니었다. 종래와 비교하여 "군의 영역 범위는 대체로 계승하면서 그 예하의 성촌에 대해서는 이를 재편성하여 '현(縣)'이라는 행정 구역을 설정하였다."[8] 통일 전의 성촌제는 '전정(田丁)과 호구(戶口)의 다과에 따른 군현제'[9]로 재편되고 중앙 집권이 강화되었다. 군현제는 통일 후 새로 편입된 고구려나 백제를 보편적 편제로 제도화하

---

8 李文基, 「統一新羅의 地方官制 研究」, 『國史館論叢』 第20輯, 1990.
9 중앙 집권 강화에 관해서는 朱甫敏, 「신라의 촌락구조와 그 변화」, 『국사관 논총』 35집, 1992, pp 83-85 참조.

는 방법이 될 수 있었다.

그 결과 군현 간에는 그 전대에 비교할 수 없을 정도로 인구나 규모 등이 균질화되었다. 전국은 경덕왕 16년(757)에 9주-5소경-117군-293현으로 편성되어 군현의 수는 410개였다.[10] 그러나 9주에서 관할하던 군(郡), 현(縣)이 450개였다는 기록도 있다.[11] 현 이하의 촌 단위에는 촌주라는 직책을 두어 전체 인민을 국가 기구의 관할권으로 편입하고자 하였다. 당시 얼마나 많은 군현에 중앙에서 파견된 지방관이 보임했는지 정확히 알기 어렵지만,『삼국사기』의 「직관지」에는 전국의 군에 태수 115명, 그리고 현에 현령 201명이 임명되었다[12]고 했다. 대체로 군에는 모두 지방관이 임명되었고, 현은 2/3정도에 지방관이 파견되었으며, 전체 군현을 통틀어 2/3~3/4 정도에 지방관이 임명된 것으로 보인다. 현령이 임명되지 않은 현은 고려조와 마찬가지로 속현으로서 군현의 지방관을 통해 간접 통치된 것으로 보인다. 대체로 8세기의 통일 신라 중앙의 지방 통제력은 고려조보다도 강력했지만, 9세기 이후에는 약화되고 지방 호족의 세력이 강화되었다.

신라는 율령제와 군현제를 통해 중앙 집권이 강화되어 갔지만 통일 신라 시대에도 화백 회의와 그 우두머리인 상대등은 존재하여 귀족들의 힘이 여전히 강했다. 전제 왕권과 귀족 연맹 체제가 혼재하여, 중앙 권력과 재지 권력이 병존하는 구조가 기본적으로 존속되었다. 신라 하대의 왕위 계승을 둘러싼 귀족들 간의 암투, 김헌창의 난으로 대표되는 재지 권력의 반란 시도, 그리고 후삼국 시대로 분열이 되는 등 신라는 중앙 집권체제가 공고하게 완성되었다고 보기는 어렵다.

행정 관료제가 정비되기 전에는 회의체를 통한 국사의 결정과 집행이 이루어지는 경우가 많지만, 신라의 경우 중앙에는 귀족 회의체로서의 화백

---

10 『三國史記』제9권, 신라본기 경덕왕 16년.
11 『三國史記』권 제34 잡지 제3, 지리(地理)— 신라(新羅), 9주의 설치.
12 『三國史記』卷第四十 雜志 第九, 外官.

회의가 존재하였다. 이것은 전쟁 시기인 고해 이사금 3년(249)에 설치되었던 정청인 남당 회의와 마찬가지로 유력 부족들의 회의체에서 유래된 것이다. 중앙에서의 중요 국사 이외에 지방에서의 주요 분쟁을 처리할 때에도 회의체를 통해 의사 결정을 하는 경우들이 보인다. 냉수리비(503년?)와 봉평비(524)에는 특정 분쟁 사안을 판단하기 위해 회의체를 통해 의사 결정을 하는 과정이 나타난다.[13] 지방의 분쟁 처리를 중앙에서 파견된 귀족 혹은 관리와 현지의 촌주 등 주요 인사가 참여하여 회의로 결정한다는 것은 상시적 관료 기구가 지방에 정비되어 있지 않고, 자치적 영역이 많이 남아 있는 것을 반증하기도 하는 것이다.

통일 신라는 이전과 달리 국왕이 귀족의 위에 군림하고, 율령제 아래 관등제를 실시하고 그것을 강화하는 관료제적 모습을 보인다. 그러나 통일 신라도 한 가계 내에서의 왕위의 부자 승계가 잘 지켜지지 않았고, 귀족들의 힘이 강하게 존속하는 등 가부장적 가산제 국가가 완성되었다고 보기 어렵다. 그럼에도 불구하고 통일 신라는 중앙 권력에 의한 개별 농민호에 대한 파악과 과세제도가 크게 진전되고 체계적 위계의 관료제가 시행된 점에서 가산 관료제 사회이다. 다만 국가 관료의 중심 세력이 씨족적 기반을 가진 골품제의 귀족이라는 점에서 가산 골품 관료제 사회였고 보다 보편적 개념으로는 가산 귀족 관료제 사회였다.

한편 신라의 지방 행정 조직은 군사 조직이기도 하여 지방관이 군사 지휘권을 겸했다. 전국의 각 주(州)에 군주(軍主)를 두고, 주 밑의 군에 태수, 현에 현령을 두었다. 통일 신라 시대에 전국 9주를 기준으로 군사 조직으로 각 주에 1개의 정을 두지만 한산주(漢山州)만은 넓어 2개의 정을 두어 전국에 10개의 정(停)을 두어 일정한 기병과 보병을 두어 국방을 담당하게 하였다. 그러나 반드시 행정 조직과 군사 조직이 일치하는지는 불명이고,

---

13 朱甫敏, 「新羅의 村落構造와 그 變化」, 『國史館論叢』 第35輯, 1992.

시대와 사례에 따라 차이가 있을 수 있다.

한편 주, 군, 현 아래에는 촌이 말단 행정 단위로 설치되어 있었다. 촌은 몇 개의 자연촌으로 구성되었다. 행정촌에는 토착 세력가인 촌주가 있는데, 중고기에 비해 통일기에 들어서 촌주의 자치력과 권한이 크게 약화되었다. 그리고 촌주나 주, 군, 현의 말단 실무 관리(吏)를 중앙 정부에서 통제하기 위해 상수리(上守吏)제도를 시행하였다. 즉, 주(州)의 리(吏) 한 명을 상경시켜, 왕경의 관부에 근무하게 하는 제도였다.[14]

한편 신라에는 주, 군, 현 이외에 향, 부곡 등 보다 작은 규모의 행정 단위가 존재했다. 『삼국사기』의 「지리지」에는 "방언에 소위 향(鄕), 부곡(部曲) 등 잡다한 곳들은 다시 갖추어 기록하지 않는다"[15]고 하였다. 신라에서 이들 현 이하 행정 단위의 주민들은 '노인법(奴人法)' 아래 '노인(奴人)'으로 하층민 취급을 받았다. 봉평비에는 '노인법' 및 '노인촌'이라는 표현이 등장하고, "노인(奴人)이란 표현의 의미는 신라의 확장 과정에서 전쟁 등 대립을 통해 신라에 복속된 이종족에 대한 공식적 명칭"[16]으로 이해된다. 그리고 이들을 위한 법으로서 '종종노인법(種種奴人法)'이 존재했는데 이는 여러 종류의 노인법이 있었다기보다는 촌락마다 경제적 부담을 달리하는 여러 노인촌이 존재한 것으로 해석된다.[17] '노인'의 실태는 불명이지만 고구려와 부여 사회에서 예속민을 종족·지역적 예속민인 '하호(下戶)'로 구별 파악하고 있는 것과 기본적으로 비슷하다. 신라는 법흥왕의 율령 반포를 기점으로 하여 기왕의 노인(奴人)으로 파악되어 있던 지방의 예속민들을 일반인 수준의 신분으로 상승시키는 일련의 조치가 진행되었다.[18]

---

14 노태돈, 『한국고대사』, 경세원, 2014, p 211.

15 "九州所管郡縣, 無慮四百五十方言所謂鄕·部曲等雜所, 不復具錄, 新羅地理之廣袤, 斯爲極矣". (『三國史記』, 卷第三十四 雜志 第三)

16 朱甫敏, 「新羅의 村落構造와 그 變化」, 『國史館論叢』第35輯, 1992.

17 朱甫敏, 같은 논문.

신라는 집권 관료제를 정비하면서 관료들에 대한 재정적 보상제도를 마련했다. 고대 국가가 통일된 재정기관을 마련하여 조세 수입과 지출을 통일적으로 관리하는 것은 어려운 일이므로, 관료들에게 먼저 자판적인 수입을 얻을 방도를 제공했다. 신라는 관료들에게 보수로 식읍이나 녹읍을 지급했고 때로는 관료전을 그리고 때로는 곡식을 지급하는 녹봉제를 실시하였다.

　　"녹읍은 중·상급 관리들에게 일정한 지역 단위로 지급하였다. 녹읍에서 직접 수취하기 어려운 단문한족(單門寒族) 출신 관인에게는 매년 곡식을 지급했다. 그리고 532년 신라에 투항하여 진골에 편입된 가락국의 마지막 왕 김구해에게 김해 지역을 식읍으로 주었듯이 유력한 소국 지배층 출신 귀족에게는 그 세력 근거지를 식읍으로 사여하고, 조용조 징수를 허용했다. 그리고 특별한 유공자에게도 식읍을 내렸다. 그 뒤 지방관 파견이 늘어나고, 중앙 집권력이 강화됨에 따라 식읍에 대한 자의적인 수탈을 제한하였고, 식읍도 호 단위로 주어졌다."[19] 그 예를 보면 무열왕 3년(656)에 김인문의 공로를 치하하여 식읍 300호를 사여했다. 또한 668년 고구려와의 전쟁에서 승리한 문무왕은 김인문의 공을 기려 죽은 대탁각간 박뉴의 식읍 500호를 회수하여, 그에게 주었다.

　　읍이라는 지역을 단위로 사여되는 식·녹읍은 명칭으로는 일정 지역에 대한 통치권을 부여하는 봉토 봉건제에서의 소령의 사여를 연상시키지만, 이미 중앙 집권과 군현제가 형성되기 시작하여 통치권은 부정되었다. 그리고 사실상 '호'를 단위로 주어진 수조권은 봉읍 내의 민간에 대한 부세의 징수를 의미하는 것이었다. 씨족적 족장 질서를 기초로 하는 삼국 시대의 귀족 연합 체제인 '부'체제가 분권적인 봉건 소령 체제로 나아가지 않고,

---

18 朱甫敏, 같은 논문.
19 노태돈, 『한국고대사』, 경세원, 2014, pp 225-226.

집권적인 군현제로 발전했다. 군주에게 공헌하여 작위를 받는 귀족에게 반대급부로 주어진 것이 식·녹읍제였고 이는 수조 봉건제의 한 모습으로 생각된다.

군현제는 법령에 기초한 관료제에 의한 인민 지배이다. 왕과 신하와의 관계가 세습적인 봉건제와 달리 군현제에는 왕이 혈연이나 능력 및 공훈 등 여러 요인을 감안하여 관료로 임명한다. 봉토 봉건제에서 관료는 자신의 영지를 지배하는 호족으로서 영유 수입(domain revenue)을 얻지만 군현제에서의 관료는 국가에 의해 조세를 원천으로 급여가 지급되는 존재이다. 조세에서 급여를 지급하는 방식은 장시간에 걸쳐 발전하였고, 이러한 조세 지급에 기초한 가산 관료제를 베버(Max Weber)는 수조 봉건제라 불렀다. 통일 신라 시대에서 가산 관료제와 수조 봉건제의 원형이 비롯되었다.

식읍이 공신이나 귀족에게 주어진 것이라면, 녹읍은 관직 복무의 대가인 녹을 지급함에 있어 일정한 지역, 즉 읍을 내리는 제도이다. 그리고 식읍은 '호' 나 지역을 단위로 사여되었으며, 녹읍제도 지역을 단위로 사여되었으나 모두 토지의 면적인 몇 결로 명시되지는 않았다.[20] 식·녹읍은 모두 직접적으로 '호'를 대상으로 하거나 일정 면적으로 환산되지 않는 명목상의 지역을 단위로 한 것이었다. 대체로 녹읍을 '호'를 단위로 지급했을 경우에 '호'의 사여의 실체가 어떤 것인가에 관해 「신라촌락문서」에서의 부세 수취 단위인 '계연'이 성립된 뒤에는 '계연'이 단위가 되고, 계연이 고려조 족정의 원형이었을 것이라는 해석이 있다.[21]

그러나 계연 1단위는 중상연 1개로 이루어질 수도 있지만, 하하연 6개로 이루어질 수도 있어, 그 구성의 모습에 따라 토지 결수는 편차가 크다. 그리고 계연의 1단위 기준이 되는 중상연은 평균 결수가 고려조 족정의 원형

20 魏恩淑, 「전시과 체제」, 『신편 한국사』 14, 2002. 참조.
21 李仁哲, 「3) 녹읍과 녹봉」 (『신편 한국사』 9권, 통일 신라 Ⅲ. 경제와 사회).

이 되기에는 너무 크다. 17결은 오히려 계연 3/6인 하상연의 평균 결수에 가깝다. 따라서 17결을 기준으로 하는 족정을 직접 계연 1단위와 연관시키기는 어렵다고 생각된다.

기본적으로 녹읍제가 관료들에 대한 경제적 처우 방식인 점에서는 (수조)관료전과 유사하다. 식·녹읍의 사여는 공적인 재판권을 포함하는 봉건적 공권력의 사여를 의미하는 것은 아니고, 기본적으로 수조권의 사여이다. 그러나 사실상은 전조(田租) 외의 조(調)와 역(役)의 수취를 모두 포함한 것으로 판단된다. 그리고 고려나 조선조의 공신전도 사실상 경작 농민으로부터 조용조를 모두 수취할 수 있는 점에서 식·녹읍과 유사한 것이었다. 수조권의 사여에서 세습을 허용하는가의 여부가 중요하고, 식읍의 세습성이 가장 강했을 것으로 생각된다. 또한 국왕의 신료에 대한 보상제도에서 조의 수취만 허용하는가, 혹은 조용조 모두를 허용하는가, 즉 사실상의 인신 지배를 용인하는가의 차이는 중요하다. 그러나 식·녹읍제, 관료전, 녹봉제 등은 모두가 산관료제의 아시아적 형태인 수조 봉건제의 발전 과정에서 나타나는 관료에 대한 반대급부의 제도인 점에서 공통된다. 중앙집권적 군현제이지만 근대적 재정제도가 마련되지 않아 관료에게 직접적인 수조권을 사여하는것이다.

식읍이나 녹읍의 특징을 전시과나 과전법의 관료전과 비교하여 사여 기간, 수취 방법, 수취 내용 등의 점에서 그 차이점을 검토할 필요가 있다. 먼저 사여 기간의 경우에는 어느 경우에나 국왕의 은혜로 주어진 것이고, 작위도 세습되는 것이 아니므로 원칙적으로 당대에 한하지만, 상대적으로 식읍은 신분에 대한 보상이므로 세습의 가능성이 없지 않다. 그러나 녹읍이나 관료전은 관직에 대한 대가이므로 예외가 없지 않지만 당대에 그치는 것으로 볼 수 있다. 수취 방법은 대체로 조선조 중엽의 관수관급제 이전에는 직접 수취가 일반적이었으나 필요에 따라 지방관의 협력 아래 이루어졌을 수 있다.

수취 내용에 대해서는 식읍이나 녹읍은 조세·공부·역역(力役) 전부를 포함하는 것으로 생각된다. "녹읍민은 다른 일반 촌락의 농민과 동일한 형태로 수취되었을 것이다. 당시 농민들에게 앞에서 본 바처럼 계연으로 산출된 세액이 촌락 단위로 부과되었다. 녹읍을 준다는 것은 종전 군현에서 계연에 의해 산정된 수취물을 거두어들이던 것을 녹읍주가 대신 받게 한 것"22으로 생각된다. 그러나 관료전은 원칙적으로 수조권에 국한되나 관료가 직접 동일한 토지에서 장기간 수조하는 현실에서는 이의 범위를 벗어난 수취가 이루어질 가능성이 없지 않았다.

관료에 대한 보수제도는 통일 신라기에 여러 차례 변화했다. 통일 신라는 신문왕 7년(687)에 관료전을 지급했다.23 신문왕 9년(689)에는 녹읍을 폐지하고, 1년 단위로 조를 차등 있게 지급하도록 하였다.24 녹봉제를 채택한 것은 재정의 여유를 바탕으로 귀족을 통제하기 위한 것으로 보인다. 신문왕은 "귀족 관료들을 통제하기 위한 목적으로 녹읍을 혁파하고, 조를 지급하여, 녹읍주가 녹읍민의 인신을 지배하게 못하게 하고, 관리들에 대한 보수를 월봉 형식으로 지급했다. 통일 이후 구 백제 지역과 고구려 지역으로부터 들어오는 재정 수입이 확대되자, 그것을 활용하여 개혁을 시도한 것이다."25 그러나 재정 악화와 귀족들의 반발로 경덕왕 16년(757)에는 중앙과 지방의 여러 관리들에게 매달 주던 녹봉을 없애고 다시 녹읍(祿邑)26

---

22 노태돈, 『한국고대사』, 경세원, 2014, p 226.
23 "五月, 敎賜文虎(武를 피휘한 것이다.)官僚田有差" (『三國史記』 卷第八, 新羅本紀 第八)
24 "九年, 春正月, 下敎, 罷內外官祿邑, 逐年賜租有差, 以爲恒式" (『三國史記』 卷第八, 新羅本紀 第八).
25 노태돈, 『한국고대사』, 경세원, 2014, p 227.
26 녹읍제는 관료들에 대한 경제적 처우 방식으로, 삼국 시대부터 통일 신라기를 거쳐 고려 초까지 존속하였다. 녹읍에 관하여서는 학계의 해석이 매우 다양하다. 우선 녹읍은 신문왕 7년(685) 5월 초에 보이는 문무관료에 대한 토지 분급과 관련하여, 이를 문무관료전으로 보고 녹읍이 곧 직전이라는 견해가 있다(野村忠夫,《正倉院

을 지급하였다.[27] 이후 태조 17년(934)에도 녹읍의 기사가 보이고 있어 왕건이 통일을 이루기 전까지도 녹읍제가 시행되었음을 알 수 있다.

신라에서 왕자 및 공주와 옹주에게 식읍이 주어졌으며, 공신들에게도 식읍이나 녹읍을 하사했을 것이다. 수도에 거주하는 귀족들은 왕실 및 집권 세력과 밀접한 관련을 가지고 식·녹읍을 지속적으로 보유하고자 하였고, 이를 바탕으로 화려한 수도 생활을 유지할 수 있었다. 한편 "녹읍에는 읍사(邑司)를 설치하고, 문객이나 당여(黨與)인 요속(僚屬)을 파견해 관할했을 것이며, 아울러 주변의 토지와 민호를 끌어 모아 사영지(私領地)를 확대하려 하였을 것이다".[28]

より發見せる新羅の民政文書について》,《史學雜誌》62-4, 1953). 그러나 현재 대다수의 학자들은 녹읍과 직전을 달리 보거나 병행되는 제도로 보고 있다. 그리고 녹읍 분급의 주체는 국가이며, 그 대상이 되는 사람은 관직에 있는 문무관료 또는 관청이라는 데는 대체로 일치하고 있다. 한편 분급 방식에 있어서는, 일정한 지역 전체를 녹읍주에게 분급해 주었다는 견해(武田幸男, 「新羅の村落支配」, 《朝鮮學報》81, 1976. 木村誠, 「新羅の祿邑制と村落構造」, 《역사학연구》別冊, 1979)와 부분적으로 분급해 주었다는 견해(이경식, 「고대·중세의 식읍제의 구조와 전개」, 《손보기박사정년기념 한국사학논총》, 지식산업사, 1988)가 있다. 특히 박시형은 직전의 집합체가 1개 녹읍(=지역)이라고 보았다. 수취 방식에 대해서는 크게 세 가지 견해가 있다. 첫째는 노동력 내지 공납의 수취를 강조하는 견해로서, 이는 다시 조·용·조 수취설(백남운, 《조선사회경제사》, 1933.)과 조·노동력 수취설(김철준, 「신라귀족세력의 기반」, 《인문과학》7, 1962) 및 공납·역력 수취설(武田幸男, 「新羅の村落支配」, 《朝鮮學報》81, 1976. 木村誠, 「新羅の祿邑制と村落構造」, 《역사학연구》別冊, 1979)로 나누어진다. 둘째는 토지 지배를 중시하는 收租權說(백남운, 《조선사회경제사》, 1933. 野村忠夫, 《正倉院より發見せる新羅の民政文書について》, 《史學雜誌》62-4, 1953. 박시형, 《조선토지제도사》상, 1960. 김용섭, 「전근대의 토지제도」, 《한국사입문》, 학술원, 1983)로서, 수조율은 대개 공전과 같은 1/10로 추정하고 있다(김용섭, 「전근대의 토지제도」, 《한국사입문》, 학술원, 1983). 셋째는 위의 두 입장을 절충한 견해로서 노동력 수취에서 토지 생산물 수취로 변화했다고 보는 설이 있다.

27 "三月, 除內外羣官月俸, 復賜祿邑" (『三國史記』卷第九, 新羅本紀 第九).

28 노태돈, 같은 책, p 240.

통일 신라 시대는 한국사에서 수조 봉건제(prebendal feudalism)가 등장하는 시대였다. 수조 봉건제는 가산 관료제의 아시아적인 형태라 할 수 있다. 관료에게 서비스에 대한 대가로 토지를 불수불입(不輸不入)의 특권과 함께 사여하지 않고, 원칙적으로 수조권을 제공하는 것이고, 그러한 수조권의 내용도 시기에 따라 다양한 형태로 변모한다. 봉토 봉건제에서 자신의 영지에서 부세를 징수하는 신하와 달리, 군현제의 관료는 왕에 의해 부세에서 급여가 지급되는 존재였다.

수조권 사여의 발전적인 세 형태는 식·녹읍제(공신전)와 (수조)관료전, 녹봉제이다. 통일 신라 시대에는 이 세 가지가 모두 시행된 바 있다. 녹봉제는 가장 명료하여 국가가 징수한 조세의 일부를 관료에게 정기적으로 녹봉으로 주는 것이고, 그것도 현직에 있는 경우에 한하여 주는 것이 전형적인 것이다. 식·녹읍제와 그에 유사한 내용의 공신전은 수조권과 함께 그 토지에 거주하는 농민을 사역하거나 특산물을 수취할 수 있는 것이었다. 그 중간적인 형태인 (수조)관료전은 다양하게 존재할 수 있다. 우선 수조권의 사여 기간, 수조 이외의 노동력이나 특산물의 수취에 대한 금지 여부, 현직 재임 기간에 해당하는가의 여부, 수조의 직접적인 징수가 허용되는가 등에 따라 그 성격이 달라질 수 있다. 이러한 중간적 형태를 (수조)관료전이라 볼 수 있다.

통일 신라부터 이 세 가지 형태는 모두 나타나고 시대별로 그 각각 시행되고 폐지되며 다시 등장하는 등 많은 변화가 있었다. 그러나 녹봉제는 전근대 사회에서 재정 관료 제도가 비교적 잘 갖추어지고, 재정이 나름대로 통일적으로 이루어지게 된 후에야 비로소 안정적 운영이 가능한 것이었다. 따라서 한국사의 중심적 경향으로는 식·녹읍제에서 (수조)관료전으로 그리고 녹봉제로 발전해 갔다. 그리고 이러한 변화는 시행착오를 거치면서 신라 시대부터 조선조 중엽에 이르는 천여 년 이상에 걸쳐 점진적이고, 단속적으로 이루어졌다.

제2절 「촌락문서」와 토지제도

한국 전근대 촌락의 실태를 조사 기록한 중요한 문서가 우연한 기회에 발견되었다. 흔히 「신라촌락문서」라 부르는 이 자료는 1933년 일본 '나라(奈良)'의 '동대사(東大寺)'에 봉헌된 왕실의 유물 수장고인 '쇼소인'(正倉院)의 『화엄경론질(華嚴經論帙)』의 파손 부분을 수리하던 중에 발견되었다.

내용은 2매의 한지에 기록된 '서원경'(현재의 청주)과 다른 현의 관할 아래에 있던 총 4개 촌에 관한 조사 기록이다. 문서에는 을미년에 호구 조사를 한 것이 기록되어 있고 3년마다 식면에 조사한 것으로 되어 있다. 문서는 일정한 공통된 양식과 동일한 필체로 작성되었고, 촌명이 서원경 혹은 당현의 무슨 촌으로 기재되어 전국적으로 여타 현의 촌에 대해서도 같은 종류의 문서가 작성되었을 가능성이 있다.

문서상의 을미년이 몇 년인지에 관해 695년 설[29]과 755년 설,[30] 815년 설[31] 등이 제기되었다. 그리고 조사된 촌락의 성격이나 문서 작성의 목적 및 용도 등과 관련해 다양한 시각에서 많은 연구가 이루어졌다. 상당히 심도 있는 논의들이 이루어졌지만 아직도 충분한 공통의 이해에 도달했다고 말하기는 어렵다. 문서의 성격에 대한 상이한 견해와 연관되어 문서의 명칭에 대해서도 신라 민정 문서, 신라 촌락 문서, 신라 균정성책(均田成册)과 신라 촌락 장적 등 여러 명칭이 제기되었다. 이들 여러 견해에 대한 검

---

29 尹善泰, 「正倉院 所藏 '新羅村落文書'의 作成年代 -日本의 '華嚴經論' 流通狀況을 중심으로-」, 『震檀學報』 80, 1995.

30 兼若逸之, 「新羅 '均田成册'의 研究」, 『韓國史研究』 23, 1979.

31 武田幸男, 「新羅の村落支配 -正倉院所藏文書の追記おめぐって-」, 『朝鮮學報』 81, 1976.

토보다는 먼저 문서에 기록된 내용을 순서대로 살펴보도록 한다. 문서에는 먼저 촌명과 촌의 둘레의 보수(步數), 공연(孔烟)의 수 그리고 공연을 부세 수취 단위로 환산한 계연(計烟)의 수가 기록되어 있다. 각 촌락의 총괄적 현황을 요약 제시한 것으로 볼 수 있다.

이어서 각 촌락의 상세 현황을 설명하고 있다. 상세 현황에서는 먼저 9 호등제(상상호에서 하하호까지)에 의한 공연(孔烟)의 구분에 따라 존재하는 호등(戶等)별 공연의 수가 기록되어 있다. 이어서 남녀 성별 및 연령대별로 구분한 사람 수의 현황 및 3년간의 출생 상황이 별도로 기록된다. 다음으로 가축에 대해서도 마우(馬牛)의 현재 수와 함께 3년간에 증가된 사항이 기록되어 있다. 이어서 답전별 경작지의 결부 수가 기록되어 있지만 다른 항목과 달리 변동 사항에 대한 기록은 없다. 다음으로 뽕나무(桑), 잣나무(栢)와 추자나무(秋) 등 현황 숫자와 함께 지난 3년간 추가로 심은 숫자 등이 파악되어 있다. 마지막으로 현황에서 살펴본 연인(烟人)의 수와 마우(馬牛)의 수적 감소 요인을 따로 설명하면서 이주와 사망 등으로 나누어 보다 상세히 기록하고 있다.

발견된 문서에 기록된 4개 촌은 모두 각각 약 10여 개의 공연, 100인 전후의 작은 자연 촌락이다. 신라는 이러한 자연 촌락을 단위로 국가의 부세 수취를 한 것으로 보이고, 촌락 문서의 목적도 여기에 있다고 보이지만, 계연 1단위 당 구체적인 수취의 내용이나 방식은 밝혀진 바 없다. 이 문서의 성격에 관해 가네와카(兼若逸之)는 「촌락문서」의 연수유전답을 722년에 시행한 정전(丁田)으로 해석하여 755년에 작성되었다는 가설을 제기하고 문서는 균전성책(均田成册)이라 명명한 바 있다.[32]

다케다 유키오(武田幸男)는 촌락 지배라고 하는 관점에서 815년(헌덕왕 7)에 작성된 녹읍 관계 문서였다고 한다. 그는 「촌락문서」에 보이는 내성·

---

32 兼若逸之, 「新羅『均田成册』의 研究」, 『韓國史研究』 23, 1979.

내시령에 주목해, 내시령이 내성의 장관이었다고 판단한다. 장적의 내용은 내성에 보고되는 문서이고, 내시령이 촌내에 식수를 하는 등 촌락과 밀접한 관련을 가지고 있었다는 점 등을 논거로「촌락문서」는 녹읍 관계의 문서라고 한다. 신라에서 녹읍은 757년에 부활했기 때문에 문서는 815년 을미년에 작성되었다고 추정하였다.[33]

녹읍 문서설은 문서의 기재 내용과는 부합되는 가설이지만 근래에 윤선태에 의해 새로운 가설이 제기되었다. 윤선태는「촌락문서」에 보이는 '갑오년 일월(甲午年壹月)'이라는 기록에서 '년'과 '일(壹)'에 주목하여 744~758년은 당나라에서 '년(年)' 대신에 '재(載)'로 표현하고 신라도 이에 따랐기 때문에 755년 작성설을 부인했다. 또한 종래에 1월을 정월로 표기하던 방식에서 굳이 일월(壹月)로 표기한 것은 689~700년 당에서 주력(周歷)을 채택하여 11월을 정월로 삼았기 때문에 695년에 작성된 것이라고 해석하였다.[34]「촌락문서」가 695년에 작성된 것이라면 당시에는 녹읍이 폐지된 상태였으므로 다케다 유키오의 녹읍 관계 문서설은 기각될 수밖에 없다.「촌락문서」가 녹읍 관계 문서가 아니라면「신라촌락문서」는 통일 신라 시대의 부세 수취를 위한 일반적 행정 문서라는 의미가 된다.

〈표 3-1〉은「신라촌락문서」에 보여지는 촌별 현황을 표로 정리한 것이다. 명칭이 파악된 사하점 촌(A)과 살하지 촌(B) 외에 두 개의 촌은 이름이 파악되지 않아 불명의 (C)와 (D)로 구분되어 있다.「촌락문서」에서 각각의 촌의 전체 현황을 먼저 공연의 수와 계연의 수로 나타내고 있다. 한편「촌락문서」에서 특히 사람의 숫자에 관한 부분에서 논자에 따라 판독이 엇갈리는 부분들이 있어서 약간 혼란스러우나 여타 수치와 비교적 모순이 없

33 武田幸男,「新羅の村落支配 -正倉院所藏文書の追記おめぐって-」,『朝鮮學報』 81, 1976.
34 尹善泰,「正倉院 所藏 '新羅村落文書'의 作成年代 -日本의 '華嚴經論' 流通狀況을 중심으로-」,『震檀學報』80, 1995.

고, 일관된다고 생각되는 수치를 선택했다.

계연은 공연의 등급을 평가하여 부세 수취의 단위로 환산한 연의 숫자를 말하는 것이다. 공연에는 호등이 있어서 상, 중, 하로 나누고 다시 그 각각을 상, 중, 하로 나누어 9등급이 있었다. 계연은 중상연의 부세 부담을 기준 1로 계산할 때, 호등이 오르고 내림에 따라 부세 부담을 1/6씩 가감하는 방식으로 산정되었다. 상상연은 부세 부담이 9/6, 상중연은 8/6, 상하연은 7/6, 중상연은 6/6, 중중연은 5/6, 중하연은 4/6, 하상연은 3/6, 하중연은 2/6, 하하연은 1/6로 되는 것이다. 사하점 촌의 경우에는 총 11개의 공연 중에서 중하연이 4개, 하상연이 2개, 하하연이 5개여서 계연으로 환산한 수는 4여분3 즉 4과 3/6으로 나타난다.

〈표 3-1〉「촌락문서」에서의 촌 별 현황

(전답단위: 결, 부, 속)

구분	사해점 촌(A)	살하지 촌(B)	(C)촌	(D)촌	합계
공연(孔烟)	11	15	8(?)[35]	10	44
계연(計烟)	4여분3	4여분2	?	1여분5	?
인구(노비)	147(9)	125(7)	72(0)	118(9)	462(28)
丁(노)	29(1)	32(4)	18	19(2)	99(7)
조자	7(1)	6	2	9(2)	24(3)
노·유소남	30	9	20	23	81
丁女(비)	42(5)	47(3)	16	38(4)	143(12)
조여자	11(1)	4	4	6	25(1)
노·유소녀	28(1)	27	12	23(4)	90(5)
우마(牛馬)	47	30	19	18	114
전답	165-21-9	183-70-7	130-74-1	107-46-0	587-12-7
답 (연수유답)	102-02-4 (94-02-4)	63-64-9 (59-98-2)	71-67-0 (68-67-0)	29-19-0 (25-99-0)	256-53-3 (248-66-6)
전 (연수유전)	62-10-5	119-5-8	58-07-1	77-19-0 (76-19-0)	316-42-4 (315-42-4)

구분	사해점 촌(A)	살하지 촌(B)	(C)촌	(D)촌	합계
마전(麻田)	1-09-0	1-00-0	1-00-0	1-08-0	4-17-0
촌주위답[36]	19-70-0				19-70-0
내시령답	4-00-0				4-00-0
관모답	4-00-0	3-66-7	3-00-0	3-20-0	13-86-7
관모전				1-00-0	1-00-0
목류(木類)	1,236	1,420	879	1,351	4,886

자료:「신라촌락문서」

　다음으로는 인구 구성이 기록되어 있다. 인구는 연령에 따라 노(老), 제
(除), 정(丁), 조(助), 추(追), 소(小) 등으로 구분하고 또한 성별을 구분하였
다. 나이의 구분 기준에 대해서는 여러 견해가 있으나, 노는 70세 이상, 제
는 60~69세, 정은 20~59세, 조는 16~19세, 추는 10~16세, 소는 1~9세라는
설이 대체로 일반적이다.[37] 그리고 노와 제의 경우 남성은 공(公), 여성은
모(母), 그리고 정(丁)은 남녀, 조(助) 추(追) 소(小)는 자녀로 성별을 구분
표기했다. 그리고 지난 3년간의 인구 증가 요인을 출산과 이입 요인으로
구분하여 별도로 설명하였다. 그러나 〈표 3-1〉에서는 인구에서 정과 조를
제외한 노, 제, 추, 소의 수를 각각 별도로 표시하지 않고, 그것들을 합산하
여 노유·소남(녀)로 표시하였다.
　「신라촌락문서」에는 국가의 부세가 촌락을 단위로 계산된 계연의 수에
따라 촌락별로 총액으로 부과된 것으로 보인다. 그러나 촌락 내에서는 개
별 공연에 대해 각 공연의 등급에 따라 공연 단위로 부과되었다. 호등 산
정의 기준은 명확한 규정은 밝혀진 바 없으나 당나라의 예를 보면, 각 공

---

35 C촌은 촌의 개황을 설명하는 부분이 파손되어, 자료에 판독된 공연수는 8개이나
　실제는 더 많은 것으로 생각되어 (?)표시를 하였다.
36 촌주위답은 내시령답이나 관모답과 달리 연수유답에 포함되어 있다.
37 浜中昇,『朝鮮古代の經濟と社會』, 法政大學出版局, 1986, pp38-65.

연의 인정(人丁) 수와 각 공연이 소유한 농토의 면적을 고려한 총체적 자산이었던 것으로 추정된다.[38] 그러나 호등의 기준이 무엇이냐의 문제 이전에 「촌락문서」는 '촌'이라는 일정한 지역에 거주하는 주민을 공연이라는 혈연 가족의 경제 단위별로 파악하고, 그 공연을 구성하는 인정 수와 토지 면적을 종합적으로 고려하여 호등을 결정한 것으로 생각된다.

한편 「촌락문서」에는 뽕나무, 잣나무, 호두나무 등의 숫자를 파악하고 또 추가적으로 식목한 내용이 구체적으로 기록된 것으로 보아 이들 나무에서 생산되는 견직물이나 잣 그리고 호두 등의 일부도 부세로 수취한 것으로 보인다. 「촌락문서」의 내용에서 인정에 관한 서술 부분이 가장 많은 분량을 차지하는 것은 인정이 통치를 위한 촌락의 현황 파악과 부세 수취에 중요 요소임을 말해주는 것으로 보인다. 반면 소유 토지가 부세를 부과하는 주된 기준이라면, 토지의 진전 여부와 토지의 비척에 대한 언급이 따라야 할 것으로 생각되지만 「촌락문서」에 보이지 않는다. 그에 비해 고려 시대에 들어서면, 호적과 양안이 분리되고, 연령 등급제가 폐지되었으며, 전품이 설정되는 등 새로운 변화가 나타나 신라와 차이를 보인다.[39] 고려조에는 토지 면적으로 중심으로 하는 전정 파악과 인구를 중심으로 하는 호적 파악이 일정하게 중복되면서 분화하기 시작하고, 조선조에는 토지와 호구 파악이 완전히 분리되는 과정을 밟는다.

---

38 신라의 정확한 호등 구분의 규정은 밝혀진 바 없다. 그러나 당시의 당나라의 호구도 9등호로 되어 있고, 호등은 "凡天下人戶, 量其資産, 定爲九等"(『舊唐書』卷四十八 志第二十八)라 하여 호의 자산을 고려하여 정해졌다. 신라의 호등도 비슷했을 것으로 생각된다. 자산이라 하여 농토를 중심으로 한 것이 아닌가 하는 해석도 가능하다. 그러나 구수가 많으면, 호등이 올라 호세 부담이 높아지는 것을 피하기 위하여 부모 생전 시에 '별적 이거'가 금지되었음에도 불구하고, 분호하는 것이 사회 문제로 되었던 것을 보면 구수를 중시했다고 볼 수 있다. ("如聞百姓之內, 有戶高丁多, 苟爲規避, 父母見在, 乃別籍異居", 『舊唐書』卷四十八 志第二十八).

39 노태돈, 『한국고대사』, 경세원, 2014, p 239.

인구 다음으로는 마우(馬牛)의 수와 새롭게 태어난 숫자를 표시하는 등 증가한 요인을 표시하였다. 이는 마우가 군사상 그리고 농경에 귀중하게 여겨지고 있었기 때문으로 생각된다.

다음으로 답전(畓田)이 조사되어 있다. 토지는 결부로 표시되어 있으며, 당시의 결부는 특정 표준지의 수확량 기준 1결의 절대 면적을 정하고, 그것을 기준으로 여타 토지를 절대 면적 기준으로 비정(比定)하였다.[40] 달리 말해 조선 시대 결부법이 수확량은 기준으로 하는 면적이어서 토지의 비옥도에 따라 그 면적이 달랐으나 신라 시대의 결부법은 절대 면적 기준이었다. 대체로 통일 신라 시대 1결은 1,200평 정도로 평가된다.[41]

그리고 토지는 용도별로 답, 전, 마전(麻田)을 구분하고, 그 각각에 대해 순서대로 총 결부 수를 기록한 다음 연수유답과 연수유전을 표기하고 있다. '연수유답(전)'이란 '연이 받아 가진 답(전)'이라는 의미로 해석된다. 이 외에 연수유답(전)에 포함되어 계산된 것 중에 촌주위답(村主位畓)의 결부를 따로 표시하였다. 그리고 연수유전답에 포함되지 않는 별도의 내시령답(內視令畓)과 관모답전(官謨畓田)의 결부를 구분 표시하였다. 촌락의 전체 답전 중에서 관유전인 내시령답(內視令畓)과 관모답전(官謨畓田)의 비중은 4% 정도이고 96%는 민유지로 생각되는 연수유답전이 차지하였다.

「촌락문서」에 보이는 내시령은 중앙의 관료로 보이고 촌주는 지방 관직이다. 촌주는 지방관을 보좌하여 지방민을 통치하는 역할을 한 것으로 보이고, 중앙 집권화가 진행되면서 그 위상은 하락했다. 그러나 신라 하대에는 지배 체제가 이완되면서, 촌주들이 지방 호족화하여 위상이 상승하였다.

「촌락문서」에는 전체적으로 4개 촌 총 44개의 공연이 587결 12부 7속을 경작하여 공연당 13결 34부 정도를 경작하고 있다. 그리고 정남 99명, 정녀

---

40 노태돈, 같은 책, p 222.
41 李宇泰, 「新羅의 量田制」, 『國史館論叢』 第37輯, 1992.

143명으로 정남여 242명의 인당 경지 면적은 2결 43부에 달한다. 한편 뽕나무(桑), 잣나무(栢)와 추자나무(秋)의 숫자가 각각 별도로 표시되어 있으나 위의 〈표 3-1〉에서는 그 모두를 합한 숫자로 제시하였다.

유실수의 수를 파악하고, 3년 내에 새롭게 식수한 내용을 밝히고 있는 것으로 보아 뽕나무, 잣나무와 추자나무 등의 육성을 장려하고 아마도 양잠도 장려했을 것으로 보는 것이 합리적이다. 마지막으로 인구와 우마 그리고 나무의 감소 요인을 별도로 표시했다. 그러나 〈표 3-1〉은 증감 요인은 따로 표시하지 않고, 조사 연도의 현황에 관한 숫자만을 나타낸 것이다.

「신라촌락문서」는 4개 촌에서 그 기재 순서와 내용이 모두 공통적이고, 기재 서식과 내용이 간단하면서도 중요한 정보를 집약적으로 보여주고 있다. 또한 증감 요인을 별도로 설명하여 동태적 파악이 가능하도록 한, 간편하면서도 지혜가 돋보이는 훌륭한 양식의 문서로 생각된다. 여기서 우리가 먼저 확인할 수 있는 것은 신라에서 부세가 촌락을 대상으로 계연을 단위로 징수되었다는 것이다. 그러나 촌락은 실제의 부세 부담과 역의 담당자인 공연을 호등별로 구분하여 각 공연 별로 계연에 따라 차등 징수한 것으로 보인다. 호등의 등급별 구분은 인구 수와 전결 수 등을 감안한 담세 능력에 따라 이루어지고, 계연으로 표시되었다. 그러나 호등 구분의 기준이 명시되어 있지 않아 그 실상을 파악하기 어렵다.

이인철은 호등 구분의 기준을 토지 면적에서 찾고자 하였다. 그는 호등의 기준을 「촌락문서」에서 얻을 수 있는 수치를 토대로, 일종의 연립방정식 체계를 염두에 두고 시뮬레이션을 통해 해를 찾고자 하였다.[42] 그의 방법은 출발이 토지 면적 기준으로 호등을 산정했다는 전제에서 출발한 것이어서, 동의하지 않는다. 그의 분석은 어디까지나 모형이고 사실(史實) 그

---

42 李仁哲, 「新羅帳籍의 烟受有田·畓과 農民의 社會經濟的 形便」, 『國史館論叢』 第62輯, 1995, pp 167-169.

자체가 아님을 다시 강조하지만, 기준을 「촌락문서」를 이해하는 일면적이지만 일관된 분석 시각의 일례를 보여준다.

〈표 3-2〉는 촌락별·호등별 공연 수와 전답 결수 및 계연 수 그리고 이인철에 의해 추정된 호 등별 평균 전답 결수를 나타낸 것이다. 먼저 모형의 출발은 「촌락문서」를 토대로 4개 촌별로 제시된 중하하·상하·중하·하연의 4개 등급의 공연 개수와 촌별 연수유 전답 결수를 바탕으로, 방정식 4개(4개 촌)에 미지수 4개(호등별 결수)의 연립방정식을 푸는 것이다. 형식적으로는 방정식 4개에 미지수 4개이므로 해를 구할 수 있는 것처럼 보이나, C촌은 문서의 앞부분이 파손되었다. C촌은 하중연 이하의 공연의 수는 판독이 되나 하상연 이상의 공연의 수는 파손되어 알 수 없고, 또한 공연의 합계 수 그리고 계연의 수도 파손되어서, 연립방정식을 풀면 유효한 해를 구할 수 없다. 호등별 결수의 절대값을 구할 수는 없지만 상등 호일수록 평균 결수가 커진다는 전제 아래 하하연 평균 결수〈10.12결〈하중연 평균 결수, 그리고 하상연 평균 결수〈17.79결〈중하연 평균 결수의 관계가 성립하는 것을 확인할 수 있다. 대체로 10결 정도가 하하연과 하중연이 구분되는 토지 면적이고, 18결 정도가 하상연과 중하연이 구분되는 경계가 되었다고 볼 수 있다. 여기까지는 기준을 「촌락문서」가 스스로 말하는 역사적 사실이다.

이인철은 여기에서 나아가 「촌락문서」에서 파손되어 알 수 없는 C촌의 공연과 계연의 숫자를 합리적 추론을 통해 복원하여 유효한 해를 구할 수 있는 연립방정식을 찾고자 하였다. 그는 C촌에 가상적 하상연 3개를 인위적으로 설정하여 문제를 풀고자 하였다.

<表 3-2> 촌락별호·등별 공연 수와 전답 결수 및 계연

호등	계연의 기본수	A촌 등급공연수 (계연수)	B촌 등급공연수 (계연수)	C촌 등급공연수 (계연수)	D촌 등급공연수 (계연수)	합계 공연수	호등별 추정 평균 전답 결수 (=기본값+3 x 군역대상 남정수)[43]
중상	1						24.9(6.9+3 x 6)
중중	5/6						21.9(6.9+3 x 5)
중하	4/6	4(=16/6)	1(=4/6)			5	18.9(6.9+3 x 4)
하상	3/6	2(=6/6)	2(=6/6)	(×3=9/6)[44]		4(7)	15.9(6.9+3 x 3)
하중	2/6	0(=0)	5(=10/6)	1(=2/6)	1(=2/6)	7	12.9(6.9+3 x 2)
하하	1/6	5(=5/6)	6(=6/6)	6(=6/6)	9(=9/6)	26	9.9(6.9+3 x 1)
연수유전답 결부수[45]		156-12-9	179-04-0	126-74-1	102-18-0	564-09-0	
등급연 수 (계연 수)		11(27/6)	14(26/6)	? (17/6)	10(11/6)	42(81/6)	
문서상의 계연 표기		4여분3	4여분2	(2여분5)	1여분5		
남정수[46]		28(27)	28(26)	18(17)	17(11)		

자료: 「신라촌락문서」. 李仁哲, 「新羅帳籍의 烟受有田·畓과 農民의 社會經濟的 形便」(『國史館論叢』 第62輯, 1995) 등을 참고로 재작성한 것임.

---

43 이인철의 수리적 모델에서 해(solution)로 제시한 각 호등의 평균 전결 수로 추정한 것으로 팩트(fact)는 아니다. 이인철은 평균 전답 결수는 각 호등별로 기본값 6.9결에 호등에 따라 3결씩을 더 한 것으로 추정하였다. 예를 들어 중하연은 18.9결이 평균 결수인데 기본값 6.9를 뺀 12를 3으로 나눈 숫자인 4인을 군역대상 남정으로 산정한다고 한다. 한편 표의 기울인 체의 수치는 수리적 연산을 위해 설정한 가상 치와 그로부터 연산된 수치이고, 바른체 글씨의 자료만이 「촌락문서」에 기록된 팩트이다.

44 연립방정식의 수리 모델을 위해 이인철은 C촌에 하상연 3개를 가상 설정하였다. 괄호 안의 기울인 글씨체의 수치들은 이를 바탕으로 추정되어 나온 것임.

45 총전답에서 내시령답과 관모전답 등의 관유전과 마전을 제외한 수치임.

46 노를 제외한 남정 수. 괄호 안은 수리모델에서 호등별로 가정한 군역 대상 남정 수에 각 호등의 연의 개수를 곱해서 합한 가상의 숫자이다. 수리 모델에서는 군역 대상 남정이 하하연의 1명에서부터 호등별로 1명씩 추가된다고 가상한다.

〈표 3-2〉는 이러한 설정 위에 계산된 호등별 추정 평균 전답 결수를 제시했다. 계산된 하하연의 평균 결수는 9.9결, 하중연은 12.9결, 하상연은 15.9결. 중하연은 18.9결이다. 각 호등별로 3결의 차이가 나며, 이에 따라 호등별로 남정 1명씩의 군역 대상 남정의 수가 증가하는 것으로 추론하였다. 결과적으로 호등제란 토지 결수에 따라 구분될 수 있고, 대체로 결부수와 군역 대상 남정 수는 연계되어 있다고 해석될 수 있다.

이인철은 4개 등급별 공연 수에 4개 촌락의 결수 통계라는 연립방정식 체계를 확장하여, 「촌락문서」에 없는 중상연을 포함하는 호등제 전체의 토지 면적을 가상적으로 추성했다. 이러한 추론은 그 깔끔한 해를 통해 신라 촌락의 호등제의 실상을 이해하는 일면의 길잡이 역할을 하지만, 모형이 사실 그 자체만에 기초한 것이 아니므로 음미해 볼 여러 문제가 있다.

먼저 C촌에 중하연 이하의 공연 중 하상연 3개를 설정한 것도 인위적인 것이어서 문제이지만, 보다 근본적으로 호등의 구분이 토지의 결수에 의해 정해진다고 가정하고, 방정식의 해를 구하는 것이 합당한가의 문제가 있다. 공연의 호등의 구별 기준이 무엇인가에 관해서는 토지 기준설과 인정 기준설 등이 있다. 호등이 토지와 남정의 수를 종합적으로 고려하여 결정된다고 가정하면 수리적 모형으로는 해가 구해지지 않는다. 호의 자산인 결수를 기준으로 호등을 결정하고 부세를 부과했다는 수리적 모델은 하나의 가설이고, 우연히 깔끔한 해가 구해진 것으로 보이지만, 그것이 역사적 진실이라고 말하기는 어렵다. 입호(立戶)하고 호등을 결정할 때, 자연적인 생활상을 토대로 토지 이외에 인정의 수를 고려했을 가능성은 여전히 크다.

이와 연관된 문제이지만 「촌락문서」에 나타난 촌별 남정의 수와 수치 모델에서 호등에 따라 가정된 군역 대상 남정의 수를 합한 수를 비교해 보면, A·B·C 촌은 큰 차이가 나지 않으나 D촌의 경우는 「촌락문서」에는 17인이나 수치 모델로는 11인이어서 큰 차이가 있다. 이는 D촌의 경우 총 10개 등급연 중에서 1개만 하중연이고 나머지 9개는 하하연으로 남정의 수가 많은 데 비해 토지의 결수가 부족한 데서 비롯된 것이다. 군역은 남정을 대상으로 하는데, 수리 모델에서는 남정 수가 아닌 토지 결수를 기준으로 부과한다고 가정하여 불일치가 생기는 것이다. 또한 중하연 이하의 데이터를 토대로 구한 수리적 해를 중상연 이상으로까지 확대 추정하고 있으나, 이는 역시 수리적 모델의 연장된 추정일 뿐이다. 과연 중중연 이상 상상연에 이르기까지 일관된 기준이 적용되고, 상상연이 33.9(6.9+3×9=33.9)결을 일정하게 초과하는 토지를 가지면 분호했는지 의심스럽다. 그리고 수백 결을 가진 신라의 대토지 소유는 호등제의 예외인지도 문제이다.

덧붙여 9결이 하하연의 최하한이라는 기준치를 추정한 다음에, '3년간 중 수좌내연(收坐內烟)'에서 3년이 지나도 9결의 토지 면적에 달하지 않으면 인위적으로 복수의 연을 묶어서 등급연으로 편제 호를 작성한다고 추론하나 논란의 여지가 많다. 공연은 혈연 가족을 중심으로 형성된 하나의 '경제 단위'이고 국가는 기본적으로 자연스럽게 형성된 공연을 부세 수취를 위해 계연으로 파악한 것으로 생각된다. 반대로 국가가 토지 면적을 기준으로 계연의 기준을 정하고 그에 맞추어 '경제 단위'인 공연을 만들었다고 생각되지 않는다. 다만 '경제 단위'인 공연이 등급연의 최하 단위인 하하연의 기준에 미치지 못했을 때, '경제 단위'들을 편제하여 등급연으로 파악했을 가능성도 배제할 수는 없지만, 이것은 상급연들의 파악 방식과 다른 예외적인 것이어서 의문이다. 그리고 하하연의 하한이 절대치 9결로 정해져 있는지 등은 또 다른 의문이다.

역설적으로 해가 너무 깔끔하여 통일 신라 정부가 과연 인위적인 기준에 따라 일목요연하게 9등호의 호등을 설정하고 공연을 편제할 수 있었을까도 의문이다. 수리 모델은 C촌에서의 인위적 공연의 설정과 토지 기준 호등제라는 가설을 세워 방정식의 해를 구하였다. 그러나 이를 뒷받침하는 서술적 사료가 없어서 수리 모델에서 산정된 추정치와 해석을 역사적 진실로 받아들이기에는 한계가 있다. 다만 호등제를 이해하는 하나의 명료한 실험적 논리 틀을 제공하고 있다고 볼 수 있다.

한편 「촌락문서」와 관련하여 중요한 논점의 하나는 공연이 자연 호인가 편제 호인가에 관한 것이다. 하타다 다카시(旗田 巍), 타케다 유키오(武田 幸男) 등은 자연 호 설이고 특히 타케다는 "연의 본질은 자연 성립적 가구 공동체"라 하였다.[47] 한편 이태진은 "하나의 자연 호를 중심으로 다른 가 구 또는 인을 채우는 것이 공연 편성의 방식이었다"[48]고 하며, 연이 자연 가호인데 비해 공연은 편제 호라는 해석이다. 앞서 본 이인철의 견해는 물 론 편제 호 설이다.

그러나 그 이전에 판단의 기준인 자연 호란 무엇인가의 문제가 먼저 제 기된다. 자연 호는 가족 공동체라 하겠으나 중국과 달리 한국에서는 단혼 가족으로 호를 세운다는 법제도가 분명하지 않아 자연 호의 개념 자체가 불분명하다. 또한 '호'는 '가'와 불가분리의 관계에 있는 개념인 바, 한국사 에서는 근주 가계 공동체를 하나의 '호'로 파악하여 온 것으로 보인다. 근 주 가계 공동체는 하나의 경제 단위인 점에 특징이 있고, 그 구성은 복합 가족일 수도 있고 그 내부에 노비 등의 비혈연 가족을 포함하기도 하는 복 합적 존재였다.

「촌락문서」의 공연의 규모를 단순 평균하여 보면, 촌별로 8~15개의 공 연에 공연 당 총 평균 11명 정도의 인구 구성으로 나타난다. 평균 11명의 구수는 이미 단혼 가족이나 직계 가족의 규모를 초과하여 그 안에 복수의 개별 가족이 존재한 것으로 보인다. 따라서 개별 가족을 자연 호로 정의하 면 당연히 공연은 자연 호가 아니다. 「촌락문서」에서 총 44개 공연의 등급

---

47 旗田 巍, 「新羅の村落-正倉院にある新羅村落文書の研究」-(I)(II), 『歷史學研究』 226-227, 1958, 1959. 武田幸男, 「新羅の村落支配-正倉院所藏文書の追記おめ ぐって-」, 『朝鮮學報』81, 1976.
48 李泰鎭, 「新羅 統一期의 村落支配와 孔烟 -正倉院 所藏의 村落文書 재검토-」, 『한국사연구』25, 1975.

중하연 5개, 하상연 4개, 하중연 7개, 하하연 26개, 등외 연 2개로 나타난
다. 하중연 이하가 대부분이고 총 평균 11명 정도의 인구 구성은 하중연의
규모를 보여주는 것일 수 있다. 총 공연 44개 중 하하연이 26개로 중간값
(medium)을 차지하여 대단히 하방 편중 분포를 보이고 있다. 하하연 중 일
정 부분은 단혼 가족이었을 것으로 생각된다. 상상연의 규모를 알 수는 없
지만 큰 것은 조선조의 장리 호에서와 같이 100명을 초과할 수 있고 그 안
에 다수의 비혈연 가구를 포함했을 것으로 추정된다.

신라의 공연은 최소한 하중연 이상의 경우 그 내부에 수 개의 개별 가족
을 포괄하는 복합 가족일 가능성이 크다. 공연은 한국사의 호의 모습이라
고 생각되지만 그 혈연 가족이 복합 가족의 모습을 가지고 또한 노비 등
비혈연을 포함하고 있는 경우 그것을 자연 호로 볼 수 있느냐의 개념상의
문제가 있다. 그러나 공연이 방계 가족과 비혈연 인구를 포함하는 복합적
구성이어도, 그것은 하나의 주요 가족을 중심으로 자연스럽게 형성된 하나
의 '경제 단위'로서의 근주 가계 공동체이고, 이것은 자연 호로 볼 수 있다
고 생각된다

한편 공연은 인구의 수나 경제력에 차이가 나는 것이어서 과세를 위해
서는 호등을 구분할 수밖에 없다. 만약에 공연이 하나의 '경제 단위'로서의
가계 공동체가 아니고, 국가의 부세 수취 편의를 위해 복수의 '경제 단위'
를 일정한 기준에 따라 하나의 공연으로 묶은 것이라면 편제 호라 할 수
있다. 그러나 9개의 기준에 따라 9등호로 세분하여 편제했다는 것은 기존
의 '경제 단위'로서의 공연의 모습을 인정한 바탕 위에 호등이 설정된 것
으로 보인다. 예외적으로 거주 이전에 따른 공연의 변동이 있을 때 단지
부세 징수의 목적으로 인위적으로 복수의 연을 결합하여 편제할 가능성도
상정할 수 있다. 특히 최저의 부세를 부담할 수 있는 구수나 토지의 규모
에도 미달하여 최하등인 '하하연'도 독자적으로 구성할 수 없는 경우, 국가
가 복수의 개별 가족을 인위적으로 편제하여 공연을 구성할 가능성도 상

정해 볼 수 있다. 그러나 「촌락문서」에서 영세한 가구의 '수좌내연'을 비록 등급 외이지만, 독립적인 공연으로 계산하고 있는 것을 보면, 그것이 다른 가족과 함께 편제되지 않고 그대로 하하연의 등급연이 되었을 가능성도 있다. 따라서 예외적으로라도 편제 호가 없다고 단언할 수는 없지만 공연은 기본적으로 자연 호였다고 판단된다.

공연은 혈연을 토대로 한 근주 가계 공동체의 자연적 생활상을 토대로 형성되어 기본적으로 자연 호지만 부세 목적으로 입호(立戶)하면서 담세 능력을 고려하여 호등을 구분하였다고 생각된다. 공연의 구성을 보다 구체적으로 보면 D촌의 예에서 총 10개의 공연 중 9개가 하하연이고, 하중연이 1개인데 총 구수가 118인이다. 따라서 대체로 하하연의 평균 규모가 11인에 달하고, 이는 평균적으로 2개의 소가족이 결합한 것으로 보이지만, 하나의 직계 가족이나 소가족으로 이루어진 하하연도 존재할 수 있다.

이와 관련하여 「촌락문서」에 보이는 공연의 전출입 및 인구 이동에서 공연의 내부 구성에 대한 약간의 추론이 가능하다. 「촌락문서」에서 공연의 수는 등급별 공연의 수와 등급이 없는 등외의 '삼 년간 중 수좌내연(三年間中收坐內烟)'을 합한 것으로 계산되어 있다. '삼 년간 중 수좌내연'이란 지난 "3년 사이에 거두어 앉힌 연"[49]이라는 뜻으로 3년 사이에 이사온 연을 말한다. 한편 회거연(廻去烟)은 "돌아가버린 연"이라는 의미이다.[50] 「촌락문서」에 개별적으로 이주해 온 사람들은 등급연에 편제되었으나 연을 단위로 전입해 온 사람은 등급연에 편제되지 않고 등외 연인 '삼 년간 중 수좌내연'으로 남겨놓았다. 한편 회거연은 이미 등급연의 현황에서 제외된 것으로 계산되고, 개별적으로 이거(移去)한 사람들은 연의 인구 감

49 南豊鉉, 「正倉院 所藏 新羅帳籍의 吏讀 硏究」, 『中齋張忠植博士華甲紀念論叢』, 1992, p33.
50 李仁哲, 「경제와 사회」, 『신편 한국사』 9, 2002, p 221.

소 요인으로 설명되고 있다.

인구 이동의 요인으로는 개별적인 전출입과 연의 이동으로 구분된다. 먼저 개별적 이동으로는 '열가(列加)', '가수내(加收內)', '열수내(列收內)' 등으로 표기된 개별적 전입과, '열회거(列廻去)' 등으로 표기된 개별적인 전출이 있다. 이들 개별적인 인구 이동은 공연의 개수 변동은 가져오지 않고 인구의 증감으로 표기된다. 여기서의 '열(列)'이 '개별적'이라는 의미로 해석되고 있지만 때로는 연관된 사람들이 '줄지어' 함께 이동하는 것도 포함하는 것으로 생각된다.

그리고 공연의 숫자 변동을 가져오는 연(烟)의 이동 가운데, 증가 요인으로는 "수좌내(收坐內)"로 표기되는 연의 전입이 있다. 다른 한편 공연의 감소를 가져오는 경우는 "피상연망회거공(彼上烟亡廻去孔)", "공망회(孔亡廻)" 등이 기록되어 있다. 여기서 '공(孔)'은 공연을 의미하고, '피상연망회거공'은 "상연(위치상 혹은 지위상의 윗집)이 도망하여 돌아가버렸다"로 해석되고, '공망회'는 "공연이 망(도망 혹은 패망)하여 돌아가버렸다"로 해석된다. 모두 '연'이 '망'하여 공연 수가 감소하면서 인구가 전출한 경우이다.

여타의 인구 이동 요인으로 타 군에 거처하는 처를 따라 이주한 A촌의 5인(정 1, 소자 1, 정녀 1, 소여자 1, 제모 1), 남편을 따라 이주한 D촌의 4인(정녀 1, 소자 3)의 사례 등이 있다. 이 두 경우에는 개별 가족이 떠났음에도 공연이 감소하지 않아 원래의 공연이 복합 가족으로 구성되어 있었음을 시사한다.

한편 공연 수의 변동을 가져오는 전출입을 한 공연의 인구 구성을 통해 공연의 가족 구성의 모습을 엿볼 수 있다. 먼저 전입 연을 설명하는 '수좌내연'으로 표기된 사례의 인구 구성에서 B촌의 수좌내연은 4인(조자 1, 노공 1, 정녀 2)이고, C촌은 6인(정 1, 추자 1, 소자 1, 정녀 2, 추여자 1) 등이다. 한편 전출 연을 나타내는 '피상연망회거공(彼上烟亡廻去孔)'으로 표기된 사례의 인구 구성에서 공연의 인구가 B촌의 경우에는 합 3인(정 1, 정녀 2), 그리고 D촌에서는 합 6인(정 2, 정녀 2, 소여자 2)으로 소규모이다. 따라서 전출입이 이루어진 공연의 규모는 구수가 모두 3~6인에 불과하였다. 비록 등급 공연은 많은 경우에 복수의 소가족을 포괄하고 있지만, 이동하는 공연의 인구 구성을 통해 등급 공연 중에는 단혼이나 직계 가족으로 구성된 단촐한 경우도 존재했던 것을 알 수 있다.

한편 '수좌내연'은 아직 등외연으로 되어 있지만 호등을 받을 때는 아마도 「촌락문서」에서 가장 많은 하하연을 받았을 것이다. 전출하는 '회거공'도 하하연이나 하중연이었을 것이다. 「촌락문서」에서의 전출입 가구의 대부분은 대체로 단촐한 소규모 가족으로 보인다. 다만 D촌의 '공망회(孔亡廻)' 사례에서 인수 11인 (정 2, 조자 1, 조여자 1, 추여자 2, 소자 2, 소여자 1, 정녀 2)이 함께 이동한 경우의 가족은 단혼 가족은 아니고 직계 가족이나 복합 가족으로 보인다.

「신라촌락문서」의 등급연 42개 중에 하하연이 26개로 62%, 하중연이 7개로 17%를 차지한다. 하하연의 일정 부분은 단혼이나 직계 가족으로 구성되었을 것으로 생각된다. 상급연에는 대부분 복수의 개별 가족들이 포함되어 있으므로, 소가족의 비중을 말하기는 힘들다. 그러나 독립된 농업 생산자이고 연수유전답의 경작권자인 공연에는 단혼 가족이나 직계 가족이 포함되어 있다고 생각된다.

한편 「촌락문서」에 보이는 공연의 인적 구성에서 특징적인 점은 4개 촌의 정남이 99명인데 비해, 정녀는 143명으로 여자가 크게 많은 불균형을 보이고 있다. 그리고 20세 미만의 유소층이 총인구 462명 중 208명으로 45%에 머물러 상당히 낮은 것으로 평가된다. 이는 전통 사회에서 10세 미만의 소자녀의 등록율이 낮은 것과도 연관이 있을 수 있다. 그리고 보다 크게는 이러한 인구의 성별, 연령별 구성의 특징은 전쟁으로 인한 남성의 높은 사망률로 인해 비롯된 것일 수 있다.

「촌락문서」의 공연을 통해 한국사에서의 '호'의 특징을 이해할 수 있다.

한국사에서도 가옥을 중심으로 같이 생활하는 개별 가족을 '가'로 파악하는 것은 중국과 공통적이다. 그러나 한국사에서 개별 소가족이 표준화되어 있지 않고 자립성이 약하여, 개별 '가(家)' 즉 소가족이 국가의 부세 수취 대상이 되기 어려운 경우가 적지 않았다. 한국은 가(家)의 단체적 성격이 약하고, 개별 가(家) 자체도 가부장적 혈연 공동체의 일부로 매몰되어 분화하지 못하고 몇 개의 가(家)가 모인 근주 가계 공동체를 국가의 부세 수취 단위인 공연, 즉 '호(戶)'로 파악하였다. '호'는 개별 소가족으로 구성될 수도 있지만, 여러 '가'를 포섭하여 규모가 상이한 여러 등급의 '호'로 구분될 수 있는 것이었다. 같은 한자인 가(家)를 쓰지만, 일본의 '이에(家)'는 '호'와 같고, 가족이라는 혈연적 요소 보다도 가산과 가업이 있는, 거주와 경제적 조건을 중시하는 단체적 성격이 강했다. 중국사에서는 호(戶)가 보편적으로 개별 소가족을 지칭하는 개념으로 사용되고 여러 '호'가 모여 함께 사는 1 '가'를 이룰 수 있었다. 동아시아 3국의 호(戶)의 내용은 유사하면서도 상이한 점이 많다.

가부장제가 강한 경우는 가족이 하나의 단체적 성격을 가지는 경우인데, 가산과 가업이 있어야 성립한다. 한국의 가족은 성씨가 없는 경우도 많았고, 성씨가 보편화된 이후에도 가업과 가산이 없는 경우가 많아 단체적 성격이 약했다. 한국은 양계적 혈통이 존속하는 가운데 개인은 자연적 정의(情誼)와 경제적 필요에 따라 유동적이었다. 한국의 '호'는 혈연을 중심으로 여러 소가족이 모여 살기도 하는 공동의 경제 단위였지만 유동적인 연성의 단체였다. 비유하면 일본의 '이에'(家)는 지역적 근주와 공유 재산을 바탕으로 하는 재단에 가깝고, 한국의 '가'나 '호'는 생래적으로 가입되지만 상대적으로 호주의 사재(私財)만 있는 혈연적 사단에 가깝고,[51] 중국의

---

51 "조선의 관습에서는 가산은 호주의 전유에 속하고, 호주 및 가족의 공유가 아니다". 『慣習調査報告書』, 朝鮮總督府, p 292, 1913.

호는 혈연적 사단이지만 공재(共財)가 있는 중간적 형태였다.[52]

「촌락문서」에서 답의 총 결수는 266결 53부 3속이고, 전의 총 결수는 316결 42부 4속이다. 공연의 총 수는 44개이고, 총 구수는 462명, 정의 총 수는 99명이다. 아래의 〈표 3-3〉은 「촌락문서」에 나타난 연수유전답의 결 수에서 공연당, 구당, 정당의 평균 결수를 계산한 것이다. 공연 당 전답 합계 평균 결수는 13결 24부 9속이고, 정당 평균 결수는 5결 88부 8속이다. 신라 시대 1결의 면적은 절대 면적 기준 1,200평 정도이므로, 공연 당 경지 면적은 답이 약 7,300여평, 전답 합해 약 16,000평이었다. 그리고 정당 경지 면적은 답이 3,200여평, 전답 합해 약 7,000평에 달하는 것으로 나타난다.

〈표 3-3〉 농민의 경지 면적

	전답 총 결수	공연당 결수	구당 결수	정당 결수
답결수	266-53-3	6-05-8	0-57-7	2-69-2
전결수	316-42-4	7-19-1	0-68-5	3-19-6
전답 합계	582-95-7	13-24-9	1-26-2	5-88-8

자료: 「신라촌락문서」

정당 경지 면적이 2.3정보 이상에 달해 비교적 넓은 면적이었다고 하나 휴한 농법이었으므로 사실상 연간 경지 면적은 1정보를 약간 초과하는 정도였다. 20세기 중반 신생 한국에서 농지개혁을 할 무렵 호당 1정보의 경 지가 자작농의 표준 면적으로 간주되고 있었던 것과 비교하여 보면 면적

---

52 당(唐)·송(宋) 시대의 가족 재산은 흔히 가족의 공유로 해석된다. 공유적 성격을 띠는 가산은 그 매매나 질권의 설정에 관해 제한이나 금지를 하는 것이 일반적이었고, 중국의 전매(典賣) 등이 그 하나로 청말까지 지속되었다. 仁井田陞, 「唐宋時代の家族共産と遺言法」, 『市村博士古希記念. 東洋史論叢』, 1933. 岡野 誠, 旧中國における家産の歸屬について -學說小史(明治末年-昭和二〇年)-, 明治大學大學院紀要 法學篇, 1973.

으로는 이에 도달하나 사실상 농업 생산성이 크게 못 미쳤을 것으로 짐작된다.

한편 「촌락문서」에 토지의 결수가 파악된 것으로 보아 그 이전에 전국적인 규모의 양전이 있었을 가능성이 있다. 그리고 성덕왕 21년(722)에 "처음으로 백성에게 정전을 지급하였다"[53]는 기록도 있다. 정전의 지급이 무엇을 의미하는지는 불명이지만 국가에 의한 전면적인 토지 배분을 의미하지는 않는다고 생각된다. 다만 토지의 지급이 필요하다고 판단된 정(丁)에게 국가 보유의 농지를 일부 분배하거나, 촌락에서 개간 가능한 토지를 분급하였을 것으로 생각된다. 「촌락문서」에 나타난 소의 수는 53두이고 말은 61두로 공연 당 1.2두와 1.4두이며 합하면 2.6두이다. 소와 말은 수레를 끌고, 특히 소는 쟁기를 견인했을 것으로 추정된다.

촌락은 뽕나무, 잣나무, 호두나무의 수를 파악했다. 지난 3년간 새로 심은 나무에는 잣나무도 있지만 주로 뽕나무를 심었다. 전체적으로 4,886그루의 나무 가운데 86%인 4,249그루가 뽕나무였다. 신라는 질 좋은 비단을 생산할 줄 알았고, 주요 교역품의 하나가 되었다. 이외에 마전에서 마를 재배하고 마포를 직조하였다. 「촌락문서」에서 보는 신라의 농민은 하하연과 하중연이 대부분이고, 이들은 경지 면적이 크지 않은 가족농, 즉 소농이었다. 농민은 생계를 위해 단순한 곡작 이외에 가축을 사육하고 견직물을 생산하고 유실수를 재배하는 등 비교적 다양한 생산 활동을 한 것으로 보인다.

『삼국사기』나 『삼국유사』 등의 기록에서 보이는 신라 시대의 농작물로는 벼, 보리, 콩, 조, 기장, 채소류, 잣, 호도, 살구, 복숭아, 배, 밤, 대마, 잠사, 저마, 호마(참깨와 검은 깨), 들깨, 인삼 등이 있다. 이 가운데 농민의 실생활에 크게 영향을 미치는 주요 작물은 벼, 보리와 콩이었다.[54] 당시의

---

53 "始給百姓丁田", 『삼국사기』 권8, 성덕왕 21년.
54 이인철, 「농민의 생활」, 『신편한국사』 9, 통일 신라 pp 231~232.

농업 생산은 해충의 피해나 가뭄, 홍수. 바람, 서리, 우박 등 기후 조건에 영향을 많이 받았지만 주기적인 한해(寒害)가 흉년을 가져오는 주된 요인이었던 것으로 보인다.

토지는 시비법이 발전하지 않아 휴한법에 의해 농경이 이루어지고, 벼 농사는 아직 이앙법이 보급되지 않아 직파법으로 행해졌다. 농기구로는 보습, 쟁기, 따비, 괭이, 쇠스랑, 낫, 살포, 자귀, 도끼와 호미 등이 사용되었다. 철제 농기구의 광범위한 이용은 신라 통일기의 농업 생산성을 이전에 비해 크게 증대시켰다.[55] 그밖에 가축의 사육 증대와 쟁기의 보급도 농업 생산의 증대에 기여했다. 또한 수리 시설도 보급되고 정비되어 생산력 발전에 기여하였다. 그럼에도 "당시의 농업 생산은 불안정하여 가뭄이 들거나 벼멸구의 피해가 있는 해에는 백성이 굶주리게 되어 정부에서 진휼을 하고, 그렇지 않을 경우에는 도적이 일어났다고 하는 기록이 『삼국사기』에서 산견된다."[56]

한편 전답은 '연(烟)'이 국가로부터 받은 '연수유(烟受有)' 전답이 대부분이었고, 이외에 공적 용도로 지정되고 공동 노동으로 경작된 관모답, 관모전, 내시령답 등이 있었다. 연수유전답이 소위 민전이라면 관모답, 관모전과 내시령답 등은 국관·유전이다. 국관·유전이란 영토 고권으로 성립하는 왕토사상과 달리 국가나 왕실 혹은 관청이 사적인 주체로서 소유하는 토지를 의미한다. 그러나 '촌주위답(村主位畓)'은 '연수유'에 속해, 민전의 일부를 특정 관수용 토지로 지정한 것으로 볼 수 있다. 국가는 관모답, 관모전, 내시령답 등을 촌민의 공동 경작에 맡겨 지대를 수취했을 것으로 생각되고, 촌주위답도 사실상 촌민을 부려 경작하였을 수 있다.

신라 장적에서 촌락 별로 계연의 숫자가 정해지고, 촌에서 납부해야 되

---

55 이인철, 같은 논문.
56 이인철, 같은 논문.

는 부세가 결정되었다. 그러나 「촌락문서」에는 총계 연의 수와 함께 각 공연의 호등이 표시되어 있어서 최종적 부세 부담자인 각 공연의 개별 부담이 밝혀져 있다. 비록 남아 있는 기록은 발견된 바가 없지만, 「촌락문서」는 집계치이므로 기초 자료가 있었을 것이다. 신라 시대에 마찬가지로 양안이나 호적은 남아 있지 않지만 삼국 시대의 양전에 관한 기사와[57] 호구조사에 관한 기록이 있어서[58] 소략하나마 양전과 호구 조사를 하고 이것이 「촌락문서」의 기초자료가 되었다고 볼 수 있다.

통일 신라 시대에 지방에는 분권적 호족이 존재하고 중앙 권력은 촌락을 단위로 부세를 수취하지만, 중앙은 촌락의 공연 별 구수와 결수를 파악한 바탕 위에 산정된 계연대로 수취한 것으로 볼 수 있다. 이런 점에서 통일 신라의 부세 수취는 (원)삼국 시대의 공납제적 부세 수취와 달랐고, 촌주는 단지 행정 책임자로 국가를 대신해 부세를 수취한 것이라 할 수 있다.

계연의 표준은 중상연을 부과 단위 1로 하는 것이고, 하하연은 1/6이어서 중상연은 하하연의 6배이다. 계연의 수치가 커지는 것에 따라 비례적으로 상급 호등의 구수와 결부 면적이 증가하는가의 여부는 「촌락문서」에서 확인할 수 없다. 특히 「촌락문서」에 사례가 없는 상급 이상의 상중연, 혹은 상상연의 토지 규모를 알 수는 없다. 다만 지증대사(智證大師)가 헌강왕 5년(879)에 자기의 사재인 장(莊) 12구역, 전 500결을 사찰에 희사했다거나,[59] 개선사 석등기에 전국자감경 김중용이 "등(燈)을 밝힐 기름 값으로

---

57 양전장적(量田帳籍)에 의하면, "소부리군 전정주첩(所夫里郡 田丁柱貼)"이라고 하는 바, 지금 부여군이라고 말하는 것의 옛 이름이다"고 하여 전정주첩이라는 토지 기록이 존재했음을 알 수 있다. (又按量田帳籍曰, "所夫里郡田丁柱貼", 今言扶餘郡者復上古之名也, 『삼국유사』 권 제2, 紀異第二, 南扶餘・前百濟・北扶餘).
58 낙랑군 지역에서는 호구부가 발견된 바가 있고, 백제 멸망 후 당의 유인궤가 호구를 등록하였다("仁軌始命瘞骸骨, 籍戶口", 『삼국사기』, 권제28 백제본기 제6, 의자왕)고 하며, 촌락문서 자체가 상세한 호구파악을 토대로 하고 있다.
59 鳳巖寺智證大師寂照塔碑, 『朝鮮金石總覽』 上, pp. 88~97.

조 300석을 바쳤다"[60]는 기록 등에서 대토지 소유의 존재를 짐작할 수 있다. 심지어 "재상(宰相)의 집에는 녹(祿)이 끊어지지 않으며, 노비가 3천 명이나 되고, 갑병(甲兵)과 소, 말과 돼지도 이에 맞먹는다"[61]는 기록 등도 귀족의 생활상을 엿보게 한다. 이와 함께 당시의 사찰 예를 들어 대안사[62]의 전답이 494결 39부이고 시지(柴地)가 143결, 염분(鹽盆)이 43결이었다는 사실[63] 등도 당시의 대토지 소유 현상을 보여주고 있다.

「촌락문서」에서 하하연이 60%를 차지하는 가운데 대토지 소유가 존재하는 모습은 신라 사회가 여전히 씨족적 질서에 기반한 귀족 관료제 사회였음을 잘 보여준다. 귀족은 식읍, 녹읍, 문무 관료전 등을 바탕으로 노비 이외에 다수의 예농을 사민으로 사역하는 존재였다. 다른 한편 하하연이 60%를 차지하는 것은 소규모 가족이 증가하고 있음을 반영하는 것으로 생각된다. 이 과정에서 통일 신라기에는 유교가 독자적인 사상으로 영향력을 확대해 가고, 유교사상 중 강력한 왕권과 집권 국가 체제를 뒷받침하는 이념으로 군주에 대한 '충'과 그리고 혈족 단위의 분화가 진전되어 부부를 중신으로 한 소가족과 직계 가족이 사회의 기본 생활 단위가 되어감에 따라 생활 윤리로서 '효'가 강조되었다.[64]

「촌락문서」에서 경작지의 대부분을 차지하는 연수유전답의 성격에 관해 그것은 국가로부터 '연이 받아 가진 전답'으로서 사유지로 볼 수 있고, 다른 한편 국가에 부세를 부담하는 '공전(公田)'이었다. 「촌락문서」는 그 자체가 공연 별 문서 즉 호적이 아니므로 공연 별 토지 면적을 구체적으로

---

60 담양 개선사지 석등기 (潭陽 開仙寺址 石燈記).
61 "宰相家不絶祿, 奴僮三千人, 甲兵牛馬猪稱之. 畜牧海中山, 須食乃射. 息穀米於人, 償不滿, 庸爲奴婢", 新唐書(1), 東夷列傳, 新羅.
62 〈鳳巖寺智證大師寂照塔碑〉(《朝鮮金石總覽》上), 93쪽. 大安寺.
63 곡성 대안사 적인선사탑비 (谷城 大安寺 寂忍禪師塔碑).
64 노태돈, 『한국고대사』, 경세원.

알 수는 없지만, 9등호의 구분이 공연 별 토지와 구수를 파악한 토대 위에 이루어진 결과라고 볼 수 있다.

공연의 연수유전답이 사유지라는 것을 이해하기 위해서는 먼저 자작농의 경작권과 사유가 성립하는 과정을 이해하는 것이 중요하다. 흔히 농지는 자연의 일부로 원래는 공유지였던 것을 누군가가 먼저 차지한 것으로 인식된다. 그러나 농지는 토지가 희소하지 않은 시대에도 장시간에 걸친 농민의 노동이 투입되지 않으면 경지가 될 수 없다. 또한 토지마다 주거에서의 근접 여부, 수리의 이용성, 자연재해의 위험도 그리고 비척의 차이 등이 있어서 차별화되어 있다. 그러한 토지를 농민이 농지로 만들어 경작하고 있다면, 국가라 해도 마음대로 침범하거나 박탈한다는 것은 민생을 직접 침해하는 것이므로 상상하기 어렵다.

율령제 군주 국가는 전 국토에 통치권을 행사하지만 모든 민생을 보호한다는 명분으로 성립하고, 또 농민이 타인의 소유물인 노비가 아닌 이상 아무나 농민의 경작권을 침해하기는 어렵다. 물론 전제 군주가 모든 인민에 대한 생사여탈권을 지니고 있는 만큼 국왕의 자의적 전제권이 실재하고, 관련하여 국가적 토지 소유권이 강력하지만 농민의 경작권을 부인하고 그것을 전면적으로 주기적으로 재분배하는 국가적 토지 소유제도는 상상하기 어렵다. 가족농의 경작권이 성립하고, '호'에 대한 부세 수취가 이루어지면 이전의 공납제와 다른 새로운 사회 제도인 농노제 그리고 중세 봉건제가 성립한다.

신라 시대에 정전제 실시 여부와 관련하여 그 구체적인 내용은 미상이지만, 국가가 역과 부세를 수취하기 위해서는 농민에게 경지를 지급할 책무가 있다는 명분이 성립한 것은 중요하다. 정전제는 중앙 집권적 율령제 국가의 성립과 함께 농본주의가 성립된 것을 보여준다. 농본주의는 개별 가족에게 토지를 주고, 그들을 병농일치제 아래 병사로 동원하며, 부세를 수취하는 것을 전제로 한다. 그러나 정전제가 새로운 점령지나 적몰지 또는 미간지를 일부의 성인 남성에게 나누어 주고 정착을 장려하는 제도일 수 있지만, 전면적인 토지 재분배 제도가 되기는 어렵다.

사회적 위계가 토지 소유에 기반하는 전근대 사회에서 농지개혁을 실시한다는 것은 정치적 변혁기에만 가능하다. 사실상 농지개혁도 경작권의 개혁이 아니라 배타적 소유권으로 상실된 농민의 경작권을 회복하기 위한 지주권, 즉 지대징수권의 개혁이라 볼 수 있다. 경작권 자체의 부정은 공산주의 집단 농장화에서 이루어졌지만 성공하지 못했다.

전근대 중국에서 국가가 농민에게 토지를 분배하는 균전제를 실시하였다고 하나 이는 화북의 일부 지역에서 잠시 시행된데 그쳤다. 먼저 북위(北魏)가 경지 확대와 수입 증대 그리고 징집 인구의 증가를 위해 노비와 도형자를 제외한 호(戸)의 노동력을 기준으로 경지와 덧붙여 상전(桑田)과 마전(麻田)을 배분하는 균전법을 실시하였다. 이후 수나라와 당나라도 북위를 이어받아 부부 가족 중심의 균전제를 시행하였다고 한다. 그러나 실제로는 벼농사의 강남 지역은 시행이 어려웠고, 균전제가 실시된 화북 지역에서도 토지의 여유가 풍부한가에 따라 사실상 배분하는 면적이 달랐다. 그리고 당나라 중기 이후는 사실상 균전제는 붕괴하고 토지의 사적 소유와 호족에 의한 장원 경영이 보편화된 것으로 알려져 있다.[65]

기본적으로 벼농사가 중심인 강남 지역에는 농지의 국가적 소유에 의한 농민에 대한 주기적 토지 배분과 회수가 불가능했다는 것을 보여준다. 이는 토지 자체의 희소성과 함께 벼농사는 보다 집약적 경영이 이루어지기 때문이다. 균전제는 한전 농법이고 황토 지대인 화북 지역에서 실시되었지만 그것도 불규칙적이고 제한적으로 이루어졌으며, 기본적으로 농지의 사적 소유가 성립된 상황에서 전면적 시행은 어려웠다. 농지는 정도의 차이

---

65 Von Glahn, *The Economic History of China*, Cambridge University Press, 2016, chap 5~6. 참조.

는 있지만 토지가 희소하지 않아도 결코 공공재일 수 없는, 농민의 과거 노동이 많이 투하된 자원인 것이다. 따라서 한국에서는 조선조 많은 개혁 사상가들의 논의에도 불구하고, 농민에 대한 토지의 균등한 재분배는 시도조차 될 수 없었다.

신라의 정전제 실시도 간단한 기록 이외에 관련된 어떠한 사실도 해명되지 않아 그것이 일시적인 소규모의 시행에 지나지 않았을 것으로 짐작된다. 대체로 신라에서는 균전제가 시행되었다는 설도 있으나,「촌락문서」에서 "해 호당 평균 전답의 면적이 촌에 따라 다르고, 정(丁) 당 평균 면적 또한 촌락별로 다르다. 그리고 호구와는 달리 전답의 면적은 증감이 기록되어 있지 않다. 이런 사실은 곧 호구 변동에 따른 토지의 분급과 회수가 행해지지 않았음을 나타낸다".[66]

이영훈은「촌락문서」가 정전제 이전에 작성되었다는 전제 위에, 정전제 이후 공연이라는 세대 복합체가 이전과 달리 "정 또는 정호로 개칭되었고,"[67] "대부분의 농민은 국가의 공민으로서 정호로 편성되었다"[68]고 한다. 그러나 고려 정호제의 단서가 통일 신라의 정전제와 공연에서 시작되었을 개연성이 있겠지만, 토지 파악 방식이 정호로 전면적으로 재편되고 제도화된 것은 고려조의 일이다. 통일 신라가 계연이라는 일원적 기준에 의해 부세를 수취했다면, 고려는 토지를 중심으로 하는 전정과 인정을 중심으로 하는 호등의 이원적 기준으로 역과 부세를 수취하고, 토지 단위의 정호(丁戶)를 보다 균일하게 편제하였다.

한편 신라 시대에 '호'나 지역을 단위로 지급된 식·녹읍의 사여 때 계연 1단위의 기준이 되는 중상연이 호의 기준이 되었을 것이고, 족정도 이를 이어받아 계연 1단위인 중상연의 기준 면적과 비슷한 17결의 토지를 기준

---

66 노태돈,『한국고대사』, 경세원, 2014, p 222.
67 이영훈, 같은 책, p 179.
68 이영훈, 같은 책, p 194.

으로 부세 수취 단위를 편성하였다는 해석도 있다.[69] 그러나 17결은 계연 1단위인 중상연이 아닌 계연수 3/6인 하상연의 평균 토지 결수에 가까운 면적이었다. 그리고 하상연 이상의 공연도 「촌락문서」에서 전체 공연 수의 27%에 불과하였다. 따라서 고려 시대 족정의 기준인 토지 면적 17결은 고려조 농가 호의 평균적 경지 면적과 생산성을 토대로 자체적으로 책정되었을 것으로 생각된다.

한편으로 신라는 전제 왕권이 성립하면서 농민의 경작권을 인정하는 다른 한편 전 국토에 대한 통치권을 행사하게 되고, 관료제가 갖추어지면서 모든 경작지에 대한 과세권을 가지게 된다. 전 국토에 대한 과세권이 왕토사상의 중심 내용이라 할 수 있다. 물론 왕토사상은 단순한 과세권 이상의 상급 소유권적 권한을 함축하는 동양적 군주 국가의 영토 고권이다. 그러나 왕토사상은 농민의 경작권을 부인하는 것이 아니고, 한편에서는 경작권을 보호하는 바탕 위에 성립한다. 다만 왕조 국가이므로 명분상 경작권의 보호도 왕의 시혜이고 국가의 자의성은 엄존하며, 농민의 권리로서 사적 토지가 성립하는 것은 아니다. 한편 국가는 농민의 잉여 생산물을 조세로 수취하지만 생산력 발전 과정에서 그 잉여 생산물의 배분을 둘러싸고 국가 이외에 양반 관료나 사적 지주 등의 중간적 존재들이 성장한다.

먼저 국가가 왕토사상이라는 통치권 아래 수조권을 행사하지만, 국왕은 신료에게 그들의 서비스에 대한 대가로 수조권을 분여하거나 녹봉을 지급했다. 만약 수조권의 세습을 허용하고, 전면적이고 직접적인 조용조 수취가 허용되면 수조지는 서구의 봉토와 비슷해진다. 그러나 수조권의 사여는 어디까지나 국왕의 시혜에 의한 한시적인 면조권의 혜택 위에 성립하는 것이다. 따라서 신라 시대 귀족이 대토지의 면세지를 사원에 기증하든지 하는 것은 국왕의 은혜를 타인에게 사사롭게 양도하는 것이고, 이는 국가

---

69 李仁哲, 「3) 녹읍과 녹봉」 (『신편 한국사』 9권, 통일 신라 Ⅲ. 경제와 사회).

의 이익에 반한다. 달리 말해 국가의 수조권에 영향을 미치는 토지의 양도는 국가의 관심 사항일 수밖에 없고, 때로는 국가의 허락을 받아야 하는 것이다.

한편 토지 소유제도와 관련하여 사전은 관료전으로서 수조권이 사여된 토지라고 할 수 있는데, 그 수조권 즉 면세권이 세습화되면 국왕의 통치권은 위축된다. 따라서 전제 군주는 예외적인 경우가 아니라면 수조권의 사여는 원칙적으로 당대에 한할 수밖에 없다. 수조권의 사여가 세습화되는 것은 하나의 토지에 대한 국왕의 과세권과 농민의 경작권 사이에 그것들과 병존하는 지주로서 중간적 토지 소유가 성립하는 것을 의미한다.

왕토사상이 통치권 차원의 과세권이 아닌 전면적인 국가적 토지 소유인가를 판단하기 위해서는 직접 경작자의 세습적 경작권이 국가에 의해 부정되는가의 여부가 중요하다. 신라 시대에 정전제가 실시되었다고는 하나 그것은 농민 토지의 경작권의 재배 분을 수반한 것으로 생각되지는 않는다. 관료전의 사여도 수조권의 사여를 의미하는 것이어서 농민의 경작권을 침해하도록 허용된 것은 아니었다. 농민의 세습적 경작권은 인정되었고, 이를 토대로 토지의 소유 분화도 진전되어 용작이나 매신 행위가 이루어지기도 하였다. 무엇보다 9등호의 존재 자체가 소유의 발전과 분화의 실상을 보여주는 것이다. 그러나 중간적인 사적 지주 소유는 조선조에 공인되었다. 사적 지주 소유는 궁극적으로 배타적 소유로 나아가고, 국가적 토지 소유를 배제하는데 그치지 않고 역설적으로 농민의 경작권도 부정하게 된다.

신라 시대 금석문들에서 보이는 왕토라는 표현은 국토라는 의미와 구별되지 않는다. 예를 들어 경주의 '숭복사비(崇福寺碑)'에서 능(陵)을 조성하기 위해 종래에 사찰 부지였던 능의 조성지와 주변의 구릉 100여결을 2,000석의 도곡를 주고 구입하면서 비록 '왕토라 하나 공전이 아니다'고 하였다. 이는 해당 토지가 왕토로서 국토이지만 면세지라는 의미이고, 면세권, 즉 수조권에 보상을 한다는 것은 중간적 토지 소유가 성장한 것을 보

여준다. '쌍계사진감선사탑비(雙溪寺眞鑑禪師塔碑)'에서는 "무릇 왕토(王
土)[70]에 살면서 불일(佛日)을 받들고 있는 사람으로서 누구인들 마음을 기
울이고 생각을 다하여 임금님의 복을 빌지 않겠습니까"라 하여 왕토를 국
토의 의미로 사용했다.

'봉암사지증대사비(鳳巖寺智證大師碑)'에서는 "내 집이 가난하지 않은
데 친척족당이 다 죽고 없으니, 내 재산을 길가는 사람의 손에 떨어지도록
놔두는 것보다 차라리 문제자들의 배를 채워주리라"고 하였다. 드디어 건
부(乾符) 6년(879)에 장(莊) 12구(區)와 전 500결을 희사하여 절에 예속시켰
는데, 비록 '내 땅(我田)'이라 하더라도 왕토 안에 있으므로" 미리 어렵사
리 국왕의 허락을 받았음을 기록하고 있다.[71] 이 기록은 '내 땅(我田)'이 왕
토 안에 성립한 것을 보여준다. 전 500결이라는 대규모 토지는 농민들에
의해서 경작되었겠지만, 그것이 국가에 조세를 내는 토지였는지 혹은 국가
의 면세지였는지는 불명확하다. 그러나 사원에 기증하는 경우는 면세지가 되
고, 이미 면세지였다 하더라도 사원에 기증하면 세습화되어 장기적으로 국
가의 수조권에 영향을 미칠 수 있으므로, 토지의 양도에 대해 왕의 허락을
받은 경우라고 해석된다.

한편 '개선사 석등기'는 "승려 입운은 경조(京租) 100석으로 오호비소리
의 공서와 준휴 2인에게서 그 (매매)분량의 석보평 대업(大業) 저답(渚畓)
4결과 오답(奧畓) 10결을 정상적으로 매입하였다"고 하고, 매매 과정에서
별도의 허가 조치는 수반되지 않았다.[72] 이 기록의 해석과 관련하여 공서
와 준휴가 그들에게 사여된 관료전의 수조권을 개별적으로 처분한 것으로
해석하기도 하였다.[73] 그러나 그것이 공서와 준휴에게 주어진 관료전이었

---

70 임금이 다스리는 영토 전체를 가리킨다.『시경』소아(小雅) 북산(北山)의 "溥天之
　下, 莫非王土."라는 구절에서 유래하였다.
71「문경 봉암사 지증대사탑비」(南東信 역주), 한국고대금속문, 국사편찬위원회.
72「담양 개선사 석등기」(박미선 역주), 한국고대금석문, 국사편찬위원회.

다고 하더라도, 원칙적으로 당대에 한하는 수조권의 사적인 매매라기보다
는 수조지가 세습되어 중간적 토지 소유로 성장하고, 결과적으로 이미 공
서와 준휼의 사유지가 되었거나 원래부터 사유지였던 소위 조업전을 매매
한 것으로 생각된다.

토지 소유제도의 성격을 검토할 때 중요한 것은 수조지나 병작지를 매
매할 때 그 토지의 경작자인 농민의 경작권을 어떻게 처리하느냐가 문제
이다. 자본주의적 배타적 독점적 소유가 성립하기 이전의 전근대에는 하나
의 토지에 중층적 소유권이 성립하며, 그 기초에 경작권이 유지되었다. 중
국의 정전제나 균전제 등에서 국가가 주기적으로 경작지를 재배분하여 강
력한 토지 소유권을 행사한 것으로 보이는 제도가 있었지만 그것은 부분
적·일시적이었고, 경작권과 사유를 부정할 수 없었으며 경작권은 소농의
노동에 기초한 생래적인 것이다.[74]

경작권은 용익권이고 세습적인 것이므로 당연히 자본 가치가 성립하고,
소유권이 성립하면서 매매의 대상이 되지만 법적 사회적 제약에 의해 규
제된다. 수조권을 포함하는 지대 수취권의 자본 가치가 평가되고 매매된다
면 그것은 지주권이 경작권과 분리·성립하여 거래되는 것이고 높은 사적
소유의 발달 수준을 보여주는 것이다. 그러나 역사적으로 경작권은 지주권
에 선행하여 성립한다. 군주 국가의 왕토사상 혹은 국가의 영토 고권이라
는 통치권은 경작권의 인정 위에 성립하고, 그 중간에 다양한 모습의 중간
적 소유가 성립하기 시작한다.

수조권은 면세 조치 위에 성립하는 것으로 왕토사상 및 국가의 재정 수

---

73 이영훈, 같은 책, p 188.
74 중국 전통 사회의 토지 소유제와 관련하여 국유제론과 사유제론은 많은 논점을 가
    진 오랜 논쟁거리이지만 현재는 사유론이 통설로 보인다. (仁井田陞, 『中國法制史』,
    新裝版·岩波全書, 2005). 현재의 중국 공산당도 농지는 집체적 소유라는 규정에도
    불구하고 농민의 세습적 경작권을 허용하고 있다.

입과 경합적이지만, 그것은 왕권을 배제하고 봉토로 나아갈 것인가 아니면 왕권 아래에서 중간적 지주권으로 나아갈 것인가의 두 개의 선택이 있다고 생각된다. 신라와 고려에 걸친 장(莊), 처(處) 등은 면세지의 세습화를 시도한 것으로 보이나, 그것들은 장기적으로 실패했다. 특히 고려조의 무인 정권은 실권을 장악하고 사적인 토지와 군사력을 보유하고자 했으나 성공하지 못했다. 조선조에서는 양반들이 국왕과 타협하여 면조권을 포기하고 과세권을 수용하면서, 농민의 경작권과의 중간에서 지대를 수취하는 지주적 존재로 변화하였다. 지주권은 성장 과정에서 경작권과 병존했지만, 점차 국가의 상급 소유권과 농민의 경작권을 배제하면서 독점적이고 배타적인 소유권으로 발전하였다.

통일 신라기에 병작제에 대한 구체적 사례는 없다. 그러나 상상연과 같은 대토지 소유자의 토지 소유와 경작의 실상은 어떤 것이었을까를 생각해 볼 필요가 있다. 구수가 적어도 50여 명 이상이었을 것으로 짐작되는 상상연에는 노비가 물론 많은 수를 차지했겠지만 노비 이외의 예농들이 존재할 수 있다. 이들 예농의 사회 경제적 처지는 사민(私民)으로서 노비와 자작농의 중간적 존재였다. 그러나 통일 신라의 대토지 소유자는 낮은 농업 생산력 수준에서 조선조의 지주와 달리 국가에 대한 조세 지급을 면제받은 수조권자였다.

신라에는 수조권이 국가에 있는 공전과 개인에게 주어진 사전이 있었다. 공전은 민간의 사유지이고, 사전도 민전에 대한 수조권을 관료에게 사여한 것이어서 대부분의 토지는 민전이었다. 이 밖에도 「촌락문서」에서 보듯이 내시령답이나 관모답 등의 민전과 구분되는 국관·유전이 있었으나 그 비중은 적다. 왕토사상이 영토 고권에 의해 모든 토지는 국가, 즉 왕의 토지에 속한다는 통치권적 의미에서 벗어나 농민의 세습적 용익권, 즉 사유권을 대가 없이 보편적으로 침해할 수 있다면 그것은 국가적 소유라고 할 수 있다. 그러나 역사적으로 근대의 집단 농장을 제외하고는 그 예를 찾아볼 수 없다. 고대 이후 국가가 율령제라는 보편적 명분과 직제에 의해 성립되고 운영되는 이상 경작권은 보호의 대상인 것이다.

한편 고려 시대부터 양반은 사회적 지위를 안정적으로 유지하는 방법으로 관직과 수조권에만 의존하지 않고, 경작권과 국가의 과세권 사이에서 중간적 권리라고 할 수 있는 지주권을 추구했다. 관료들이 병작제의 기회를 포착한 것은 토지의 개간을 통해 경지를 확대하고,[75] 토지 생산성이 높아지는 과정에서 자기들이 개척한 농지에 토지 없는 농민을 사역하고 예속화하는 과정을 통해서 이루어졌다. 다른 한편 곤궁한 농민은 차입과 그 반제 불능 시 토지의 소유권 이전이 불가피하여 소작인이 되는 경우가 많았다.

고려 시대 이전에는 뚜렷한 병작제의 사례는 보이지 않으나 용작(傭作)이 행해지고 있었다. 『삼국사기』에는 고구려 미천왕이 즉위 전에 한 때 몸을 피신하여 용작을 하였다거나, 신라의 효녀 지은이 용작을 한 기록 등이 보인다.[76] 용작은 노비가 아니고, 신분적 부자유는 아니었다. 농민들의 소유 분화에 따라 발생하는 토지 없는 농민의 생존 추구의 모습은 소작인이 되거나 다양한 형태의 고용 노동자가 되거나 하는 방법 밖에 없고, 용작은 '고용된 작인'이라는 의미인 만큼 고용 노동자나 소작인 사이의 그 중간 어디쯤의 존재였다.

왕토사상 아래 농민은 보편적으로 국가에 역과 부세를 부담하였다. 부세에는 조(전세)와 함께 다양한 공물(쌀, 콩, 수피, 모피, 각종 포, 각종 어물 등)등이 포함된다. 이 외에 농민은 조수의 포획과 임산물과 어산물의 채취 그리고 생산, 가공, 저장, 운반 등의 각종 요역에 동원되었다. 그러나

---

75 정도전에 의하면, 고려 때에는 "관의 간섭없이 자유롭게 개간"할 수 있었다고 하며 (鄭道傳, 『三峯集』권 7, 朝鮮經國典 上, 賦典 經理), 조선조에는 진황지나 공유지인 산림(山林), 역(澤) 등에 대해 입안(立案)을 통해 개간권을 인정받았다.
76 『三國史記』卷第十七 高句麗本紀 第五 및 卷第四十八 列傳 第八, 知恩.

계연 1단위 당의 부세 수취량을 정확히 알기는 어렵다. 고구려의 예를 토대로 1계연 당 부세 수취량을 추정하기도 한다. 말하자면 중상연은 년 세포 5필과 조 5석을 부담했을 것이라는 것이다. 그렇다면 하하연은 그 1/6인 년 세포 1필과 조 1석에 약간 미달하는 정도를 부담했다는 해석이 된다. 호등이 한 등급 올라갈수록 부세의 부담은 두 배씩 증가하는 것으로 나타나고, 호등에 따라 담세 능력을 나타내는 인정 수와 토지 결수는 그에 상응하여 증가했을 것으로 판단된다.

제3절 수공업과 교역 그리고 화폐

통일 신라는 농업 생산의 발전과 직물업 및 수공업의 발전 등으로 비교적 안정된 경제 구조를 가지고 번영을 누렸던 것으로 보인다. 통일 신라는 경주를 중심으로 주변으로 팽창, 정복하는 형태로 형성되어 경주가 중심이 된 국가였다. 경주에는 중앙의 왕족이나 귀족, 관료 및 군사 집단 그리고 지방의 유력자들이 모여 거주하였다. 경주는 신라의 전성 시대에는 호 수가 178,936호(戶)[77]에 1,360방(坊)[78]이요, 주위가 55리(里)였다. 서른다섯 개 금입택(金入宅)이 있었다[79]고 한다. 그러나 실제로『삼국유사』에 나열되어 있는 금입택의 숫자는 39개에 달한다. 그리고 경주는 1,360방(坊)을 포괄하는, 인구 약 90만 명에 달하는 광역의 생활권이었던 것으로 볼 수 있다.[80]

---

[77] '17만 호'에 대해서는 이를 호구 수로 보고 5(명)을 곱하면 85만여 명이 되는데 경주의 면적을 감안하면 이 인구를 모두 수용하는 것이 불가능하므로, 이를 호구 수로 보지 않고 인구 수로 보는 것이 대체적인 견해이다(李丙燾,《韓國史-古代篇》, 乙酉文化社, 1959, 702-703쪽). 그러나 당평백제비(唐平百濟碑)에서 백제 멸망 당시 인구가 620만이라 언급한 점을 감안하면, 신라 왕경의 인구를 85만 명 정도로 추측하는 것이 결코 타당성 없는 주장은 아니라는 의견도 있다(이기봉,《신라 왕경의 범위와 구역에 대한 지리적 연구》, 서울대 박사논문, 2002).

[78]『삼국유사』권5 피은 염불사(念佛師)조에는 360방 17만 호라고 하여 이 기록과 차이를 보인다.

[79]『삼국유사』권 제1, 紀異第一, 진한(辰韓). 그러나 여기에 나열된 금입택의 숫자는 35개가 아니고 39개에 달한다. 현재 경북 경주시 교동 91번지에 재매정(財買井, 사적 246호)의 우물터가 남아 있어 이 우물 일대가 김유신(金庾信)의 집이 있던 자리로 추정된다.

[80] 신라의 수도는 금성이었고, 경주라는 명칭은 신라 멸망 후 신라를 경주로 개칭한 것이어서『삼국유사』에서 언급한 경주는 광역의 경주로 추정된다. "收新羅爲慶州, 以爲公之食邑"(『三國史記』, 卷第十二 新羅本紀 第十二, 경순왕)

통일 신라의 인구를 500만 명 정도로 볼 때 인구의 15~20%가 수도권에 거주한 셈이다.

신라는 씨족 사회에 바탕을 둔 귀족들을 중심으로 하는 사회이고, 이들 상대적 소수인 지배층들이 국가 기구를 장악하고 왕실과 귀족 및 관청들이 필요로 하는 물품과 특히 외국과의 교역 물품 등 국가 운영에 필요한 물자를 기본적으로 관영 수공업을 통해 조달하는 체제를 가지고 있었다. 물론 민간 수공업도 있고 그 제품을 시장에 내다팔아 생계를 꾸리는 행상들도 존재했지만 국가의 다양한 필요 물자를 자체적으로 생산하여 조달하는 기구를 운영하였다.

신라는 신문왕 원년(681) 본피궁(本彼宮)을 수반으로 하는 관영 수공업의 체계를 정비하였다. 그 후 경덕왕 18년(759) 관호 개혁을 전후하여 기술적 발전을 더함으로써 생산 공정별로 매우 분업화되고 협업화된 체계를 갖추었고, 애장왕 2년(801) 어룡성(御龍省)의 정비 및 승격에 수반한 관제 개혁으로『삼국사기』의 직관지(職官志) 중에 보이는 조직으로 완비하였다.[81] 신라 시대 국영 수공업을 궁중 수공업과 관영 수공업으로 구분하는 경향이 있으나 본피궁이라는 궁실이 관제의 일환이므로 궁중 수공업과 관영 수공업을 하나의 관영 수공업으로 통칭하고자 한다.

『삼국사기』의「직관지(職官志)」에는 관영 수공업의 생산 기구로 먼저 고급 견직물을 생산하거나 그에 연관된 관서들이 소개되고 있다. 신라의 직물류는 최고의 품질을 자랑했고 국왕의 사여물과 조공 등 교역품에서 가장 중요한 것들이었다. 특히 비단을 생산하는 조하방(朝霞房), 금전(錦典, 織錦房), 기전(綺典, 別錦房) 등의 기구가 설치되었다. 신라는 직물이 발달하여 조하주(朝霞紬)라든가 어아주(魚牙紬) 같은 것은 신라의 귀족은 물론 당나라에서도 갈구하던 직물이었다. 한층 더 국내외의 금라에 진명성(珍名

81 朴南守,「수공업과 상업의 발달」,『신편 한국사』9 통일 신라, Ⅲ. 경제와 사회

聲)을 갖고 산출했던 것은 '용견(龍絹-용문이 놓아진 가벼운 비단)'이라는 비단이었다.[82] 신라는 적극적으로 견직을 장려했고, 왕이 직접 왕녀 두 사람으로 하여금 각각 6부 내의 여자들을 거느리고 무리를 지어 길쌈 경기를 하게 하고, 이긴 쪽에 사례하고 가무를 즐기는 가배(嘉俳)[83]라는 놀이를 하였다고 한다.[84]

또한 완성된 직물류 생산을 위한 관련 공정을 담당하는 관사로 고치를 켜는 일인 소사(繅絲)를 맡는 소전(疏典), 실을 정련한 후 표백을 맡는 표전(漂典), 직물을 염색하는 염궁(染宮)과 홍전(紅典) 및 옷감을 짠 후에 인염(印染)을 맡는 찬연전(攢染典) 등이 설치되었다. 이외에 모직물과 가발을 생산하는 모전(毛典), 철물과 유기를 주조하는 철유전(鐵鍮典), 각종 기구의 옻칠을 담당하는 칠전(漆典), 피혁물을 가공하는 피전(皮典), 탁자나 밥상 등의 가구를 만드는 궤개전(机槪典), 와전(瓦塼)이나 도기를 생산하는 와기전(瓦器典), 한 때 잡공사(雜工司)로 불렸고 금·은 및 세공품 등의 잡다한 제품을 생산하는 남하소궁(南下所宮), 보물의 저장과 각종 공예품을 만드는 물장전(物藏典), 여러 행사에 사용되는 장막을 담당하는 급장전(給帳典) 등이 있었다. 신라의 직물로 비단이 유명하지만 그 외에 질 좋은 마포와 저포 등이 생산되고 중국에서도 선호되었다.

이외에도 가죽 제품을 생산하는 관서인 피전(皮典, 鞄人房)과 완성품을 만들기까지의 원료 생산과 가공 과정 그리고 가죽 제품 중에서 북이나 신발류 등을 생산하는 관서가 또한 분업화되어 있다. 이 밖에도 죽공예(筍

---

82 유자후, 같은 책, p 53.
83 가배(嘉俳): 추석(秋夕)의 본래 말. 추석은 우리말로는 가위, 한가위라고도 하는데, 본 기사에 나오는 '가배'가 '가뵈', '가외', '가위'로 음전(音轉)이 일어난 것으로 파악된다(徐在克, 1965, 「嘉俳攷」, 『大邱敎大論文集(人文科學篇)』 1, 53쪽). 한가위의 '한'은 '크다'는 뜻의 관형어이다.
84 『삼국사기』, 권 제1, 신라본기 제1, 유리(儒理) 이사금(尼師今).

虞), 술잔(飮器), 과녁(射侯) 등을 제작하는 마전(磨典), 자리를 만드는 석전(席典), 광주리(筐筐)나 대나무와 관련한 기물, 건축 재료, 대화살(竹箭) 등을 제작하는 양전(楊典) 등이 있었다.

이들 관영 수공업의 관서에서 직접 생산에 종사하는 노동자들의 구체적인 존재 형태는 불명이다. 다만 관제상으로 생산 관리자인 간(干)이나 관부의 이속(吏屬)인 사(史) 아래 '어른'(翁), '어미'(母) 등으로 불리는 남녀 기술자들이 직접 생산을 담당하는 장인들을 거느리면서 생산을 담당했을 것으로 추정된다. 이 밖에 군사, 지방제도를 정비하는 과정에서 병기 제조의 업무를 비롯해 축성 등에 장인을 징발하는 체계를 갖추었다. 정부는 신문왕 2년(682) 공장부(工匠府)를 설치함으로써 공인과 장인에 대한 동원 체제를 갖춘 것으로 보인다. 그리고 군사, 지방제도를 정비하는 과정에서 진평왕대에 대당(大幢) 등의 군단에 대장척당주(大匠尺幢主)와 대장대감(大匠大監)을 설치하여 병기 제조의 업무를 비롯해 축성 등에 장인을 징발하는 체계를 갖추었다.[85] 전문적인 기술을 필요로 하지 않는 토목 공사를 하는 경우에는 군역의 대상인 성인 남성의 노동력을 동원하기도 하였다. 정원(貞元) 14년(798) 영천청제비(永川菁堤)를 수축할 때 여러 지역에서 14,140명의 '법공부'(法功夫)가 동원되었는데, 이들 '법공부'는 공적인 군사 조직망을 통해 동원된 것이었다.[86] 한편 신라는 병부(兵府)와 별도로 해군을 위한 선부(船府)를 설치하여 선박의 건조, 수리에 관한 생산 체계를 갖추었다. 신라의 해군은 강력했고, 이는 훌륭한 조선 능력에 기초한 것이었다.

관영 수공업 체제는 시장이 발달하지 못한 시대에 국가의 필요 물자를 조달하는 효율적인 방법일 수 있다. 특히 왕실이나 귀족 그리고 조공에 필

---

85 박남수, 같은 논문, pp 182-185 참조.
86 李基白, 「永川菁堤碑 貞元修治記의 考察」, 『考古美術』 102, 1962; 『新羅政治 社會史研究』, pp. 293-295.

요한 물품이나 군사적 필요 물품은 시장에 의존하기에는 불안한 물품들이었다. 그러나 일반인들은 민간 수공업품을 시장에서 조달했다. "농민 수공업자들의 구체적인 활동상은 잘 나타나지 않으나, 대체로 농민이 다루는 호미, 낫과 같은 농구를 비롯해 수레의 부품, 건축에 필요한 철 제품, 일상생활에 필요로 하는 칼, 마치, 바늘 등 철 제품을 비롯 사원이나 주택의 건설, 기와의 제조 등에 종사했을 것이다. 이들은 사회적 분업이 확대되고 상업이 발달하면서 전업적 수공업자로서 관청에서 필요로 하는 입역과 함께 공가(工價)를 받고 작업에 나아가 자기 영리를 도모하기도 하였다."[87] 『삼국유사』에는 "경주 분황 서리에 은거하던 중 광덕이 짚신을 만드는 것을 업으로 삼아 처자를 끼고 살았다"[88] 는 기록이 있어, 도시 주변의 농민이나 수공업자들이 그들의 제품을 시장에 팔아서 생활한 것을 보여주고 있다.

한편 신라는 일찍부터 시장을 개설하였다. 『문헌비고』에는 사로국 시절부터 시적(市糴)이 있었다 하고,[89] 『삼국사기』에는 소지 마립간 12년(490) 3월에 처음으로 시사(市肆)를 열어 사방의 재화를 유통시켰다고 한다.[90] 이후 신라의 경주에 지증왕 9년(508)에 동시를 효소왕 4년(695)에 서시전(西市典)과 남시전(南市典)을 설치한 것으로 전해지고 있다.[91] 이외에 『삼국사기』 궁예전에 상객 왕창근(王昌瑾)이라는 자가 당에서 와서 철원의 시전에 기거하고 있다고 하였다.[92]

시전에는 관리가 파견되었는데, 동·서·남 시전에는 각각 '감(監) 2명-대사(大舍)(主事 2명)-서생(書生)(司直 2명)-사(史) 4명'을 배치하여, 총 30명의 관리들이 왕경의 시전 업무를 담당하고 있었다.[93] 문무왕 5년(665) 도량

---

87 박남수, 같은 논문, p 186.
88 『三國遺事』卷 第五,感通第七, 廣德嚴莊.
89 『增補文獻備考』, 제163권, 市糴考.
90 『三國史記』 제3권, 新羅本紀 제3.
91 『三國史記』, 卷第三十八 雜志 第七, 職官 上.
92 "先是, 有商客王昌瑾, 自唐來寓鐵圓市廛". 『삼국사기』, 卷第五十 列傳 第十, 弓裔.

형의 개정 사실과 법제화된 양기(量器)의 존재를 전하고 있는데, 그러한 도량형의 제정과 정형화된 양기 등은 시전의 안정적 운영에 중요한 필수품이다.

한편 신라의 대외 교역은 활발하였다. 대외 교역은 처음에는 당나라 및 일본과 사신을 파견하면서 공물(貢物)과 회사품(廻賜品)을 주고받는 형식으로 이루어진 공무역이 중심이었다. 신라가 특산물인 직물류와 귀금속인 금·은 등을 공물로 가져간 데 대해, 당나라는 외교적인 의례품과 아울러 직물류, 금속 가공 제품 및 문화 관련 물품을 사여하는 형식이었다. 신라가 가져간 물품은 금·은과 포(布) 등이 대표적인 것이다.

한편으로는 비슷한 방식의 공무역이 일본과도 이루어졌다. 일본과의 공무역은 정창원에서 발견된 신라 물품을 매입하는 신청서(매신라물해(買新羅物解))에서 일본 귀족 및 관인들의 구입 품목은 향료, 약물, 안료 등과 함께 토산품인 인삼이나 잣 등도 포함된다. 향료 등에는 동남아나 인도 등에서 생산되는 것도 포함되어 신라 상인의 광범한 교역 활동이 반영되어 있다. 대가로는 실(絲) 아니면 솜(綿), 견(絹) 등으로 지급했다.

그러나 신라와 일본의 공무역은 순조롭지 않았다. 옛 고구려 영토에 발해가 건국되면서 신라는 당나라와, 일본은 발해와의 연대를 강화했다. 이 과정에서 신라 성덕왕 때부터 일본과의 관계는 점차 악화되기 시작하여 혜공왕 15년(779)을 끝으로 신라 측의 발길이 끊어져, 외교 관계와 함께 공무역이 종식되었다. 일본은 중국과의 관계에서도 9세기에 들어 838년의 승화견당사(承和遣唐使)를 끝으로 견당사의 파견을 폐지하고 공무역이 중지되었다. 그러나 신라는 공무역 외의 비교적 활발한 사무역 활동을 한 것으로 보인다. 원성왕(785~798년) 무덤 앞의 무인석이나 흥덕왕(826~836년) 무덤의 무인석의 얼굴은 서역인을 연상하게 한다. 그리고 『삼국유사』에 기록

93 박남수, 같은 논문,

된 헌강왕(875~886년) 시절의 처용가에 얽힌 설화와 처용탈에서의 모습은 울산항을 통해 서역인이 왕래했음을 시사한다.

신라의 사무역 활동은 특히 9세기에 활발했다. 홍덕왕은 834년에 신분별로 복식과 수레 그리고 마구의 자재와 장식에서 사용을 금지할 기준을 정했다. 홍덕왕은 "사람은 상하가 있고, 지위에는 존비가 있으니… 백성들이 서로 다투어 사치와 호화를 일삼아서, 다만 신기하고 진기한 물품을 숭상하고 오히려 비야(鄙野)한 토산품을 경시하니[94] 예절을 잃고 풍속이 쇠퇴하기에 이르러, 명령을 하니 어기면 형벌을 내리겠다"고 하였다. 신분별로 복식을 정했지만 진골 여성의 경우 "목도리에 금·은 실(金銀絲)과 공작 꼬리(孔雀尾), 비취 털(翡翠毛)을 사용하는 것을 금한다. 빗(梳)에는 슬슬전(瑟瑟鈿)과 대모(玳瑁)를 금한다. 비녀(釵)에는 무늬를 새기거나(刻鏤) 구슬 다는 것(綴珠)을 금한다. 모자에는 슬슬전(瑟瑟鈿)을 금한다"[95]고 규정했다. 그리고 진골의 수레의 재료로 "자단(紫檀)과 침향(沉香)[96]을 쓰지 못한다. 대모(玳瑁)[97]를 부착하지 못하고 또한 감히 금·은·옥으로써 장식하지 못한

---

94 『三國史記』, 권 제33, 잡지 제2.
95 『三國史記』, 권 제33, 잡지 제2.
96 정덕본(正德本)에서는 '沉香'이라 되어있으나 주자본(주자본)에 '沈香'으로 되어있다. 沉과 沈의 뜻은 서로 통하니 의미는 같다.
97 바다거북과에 딸린 거북의 한 종류로서 이것의 등딱지를 지칭하는 말이기도 하다. 이등딱지의 길이는 최장 85cm이나, 보통은 60cm 이하이고, 그 모양은 심장 모양이며 중앙판(中央板)은 다섯개, 중앙 측판은 네쌍, 연판(緣板)은 25개이며, 각판(脚板)은 반투명한 누른 바탕에 암갈색 구름무늬가 있는데, 대개 지붕의 기와처럼 포개져 있다. 이를 대모(玳瑁) 또는 대모갑(玳瑁甲)이라고 하여 예로부터 공예품(工藝品)·장식품(裝飾品)등에 귀중한 재료로 썼다. 이와 관련 하여 중국 측의 기록을 보면, 《晉書》와 《隋書》등의 기록에는 "漢制自天子至於百官無不佩劍其後惟朝帶劍晉世始代之以木貴者猶用玉首賤者亦用蚌、金銀、玳瑁爲雕飾" (《晉書》卷25 志15 興服條), "五輅兩箱後皆用玳瑁爲鷗翅加以金銀雕飾故俗人謂之金鷗車"(《隋書》卷10 志5 禮儀5)라 하여 당시 대모는 방, 금, 은과 함께 수레 등을 치장함에 쓰이는 도구로써 널리 이용되었음을 알 수 있다.)

다'98고 규정하였다. 공작 꼬리나 비취모, 구슬 그리고 슬슬전과 대모 및 자단이나 침향 등은 모두 동남아 수입품이다.

이 무렵은 장보고가 활발한 무역 활동을 하던 시기로 신라에 동남아 제품이 수입되고 귀족들이 사용하고 있었음을 짐작할 수 있다. 사무역 활동 과정에서 신라 상인들의 일본 방문도 빈번하였다. 「일본후기(日本後記)」, 「일본기략(日本紀略)」 등에는 814년 신라 상인 31인이 해안에 표착(漂着)한 것을 비롯하여 신라의 상인들이 일본의 구주 지방에 자주 표착한 사실들이 25건 기록되어 그들의 활동상을 짐작하게 한다.99

한편 8세기 중·후반에 고구려나 백제 그리고 신라의 유이민들이 당나라에 건너가 수도권을 비롯하여 내륙 수운의 중심지와 중국 연해안 지대를 따라 집단 거주지를 형성하고 있었다. 그들은 도시의 신라인 밀접 거주지에 신라방이라는 자치 구역을 형성했다. 신라방에는 신라인을 통치하기 위해 총관(總管)을 배치했고, 도시가 아닌 시골에 형성된 신라인들의 촌락들을 총괄하는 자치적 행정기관으로 구당신라소(勾當新羅所)가 있었으며, 그 중 산동성 '원덩현(文登縣)'의 신라소가 유명했다. 신라방의 신라인들은 주로 무역이나 해운조선업 등 상공업이나 이와 연관된 활동에 종사하였다. 신라 상인들은 양쯔강 하구 지역과 대운하가 연결되는 화이허(淮河) 하류 지역에도 거주했고, 보다 남쪽으로 양저우(揚州), 쑤저우(蘇州), 밍저우(明州) 등지에서도 활약하고 있었다. 그들은 중국 내의 무역항을 통해 통해 아라비아와 페르시아 상인과도 교섭하였다. 중국의 신라인들은 중국, 신라와 일본을 연결하는 연쇄 무역에서 중요한 일익을 담당하였다.

이들 신라인의 활동에서, 당시 신라와 발해에서 장안(長安)에 이르는 관문이라 할 수 있는 산동반도 일대에 고구려계인 이정기(李正己)의 활약이

---

98 『三國史記』, 권 제33, 잡지 제2.
99 鄭淳一, 「延歷·弘仁·天長年間の新羅人來航者」, p 97. 참조.

대표적이다. 그는 지방의 군대에서 성장하여 토착 기반을 바탕으로 당으로부터 해운압발해신라양번사(海運壓渤海新羅兩藩使)라는 직함을 받아 바다를 통해 발해와 신라의 외교 및 교역 업무를 담당하게 되었다. 이정기는 절도사로서 강력한 군사력을 가진 당나라 최대의 강력한 번진(藩鎭)을 형성하고 그의 후손들은 이사도(李師道)에 이르기까지 765년부터 4대에 걸쳐 근 60년간 권력을 세습하는 제(濟)라는 독립된 국가를 이루었다. 이정기는 고구려 유민의 후손이었고, 발해로부터 말을 구입하는 등 군사적으로 신라보다는 발해와 긴밀한 관계를 유지하였다.

당은 이정기의 후손인 이사도(李師道)를 토벌하고자 하였고, 신라에도 파병을 요청하고 신라는 뒤늦게 그에 응했다. 신라인 장보고는 이사도 토벌의 선봉부대인 무녕군(武寧軍)에 참전하고 공을 세워 소장(小將)으로까지 승진하였다. 토벌이 완료된 후 장보고는 스스로가 산동반도 일대에서 신라의 유이민들을 토대로 해상 무역의 상권을 장악할 구상을 하게 되었다. 장보고는 중국에서 귀국하여 홍덕왕(興德王)에게 당나라의 해적이 신라인을 노략하여 노비로 파는 행위가 빈번한 것을 보고하고 청해(淸海)에 진영을 설치할 것을 요청했다. 홍덕왕은 이를 받아들여, 828년 청해진(지금의 완도)에 병사 1만 명을 주고 장보고를 청해진 대사로 임명하였다. 장보고는 해적을 정벌하고 해상 수송로를 장악하였다.

장보고는 일본과 신라 그리고 중국의 각 지역을 연결하는 무역 항로를 지배하고 상업 활동으로 인맥과 경제력을 축적하였다. 장보고는 이를 바탕으로 산동에 신라인의 거주지 적산촌(赤山村)을 건설하고, 적산법화원(赤山法花院-산동성 '웨이하이'시 소재)을 건립하였다. 그는 산동반도의 '덩저우'(登州)와 청해진 그리고 일본 '하카타'(博多)를 연결하는 해운로를 확보하여 삼국을 연결하는 교역망을 하나로 엮을 수 있게 되었다. 또한 중국의 산동 양자강 하류 일대에 분산 거주하는 신라인들을 하나의 교역망으로 포섭해 그 영향력 아래에 두었다.

그는 안전한 운송로와 인적·물적 수단을 확보했고, 일본의 견당사(遣唐使)나 유학승(留學僧) 등 운송에도 중요한 역할을 했지만 특히 일본의 유학승 엔닌(円仁)과의 수차에 걸쳐 만난 일화는 유명하다. 엔닌은 838년 일본의 견당사(遣唐使)와 함께 당에 간 후 불교의 깨우침 즉 구법 활동(求法活動)을 위해 9년간의 파란만장한 유학 생활을 경험하고, 그것을 『입당구법순례행기(入唐求法巡禮行記)』라는 일기로 남겼다. 엔닌은 다수 신라인의 도움으로 중국 체류와 함께 귀국을 할 수 있었고, 이 과정에서 겪은 장보고의 활동이나 중국의 신라방들의 생활상과 해운 활동을 기록한 것이 장보고에 대한 실상을 알리는 중요한 자료가 되었다.

한편 신라는 하대인 9세기에 들어 중앙 정부의 통제력 약화와 지방 호족의 대두 그리고 귀족층의 반란으로 혼란스러워지고, 830년대부터 왕위 계승을 둘러싼 혼란이 지속되었다. 이 과정에서 아버지 김균정을 왕위에 올리기 위해 시도한 경주의 정변에서 실패한 왕손 김우징이 청해진의 장보고에게 몸을 의탁했다. 장보고는 이어지는 정변 과정에서 김우징, 김양 등과 함께 군사력을 동원해 왕위 쟁탈전에 개입하여 839년 민애왕을 죽이고 김우징(신무왕)을 왕으로 추대하였다. 신무왕은 장보고를 감의군사(感義軍使)로 임명했으나, 신무왕은 왕위에 오른지 3개월 만에 죽고 그의 아들이 즉위하여 문성왕(文聖王)이 되었다. 문성왕은 즉위한 뒤 장보고를 청해진 장군(淸海鎭將軍)으로 임명하였다. 장보고는 딸을 문성왕의 왕비로 만들려고 하였으나, 귀족들의 반대로 뜻을 이루지 못하자, 문성왕 8년(846)에 청해진을 근거로 반란을 일으켰다. 문성왕은 846년 염장(閻長)을 보내 장보고를 제거하고 청해진을 장악했다.

장보고 사후 문성왕에 의해 청해진은 사라지고 주민들은 이산되었다. 장보고의 무역 활동은 국가적인 조공 무역은 아니지만 청해진 장군이라는 관직과 군사력을 가진 집단이, 신라방이라는 당나라의 자치적 행정 조직과 연계하여 수행한 공인된 해운 및 무역 활동이었다. 청해진의 폐지로 안정적인 준관영적 상업은 사라졌다. 그러나[100] 장보고가 피살되었지만, 산동 반도 등주(登州) 지역에는 장보고의 사후에도 신라방이나 신라소가 지속되 었고, 군소 해상 세력들에 의해 사무역 활동은 지속되었다.[101] "이들 군소 해상들은 9세기 말 중앙 정부의 통제력이 상실되자 유력 해상 세력을 중심 으로 새로이 편제됨으로써, 신라 말에서 고려 초의 새로운 세력인 호족으 로 성장했다. 예성강 하구를 중심으로 한 송악 지역의 왕건 가문과 백주 (白州-연백)의 정조(正朝) 유상희(劉相晞), 정주(貞州-개풍) 포구를 중심으 로 한 유천궁(柳天弓), 나주의 다련군(多憐君), 영암의 최씨 가문, 압해도 (壓海島)의 능창(能昌), 혜성(槥城-당진)의 박술희와 복지겸 가문, 강주(康 州-진주)의 왕봉규, 울산의 박윤웅 등은 신라 말과 고려 초에 해상 세력으 로서 성장한 대표적인 호족들이었다."[102] 왕건은 이들 호족들을 성공적으 로 포섭하여 고려를 건국하고, 전후하여 주요한 호족이나 신라 귀족의 딸 29명과 결혼하여 특권 집단과 연합하고자 하였다.

신라는 튼튼한 조선 능력에 기초하여 동북아시아에서 해상 무역의 중 심적 역할을 하였다. 그러나 다른 한편 중국의 민간 상인들의 내왕은 활발 하지 못했던 것으로 보인다. 중국사에서 호한(胡漢) 연합으로 건국된 당나 라는 상공업에서 수입을 얻기보다는 현물 직접 조세에 크게 의존하고 광 대한 수송망의 유지를 중시했다. 당나라는 동전 주조량이 많지 않고, 지속 적인 동전 부족에 시달렸으며, 포(布)가 중심 화폐였고, 조용조 체제에서 징수된 직물이 관리와 군인에 대한 보수로 지급되었다.[103] 따라서 통일 신

---

100 李基白, 〈上大等考〉(《歷史學報》19, 1962; 앞의 책, 125~126쪽).
101 李基東, 〈羅末麗初 南中國 여러나라와의 交涉〉(《歷史學報》155, 1997), 4~12쪽.
102 박남수, 「수공업과 상업의 발달」, 『신편 한국사』 9 통일 신라, Ⅲ. 경제와 사회, pp 203~204.
103 Von Glahn, *The Economic History of China*, Cambridge University Press, 2016, chap 5. 참조.

라 시대 유적에서 출토되는 당나라 시대의 대표적 화폐인 개원통보의 양은 적다. 외국 화폐는 외국 상인 및 문물과 함께 유입되는 것으로 볼 때 중국 민간 상인의 왕래는 많지 않았다고 판단된다.

신라는 경주를 비롯한 도시에 인구가 밀집하고 시장이 발전했다. 6소경이라 부르는 지방의 도읍에서도 정기적인 시장이 열렸을 것으로 추정된다. 활발한 상업은 그에 걸맞은 화폐의 유통을 필요로 하지만 신라에 독자적으로 주조 화폐가 사용된 기록이나 출토품은 발견되지 않는다. 따라서 화폐 자본의 축적을 목적으로 하는 전업적 상인의 발전을 위한 조건은 미비되었다고 볼 수 있다. 수도인 경주의 시장에서 일반인들은 포나 미를 현물로 사용한 것으로 보인다.

『문헌비고』에는 당서를 인용하여 신라의 저자에는 부녀가 전부 무판(貿販)하여 활발하게 시장 활동을 한 것을 전하고 있다. 송나라 손목이 찬한 『계림유사』에 "하루에 조시, 만시의 두 시가 있는데 부인들이 다 한 개의 유상(柳箱)과 한 개의 소승(小升)을 계(緊-들고)하고, 6홉(合)쯤 되는 것을 1되(刀)라 하여 패미(粺米) 흰쌀로서 물가를 정해 무역을 하는데 그 밖에도 다 이와 같이 가격의 고하를 정하는 것"[104]이라 하였다. 신라에서 미곡을 화폐로 사용했지만 곡물 외에도 포를 화폐로 사용하였다. 고려 공양왕 시대 방사량의 상소에서 "추포의 법은 동경(경주) 등 약간의 주현이 포를 화폐로 삼았던 것인데, 포의 지구력이 십 년을 가지 못할뿐더러 걸핏하면 해지기 쉬운 것"[105]이라는 지적은 이를 잘 말해준다.

신라의 일반인은 포와 미곡을 주요한 교환 수단으로 이용했지만 특히 어느 하나가 가치의 척도가 되었던 것으로 보이지는 않는다. 신라 경명왕

---

104 『增補文獻備考』, 제163권, 시적고1.
105 "本朝麤布之法, 出於東京等處若干州郡, 且此布之幣, 用無十年之久, 乍遭烟濕, 便爲災朽". (『고려사』, 공양왕 3년 3월조).

원년(917)에 당나라 상인 왕창근이 2두미로 거울을 샀다고 하여 쌀이 화폐로 사용되었음을 알 수 있다.[106] 신라의 태종 통치기(654~661년) 당시에 풍년이 들어 "수도 안의 장거리에서는 베 한 필 값이 조(租) 30석(石)"[107]으로 뛰었다는 기록으로 보아 당시 곡식이 현물 화폐로 유통되고, 풍흉에 따라 물가가 변동했음을 보여준다. 그러나 한편으로는 포가 화폐로 사용되고, 추포가 통용되기도 하였다. 하지만 직물 중 비단(錦)은 특히 고가여서 일반인이 일상적 거래에 사용하기는 힘들었을 것으로 보인다. 전체적으로 수도의 귀족이나 교역의 필요에 따라 귀금속 사용이 상당히 이루어졌을 터이지만 일반인들을 위한 동전 등 기초적 저가 화폐의 공급은 보이지 않는다.

그러나 고대나 중세에 저급 화폐인 동전이 부족한 것은 세계적인 보편 현상이었고, 이는 주전 원료인 동의 생산 부족이 주된 원인이었다. 세계적으로 전근대에 오직 중국만이 풍부한 동 생산에 힘입어 동전이라는 기초 소액 화폐가 널리 유통되었다. 유럽의 중세에 귀금속 화폐가 부족했고, 이것이 신대륙 발견으로 비로소 해소된 것은 잘 알려진 사실이다. 그런데 기초 소액 화폐인 동전은 더욱 부족했고, 비록 독일의 '후거'가(Fugger 家)가 16세기에 동을 상당량 생산했지만, 17세기 스웨덴에서 동이 대량으로 보급되기 이전에는 만성적인 기초 화폐의 부족에 시달렸다.[108] 유럽 중세의 농촌에서는 화폐 부족으로 현물 거래도 적지 않고, 때로는 단기적 외상 거래가 이루어져 상인의 장부에 기록되고 차후에 변제되었다. 그리고 일종의 신용 거래와 대부가 이루어져 대부 자본이 성장하기도 하였다.[109]

---

106 『三國史記』卷第五十, 列傳 第十. 松京廣攷 卷1 高麗世紀 太祖.

107 『增補文獻備考』, 163권, 시적고, 4면.

108 유럽 중세에 소액 화폐로는 저급 은화가 유통되었고, 16세기에 네델란드에서 동전이 주조되기 시작했다. 프랑스에서도 16세기 후반에 동전을 주조했지만, 17세기 중반 이전에는 주조량이 제한적이었고, 영국도 1660년 이전에는 널리 유통되지 못했다. Peter Spufford, *Money and its use in medieval Europe*, Cambridge University Press, 1988, p 372

일본도 17세기에 동광을 개발하여 스웨덴과 함께 세계적인 동 생산 및 수출국이 되기 이전에는 중국 동전의 주요 수입국이었다. 일본은 8세기 (708)에 '와도우카이호(和同開寶)'라는 은전과 동전을 발행했지만 그 주조량이 많지는 않았고, 10세기 말에는 그 주조가 중지되었다. 이후 중세에는 송전(宋錢)이나 명전(明錢) 등 중국 수입전과 위조전이 오랫동안 유통되었고, 17세기에 들어와서야 독자적 동전인 '관영통보(寬永通寶)'를 주조했다. 17세기 중엽 이후가 되면 일본은 세계적인 동 수출국이 되고 조선의 상평통보가 대량으로 보급되기 시작한 것도 일본산 동의 수입이 대량으로 가능해진 것이 중요한 조건이었다.

한국사에서 독자적으로 동전이 주조된 명시적 기록은 고려 시대에서 비롯되었다. 그러나 고려조에도 그 주조량이 많지 않았고, 17세기 후반 일본산 동의 수입이 원활해진 이후 주조된 상평통보가 비로소 보편적으로 사용되었다. 따라서 17세기 중엽 이전에는 중국을 제외한 전세계에서 동의 생산의 부족하고, 동전의 주조도 적고 따라서 소액 금속 화폐 부족에 시달렸다고 볼 수 있다. 유럽에서는 동전보다 귀금속인 금·은이 보편적인 화폐였고, 이것이 세계사적으로 보다 일반적인 현상이었다.

특히 한국 시장은 기본적으로 허시이고 서구처럼 자기 점포를 가진 전업적 상인은 거의 없었다. 경주의 시장이 아침, 저녁으로 두 번 열렸다고 하는 기록은 비록 시장에 소수의 시전(市廛)이 있었다고 해도, 기본적으로 다수의 생산자와 소비자가 아침, 저녁으로 시장에서 만나서 직접 거래 행위가 이루어졌다고 볼 수 있다. 따라서 화폐가 부족한 일반인들은 현물 거래를 할 수밖에 없고, 상시적 거래 관계가 아니어서 외상 거래를 할 수도 없었으므로 소액 거래에 미곡이나 포 등의 현물을 사용하는 것이 자연스러운 것으로 생각된다.

---

109 Peter Spufford, 같은 책, pp 334~338. 참조.

수도에 소수 존재했을 시전(市廛)의 거래도 일반 시장의 거래와 같은 방식으로 이루어졌을 것으로 생각되지만 부분적으로 귀금속 거래도 이루어진 것으로 보인다. 『삼국사기』의 온달전에 의하면 온달이 평강공주가 준 금붙이를 팔아 주택이나 토지 등의 부동산도 구입하고, 우마와 노비도 구했으며, 살림 도구 등 모든 물품을 완비했다고 한다.[110] 이는 소위 생산물은 물론이고 생산 요소도 시장에서 거래되는 대단히 발전된 시장의 모습이고, 모든 것이 시장에서 거래될 수 있었다고 하여도 과언이 아니다.

신라의 찬란한 금문화와 부장품들 그리고 조공품과 불교 유적 등에서 귀금속이 상당량 사용되고 유통된 것은 확인된다. 그러나 귀금속 화폐는 기본적으로 고액 화폐여서 농민의 화폐일 수는 없었다. 그리고 그것이 보편적으로 사용되려면 적절한 지금량의 공급이 중요한 전제 조건이었다. 그러나 한국은 오랜 세월에 걸쳐 중국으로부터 귀금속의 조공을 요구당했고 문화 수입국인지라 무역수지가 적자이기 쉬웠다. 따라서 언제나 국경을 통해서 귀금속은 중국으로 유출되기 쉬운 구조여서 국내에서의 그 유통량이 많기는 어려웠다. 한국에서 단군 이래로 국제수지의 흑자를 장기적으로 누리고 있는 것은 21세기에서의 일이고, 세계에 대해서 한국의 상품과 또한 그와 연관된 문화를 수출할 수 있는 기회를 얻었다고 할 수 있다.

통일 신라는 소수의 귀족들에게 경제력이 집중되고 또한 그들은 주로 수도에 거주했다. 따라서 경주에 집중된 신라는 금입택이라는 화려한 저택과 시장을 가지고 또한 해외와의 교역도 활발했다. 또한 금·은이 조공품에 포함되고, 불교 사찰이나 탑의 건축에 그 비용으로 곡식이나 철 등과 함께 조달된 금·은의 다수의 기록이 있다. 따라서 금과 은이 무게에 따라 칭량

---

110 "乃賣金釧(성암본·주자본에는 釧로 되어 있다.), 買得田宅·奴婢·牛馬·器物·資用完具". (이에 금붙이를 팔고 농지와 집, 노비 및 소와 말 그리고 그릇붙이를 구입하여 살림살이에 필요한 물품을 모두 갖추었다).『三國史記』권 제45 열전 제5, 溫達

화폐로서 지급 수단으로 사용된 것은 확실해 보인다. 다만 귀금속이 일정한 주화 형태로 만들어져 보다 사용에 편리한 형태로 규격화되었는지 문제가 있다. 『해동역사(海東繹史)』에 '신라 금전은 무문'[111] 이라 하여 무문전을 사용했음을 기술했고, 『위략(魏略)』의 하문(下文-설명문)에는 "동옥저에서 금·은으로 전을 만들고 무문전"[112]이라는 기록이 있다. 그러나 실제의 출토품은 존재하지 않는다.

신라 시대 조공품이나 시주품 기록에는 금 몇 푼(分)이라는 기록들이 몇 냥(兩)이라는 기록들과 함께 보인다. 무게의 단위로서 푼(分)이란 냥(兩)의 1/100인 0.375그램이다. 그런데 푼(分)은 때로는 계수 단위로서 엽전 1개, 즉 1문(文) 혹은 '한 닢'이라는 뜻과 혼용된다. 엽전 1개의 무게는 획일적이지 않지만 3.75그램 정도로 볼 수 있다. 당나라의 개원통보나 일본의 '와도우카이호(和同開寶)' 1개는 3.75그램 안팎이다. 당시의 동아시아에서는 당의 개원통보가 세계 화폐이고, 그 1개 즉 1문(文)의 무게가 중국의 새로운 무게 단위인 1전(錢)으로 되었다. 중국은 종래에 1냥(兩)이 24수(銖)였는데, 십진법을 택해 1냥을 10전(錢)으로 하였고,[113] 푼(分)은 전(錢)의 1/10로 하였다.

한국에서 화폐를 나타내는 말인 '돈(currency)'은 한자 전(錢)의 음독이 아닌 고유의 우리말로 생각된다. '돈'의 어원은 '돌다'에서 비롯되어 유통의 의미를 가지고 있다는 설이 있다. 그러나 '돈'은 이후 '전(錢)'과 동일시되었으며 동시에 '천(泉)'의 의미도 지닌다. 중국에서의 '전(錢)'은 은주(殷

---

111 한치윤, 『海東繹史』, 25권, 12~13면.
112 『위략(魏略)』에 "洪州 開元寺를 성축할 때 신라승 金大悲에게서 錢20千을 受하고, 육조대사의 首를 취하여 해동에 돌아와 공양하다 하고, 下文에 右無文錢은 按컨대, 巴氏, 僰氏, 賓氏, 小月氏, 大秦國, 東沃沮(중략) 俱以金銀으로 爲錢인데 悉無文하여 莫可分別이라 今各樣一品(按大小二樣)이라 기록되어 있다."(유자후, 같은 책, 46면)
113 彭信威, 『中國貨幣史』, 上海人民出版社, 1988, p 293.

周)의 농기구인 산(鏟) 즉 박(鎛)과 같은 것이고 포(布)는 박(鎛)의 가차자(仮借字)이므로 전화(錢貨)는 포화(布貨)에서 비롯되었다.[114] 그리고 '전(錢)'은 '천(泉)'과 중국 발음이 같아, 고대에 금속제의 농구가 교환 수단이면서 널리 퍼진다는 의미의 통화를 뜻하는 것으로 사용되었다.[115] 한국의 『만기요람』에서는 "전폐는 본래 태공(太公)의 구부환법(九府圜法)에서 시작되었으니, 대개 재화를 유통하는 방법이다. 그러므로 화천(貨泉)이라 이르니, 천(泉)이란 것은 그 유행(流行)하는 의의를 취한 것이다"[116]고 한다. '전(錢)'은 농기구에서 비롯되었으나 '천(泉)'의 유통의 의미를 동시에 함축하는 것으로 볼 수 있다.

『삼국유사』에는 "망덕사 중 선율이 보시 받은 돈(錢)으로 600반야경을 이루고자 바라고"[117] 등의 기록이 있다. 또한 신라의 중 월명이 "일찍이 죽은 누이를 위하여 재를 올리고 향가를 지어 그를 제사하였다. 문득 세찬 바람이 불어 종이돈(紙錢)을 날려 서쪽으로 사라지게 하였다"[118]는 기록에서 최소한 신라 시대에는 이미 전(錢)이 돈(currency)의 의미로 사용되고 있는 것을 보여준다.

중국의 '전'을 한국에서 '돈'으로 훈독하여 같은 의미로 사용하게 된 것

---

114 예모(倪模)의 『古今錢略』, 馬昂의 『貨幣文字考』, 秦寶瓚의 『遺篋錄』, 葉德輝의 『古泉雜詠』등 어느 것이나 '산(鏟)'을 고대의 전기(田器)인 '전(錢)'으로 생각하고 있다. 馬飛海 總主編, 『中國歷代貨幣大系』先秦貨幣(上卷), 上海人民出版社版, 1986, p 13.

115 日本銀行調査局編(土屋喬雄·山口和雄 監修), 『日本の貨幣』第一卷, 東洋經濟申報社, 1972, p 327. 근거로 제시하고 있는 것으로는 『史記』天官書, "錢者金幣之名, 所以貿買物, 通財用也. 古曰泉, 後轉曰錢"와 『周禮』天官外府注, "布泉也, 其藏曰泉, 其行曰布. 取名于水泉其流行不徧也"이다.

116 『萬機要覽』財用篇四.

117 "望德寺僧善律施錢欲成六百般若" (『삼국유사』, 卷 第五, 感通第七 善律還生).

118 "又嘗爲亡妹營齋, 作鄉歌祭之. 忽有驚颷吹紙錢飛擧向西而沒" (『삼국유사』, 卷 第五, 感通第七 月明師兜率歌).

은 (고)조선 시대부터 일 수도 있지만, 그 시초는 불명이다. 그러나 당나라의 개원통보(開元通寶)가 '전'을 '돈'으로 훈독하는 확실한 계기가 되었다. 개원통보는 동아시아의 세계 화폐이고, 그 1개의 무게가 1냥의 1/10인 돈(錢)으로 규정되면서, 한국에도 십진법에 의한 중국의 무게 단위인 냥(兩)-돈(錢)-푼(分)이 도입되었다. 이후 한국의 화폐로서 개원통보=전(錢)= '돈(currency)'=무게로서 '돈'과 등치 관계로 인식되었다.

달리 말해 중국의 무게 단위인 '전(錢)'이 한국의 무게 단위인 '돈'과 등치되고, 이것이 화폐를 의미하는 용어인 '돈(currency)'과 병용되었을 가능성이 큰 것으로 판단된다. 그리고 엽전 1개인 계수 단위 '푼(문, 분)'이 무게의 단위로서의 '푼(분)'과 혼용되다가, 무게 단위로서의 '돈'이 확립되면서, 무게의 '푼(분)'은 0.375그램으로 정립되지 않았을까 추정된다. 그럼에도 엽전의 환산 단위는 '관-냥-전-문'으로 되어 엽전 10개인 계수 단위 '돈(錢)'과 엽전 1개의 무게 단위인 '돈(錢)'은 여전히 다른 의미의 같은 글자로 혼용되고 있다. 그리고 엽전 한 개는 계수 단위로서 '한 푼(文, 分)'으로 불린다.

한편 귀금속의 무게 단위가 화폐의 단위로 사용된 것은 영국의 무게 단위인 파운드가 화폐의 단위로 사용된 것에서도 볼 수 있다. 서양의 귀금속 화폐의 중량도 모두 동일하다고 볼 수는 없지만 베니스의 듀카트(ducat)가 약 3.5그램이고, 1트로이 파운드는 373.24그램이다. 아랍의 '미쓰칼'(Mithqal)이라는 귀금속 중량 단위가 3.64그램인 것 등은 귀금속에서의 3.7그램 근방의 중량이 동서양을 망라한 세계적 유통에서 귀금속 중량의 하나의 중요한 공통 단위가 되고 있음을 보여주고 있다.

통일 신라기의 사료에는 푼(分)이라는 무게 단위가 있다. 1푼(分)은 당나라에서 새롭게 1냥의 1/100로 규정된 무게 단위이지만, 신라에서의 '푼(分)'의 용법에 관한 명시적 규정은 없다. 개원통보 이후 1푼을 1냥의 1/100로 확정하기 전에 신라에서의 금 1푼은 약 3.7그램 정도의 금 '한 푼' 즉 '한

낮'으로 사용되었을 가능성을 짐작케 한다.

전남 장흥 보림사에 보조선사 탑비(보물 158호)에는 "선제(宣帝) 14년 (859) 2월에 부수(副守) 김언경이 삼가 제자의 예를 행하여 일찍이 문하의 빈객이 되었다. 녹봉(淸俸)을 덜고 사재(私財)를 내어 철 2,500근을 시주하여 노사나불(盧舍那佛) 1구를 주조해 선사가 머물던 사찰(梵宇)을 장엄하게 하였다. 대왕이 교서를 내려 망수택(望水宅)[119], 이남택(里南宅)[120]에서도 금 160푼(分)과 조(租) 2,000곡(斛)을 함께 내어 장엄 공덕(功德)을 보충하게 하고, 사찰은 선교성(宣敎省)[121]에 예속시키게 하였다"[122]고 한다. 벼 2,000곡은 요즘의 3,000~4,000가마에 해당한다. 황금 160푼(分)을 1냥 6돈으로 보면 금 60그램에 불과하여 조(租) 2,000곡(斛)에 비해 상대적으로 가치가 크게 가볍다.

그리고 895년에 건립된 해인사 길상탑지에 의한 그 건립에 들어간 전체 비용은 황금 3푼, 수은 11푼, 구리 5정(鋌)[123], 철 260칭(秤)과 숯 80석(石)이다. 칭은 100근이다. 이 기록에서도 황금 3푼을 한 돈의 3/10인 1.125그램으로 해석하기엔 다른 시주품들에 비해 그 가치가 너무 작게 느껴진다.

한편 신라가 당에 보내는 조공에는 금과 은이 포함되고 그것들의 단위도 '푼(分)'으로 표기되어 있다. 672년에 문무왕은 당나라의 허락 없이 백제를 공격한 사죄의 의미로 사절을 보내 은 33,500푼과 금 120푼을 포함해

---

119 망수택(望水宅) : 금입택(金入宅)의 하나로『삼국유사』권1, 마한(辰韓)에 나오는 '수망택(水望宅)'과 동일한 것으로 본다.

120 이남택(里南宅): 금입택의 하나로『삼국유사』권1, 마한에서도 '이남택(里南宅)' 이라 하였는데, '울소택(亐所宅)'이라는 세주가 있다.

121 선교성(宣敎省) : 신라 하대에 새로 설치된 관부로, 왕명의 선포와 출납을 관장한 것으로 추정된다

122 장흥 보림사 보조선사탑비(국역, 국사편찬위원회).

123 정(鋌): 금속의 무게를 나타내는 단위이며, 「상원사동종(上院寺銅鐘)」등 통일 신라 범종의 명문에서 용례를 찾을 수 있다.

동 33,000푼, 침 400개, 우황 120푼, 40승포 6필, 30승포 60필 등의 조공을 바쳤다.[124] 금 120푼은 1냥 2돈에 불과하다. 그러나 무게 단위로 푼 대신에 냥을 사용하게 된 것으로 보인다. 통일 신라 경문왕 9년(869)에 왕자 김윤(金胤)을 당에 사신으로 보낼 때, 그 교빙품으로 말 두 필, 금 100냥, 은 200냥, 우황 15냥, 인삼 100근 외에 여러 직물들을 보냈다.[125] 여기서는 금의 양이 '푼(分)'으로 표시되지 않고 '냥'으로 바뀌었다. 7세기 후반 문무왕의 조공액 금 120푼은 1냥 2돈에 불과하고, 경문왕의 100냥에 비해 대단히 적다. 시대는 다르지만 조선조 초 금의 조공량은 '황금 150냥과 백은 700냥'[126]이었다. 역시 문무왕 시기의 금의 조공액 120푼을 금 1냥 2돈, 즉 45그램으로 해석하기에는 너무 작다.

『삼국사기』나 『삼국유사』에는 '냥'을 금의 무게 단위로 사용한 다른 기록들이 다수 있다. 이들 기록들에 비추어 보아도 앞서 제시한 기록에서의 '푼'을 1/100냥으로 간주하면 '냥'으로 표시한 기록들에 비해 크기가 너무 작다. 자체적인 동전은 없는 상태에서 비록 일반인을 위한 화폐라고 볼 수는 없어도 금이 하나의 덩어리가 아닌 무문전의 형태로 사용되고, '푼(分)'은 그 한 개를 의미했을 가능성은 없을까 의심이 된다.

통일 신라 시대는 불교가 국교인 시대였다. 신라의 사찰과 암자, 탑 등 빛나는 불교 건축물들은 그 시대의 문화 수준을 잘 보여주고 있다. 또한 신라의 경제를 이해할 때 빼놓을 수 없는 것이 불교의 경제사상이다. 불교의 확산에 따라 중앙아시아와 중국, 그리고 신라 및 일본을 잇는 문화와

---

124 "兼進貢銀三萬三千五百分·銅三萬三千分·針四百枚·牛黃百二十分·金百二十分·四十升布六匹·三十升布六十匹". (『삼국사기』, 권 제7 신라본기 제7, 문무왕).
125 "馬二匹·麩金一百兩·銀二百兩·牛黃十五兩·人蔘一百斤 외에 직물로 大花 魚牙錦 10필, 小花 魚10필, 朝霞錦 20필, 四十升白氎布四十匹·三十升紵衫段四十匹" 등을 보냈다. (『삼국사기』, 卷第十一, 新羅本紀 第十一, 景文王 九年秋七月)
126 "每歲貢獻黃金一百五十兩、白銀七百兩"(태종실록, 34권, 태종 17년 8월 25일)

경제적 교류가 촉진되었다. 불교의 경제사상 중 중요한 하나는 '공교명(工巧明)'사상이다. 당시 신라에는 "공교명사상(工巧明思想)이 유포되었다. 배우고 익힌 기술로 적은 노력을 들여 많은 재물을 만들어 내, 이것을 중생에게 베풀어 이익을 줄 것을 강조한 사상이다. 이는 승려들이 장인으로 활동하는 것을 정당화할 수 있는 논거로 받아들여졌다. 나아가 장인들에 대한 사회적 인식을 제고하는데 기여했다. 실제 당시 유명한 승려 장인이 적지 않았고, 불교 사원에서도 수공업이 행해진 것으로 여겨진다. 당시 귀족과 사원이 수공업과 상업 활동의 주요 후원 세력이자 거점이었다".

이와 함께 불교는 출가자의 상행위는 금지했지만 재가자인 일반 신도의 상업 활동은 인정하고 대부업을 허용했다. 그리고 신도들의 기진으로 면세된 불교의 사원령은 증가했고, 사찰의 보고인 무진장(無盡藏)은 넘쳐났다. 사찰은 농민에게 곡물이나 화폐를 이자를 받고 빌려줌으로써 또 다시 수입이 증가하게 되었다. 고려 시대까지 이어지는 불교의 팽창은 조선조 유가들에게 공격의 빌미를 제공했다.

고려 시대의
가산 신분 관료제

제1절 고려 사회와 가산 신분 관료제

1. 대외 관계와 통치 체제

780년 혜공왕 사후 신라는 왕위를 둘러싼 내분이 격화되고, 귀족들이나 지방 호족들의 세력이 강화되고, 집권적 율령 체제가 약화되었다. 신라 하대의 진성여왕 시대에 들어와 반란이 빈발하고 도적이 창궐하는 가운데 후삼국 시대가 개막되었다. 농민 출신의 견훤(甄萱)이 892년에 후백제를, 궁예(弓裔)가 901년에 후고구려를 세워 후삼국 시대가 되었다.

왕건은 개성 출신으로 많은 공을 세워 궁예의 신망이 두터웠지만, 궁예에게 시기를 당해 위험해지자, 여러 무장들의 권유를 받아들여 정변을 일으켜 궁예를 축출하고 918년에 왕이 되어 고려를 건국했으며 이듬해 개성을 도읍지로 정했다. 이후 고려와 후백제의 전쟁은 계속됐는데 후백제의 견훤이 935년 장남에게 축출당한 후 왕건에게 귀순했다. 이어 신라가 국력이 쇠퇴하여 후백제에 의해 경주가 유린당하고 927년에 경애왕이 시해된 후, 견훤에 의해 옹립된 신라의 마지막 왕 경순왕이 935년 고려에 귀순했다. 대세를 장악한 왕건은 936년에 후백제를 멸하고 한반도를 통일했다.

이 무렵 북중국에서 거란족이 916년에 세운 요나라가 강대해져 926년에 발해를 멸하고 고려와 국경을 접하게 되었다. 한편 중국은 5대 10국이라는 분열 상태가 960년에 건국된 송에 의해 통일되었다. '개봉(開封)'에 수도를 정한 송은 요와의 지속적인 전쟁 대신에, 요에 세폐를 지급하는 반면 거란은 침입을 중지하는 평화를 선택했다. 한편 중국의 동북 지방에서는 여진의 금이 강성해지고 있었다. 송은 금과 협약을 맺어, 함께 요를 축출하는 대신 금에게 세폐의 지급 등을 약속했다. 금이 요를 물리쳤으나, 송은 세폐를 보내지 않았다. 금은 이에 대한 보복으로 송을 침공, 1126년 개봉을 함락시키고 북송을 멸하였다. 난을 피해 남쪽으로 도망한 흠종의 동생 고종(高宗: 재위 1127~1162년)이 임안(臨安: 抗州)에 도읍하여 남송(南宋)을 재건했다. 그동안 몽골이 초원 지대에서 강성해졌고, 1234년 금(金)나라가 몽골에 의해 멸망하였다. 칭기즈 칸의 손자 쿠빌라이 칸은 1271년 대원(大元)을 건국하고, 1276년 임안을 함락했다. 애산(厓山) 전투에 패배한 남송은 1279년 멸망하였다. 원은 이후 100여년간 중국을 지배했으나 1368년 주원장에 의해 건국된 명나라에 의해 패망했다.

고려조 시기에 중국은 북방에서의 거란과 여진, 그리고 몽골로 이어지는 신흥 세력들의 성장으로 북송의 위축과 패망 그리고 남송의 패망과 원의 중국 지배 그리고 명에 의한 원의 축출 등 격변이 이어졌다. 대륙의 정세 변화는 한반도에도 직접적인 영향을 미쳐 고려 시대에는 잦은 외침을 받았다. 중국의 북방 유목 민족이 중국을 침략하는 경우, 그들은 배후의 고려가 중국과 함께 협공을 하면 위태롭기 때문에 예외 없이 먼저 고려를 침략하여 복속시키고자 하였다. 흔히 중국과 한국은 '순망치한(脣亡齒寒)'의 관계라고 하는 바, 이는 중국에 큰 위협인 북방 유목 민족의 침략을 저지하는데 고려의 협력이 긴요했다는 것을 보여준다. 반대로 고려가 외세에 점령당하면 중국은 그 외세와 국경을 접하게 되는 상황이 된다.

고려는 중국 대륙에서의 잦은 정치·군사적 격변으로 그 직접적인 영향을 받았다. 먼저 926년에 거란의 요가 발해를 멸하고, 고려와 국경에서 대치하게 되었다. 거란은 993년부터 대규모로 침공하여 영토 할양을 요구했다. 고려의 서희와 거란의 소손녕(蕭遜寧)의 담판 과정에서 거란은 자기들이 이미 고구려 땅을 차지했고, 고려는 신라에서 출발한 국가이므로 과거의 고구려 땅을 내놓으라고 하였다. 반대로 서희는 고려가 고구려를 계승한 후예이고, 서경(평양)을 차지하고 있음을 강조했다. 서희는 이를 바탕으로 요에 대한 조빙(朝聘)을 하기 위해서는 통로를 열어야 한다는 명분으로 오히려 압록강 동쪽의 280리를 여진이 아닌 고려 땅으로 인정받아 강동 6주를 개척하는 커다란 업적을 이루었다. 거란은 고려로부터 조빙(朝聘)을 약속 받아 배후의 안정을 꾀한 뒤, 1004년에는 직접 송나라를 공격하고, 전연(澶淵)에서 화약을 체결하였다. 송나라는 매년 요나라에 은 십만 냥과 비단 이십만 필을 세폐로 제공하기로 다짐하자 대신 평화를 선택했다.

거란은 이후에도 고려에 대한 압박을 지속했고, 1009년 강조에 의해 목종이 시해되는 정변이 일어나자, 이를 기회로 1010년 고려를 침략하여 수도 개성을 압박하였다. 조정은 나주로 피난하고, 개경이 함락되자 현종이 항복하고 신하의 예를 갖출 것을 약속하고 거란은 물러났다. 그러나 1016년 고려가 다시 송과의 교류를 지속하자, 1018년 거란의 소배압(蕭排押)이 10만 대군으로 침공했지만 강감찬이 격퇴시켰다. 요의 성종(聖宗)은 소배압의 패전을 보고, 또 다시 고려 정벌을 계획했지만 고려로부터 조공의 의무를 다하겠다는 약속을 수용하고, 1020년 화친을 하였다.

고려가 거란으로부터 할양받은, 발해의 땅이었던 강동 6주를 둘러싼 여진족과의 갈등은 지속되었다. 고려는 1033년부터 12년에 걸쳐 압록강 어귀에서부터 동해의 도련포까지 천리장성을 쌓아 여진에 대비하였다. 그러나 여진은 점점 강력해져 1115년에 금을 세우고, 1125년에는 송과 힘을 합쳐 요를 멸망시켰다. 금은 송을 위협할 만큼 강대해져 국경을 접하는 고려를 공격하였다. 고려는 금에 복속하고, 이어서 1126년에 조공하였다. 그러나 금은 송을 굴복시켜 세폐를 받는데 집중했고, 고려에 대해서는 조공을 받는 것에 그치고 내정 간섭을 하지는 않았다.

고려는 건국 이후 중국에서의 많은 정치적 변화에도 불구하고 송의 경제적 번영과 높은 문화 수준에 영향을 받아 지속적으로 교류했고 특히 송에서 번성하기 시작한 신유학을 수입했다. 고려는 4대 왕인 광종 7년(956)에 노비안검법을 실시하여 호족의 노비와 사병을 대폭 축소하고, 국왕의 권력을 강화함과 동시에 광종 9년(958)부터 과거제를 실시했다. 광종 11년

(960)에는 잠시나마 왕건 이후 포기했던 독자의 연호를 제정하고, 개경을 황도로 부르기도 하였다. 광종의 과거제 시행은 관료제의 전면적인 개혁은 아니어서 귀족 관료제의 큰 틀에 변함은 없었지만 새로운 신진 유교 관료가 등장하기 시작했다.

성종(981~997년)은 재임 기간에 관제를 정비하여 중서문하성(中書門下省-內史門下省)과 상서성(尙書省)의 2성을 두었다. 중서문하성은 신하들과 합좌해 정책을 의논하여 결정하는 기구로 신라의 화백에 비유될 수 있는 것이었다.[1] 성종은 집행 기구로는 상서성 아래에 이(吏), 병(兵), 호(戶), 형(刑), 예(禮), 공(工)의 6부(部)를 설치했으며, 지방에는 12목을 설치하고 지방관을 파견하였다.

성종 원년(982)에 최승로는 시무28조를 제시하였다. 최승로는 불교를 행하는 것은 내세를 위한 수신의 근본이요, 유교를 행하는 것은 치국(理國)의 근원이라 했지만, 오늘의 급선무인 치국을 위해 불교를 억제하여 폐단을 줄이고 합리적인 유교 사회를 건설하고자 하였다. 성종은 최승로의 건의를 받아들여 고려를 유교적인 중앙 집권 국가로 만들고자 하였으나 여전히 지방 행정의 자치적 성격은 온존하였다.

성종 12년(993) 거란의 침입을 서희가 성공적으로 막아낸 후 성종의 뒤를 이은 목종(997~1009년)은 강조에 의해 시해당하고, 이어 즉위한 제 8대 현종(1009~1031년)은 호족 세력을 통제하고 군현제를 강화하여, 1018년경-목-도-호-군-현=진(鎭)이라는 지방 행정 체계의 골격을 마련했다. 고려는 건국 이후 100여 년에 이르는 동안 지속적으로 송의 제도와 문화를 도입하여 중앙 집권적 관료제 국가로 발전하고자 하였다. 그러나 재신과 추신으로 대표되는 고위 관료들의 협의체가 국왕의 자문기관으로 역할하고, 재추를 구성하는 유력한 중앙의 세습 가문이 강력한 영향력을 유지하였다. 지방의

---

1 朴龍雲, 「중앙의 정치조직」, 『신편 한국사』 13, 국사편찬위원회, 2002.

호족 세력은 중앙의 관료로 진출하는 한편 그들의 친인척들은 지방 행정의 실무 담당자인 향리로서 고려 지배 체제의 일익을 담당했다. 지방에서 씨족에 바탕을 둔 호족들은 지방 읍사의 향리직을 세습함으로써 영향력을 유지하고, 과거와 음서를 통해 중앙 관직에 진출함으로써 지배 기구에 참여할 수 있었다.

한편 성종 시대의 고려는 전국 10도 관하의 주, 군 총수가 58여 개였다고 한다.[2] 그러나 구체적으로 기록된 내용에는 "전국을 5도 양계(兩界)로 정하여 양광(楊廣), 경상(慶尙), 전라(全羅), 교주(交州), 서해도(西海道)와 동계(東界)와 북계(北界)라 하였다. 모두 경(京) 4, 목(牧) 8, 부(府) 15, 군(郡) 129, 현(縣) 335, 진(鎭) 29이다"[3]라고 하여, 목·부·군·현의 수를 합하면 516개로 나타난다. 현종대에 500여 군현 가운데 116곳에 지방관이 파견되었고,[4] 지방관이 파견되지 않은 곳은 속군·속현이라 하였다. 통일 신라 시대에 군현의 2/3~3/4 정도에 지방관이 파견된 것에 비해서도 고려조에는 지방 호족에 통치가 위탁되어 지방관이 임명되지 않은 지역이 훨씬 많았다. 속군·속현은 외관이 파견된 군현을 통해 간접 지배를 하였다.

고려는 현종 9년(1018)에 364개였던 속현을 지속적으로 정리했지만 고려 말 공양왕 3년(1391)까지도 수령이 설치되지 않은 속현이 161개가 남아 있었다.[5] 그리고 900여개에 달했던 향, 소, 부곡, 장, 처 등을 포함하는 부곡이 또한 계속 감소했지만, 조선조 초인 1425년까지도 향 16, 소 19, 부곡 57, 장 4, 처 5개 총 101개가 존재하여,[6] 고려 후기까지도 중앙 집권 체제가

---

2 『고려사』권56, 지 권제10, 지리1(地理 一).
3 『高麗史』권 56, 志 10, 地理 1, 序文. 그러나 이 기록에 보이는 경(京)을 제외한 목, 부, 군, 현의 수는 516개로 580개와 차이가 있다.
4 邊太燮,「1. 州縣制의 成立」,『國史館論叢』第1輯, 1989.
5 李樹健,「Ⅲ 지방통치체제」,『신편 한국사』23, 2002, p 140.
6 朴宗基,「조선 초기의 부곡」,『국사관 논총』제92집, 2000, p 172.

완성되지 못했다. 중앙의 세습 양반 관료들과 연계된 지방에 있는 그들의 인척들은 지역 지방관의 2/3를 차지했고, 그 지역들을 사적 권력의 준(準) 독립적인 관할 구역처럼 운영했다.[7]

군현의 읍사는 향리에 의해 운영되고, 군현 아래의 촌이나 특정 역을 부담하는 집단으로 구성된 향(鄉), 소(所)와 부곡(部曲) 등은 대부분 군현 안에 있고, 군현에 소속되어 간접 지배되었다. 향, 소와 부곡은 국가의 수취가 무겁고, 향리가 수취를 담당하니 불법적인 수탈의 여지가 보다 컸던 것으로 보인다. 고려 전기에 국가는 부곡 지역을 군현으로 승격시켜, 주민의 부담을 경감하여 유망을 막고 안정적인 재생산 기반을 마련하고자[8] 하였지만, 여전히 부곡은 존속되었다. 읍격의 상승과 하강은 직접적으로 주민의 신분 변동을 가져오는 것은 아니지만, 부세 부담의 크기와 사회적 위신의 변동과 연계된 것이었다. 읍격은 충의를 명분으로 승격되기도 하고, 반란이나 역모가 있는 경우에는 반대로 격하되었다.

『고려사』의 「백관조」에서 고려 관료제의 윤곽을 알 수 있지만 관료의 등용 방식에는 여러 방법이 있었다. 과거와 음서가 대표적인 것이고 이외에 천거(薦擧)와 성중관(成衆官), 그리고 남반(南班)과 잡로(雜路)라는 하급 관원과 이속(吏屬)의 벼슬길이 있었다. 고려 전 기간을 통해 과거에 급제한 사람은 1회 평균 25.3인, 연 평균 14.6인의 적은 숫자여서,[9] 중앙 관직에 오르는 것이 매우 어려웠다. 특정 가문 내에서 양반으로 칭해지는 문무 관료가 다수 배출되면, 문벌이 형성되고, 문벌들과의 결혼 및 왕실과 외척 관계의 형성을 통해 새로운 귀족 세력이 등장하기 시작했다.

그러나 중앙 관직의 기회가 극히 제한된 것인 반면에 지방 호족에게 위

---

7 James B. Palais, *Confucian Statecraft and Korean Institutions-Yu Hyŏngwŏn and the Late Chosŏn Dynasty-*, University of Washington Press, 1996, p 26.

8 朴宗基, 「1) 고려전기 부곡개편정책」, 『國史館論叢』 第92輯, 2000.

9 金龍善, 「관리등용제도」, 『신편 한국사』 13, 국사편찬위원회, 2002, p 412.

임된 지방 읍사의 통치는 세습적인 것이어서 문벌의 출신지로서 중요한 역할을 하였다. 지방의 호족이 향리직을 장악해 기반적 영향력을 유지한 것은 태조 왕건의 정책에 연유한 바가 크다. 왕건은 건국 후, 지방의 호족들에게 토성(土姓)을 분정함과 동시에 그 수장들에게 각기 읍사를 구성하여 군현을 통치하도록 맡겼다.

태조 23년을 전후해 군현 명호 개정과 토성분정(土姓分定) 및 읍사(邑司)의 구성 주체인 호장층(戶長層-堂大等=堂祭)을 전면 개편했다. 그리고 각 군현 단위로 읍사에 의한 지방 행정 체계가 세워져 주민들로부터 징세(徵稅)와 조역(調役)이 가능했으며, 정치적 및 군사적 요충지에는 진수(鎭守)와 군여지임(軍旅之任)을 파견하고 역관(驛館)과 조운(漕運) 체제를 이용해 금유(今有), 조장(租藏), 전운사(轉運使), 양전사(量田使)와 같은 중앙 관인이 정기 또는 수시로 파견되었다.[10] 지방 행정을 호장층에게 맡기되 중앙에서 감시하는 체제였다고 할 수 있다. 그 결과 전국 군현 단위로 군현의 구획에 참가한 구역과 그 구역의 토착 세력인 토성수(土姓數) 및 읍사(邑司)의 주인공인 호장수(戶長數), 이 3자는 대체로 일치하였다.[11] 결과적으로 고려는 토성을 분정하고, 호장층을 재편함으로써 그들을 통해 지방관의 파견없이도 지방 통치가 가능했다.

고려는 통치 체제를 정비해 갔지만, 인종 시대(1122~1146년)에 척족 이자겸의 전횡으로 왕권이 위협받는 난을 겪었다. 이 무렵 고려는 여진과의 지속적인 국경분쟁으로 윤관이 개척한 동북 9성을 1109년에 동여진의 추장 등으로부터 조공을 약속받고 내주었다. 그러나 여진은 강성해져 1115년 금나라를 건국하고, 고려는 오히려 1126년에 강대한 금에 복속하게 되었다. 이어서 금은 1126년 북송의 수도 개봉을 점령하고, 송은 임안(항주)로

10 李樹健, 「高麗時代「邑司」研究」, 『國史館論叢』 第3輯, 1989, pp 91-93.
11 李樹健, 「高麗時代「邑司」研究」, 『國史館論叢』 第3輯, 1989, p 91.

천도하여 남송 시대를 열었다. 고려는 금에 복속된 상태였지만 1127년 건국된 남송의 경제적 번영과 문화적 발달에 영향을 받아 남송과 교류하였다. 내부적으로는 문신 중심의 문벌 귀족 사회가 지속되었고, 무반을 차별하였다.

고려는 금에 복속된 상태인 인종 시대에 1135년에 북벌을 주창한 묘청의 난을 겪었다. 신채호는 묘청의 난을 '독립적 진취적 방향'의 사건으로 평가했다. 신채호는 "그 실상은 낭불(郎佛) 양가 대 유가의 싸움이며, 국풍파 대 한학파의 싸움이고, 독립당 대 사대당의 싸움이며, 진취사상 대 보수사상의 싸움이니, 묘청은 곧 전자의 대표요, 김부식은 곧 후자의 대표였던 것이다. 이 전투에서 묘청 세력이 패하고, 김부식이 승리하여 조선사가 사대적 보수적 속박적 사상, 즉 유교사상에 정복되고 말았거니와 만일 이와 반대로 김부식이 패하고 묘청이 승리했다면, 독립적·진취적 방면으로 나아갔을 것이"라고 하였다.[12] 불교는 유교에 비해 상대적으로 평등주의적이고, 독서와 문치에 치우치지 않으며, 상업에 호의적인 점에서 독립적이며 진취적인 면도 있다고 볼 수 있다.

묘청의 패퇴로 문신 우위와 유교 숭배는 지속되었고, 다른 한편 국가의 수탈에 고통받는 농민들의 불만이 높아졌다. 1170년 무신들이 반란을 일으켜 무신 정권이 성립하고 주된 권력자가 이의방, 정중부, 이의민 등으로 이어졌다. 이후 명종 26년(1196)에 최충헌이 집권하고, 최씨 정권이 4대에 걸쳐 62년 동안 지속되었다. 최씨 집권기에 몽골의 침략을 받은 고려는 1232년 강화도로 천도하고, 그 곳에서 대몽골 항전을 지휘했다. 각지에서 끈질긴 항전이 지속되었지만 공세로 전환 될 수는 없었고, 1258년 최의가 부하에게 살해되니 마침내 최씨 정권이 붕괴됐다. 이후에도 무신 정권은 김준, 임연, 임유무 등에 의해 12년 더 지속되었다.

---

12 『丹齋申采浩全集』 中, 형설출판사, 1979, p. 104.

고려는 1170~1270년에 이르는 무려 100년 동안 무신 정권이 성립하였다. 원종(元宗)은 최종적으로 1270년 개경으로 환도했으나, 고려는 1271년 건국된 원나라에 복속되어 좀 더 직접적인 간섭을 받았다. 중앙 정부의 복속에도 불구하고 군인들 중 삼별초는 몽골에 불복하며, 독자적으로 남해와 제주도 등에서 항전을 지속했으나 1273년 그 종말을 맞았다.

최씨 무신 정권은 독자적으로 그 내부에 사병 조직인 도방, 정책 결정을 맡은 교정도감, 인사 문제를 다루고 무인 정권에 협력한 문신들이 포진한 정방 등을 두었다.[13] 그러나 무신 정권은 내부에서 권력자의 교체가 잦았으며, 최씨 정권 기간이 60여년으로 길었으나 대몽골 항전이라는 불안정 기간이 30년을 차지했다. 현실적으로 무신 정권은 잦은 국왕의 폐위와 교체라는 위력에도 불구하고 왕조를 교체하거나 국가제도를 폐지하지는 못했고 국왕, 그리고 문신 고위 관료인 재추와의 긴장 관계 속에 병존했다.

국왕은 무신들에 의한 핍박과 권력 농단에도 불구하고, 다른 한편으로 과거제를 지속적으로 운영하여 유교적 교양을 가진 유능한 관료를 선발하고자 하였다. 등과자들은 또한 시험을 관할한 지공거(좌주)와는 문생으로서, 그리고 같은 시험에 합격한 사람들끼리는 동방자(同榜者)로서 친밀한 인적관계를 형성했다. 그러나 고려 후기의 잦은 정변과 무인 정권의 교체 과정에서 새로운 집권자의 주변에서 출신이나 과거급제와 관계없이 권력층이 될 수 있었던 사례는 적지 않다. 또한 공민왕 시대에는 국왕이 곁내에 내재추(內宰樞)를 두어 양반 권력과 독립적으로 정치 권력을 장악하고자 하기도 하였다. 그러나 여러 기복에도 불구하고 고려조에 문반 관료들이 포진한 도평의사사가 행정의 중심적 역할을 지속하였다.

고려는 충렬왕(忠烈王, 1274~1308년) 이후 원 황실과 통혼한 고려왕으로

---

13 박용운, 고려 시대사, pp 429-437. John B, Duncan(김범 역),『조선 왕조의 기원』, 너머북스, 2013, p 50.

소위 부마국으로 되었다. 원은 독립을 인정했지만 다른 한편 원은 개경에 1280년 최초로 정동행중서성(征東行中書省), 후에는 정동행성 (征東行省)을 설치하여 일본 원정을 관할하도록 하였다. 정동행성은 1281년 일본 정벌이 실패한 후에 폐지되었다가 1282년에 재설치와 폐지를 반복하며, 다시1285년 에 설치되었다. 원은 정동행성에 원나라 관리를 두어 내정에 간섭했으나, 공민왕 대에 폐지(1356년)와 복구(1361년)를 거쳐 이후 최종 폐지되었다.

원은 내정 간섭에 그치지 않고 한 때는 화주(영흥)에 쌍성총관부를 설치하여 철령 이북을 차지하고, 서경에는 동녕부를 설치하여 자비령 이북을 통치했으며, 제주도에 탐라총관부를 설치하였다. 이후 동녕부와 탐라총관부는 충렬왕 때 폐지되었으나 쌍성총관부는 고려 말 공민왕 때 탈환할 수 있었다. 원은 또한 고려의 세자와 귀족의 자제를 인질로 원에 보내야 하는 독로화 제도를 시행하였다.

원의 간섭 아래 고려는 자주성이 약화됐지만, 다른 한편 국왕은 신진 사대부를 기용하여 개혁 정치를 실시하고자 하였다. 고려 후기에는 송대 신유학의 주자 성리학을 토대로 하는 사대부가 등장하기 시작하였다. 이들은 체제 유지적 현실 정치론을 지향하고 아직 불교적 세계관에서 철저히 벗어나지는 못했지만,『소학』의 일상적인 윤리 규범,『대학(大學)』의 궁리(窮理)와 정심(正心)의 도를 익히면서 좌주·문생 관계와 학문적 교유를 통해 사대부층의 사상 경향을 변화시키고 있었다".[14] 고려 말의 대표적인 유학자인 이제현 그리고 이색 등이 문생들을 중심으로 개혁 정치를 추구했고, 이색의 문하에는 후에 정치 노선을 달리하는 권근, 정도전, 정몽주 등도 포함되었다.

고려 후기에 내부적으로는 귀족이나 불교 사원 등에 의한 대토지 사유

---

14 金光哲,「(3) 신진사대부의 성장」,『신편 한국사』 19 고려 후기의 정치와 경제, 2002, p 164.

가 진전되어 농민 경제가 불안했다. 또한 14세기 중엽부터 왜구의 침입이 빈번하여 1351년에 즉위한 공민왕은 왜구를 격퇴하는데 국력을 쏟아야 했다. 한편 중국의 원은 농민 반란으로 동요되고, 원의 요청으로 공민왕은 1354년에 강소성(장쑤성) 고우(高郵)의 반란군 장사성(張士誠)의 토벌을 위해 군사 2천 명을 파병했다. 그러나 원은 반란 집압에 실패하고 고려군도 귀국했지만 공민왕은 원 왕조가 쇠퇴하는 징후를 파악하고, 고려의 자주성을 회복하고자 하였다. 공민왕은 먼저 원의 세력에 기대어 권세를 일삼고 반란을 기도한 기철을 1356년에 제거하였다. 같은 해에 몽골이 이북을 직접 통치하기 위해 설치했던 기구인 쌍성총관부를 공격해 동북 쪽의 영토를 되찾았다. 공민왕은 14년(1365) 천민 승려인 신돈을 등용하고 개혁 정치를 실시하고자 하였다. 신돈은 전민변정도감의 설치를 청하고 스스로 판사가 되어, 백성들의 빼앗긴 땅을 돌려주고, 노비가 된 양민들을 해방시켜 주는 일을 하였다. 그러나 한편으로는 귀족들의 신돈에 대한 비난도 많았다. 공민왕 23년(1374)에 변발을 금지하고 이후에 호복도 금지하였다.

1368년 중국에서 명이 건국되고 원을 북방으로 몰아내면서, 고려 조정 내부에는 명과 원의 양면 압박이 있는 가운데, 진로를 놓고 친원과 친명 세력의 정치적 대립이 노출되었다. 1374년 공민왕이 사망하고, 우왕 13년(1388)에 명나라가 한 때 쌍성총관부(雙城摠管府)가 있었던 철령(鐵嶺) 이북의 땅에 철령위(鐵嶺衛)를 설치하겠다며 그 영토의 반환을 요구해왔다. 이에 빈발하여 우왕 시절 정치적 실권자였던 최영이 북벌을 계획했지만, 출군했던 함흥의 호족 출신 이성계가 위화도 회군으로 군권을 장악하고, 친명 방침을 표방했다. 내부적으로 이성계 일파는 토지제도의 개혁 등을 통해 지지 세력을 규합, 1392년 고려를 멸하고 조선 왕조를 세웠다.

2. 가산 신분 관료제와 향리

고려 시대의 관료제는 귀족제적 요소가 강하면서도 신라의 골품제와는 달리 태생적으로 신분의 등급이 정해진 것은 아니었다. 신라는 관등제라는 관직 체계와 별도의 골품제가 존재했지만, 고려조에는 관직이 권력과 사회적 위신의 토대가 되었고, 관직과 분리된 신분의 위계가 태생적으로 존속하지는 않았다. 다만 관품이 높은 집안의 자녀에게는 보다 많은 관직으로의 진출 기회가 주어지고, 또한 그들 상호 간의 혼인 관계를 통한 집단을 형성한 점에서 사회적 신분 제도가 강하게 지속되었다.

고려 관료제의 신분제적 성격을 당시 관료의 출신 가문을 조사함으로써 확인할 수 있다. 『고려사』에서 981~1146년에 이름이 확인되는 관료는 1,140명이고, 그중에서 257명은 가문을 알 수 있다. 그리고 이름을 알 수 있는 재추(2품 이상의 재상급)는 234명이고 그중 143명은 가문을 알 수 있다. 이들 관료를 배출한 가문의 수는 87개인데 그중에 단 1명의 관원만 배출한 가문이 45개이다. 이들 중 4명 이상의 관료나 2명 이상의 재추를 배출한 가장 주요한 가문이 29개이고, 그들이 배출한 관료의 수는 169명(15%), 재추의 수는 94명(40%)이다. 이 자료는 비교적 많은 가문이 조정에서 관직을 가졌지만, 소수가 권력의 불균형한 분배를 누린 측면을 보여준다.[15] 이어서 1200~1392년 『고려사』의 「세가」에 기록된 중앙 관원 2,660명, 그중의 재추 800명을 분석한 존 던컨(John B. Duncan)에 의하면 고려 후기에도 전기와 매우 비슷하게 상당히 많은 숫자인 199개의 가문에서 관원이 배출되고 있으나, 그중 108개 가문은 1명만 배출하였다. 이에 반해 가장 주요한 22개(11%) 가문이 관원의 14%와 재추의 23%를 차지했다.[16] 전기에

---

15 John B, Duncan(김범 역), 『조선 왕조의 기원』, 너머북스, 2013, p 89.
16 John B, Duncan(김범 역), 『조선 왕조의 기원』, 너머북스, 2013, p 109.

비해서는 집중도가 하락했지만, 주요 가문이 집중된 권력을 행사한 것으로 보인다.

대체로 고려조에서 중앙 관직에의 진출은 과거제와 음서제가 병존했지만 과거 합격이 정당한 실력을 입증하는 것으로 높게 평가받았다. 과거제는 업적주의적이지만 모두에게 응시의 기회가 실질적으로는 물론이고 형식적으로도 주어진 것은 아니어서, 관직이 주요 가문에 집중되는 신분제적 요소가 존속되었다. 그러나 고려 전, 후기에 주요 가문의 구성이 상당히 바뀌어서, 중앙관료의 신분제적 요소는 장기적으로 고정된 것은 아니고 정치적 변동과 업적주의에 따라 유동적이었음을 알 수 있다.

가산 관료제는 가부장제 국가의 성립과 함께 나타나고, 아시아에서는 관료의 서비스에 대한 대가인 수조권의 사여로 수조 봉건제와 함께 나타난다. 가산 관료제는 공통으로 전근대적 신분 관료제의 성격을 지닌다. 그러나 고려 시대의 가산 신분 관료제는 신라 시대의 가산 귀족 관료제와 달리 과거제를 통해 업적주의적 요소가 강해지고, 관직을 가질 수 있는 계층이 상대적으로 보다 확대된다. 조선조의 가산 유교 관료제는 관직의 기회가 좀 더 개방적으로 되지만, 신분 제도를 벗어난 것은 아니었다.

고려의 관료제가 과거제가 중심이 되면서도 신분제적 요소를 가진 대표적인 제도의 하나는 음서제이다. "음서제는 부조(父祖)의 가음(家蔭)·음덕(蔭德)에 따라 그 자손을 관리로 서용(敍用)하는 제도로서, 거기에는 조종(祖宗)의 묘예(苗裔), 즉 왕족의 후예와 공신의 자손에게 부여되는 음서와 5품 이상의 고급 관료 자손에게 부여되는 일반 음서의 세 종류가 있었다."[17] 이 중에서 왕족이나 공신을 제외한 일반적인 5품 이상의 관직자에게도 음서의 특전과 함께 공음전시를 지급하여 자손에게 세습할 수 있도록 하였

---

17 朴龍雲, 「4. 고려사회 지배세력의 성격론」, 『신편 한국사』 12, 고려 왕조의 성립과 발전. p 195.

다.[18] 한편 과거의 응시 자격 자체에도 신분에 따른 제약이 있었다. 범죄자는 물론 과거를 볼 수 없었고, 향리는 과거제의 제술과(製述科)와 명경과(明經科)에 모두 응시할 수 있었는지 논쟁이 있으며, 일반 양민은 과거 중에서 보다 중심적인 제술과에는 응시할 수 없었다고 한다.[19] 또한 과거 응시자는 답안지 첫머리(卷首)에 성명(姓名), 본관(本貫) 및 사조(四祖)를 쓰도록 하여,[20] 신원을 알 수 있도록 했다.

귀족이 특권적 신분층에서 출생하여 또 다시 그 지위를 자손에게 세습하는 존재들이라면, 이러한 과정이 3세대를 거치는 동안 하나의 문지(門地)를 세우게 되면 귀족 가문으로서 여타의 지배 신분층과도 구별되는 가격(家格)을 인정받게 되었다.[21] 그러나 그 가격이 고정적인 것이 아니고, 유동적이었다. 고려 전기에 많은 관료를 배출한 가문들과 고려 후기의 주요 가문들을 전체적으로 비교 분석한 던컨은 고려 전기와 후기에 강력한 연속성이 존재한다고 평가하였다.[22] 그러나 종래의 주요 가문 중에서 탈락하는 집안도 적지 않고, 새로운 성씨가 진입하는 등 사회적 변동도 적지 않았다.

한편 고려 관료제의 신분제적 특징은 과거제를 기본으로 하는 중앙 관료의 구성에서 보다도 오히려 지방 호족인 향리의 세습에서 두드러지게 나타난다. 지방 호족은 과거를 통해 혹은 음서를 통해 꾸준히 중앙 관직으

---

18 朴龍雲, 「4. 고려사회 지배세력의 성격론」, 『신편 한국사』 12, 고려 왕조의 성립과 발전.
19 朴龍雲 같은 논문, p 187.
20 『고려사』 권74, 志제28, 선거2(選擧 二), 과목 2시험관.
21 朴龍雲, 같은 논문, p 195.
22 고려 전기에 많은 관료를 배출한 가문들로는 경원 이씨, 경주 김씨, 해주 최씨, 경주 최씨, 강릉 김씨, 단주 한씨, 평산 유씨, 광양 김씨, 평산 박씨, 개성 왕씨 등이 있다. 고려 후기에는 남양 홍씨, 광산 김씨, 개성 왕씨, 경주 이씨, 안동 권씨, 상주 이씨, 공암 허씨, 황려 민씨, 파평 윤씨, 평양 조씨 등이다. (John B, Duncan(김범 역), 『조선 왕조의 기원』, 너머북스, 2013, p 91, pp 110-111).

로 진출하고, 지방에서 친속들이 장기적으로 기반을 유지했다. 다만 중앙에서 출세한 양반들은 시간이 지나면서 스스로를 지방에 잔류한 친속들과 구분하기 시작했으며, 이것이 조선조에 향리를 중인으로 하시하는 제도로 귀결된다.

고려조의 신분제는 크게 보아 양반 관료와 양인, 천인으로 구분될 수 있지만, 양인 신분층은 그 구성이 다양하였다. 일반 군현에서 농업에 종사하는 농민들이 표준적인 양인이라면, 군현보다 하급의 행정 구역인 향, 소, 부곡의 거주민은 양인이면서도 군현의 양인보다 지위가 낮은 것으로 인식되었다. 그리고 군현민들 중에서도 특수한 역이 있는 진척(津尺)이나 역민(驛民), 그리고 수공업 종사자인 장인이나 상인 등은 상대적으로 지위가 낮은 양인으로 간주되었다. 한편 같은 양인이지만 향리나 군인은 일반 농민보다 높은 지위로 생각되었다.

『송사』의 「조선전」이 전하는 바에 의하면, 고려의 "인구는 210만 명이고, 민과 군인 그리고 승려가 각각 인구의 1/3을 점한다"[23]고 한다. 인구가 과소 추정되고, 군인과 승려의 비율이 과다하여 그대로 믿기는 어렵지만 군인과 승려가 많았던 것으로 보인다. 고려는 외침이 잦고, 군인의 비중이 높아 사회 경제에 대한 국가 통제가 강했다. 그리고 고려는 중앙 집권을 지향했지만 분립자판적 현물 재정제도 아래 오랫동안 지방 재지 세력이 유지되었다.

재지 세력의 사회적 근거는 시방 행정 기구인 읍사였다. 읍사는 군현의 향리 세계를 통솔하여 행정 실무를 총괄하며 향읍 사회(鄕邑社會)를 영도하는 위치에 있었다. 그런데 후기로 올수록 향리의 직제가 계열화 내지 세분화되었고, 이와 아울러 호장층의 감소와 제정(諸正)과 제사층(諸史層)의 확대에 따라 기관이 세분되면서 읍사는 점차 호장(戶長)-정(正)-사(史), 이

---

23 ‘男女二百十萬口, 兵·民·僧各居其一’ (『宋史』, 外國列傳 高麗傳).

셋 가운데 호장층의 이청(吏廳)으로 축소되어 갔다.[24] 향리는 호장부호장층의 호장(戶長) 범주와, 병정(兵正)과 창정(倉正)이라는 정(正)의 범주, 그리고 병사(兵史), 창사(倉史), 공수(公須史), 식록사(食祿史) 등 사(史)의 범주로 구분되었다. 그리고 호장층이나 정(正) 범주는 과거애 응시할 수 있었고, 사(史)층은 잡과에만 응시할 수 있었다.[25]

이들 중 특히 호장층은 고려조에서는 물론이고 조선조에도 양반의 배출처로서 중요했다. 고려 시대의 읍사(邑司)는 사심관(事審官), 기인(其人), 경저제(京邸制)와 종횡으로 관련을 가지면서 군현 행정의 실무를 장악했을 뿐만 아니라 읍사의 주인공인 호장층은 향읍 사회를 지배하는 세력이었다. 또한 그 자제들은 문, 무, 리의 3대 출사로(出仕路)를 통하여 려말(麗末)까지 끊임없이 중앙 관인화[26]하여 갔다.

고려는 중앙 집권적 관료제도를 지향하고 있었지만 실제로 지방관이 파견된 군현은 적고 많은 지역이 지방의 향리에 의해 통치되고 있었다. 고려는 중앙 관료도 과거제에 기초하고 있지만 음서제도 등에 의해 신분적 요소가 강하게 존재했다. 그러나 고려의 향리제는 비록 중하급 관리이지만 씨족 내에 역이 세습되는 전형적인 신분제로서 가산 신분 관료제의 전형을 보여주는 것이었다. 향리의 신분은 물론 품관에 비해서는 신분이 낮고, 과거에서 제술과의 응시가 제한되었다는 설도 있어서 높은 지위라고 말하기는 어렵다. 그러나 향리는 기인제도 등을 통해 중앙 관료로 진출할 기회도 상대적으로 많았고, 전체적인 신분 구조상 상당히 혜택받은 계층이었다.

향리는 재지에 기반을 둔 호족이고 신라 시대부터 내려오는 것이었다. 고려 향리는 바로 이들 호족에 연원을 둔 것이다. 호족들이 지방의 유력자로서 지방 행정에 참여했을 때에는 당대등(堂大等)-대등(大等)을 중심으로

---

24 李樹健, 「高麗時代 「邑司」研究」, 『國史館論叢』 第3輯, 1989, p 92.
25 노명호, 「고려 시대 향촌사회의 친족관계망과 가족」, 『한국사론』19, 1988, pp 189-190.
26 李樹健, 「高麗時代 「邑司」研究」, 『國史館論叢』 第3輯, 1989, p 92.

한 (신라식 호칭의) 관직 체계가 이들의 임무 수행을 뒷받침했다. 그러다가 광종 무렵부터 점차로 호장(戶長)-부호장(副戶長)을 축으로 하는 새로운 (명칭의 고려식) 향리의 관직 체계가 갖추어지기 시작해 대체로 성종 2년 (983)에 지방으로 중앙관이 파견됨으로써 보다 체계화되고 또 보편화되기에 이르렀다.[27]

한편 향리의 임무 가운데 기본적인 것은 대부분이 농민인 지방민으로부터 조세, 공납, 역역과 군역 따위를 거두어 들이는 일이었다. 또한 주현군(州縣軍) 가운데 일품군(一品軍) 장교의 직도 향리가 맡았다. 한편 향리 가운데 어떤 이의 자제는 기인(其人)이 되어 개경의 중앙 정부에 가서 출신 지방에 관련된 여러 사무를 처리하거나 그 원활한 처리를 위하여 의견을 내는 일을 하였다.[28]

향리는 과거를 통해 품관으로 진출하거나 기인이 되어 중앙의 서리직에 나아갈 수도 있었으므로, 일반 백성에 비해 신분적으로 높은 위치에 있었다. 5품 이상의 관리의 자손이 음서로 관직에 진출할 때 중앙의 서리직을 처음으로 하는 경우가 흔한 것에 비추어, 향리의 자손이 기인으로 중앙의 이서직에 나아갈 수 있었던 것은 영예로운 것이었다. 어느 쪽이든 능력보다는 먼저 혈연이 고려된 결과였다는 점에서 신분제적 모습을 보여준다.[29] 향리와 군인은 사회적인 지위가 비슷하였던 것으로 볼 수 있다.[30] 그러나 고려 후기에 국가는 지방의 안정을 위해 향리를 그 지역에 묶어 두고자 향리는 향역의 세습을 중단할 수 없고, 향리에게 아들 셋이 있으면 한 명은

---

27 洪承基, 「3)향리」, 『신편 한국사』 15 고려전기의 사회와 대외관계, 국사편찬위원회, 2002, p33.
28 洪承基, 위와 같은 논문, p34.
29 洪承基, 같은 논문, pp 36-37.
30 洪承基, 「1) 신분 제도의 형성과 구조」, 『신편 한국사』 15권 고려전기의 사회와 대외관계, 2002. 참조.

중앙 관직을 가질 수 있도록 제한하기도 하였다.[31]

조선조에는 중앙 집권이 강화되고, 관료제가 확충되면서 향리의 신분은 쇠락하고, 양반제가 강화되었다. 그러나 한국 사회의 중요한 특징의 하나가 씨족 질서와 씨족 의식의 지속성인 바, 이것들이 고려조의 사성과 향리 제도에 의해 강화되었다. 사성제도에 의해 지역에 터를 잡은 향리는 인리성, 차리성으로 불리는 주요 집단으로 자리잡고, 그 지역의 주인 노릇을 하고자 하였다. 『세종실록』의 「지리지」에는 이들 주요 성 씨가 지역별로 망라되어 지역 사회의 이해를 위해서는 필수적인 사항이 되고 있었다. 고려시대에 녹읍의 사여는 줄어들고, 귀족들의 힘이 약화되었으나 지방의 세습 향리 지배가 지속되었다. 인리성과 차리성이라 불리는 유력한 혈연 집단이 세습적으로 지방 관청을 지배했다. 특히 인리성은 읍사의 호장층(戶長層)을 세습하면서, 읍 행정권을 바탕으로 토착적 기반을 유지하였다.

한편 향리는 과거를 거치지 않으면 역을 면제받아 관직에 나갈 수가 없었지만,[32] 권세 가에 투탁(投託)하여 역을 면제받아 관직이 많아지는 사례가 적지 않았다. 우왕(禑王) 9년(1383) 2월에 좌사의(左司議) 권근(權近) 등이 말하기를 "지방[外方] 주현(州縣)의 이속(吏屬) 무리들이 본래의 역(役)을 면제받기를 꾀하여 명서업(明書業), 지리업(地理業), 의업(醫業)과 율업(律業)을 한다고 칭하지만, 모두 실질적인 재주가 없으면서도 출신(出身)하여 역을 면제받고 있습니다"[33]라고 하였다. 향리는 끊임없이 역을 벗고, 보다 높은 관직으로의 진출을 꾀하였다. 이에 우왕이 명령하기를, "동당시(東堂試)의 잡과와 감시의 명경과는 예전처럼 시행하되, 향리는 3정(丁) 중에

---

31 John B, Duncan(김범 역), 『조선 왕조의 기원』, 너머북스, 2013, pp 274-275, 280-281. 『고려사』, 권106〉열전 권제19〉제신(諸臣)〉엄수안.

32 "本國鄕吏, 非由科擧, 不得免役從仕"(『고려사』 卷七十五, 志 卷第二十九, 選擧 三, 전주(銓注) 향직).

33 『고려사』 卷七十五, 志 卷第二十九, 選擧 三, 전주(銓注) 향직.

서 아들 한 명만 응시하는 것을 허락하노라"[34]고 하여 절충적인 해법을 제시하였다.

고려는 이전과 마찬가지로 중앙 권력이 비록 지방을 전적으로 장악하지는 못했으나 호적과 양전을 통해 인구와 경지를 파악하고 부세를 수취하였다. 그런 점에서 통일 신라와 고려는 그 이전의 (원)삼국 시대와는 달리 집권적 기본 토대를 갖추고, 그 토대 위에 세원을 파악하고 징수한 점에서 이전의 공납제 국가와는 상이한 중세적 조세 국가였다.

3. 사성, 혼인제도와 씨족

한편 통일 신라, 고려조에는 중앙 집권이 강화되고, 유력한 성씨 집단의 상층부에서부터 가부장적 가산제가 형성되었다. 고려조에 국가의 역제와 관계된 전정의 경우 전정연립이라는 제도로 부계 상속의 원리가 법제화되고,[35] 이것이 유교의 보급과 함께 점진적으로 확대되었다. 그러나 다른 한편 사회생활에서 백성들은 자연적 혈연 집단의 양계제적 연대를 가지고 있었으며, 상속에서 재주(財主)의 자유의사가 존중되는 경우에는 자녀 균분 상속이 흔했다. 일반 백성이 부계적 가부장제 그리고 나아가서 직계 가족제의 장자 우대 상속제를 형성하는 것은 수도작이 보급되는 17세기 이후의 일이다.

한국 전근대 사회에서 사회의 기본 조직을 이루었던 씨족은 태조 왕건의 사성에 의해 조직적 모습을 갖추게 되었고, 성씨 제도는 부계로 이어지

---

34 『고려사』卷七十五, 志 卷第二十九, 選擧 三, 전주(銓注) 향직.
35 고려조 전정연립의 순서는 부계를 따라 세우도록 하였다. 靖宗十二年, 判, "諸田丁連立, 無嫡子, 則嫡孫, 無嫡孫, 則同母弟, 無同母弟, 則庶孫, 無男孫, 則女孫." 『高麗史』, 卷八十四, 志 卷第三十八, 刑法 一

는 토대가 되었다. 왕건(王建)은 통일 이후 지방 세력을 재편하고 통치 기반을 확대하고자 하였다. 먼저 전국의 호족을 지역적, 신분적으로 구분하고 재편성하고자 하였다. 고려 시대의 성씨는 조선조『세종실록』의「지리지」에 군현마다 상세히 기록되어 있다.

「지리지」에 고려조의 성씨는 몇 개의 기준에 의해 분류되어 있으며 먼저 거주 지역에 의해 본관이 구분되었다. 본관제는 신라 후기에 골품제가 해체되면서 지방의 주요 가문이 자신의 출신 지역에 따라 스스로를 구별하기 시작하면서 나타났다고 해석된다.[36] 그러나 이것이 보편화된 것은 왕건에 의해 신하에게 성을 내리는 사성(賜姓)이 계기였다. 본관은 행정 위계에 따라 주(州), 부(府), 군(郡), 현(縣), 부곡(部曲), 향(鄕), 소(所) 등으로 구분되었다. 읍격이 높은 행정 단위에 본관을 가진 성씨는 읍격이 낮은 본관 성씨에 비해 사회적 인식이 보다 높았다. 그러나 군현과 향, 소, 부곡 등의 읍격은 행정적 필요와 함께 그 지역에서 반란이나 역모가 있었는지 등에 따라 승격과 강등, 병합과 폐합, 영속의 변동 등이 빈번하게 이루어졌다.

성씨의 구분의 또 다른 주요 기준은 출신인데 천강성(天降姓), 토성(土姓), 차성(次姓), 인리성(人吏姓), 차리성(次吏姓) 및 백성성(百姓姓) 등으로 구분되었다. 천강성은 신화를 바탕으로 하는 신라의 박(朴), 석(昔), 김(金)을 말한다. 토성의 연원은 그 지역에 세거하는 토착 씨족 및 부족이 가부장 가족으로 분화하면서 중국식 한자성을 수용하면서 형성된 것이다.[37] 「지리지」의 토성은 그 지역을 본관으로 하는 토착 성이고, 그 지역의 유력 가문이다. 한편 인리성과 차리성은 읍사의 향리 출신 씨족이며, 백성성은 촌락의 유력한 씨족을 말한다.

---

36 이수건, 『한국중세사회사연구』, 일조각, 1984, pp 9-21쪽 참조, John B, Duncan(김범 역), 『조선 왕조의 기원』, 너머북스, 2013, p 50.
37 이수건, 「土姓研究(其一)」, 동양문화 16, 1975.

고려조 현종 8년(1017)에 군현의 등급을 나누고, 등급별로 이직(吏職)의 수를 달리하는 읍사(邑司)를 구성하도록 하였다. 이직(吏職)은 호장(戶長), 부호장, 병정(兵正), 부병정, 창정(倉正), 부창정 등의 상위직과 사(史) 이하의 하위직으로 그 지위가 크게 나뉘었다. 상위직을 맡는 씨족을 인리성(人吏姓), 하위직을 맡는 씨족을 차리성(次吏姓)이라 부른다. 이들 외에 백성성(百姓姓)과 임내성(任內姓) 등이 또한 존재했다. 그러나 고려 말에는 인리성의 상층이 중앙으로 이동함과 더불어 읍사를 구성한 차리성과 백성성의 두 집단은 점차 동질화되었다. 그 결과 13세기 전반이면 이들 지방 세력을 통칭하여 토성(土姓)이라 부르게 되었다.[38]

〈표 4-1〉 세종실록 지리지 성씨

도별 성종 본관수	토성	망(토)성	내(망래)성	속성	촌(망촌)성	입진성	입(망입)성	사성	합계
충청도	305	98	33	81	49	·	·	1	567
경상도	561	15	131	172	28	·	·	4	911
전라도	656	69	37	99	2	·	·	·	863
황해도	100	82	51	53	16	·	·	·	302
강원도	107	82	25	87	·	·	·	3	304
평안도	10	·	21	14	·	389	·	·	434
함경도	98	57	46	24	17	15	332	·	589
합계	2,079	565	381	565	122	404	332	8	4,457

자료: 『세종실록』의 「지리지」. 『민족문화대백과사전』.

위 〈표 4-1〉은 1454년에 간행된 『세종실록』의 「지리지」에 수록된 성씨 일람이다. 이는 조선 초의 기록이면서 동시에 고려 말의 상황을 보여주는 것으로 볼 수 있다. 〈표 4-1〉에서 보듯이 망성을 포함하여 전국적으로 총

---

[38] 강은경, 『고려 시대 호장층 연구』, 혜안, 2002, p 149. 이영훈, 같은 책, p 265.

4,457개의 본관 성씨와 2,079개의 토성이 존재했음을 알 수 있다.

　망성(亡姓)은 토성이 소멸한 것이고, 속성은 옛 문적에 없었지만 근거에 의해 속록한 것이다. 래성(來姓)·입성(入姓) 등은 지역적 이동으로 발생하였다. 그리고 입진성(入鎭姓)은 북진 정책에 따른 사민(徙民)으로 평안도와 함경도에 발생한 것이다. 귀화성이나 사성을 제외한 다른 성종(姓種)은 기본적으로 토성이 이주하거나 망하는 등의 변동에서 비롯된 것으로 볼 수 있다. 경기도, 충청도, 황해도와 강원도 등에 망성이 많고, 경상도, 황해도와 강원도 등에 상대적으로 래성과 속성이 많다. 특히 경기도는 망성이 많은데 비해 래성과 속성은 적고, 경상도는 망성이 극히 적은데 비해 래성과 속성이 많다. 이는 고려 말 정치적 격변 과정에서 유력 성씨가 경기도에서 경상도로 이동한 모습을 보여주는 것으로 판단된다.

　성씨 제도의 보급은 일단 부계 혈통의 사회화가 진전되는 것을 보여준다. 성씨가 부계를 따라 전승되는 것은 부계 가족으로서 자의식이 형성될 수 있는 조건이 마련되고 있는 것이다. 그리고 국가에서도 본관과 성씨를 통해 일차적으로 주민의 출신 성분을 파악할 수 있는 토대를 마련했고, 과거 응시생은 사조 세계를 적은 행권을 제출하도록 하여 혈연과 신분이 연계되는 제도를 마련했다. 그리고 사회적으로는 혼인이나 교류관계에서 통성명을 통해 신분을 확인하고 사회관계가 형성, 유지되는 기반이 되었다.

　그러나 고려 사회가 일률적인 부계의 씨족으로 가족이 형성되고, 부계를 중심으로 하는 생활이 이루어진 것은 아니었다. 고려는 여전히 내부적으로는 팔고조도(八高祖圖)에서 보듯이 양계적이고, 또한 실제의 생활은 복합적이었다. 성씨의 족보도 부계 중심으로 만들어진 것이 아니었고, 씨족도 단일 부계로 이루어진 것이 아니었다. 고려조의 씨족에서는 '~씨의 족'이라는 표현에서 보듯이 하나의 족에는 부계만이 아닌 다양한 가족의 구성원이 모두 포함되어 있다. 고려 말과 조선 초 무렵에 만들어진 '해주 오 씨 족도(海州吳氏族圖)'와… (그 외에) 잘 알려진 '안동 권 씨 성화보(安

東權氏成化譜)'나 '문화 유씨 가정보(文化柳氏嘉靖譜)' 등을 비롯한 조선 전기의 '~씨' 족보들에서도 절대 다수의 수록 인물은 성별로 계보를 한정하지 않은 다양한 계보들의 '외손'들[39]을 포함했다.

한 사회의 출계(出系) 즉 모계냐, 부계냐 하는 것을 구분하는 가장 기본적인 기준을 개인의 성(姓)이나 지위가 부의 계통을 따르느냐 또는 모의 계통을 따르느냐 하는 것과 토지 상속 등이 모계로 상속되느냐 또는 부계로 상속되느냐에 있는 것[40]으로 볼 수 있다. 그리고 출계의 구분은 사회적으로 제도화되어 출계의 자의식을 계통화 하는 성씨가 가장 기본적이다. 그렇지만 현실의 생활상에서 집단을 이루어 거주하는 씨족의 모습은 부계의 성씨 외에 지위나 상속 등의 조건에 커다란 영향을 받았다. 대체로 조선조 이전에는 성씨가 존재하지만, 족보 등에서 부단계(父單系)적 자의식이 수직적으로 계통화와 사회화되어 나타나지 않았다. 오히려 사회생활에서는 팔고조 개념에 나타나는 바와 같이 부변, 모변의 양계제적 출계는 물론이고 처가를 포함해 자기 중심의 보다 광범한 다계적 세계(世系)를 인지하고 친속(親屬)관계를 확대하고자 하였다.

고려조 사회는 기본적으로 부계 씨족에 기반한 신분 사회였지만, 친속은 부계에만 국한된 편협한 것이 아니고 모계와 처계를 포함하여, 다계적인 생활 공동체 요소가 존재했다. 음서제도 이러한 기반에서 시행되고 전정연립(田丁連立)도 부계로만 이어진 것은 아니었다. 그러나 부계에 국한된 것은 아니지만, 부계에 우선순위가 없었던 것은 아니다. 고려조에는 여전히 성씨가 없는 가족들도 많았지만, 상대적으로 유력한 가문이 비록 순화된 형태는 아니지만 부계를 중심으로 형성되고 있었다는 것을 부인하기는 힘들다.

---

39 盧明鎬, 「2 가족제도」, 『신편 한국사』 15권, 2002, pp 111-112.
40 崔在錫, 『한국가족제도사연구』, 일지사, 1983, p 94.

조선조의 호적은 부계 중심인 증조부, 조부, 부와 함께 외조부를 표시하는 사조(四祖) 호구식이었고, 과거시험에도 사조를 제시하도록 되어 있었다. 조선조 호적에서도 외조부가 포함된 것은 중국과 다른 양계적 요소이고 한국적인 것이다. 고려조에도 조선조와 마찬가지로 과거 응시자는 답안지 첫머리(卷首)에 성명(姓名)·본관(本貫) 및 사조를 쓰고 풀로 봉하여(糊封) 시험을 치르기 며칠 전에 시원(試院)에 제출[41]하였다. 그러나 고려 사대부의 호구법식은 부모 양계적 혈통의 사조만이 아니라, 독특한 형식이지만 본인 중심의 처계를 포함하는 삼변의 다계적 팔조 호구를 기록하였다. "조부모, 증조부모, 외조부모, 처부모의 사조(四祖)를 갖추어 기록한 것을 팔조 호구(八祖戶口)"[42]라 하였다.

한편 팔조 호구는 소위 '팔향'과 밀접한 관련이 있었다. "지금 (고려조의) 팔조 호구로써 본다면 아버지의 내외향(內外鄕), 조부의 외향(外鄕), 증조의 외향(外鄕), 어머니의 내외향(內外鄕), 처의 내외향(內外鄕) 합계 팔향이 가장 가까우므로, 하나라도 빠뜨릴 수가 없습니다. 곰곰이 생각하면, 세속(世俗)에서 전해지는 '2품 이상은 팔향이란 설'은 이것 때문인가 하오니, 이 팔조 호구의 법식에 의거하여 2품 이상은 팔향으로 하고, 6품 이상은 처향(妻鄕)을 제외하여 육향(六鄕)으로 하며, 참외(參外)는 조부와 증조의 외향(外鄕)을 제외하여 사향(四鄕)으로 정하고, 관직이 없는 의관족(衣冠族)의 자제는 부모의 외향을 제외하여 이향으로 정하게 할 것이며, 매향(每鄕)마다 경재소(京在所)에서 좌수(座首) 1명을, 참상(參上)에게는 별감 2명을, 참외(參外)에게는 별감 2명을 의정(議定)하여 향중(鄕中)의 공무를 맡도록 하되, 본향 수령(守令)의 정치에는 간여하지 못하도록 하고, 이를 어긴 사람은 죄를 다스리게 하소서"[43]라고 하였다. 위 인용문의 내용을 풀이

---

41 『고려사』 卷七十四, 志 卷第二十八, 選擧 二, 과목 2 시험관.
42 『세종실록』 69권, 세종 17년 9월 1일 己巳 1번째기사
43 『세종실록』 69권, 세종 17년 9월 1일 己巳 1번째기사

하면, 2품 이상의 관료에게는 팔향을 인정하여 8고을의 경재소 일에 관여할 수 있게 하고, 품계가 낮으면 향의 수를 줄이는 방식으로, 품계에 따라 관여할 수 있는 고을의 수에 차등을 두었다는 것이다. 여기서 조부의 외향이란 증조모의 본관이고, 증조의 외향이란 고조모의 본관을 의미한다.

고려조에 관직을 독점한 수도의 최상층 관료는 자기의 출계를 밝히고 광범한 친속관계를 형성하기 위해, 위로 6대 선조까지 혈통 구분 대상에 포함시켰다. 그리고 자기의 출계에 조부의 계통 외에도, 성씨가 같은 부계의 세계와 혼인으로 맺어진 다른 성씨의 세계 즉 조모, 증조모, 고조모, 외조부, 외조모를 포함하는 6개의 계통을 포함한다. 그것에 처부와 처모라는 2개의 세계를 합해 팔조의 세계(世系)를 포섭하고 광범한 친속관계를 구성했다. 이러한 팔조는 개념적으로 나의 성씨를 포함하여 혼인으로 맺어진 다른 7개의 본관 성씨를 포함하는 선조들의 출신지를 의미하는 팔향(八鄕)과 밀접한 관련이 있다. 이러한 복합적인 세계(世系)를 통해 엘리트들은 지위를 높이고, 자기들만의 사회적 영역을 형성, 유지하고자 하는 것이다.[44]

그러나 일정 계통에 따라 출계를 입증하는 이러한 방식은 분명히 부계적 편향이 들어와 있는 것이다. 남성과 여성의 균형은 선조 중 단지 1대와 2대에서만 유지되었을 뿐이다. 나로부터 위로 3대 중 한 사람(증조모)과 4대 중 한 사람(고조모) 등 두 계통의 경우 여성 조상에서 유래했지만 이들 두 여성은 단지 그들 각각의 출신 부계를 대표한다고 생각된다.[45] 따라서 고려조는 부계 사회의 바탕 위에 양세적 성격 이상의, 자기 중심의 보다 다계적인 세계(世系) 의식이 강하게 존속된 사회였다고 할 수 있다. 한편 부양·동거의 실제 생활에서도 고려 시대의 가족은 일반적으로 소가족 단

---

44 Martina Deuchler, *The Confucian Transformation of Korea*, Harvard University Press, 1992. 이훈상(역), 『한국 사회의 유교적 변화』, 아카넷, pp 64-68 참조.
45 Martina Deuchler, 같은 책, p 67.

위였다. 그리고 간혹 보다 확대된 범위의 친속 간에 부양·동거 관계가 이루어질 때는 부계적인 대가족에 의해서가 아니라 양측 친속관계에 따라 이루어지고 있었다[46]고 한다.

고려의 가족제도에서 강하게 존속된 양계적 요소는 여러 점에서 찾아진다. 구체적으로 고려조 가족제도에서 보이는 여성의 지위와 관련된 특징에는 서류부가(婿留婦家)의 전통, 남녀의 구별없이 출생 순위로만 기재하는 호적의 기재 양식, 윤회제사(輪廻祭祀)의 거행, 여자 호주의 존재, 노비의 자녀 균분 상속, 처변 전래 자산의 구별, 자녀 없는 부처 재산의 각기 부처 친족에의 귀속[47] 등이 보인다. 이를 통해 여성이 독자적 지위를 가지고 있었음을 알 수 있다. 고려조에는 근친혼과 동성혼도 흔했고, 국가의 역제와 연계된 전정연립 등의 경우를 제외하면, 재산과 가업이 자녀에게 균분 상속되는 관행이 적지 않았다. 다만 조선조에 부계가 강조되었지만, 여성 호주가 존속했고,[48] 상속에서 재주의 의사가 존중되는 등 연속성도 존재했다.

한국 가족제도의 특징인 양계제적 남녀 균분 상속제 요소는 동남아와 몽골의 전통 사회에서도 나타난다. 봉건제 사회에서는 소령(所領)의 분할을 방지하기 위한 장자 단독 상속이 이루어지고, 유교 사회에서는 부계 혈통을 계승하는 남성 위주의 상속이 이루어진다. 그러나 고려조는 이와 달리 개인이 자기 중심의 다계적 세계를 중시하였다.

이후 한국은 조선조에서 유교적 사회로 전환되었다. 유교 사회는 수직적 가계의 계승을 중시하므로, 교육열과 저축률이 높고 위계의 존중과 노사 안정을 가져와 근대의 경제 성장에 유리한 측면도 있었다. 그러나 다른

---

46 노명호, 「가족제도」, 『신편한국사』 15권, 2002
47 崔在錫, 『한국가족제도사연구』, 일지사, 1983, p 256.
48 四方 博, 「李朝人口に關する身分階級別の觀察」, 『朝鮮社會經濟史研究』, 中國書刊行會, 1976, p 205. 시카타는 여성 호주의 존재를 언급하였으나 자세한 내용은 알 수 없다.

한편 가족주의와 혈연의 원근을 중시하는데 따른 정실주의가 문제가 되기도 한다. 유교 지배의 강화에 따른 부계 단일제는 보다 계층적이고 부화적(附和的, conforming)이며, 친분관계를 벗어나 몰개인적(impersonal)으로 사회 친화적이지 못하다는 평가도 있다.[49] 이러한 요인이 촌락 내에서 계층 질서를 강화하고 노비제적 지배를 존속시키는 요인이 되었을 것으로 보인다.

고려조의 다계적 성격은 친족 조직에도 그대로 반영되어 있었다. 친족 조직은 상피제(相避制)나 오복제도(五服制度) 및 호적에 있어서의 세계 추심(世系推尋) 범위 등을 통해 살필 수 있는데, 관직 취임 등에서 서로 피해야 하는 범위를 규정한 상피제는[50] 본족(本族)뿐 아니라 외족(外族)·처족(妻族)도 상당한 범위에 걸쳐 포함시켜 놓고 있었다.[51]

한편 친속제도의 양계제 나아가 다계제적 성격은 상속제도에서의 자녀 간 균분 상속으로 나타나고 있었지만, 토지의 경우에는 토지 소유가 국가의 역제와 결부되어 균분 상속이 어려운 경우가 많았다. 고려조에 토지의 상속은 전정연립이 아니면, 수조권이 상속되는 토지 즉 공신전이나 공음전에 국한된 것이었고, 기타 수조지는 원칙적으로 국가에 반환되는 토지였다. 상속이 가능한 토지에 대한 국가의 원칙은 적장자 우선이었다. 국가의

---

49 근래에 조지프 헨릭(Joseph Henrich) 등은 위어드(WEIRD: 교육 수준이 높고, 산업이 발달하였으며, 부유하고, 민주주의적) 지역의 발전은 가톨릭의 영향에 의한 가족제도의 변화와 밀접한 관련이 있다고 한다. 그들에 의하면 6세기 가톨릭의 '혼인 및 가족 지침(Marriage and Family Program)'으로, 1500년경의 유럽은 느슨하고 약한 친족관계와 단혼 핵가족화, 부모의 양계적 가계, 만혼, '부모의 주거와 독립된 주거(neolocal residence)'라는 고유한 형태를 가지게 되었다. 가족제도의 변화는 개인주의의 발전을 가져오고, 가족의 경계를 넘어 함께 협력하는 사회를 만듦으로써 민주주의적 통치의 길을 열었다. (Jonathan F. Schulz*, Duman Bahrami-Rad, Jonathan P. Beauchamp, Joseph Henrich, *The Church, intensive kinship, and global psychological variation.* Science 366, no. 707 (2019): 1-12.).

50 許興植, 앞의 글(1981). 金東洙, 〈高麗時代의 相避制〉(《歷史學報》102, 1984).

51 박용운,「Ⅲ. 한국사의 시대적 특성」고려 3)사회적 특성, 『신편 한국사』1.

규정과 관계없이 상속에서 재주(財主)의 자유의사가 중시되는 토지는 사패를 받아 개간한 사유 토지이다. 고려 후기에는 수조권이 사여된 토지에 대해 사패를 받아 사실상 개간지와 마찬가지로 조업전화하는 사례가 적지 않았다. 이들 조업전은 국가의 규정과 관계없이 재주의 의사가 상속에서 우선적으로 중요했다. 대체로 국가의 역제와 결부된 토지는 적장자 우선의 원칙이 적용되었고, 재주의 자유의사가 존중된 경우는 자녀 균분 상속의 경향이 있었던 것으로 평가된다.

보다 구체적으로 고려 시대 토지 상속에 대한 국가의 방침을 전정(田丁)의 상속 그리고 전정연립과 같이 국가의 통제가 이루어지는 공음전(功蔭田), 공신전 등의 상속 규정을 통해 알 수 있다. 이들 토지에 대해 국가는 정종 12년(1046)에 제전정(諸田丁)의 연립(連立)은 적자(嫡子)가 없으면 적손(嫡孫)으로, 적손이 없으면 동모제(同母弟)로, 동모제가 없으면 서손(庶孫)으로, 남손(男孫)이 없으면 여손(女孫)으로 한다[52]고 규정했다. 연립의 대상으로 적자손의 우선을 규정하고, 부계가 없는 경우에는 마지막으로 외손에게도 기회를 주고 있다. 한편 현종 19년(1028) 5월의 판(判)에, 향리에게 주어진 전정을 체립(遞立)하도록 했었는데,[53] 우선순위는 위의 제전 정의 예와 동일했다고 판단된다.

전정이 8결의 혈연 가족 단위를 바탕으로 호수가 상속되고 있었듯이 공음전이나 공신전의 상속도 마찬가지였다. 공음전에 대해서는 현종 12년(1021)의 판문에 공음전은 직자(直子)가 죄를 범하면 그 손(孫)에게 이급(移給)한다[54]고 했고, 문종 27년(1073)의 판문에서는 아들이 없는 사람의 공음전은 여서(女婿), 친질(親姪), 양자(養子), 의자(義子)에게 전급한다[55]고

52 靖宗十二年, 判, "諸田丁連立, 無嫡子, 則嫡孫, 無嫡孫, 則同母弟, 無同母弟, 則庶孫, 無男孫, 則女孫."(『高麗史』권 84, 志 38, 刑法 1, 戶婚).
53 『고려사』 卷七十八, 志 卷第三十二, 食貨 一, 전제(전시과).
54 『고려사』 卷七十八, 志 卷第三十二, 食貨 一, 전제(공음전시).

규정하여 그 순위를 확대하고 있다. 한편 충선왕이 즉위하면서 하교하기를, "공신전(功臣田)은 만약 자손이 있는데 도외인(外人)이 차지한 것은 연한을 따지지 말고 자손에게 돌려주라. 같은 종중(同宗)의 공신전을 일가(一家)에서 모두 갖고 있으면 족정(足丁)과 반정(半丁)을 분별하여 공신의 자손에게 균등하게 지급해 줄 것"[56]을 명하였다. 이는 공신전의 경우에도 적자손에게 우선순위가 있었고, '동종(同宗)' 중에 1호가 모두 차지한 것은 균급하도록 하여, 토지 상속에 대한 국가의 규정은 부계 우선이었음을 보여준다.

국가가 지급한 토지에 대해서는 부계 적자손 우선의 원칙이었지만, 개인이 취득하거나 사패를 얻어 조업전으로 인정된 경우에는 재주(財主)의 자유의사를 우선한 것으로 보인다. 예종 17년(1122)에 판정하기를 "무릇 부조전(父祖田)으로서 문계(文契)가 없는 것은 적장(嫡長)을 위선(爲先)하여 결급(決給)하라"고 하였다.[57] 이는 역설적으로 조업전에서 재주의 문계가 있는 경우는 재주의 의사를 우선으로 한다는 원칙을 보여주는 것이다. 그리고 노비에 관해 국가는 매매나 자손 이외의 사람에게 주는 것을 금지했다. 그러나 동산의 성격을 지닌 노비의 상속에 대한 국가의 우선순위는 존재하지 않았고, 상속은 자녀 균분 상속이 관행이었다.[58]

고려조에 토지의 분재기는 남아 있는 게 없어서, 국가의 역과 연계된 토지의 상속이나 공음전이나 공신전 등 수조지 상속에서의 적장자 우선 원칙 이외에 토지 상속의 구체적인 실상을 파악하는데는 한계가 있다. 다만 『고려사』에 민간의 관행상 균분 상속이 이루어진 정황을 보여주는 몇 개

---

55 『고려사』卷七十八, 志 卷第三十二, 食貨 一, 전제(공음전시).
56 『고려사』, 世家 卷第三十三, 忠宣王 卽位年.
57 "睿宗十七年, 判, 凡父祖田, 無文契者, 嫡長爲先決給". (『高麗史』권 85, 志 39, 刑法 2, 訴訟)
58 旗田巍,「高麗時代における土地の嫡長子相續と奴婢の子女均分相續」(『朝鮮6

의 사례가 있다. 균분 상속한 토지의 성격은 명확하지 않지만 국가의 개입 여지가 없는 조업전이었을 것으로 추정된다. 구체적인 사례로 먼저 손변 (孫抃)이라는 지방관이 판결한 사례가 있다. 13세기에 어느 아버지가 사망하면서, 결혼한 누이에게 가산 전부를 주고, 어린 남동생에는 주지 않아, 훗날 아들이 성장하여 손변(孫抃)이라는 지방관에게 제소를 하였다. 손변 (孫抃)은 "부모의 마음은 자식에 대해 같은 것인데, 어찌 자라서 혼인한 딸에게는 후하고 어미도 없는 아직 어린 아이에게는 박하겠는가? 돌아보건대 아이가 의지할 데라곤 누이뿐인데 만일 유산을 누이와 똑같이 한다면 그를 아끼는 것이 혹시 지극하지 않고 양육하는 것이 한결같지 않을까 걱정한 것일 따름이다"는 논리로 이제는 누이가 성숙한 남동생에게 재산을 반분하도록 판결하였다.[59] 이는 13세기 중반 고려 사회에 자녀 균분 상속이 흔히 이루어지고 있었음을 반증하는 것으로 추정된다.

또 다른 사례로는 충혜왕 후4년(1343) 윤선좌가 병이 생기자 자녀들을 불러 말하기를, "오늘날 형제들이 많이 서로 화목하지 않는 것은 재산 다툼이 있기 때문이다"라고 하면서 아들 윤찬(尹粲)에게 명해 문계(文契)를 써서 재산을 균분하도록 하였다고 한다.[60] 다른 사례로는 고려조 나유라는 사람의 모친이 한번은 분재(分財)하면서 따로 노비 40명을 주려 하자, 사양하며 말하기를, "1남 5녀의 사이에 있으면서 어찌 차마 구차하게 더 얻어 뻐꾸기가 새끼를 골고루 키우는 인애에 누를 끼칠 수 있겠습니까?"라고 하니 모친이 의롭게 여기면서 이를 따랐다고 한다.[61]

---

59 『高麗史』 권102, 列傳 제15호, 諸臣(손변).

60 "忠惠王四年 得微疾 呼子女而前曰 今之兄弟 多不相能者 由有爭也 命子粲書文契 均分家業 且戒之曰 和而無爭 以訓汝子孫 言畢 整衣冠而卒 年七十九". (『高麗史』 卷 109, 列傳 第 22, 尹宣佐).

61 "母將分財 別遺臧獲四十口 辭曰以一男 居五女間 鳥忍苟得 以累鳲鳩之仁母義而從之". (『고려사』 권 104, 열전 제17, 나유).

이들 사례에서 보듯이 고려 시대에도 분재에는 재주의 의사가 중요하게 반영되었다. 그리고 사회적 관례로 13세기 이전, 즉 고려 중기 이전에 이미 균분이 고려조의 상속 방식으로 정착되어 있었음[62]을 보여준다. 그러나 이들 사례는 조업전이나 노비의 사례들로 생각된다. 조업전이 아닌 토지의 경우는 국가의 규정이 따로 있는 만큼 이를 거슬리기는 쉽지 않았을 것으로 판단된다.

고려 말 분재 사례에서 여성의 독자적 지위를 보여주는 특징들이 나타난다.[63] 먼저 분재 방식과 내용면에서 고려 후기의 분재는 16세기 이전 조선 시대의 그것과 매우 흡사한 자녀 균분 상식이었다. 그리고 분재의 재산 항목을 기록함에 있어 부변(父邊) 혹은 모변(母邊) 등으로 그 유래(所從來)와 몫을 분명히 하고, 남녀가 혼인한 후에도 경제권을 각자 확보하고 있었다는 점에서, 균분 상속과 더불어 여성의 독자성이 유지되었음을 알 수 있다.

고려조의 토지는 많은 경우 역제와 결부되어 역의 승계자를 정하는 것이었고, 이는 원칙적으로 적장자 우선 원칙이 적용된 것으로 보인다. 그러나 조업전이라 할 수 있는 상속 가능한 토지는 재주의 의지를 존중하는 것이 기본이고 재주의 의사는 당시의 양계적 친족 관습과 연계되어 자녀 균분 상속이 많았던 것으로 보인다.

그리고 노비는 재주의 의사에 따라 자녀 균분 상식이 많았다. 이러한 경향이 지속되어 토지의 개인 소유와 매매가 자유로워진 조선조 초에는 노비와 토지 모두 자녀 균분 상식을 원칙으로 하는 것이 『경국대전』에도 나타난다. 『경국대전』에서 이르기를 "부모의 생전에 나누지 않은 노비는 자녀의 존몰과 관계없이 나누어 준다. (사람이 죽고, 그 자손이 없는 자는 이

---

62 文叔子, 「高麗時代의 相續制度」 Ⅳ. 分財의 실제와 分財意識, 『國史館論叢』 第97輯.

63 文叔子, 「高麗時代의 相續制度」, 『國史館論叢』 第97輯, 맺음말 참조.

에 해당하지 않는다). 나누기에 부족한 경우에는 적자녀(嫡子女)에게 우선 균급한다. 남는 경우에는 승중자(承重子-제사의 승계자)에게 우선 주며, 또 남는 경우에는 장유의 순서로 준다. 적처(嫡妻)에게 자녀가 없으면 양첩 자녀(良妾子女)에게, 양첩 자녀도 없으면 천첩 자녀에게 그와 같이 한다. (전지(田地)도 위와 같다)."[64]고 규정했다.

한편 전정연립은 개인에 의한 상속이었고, 적자손을 우선한 남정에게 전해지도록 규정되었다. 따라서 전정 보유자의 직역과 연계된 상속권자인 직계 자손이 없는 경우 처에게, 그리고 처도 죽고 출가하지 않은 딸이 있는 경우에는 그 딸에게 경제적 대책을 위해 구분전이 지급되었고 딸이 출가하면 관에 되돌리도록 하였다.[65] 그리고 퇴역 군인에게도 구분전이 지급되었다.[66]

고려 시대의 민전은 대부분 전정이었고 경작권은 세습되었다. 신라 이래의 대토지 소유자의 토지는 상당 부분 국가로 환수되었겠지만 일정한 부분은 조업전으로 존속될 수 있었다고 보여진다. 또한 태조 때부터 호족들에게는 일정하게 역분전이라는 토지 사급의 형태로 수조권이 주어졌고, 이 중의 일부는 세습되었을 것이다. 따라서 이들 토지는 상속권자의 의사를 존중하여 배분되었을 것이고, 특히 노비는 균분되었을 것으로 보인다. 그러나 대부분의 토지를 차지하는 전정은 적장자 우선의 원칙 아래 상속

---

64 "未分奴婢, 勿論子女存歿分給. 身歿無子孫者, 不在此限. 未滿分數者, 均給嫡子女. 若有餘數, 先給承重子, 又有餘, 則以長幼次序給之. 嫡無子女, 則良妾子女, 無良妾子女, 則賤妾子女同. 田地同.", (『經國大典』 권 5, 刑典 私賤).

65 文宗元年二月 判, "六品以下·七品以上, 無連立子孫者之妻, 給口分田八結, 八品以下, 戰亡軍人, 通給妻口分田五結, 五品以上戶, 夫妻皆死, 無男而有未嫁女子者, 給口分田八結, 女子嫁後, 還官."(『고려사』 卷七十八, 志 卷第三十二, 食貨一, 전제 전시과)

66 (문종) 二十三年十月 判, "軍人年老身病者, 許令子孫親族代之. 無子孫親族者, 年滿七十間, 屬監門衛, 七十後, 只給口分田五結, 收餘田, 至於海軍, 亦依此例."(『고려사』 卷七十八, 志 卷第三十二. 食貨 一, 전제 전시과)

이 이루어지고, 부계의 상속권자가 없는 경우에는 후순위로 외손에게도 상속이 허용되었다.

제2절 토지제도, 농업 생산과 부세

1. 전시과와 토지제도

고려의 토지제도는 국가에 의한 수조권의 사여 제도를 특징으로 한다. 수조권 사여의 중핵을 이루는 것은 문무 양반 및 군인에 대한 전시과제도이다. 전시과라는 관료전 제도는 국왕의 관료를 포함한 각 직역에 대한 보상제도이다. 사회적 상향 이동의 가능성이 폐쇄된 것은 아니었지만 각 직역은 세습적 성격을 가지고 있어, 신분을 나타내는 것이었다. 어렵지만 과거제가 각 직역자가 신분적 상승을 할 수 있는 좁은 문이 되었다. 관료가 되면 토지를 지급받아 수조권을 행사할 수 있었다.

토지의 소유권은 사용권, 수익권, 처분권 등을 내용으로 하고, 생산 과정에서 발생하는 잉여에 대한 점유권을 누가 가지느냐가 상급 소유권의 귀속을 결정하는 주요 요소이다. '조(租)'는 지대와 조세의 의미를 같이 지니고 있다. 국가가 왕토사상에 의해 수조권을 행사하는 것은 지대와 조세가 일치된 전조를 수취하는 것이다. 그러나 생산성이 높아지면 지대와 조세(=전조)의 분리 가능성이 생긴다. 국가가 면조권의 토대 위에 관료에게 수조권을 사여하면, 생산성이 증가할 때 관료가 전조 외에 추가적으로 지대를 수취할 가능성이 생긴다.

고려조는 초기에 수조권을 사여받은 관료가 후기에 점차 수조권을 세습화하고, 면조권을 유지하면서 전조 이상의 지대를 수취하는 지주권의 발전이 이루어지는 시대이다. 한편 이 과정에서 국가는 관료의 수조지에 대해서도 일종의 부가세인 '(전)세'를 부과하기 시작하고,[67] 이어서 면조지의 확대를 규제 내지는 개혁하고자 하며, 또한 면조권을 축소하여 재정 수입의 증대를 시도한다. 사료에서 '조(租)'에 대해 부가되는 '세(稅)'는 전조(=전세)에 대한 부가세의 의미로 사용되어 혼란을 주기 쉽다.

통일 신라 시대는 귀족이나 지방 호족의 세력이 강력하고, 관련하여 일반 백성에 대한 국가의 통제력도 조밀하지는 못했던 것으로 보인다. 그러나 고려조는 중앙 집권을 강화하고 토지와 인구 파악을 기초로 전 백성을 보다 조직화하고 통제하고자 했고, 이를 제도화한 것이 전시과이다. 전시과는 일종의 토지개혁으로 전국의 토지에 대해 일정한 토지 면적을 기준으로 전정이라는 조용조 수취 단위를 결정하는 바탕 위에, 전조의 수취권을 관료에게 배분하는 커다란 조치였다.

전시과의 '과(科)'는 '구분'의 의미를 가지고, 전지와 시지를 '과'에 따라 지급한다는 것이다. 한편 '과'는 관료의 품계와 직책에 따른 구분, 혹은 '역(役)'에 따른 구분을 주로 의미하지만, 관료 이외의 일반 백성들에게도 향리나 여러 가지 잡역 이외에도 부병(府兵)으로서의 '역'이 주어졌다. 따라서 전시과제도는 관료는 물론이고 전체 백성에 대한 토지 지급 제도를 의미했다. 전시과제도에서 현직의 문무 양반 외에도 산직의 관료, 군인, 향리(鄕吏) 등의 직역 부담자, 서리(胥吏), 한인(閑人), 등과자(登科者) 및 향직(鄕職)과 동정직(同正職)을 가진 자도 토지를 지급받았다. 물론 토지가 없는 백성도 있었지만 이는 국가가 표방하는 제도에 의하면 역이 주어지지 않은 예외적인 것이었다.

『고려사』의 「식화지」에 의하면 고려의 토지제도는 대체로 당(唐)의 제도를 모방했다고 표방한다.[68] 경작하는 토지의 면적 수를 헤아리고 그 비옥함과 척박함을 나누어, 문무의 백관(百官)으로부터 부병(府兵)과 한인(閑人)에 이르기까지 과(科)에 따라 받지 않은 자가 없었으며, 또한 과에 따라

---

67 주 104, 주 105, 주 106 참조.
68 "高麗田制, 大抵倣唐制" (『고려사』 卷七十八, 志 卷第三十二, 食貨 一, 전제)

초채지(樵採地)도 지급하였으니, 이를 일컬어 전시과(田柴科)라고 하였다. 토지를 받은 사람이 죽으면 모두 국가에 반납해야 했으나, 오직 부병만은 나이 20세가 되면 처음으로 지급받고 60세가 되면 국가에 되돌려주었으며, 자손이나 친척이 있으면 전정(田丁)을 전하게 하였다[69]고 한다.

이러한 기록에서 특히 주목하는 것은 백관으로부터 부병과 한인에 이르기까지 토지를 지급했다고 하는 바, 이는 거의 모든 토지가 국가에 의해 지급의 형식으로 배분되었다는 것이다. 지급의 방법에서 국가가 신라 시대 모든 토지의 사유를 폐지하고 국유화한 바탕에서 토지를 재분배한 것으로 생각되지는 않는다. 따라서 기본적으로 종래의 토지 소유관계를 인정한 바탕에서 국가의 수조권을 재배분한 것이 전시과제도라고 생각된다. 그러나 수조권의 재배분은 지배 계층을 재편성하는 것이어서 정치적으로 심대한 영향을 미친다. 양반 관료에게 토지를 지급하는 것은 그 토지에 대한 농민의 경작권을 유지한 바탕에서 전조만을 국가 대신에 수취할 수 있는 권리를 사여한 것으로 생각된다. 다른 말로 표현하면 관료에 대한 토지의 지급 즉 수조권의 사여는 그 토지에 대한 면조권의 사여 위에서 성립한다.

그러나 부병에게 지급된 토지는 경작권이고 그들은 면조권을 받지 못하고 조용조를 부담하였다. 그리고 양반에게 지급된 토지는 수조권의 사여이고, 그것은 면조지로 설정되어 경작자에게 전조의 이중 부담을 지우지 않는 것으로 생각된다. 그러나 관료에게 수조권이 지급된 토지를 경작하는 농민에게 전조 이외의 각종 역 및 공물의 부담 특히 군역을 면제한 것으로는 생각되지 않는다. 그러나 이에 대한 명확한 규정이 없고, 양반 관료가 수조지 경작 농민에게서 수취 가능한 부담의 범위를 명시한 규정도 존재하지 않아서, 이러한 모호성들이 여러가지 해석 차이를 가져오고 있다.

조선 전통 사회의 토지제도를 종래에 흔히 생각하여 온 공전이나 사전

---

69 『고려사』卷七十八, 志 卷第三十二, 食貨 一, 전제(전제 서).

의 개념에서 검토할 때, 그것에는 여러 기준이 섞여 있어서 혼란스럽다. 예를 들어 공전은 전국토를 의미하기도 하고, 혹은 소유제의 관점에서 광의의 국유전을 의미하기도 하며, 또는 수조권의 귀속처를 기준으로 국가에 수조권이 귀속된 토지를 의미하기도 하고, 개념이 다층적이다.[70] 사전의 개념도 일반 농민의 소경전을 의미하는지, 혹은 개인의 사유지를 의미하는지 또는 수조권이 개인에게 주어진 토지인지 다양하게 사용되어 불분명하다.

고려사에서 층위를 달리하여 상이한 개념으로 사용되는 공·사전의 개념을 섞어서 사용하는 것은 많은 혼란을 가져온다. 논점을 분명히 하기 위해서는 비록 사료상의 공·사전 개념이 층위를 달리 하며 다양하게 사용되고 있지만 그 상호관계를 정리할 필요가 있고, 또 공·사전과 관련해 사용되는 국전, 민전 등과의 관계도 정리하여 이해할 필요가 있다고 생각된다.

다음 〈그림 4-1〉은 이런 관점에서 개념을 구분한 것이다. 우선 두 개의 원이 표시되어 있는 바, 하나는 수조권의 귀속처가 국가 및 공공기관인 공전이고, 다른 하나는 소유권을 기준으로 한 민전을 표시한 것이며 이것들을 전체 합한 것이 고려조의 '국전' 개념으로 볼 수 있다. '국전'에서 수조권의 귀속을 기준으로 하는 공전의 여집합이 광의의 사전인데, 이 광의의 사전에는 관료 등에게 주어지는 전시지와 협의의 사전인 '사(유)전' 즉 조업전과 사패전이 있다. 다른 한편 소유권을 기준으로 '국전'에서 왕실 및 국·관유전을 제외한 여집합이 민전이다. 사료에서 국유지에 대한 대위 개념(對位概念)으로 사용된 것은 사전이 아니라 민전이었다.

그리고 소유권은 민간에 있으면서 국고와 여타 국가기관에 부세를 납부하는 토지로서 일반 국고 수조전(收租田)과 공해전이 있다. 일반 국고 수조전은 호조를 포함한 중앙 정부의 각 기관에 그 전조가 수납되는 토지이고, 공해전은 지방 관아에 수납되는 토지이다. 달리 말해 일반 국고 수조전과

70 旗田巍, 「李朝初期の公田」, 『朝鮮史研究會論文集』 제3집, 1967.

공해전은 수조권(收租權)의 귀속을 중심으로 보면 공전이지만, 소유권의 귀속을 중심으로 보면 민전이다. 다만 지대와 전조가 일치하는 상황에서 수조권의 귀속을 변경할 수 있는 국가의 입장에서 국유지와 민전을 포함하는 모든 '국전' 즉 왕토를 때로는 공전으로 통칭하기도 했다.

그러나 민전의 일부인 광의의 사전 중에서 전시지가 아닌 세습적 사유지인 조업전이나 사패전은 협의의 사전 즉 '사(유)전'으로서 고려의 국전 이념을 허무는 특별한 존재이다. 세습 사유지의 성장은 국가의 재정을 취약하게 하고, 소유의 집중으로 무전 농민을 창출하고 공민을 사민화 하는 등 여러 가지 사회 문제를 야기하였고, 고려 왕조의 멸망을 가져오는 주된 요인이었으며, 조선 왕조 건국의 명분이 되었다.

〈그림 4-1〉 공전, 민전, 사전의 개념

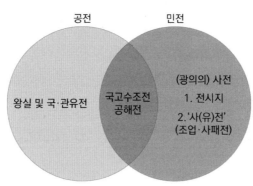

한편 민전의 주된 부분인 일반 농민의 소경전의 성격에 관해 농민의 세습적 경작권이 인정되어 하급의 사적 소유권이 성립한 것을 확인하는 것이 중요하다. 왕토사상은 전제 권력에 기초하므로 법제적, 이데올로기적으로 단순한 전조 수취권 이상의 상급 소유적 개념이지만, 전제 권력은 소경전(所耕田)의 보호 위에 성립한다. 다른 한편 농민의 경작권은 처분에 관한

권리가 제한되어 상업적인 사적 소유는 아니다. 그러나 조업전이나 사원전의 농장제나 병작제는 상업적 사적 소유지 경영의 초기 형태이고, 이러한 일부의 세습적 사적 소유는 이미 신라 시대에 성립했다. 아시아에서는 농민의 토지 긴박이 약하여 세습적 경작권은 국가의 규제에도 불구하고 매매와 유질, 투탁 등으로 소유권이 이전되고 조기적 농민 분화를 가져오는 점에서 서양과 상이하다. 고려조 농민의 세습적 경작권은 완전하지는 않지만 단순한 사실상의 소유를 벗어난 소유권적 경작권이었고, 민전의 개념에 어긋나는 것이 아니었다.

농민의 가족농은 세습적 경작권에 기초한 소경영의 발전과 토지 소유로 나아간다. 다만 사적 소유가 상업적 소유로 되기 위해서는 국가에 의한 토지 매매의 허용과 사유의 인정이 필요하고 이는 조선조에야 가능했다. 국가의 상급 소유권과 농민의 하급 소유권의 중간에 수조 지주가 존재했다. 이들 중간적 수조 지주가 세습적 사적 지주로 성장하고 매매의 허용으로 보편적인 상업적 사유가 성립하면서 자작지도 상업적 사유로 된다. 그러나 토지를 잃게 된 소작민의 세습 경작권은 부정되고, 상업적 사유가 전일적이고 배타적인 사유로 조기적으로 진행되었다. 이러한 관점에서 고려조의 토지제도는 법제적으로는 국전을 표방했지만, 사유가 부재한 사회는 아니고, 보다 중요한 사회 경제적인 실질에서는 사유제에 가까웠다고 생각된다.[71] 전근대의 중층적 토지 소유에서 토지의 소유권은 국(공)유와 사유의 양면적 성격을 지니고 있지만, 상대적으로 토지 긴박이 약한 사회에서의 세습 경작권은 더욱 사유적 성격이 강하다.

고려조의 전시과 규정은 토지를 몇 결 단위로 관료나 군인에게 지급하는 것으로 되어 있다. 일반 농민은 부병의 역을 지는데 그 대가로 토지 17

---

71 2020년 현재, 중국의 토지제도는 법제적으로 국·공유제이지만, 사회 경제적으로 사유제라 할 수 있고, 고려의 토지제도는 현재의 중국과 흡사하다고 판단된다.

결을 지급하는 전정제를 실시했다. 17결에 못 미치는 토지는 8결을 단위로 반정을 편성하였다. 모든 토지가 전정제로 편성된 것은 토지에 대한 국가의 장악력이 강해진 것을 의미한다. 신라 시대와 달리 일정한 면적 기준으로 전정을 편제하여 지급하고, 또한 토지를 받은 사람, 즉 수조지를 받은 사람은 죽으면 모두 국가에 수조권을 반납해야 한다고 규정하였다. 이는 의제적으로 모든 토지는 국가의 소유라는 인식을 보여주는 것이다. 그러나 예외적으로 부병의 토지는 자손에게 전하는 '체전정(遞田丁)', 즉 상속을 허용하여,[72] 농민의 세습적 경작권을 인정했다. 명분상으로 모든 토지는 국전이지만 다른 한편 모든 토지는 농민의 세습적 경작지로서 사실상의 소유가 인정되는 것이다.

국가는 세습적 경작자가 아닌 한시적으로 수조권을 사여받은 개인을 전주(田主)라고 칭하여 우대하고 있다. 다른 한편 1391년에 전주(田主)가 전객(佃客)의 소경전을 빼앗으면, 1부(負)에서 5부까지는 태형(笞刑) 20대에 처하고, 매 5부마다 1등급을 가중하되 처벌은 장형(杖刑) 80대에서 그치며, 직첩(職牒)은 회수하지 않는다. 빼앗은 것이 1결 이상이면 그 정(丁)을 다른 사람이 교체하여 받는 것을 허락한다. 전객은 경작지를 '다른 호(別戶)'의 사람에게 멋대로 팔거나 줄 수 없다. 다만 사망하거나 이사하여 호가 단절된 자가 있어 여분의 토지를 많이 차지해 고의로 황무지로 만든 자는 그 토지를 전주가 마음대로 처리하도록 들어준다[73]고 정했다.

이 규정은 고려 말 과전법 제정 당시의 것이지만 이를 통해 고려조 전정

---

72 "身沒, 並納之於公, 唯府兵年滿二十始受, 六十而還, 有子孫親戚, 則遞田丁" (『고려사』卷七十八, 志 卷第三十二, 食貨 一, 전제)

73 "田主奪佃客所耕田, 一負至五負, 笞二十, 每五負, 加一等, 罪至杖八十, 職牒不收. 一結以上, 其丁, 許人遞受. 佃客毋得將所耕田, 擅賣擅與, 別戶之人. 如有死亡·移徙·戶絶者, 多占餘田, 故令荒蕪者, 其田, 聽從田主任意區處". (『고려사』卷七十八, 志 卷第三十二, 食貨 一, 전제 녹과전).

의 성격을 알아볼 수 있다. 규정에서 전객이 경작지를 '다른 호(別戶)'의 사람에게 멋대로 팔거나 증여할 수 없다고 했지만, 이는 동일한 호 내에서는 매매와 증여 그리고 상속이 가능했던 것으로 해석할 수 있고, 이미 고려조에는 소유 분화가 상당히 진전되고 있었다. 그럼에도 별호에 대한 매매나 증여를 금지한 것은 전정을 하나의 단위로 파악하여, 그중 일부가 다른 호에게 매매됨으로써 전정(田丁)이 깨지고 역제가 교란되는 것을 방지하고자 한 것으로 보인다.

전주(田主)와 관련하여 수조지 경작자는 소경전의 보호에도 불구하고, 전객으로 취급되어 취약한 점이 없지 않았다고 생각된다. 농민의 경작권은 보호받았지만, 한시적인 수조권자인 전주 관료가 전객에게 수조율을 높이거나 잡다한 부역을 부과할 가능성도 없지 않았다. 이러한 모호함에도 고려조는 왕토사상에도 불구하고, 소유권으로서의 세습적 경작권을 제도적으로 인정했다.

고려조는 농민의 소경전을 보호하고자 했지만, 국가는 관료를 협력자로 중시하여 '토지의 주인(田主)'으로 삼은 반면, 경작자인 농민은 소작인의 의미를 가진 '밭가는 호(佃戶)' 또는 '밭가는 나그네(佃客)'로 간주했다.[74] 농민이 의제적으로는 국전이지만 사실상은 자기 소유지의 자작농인가, 또는 비록 경작권이 있다고 하지만 개인 관료가 전주인 사전의 사실상의 소작농이 되는가의 차이는 중요하다. 그러나 국가는 수조권이 국가에 있는 토지의 경직자와 관료에게 수조권이 주어진 토지의 경작자, 나아가 자작농과 소작농에 대한 구분 의식은 없고, 농민은 모두 전호 또는 전객으로 불렀다. 국가가 농민의 세습적 경작권을 인정하면서도 농민을 전호, 전객으로 간주하는 모순 관계 속에서, '전주'인 관료가 국가와 협력하여 한편에서

---

74 국가는 공사전을 불문하고 경작 농민을 전호라 불렀다. (『고려사』 卷七十八, 志 卷第三十二, 食貨 一, 전제 조세). 그리고 앞의 주 55 참조.

면조권을 포기하는 대신, 사적 지주로 성장하여 '전객'의 경작권을 부정하게 되는 것이 사전과 병작 확대의 역사적 귀착점이었다고 할 수 있다.

한편 부병 농민의 '군역'은 토지 면적을 단위로 편제된 정호 단위로 부과되었다. 정호는 기본적으로 군정을 차출하기 위한 단위로 편제된 것이지만, 군역 이외에 지세의 수취에도 기본 단위가 되었다. 고려조에는 토지 면적을 기준으로 편제된 전정(田丁)이라는 정호(丁戶) 외에 인정의 다과를 기준으로 하는 호등제가 실시되어 요역이나 잡공 등 공물 부과의 기초가 되기도 하였다.

전정제는 통일 신라의 공연제에 비해 균일한 토지 면적을 단위로 부세를 수취하여 부세의 균등화에 유리한 면이 있었지만, 인정에 대한 역의 수취를 위해 신라 이래의 호등제를 병행했다. 고려조에 국가의 부세 수취는 토지를 기준으로 하는 전정제와 인정을 기준으로 하는 호등제의 이원적 기준에 의해 이루어졌지만, 전정제가 전조와 군역을 포괄하는 만큼 보다 중요했다. 조선조에서는 전·신·호라는 삼원의 기준에 의해 조용조가 수취된다.

고려는 전시과(田柴科)의 시초로 태조(太祖) 23년(940)에 역분전(役分田)을 제정했는데, 후삼국을 통일할 때의 조신(朝臣)이나 군사(軍士)들은 관계(官階)를 따지지 않고 그 사람의 성품과 행동의 선악(善惡)과 공로의 크고 작음을 보고 차등 있게 지급했다.[75] 역분전 시행 시 인품은 '개인의 신분에 따른 품격'으로 해석되고, 신라 귀족들의 토지가 일부 역분전 형태로 유지되었을 가능성이 있다. 그러나 인품의 결정 요인이나 인품에 따라 지급된 결수는 파악할 수 없다.

경종 원년(976)에 대체로 당의 제도를 본받아 전시과를 제정한 바, 직관

---

75 "田柴科 太祖二十三年 初定役分田, 統合時朝臣軍士, 勿論官階, 視人性行善惡, 功勞大小, 給之有差". (『고려사』, 卷七十八, 志 卷第三十二, 食貨 一).

과 산관 각품의 전시과를 제정했는데, 이때에도 관품의 높고 낮음은 따지지 않고, 단지 인품으로만 이를 정했다. 인품은 먼저 공복(公服)의 빛깔을 자삼(紫衫), 단삼(丹衫), 비삼(緋衫)과 녹삼(綠衫)의 네 단계로 나누고 자삼 이상은 18품으로 나누고 품계별로 전시지를 차등 지급했다. 이어서 관직을 문반, 잡업, 무반 별로 구분하고, 다시 각 반에 속한 복색 별로 인품을 1품에서부터 10품 등에 이르기까지 여러 단계로 세분하여 전지와 시지를 차등 지급했다. 잡리들도 인품을 구분하여 전시지를 지급하였다. 그리고 이해의 과등(科等)에 미치지 못한 자는 모두 전지 15결을 지급하였다. 그러나 문반, 잡업, 무반의 각 직능에는 단삼 이하의 복색만이 존재하고 자삼층은 없었으며, 자삼층은 보다 특권적인 호족 출신의 혈족이었다고 생각된다. 문반, 잡업, 무반의 직능 별 구분은 광종 이후 새로운 고려의 관료제가 수립되면서부터 새로 구성되는 단삼층 이하에 비로소 생기게 된 것이라 할 수 있다.[76]

품계와 별도로 먼저 복색을 구분한 것에서 알 수 있듯이, 전시과에서 관품을 따지지 않는 인품은 신분과 고려에 대한 공헌이나 충성도 등을 기준으로 구분되었을 것이고, 이는 종래의 호족에 대한 배려로 생각된다. 이 무렵의 전시과제도는 관료의 서비스에 대한 대가이지만, 관계(官階)가 아닌 인품이라는 기준의 신분에 대한 대가로 토지가 지급된 것이다.

목종 원년(998)에 문·무 양반 및 군인의 전시과를 개정하여, 비로소 관계에 따른 전시지 지급이 이루어졌다. 이는 종래의 호족들이 일단 고려조의 관계 체제에 포섭돼 별도의 배려가 불필요하게 된 것을 의미하는 것으로 생각된다. 목종 원년(998)의 전시과는 문무 관료에게 관계에 따라 1과에서 18과까지 전지와 시지(柴地)를 차등 지급하도록 하였다. 이때의 전시과

---

76 이수건, 「조선 초기의 사회와 신분구조」(『신편 한국사』 25, Ⅰ. 인구동향과 사회 신분).

규정에 의하면 먼저 "문무 양반과 군인의 전시과를 개정"한다고 명명하고 있다. 그리고 문무 18과에 이르는 과별 전시지 지급 결수를 규정한 다음, 마지막으로 "이 한계에 미치지 못하는 자는 모두 전지 17결을 지급하는 것을 통상의 규칙으로 한다"고 규정하였다.[77] 그리고 "국가에서 전(田) 17결 (結)을 1족정(足丁)으로 삼아 군인 1정에게 지급하는 것은 옛날 토지(土地) 와 조세(租稅) 제도로부터 전해지는 규정이다"[78]고 하였다. 이를 통해 전지 17결의 지급 규정은 주로 부병인 농민에 대한 토지 지급 규정인 것으로 볼 수 있다.

이후 덕종 3년(1034)의 양반, 군인과 한인의 전시과 개정을 거쳐 문종 30 년(1076)때 양반 전시과를 최종적으로 다시 개정했다. 전시과는 양반을 중심으로 군인 그리고 한인 및 잡류 등에게도 지급하도록 되어 있었다. 1076 년의 최종 제도는 품계에 따른 문무관과 중앙 정부의 하급 이서와 중앙군의 마군, 보군에게 18과로 분류된 토지를 지급하고, 향직을 받지 못한 호장이하의 지방 세력은 제외했다.

1076년 마지막으로 개정된 전시과에서 이르기를 "수취인의 수를 보면 종1품의 1과에서 정9품의 16과에 이르는 문관의 수는 424명이다. 무관은 정3품의 3과에서 정9품의 13과에 이르는 1,751명이다. 무관 14과의 대정 (隊正) 1,838명이 품계를 받았는지는 확실치 않으나, 이들까지 포함하면 무관의 수는 3,589명이다. 문관 424명에 지급된 전은 총 1만 8,991결인데 비해, 무관 3,589명에 지급된 전은 총 13만 1,220결"[79]이었다. 이외에 기간병인 15과의 마군에 대한 전 25결씩의 지급, 16과의 보군에 대한 전 22결씩,

---

77 "改定文武兩班及軍人田柴科", "不及此限者, 皆給田十七結, 以爲常式"(『고려사』 卷七十八, 志 卷第三十二, 食貨 一, 전제 전시과).

78 "國家以田十七結, 爲一足丁, 給軍一丁, 古者田賦之遺法也". (『고려사』 卷八十 一, 志 卷第三十五, 兵 一 병제).

79 이영훈, 『한국 경제사』1, 일조각, 2016, p 221.

17과의 감문군에 대한 전 20결의 지급을 더하면 군인에 대한 지급 결수는 훨씬 많아진다. 전시지 이외에 42도부 4만 2천 명의 병사에게 전토를 지급하였다[80] 는 기록도 있어서 병사에 대해 지급된 것으로 간주되는 토지는 전 국토에 걸친 것이었다.

그러나 기본적으로 군전은 지방에 설정되고, 경기에는 관료의 토지를 지급한 것으로 보인다. "경기를 서울에 거주하면서 시위(侍衛)하는 사람들의 토지로 지급하여 사족(士族)을 우대하셨으니, 이는 곧 문왕(文王)이 벼슬하는 사람에게 대대로 녹(祿)을 주었던 아름다운 뜻입니다. 각 도(道)에서는 단지 군전(軍田)만을 지급하여 군사들을 구휼하였으니, 곧 조종(祖宗)께서 '군사를 뽑고 토지를 지급(選軍給田)'하는 좋은 법입니다"고 하였다.[81]

그러나 1076년에 개정된 전시과는 곧 바로 운영이 중단되고, 같은 해에 그 대신 녹봉제가 시행되었다. 고려(高麗)의 녹봉(祿俸) 제도는 문종(文宗) 대에 이르러 크게 정비되었다. 좌창(左倉)에 한 해 동안 들어오는 쌀과 좁쌀, 보리의 총액 13만 9,736석 13두를 과(科)에 따라 지급했다. 안으로는 왕비와 후궁(妃主)·종실(宗室)·백관(百官)으로부터 밖으로는 3경(京)·주(州)·부(府)·군(郡)·현(縣)에 이르기까지 녹(祿)을 받지 않음이 없었다. 그리고 잡직(雜職), 서사(胥史), 공장(工匠)에 이르기까지 무릇 직역(職役)을 가진 자도 또한 모두 일정한 녹봉(常俸)으로 (본인이 직접) 경작하는 것을 대신하게 하였으며, 이를 일러 별사(別賜)라고 하였다. 서경(西京) 관원의 녹봉은 서경의 대창(太倉)에 해나나 운송되는 서해도(西海道)의 세량(稅糧) 1만 7,722석 13두를 가지고 지급했으며, 지방관(外官)의 녹봉은 좌창(左倉)에서

---

80 "田柴口分之田, 所以優士大夫, 礪廉恥也, 州·府·郡·縣·鄕·所·部曲·津驛之吏, 以至凡供國役者, 莫不受田, 所以厚民生, 而殖邦本也, 四十二都府, 四萬二千之兵, 皆授以田, 所以重武備也". (『고려사』, 卷七十八, 志 卷第三十二, 食貨 一, 전제 녹과전).
81 『고려사』 卷七十八, 志 卷第三十二, 食貨 一, 전제(녹과전).

반을 지급하고 해당 고을(外邑)에서 반을 지급하였다".[82] 한편 문무반록(文武班祿)에 의하면 최하급 장교인 대정(隊正)에게 16석 10두를 지급하도록 했지만, 그 이하의 기간병인 마군이나 보군에 대한 지급 규정은 없었다.[83]

그러나 고려조 재정의 전체적 윤곽을 파악하기는 어렵다. 서긍(徐兢)의 『선화봉사고려도경(宣和奉使高麗圖經)』에 의하면 12세기 전반에 국상(國相) 이하 현임 관료로서 녹봉을 받는 사람이 3천여 명이며, 산직(散職)으로서 녹봉은 없고, 토지만 받은 사람이 1만 4천여 명인데, 그 토지는 모두 지방에 있는 전군(佃軍)이 농사지어 때맞추어 상납한다고 한다.[84] 이 기록에서 녹봉은 없고, 토지만 받은 사람 1만 4천여 명의 구성을 확인할 수 없지만, 전시과의 대상이었고 녹봉이 없는 마군과 보군이 그 중요한 구성이었을 것으로 생각된다.

그러나 녹봉제 이후, 원의 침공으로 인한 전쟁으로 창고가 비어 녹봉을 지급할 수 없어, 1257년에 다시 '녹을 대신하여 토지를 사여하는(分田代祿)' 결정이 내려지고, 문무 관료에게 토지를 분급하는 급전도감(給田都監)이란 관청에 설치되었다. 1075년에 시행된 녹봉제가 182년 만에 폐지되고 녹과전이 지급되었다. 수조지 분급에서 녹봉제로 그리고 다시 수조지 지급으로 교대했지만 재정 부족이 해결되지는 못한 것으로 보인다.

고려 후기의 공양왕 원년(1389) 12월에 조준의 상소문에 토지제도에 관해 말하기를, "전국의 경작지는 50만 결인데 그중 10만 결을 공상(供上)을 위해 우창에, 3만 결은 사고(四庫)에, 10만 결은 녹봉을 위한 좌창에, 그리고 조정의 선비(朝士)들을 위해 지급한 경기 토지의 10만 결을 제외하면 남는 것이 17만 결이라 한다. 이 나머지로는 6도의 군사, 진(津)·원(院)·역

---

82 『高麗史』, 志 卷第三十四, 食貨 三, 녹봉(녹봉 서).

83 『高麗史』, 志 卷第三十四, 食貨 三, 녹봉(문무반록) 참고.

84 "內外 見任 受祿官 三千餘員 散官同正 無祿給田者 又 一萬四千餘員 其田 皆 在外州 佃軍 耕蒔 及時 輸納 而 均給之" (『宣和奉使高麗圖經』, 권15, 倉廩)

(驛)·절(寺)의 토지, 향리(鄕吏), 사객(使客), 늠급(廩給), 아록(衙祿)의 용도로도 오히려 부족하니, 군수(軍需)가 나올 땅이 없다"[85]라고 하였다.

전체적으로 재정의 수요에 비해 토지의 결수가 모자라 군인에게 지급할 토지와 군수용으로 사용 가능한 재정 수입이 부족한 실정이었다는 것은 짐작할 수 있다. 그 자세한 내막을 파악하기는 힘들지만 고려의 군인에는 세 부류가 있었다. 하나는 대정(隊正)이라는 장교 이상의 군인으로 이들은 전시 수조지를 받았고, 녹봉제 이후에는 녹봉을 받았다. 두 번째 부류는 마군, 보군과 감문군으로 불리우는 자들로, 전시과 수조지의 지급 대상이었으나 녹봉 급여의 대상은 되지 못했다. 이들은 기간병인 직업군인으로 생각되고 흔히 고려사에서 군인으로 불리우는 자들로 판단된다. 세 번째 부류는 부병으로서 병농일치에 의한 농민병이다. 이들은 수조지의 지급 대상은 아니고 17결의 족정 당 1명의 정병을 차출하여야 했다. 이들 세 부류중 고려는 특히 중간층인 기간병에 대한 적절한 처우를 안정적으로 제공할 수 없었던 것으로 보인다.

『송사』의 고려에 관한 설명에 의하면, "국가에 사전은 없고, 계구수업(計口授業)이라 하여 식구를 계산하여 업무를 부담시킨 바, 16세 이상이면 군역을 지도록 충군되었다. 육군(六軍)과 삼위(三衛)는 항상 수도에 머물러 있고, 3년마다 군사를 뽑아 서북 지방을 지키도록 하여 반년 만에 교체시켰다"고 한다.[86] 마찬가지로 『선화봉사 고려도경』에도 고려의 풍속에서 사전은 가질 수 없고, 내략 정선제와 같은 것이 있어서 관리나 민병에게 등급의 고하에 따라 지급한다고 한다.[87]

---

85 『고려사』卷七十八, 志 卷第三十二, 食貨 一, 전제(녹과전).
86 "國無私田, 民計口授業. 十六以上則充軍, 六軍三衛常留官府, 三歲以選戍西北, 半歲而更". (송사(宋史)(1) 외국열전(外國列傳), 고려)
87 "其俗, 不敢有私田, 略如丘井之制, 隨官吏民兵秩序高下而授之". 『선화봉사고려도경』 권23 풍(雜俗) 2, 농업(種藝).

이러한 기록들은 고려 군제의 중심은 부병제에 있다는 것을 지적한 것이다. "국가에서는 기름진 땅을 나누어 42도부(都府)의 갑사(甲士) 10만여 명에게 녹봉으로 주어, 그들의 의복과 양식 및 무기(器械)가 모두 땅으로부터 나왔습니다. 그러므로 국가에는 군대를 양성하는 비용이 들지 않았으니, 조종(祖宗)의 법은 곧 3대(三代)의 농민 속에 군대를 축적하여 두었던 뜻과 같은 것입니다"[88]라고 하였다.

한편 향리에는 직전이 주어진 것으로 보인다. 목종 원년(998)에, "여러 군현의 안일(安逸) 호장(戶長)에게 직전의 반을 주다"[89]는 기록이나 현종 16년(1025)에 "모든 주현의 장리(長吏)는 병들어 100일을 채우면 경관의 사례에 의거하여 파직시키고 전지를 거두어 들이라"[90]는 기록 등이 있으나 지급된 토지 결수는 확인하기 어렵다. 다만 전시과에는 향리의 직전에 관한 규정이 없고, 향리는 현지 거주자이므로 일반 전정(田丁)과 같은 자경지에 면조권을 준 것으로 생각된다.

문종(文宗) 31년(1077)에 기인 선발과 관련하여 이르기를 "무릇 기인은, 1,000정(丁) 이상의 주(州)이면 족정으로서 나이 40세 이하 30세 이상인 사람을 선상(選上)하도록 허락하고, 이하의 주는 반정, 족정을 논하지 말고 병정(兵正), 창정(倉正) 이하 부병정(副兵正), 부창정(副倉正) 이상의 부강하고 정직한 사람을 뽑아 올려보내도록"[91] 하라고 하였다. 관련하여 충렬왕 11년(1285)년에는 "지방의 인리(人吏) 등이 '(자신이) 경작하는 토지(所耕田)'를 권력자에게 뇌물로 바치고 별상(別常)에게 청탁하여 자신의 역(役)을 회피하려고 하는 자가 있으니, 지금부터는 끝까지 조사하여 (본래의) 역으로 되돌려 보낸다"[92]고 하였다.

88 『고려사』卷七十八, 志 卷第三十二, 食貨 一, 전제 녹과전.
89 『高麗史』 志 32, 食貨 1, 田制 田柴科
90 『高麗史』 志 29, 選擧 3, 銓注 鄕職
91 『고려사』, 志 29, 選擧 3, 전주(銓注), 기인.

이를 통해 기인의 선상 대상인 병정과 창정 이하 부병정과 부창정 이상의 향리층이 족정·반정으로 편제되어 있었고, 향리전도 전정과 마찬가지로 소경전(所耕田)이었지만 직전으로서 일정하게 면조되었던 것으로 생각된다. 따라서 고려조에 향리에게 국가가 공식적으로 많은 토지를 지급하여 경제적 혜택을 준 것으로 생각되지는 않지만, 그들은 부세의 징수와 상납 그리고 지방 경비의 지출과 공해전의 운영 등에서 수입을 얻었을 것으로 판단된다.

부병의 토지나 향리전이 소경전임과 달리 사전(私田)은 수조지였고, 수조는 전주가 직접하였다. 『고려사』에서는 "만약 답험을 부실하게 한 자가 있으면 벌을 주십시오. 각 품(品)의 과전(科田)의 손실은 그 전주(田主)로 하여금 스스로 심사하여 조를 거두게 하십시오"[93]라고 기록하고 있다.

한편 수조지의 경우 주현의 관리가 경작을 권유하고 또한 양곡 운반을 관리하는 등의 도움을 주고 있었고, 이러한 주현 관리의 도움이 없이는 수조지 경작이 제대로 이루어지지 않을 수 있었다. 특히 군인전의 경우 경작이 안되어 군인이 흩어지는 폐단이 지적되고 있다. 예종(睿宗) 3년(1108) 2월에는 "근래 주현(州縣)의 관리가 궁원전(宮院田)과 조가전(朝家田)만을 사람들로 하여금 경작하게 하고 군인전(軍人田)은 비록 기름진 땅이라도 마음을 다해 농사를 권하지 않으며, 또한 양호(養戶)에게 양곡 운반을 시키지도 않고 있다. 이로 인해 군인은 추위와 배고픔에 도망쳐 흩어지니, 지금부터 먼저 군인전에 각각 전호(佃戶)를 정하여 농사를 권하고 양곡을 운반하는 일을 해당 관청이 상세하게 아뢰어 재가(裁可)를 얻도록 하라"고 하였다.[94]

1076년 전시과가 중지되고, 녹봉제가 실시되면서 관료들은 기내를 중심

92 『고려사』, 志 39, 刑法 二, 금령.
93 『고려사』 卷七十八, 志 卷第三十二, 食貨 一, 전제(답험손실).
94 『고려사』 卷七十九, 志 卷第三十三, 食貨 二, 농상.

으로 보유한 양반전을 국가에 반납해야 했으나 그들은 이후에도 수조지를 세습적 가업으로 보유하고자 하였다. 녹봉제가 실시된 후 1231년 몽골의 침입으로 재정이 악화되어 불가피하게 1257년에 다시 토지를 나누어 주는 녹과전제도를 시행했다. 사실상 12세기 말부터 무신 정권에서부터 고려의 제도가 이완되기 시작했지만, 계속된 왕권의 동요 속에 권세가들은 국왕의 사패를 받아 그들의 수조지와 개간지를 조업전화하여 사적인 가산으로 만들고자 하였다. 고려 후기에 토지 겸병으로 표현되는 토지제도의 문란이 심각하게 진행되었다.

전통 사회에서의 토지 소유권은 수조권과 지주권 그리고 경작권이라는 3권으로 분립되고, 또한 수조권과 지주권에서 잉여의 수취를 둘러싸고 국가와 양반 관료의 대립이 있었다. 전시과나 과전법은 관료에 의한 서비스 제공을 빌미로 양반이 국가의 수조권 배분에 참여한 것이라면, 양반 관료의 병작지에 대한 과세는 국가에 의한 지대 배분에의 참여라고 할 수 있다. 지주권은 초기에는 국가의 수조권을 잠식하면서 동시에 농민의 경작권을 침해하였으나, 이후에 지대와 전조가 분리되면서 국가에 전조를 납부하되 지대를 수취하는 방식으로 국가와 상호 보험적으로 결탁하였다. 국가는 그 대신 병작 지주에게 농민의 경작권을 배제하고 토지의 배타적 소유권을 갖도록 했다. 경작자는 생산성이 낮을 때는 경작권을 인정받았지만, 생산성이 높아지면서 토지를 잃게 된 소작농은 착취율이 높아지고 오히려 경작권이 부정되었다. 그리고 자작농도 평균적으로 경지가 작아지는 가운데 안정적 생활을 유지하기가 어려웠다.

고려 후기의 토지 문제는 호강지가(豪强之家)의 토지 탈점과 국가에서 분급한 수조지가 세습화 가산화되어 사전, 즉 사유지로 변모하는 것으로 집약된다. 특히 고려 후기의 토지 문제는 수조지를 겸병하여 발달하고 있던 농장이었다. 이들 농장은 '탈인전토 사역양민(奪人田土 使役良民)'의 방법으로 전주(田主)에 의한 농민의 사적 예속을 강화하고 있었다고 한다.[95]

농장은 노비 노동을 이용한 경작과 병작제 경영의 형태가 있으며 사적 소유를 전제로 한다. 수조권을 세습하여 조업전화하는 합법적 방법은 사패를 받아 공인받는 것이다. 사전의 전주가 조업전화된 토지의 지주로 노비를 사역하거나 무전민(無田民)을 이용해 병작 경영을 하는 것에 대한 금령은 없기 때문에 사전조 1/2수취는 일찍부터 성립한 것으로 보인다. 수조지 전주가 병작 지주화되고, 양반 병작 지주도 점진적으로 전조를 납부하게 되면, 이제 국가는 조세 수입을 얻게 되므로 중간적 양반 지주의 발전을 억제할 유인이 적어지게 된다.

전시과제도는 고려조 토지제도의 근간을 이루는 것이다. 전시과제도를 통해 수조권이 개인에게 배분되었다. 전시지는 원칙적으로 관료에게 당대에 한해 수조권이 사여되어, 서양의 세습적 봉토와 농민의 세습적 경작지인 공전의 중간 성격의 토지라 할 수 있다. 식읍, 식실봉이 보다 직접적인 토지와 인민의 지배 형태인데 비해 수조지는 인정에 대한 지배를 배제하고 전조 만을 취하도록 하였다. 그러나 권세가인 관료는 끊임없이 수조지를 사령화하려는 욕구를 가지고, 농민을 전호로서 사민인 처간으로 만들려고 한다. 그것이 국가의 의지로 불가능해지면 관료는 중간 지주의 길로 나아가는 것이다. 중간 지주는 전제 군주의 왕토사상과 경작자의 중간에 존재한 전근대적 지주로서, 봉건 지대를 수취하면서 신분제 등 국가와의 상호 보험적 관계 아래 경제외적 강제를 행사하는 존재이다.

다음의 〈그림 4-2〉는 고려조의 토지제도를 보여주는 깃이지만 모든 농지는 일단 국전으로 간주되었다.[96] 국전의 개념은 왕토사상 아래 모든 토

---

95 홍영의, 「高麗末 田制改革論의 기본방향과 그 性格」Ⅱ. 田制改革論의 擡頭 배경, 『國史館論叢』 第95輯.
96 "신 등이 삼가 조종(祖宗)의 토지제도[田制]를 살펴보니, 역분전(役分田)과 구분전(口分田) 및 호정전(戶丁田)과 별정전(別丁田)은 모두 국가의 토지[國田]입니다. 아버지는 이것을 아들에게 줄 수 없으며, 반드시 유사(有司)에 아뢰고 난 뒤에 이

지는 왕토 혹은 국전이라는 하나의 범주에 속한다는 것이고 반드시 국유라는 의미는 아니었다. 보다 구체적으로는 모든 토지에 대한 수조권이 국가에 있다는 것이고, 지대와 조세가 미분리된 상태에서의 수조권은 상급 소유권적 의미를 내포하는 '소유권적 수조권'이었다고 볼 수 있다. 다른 한편 세습적인 경작권, 즉 사실상의 소유권은 인정되었고, 서양과 달리 농민의 토지 긴박이 느슨했던 아시아에서 세습적 경작권은 국가의 규제에도 불구하고 매매, 유질, 투탁 등의 대상이었던 점에서 '사실상의 소유' 그 이상이었다. 따라서 경작권은 '소유권적 경작권'이었다고 이해될 수 있다. 고려의 토지 소유제도는 상급 소유권과 하급 소유권이 중층적으로 존재하면서도 동시에 상호 침투하는 관계였다. 다른 한편 고려조 후기에는 농업 생산력 상승으로 지대와 조세가 분리되고, 개인에게 허용된 수조권이 성장하여 세습화된 중간적 지주권이 되어 국전의 이념에서 벗어난 사(유)전이 성장하고 있었다.

를 주어야 하며, 만약 아들이 없거나 또는 혹시 죄가 있으면 반드시 국가[公]에 반환해야지 감히 사사로이 할 수 없는 것입니다". (고려사〉권78〉지 권제32〉식화1(食貨 一)〉전제〉녹과전).

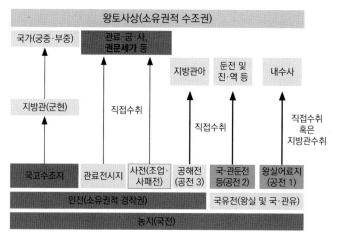

〈그림 4-2〉 고려조의 토지제도

〈그림 4-2〉는 이러한 개념을 도시한 것이지만, 그림에 농지는 국전이지만 민전과 국유전(왕실 및 국·관유전)으로 구분되어 있다. 그리고 공전에는 세 종류가 구분되어 있다. 공전의 종류를 구분하여 보여주는 기사로 현종(顯宗) 14년(1023) 윤9월의 기사가 있다. 기록에 "무릇 여러 주현(州縣)의 의창(義倉)의 법은 도전정수(都田丁數)를 사용하여 거두어 들이는데, 1과 공전(一科公田)은 1결(結)에 조(租) 3두, 2과(二科) 및 궁원전(宮院田), 사원전(寺院田), 양반전(兩班田)은 조 2두, 3과(三科) 및 군인호정(軍人戶丁)과 기인호정(其人戶丁)은 조 1두로 이미 정해진 규정이 있다"고 하였다.[97] 여기에 의하면 공전에 1, 2, 3과의 세 종류가 있고, 공전과 구분되는 토지로 궁원전, 사원전, 양반전 그리고 군인호정과 기인호정 등이 있었다.

이 공전의 세 종류가 무엇인가에 관해 '1과 공전'은 왕실 어료지(御料地)이고, '2과 공전'은 주로 지방 관아의 경비를 충당하기 위한 공해전과 둔전, 학전, 적전 등을 포괄하는 것이고, '3과 공전'은 전조를 국가에 납부하

---

97 『고려사』 卷八十, 志 卷第三十四, 食貨 三.

는 민전이라는 해석이 종래에 유력하였다.[98] 그러나 이러한 해석에는 문제가 있다. 먼저 '2과 공전'으로 분류된 공해전을 국관유지로 파악한 것이 문제이다. 『고려사』에 의하면 공해전(公廨田)은 주(州)·부(府)·군(郡)·현(縣)에 정(丁)의 다소에 따라 크기를 달리하는 전시지를 배정하되 공수전, 지전(紙田), 장전(長田)을 구분하여 배정했고, 이밖에 관(館)·역(驛)에도 토지를 배정하였다.[99] 이 기록에 따르면 공해전이 국·관유지가 아니고 민전인 전시지를 배정한 것이어서, '2과 공전'이 되기 어렵다.

또한 위의 의창미에 관한 사료에서, '3과 공전'과 같은 1결당 조 1두를 부담하는 토지로 '군인호정(軍人戶丁)'과 '기인호정(其人戶丁)'이 언급되는 바, 이것은 일반 농민에게 주어진 민전, 즉 '전정'을 의미하는 것으로 보인다. '호정(戶丁)'은 '호별지정전(戶別之丁田)'으로서 군인과 기인들에게 호를 단위로 주었던 일정한 면적의 땅으로서 전정을 의미한다. '군인호정'을 부병이 아닌 기간병에게 주어지는 수조지로 해석할 수도 있으나, 이것도 전정을 단위로 주어지는 것이므로, 농민 부병과 향리에게 주어지는 일반 민전과 동일했다. 따라서 이와 구분되는 '3과 공전'은 민전 일반이 아니라 민전에 설정된 공해전 즉 아록전과 공수전 등이었다고 해석된다. '3과 공전'은 민전이면서 지방 관아를 위한 토지여서 비록 국유전이 아니었지만 공전으로 분류되는 예외적 토지였다고 추정된다.

이러한 추론은 비록 간접적이지만 조선조 『경국대전』의 「제전(諸田)」조에 '무세전'과 '자경무세전' 그리고 '각자 수세지'가 구분되어 있는 바, 무세전은 국관유전이고, 공해전은 유세인 '각자 수세지'로 분류되어 있다. 『경국대전』의 「제전(諸田)」 분류가 고려조의 공전 분류와 맥을 같이 하는 것으로 보면, 무세전은 '1과 공전', 자경무세전은 '2과 공전', 그리고 '각자

98 旗田巍, 「高麗の公田」(『史學雜誌』 77-4, 1968).
99 고려사〉卷七十八〉志卷第三十二〉食貨一〉전제〉공해전시

수세지', 즉 공해전이 '3과 공전'이었을 것으로 추론된다. 또한『경세유표』에 궁방면세전을 유토면세, 무토면세, 영작궁전(궁둔)으로 구분하고,[100]조선 말의『결호화법세칙』에는 궁방전에 유토와 무토가 있고, 유토에 1종과 2종이 있으며, 이와 별도로 무토가 있다고 한다.[101] 이러한 무토는 민전의 절수에서 비롯된 것이고, 공해전은 절수로 이루어진 것이어서, 이것이 '3과 공전'이 아니었을까라고 추론해 본다.

한편 의창미 기록에서 공전과 구별되는 토지 중에 궁원전(宮院田), 사원전(寺院田)과 양반전(兩班田)은 '2과 공전'과 같은 조 2두를 부담하고, 군인호정(軍人戶丁)과 기인호정(其人戶丁)은 '3과 공전'과 같은 조 1두를 부담한다고 하였다. 전시과제도에서 관료 외에 사원과 왕실에도 민전을 수조지로 지급하였다. 이들 토지는 공전과 구분되는 민전이고, 민전 중에 수조권이 개인에게 사여된 토지인 궁원전, 사원전, 양반전에 대해서는 '2과 공전'과 같은 조 2두를, 그리고 '소경전(소경전)'인 부병 군인전 및 향리전에 대해서는 조 1두가 부과된 것으로 보인다.

한편 사전의 개념에 관해 수조권의 귀속을 중심으로 국가나 공적 기관이 아닌 개인에게 수조권이 귀속된 토지를 공전에 대비되는 개념인 '광의의 사전'으로 해석하는 것이 일반적이다. 그러나『고려사』에는 사전의 의미를 개인 사유지로 해석하여 전시지와 구분하는 용례가 많다. 그 예로 우왕은 "동북면과 서북면에는 본래 사전이 없었으니, 만약 사전이라고 칭하면서 함부로 가진 자가 있으면 금지하도록" 하였다.[102] 한편 정인지는 "전시과는 폐해져서 사전이 되었다(田柴之科廢而爲私田)"고 하여[103] 전시지와 사전을 명료히 구분했다. 이들 용례에서 고려조에서 사전을 사인의 사유지

---

100 정약용,『經世遺表』권8, 地官修制, 전제 12, 井田議.
101 『結戶貨法稅則』, 奎 527-10.
102 『고려사』, 志 卷第三十二, 食貨 一, 전제 녹과전.
103 『고려사』, 志 卷第三十二, 食貨 一 식화 서문.

라는 의미로 사용하는 경우가 많고, 양반의 조업전이나 사패전 등이 대표적이었으며, 이들 토지 소유주는 노비를 이용한 농장 경영이나 병작 경영을 하였다. 그들은 일반적인 전시지의 전주가 당대에 한해서 수조권을 행사한 반면에 세습적인 수조지인 점에서 구별되는 것이었다.

고려조 농지의 소유관계에는 두 종류가 있다. 하나는 흔히 민전이라 부르는 것으로, 농민에게 경작권이 있는 토지이다. 신라 시대의 연수유전과 고려조 부병의 경작지가 이에 해당한다. 다른 한편에는 왕실·관유전이 있고, 이는 「신라촌락문서」에는 관모전답으로 존재했다. 고려조에는 왕실 소유의 내장전, 정부 각 기관이 소유하는 둔전, 학전, 적전 등이 이에 속한다. 이들 토지는 특정 농민이 경작권을 갖지 못하고, 노비 또는 정부에 속한 역민들이나 부역 노동 혹은 소작인에 의해 경작될 수 있었다.

민전은 당연히 국가에 대한 전조 납부의 의무를 가진다. 그러나 민전의 일부는 수조권이 관료에게 지급된 전시지가 되고, 또한 전시지의 일부는 세습화되며 개간전 등과 함께 사전이 된다. 고려사에서 민전은 대체로 농민의 경작지라는 의미로 사용되지만 공전으로 파악되고, 전시지도 흔히 사전과 구분되었고, 좁은 의미의 사전은 민전 혹은 왕실 및 국·관유전을 겸병한 개인의 사유지라는 의미로 사용되었다. 고려조에서는 기본적으로 사패로 소유가 인정된 토지와 함께 권세가에 의해 불법적으로 점유된 토지를 사전으로 불렀지만, 원칙적으로 모든 토지가 국전(國田)이라는 인식이 강하였다.

『고려사』의 기록에 의하면, "신 등이 삼가 조종의 전제를 살펴보니, 역분전과 구분전 및 호정전(戶丁田)과 별정전(別丁田)은 모두 국전(國田)입니다. 아버지는 이것을 아들에게 줄 수 없으며, 반드시 유사(有司)에 아뢰고 난 뒤에 이를 주어야 하며, 만약 아들이 없거나 또는 혹시 죄가 있으면 반드시 국가(公)에 반환해야지 감히 사사로이 할 수 없는 것"이라고 하였다.104 따라서 일반적 민전, 즉 농민의 경작지는 그 세습적 경작권이 인정되었지만 처분이 제한되고, 국가는 사전과 구분되는 국전으로 인식하여, 민전의 소유는 '사실상의 사유'로 억압되었다고 볼 수 있다. 그러나 이러한 제도적 한계를 벗어나 관료들이 민전의 침탈과 개간 등으로 사전을 확대하면서 중간적 지주권을 강화하고 있었고, 이것이 고려 후기의 토지제도 문란으로 나타나고 있었다.

고려 왕조는 재정 수요가 증가하면서 수조권을 지급한 전시지나 사전에 대해서도 부분적인 과세를 하기 시작했다. 현종 4년(1013)에는 문무 양반전(文武兩班田)과 여러 궁원전(宮院田)을 30결(結) 이상 받으면, 규정에 따라 1결에 세(稅) 5승씩을 거둔다고 하였다.[105] 1024년에는 백성을 구제할 목적으로 의창이 설치되었는데, 결당 조 1두에서 3두까지의 의창미가 공전과 민전을 불문하고 부과되었다.[106] 여기에서 국가가 수취하던 종래의 전조에 덧붙여 일종의 부가세인 '(전)세'가 공사전 모두에 부과되었음을 알 수 있다. 1069년 고려 왕조는 전국의 토지에 대해 양전을 실시했다. 연후에 민전의 '세'를 결당 5승에서 7승 5홉으로 올렸다.[107] 우왕(禑王) 14년(1388) 8월(月) 교서를 내리기를, "사전(私田)의 조(租)를 일체 모두 국가(公)에서

---

104 『고려사』, 志卷第三十二, 食貨一, 전제녹과전, 이행의 토지 겸병의 폐단에 관한 상소.

105 "顯宗四年十一月 判, 文武兩班·諸宮院田, 受三十結以上, 一結, 例收稅五升"(『高麗史』 志 卷第三十二, 食貨 一, 전제조세)

106 현종(顯宗) 14년(1023) 윤9월에 판(判)하기를, "무릇 여러 주현(州縣)의 의창(義倉)의 법은 도전정수(都田丁數)를 사용하여 거두어들이는데, 1과 공전(一科公田)은 1결(結)에 조(租) 3두, 2과(二科) 및 궁원전(宮院田)·사원전(寺院田)·양반전(兩班田)은 조 2두, 3과(三科) 및 군인호정(軍人戶丁)과 기인호정(其人戶丁)은 조 1두로 이미 정해진 규정이 있다"고 하였다. (『고려사』卷八十, 志 卷第三十四, 食貨 三).

107 "二十三年(1069) 定田稅, 以十負, 出米七合五勺, 積至一結, 米七升五合, 二十結, 米一碩"이라 하여 전세가 1결에 7승 5합으로 증가하였다. (『고려사』卷七十八, 志 卷第三十二, 食貨 一, 전제 조세)

거두면 조정의 신하들이 반드시 생계가 어려워짐(艱食)을 걱정할 것이니, 잠시 동안만 그 조의 절반만을 거두어 국가 재정에 충당하도록 하라"고 하였다.[108] 이들 사료에서 재정 결핍으로 사전에 대한 국가의 수취가 강화되고 있었음을 알 수 있다. 그리고 고려 말 조준이 양전 시행과 함께 잠정조처로서 사전의 전조를 3년간 공수(公收)하자는 의견을 내세웠는데 개선론 측의 반발이 거세었음에도 결국 이를 관철시키고 있다.[109]

한편 고려의 토지제도에서도 전시과는 원칙적으로 경기도에 한하여 지급하고 여타 도에는 지급하지 않는 것이다. 그러나 고려조 후기로 갈수록 타도에 과전이 설정되고 사전이 확대되어 토지 겸병이 이루어지며, 이로 인해 국가 재정과 군사력이 취약해졌다. 이에 대해 고려 말 개혁론자들의 구상은 경기도 내의 토지는 사대부에게 재급전(再給田)을 원칙으로 하고 외방의 사전은 혁파한다는 기본 방침 위에서 세워지고 있었다.[110]

고려조에서 시작되었지만 조선조에서 보편화된 병작제의 발전은 농민의 경작권을 부정하는 것이었다. 병작제는 국가의 보편적 과세권이 강화되는 과정에서 중간적 토지 소유의 발전으로 성립한다. 그리고 지주의 사적 소유권이 경작권을 배제한 배타적 소유권 수준으로 강화되면서 토지를 잃게 된 농민의 경제적 처지는 무산자와 다를 바가 없게 된다.

경작권을 배제하는 병작제가 경제적 제도로서 성립하기 위해서는 농업 생산력 발전을 토대로 토지 생산성이 높아지고, 양반 신분제가 강화되어 농민 계급의 교섭력이 약한 것이 전제되어야 한다. 17세기 수도작의 보급은 소경영의 확대와 병작제 보편화의 생산력적 계기가 되었다. 그리고 병작제의 발전 과정에서 자작농 중에도 지주가 되는 경우가 있지만, 병작제

---

108 『고려사』, 卷七十八, 志 卷第三十二, 食貨 一, 전제.
109 『고려사』, 卷七十八, 志 卷第三十二, 食貨 一, 전제.
110 위은숙, 「1. 농장의 성립과 그 구조」, 『신편 한국사』 19, 고려 후기의 정치와 경제 (1996), p 290.

의 출발은 관료의 중간적 토지 소유권의 강화로부터 이루어졌다. 한국사에서 지주제가 농장제에서 양반 지주제로 그리고 서민 지주제로 나아가는 과정이 이를 대변한다.

서구 봉건제에서는 영주-농노의 관계가 기본이라면, 아시아 중앙 집권 군주제에서는 국가-농민의 관계가 기본이지만, 국가의 관료에 대한 수조권의 사여로 중간적 토지 소유가 성립한다. 중세의 중간적 토지 소유는 국가의 조세권의 면제 위에 수조권을 대행하는 것으로 성립하고, 중앙 정부의 재정 수입을 약화시킨다. 그러나 근세의 지주적 토지 소유는 농업 생산력 향상을 바탕으로 왕토권과 상호 보험적 관계에 있다. 지주는 신분제와 국가의 통치권을 이용한 경제외적 강제를 통해 지대를 수취하고, 국가는 지대에서 조세를 수취하며 양반 지주를 군주 국가의 울타리로 이용하는 상호 보험적 관계이다. 자체적인 군사력이나 토착 기반이 없는 유교 관료제는 전제 군주제에 부합한다. 그러나 유교의 도덕적 합리성이 '경천보민(敬天保民)'의 민본사상에 있다고 할 때, 경작권을 박탈당한 대다수 농민의 존재는 이에 모순되는 것이다. 조선조 병작제는 고려조에 이미 형성되고 있었다.

한국 사회는 중국과 달리 신분제적 의식이 아주 강한 사회여서 양천에 따른 신분 구분과, 사회적으로 아주 강하게 존재했던 반상에 따른 구분 의식에서 나타나는 모순과 갈등이야말로 조선 시대 역사의 가장 큰 특징[111]이었다. 중국에서는 송나라 시대 이후 지주제의 발달이 신분제의 약화로 연결되고, 송대 이후에는 노복제가 현저하게 축소되었다. 그러나 한국에서 조선조에 노비제가 오히려 강화되고, 반상의 구분 의식이 강했던 것은 고려조 이후 병작제의 발달 과정에서 국가와 양반의 상호 보험적 결탁이 이루어지고, 대다수 농민의 경작권 보호가 부재했던 것과 밀접한 관련이 있다고 생각된다.

---

111 미야지마 히로시(宮嶋博史), 『나의 한국사 공부』, 너머북스, 2013, p35.

2. 역제와 전정 그리고 호등제

역제는 기본적으로 인정(人丁)을 포괄하는 호정(戶政)에 속하는 것이다. 그러나 고려는 토지를 신분제와 연관된 직역에 따라 지급하여 역제가 전제와 결합되었다. 전시과의 과전은 과에 따른 달리 말해 국가에서 부여하는 역에 따라 국가가 토지를 지급하는 제도이다. 따라서 고려의 역제는 토지제도와 동전의 양면이라 할 수 있다. 국가의 관료 체계에서는 하급에 속한다고 볼 수 있는 향리와 군인에 대해서도 전정이라는 토지를 사급하였고,[112] 그것은 세습되었다. 따라서 이들 '역(役)'은 '반(班)'이라 부르는 신분의 표시가 되었다. 전정은 통일 신라의 공연과 달리 자연적 생활 공동체가 아니라 국가가 일정한 토지 면적을 기준으로 편성한 부세 및 역의 수취 단위인 편제호라 할 수 있다.

고려는 품계가 있는 직역이나 전업적 직역자에 대해서는 전시지의 수조권을 지급했고, 품계가 없고 순환적으로 차출되는 부병으로 대표되는 직역에 대해서는 전정이라는 경작지를 지급했다. 전정의 지급은 일정 면적의 토지에 대한 경작권의 지급 내지는 인정을 의미하는 것이고, 전정 별로 부병의 의무를 지는 정호를 세웠다. 전시과는 결수를 기준으로 관계에 따라 차등 지급되고, 전시지의 지급은 군역 부과를 위한 정호 제도의 기반 위에서 이루어진 것으로 생각된다. 따라서 17결 이상의 전시지의 지급, 예를 들어 100여 결의 전시지는 그 내부에 복수의 전정을 포괄할 수 있고, 또한 호강한 가계 공동체도 마찬가지다.

전정은 기본적으로 군정과 연관된 개념으로 이해되고, 정호도 마찬가지다. 대정 이상의 장교는 전시지 수조권이나 녹봉을 받았고, 기간병이라 할

---

112 전정의 연구사와 토지로서의 전정에 관해서는 다음을 참조. 다케다 유키오(武田 幸男), 「高麗田丁の再檢討」, 『朝鮮史硏究會論文集』 제8집. 1971.

수 있는 군인은 전시지 수조권을 받거나 전정이라 불리는 토지를 사급받은 것으로 이해된다. 결수를 지급 단위로 주어지는 전시지는 관료에 대한 수조권의 사여를 의미하지만, 수조권의 사여는 국가에 대한 경작자의 전조 면제를 의미하지 역과 공물까지 면제하는 것은 아니다.

충선왕 24년(1298)은 "선왕께서 제정하신 내외의 전정(田丁)은, 각각 직역(職役)에 따라 공평하고 균등하게 나누어 지급함으로써 민생을 돕고, 또한 국가 재정을 지탱하게 하였다"[113]라고 하교하였다. 이를 통해 전정이 경기와 지방을 불문하고 보편적으로 편제된 것을 확인할 수 있다. 그리고 전정의 지급이 직역에 따라 이루어지고, 또한 국가 재정을 지탱하게 하는 것이라 하여, 부병에 대한 전정의 지급이 면조권을 사여한 것은 아니었음을 짐작할 수 있다.

예종(睿宗) 3년(1108) 2월에 왕태후(王太后)를 책봉하면서 여러 주(州)·군(郡)·현(縣)의 진봉장리(進奉長吏)와 종졸(從卒) 등에게 각각 전정세포(田丁稅布)를 전액 면제해 주었다.[114]는 기록에서 보듯이 전정의 지급은 부세의 면제를 의미하는 것은 아니었다. 이외에도 현종 14년(1023)에 판하기를 또한 "무릇 여러 주현(州縣)의 의창(義倉)의 법은 도전정수(都田丁數)를 사용하여 거두어들인다"고 하는 바, '모든 전정의 수인 도전정수'라는 표현은 모든 전정이 부담하는 부세가 있다는 것을 의미한다.[115]

전정제도가 군인과 밀접한 관련을 가진 것으로 보이지만 고려조의 군인에는 기간병으로 구성되는 군인과 병농 일지의 농민군으로 구성되는 부병이 있었다. 여기에 무과를 통과한 18과에 포함되는 장교들이 또한 별도로

---

113 "先王制定內外田丁 各隨職役 平均分給 以資民生 又支國用" (『고려사』, 지 권 제32, 식화 1, 전제경리).
114 "三年二月 以封王太后, 諸州·郡·縣進奉長吏從卒等, 各田丁稅布全放"(『고려사』 卷八十, 志 卷第三十四, 食貨 三, 진휼)
115 『고려사』 卷八十, 志 卷第三十四, 食貨 三(상평의창).

존재했다. 전시과에서 말하는 군인은 기간병을 의미하는 것으로 보이고 이들은 마군, 보군, 혹은 감문군 등으로 표현되어 수조지를 사여받았으며, 향리에게 향역이 주어지듯이 전문적 군인으로 군역을 담당하는 군인 신분층을 형성했다. 이들은 일정한 씨족을 단위로 군호(軍戶)가 형성되었으며 이군호들이 군반으로 편성되었다. 군인 신분층은 이점에서 군반 씨족이었다고 볼 수 있다. 이러한 성격의 군인들이 중앙군의 핵심을 이루었다.[116]

전정은 기본적으로 일정한 면적의 토지 즉 17결의 족정을 단위로 부병 1인을 차출하는 군역제를 수반했다. 전정제에 관해, 국가에서 전(田) 17결(結)을 1족정(足丁)으로 삼아 군인 1정에게 지급하는 것은 옛날 토지(土地)와 조세(租稅) 제도로부터 전해지는 규정[117]이라 하였다. 이에 못 미치는 8결을 반정이라 하여 모든 가구를 부세 및 역의 수취 단위로 편제한다. 고려조 초에는 17결이 정군 1인의 차출 기준이었으나 점차 8결인 반정이 기준이 된 것으로 보인다.[118] 반정이 보다 중요해지는 데에는 근주 가계 공동체의 규모가 작아지는, 즉 소가족화의 진전이 영향을 미쳤다고 생각한다. 이외에 1결의 토지 면적이 고려 초에는 1,400~1,500평이었는데 후기에는 전등에 따라 2배 이상이 되고 농업 생산성이 높아진 점도 고려되어야 한다.

한편 족정의 내부 구성에 관해서는 정확히 알기 어려우나 고려 초 1결

---

116 洪承基, 「고려 전기의 사회와 대외관계」 I. 사회구조, 『신편 한국사』 15

117 "國家以田十七結, 爲一足丁, 給軍一丁, 古者田賦之遺法也"(『고려사』, 志 卷第三十五, 병제)

118 이인철은 고려조 족정과 반정을 「신라촌락문서」에서의 계연에서 비롯되었다고 해석한다. 이인철은 「신라촌락문서」에서 계연이란 "토지 18결을 단위로 해서 정남 6인과 그들의 가족으로 계산된 연"이며, 고려조의 족정은 계연 1단위에서 비롯되었다고 한다. 그리고 고려조 반정은 「신라촌락문서」에서 공연당 기본적으로 주어지는 결수인 6.9결에서 비롯되었다고 추론한다. (이인철, 같은 논문, p 171, p 185). 그러나 필자는 고려조의 족정과 반정은 계연과는 다른 기준으로 책정되었고, 17결은 「신라촌락문서」에서 계연 1단위의 기준인 중상연이 아니라 계연 3/6인 하상연에 해당하는 결수였다고 본다.

의 면적이 통일 신라와 대체로 같다는 전제 아래 17결의 토지 소유 규모는 「신라촌락문서」에서 하상연에 해당한다. 신라 공연의 평균 면적인 13여결에 비해 크지만, 크게 벗어난 것은 아니고 비교적 넉넉한 공연이었다고 할 수 있다. 「촌락문서」의 하상연의 가족 구성을 알기는 어렵지만 이인철의 「촌락문서」 수리 모델에서는 군역 대상 남정의 수를 3인으로 간주했다.[119]

전정은 군역 수취의 단위이기도 하지만, 토지 면적이 기준인 만큼 전조 수취의 단위가 되었고, 전조는 운반이 부수되는 만큼 일부 요역도 수취된다고 할 수 있다. 이렇게 족정, 반정의 전정으로 편제된 호를 정호라 불렀고, '전정세포(田丁稅布)'가 있었으므로 전정은 공물 부과의 단위가 되기도 하였다고 볼 수 있다. 그러나 전정은 기본적으로 전조와 군역의 부과 단위가 되었고, 공물과 요역은 전정을 참고로 하지만 인정 수를 기준으로 하는 호등제와 연관하여 부과된 것으로 생각된다.

다음 〈그림 4-3〉은 고려조 조용조 부과의 단위와 관련하여 토지 면적을 기준으로 하는 전정제와 인정의 다과를 기준으로 하는 호등제의 이원적 파악이 이루어진 것을 도시한 것이다. 고려조 형법의 호혼율에 "인정의 다과를 바탕으로 하는 9등호를 나누고, 부역(賦役)을 정하도록"[120] 하였다.

〈그림 4-3〉에서 보듯이 조용조 수취 단위로서의 정호는 일정 면적을 단위로 토지를 소유하고 있는 가족을 파악한 것으로 A영역과 B영역을 포괄한다. 그러나 그 바깥에 전정(田丁)에 포함되지 않는 토지가 없는 가족인 C 영역, 즉 백정이 있다. 백정은 토시가 없는 가족으로 전조는 물론이고 군역에서 제외된다. 그러나 현실에서 백정도 흔히 군인으로 동원되었고, 이 경우에는 토지를 지급하도록 규정되었고,[121] 토지를 가지면 정호가 되

---

119 李仁哲, 「新羅帳籍의 烟受有田·畓과 農民의 社會經濟的 形便」(『國史館論叢』 第62輯, 1995). 앞 장의 〈표 3-2〉 참조.
120 "編戶, 以人丁多寡, 分爲九等, 定其賦役" (『고려사』, 卷八十四, 志 卷第三十八, 刑法 一).

는 것이다.

한편 정호에는 토지는 있지만 남정이 없는 한미(寒微)한 가족인 A영역, 즉 환과고독(鰥寡孤獨) 등 잔잔호(殘殘戶)가 포함되어 있다. 호등은 인정을 기준으로 하는 만큼, 남정이 없는 환과고독 등의 잔잔호는 구분전 지급의 대상이 되기도 했지만, 호를 대상으로 하는 부역 부과에서 예외적 존재이다. 부역은 국가가 호를 대상으로 백성에게 부과하는 공부와 노역을 의미한다. 한편 노비는 전정이나 호등제에서 독립적으로 파악되지 않고 주가에 포함되었으며, 조·용·조 삼 세가 모두 부과되지 않는 존재였다.[122]

---

121 四年(1109) 判, "신보반(神步班)에 소속한 여러 백정(白丁)으로서 내외(內外) 족친(族親)의 전지(田地)를 받기를 원하는 자는 전지가 비록 다른 읍(邑)에 있어도 명(名)이 본읍(本邑)에 소속되어 있으면 보충하도록 허락한다." (『고려사』, 卷八十一, 志 卷第三十五, 兵 一, 병제). "백정대전(白丁代田). 백성(百姓)으로서 대장[籍]에 올라 역(役)을 담당하는 자에게는 호(戶)마다 토지[田] 1결(結)을 지급하고, 조(租)는 바치지 않게 한다." (『고려사』, 卷七十八, 志 卷第三十二, 食貨 一). 이들 기록은 군인으로 동원된 백정에게 토지를 지급한 것을 보여준다.

122 "양반(兩班)의 노비(奴婢)는 그 주인에 대한 역(役)이 각기 별도로 있으므로 예로부터 공역(公役)과 잡렴(雜斂)이 있지 않았다. 지금 양민(良民)들이 모두 세력가의 집으로 들어가 관역(官役)에 이바지하지 않고, 도리어 양반의 노비로서 양민의 역을 대신시키고 있는데, 지금부터는 모두 금지하라." (『고려사』, 卷八十五, 志 卷第三十九, 刑法 二, 노비)

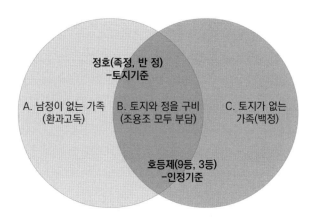

〈그림 4-3〉 전정제도와 정호 그리고 호등제

정호 체제 혹은 전정제도는 당의 제도를 모방하고 균전제를 염두에 두었지만,[123] 내용상으로는 당의 균전제와 달리 남정에 대한 일정한 토지 배분이 뒷받침되지 못한 부세와 역의 수취 체제였다. 거의 모든 정호의 가족이 토지와 정을 구비하고 있다면 정호 체제는 균전제에 가까울 수 있지만 백정(白丁)의 비중이 적지 않아 고려조에 균전이 실현되지는 않았다. 또한 당(唐)의 부병(府兵)은 장비를 스스로 마련하고, 연 72~75일을 색역(色役)으로 복무했으나 표준적인 조용조의 부과를 면제받았다. 그리고 부병에게 야간의 위신과 추가적 토지 할당의 기회를 포함한 존칭(rank)을 받을 기회를 준 것으로 보인다.[124] 그러나 당나라와 달리 고려의 부병은 조용조에서

---

123 허웅의 상소에 "신 등은 최근에 사헌부·판도(版圖)·전법(典法)과 더불어 번갈아 가며 상서하여 아뢰어 선대왕의 균전(均田) 제도를 회복시킬 것을 청하였는데, 전하께서 허락한다고 하시니 사방에서 이를 들은 자들이 기뻐하지 않음이 없습니다"고 하였다. (『고려사』, 志 卷第三十二, 食貨 一, 전제 녹과전).

124 Richard von Glahn, *The Economic History of China*, Cambridge University Press,

면제된 것으로 생각되지 않는다.

고려의 정호제(丁戶制)는 신라의 공연과 비교할 때 일정한 토지 면적을 기준으로 호를 편제한 점에서 보다 인위적인 전제(田制)이자 역제이고 호제(戶制)라 할 수 있다. 전정은 일정 면적을 기준으로 구획되고 전정마다 호수(戶首)의 이름으로 정호(丁號)가 붙여졌고 정호(丁戶)가 되었다. 그러나 고려조에 호적은 별도로 작성되기 시작하여, 전정은 호제와 구분되기 시작한 것으로 보인다. 고려 말 과전법의 시행 시, 토지 결수를 헤아려 작정(作丁)을 할 때, 종래와 달리 정호(丁號)로 사람의 성명을 달지 않음으로써 뒤에 거짓으로 조업(祖業)이라 칭하는 폐단을 없애고자 하였다.[125] 대신에 양전시 결수를 헤아려 5결마다 정(丁)을 만들 때 정호에 천자문 1자씩, 즉 자호(字號)를 붙이는 방식으로 바뀌어,[126] 고려조의 전정(田丁)은 조선조에 신호(身戶)와 관계없는 순수한 토지대장인 양안으로 전환된다.

한편 고려조 정호(丁戶)는 통일 신라 시대 이래의 복합적인 하나의 '경제 단위'로서의 대규모 호를 모두 분할하고, 사전을 혁파한 토대 위에 성립한 것은 아닌 것으로 추정된다. 공동체적인 혈연 가족 중심의 하나의 '경제 단위'는 한편으로는 국가에 의한 전정 파악으로 재편되면서, 다른 한편 조업전이라는 면조권이 부여된 사전을 형성하며 존속하기도 하였다.

고려의 국제(國制)에 민의 나이 16세가 되면 '정(丁)'으로 삼아 비로소 국역(國役)에 복무하게 하며, 60세가 되면 '노(老)'라 하여 국역을 면제한다. 주(州)와 군(郡)에서는 매년 호구를 헤아리고 민적(民籍)을 만들어 호부(戶部)에 바치는데 무릇 군사를 징발하거나 요역(徭役) 인원을 조절할 때

2016, p 187.

125 "每邑丁號, 標以千字文, 不係人姓名, 以斷後來冒稱祖業之弊", 『고려사』, 志 卷第三十二, 食貨 一, 전제 녹과전.

126 "計數作丁, 丁各有字號, 載之于籍" (『고려사』, 志 卷第三十二, 食貨 一, 전제 녹과전).

에는 호적(戶籍)에 따라 초정(抄定)하였다고 한다.[127] 비록 고려 호적의 실물이 별로 없지만, 호적이 군역과 요역의 동원에 기초자료가 되었음을 알 수 있다.

고려의 9등호제는 신라의 9등호제를 연상시킨다. 이후 호등제는 신라의 상·중·하의 용어 대신 대·중·소의 3등호로 바뀌지만, 이는 9개의 세 분류를 3개의 호등으로 단순화한 것으로 볼 수 있다. 호등제는 인정 기준의 요역을 부과하기 위한 구분이었지만, 도성에서는 가옥의 칸수를 기준으로 구분하여 호등을 분류하고 군정을 내도록 하기도 하였다.[128] 그리고 3등호제는 진대에 적용되었고,[129] 재정 부족을 메우기 위한 조세 증징에 응용되기도 하였다.[130] 전정제와 호등제는 병존하고 있었지만, 고려 중기 이후에는 세제 수취로서 호등제의 역할이 점차 소멸되어 가고 있는 듯하다는 견해가 있다.[131] 그러나 호적이 작성되고, 군역이 호적을 토대로 부과되었다는 기록도 있어서,[132] 오히려 전정과 호적의 역할이 보다 명확하게 분화되기 시작한 것으로 생각된다.

한편 고려 왕조는 전정제도와 관련하여, 개별 정(토지)을 단위로 양전한

---

127 『고려사』, 권79, 지 권 제33, 食貨 二, 호구.

128 “八月改定都城五部戶數, 凡屋閒架二十以上, 爲一戶, 出軍一丁, 閒架小, 則或併五家, 或併三四家, 爲一戶” (『고려사』, 卷八十一, 志 卷第三十五, 兵 一)

129 충렬왕 17년(1291)에 기근으로 인한 진휼을 위해 원나라가 강남의 쌀 10만 석을 보내 진휼할 때, “7품 이하에게 미(米)를 나누어 주었는데, 7품은 7석, 8품은 6석, 9품은 5석, 권무 대정(權務 隊正)은 4석, 방리(坊里)의 대호(大戶)는 3석, 중호(中戶)는 2석, 소호(小戶)는 1석이었다.”(『고려사』, 志 권제34, 식화 3, 진휼)

130 공민왕(恭愍王) 11년(1362) 9월 경비[調度]가 넉넉지 않아 민(民)에게 증액하여 거두었는데, 대호(大戶)는 쌀과 콩 각 1석, 중호(中戶)는 쌀과 콩 각 10두, 소호(小戶)는 쌀과 콩 각 5두로 하였다. 이를 무단미(無端米)라 했는데 민이 괴롭게 여겼다(『高麗史』, 권 79, 志 33, 食貨 2, 科斂).

131 李貞熙, 「2. 수취제도의 변화」, 『신편 한국사』19, 고려 후기의 정치와 경제, Ⅱ. 경제 구조의 변화.

132 위의 주 114 및 주 115 참조.

주안(柱案)이란 문서를 작성한 것으로 보인다. 예를 들어 갑인년에 양전한 것을 바탕으로 갑인주안(甲寅柱案)이 작성되었다. 이색에 의하면 '공문에 주필(公文朱筆)'한 것이 있어서 이 양자를 통해 수급자인 호수를 확인할 수 있었다고 한다.[133] 즉 주안이라는 토지 문서에는 수급자가 기록되어 있다는 것이다. 주안은 백제 시대의 전정주첩(田丁柱貼)을 계승한 것이고, 전정주첩에는 전정의 면적과 사방 경계가 표기되고 정호의 구성원과 호주의 세계가 주기되어 있다고 해석된다.[134] 『삼국유사』의 기록에 의하면 "양전장적(量田帳籍)에 따르면, 부여군의 옛 지명인 '소부리군 전정주첩(所夫里郡 田丁柱貼)'이 있었다"[135]고 한다. 또한 『삼국유사』에는 운문사의 장생(長生)을 표시한 '주첩공문(柱貼公文)', '표탑공문(標塔公文)' 등의 표현과[136] 돌백사(㙛白寺) '주첩주각(柱貼注脚)' 등의 표현이 있고,[137] 이를 통해 주첩과 공문은 같은 의미를 지니고 주첩에는 주기가 되어 있었던 것을 알 수 있다. 따라서 앞서 본 고려조 이색(李穡)이 묘사한 '주안'과 공문이 전정주첩의 내용과 근사하였고, 호적이 분화되면서 이것이 양안으로 순화되었다고 판단된다. 양안에도 토지의 모양과 동서남북의 사표(四標)와 면적 등이 표시되고, 기주가 표기되어 있으므로 주첩과의 유사성을 확인할 수 있다.

한편 고려조의 주안이나 그것을 편책한 토지의 장적은 발견된 바가 없지만, 정(丁)을 단위로 지급한 토지에 대하여 전정 문서가 작성되었을 것으

---

133 공민왕(恭愍王) 원년(1352)에 이색이 토지제도의 폐단에 관해 상소하면서, "청컨대 갑인주안(甲寅柱案)을 위주로 공문주필을 참작한다면 (땅을) 빼앗으려 다투는 것은 이로 인해 바로 잡힐 것이며 새로 개간하는 것은 따라서 헤아려 질 것입니다'라고 하였다. (『고려사』, 권115, 열전 권제28. 제신(諸臣). 이색).

134 이영훈, 같은 책, p 262.

135 『삼국유사』, 권 제2, 紀異第二, 남부여(南扶餘) 전백제(前百濟) 북부여(北扶餘).

136 『삼국유사』, 권 제4, 義解第五, 寶壤梨木, 보양 관련 기록(943년 1월 (음)).

137 『삼국유사』, 권 제5, 神呪第六, 明朗神印(931년, 음).

로 판단된다. 그리고 일반 농민의 토지는 편의적, 관습적으로 토지 면적 단위로 정호가 편제되었던 것으로 보인다. 고려 작정제에서는 전정 장적을 작성하고 정호마다 호수의 성명을 달았다. 토지의 측량 단위는 전정이었으며, 그 면적과 사방 경계가 조사되었다. 아울러 그 전정을 소유한 정호의 구성원과 호주의 세계(世系)가 주첩의 아랫부분에 주기되었다"[138]고 한다. 그러나 고려조에 토지와 인구를 함께 파악한 전정 장적의 실물은 발견된 바가 없다.

한편 고려조의 주(州)와 군(郡)에서는 매년 호구를 헤아리고 민적(民籍)을 만들어 호부(戶部)에 바쳤다고 한다.[139] 또한 "구제(舊制)에 양반 호구(兩班戶口)는 반드시 3년에 한 번씩 호적을 작성하여, 1건은 관에 바치고 1건은 집안에 보관했습니다. 각 호적 안에는 호주(戶主)의 세계 및 동거하는 자식, 형제, 조카와 사위의 족파(族派)와 함께 노비에 이르기까지 전해진 종파(宗派), 그 소생의 이름과 나이, 노(奴)의 처와 비(婢)의 남편이 양천(良賤)인지를 모조리 기록을 갖춰 놓아 쉽게 고열(考閱)할 수 있도록 하였다"고 한다.[140] 그러나 어느 지역의 호적을 일괄적으로 보여주는 호적의 실물은 존재하지 않는다.

현존하는 고려 시대의 대표적 호적은 국보 131호 '이태조 호적 원본'이다. 이 호적의 성격에 관해 고려조에는 일반인의 호적은 없고, 양반 호적을 계승한 것이라는 견해가 있다.[141] 그러나 최재석은 여기에는 이성계의 호적이 아닌 그에게 사급된 식실봉 41개의 호적들이 실려 있으므로, "이성계의 호적 원본이 아니라 고려 후기의 일반 호적의 일부"라고 하였다.[142] 『고

138 이영훈, 같은 책, p 262.
139 『고려사』, 권79, 지 권제33, 食貨 二, 호구, 호구 서.
140 『고려사』, 권79, 지 권제33, 食貨 二, 호구.
141 이영훈, 같은 책, p 299면.
142 崔在錫, 『한국가족제도사연구』, 일지사, 1983, p 238.

려사』에는 일반 주군에서 매년 호구를 헤아려 민적을 만들어 호부에 바쳤다는 기사 외에도, 여러 기록들이 비록 그 실체를 잘 알 수 없지만 일반인의 호적도 적어도 고려 말엽에는 존재하였음을 보여준다.[143]

「이성계 호적」에 보이는 고려 호적에는 호주의 성명과 나이, 직역을 표시하되 노비는 노비로 표시하였다. 이외에 호주와 호처의 부, 조, 증조 등 3조의 직역이 표시되고, 동거하는 자녀 외에 형제의 이름과 나이가 표시되었다.[144] 고려 후기에는 신분이 양반, 양인과 노비의 세 신분 계급이 존재하는데, 양반은 노비를 소유하고, 양인은 거의 노비를 소유하지 않으며 그리고 노비는 양반의 소유물로 존재"[145]한 것을 알 수 있다.

신라의 「촌락문서」는 인구와 토지를 함께 기록한 것이었고, 고려의 '전정'도 일정한 면적의 토지를 중심으로 생활하는 집단을 파악한 것이었다. 인구와 토지를 동시에 파악한 「촌락문서」와 '전정(田丁)'은 고려조 후기부터는 호적과 양안으로 분리되기 시작한 것으로 보인다. 고려조 호적에는 토지에 관한 기록은 없고 3조의 직역(職役)이 기록되어 내용상으로 조선조 호적과 유사하다. 다만 중국의 호적이 기본적으로 사람과 토지를 함께 기재했던 것에 비해 고려의 호적은 사람만 기재하는 상이한 형식을 가지게

---

143 충숙왕 12년(1325)에 "개성부(開城府)의 5부(五部) 및 지방의 주현(州縣)에서 백성(百姓)을 양반(兩班)이라 하고, 천인(賤人)을 양인(良人)이라 하여 호구(戶口)를 위조하는 자를 법에 따라 단죄(斷罪)하도록 하라"는 기록이 있다. (『고려사』, 지 권제33, 식화2호구). 공민왕(恭愍王) 20년(1371) 12월 하교하기를, "첫째, 본국의 호구법(戶口法)은 근래 파천(播遷)으로 인해 구제(舊制)를 모두 잃어버렸다. 임자년(壬子年, 공민왕 21, 1372)을 시작으로 삼고 아울러 구제에 의거해 양인(良人) 천구(賤口)는 분간하여 호적을 작성하고, 그 식년(式年)에 따라서 해납(解納)하여 민부(民部)에서는 이를 갖추어 참고하라"고 하였다. (『고려사』,지 권제33, 식화2호구). 이들 기록에서 고려조에 일반 호적이 존재한 것으로 보인다. 다만 일반 농민의 고려조 호적에의 등록 비율은 낮았다고 추정된다.
144 최재석, 같은 책, pp 237-256. 참조.
145 최재석, 같은 책, p 271.

되었다. 조선조에는 송대 이후 중국의 모병제와 달리 군역이 징병제인 신역으로 존재하여 직관과 군역을 상세하게 표기한 호적을 작성했다.

다만 동아시아에는 국가가 부세와 역의 수취를 위해 토지와 인구를 상세히 파악하고자 한 점에서는 공통적이었다. 중국에는 호적 이외에 남송 이래로 토지의 배치와 모양 및 면적을 표시한 '어린도책(魚鱗圖册)'이라는 조선조 양안과 비슷한 별도의 토지대장이 존재했다. 원대에는 민족별, 직능별로 호구를 세분하여 기록한 호적이 작성되었지만, 이와 별도로 서미부(鼠尾簿)라는 세역 수취를 위한 장부가 작성되었다.[146] 전통적으로 중국은 인구와 토지를 별도로 조사하였다고 볼 수 있고 일본도 예외는 아니었다.[147]

고려에서는 전정 장적을 통해 각 정의 수수(授受), 전체(傳遞), 환수(還收), 가급(加給) 등 여러 변동 사항을 정리하고 파악했다. 분급 전정의 점유 분쟁, 즉 사전 쟁송(私田爭訟)이 발생했을 때는 개개 전주들에게 정의 수수 시에 발급한 공문(文契, 田券)과 함께 이 전정 장적이 기본 근거 자료가 되었다.[148] 전정의 호수는 직역과 관련하여 관에 신고하고 수수하여야 하고,

---

146 원대 호적이 발견되고, 그에 따른 연구가 진척되었다. 중국의 정욱동(鄭旭東)에 의하면 호구와 자산을 기록한 호적과 구분되는 서미부(鼠尾簿)가 지원(至元)년간에 작성되었다. 그는 "原來, 元代鼠尾簿取戶籍册中'丁產'部分, 再加上'稅粮', 依高下多寡編排而成"이라 하여, 호적에 기록된 인구와 정산(丁產: 토지와 가옥, 가축 등) 중에서 정산 부분을 취하고 그것에 세량 등을 더하여 그 고하다과(高下多寡)에 따라 편성하여 서미부(鼠尾簿)를 만들었다고 한다. 말하자면 호적과 재산이 분리된 장부가 만들어지기 시작한 것이다. 서미부의 세량은 재산과 일치하며, 정구(丁口)도 기록되어 있으나 말단에 기록되고, 인구 파악을 위한 것이 아니었다. (鄭旭東, 「元代戶籍文書系統再檢討」, 『中國史研究』, 2018年第3期, 2018). 원대에 '청책(青册)'이라 불리는 호적과 구분되는 세역(稅役) 즉 재산에 관한 장부가 별도로 마련된 것으로 볼 수 있다.
147 일본은 도요토미 히데요시(豊臣秀吉)가 전국의 토지를 대상으로 검지장(檢地帳)을 만들었고, 인구 등록을 위해 정촌(町村) 별로 인별장(人別帳)이나 사원(寺院)에서 종문개장(宗門改帳) 등이 작성되고 이것들을 결합한 종문인별장(宗門人別帳)이 존재하였다.

전정의 연립에 관해서는 그 우선순위가 국가에 의해서 정해져 있었다.

전정은 수급자의 수나 분급 토지의 양에서 볼 때, 부병에게 지급된 것이 가장 많고, 이것은 경작권이고 면조지가 아니었다. 이어서 관료와 군인 등에게 수조지로 분급된 전정은 면세권을 토대로 지급되었다. 한편 부병에게 지급된 족정·반정은 이른바 전정연립(田丁連立)의 원칙에 의해 자손 또는 친족에게 세습되었다. 즉, 전정의 수급자가 사망 또는 연령 초과 등의 이유로 수급 자격을 상실했을 경우, 적장자(嫡長子)를 우선으로 전정을 상속하였다. 수조지는 원칙적으로 국가에 환수되었다.

군인이나 향리에게 지급된 토지는 부병에게 지급된 토지가 아니므로 사망과 함께 환수되어야 하나, 현실에서는 역의 세습과 함께 지급된 토지도 세습된 것으로 생각된다. 군인은 향리와 비슷한 신분적 위치에 있었다. 그러나 군인이 무예로 임무를 수행했다는 점에 유의하면 이속(吏屬) 가운데에서 서리직보다는 잡류직에 더 가깝다고 할 수 있다. 품관과 구별되는 잡류와 무반과 구분되는 군인과는 이런 점에서도 어느 정도 통하는 일면이 있다.[149] 잡류와는 달리 군인에게는 무반으로 나아감으로써 품관이 될 수 있는 기회가 흔히 있었다. 가령 전공이 있으면 물론이고 무예가 출중하거나 노공(勞功)을 쌓거나 해서도 군인에게는 무관이 되는 기회가 많았다.

한편 전정의 총수가 군현 별 선상(選上)해야 하는 기인(其人)의 수와 공해전시(公廨田柴)의 지급량을 결정하는 기준이 되었으나, 전국적인 전정의 총수를 파악하기는 힘들다. 하나의 전정 총수를 어림잡는 방법은 부병의 수를 추산하는 것이다. 먼저 정종(靖宗)〉 11년(1045)의 기록에 의하면 "국가의 제도에 근장(近仗) 및 제위(諸衛)는 영(領)마다 호군(護軍) 1명, 중랑장(中郞將) 2명, 낭장(郞將) 5명, 별장(別將) 5명, 산원(散員) 5명, 오위(伍

---

148 李炳熙, 「高麗時期 經濟史 研究의 動向(1989~1993)」, 『한국사론』 23, 참조.
149 洪承基, 「1. 신분 제도」, 『신편 한국사』 15, 고려 전기의 사회와 대외관계.

尉) 20명, 대정(隊正) 40명, 정군방정인(正軍訪丁人) 1,000명, 망군정인(望軍丁人) 600명을 두어, 무릇 호가(扈駕)와 내외(內外)의 역역(力役)을 하지 않음이 없었다"고 한다.[150] 여기서의 경군의 이군 육위는 45개의 영으로 구성되어 있었다. 또한 "고려의 병제(兵制)는 무릇 모두 당(唐)의 부위(府衛)를 모방했으므로 주현(州縣)에 산재한 병사도 또한 모두 6위(衛)에 소속되었을 것이고, 6위 외에 별도로 주현군(州縣軍)이라는 것이 있지 않았다"고 한다.[151]

여기에서 정군방정인은 대체로 교체되는 부병의 정군을 의미하는 것으로 볼 수 있다. 망군정인은 여러 의견이 있으나 6위 외에 별도로 주현군이 있지 않았고, 주현군이 6위 내에 편제되어 있었다면 망군정인은 6위에 편제된 주현군의 보승군(保勝軍)과 정용군(精勇軍)으로 이해할 수 있지 않을까 생각된다. 이렇게 보면 부병은 2군 6위의 45영에 각각 정군방정인 1,000명, 그리고 망군정인 600명을 포함하여 각 영당 1,600명, 전체 45영에 72,000명으로 계산된다. 북계(평안도)와 동계(함경도)의 양계의 주진군에는 일반적인 주현군과 달리 다수의 군인이 배치되었지만 이 중에는 백정도 많았다. 이외에 군인에는 기간병이 따로 있기 때문에 고려는 약 9만 명 정도의 정군을 가지고 있었다고 추정된다.

따라서 전정의 총수도 약 9만 명에 가깝지 않았을까 생각된다. 앞서 42도부의 갑사가 10만여 명이라 한 것에 비해서는 적은 숫자이지만 동떨어진 것은 아니다. 우왕(禑王) 2년(1376) 8월에 여러 도(道)에 사신(使臣)을 보내 군사를 점검했다. 양광도(楊廣道)는 기병(騎兵)이 5,000명, 보졸(步卒)이 20,000명, 경상도(慶尙道)는 기병이 3,000명, 보졸 22,000명, 전라도(全羅道)는 기병이 2,000명, 보졸이 8,000명, 교주도(交州道)는 기병이 400명, 보

150 『고려사』, 卷八十一, 志 卷 第三十五, 兵 一, 병제.
151 『고려사』, 병제 3. 주현군서.

졸 4,600명, 강릉도(江陵道)는 기병이 200명, 보졸이 4,700명, 삭방도(朔方道)는 기병이 3,000명, 보졸이 7,000명, 평양도(平壤道)는 기병이 600명, 보졸이 9,000명, 서해도(西海道)는 기병이 500명, 보졸이 4,500명이었다. 이것을 합해 보면 전국에 약 95,000명으로 10만 갑사에 가깝다.[152] 그리고 정군 1명당 토지 8결이 배정되었다면 70~80만 결이 소요되어 전국 결수와 비슷한 것으로 생각된다.

1389년 양전 시 경기와 6도의 토지를 하나같이 모두 답험(踏驗)하고 양전하여, 경기에서는 실제 경작하는 토지(實田) 131,755결(結)과 황원전(荒遠田) 8,387결을, 6도에서는 실제 경작하는 토지 491,342결과 황원전 166,643결을 얻었다고 한다.[153] 총 결수는 798,127결이고, 실결은 623,097결, 황원전 175,030결이다. 경기도는 황원전이 전체 결수의 6.0%에 불과하여, 6도의 비율 25.3%에 비해 크게 낮은 특징이 있다. 다만 조준의 상소문에서 언급한 전국 결수 50만 결이라는 수치는 양전 결과를 집계한 총 결수 약 80만 결, 경작 실결 약 62만 결과 차이가 있다. 조준이 정확하지 않았을 수도 있고, 혹은 경작 실결 중에서 정부에 전조를 납부하는 출세 실결을 약 50만 결로 평가한 것으로 해석될 수도 있다.

한편 관련하여 검토할 문제는 고려조 1결의 면적 문제이다. 다음 〈표 4-2〉는 시대별 1결의 면적 변화를 나타낸 것이다. 고려조 초에는 신라와 마찬가지로 단일 면적의 결부제가 시행되어 1결의 면적은 대체로 1,400~1,500평 정도였다고 평가된다. 그러나 고려의 결부제는 전품에 따라 면적을 달리하는 수등이척제로 바뀌었다. 이에 따라 고려 후기에는 하등전 1결은 4,529평이 되어 고려 초에 비해 면적이 3배 이상으로 되었다. 이렇게 보면 고려 말인 1389년 양전으로 알려진 평안도와 함길도를 제외한 6개도의 결

---

152 『고려사』, 卷八十一, 志 卷第三十五, 兵 一, 병제.
153 『고려사』, 卷七十八, 志 卷第三十二. 食貨 一, 전제, 녹과전.

총 약 80만 결은 대체로 120만 정보가 되고, 이를 토대로 고려의 600~700만 명의 인구가 부양되었다고 볼 수 있다.

〈표 4-2〉 시대별 1결의 면적

통일 신라*	고려 초**	고려 후기~조선 초 (1275~1444년)***	조선~일제강점기 초 (1444~1917년)****
1,200평	1,400~1,500평	상등전 1결=1,998.9평 중등전 1결=3,136.5평 하등전 1결=4,529.2평	1등전 1결=2,987평 2등전 1결=3,513평 3등전 1결=4,260평 4등전 1결=5,423평 5등전 1결=7,467평 6등전 1결=11,946평

* 李宇泰, 「新羅의 量田制」, 『國史館論叢』 第37輯, 1992.
** 李宇泰, 「新羅의 量田制」, 『國史館論叢』 第37輯, 1992.
*** 朴興秀, 「新羅 및 高麗 量田法에 관하여」, 『學術院論文集』11, 1972.
**** 宮嶋博史, 「朝鮮農業史上における十五世紀」, 『朝鮮史叢』 三, 1980.

3. 농법의 발전과 부세제도

고려조의 농업 생산과 관련하여 검토되어야 할 문제는 먼저 고려의 농법이 상경 농법인가 휴한 농법인가의 문제가 있다. 종래 고려조에 휴한 농법이 이용되었다는 논거의 대표적인 것은 문종(文宗) 8년(1054)의 기록이다. 무릇 전품(田品)은 매년 쉬지 않고 경작하는 땅(불이지지: 不易之地)을 상으로 하고, 한 해는 경작하고 다음 해는 쉬는 땅(일역지지: 一易之地)을 중으로 하고, 한 해는 경작하고 다음 두 해는 쉬는 땅(재역지지: 再易之地)을 하로 하며, 그 매년 경작하는 산전 1결(結)은 평전(平田) 1결에 해당하게 하고, 한 해는 경작하고 다음 해는 쉬는 땅 2결은 평전 1결에 해당하게 하고, 한 해는 경작하고 다음 두 해는 쉬는 땅 3결은 평전 1결에 해당하게 한다[154]라고 하였다.

이 규정에서 주목되는 것은 농지가 산전과 평전으로 구별되고, 산전은 불역전, 일역전, 이역전으로 구분되며, 산전 불역전 1결은 평전 1결과 같다는 것이다. 따라서 평전과 산전의 불역전은 매년 쉬지 않고 경작한다고 볼 수 있다. 이 기록은 고려조에 세역전들이 적지 않지만, 평전을 기준으로 보는 한 고려조 농법은 기본적으로 상경법이었다고 해석된다.

한편 상경법의 구체적인 작부 체계가 어떤 것인가의 문제는 농서를 검토하는 것에서 출발할 수밖에 없다. 중국의 『제민요술(齊民要術)』이나 『사시찬요(四時纂要)』 등의 농서에 수록된 도작법이 기본적으로 1년 휴한법이라는 데 착안해 중국과 비교해서 고려 시대도 역시 휴한법 단계라는 것이 종래 휴한법설의 중요 근거 중 하나였다. 한국에서는 농업의 작부 체계를 알 수 있는 최초의 농서는 조선조의 『농사직설』이다. 『농사직설』에서는 2년 3작식의 농법이 소개되어 연작상경이 이루어지고 있음을 보여주고 있다.

그렇다면 고려조에서는 어떤 상태였는가에 관해 살펴보자. 고려조에는 독자적인 농서가 없으므로 정확한 실상을 파악하기 어렵고, 고려에 커다란 영향을 준 원나라 시절의 중국에 2년 3작의 상경법이 이용되고 있었는가의 문제가 간접적으로 고려의 농법을 이해하는데 도움을 줄 수 있다.

미야지마 히로시(宮嶋博史)는 15세기 조선의 농업을 분석하면서 『농사직설』의 단계에 한국에는 이미 한전(旱田)에서 2년 3모작이 확립된 것으로 보았다.[155] 그러나 고려조와 동 시기인 중국 원대의 농서에는 아직 2년 3모작이 취급되지 않았다.[156] 실제로 원대에 한전 지대인 화북에서 2년 3작의

---

154 文宗八年(1054)三月 判, "凡田品, 不易之地爲上, 一易之地爲中, 再易之地爲下, 其不易山田一結, 准平田一結, 一易田二結, 准平田一結, 再易田三結, 准平田一結." (『고려사』 卷七十八, 志 卷第三十二, 食貨 一, 전제)
155 宮嶋博史, 「朝鮮農業史上における十五世紀」, 『朝鮮史叢』 三, 1980, pp 47-61.

다모작 농법이 실현되고 있지 않았다면 고려도 휴한 농법이었다고 볼 수 있는 것이 아닌가라는 문제가 제기된다. 그러나 실제로는 시행되고 있어도 농서에서 취급하지 않았을 수도 있다.

이 문제에 관련해 여러 논의가 있지만 중국에서는 이미 당나라 시절부터 수도작에서 만이 아니라 한전에서도 윤작이 이용되었다는 평가가 일반적이다.[157] 구체적으로 화북(華北) 지역의 한전 농법에서 언제 윤작 체계가 성립되었는가에 관해 논란이 있어 왔지만, 연구자들은 6세기 전반 북위의 『제민요술(齊民要術)』에 의하면 최소한 1년 1작, 또는 2년 3작이 실현되었을 것으로 평가한다. 그 단계로 조(粟)-맥(麥)윤작, 혹은 조(粟)-맥(麥)-콩(豆)의 2년 3작이 실행되었을 것으로 보고 있다.[158]

이와 같이 당나라에서 이미 2년 3작이 실현되었음에도 불구하고, 송나라를 거쳐 오랜 세월이 흐른 원나라의 농서에도 다모작이 소개되지 않은 배경에는 지력(地力)의 문제가 있었다. 밭 작물의 경우에 수도작과 달리 물이 가져오는 비력 공급 및 제초 작용을 기대할 수 없어서 지력 유지가 어려웠기 때문에 권장할 수 만은 없었다. 따라서 원나라 시절에 한전에서 이

---

156 원의 3대 농서인 『王禎農書』, 『농상집요』, 『농상의식촬요』에 이년 삼모작은 기록되어 있지 않다. 그런 의미에서 원의 농서는 『제민요술』 단계를 벗어나지 않고 있다고 할 수 있지만, 벼농사인 도작의 분야에는 조도와 맥의 윤작에 관하여 명료하게 기록되어 있다. (大澤正昭, 「唐代華北の主穀生産と經營」, Kyoto University Research Information Repository, 1981.3.).

157 "당나라 초에 이미 조·맥의 윤작이 행해지고 있었던 것은 인정하지 않을 수 없고, 그것을 기초로 다모작의 존재 모습이 검토될 필요가 있다"고 한다. (大澤正昭, 위와 같은 논문, p 161) 많은 연구자들에 의하면 당나라시대에 이미 화북 지역에서 소농의 농기구가 발달하고 3년 2작이 보급되었으며, 이백중(李伯重)에 의하면 2/3의 농가가 시행하였다고 한다. (Richard von Glahn, *The Economic History of China*, Cambridge University Press, 2016, p 219).

158 閔成基, 「漢代麥作考」, 『東洋史學研究』 5, 1971. 위은숙, 「高麗時代 農業技術과 生產力 研究」, 『국사관 논총』 제17집, 1990, pp 4-5.

미 2년 3모작이 시행되고 있었지만, 좋은 품질을 보증하기 어려웠고, 후대에 비로소 2년 3모작이 농서에 포함되었다. 그러나 농민의 생산에 대한 요구는 높았으므로 이미 그 전부터 다모작이 추구되었고, 당나라 시대에 조-맥의 윤작이 이루어진 것은 그 하나의 표현이었다.[159]

원나라 시절에 한전에서 이미 2년 3작이 널리 이용되고 있었다면, 고려조에서도 이용되고 있었을 가능성이 높고, 이러한 현실을 반영하여 중국 농서보다도 빠른 시기에 간행된 『농사직설』에서 원나라 농서에서 소개되지 않은 2년 3작의 농법이 소개되었을 가능성이 크다고 생각된다. 1430년에 편찬된 『농사직설』에 소개된 윤작 방법으로서는 간종법(間種法)과 근경법(根耕法)의 두 종류가 소개되어 있으나 근경법이 보다 보편적이었다.[160] 윤작 체계는 보리-콩의 1년 2작이나 조-보리-콩의 2년 3작이 자리잡았다. 따라서 고려 말에는 '세역(歲易)'으로 불리는 정기적 휴한이 극복되고 연작 농법이 성립하여, 이것이 『농사직설』에 반영된 것으로 보인다.

다양한 시비법의 발전과 절기에 맞춘 파종과 제초 등이 연작상경법의 성립을 가능하게 한 요인들이었다. 중국과 조선을 비교하여 유추하면 적어도 고려 시대에는 주곡을 중심으로 1년 1작은 확립되었다[161]고 평가된다. 비록 고려 전기의 경우는 상경법(常耕法)이 보편적으로 실시되었는지의 여부에 대한 판단을 유보하지만, 적어도 12세기 이후에는 상경법이 보편적으로 실시되고 있었던 것으로 생각할 수 있지 않을까 한다는 평가이다.[162] 12

---

159 大澤正昭, 위와 같은 논문, p 163.
160 사이짓기(間種法)는 동일 포장에서 앞 작물의 수확 전에 뒷 작물을 파종하여 동시 재배하는 것이다. 그루갈이(根耕法)는 앞 작물을 수확한 후 땅을 갈아 엎고, 같은 포장에 다음 작물을 파종하는 방법이다.
161 魏恩淑, 「高麗時代 農業技術과 生産力 研究」, 『國史館論叢』 第17輯 Ⅱ. 고려 전기의 농업기술, p 5.
162 李正浩, 「高麗後期의 農法」, 『國史館論叢』 第98輯 Ⅰ. 高麗後期 農法 발달의 내용.

세기 이후에 수리 시설의 확충, 토지 개간의 확대, 시비 기술 및 농기구의 개신 등 농업 기술의 발달로 토지 소유의 규모가 증대하고, 점성도(占城稻)와 같은 환경 적응력이 강한 볍씨나 선명도(蟬鳴稻)[163]와 같은 올벼의 도입도 확인되고 있다. 그리고 고려 후기에 수리 시설이 점차 확충되어 수경직파법(水耕直播法)[164]이 확대 보급되고 아울러 이앙법(移秧法)도 보급되기 시작한 것으로 여겨진다.[165]

중국에서는 당대(唐代)에 이두경과 일두경이 모두 사용되었고, 장원의 대토지 소유와 농민의 소토지 소유가 있고, 경영에서도 장객을 동원한 대경영도 있지만, 가족 노동을 주체로 하는 소농민 경영이 많았다. 중국에서 이미 당대에 소경영이 발전했고, 원대에 2년 3작이 소개되지 않았는데도 세종 초의『농사직설』에서 소개되고 소경영이 권장되었다.『농사직설』은 이미 시행되고 있던 2년 3모작을 소개하고 표준화하는 것이었고,『농사직설』의 소경영 방법은 고려 시대에 이미 성립한 소경영을 소개한 것으로 생각된다. 쟁기갈이도 보급되고 괭이나 호미 등의 개인 농기구도 조선조 이전에 이미 발달되어 있었다.

토지에 대한 전조의 징수와 관련한 기본 자료는 성종 11년(992)의 공전에 대한 수전·한전의 수조 규정이다. 다음의 〈표 4-3〉은 수전과 한전의 각각에 대한 상·중·하의 각 등급 별 수조량을 보여주는 것이다. 자료에는 수

---

163 得蟬鳴稻[早稻謂之蟬鳴稻](『東國李相國全集』卷14 古律詩).

164 고려시대에 수경직파법(水耕直播法)이 실시되고 있었음은 다음의 사료를 통해 유추해 볼 수 있다. 大雨 時南方大旱 行旅不得水 熊津渡淺 纔濡馬足 至是乃雨 民始播稻(『高麗史』卷54 五行志 2 五行三曰木 恭愍王 16年 5月 甲辰) 즉 공민왕 16년의 경우, 가뭄으로 농사를 짓지 못하다 5월에 비가 오자 비로소 도(稻)를 파종하고 있었는데, 여기서 벼의 파종은 수경법이었을 가능성이 있다(金容燮, 앞의 책, 1971, p.11). 한편 이와 달리 이 사료는 이앙법 단계의 것으로 해석되기도 한다(李宗峯, 앞의 논문, 1993, p.31).

165 李正浩, 위와 같은 논문.

조량만 표시되어 있지만, 공전조는 생산량의 1/4을 거두도록 하였으므로 생산량을 추정할 수 있고, 제시된 두 해의 평균치를 평균 생산량으로 표시하였다.

〈표 4-3〉 성종 11년(992)의 공전에 대한 결당 수조 규정

구분	수전			한전		
	수조량	생산량	평균 생산량	수조량	생산량	평균 생산량
상등	4석7두5승 2석11두2승5합5작	18석 11석	14.5석	2석3두7승5합 1석12두1승2합5작	9석 7석3두5승	8.12석
중등	3석7두5승 2석11두2승5합	14석 11석	12.5석	1석11두2승5합 1석10두6승2합5작	7석 6석12두5승	6.9석
하등	2석7승5두 1석11두2승5합	10석 7석	8.5석	1석3두7승5합 결(缺)	5석	

* 공전조(公田租)는 생산량의 1/4을 거둔다.
자료: 『고려사』 권78, 食貨1, 田制(租稅). 成宗 11년. 비고: 1석=15두.

공전의 수조 규정에서 우선 조세가 매년 징수되는 것으로 생각되어 해당 공전은 상경전인 것으로 생각된다. 세역전도 존재했지만 평전 및 산전의 불역전은 상경전이었다. 토지의 등급은 상·중·하로 표기되어 있는 바, 이것은 세역(歲易)에 따른 구분이라기 보다는 일정한 생산성 기준에 의해 동일한 면적의 토지에 등급을 평가한 동적이세(同積異稅)의 표현으로 생각된다.

〈표 4-3〉의 규정은 성종 11년, 즉 고려 초인 992년의 자료이므로, 1결의 면적은 절대 면적으로 산정되고, 토지에 비척에 차이가 있어서 결당 전조가 같을 수는 없었다. 따라서 상·중·하의 구분은 비척에 따른 구분으로 생각된다. 만약 상등이 불역전이고 하등이 3년 1작의 이역전이라면, 수조량의 비례적 차이가 있거나 3년에 1세이어야 하나 그렇게 표시되어 있지 않다.

한편 공전의 수조율이 1/4이었다는 것의 의미를 살펴볼 필요가 있다. 우

선 앞서 〈그림 4-1〉에서 보듯이, 국가의 공전에는 일반 민전과 왕실·관유전의 두 종류가 있고, 조에는 지대와 전세의 이중적 의미가 있다. 종래의 전조가 지대와 전세의 복합체였다면 지대가 전세와 분리되면서 종래의 국가에 대한 전조는 전세로 순화된다. 일반 농민의 소경(所耕) 민전에는 지대가 없고, 왕실·관유전은 전세가 없으며, 병작지에는 지대가 있다. 수조권이 세습화된 토지에서 병작 지주는 농민에게서 수확물의 1/10인 전조(=전세)가 아니라 병작 반수의 지대를 수취한다.

이렇게 볼 때 민전의 전조율이 1/10이라고 한다면, 공전 1/4의 수조율은 민전에 대한 수조율이 아니라 왕실·관유전의 지대율이라고 할 수 있다. 민전에 대한 국가의 수조율이 고려 초부터 1/10이었다는 기록은 여러 곳에서 발견된다. 조준의 상소에 의하면 태조는 즉위 직후 궁예(弓裔)의 수취가 너무 가혹했음을 개탄하고 '십일조법(什一租法)'에 따라 토지 1부에 3되의 벼를 거두도록 하였다고 한다.[166] 그리고 공민왕 11년에 밀직제학(密直提學) 백문모(白文寶)의 차자(箚子)에 의하면 "우리 나라의 전제는 한(漢)나라의 한전제(限田制)를 받아들여 10분의 1만을 과세했을 뿐이다"라고 밝히고 있다.[167]

그러나 민전의 수조율을 1/10로 기술하고 있는 조준의 상소는 신뢰하기 어렵다는 지적이 있다. 왜냐하면 십일조법에 따라 1부에서 벼 3되를 내도록 한 것은 토지 1결의 생산량을 벼 300두, 즉 벼 20석이라고 주장하는 것인데, 이는 〈표 4-3〉에서 수전과 한전을 평균한 하등전의 생산량이 7석 이하인 것과 모순된다. 이런 점에서 조준의 상소는 기만적인 정치적 수사에 불과했다고 하는 주장이다.[168]

---

166 "宜用什一, 以田一負, 出租三升" (『고려사』, 志 卷第三十二, 食貨 一, 전제, 녹과전).

167 "密直提學白文寶上箚子, 國田之制, 取法於漢之限田, 十分稅一耳" (『고려사』, 志 卷第三十二, 食貨 一, 전제, 조세).

이 문제를 검토하기 위해서는 먼저 1결의 면적이 고려 초와 후기에 달라졌다는 점을 고려해야 한다. 고려 초에 1결이 1,400~1,500평인데 비해 고려 말에는 1결의 절대 면적이 4,500평 이상으로 약 3배 이상 증가하였다. 따라서 〈표 4-3〉에서 하등전 1결의 평균 조 생산량이 7석이라면, 고려 말의 면적 기준으로는 1결에 20석 이상의 생산을 의미한다. 따라서 십일조법이 〈표 4-3〉의 토지 생산성과 모순되는 것은 아니다. 다시 말해, 조준이 상소 당시의 면적 기준으로 태조가 1부에 3승을 거두었다고 한다면 십일조법과 〈표 4-3〉의 토지 생산성 수준은 모순되지 않는다. 그리고 〈표 4-3〉의 수조량은 벼(租) 기준으로 결당 30두이고, 과전법(1391) 초에는 수조량이 1결당 조미(糙米) 30두였다.[169] 조미, 즉 현미는 벼의 50% 정도 밖에 얻어지지 않으므로, 동일한 면적의 토지 단위 당 벼 생산량이 고려조 기간에 2배 정도 상승한 것으로 볼 수 있다.

다만 조준이 언급한 1부의 면적이 몇 평을 기준으로 한 것인지, 불확실한 점이 전혀 없다고 말하기는 어렵다. 그러나 중국사에서 1/10세는 전통적인 것이고, 조선조도 1/10세를 표방한 것을 생각하면 고려조에 일반 민전의 전조율은 1/10이었다고 생각된다. 따라서 민전에서의 십일조 수취를 가공적·관념적인 것이었다고 돌려 버리기는 어렵다. 이처럼 민전(수지조로서의 공전)에서는 1/10의 수조가 행해졌으므로 1/4의 수취를 규정하고 있는 성종 11년의 판문에 나오는 공전은 민전 이외에 공전으로 불린 또 다른 공전, 즉 국·공유지로 볼 수밖에 없다[170]고 판단된다. 즉 공전 1/4세는 왕실·관유전의 지대율인 것이다.

---

168 강진철, 『高麗土地制度史研究』, 高麗大出版部, 1980. 이영훈, 같은 책, p 290.
169 "凡公私田租, 每水田一結, 糙米三十斗, 旱田一結, 雜穀三十斗, 此外有橫斂者, 以贓論". (『고려사』, 志 卷第三十二, 食貨 一, 전제, 녹과전).
170 金載名, 「1) 공전과 사전」, 『신편 한국사』 14 고려 전기의 경제 구조, Ⅰ. 전시과 체제, p 155.

고려의 토지제도를 검토할 때 기본적으로 문제가 되는 것은 관료에게 지급된 수조권의 내용이 조용조, 이 3세를 모두 포함하는 것인가의 문제이다. 수조지의 경작자가 군역에서 제외되고, 3세가 모두 면제된다면 국가의 입장에서는 노비와 양인의 구분이 불가능하게 된다. 따라서 수조지 경작 농민은 일반 전정의 농민과 마찬가지로 군역을 부담했을 것이고, 또한 경기 지역 농민도 족정이나 반정으로 편제되었을 것으로 판단된다.

다만 녹과전을 설치할 때 "이에 경기(京畿) 현(縣)의 양반조업전(兩班祖業田) 외의 반정(半丁)을 '파(罷)'하고 녹과전(祿科田)을 설치하여 과에 따라 나누어 지급했다"[171] 라는 규정을 어떻게 해석할 것인가의 문제가 있다. 여기서 '파(罷)'를 '마칠 파'로 읽을 때, 시대적 상황은 녹봉제를 폐지하고 녹과전을 지급하는 무렵이므로, '반정을 파(罷)하고'는 종래 반정이 전조를 내던 것을 '마치고', 관료에게 녹과전을 지급하여 수조하도록 한다는 의미로 해석된다. 원칙적으로 수조지는 '조(租)' 즉 전세의 수조권만을 사여한 것이고 경작자의 군역도 면제한 것이 아니므로, '반정을 파(罷)하고'를 경기도에는 반정을 없애고 전정을 두지 않는다는 의미로 해석하기는 어렵다.

그리고 공전의 전조율과 전시지의 수조율은 적어도 법적으로 동률이어야 한다고 생각된다. 공전의 전조율과 전시지의 전조율이 다르면, 수조지가 집중된 경기도 농민의 전조 부담률이 타 지역 농민보다 높다는 의미가 되어 합리적이지 않다. 따라서 고려조에 공전의 전조율이나 전시지의 전조율은 모두 1/10세이고, 다만 양빈의 개간지와 같은 조업선에서의 수조율, 즉 지대율은 1/2이었고, 왕실·관유전의 지대율은 1/4이었다고 본다.

한편 고려조에 공전의 수조가 벼를 기준으로 이루어졌지만 쌀이 일반인의 주식이 된 것으로 생각되지는 않고, 수전이 아닌 한전의 비중이 여전히

---

171 "於是, 罷畿縣兩班祖業田外半丁, 置祿科田, 隨科折給". (『고려사』 卷七十八, 志 卷第三十二 食貨 一, 전제).

컸다. 밭 작물의 대표적인 것은 조와 수수, 콩 등이었고, 특히 조는 주식 중의 하나였다. 송의 서긍은 "고려의 토지는 메조(黃粱), 옻기장(黑黍), 좁쌀(寒粟), 참깨(胡麻), 보리와 밀(二麥) 등을 재배하는 데에 알맞다. 쌀은 멥쌀이 있으나 찹쌀은 없고, 쌀알은 특히 크고(特大) 맛이 달다"[172]고 하였다.

고려 왕조가 수취하는 것은 전조에 그치지 않고 요역과 공물을 수취하였다. 전조는 곡물의 징수만이 아닌 운반을 필요로 하였고, 이 밖에 다양한 목적을 위한 노동의 동원이 이루어졌다. "인정을 징발하여 사역시킨 요역의 형태는 현물세의 공납과 관련된 공역(貢役), 축성이나 영건(營建)과 관련된 토목 공사의 공역(工役), 그 외 수역(輸役)을 비롯한 잡다한 노역"[173]이 징발되었다.

또한 광물을 비롯한 다양한 생산물이 현물로 징수되었다. 각 군현의 호에 대해 포(布), 사(絲), 소금, 꿀, 우피, 종이, 금, 은, 동 그리고 철 등이 부과되었다. 이들 품목 중 일부는 특별한 자연조건이나 기술을 필요로 하였고, 따라서 원래는 주로 소(所)의 전업적 생산자가 생산하던 것들이었다. 고려 후기에 소(所) 제도가 붕괴되면서 일부는 군현의 호에게 부담을 지우고, 또 일부는 시장에서 구매하는 변화가 있게 된다.

---

172 『선화봉사고려도경』 권23, 풍속(雜俗) 2, 농업(種蓻).
173 李貞熙, 「2. 수취제도의 변화」, 『신편 한국사』 19 고려 후기의 정치와 경제, Ⅱ. 경제 구조의 변화.

4. 농장의 확대와 수조지의 사유화

고려 후기는 수조권적 토지 소유자가 사적 지주화되어 가는 시기였고, 이를 개혁하는 명분이 조선 건국의 주요 계기 중 하나가 되었다. 고려조에 수조권은 원칙적으로 수조권자가 사망하면, 국가에 환수되도록 규정되었다. 따라서 전주라고도 불린 수조권자는 규정상 수조권의 세습이 불가능하여 소유권자였다고 볼 수 없었다. 비록 제한적이지만 처분에 대한 권리를 가진 경작권자인 농민이 하급 소유권자였다고 할 수 있고, 국가가 상급 소유권자였다고 할 수 있다. 중간적 존재인 양반 수조권자는 국가의 협력자이자 대리인으로서 '전주'라는 명분으로 일정 기간 상급 소유권자인 국가의 권한인 수조권을 대리 행사했다고 볼 수 있다.

그러나 고려 후기에 양반 수조권자는 여러 계기를 통해 중간적 지주권을 사유화하고자 하였고, 이것을 배타적 사적 소유권으로 발전시켜 나간다. 양반이 직접 경작자일 수는 없었지만, 양반이 노비를 통해 개간을 하고 경작을 하는 경우 국가가 그 토지의 사적 소유권을 제어하지 않았다. 더군다나 공식적으로 국가로부터 사패를 받아 개간을 하거나, 또는 기왕의 수조지를 사패를 받아 세습화하면 사실상 그 토지는 양반 관료의 사적 소유가 된다. 양반이 그 토지를 노비를 통해 자경할 수도 있지만, 병작을 주어도 사적 소유의 지위는 흔들리지 않는다. 나아가 양반이 국가의 병작 농민에 대한 다양한 역과 공물의 부과를 배제하게 되면 그 토지는 사실상 봉토와 유사한 사유지가 된다. 고려 말의 관료에 의해 사유화된 장처전(莊處田)은 그러한 토지이고, 처간은 양반에 의해 사민화된 농민을 가리킨다.

조선조의 사전 개혁은 그러한 사적 소유를 개혁하여 국가의 재정 기반을 확대하고, 농민을 다시 공민으로 회복하고자 한 것이다. 그러나 개혁론자들도 수조권의 지급을 개혁할 수는 있지만, 양반이 개간을 통해 취득해 조업전이라고 부르는 토지를 환수할 명분은 없었다. 공양왕 2년(1390) 경오년에 그 이전의 공사(公私)의 토지대장은 모두 불태워서 없애버렸다고 한다.[174] 이후 과전법을 시행하면서 "지금 이후 무릇 범칭사전이라 일컫는 것은 그 주인이 비록 범죄를 저지르더라도 몰수하여 공전으로 삼는 것은 허락하지 않는다"고 하였다.[175] '범칭사전(凡稱私田)'이라는 뜻은 수조권을 사여한 사전만이 아니라 개인의 사유전을 포함하는 것으로 해석된다. 이는 과전법 당시에 국가로부터 인정을 받은 수조전인 사전은 공전으로 환수하지 않고, 항상 다른 사람이 교체하여 받도록(遞受) 하는 것이다. 그러나 이외에 공신전과 함께 사전으로 인정된 조업전도 이전 보다 사유권이 강화되고 세습이 인정된 것으로 보인다. 나아가 세종조에 토지 매매가 허용되면 전면적인 사적 소유의 합법화가 이루어진다. 조선 건국의 유학자들은 고려 말의 전제 문란과 사전의 겸병을 혁파하고 토지에 대한 국가의 통제력을 높이고자 하였지만, 역사에서 제도적으로 토지의 사유화가 진전되는 것은 농업 생산력과 잉여의 증가를 반영하는 것이었다.

고려 후기에 양반이 토지 소유를 확대할 수 있었던 주된 방법은 개간이었다. 국가는 백성이 스스로 경작하는 경우에는 개간 및 점유권을 인정하여 간섭하지 않았으며, 따라서 노동력이 많은 경우 개간지를 넓게 확대할 수 있었다. 정도전(鄭道傳)에 의하면 고려의 토지제도에는 묘예전(苗裔田), 역분전(役分田), 공음전(功蔭田), 등과전(登科田)과 군전(軍田), 한인전(閑人田)을 두어 그 전조를 받아먹게 했는데, 백성이 경작하는 경우에는 자기가 개간하고 점유하는 것을 허락하여 관에서 관여하지 않았다. 그러므로 노동력이 많은 사람은 개간하는 땅이 넓고, 세력이 강한 사람은 점유하는 땅이 많았다고 하여, 소유의 집중에 따른 폐단이 속출하였음을 지적하였다.[176]

---

174 『고려사』, 志 卷第三十二, 食貨 一, 전제 녹과전.
175 "今後, 凡稱私田, 其主雖有罪犯, 不許沒爲公田". (『고려사』, 志 卷第三十二, 食貨 一, 전제 녹과전).
176 정도전, 「조선경국전」, 「부전」(賦典) 경리(經理)조.

고려 후기 농장의 확대는 그에 필요한 노동력 확보가 전제였다. 노비 노동이 기본이지만, 그 부족한 부분은 양인 노동으로 채울 수밖에 없었다. 따라서 농장의 확대 과정은 필연적으로 이른바 '압량위천(壓良爲賤)' 혹은 '인민위예(認民爲隸)' 형태로 나타나고 있었다.[177]

충렬왕 24년(1298) 교서에는, "근래에 양인을 억압하여 천민으로 만드는 자가 매우 많으니, 유사(有司)로 하여금 그 문계(文契)가 없는 자 및 가짜로 만든 자를 조사하여 죄를 주라"[178]고 하였다. 또한 충선왕 복위년(1308)에 "근자에는 간신들이 뜻을 얻어 나라의 근본을 뒤흔들고 기강이 훼손되었으며, 공사(公私)의 전민(田民)들을 모두 빼앗기게 되니 인민들이 먹고 살기 어렵고 나라의 창고는 비었으나 사문(私門)은 부가 넘쳐나니 내가 심히 애통스럽게 생각한다"고 하였다.[179] 그리고 우왕(禑王) 14년(1388)에 헌사(憲司)가 상소하기를, "주군(州郡)이 모두 이와 같고 또한 그 공호(貢戶)를 몰아 구종(驅從)이라고 이름한 것이 1,100인에 이르는데 공적(公籍)에 붙이지 않았으며, 사사로이 농장(農莊)을 설치하고 역(役)을 부과하여 부리는 것이 마치 노예와 같으니, 민을 해롭게 하고 나라를 병들게 한 것이 심하여 가히 애통합니다"고 하였다.[180] 이들 사료는 모두 농장 경영에서 '압량위천(壓良爲賤)'이 심각했음을 말해주고 있다.

농장주가 토지를 확대하는 방식에는 개간 외에도, 매입과 기진(寄進) 그리고 장리(長利) 등의 다양한 방식이 있었다. 그러나 매입과 기진 그리고 장리는 기본적으로는 불법적이었다. 힙법적인 방법은 개간 외에 사패를 받아 수조권, 즉 면조권을 세습화하는 것이었다. 고려조 후기는 수조권적 토

---

177 홍영의, 「高麗末 田制改革論의 기본방향과 그 性格」, 『國史館論叢』 第95輯, Ⅱ. 田制改革論의 擡頭 배경.
178 『고려사』 卷八十五, 志 卷第三十九, 刑法 二(노비).
179 『고려사』 卷三十三, 世家 卷第三十三, 忠宣王 復位年 11월
180 『고려사』 卷八十四, 志 卷第三十八, 刑法 一(직제).

지가 사적 소유지로 전환되는 과도기였다. 양반은 사패를 받아 수조지를 세습함으로써 사적 소유권을 강화하고자 하였고, 국가는 수조권이 개인에게 주어진 사전에 대해 과세를 강화해 갔지만, 아직 매매의 자유를 허용하지는 않았다. 조선조는 매매를 허용하는 대신 점차 수조권, 즉 면조권 사여는 중지하고, 전국토에 대한 예외 없는 과세권을 행사하게 된다.

고려 후기는 외침과 정변이 많은 시대여서 정치적 기여에 대한 대가나 권력자의 사익을 위하여 수조권을 사여받거나, 진황지의 개간을 명분으로 사패를 발급받는 사례가 많았다. 이로 인해 왕조 말기에는 숙계(叔季)가 되니 덕을 잃고 토지와 호구를 기록한 대장이 불명확해져 양민은 모두 거실(巨室)로 들어가고 전시과는 폐지해져 사전(私田)이 되었다. 권력이 있고 힘이 있는 자는 토지의 밭두둑(천맥 阡陌)이 이어져 산과 내로 표식을 삼았으며, 조(租)를 징수하는 것이 한 해에 두세 번에 이르렀다. 조종(祖宗)의 법은 모두 무너졌으며, 이에 따라 국가도 드디어 망하게 되었다.[181] 이를 시정하기 위해 여러 차례 전민변정도감을 설치해, 토지와 노비를 본래의 주인에게 돌려주고자 하였으나 전체적인 추세를 되돌리지는 못했다.

고려 후기 사전의 겸병이 많아진 데는 사패전이 남발된 것이 주요인의 하나였다. 원래 사패를 지급하는 목적은 유공자들에 대한 대우와 함께 한전(閑田) 개간을 유도하고자 했기 때문이다.[182] 한전은 본래 주인이 없는 토지를 의미하여 국가에게 한전 개간은 그 자체로는 유익한 것이다. 국가는 진전의 경우에도 개간을 장려하기 위해 개간자에게 전조 경감의 혜택을 주었다. 다만 개간자가 전주(田主)의 소유권을 침해하는 것은 허용치 않

---

181 "叔季失德, 版籍不明, 而良民盡入於巨室, 田柴之科廢而爲私田. 權有力者, 田連阡陌, 標以山川, 徵租一歲或至再三. 祖宗之法盡壞, 而國隨以亡". (『고려사』 卷七十八, 志 卷第三十二, 食貨 一)
182 "諸王·宰樞及扈從臣僚·諸宮院·寺社 望占閑田 國家 亦以務農重穀之意 賜牌" (『고려사』 卷七十八, 志 卷第三十二, 食貨 一, 전제).

았다.

광종 23년(973)의 조치에서는 진전의 개간인은 사전의 경우 첫 해에는 소출의 전부를 갖도록 하였으나, 2년째에는 전주와 반분하도록 하였고, 공전은 3년간 전부 수취하도록 하였으나 4년에는 법에 따라 수조를 하도록 하였다.[183] 또한 예종 6년(1111)에는 3년 이상된 진전을 개간할 경우 2년 동안은 수확의 전부를 개간자에게 주고 3년째부터 전주와 반분했다. 그리고 2년 진전은 1/4은 전주 그리고 3/4은 전호(佃戶)가 가지며, 1년 진전은 1/3은 전주 그리고 2/3는 전호가 가진다고 하였다.[184]

그러나 '세력 있고 교활한 무리들(호활지도 豪猾之徒)'이 '오래전부터 묵은 땅(원진전 遠陳田)'이라는 핑계를 대고, 산과 내로 표식을 하며 '거짓으로 사패를 받아(모수사패 冒受賜牌)' 자기의 소유로 만들어 공조(公租)를 납부하지 않으니, 논밭과 들판이 비록 개간되었다고 하더라도 국가의 수입은 해마다 줄어들었다.[185] '모수사패(冒受賜牌)'는 농장 확대와 국가 재정 악화의 요인이었음을 잘 보여주고 있다. 이는 왕실에 의한 토지 침탈과 국가 기강의 이완,[186] 그리고 지방 행정의 문란과 깊은 관련이 있는 것이었다. 이외에 재정 악화를 가져온 요인에는 전통적으로 중앙이 지방 행정을

---

183 "光宗二十四年(973)十二月 判, 陳田墾耕人, 私田, 則初年, 所收全給, 二年, 始與田主分半, 公田, 限三年全給, 四年, 始依法收租"(『고려사』卷七十八, 志 卷第三十二, 食貨 一, 전세)
184 예종 "六年(1111) 八月 判, 三年以上陳田, 墾耕所收, 兩年, 全給佃戶, 第三年, 則與田主分半, 二年陳田, 四分爲率, 一分田主, 三分佃戶, 一年陳田, 三分爲率, 一分田主, 二分佃戶"(『고려사』卷七十八, 志 卷第三十二, 食貨 一, 전제, 조세).
185 "邇來 豪猾之徒 托稱遠陳 標以山川 冒受賜牌 爲己之有 不納公租 田野雖闢 國貢歲減"(『고려사』卷七十八, 志 卷第三十二, 食貨 一, 전제, 경리).
186 충렬왕의 정비 원성 공주를 따라온 사속인 겁령구(怯怜口)나 내료(內僚) 등이 비옥한 토지를 많이 차지하여 산과 강으로 경계를 삼고, 사패(賜牌)를 많이 받아서 조세(租稅)를 내지 않는 것을 혁파하도록 건의하였으나 왕이 허락하지 않았다. (『고려사』권28, 충렬왕 3년 2월).

강력하게 통제하지 못한[187] 것과 군현의 체납, 왜구의 노략질도 포함되었다.

사패전(賜牌田)은 세습적 공훈전 또는 사패를 받아 개간한 토지에 수조권이 사여된 토지라 할 수 있다. 사패전은 합법적인 것이지만, 사패를 사칭하여 내용상 불법적인 탈점을 행하는 경우가 많았다. 충렬왕 11년(1285)에 왕이 이르기를 "사패를 빙자하여, '주인이 있어 토지대장에 수록되어 있는 토지(유주부적지전 有主付籍之田)'도 모두 빼앗아 그 폐해가 적지 않으니, 사람을 골라 파견하여 끝까지 조사하고 판별할 것이다. 무릇 사패를 받은 토지라도, 경작 여부를 묻지 말고 본래 주인이 있으면 모두 되돌려주도록 하라. 또한 본래 비록 한전이었어도 백성들이 이미 개간한 것이면 탈점을 금지하도록 하라"[188]고 하였다.

불법적인 소경전에 대한 탈점은 토지의 탈점에만 그치지 않고, 양민을 탈점하는 압량위천(壓良爲賤)으로도 이어지고 있었다. 명종(明宗) 18년(1188) 3월에 제서(制書)를 내리기를, "각지의 부강한 양반(兩班)들이 빈약한 백성들이 빚을 갚지 못하자, 고래의 정전(丁田)을 강제로 빼앗으니, 이로 인해 생업을 잃고 더욱 가난해지고 있다"고 하였다.[189] 또한 충목왕 원년(1345) 정리도감(整理都監)의 장계에는 "환관(宦官)의 족속과 권세가들이 비옥한 전지에 다투어 농장을 설치하고, 간리(奸吏)들이 연고를 이용하여 타인의 토지를 탈점하고 우마를 빼앗으며, 장리(長利)라는 이름으로 평민에게 빌려주고, 또한 숙채(宿債)를 구실로 양인을 협박하여 노비로 삼아 부리는"[190] 횡포가 지적되고 있다.

---

187 John B, Duncan(김범 역), 『조선 왕조의 기원』, 너머북스, 2013, p 267.
188 『고려사』 卷七十八, 志 卷第三十二, 食貨 一, 전제(경리).
189 明宗十八年三月 下制, "各處富强兩班, 以貧弱百姓, 賒貸未還, 劫奪古來丁田, 因此, 失業益貧. 勿使富戶, 兼幷侵割, 其丁田, 各還本主." (『고려사』 卷七十九, 志 卷第三十三, 食貨 二).
190 『고려사』 卷八十五, 志 卷第三十九, 刑法 二, 금령(편년 금령).

국가에서도 토지 겸병이 민생을 힘들게 하고 국가 재정을 해치는 것을 알고 이의 시정을 추진했다. 공민왕은 즉위 2년(1353) 11월에 전민별감(田民別監)을 양광도, 전라도와 경상도에 나누어 파견하여 의성창, 덕천창과 유비창의 토지 및 여러 사급전(賜給田)의 표지 안에서 함부로 차지하고 있던 공전이나 사전을 추쇄하여 모두 본래 주인에게 돌려주게 하였다."[191] 그리고 우왕(禑王) 14년(1388) 6월 창왕(昌王)이 교서를 내려 요물고(料物庫)에 소속된 360곳의 장(莊)과 처(處)의 토지 중에서 선대에 사원(寺院)에 시납한 것은 모두 요물고에 반환하게 하여 재정 확충을 꾀하기도 하였다.[192]

그러나 토지 겸병의 추세는 되돌릴 수 없었다. 1388년 조준의 상소에 의하면, "근년에 이르러 겸병이 더욱 심해져서 간흉(奸凶)한 무리들이 주(州)를 넘고 군(郡)을 포괄하며 산천을 표지로 삼아 모두 조업전(祖業田)이라고 가리키면서 서로 밀치고 빼앗으니, 한 이랑의 주인이 5~6명을 넘고 1년의 조(租)가 8~9차례에 이릅니다. 위로는 어분전(御分田)에서 종실(宗室), 공신(功臣)과 문무 관료의 토지에 이르기까지, 그리고 외역(外役), 진(津), 역(驛), 원(院)과 관(館)의 토지까지 겸병하기에 이르렀으며, 무릇 사람들이 누대로 심은 뽕나무와 지은 집까지 모두 빼앗아 소유했으므로, 슬프게도 죄 없는 우리 민은 유리(流離)하여 사방으로 흩어져 구렁텅이에 빠지게 되었습니다"라고 하였다.[193]

한편 조업전이라 칭하는 농장을 경영하는 방식의 원형은 직접 노비를 사역하여 자경하는 것이었다. 조업전은 마치 부병의 자경지처럼 사실상 세습이 인정된 사적 소유지였다. 구체적 경작 방법은 노비가 경작한 생산물을 모두 주인이 수취하고, 노비의 생계를 별도로 지급하는 방법도 일부 있었지만, 다른 방법은 작개제(作改制)를 사용하는 것이었다. 이외에 부분적

---

191 『고려사』 卷七十八, 志 卷第三十二, 食貨 一, 전제(경리).
192 『고려사』 卷七十八, 志 卷第三十二, 食貨 一, 전제(녹과전).
193 『고려사』 卷七十八, 志 卷第三十二, 食貨 一, 전제(녹과전).

으로 단기적 품팔이인 용작인(傭作人)을 사용하는 경우도 있었다.

작개제는 경작지를 나누어 일부는 직영지로서 노비가 경작한 수확물을 전부 주인이 차지하는 반면에, 일부의 토지는 노비에게 사경지(私耕地)로 주어 그 수확물로 노비의 생계를 유지하도록 하는 것이다. 다른 방법은 병작제(竝作制)로 양반이 수조지의 전주로서 전호가 경작한 수확물의 일부를 조로 수취하는 것이다. 고려조의 기록들 중에 사전의 수조율이 1/2이라고 하는 것은 이미 수조지의 상당수가 병작지화 된 것을 의미한다. 물론 여전히 수조지의 큰 부분은 민전으로 수조율은 민전의 전조율에 규제되었겠지만, 사패지의 경우는 병작제가 시행되어 고율 소작료가 수취되었다.

그런데 일부의 경우는 양반이 일반 민전을 탈점했을 뿐만 아니라 양인 농민을 예속 노동으로 사민화하여 농장을 경영했다. 이들 농장의 농민을 흔히 처간이라 하였다. 처간이란 다른 사람의 밭을 경작하여 주인에게는 조(租)를 주고 관청에는 용(庸)과 조(調)를 바치는 자들로 바로 전호(佃戶)를 말한다. 당시에 권세가들이 백성들을 많이 끌어 모아 처간이라고 이름 붙이고는 3세(3稅: 조·용·조)를 포탈(逋脫)해서 그 폐단이 특히 심했다."[194]

『고려사』에는 처간(處干)은 전호이지만 권세가들이 3세를 모두 포탈했다고 한다. 이는 민전을 탈점하여 국가로부터 토지에 대한 면세권을 받고, 처간은 소작인과 같은 전호이지만, 권세가가 사실상 농민을 노비화하여 군역과 공물도 불납하고, 사민화한 정황을 말하는 것이다. 이에 호구를 조사하고, 상하(上下)를 불문하고 모두 처간을 없애고 부역(賦役)을 부과해야 한다고 하였다.[195] 3세를 내지 않는 전호인 처간은 그 사회 경제적 지위가 농민이지만 사민화된 사실상의 노비와 다를 바가 없는 것이었다. 조선조 노비의 증가는 사민화된 처간에 그 뿌리가 있었다고 생각된다. 팔레(J.B.Palais)

---

194 『고려사』 卷二十八, 世家 卷第二十八, 忠烈王 4年 7月.
195 위와 같음.

는 고려 말에 이미 인구의 1/3에 달하는 사노비가 거의 전적으로 그들의 사적 주인들의 통제 아래 있었다고 하지만,[196] 법제적인 세습 노비의 비율이 그렇게 높을 수는 없었다.

대토지 소유자 중에 노비를 소유하여 자경, 작개하거나 권력을 이용해 양인 농민을 처간으로 사민화하여 농장을 경영하는 경우와 함께 토지를 소작 주고 병작 반수제의 농장 경영을 하는 사례가 적지 않았다. 다수의 노비나 처간을 사역하는 경우에도 한국사에서 전주가 대규모의 직영지 경영을 하고 예속 노동의 생계를 주인이 책임지는 농업 경영 방식은 드물었다. 작개제도 내용상으로는 사실상 전주가 기생 지주로서 병작에 의존하는 성격이었다.

고려 후기의 병작제에 관한 기록으로는 "가난한 사람은 부자의 토지를 차경하여 일년내내 부지런히 고생해도 식량은 오히려 부족했고, 부자는 편히 앉아서 손수 농사를 짓지 않고 용전인(傭田人)을 부려도 그 소출의 태반을 먹었다"[197]고 한다. 고려의 토지제도에 사유지인 조업전의 병작을 금지하는 규정은 없다. 그러나 양인 농민은 부병으로 전정에 결합되어 있고, 다른 호에 대한 토지 매매는 금지되었다. 따라서 매매, 기진, 장리 등에 의해 토지 소유를 확대하는 것은 원칙적으로 불법이었음에도 불구하고 토지 소유의 집중이 진행되어 병작을 하는 사례가 적지 않았다. 비록 15세기 중엽의 기록이지만 이미 백성의 10분의 3이 토지가 없고, 토지 소유자가 경작할 수 없으면 주변의 족친에게 병작하는 것이 흔한 일이 된 것은 오랜 농민 분화의 집적의 결과라고 볼 수 있다.[198] 그러나 병작제가 보다 보편화

---

196 James B. Palais, *Confucian Statecraft and Korean Institutions-Yu Hyŏngwŏn and the Late Chosŏn Dynasty*-, University of Washington Press, 1996, p 26.

197 鄭道傳, 『朝鮮經國典』, 治典經理.

198 "臣竊以爲我國壤地褊小, 無田之民, 幾乎十分之三, 有田者有故而不能耕種, 則隣里族親竝耕而分, 乃民間常事也" (『세조실록』, 세조 4년(1458) 1월 17일).

되기 위해서는 사전의 세습화 및 토지 매매의 자유와 농민층 분화 등이 용인되고, 또한 토지 생산성이 높아지는, 소농 경영의 자립화가 진전되는 등의 조건이 필요했고, 이는 조선조 16세기 이후에 가능하게 되었다.

고려 후기에 보이는 노비 노동에 의한 농장 경영 형태는 송대 이후의 중국에서는 드물었다. 중국은 송대 이후 지주제의 발전과 함께 양천제가 약화되고, 노비의 세습제는 해체되었다. 이와 달리 고려에서의 노비의 증가 현상은 원의 간섭기에 정치적 문제가 되어 원나라 조정에서 노비 혁파 문제를 제기했다. 정동행성평장(征東行省平章)으로 고려에 온 활리길사(闊里吉思, 고르기스)는 노비로서 그 부모 가운데 한쪽이 양인(良人)인 자는 양인이 되는 것을 허락하려고 했다.[199] 그러나 고려 측에서는 고려 태조의 유훈임을 내세워 국왕은 물론이요, 신하들도 본국의 '구속(舊俗)'임을 내세워 전 지배 계급이 일치하여 노비 혁파를 반대했다.[200]

고려 후기 사적 대토지 소유의 증대는 국가 재정을 좀 먹고, 토지 없는 농민을 양산하여 사회 불안의 원인이 되어, 이를 개혁하는 것이 정치개혁의 중요 과제가 되었다. 이성계를 중심으로 하는 정도전, 조준 등 신흥 정치 세력은 전제개혁을 중심으로 정치적 동력을 결집하고 민심을 모으며 반대 세력에 대한 공격점을 분명히 하였다. 고려에서 원칙적으로 사전의 세습화나 대농장의 병작 지화는 토지제도의 이념과 맞지 않고, 양인 농민의 사민화는 불법적인 것이었으므로 신흥 정치 세력은 뚜렷한 명분상의 우위를 차지하였다.

당시 전제개혁론자들은 가산화한 사전이 폐단의 원인임을 공통적으로 인식하고 있었고, 이 때문에 농민들은 항산을 잃고 몰락 유망(流亡)했다고

---

199 『고려사』, 列傳 卷第二十一, 諸臣(김지숙).
200 위은숙, 「1. 농장의 성립과 그 구조」, 『신편 한국사』 19 고려 후기의 정치와 경제, Ⅱ. 경제 구조의 변화.

생각했다. 이에 대한 대처는 결국 조종지법(祖宗之法)인 1/10의 준수와 일전일주제(一田一主制)의 확립으로 나타났다.[201] 대표적 사전개혁론자인 정도전(鄭道傳), 조준(趙浚) 등은 "사전 폐해는 수조지가 사적으로 세전(世傳)되어 조업전화(祖業田化)함으로서 조종(祖宗)의 수전수전(授田收田)하는 법이 무너진 데서 기인했다는 입장에서 사사로이 받아 겸병한 사전을 혁파하고 수조지를 재분배할 것을 주장했다."[202] 그러나 전제개혁론자들의 주장은 사전 자체의 폐지는 아니었고, 과대한 토지 겸병에 대한 개혁으로 나아갔지만, 계구수전(計口授田)의 실현 혹은 경작권의 보호로 나아가지는 못했다.

정도전에 의하면 이성계는 잠저에 있을 때, 경내(境內)의 토지를 모두 몰수해 국가에 귀속시키고서 계민수전(計民授田)하는 옛날의 토지제도를 회복시키려고 하였다"[203]고 한다. 정도전은 그것이 구가세족들의 방해로 실현되지 못했다고 하지만, 결과적으로 과전법에 실현된 토지제도는 양반의 사적 소유를 강화하는 것이었다. 과전법은 정치적 변화를 통해 고려조 귀족층의 사전은 일부 혁파했지만, 새롭게 등장한 양반 관료의 사전은 공전으로 삼는 것을 허락치 않는다고 하여 수조권을 사급한 사전의 총량을 유지하고, 세습적인 사적 소유권을 제도적으로 강화하는 규정을 담고 있었다. 따라서 전제개혁은 단순하게 중앙 집권의 국가적 통제를 강화하는 것보다는 고려조 이래로 성장하는 양반 관료의 사적 소유권을 보호하고, 유교적 양반 사회를 지향하는 개혁으로 귀결되었다.

사전(私田) 개혁파들은 정치적으로 승리하여 역성혁명으로 고려 왕조를 폐하고 조선을 건국했다. 그리고 고려조의 가산화된 사전을 혁파하고 부분

---

201 홍영의, 「高麗末 田制改革論의 기본방향과 그 性格」 II. 田制改革論의 擡頭 배경, 『國史館論叢』 第95輯, p 215.
202 홍영의, 위와 같은 논문, p 216.
203 정도전, 「조선경국전」, 「부전」(賦典) 경리(經理)조.

적으로 토지를 국가로 환수하는데 성공했다. 그러나 합법적인 모든 조업전을 폐지할 수는 없었고, 또한 신흥 사대부들은 새로운 과전이나 공신전을 받아서 세습을 시도하고, 혹은 개간이나 매입을 통해 소유 전답을 확대하였다. 조선의 토지제도는 건국 초에 사전을 개혁하고 민생 안정을 의도했으나 결과적으로 사전의 세습과 토지 매매의 허용으로 고려 후기의 사전 확대 과정을 반복했다. 조선조 사전주(私田主)는 국가로부터 매매, 증여, 상속을 포함한 온전한 처분권을 인정받았을 뿐만 아니라, 국가에 의한 경작권 보호의 부재로 하급 소유권이 별도로 성립하지 않아, 중간적 지주권이 배타적인 소유권으로 성장하게 되었다.

제3절 교역과 화폐

1. 수공업

고려조 토지제도가 어느 시기보다 국가적 통제가 강했던 것과 마찬가지로 수공업 생산에서도 공동체적 규제가 강했다. 고려조 수공업 생산의 두드러진 특징은 '소(所)'라고 부르는 특수한 지방의 하급 행정 구역에서 국가의 각종 필요 물자를 생산, 공급하는 것이었다. 고려조의 '소' 수공업은 관청 수공업 및 민간 수공업과 함께 수공업에서 중요한 부분을 차지했고, 소(所)의 주민들이 특정 생산물 생산에 특화하여 생산품의 질도 우수했다.

『신증동국여지승람(新增東國輿地勝覽)』에 의하면 "이제 살펴 보건대, 신라가 주군(州郡)을 설치할 때 그 전정(田丁)이나 호구(戶口)가 현(縣)에 미달하는 곳은 혹 향(鄕)을 두기도 하고 부곡(部曲)을 두기도 하여 소재읍(所在邑)에 소속시켰다. 고려 때에는 또한 소(所)라고 칭하는 것이 있었다. 금소, 은소, 동소, 철소, 사소(絲所), 주소(紬所), 지소(紙所), 와소(瓦所), 탄소(炭所), 염소(鹽所), 묵소(墨所), 곽소(藿所), 자기소(瓷器所), 어량소(魚梁所), 강소(薑所) 등의 구별이 있어 각기 그 물건을 바쳤다. 또한 처(處)라 칭하는 것과 장(莊)으로 칭하는 것이 있었는데 각각 관전(官殿)과 사원 및 내장택(內莊宅)에 나뉘어 소속하여 그 세를 바쳤다. 위의 제소(諸所)에는 모두 토성이민(土姓吏民)이 있었다"고 한다.[204]

'소' 수공업은 특히 광산물 등의 특산물 생산지에서 주민의 부역 노동을 이용하여 생산하는 제도로 광업, 염업, 농업, 해산물과 기타 수공업 등의

---

[204] 『新增東國輿地勝覽』 권7, 驪州牧 古跡 登神莊條.

다양한 소 생산지가 있었다. 그러나 12세기 이후 국가의 과중한 수탈과 권세가의 탈점으로 소민(所民)이 유망하여 소제도는 붕괴되고 15세기 초 조선조에는 완전히 해체되어 군현에 통합되었다. 이 과정에서 고려 후기 수공업 체제에서 생긴 중요한 변화의 하나는 소의 해체에 따른 소(所) 수공업의 붕괴 현상이다. 이는 중앙 관청의 통제를 받던 소가 후기에 들면서 권력 기관이나 권세가들에게 예속되어 부역을 면제받는 지역으로 전환되어 갔기 때문이다.205 소금의 경우에는 염소가 해체되면서 염호를 지정하여 역시 부역 노동으로 소금을 생산하고 국가가 그 이익을 독점하고자 하였다.

국가는 또한 중앙과 지방에 관영 작업장을 설치하고, '공장안(百工案牘)'에 등록된 공장(工匠)을 동원하여 왕실·관청의 수요품, 군수품, 조공품 등 필요 물자를 생산했다. 관리 체제의 최고 담당기관은 공부(工部, 工曹)였고, 중앙 관청 수공업은 직능에 따라 선공시(繕工寺), 군기시(軍器寺) 등 14개 부서로 분화되어 있었다. 공장은 취업 기간과 기술 수준에 따라 지유승지, 지유부승지, 지유행수, 지유, 행수교위, 행수부위, 행수대장, 행수부장 등 다양한 칭호를 가지고 있었다. 일반 공장은 이들의 지휘를 받고 있었다.206

한편 고려조에는 민간에 독립적인 수공업 생산자가 존재했고, 이들은 민간의 상품 화폐 경제에 기반하여 유지되고 있었다. 소(小) 수공업의 해체로 생산자들이 민간 수공업자로 변신했고, 이에는 13세기 말 공물 대납제의 출현으로 상품 경제가 발전한 것이 도움이 되었다. 지방에는 유기, 야철, 도기 등 전업적 생산이 필요한 분야에서 민간 수공업자가 성장하였다. 그러나 보다 보편적인 민간 수공업은 가내 수공업이었다. 가내 수공업은

205 金炫榮, 「고려시기의 所에 대한 재검토」, 『韓國史論』15, 서울大, 1986, pp 118-119.
206 김동철, 「4. 수공업과 염업」 1)수공업, 『신편 한국사』 19 고려 후기의 정치와 경제. 참조.

자가 수요나 공물 납부용 생산을 담당했고, 베·모시·비단을 짜는 직조업과 대자리, 종이 수공업 등이 발달했다.

전통 수공업의 중심이 될 수밖에 없는 직물업 분야에서 견직물은 가장 고가품이다. 견직물은 세부적으로 견(絹), 주(紬), 초(綃), 기(綺), 능(綾), 라(羅), 직금(織金), 금(錦) 등으로 구분되었다. 견직물은 왕복과 백관복 등의 용도로 많이 사용되었고, 외교적인 조공이나 회사물, 신하에 대한 하사품 등의 용도로 사용되기도 하였다. 왕족의 의류를 제조, 조달하는 정부 기관으로 장복서가 존재했다. 직물 중 전통적 특산품에 속하는 것은 모시였다. 신라에도 저포는 특산품이었지만, 고려의 저포 중에서도 가늘기가 매미 날개 같고 화문(花紋)이 섞인 화문저포(花文苧布)가 유명했다.

고려 후기에 민간 수공업이 발달함에 따라 전업적 수공업자들이 늘어나고 명산지가 형성되었다. 직조업은 청주의 설면(雪綿), 안동의 명주실, 경산(京山)의 황마포, 해양(海陽)의 황저포, 평양과 경주의 견직업 등이 유명했다. 제지업은 전주의 명표지(名表紙)가 유명했으며, 안동은 돗자리 수공업, 양산은 참대 가공업으로 이름이 나 있었다. 민간 수공업은 직조, 돗자리, 제지와 참대 가공 등 다양한 분야에서 지역적으로 발달하고 있었으며, 이러한 지역적 분업의 성립은 지방 상업을 발전시키는 촉매 역할을 하였다.[207]

한편 고려 말 1364년에 문익점에 의해 목면이 도입되고, 경상도 지역을 중심으로 재배되기 시작하여 타지역으로도 점차 보급되었다. 그러나 일반 민중의 의류로 자리잡기 시작하는 것은 조선조이고, 세종 15세기 중반부터 부세는 마포 대신에 정포(正布)·상포(常布)가 중심적 징수 대상이 되었다.

고려조에는 조선조와 달리 사원이 독특한 수공업 생산의 한 담당자가 되어 있었다. 사원은 면조의 특권을 받은 대지주로서 수조권을 행사했고,

---

207 김동철, 「4. 수공업과 염업」 1) 수공업, 『신편 한국사』 19 고려 후기의 정치와 경제, p 359.

제4장 고려 시대의 가산 신분 관료제 391

시주를 받아 대금업을 하기도 하고, 자체적인 생산물을 판매하기도 하였다. 사원의 경제 활동에는 직포, 제와, 제염, 양조업 등의 수공업 생산이 포함되었다. 특히 건축용 기와의 생산 기술이 우수하였다. 또한 사원은 자체의 염분을 가지고 소금을 생산하였고, 충선왕 원년(1309)에 소금 전매제를 실시할 때, 사원의 염분도 개혁 대상이 되었다. 그러나 고려 말까지 사원의 경제 활동은 지속되었고, 토지 소유는 방대하여 유가들에 의해 지탄 대상이 되었다.

2. 상업과 교역

경제생활의 영위에 생산과 함께 유통은 필수적인 것이다. 한국 전통 사회에서 고려조는 상대적으로 대외 교역과 함께 국내 상업도 활발한 시기였다. 국내 상업의 중심은 역시 수도인 개성이고, 지방에도 행정 도시를 중심으로 혹은 주요 포구에서 상업이 발전하였다.

태조는 즉위 2년(919)에, 궁궐을 지어 3성(三省)과 6상서관(六尙書官), 9시(九寺)를 두었다. 시전(市廛)을 세우고 방리(坊里)를 구분했으며, 5부(五部)를 나누고 6위(六衛)를 두었다.[208] 당시 개성 시전의 규모를 알 수 없으나, 희종 4년(1208) 가을(秋) 7월 정미일에 큰 저자거리를 고쳐지었다. 왼쪽과 오른쪽의 장랑(長廊)은 광화문(廣化門)에서부터 십자가(十字街)까지 무릇 1,008영(楹)이었다[209]고 한다. 1,008영은 1,008칸이라는 의미이다. 이후에도 시전의 규모는 증개축으로 커져갔다.

강화로의 천도를 논의한 1232년 무렵의 개성의 인구가 10만 호라는 기

---

208 『고려사』 卷一, 世家 卷第一, 太祖 2年 1월.
209 『고려사』 卷二十一, 世家 卷第二十一, 熙宗 4年 7월.

록이 있다.[210] 이는 개성이 인구 약 50만 명이 밀집한 대도시라는 의미다. 개성에는 왕실은 물론이고 상대적으로 지배층에 속하는 관료나 군인 그리고 그들과 연관된 사람들이 많이 거주했다. 밀집된 인구의 소비 수요는 큰 부분이 재정 및 수조 수입에 의해 그리고 일부는 시장에서 공급되었지만, 이 과정에서 다양한 상품의 거래를 가져왔다. 정부는 상설 점포인 시전의 관리를 위해 경시서(京市署)라는 관제를 설치하고, 쌀의 매매와 가격 등 경시의 공정한 가격 시행과 물가 관리를 담당하도록 하였다.

고려조는 한국 전통 사회에서 조선 후기의 상평통보 발행 이전까지는 어느 때보다 다양한 동전과 은 화폐를 발행하고 화폐 사용의 의욕을 보인 시대였다. 또한 원에 복속된 시기에는 팍스 몽골리카(Pax Mongolica)에 편입되어 세계와 연결되었고, 원의 지배층이나 고려의 왕실 및 지배층도 일부 대외 상업 활동에 참여했다. 대외 거래의 수단은 은과 원의 지폐였다. 그러나 일반 시장의 상거래에서 여전히 화폐 사용의 빈도는 낮았고, 미곡이나 포 등의 현물이 거래의 매개 수단으로 사용되었다.

상업 발달과 함께 고려조 중엽부터는 공물 대납이 나타나고, 원나라의 간섭 시기 이후에는 상당히 일반화되었다. 공물 대납업의 발달로 관청 관리, 모리지도(謀利之徒), 화식지도(貨殖之徒), 군인주경자(郡人住京者-京主人) 등이 대납업자로 등장했다. 그리고 사원, 관청, 권세가 등이 참여하기도 했다.[211] 시전은 특권 상인으로서 일정한 국역 부담을 지지만 정부 필요 물자를 조달하고, 제한된 상설 점포를 운영하는 혜택을 누렸다.

한편 개경을 포함해, 지방에는 장시가 발달하였고 일부 교통 요지인 포구에도 상업이 발달하였다. 개성은 대도시이고 예성강 하구의 벽란도는 운

---

210 "時昇平既久, 京都戸至十萬"(『고려사』 卷一百二, 列傳 卷第十五, 諸臣 유승단).

211 김동철, 「5. 상업과 화폐」 1) 국내 상업, 『신편 한국사』 19 고려 후기의 정치와 경제, p 385.

송의 요지여서 장시와 상업이 발달하였다. 그리고 지방의 행정 중심지로서 인구 밀집 지역에 장시가 발전하였다. 남해와 서해의 주요 항구나 대동강, 예성강, 임진강 그리고 한강, 금강, 낙동강 등의 주요 포구에는 부세 및 상품의 운송과 관련해 선상의 활동이 활발하였다. 고려에는 세곡의 운반과 관련하여 주요 해안이나 강가에 13개소의 조창을 설치하고, 육상 운송을 위해 도로망을 갖추었으며, 주요 도로에 525개소의 역을 설치했다. 또한 육상 교통의 요충지에는 역과 함께 숙박 시설인 원이 설치되어 상인들의 왕래가 많고, 상업이 발전하였다.

한편 고려는 대외 관계에서 육로와 해로가 모두 열려 있었다. 육로가 거란 또는 금나라, 그리고 원과 연결되어 있었고, 해로(海路)는 주로 남송과 일본 그리고 동남아와 연결되어 있었다. 육로가 사신 왕래를 중심으로 하는 보다 공적인 무역로라면 해로는 보다 상업적인 무역이었다. 한편 국내에는 개성과 지방 행정 중심지나 포구에 상업이 상대적으로 발달하였다. 그러나 수공업의 중심이 행정적으로 조직된 수공업이어서 순수한 민간 상업의 발전에는 한계가 있었다. 그러나 제약에도 불구하고 고려 시대에는 상업에 대한 시선이 상대적이지만 호의적이었고, 왕실이 직접 무역에 관여하는 등 비교적 자유로운 분위기가 유지되었는데, 이는 불교의 영향이 있었다고 본다.

고려는 외교적으로 거란이나 금에 복속된 시절 그들 국가와 조공 무역을 하였지만, 그들은 문화 수준이 높지 못했고 그들의 생산물에 특별한 관심을 가질 수는 없었다. 따라서 교역의 주된 관심은 남송이었고, 남송을 통해 중국 및 동남아 생산물을 교환하고자 하였다. 그러나 남송이 몽골에 의해 멸망하고 원이 성립된 뒤에는 해로를 통한 중국과의 교역이 거의 사라졌다. 해로는 주로 일본 정벌과 관련된 군사적 필요에서 이용되었고, 민간 상인의 교류는 남송 시대에 비해 제한적이었다. 원과의 교역은 조공 무역이든 호시(互市)이든 육로를 통한 교역이 중심이었다. 그러나 원과의 교역은 호혜적인 것이라기 보다는 원에 의한 일방적인 고려의 수탈이 중심이고, 민간 상인의 상업적 관심은 적었다.

고려는 북송 시대부터 중국과 밀접한 교류를 가졌지만, 거란이 993년 침입하면서 육로를 통한 송과의 교류는 중단되었고, 거란이 조공 무역의 대상이 되었다. 그러나 거란과의 조공 무역의 금액은 크지 않았고, 거란과의 호시도 없었다. 거란은 고려가 해상을 통하여 지속적으로 송과 교류하고 조공을 소홀히 하는 것에 불만이었다. 거란에 의한 세 차례 고려 침공이 실패로 끝난 후, 고려와 요는 국교를 회복하고 교역하였다. 고려의 조공품은 금기 등의 금제품, 여러 종류의 명주 제품, 포(布), 동기(銅器), 법청주초(法淸酒醋), 뇌원차(腦元茶), 등나무 공예품, 세지묵(細紙墨) 등이었다. 이에 대한 거란측 회사품은 요대(腰帶), 세의(細衣), 말, 활과 화살 등의 무기, 여러 종류의 비단, 양, 술과 과자 등이었다.[212]

한편 여진은 송에 조공해 왔지만 12세기에 강성해지고, 금을 건국했다. 금은 북중국에서 거란을 구축하고 북송도 멸하였으며, 고려는 금에 조공하기에 이르렀다. 고려가 금에 보낸 것은 금, 은, 동, 가는 모시, 굵은 베와 그리 품질이 높지 않은 비단인 견주(絹紬) 또는 견사(絹絲), 뇌원차(腦元茶), 용단묵, 인삼, 종이 등이었다. 금이 보낸 하사품으로는 구류관, 구장복, 옥규, 금인, 옥책과 수레 등 의물과 별도의 예물로 그릇과 몇 마리의 말을 보내왔다. 공식적인 무역 외에 고려 상인이 금에서 수입한 물품은 금사(金絲-織金線)나 위구르 등 서역의 외국 상인이 가져온 모전(毛氈), 흰솜(두라면: 兜羅綿), 금직(錦織), 주사(注絲), 숙능(熟綾) 및 금·은기(銀器) 등의 고급 기명이었다.[213]

212 朴漢男, 「3. 북방민족과의 관계」, 『신편 한국사』 15 고려 전기의 사회와 대외관계, pp 341-343.
213 朴漢男, 위와 같은 논문, pp 361-365.

금의 수도는 1122년부터 1153년까지 하얼빈 근처의 상경회령부였다가, 1153년에서 1214년까지 북경 부근의 중도로 옮겼다. 이후 1214년에 개봉으로 옮겼으나 1215년 중도는 곧 몽골에 점령되고 1271년에 원나라가 건국되었다. 고려와 금의 왕래는 중도 시절에 많았고, 사신의 왕래에 따른 무역 외에 '각장(榷場)무역'이라는 국경 부근에서 호시 무역이 이루어졌다. 고려와 여진 사이의 각장은 예종 때 서북면의 의주와 정주(靜州)에, 동북면에서는 고려의 정주(定州)와 여진의 청주(靑州)지역에 설치되었다. 여진은 식량 부족으로 미곡에 대한 수요가 컸고, 고려는 높은 가격에 판매할 기회가 많았다. 여진에서 모피나 말을 수입하고, 서적이나 농기구를 수출했다.

거란이나 금과 달리 송과의 교역은 해로를 통한 것이 중심이었다. 송에서는 화폐 금속인 고려의 금과 은 등은 물론이고 고려의 인삼과 종이 등의 생산물을 선호하고, 이외에 삼베, 모시, 화문석, 부채와 나전 칠기 등이 인기 품목이었다. 고려는 송으로부터 견, 약재, 차, 서적, 악기와 향료 등을 수입하였다. 송상이 고려 조정에 바친 물품 가운데 향약, 침향, 미각, 상아, 및 공작 같은 것들이 있는데, 이러한 것들은 서남아시아의 물품으로 당시 아라비아, 자바, 삼불제(三佛齊) 등 여러 나라 상인에 의하여 광주, 천주, 명주와 항주 등지에 들어온 것을 송상이 다시 고려에 싣고 와서 무역을 청했던 것이다.[214]

송과의 교역로인 해로에 접하는 해주는 송사의 입경로로서 중요했고, 개성에 가까운 벽란도라는 예성항(禮成港)은 송의 사절이나 상인 그리고 때로는 대식국(大食國) 상인들도 내항한 국제 무역항이었으며, 지방에서의 조운을 위해서도 중요했다. 중국 쪽에는 산동성의 등주(登州)나 절강성의 명주(明州-후에 영파(寧波)로 됨)가 주된 거래 목적지였다. 고려에는 거란

214 羅鍾宇, 「2. 5대 및 송과의 관계」 2) 송과의 관계, 『신편 한국사』 15 고려 전기의 사회와 대외관계.

의 요나, 여진의 금 그리고 송 등의 중국 외에도 '대식국(大食國-사라센 제국으로 아랍, 페르시아 지방)' 상인이 내왕했고, 대식국에서 11세기 전반에 세 차례 방문이 있었다(1024, 1025, 1040). 대식국 방문자(來者)의 수는 100인 전후의 적지 않은 규모인 것으로 기록되어 있다.

그러나 고려의 대외 관계 중심은 송이었다고 할 수 있다. 사절의 내왕은 고려 광종 13년(962)부터 명종 3년(1173) 사이에 고려의 사신이 송에 간 것이 약 60회이며, 송의 사신이 고려에 온 것이 약 30회이다. 한편 송나라 상인의 내항 횟수는 고려 현종 3년(1012)부터 충렬왕 4년(1278)까지 약 120여 회에 달했고, 내항한 송 상인의 총인원도 약 5천 명에 달했다.

고려와 송의 교역에서는 조공 무역보다 민간 무역이 보다 활발하게 이루어졌다. 다음의 〈표 4-4〉는 고려조에 연대별로 내왕한 송나라 상인의 수를 표시한 것이다. 〈표 4-4〉에서 11세기 이후 13세기 말까지 고려에 내항한 송 상인의 수는 약 5천 명에 이른다. 그러나 명종 원년(1171) 이후에는 금이 쇠퇴하고 몽골이 침략하기 직전인 1221~1230년의 예외적인 경우를 제외하고는 송 상인의 왕래가 거의 두절되었다. 금나라가 강해진 후 송은 고려와 연대하여 금을 억제할(聯麗制金策) 것을 바랐으나, 고려가 소극적이었기 때문에 송은 고려에 대한 불신이 있었다. 이 과정에서 몽골이 강성해지고 금이 쇠퇴하는 1221~1230년 사이 잠시 교역이 재개되었으나, 곧 원이 성립하고 송은 멸망하였다. 따라서 고려와 송의 교역은 1012~1170년까지의 약 160년간 정상적으로 이루어진 것으로 보인다.

〈표 4-4〉 고려조에 내항한 송나라 상인의 수

(단위: 년, 인수)

기간	인수	기간	인수	기간	인수	기간	인수
1012~1020	269	1081~1090	516	1151~1160	556	1221~1230	115
1021~1030	122	1091~1100	345	1161~1170	367	1231~1240	2
1031~1040	409	1101~1110	219	1171~1180	6	1241~1250	0
1041~1050	135	1111~1120	3	1181~1190	0	1251~1260	0
1051~1060	664	1121~1130	50	1191~1200	1	1261~1270	2
1061~1070	21	1131~1140	64	1201~1210	1	1271~1280	0
1071~1080	342	1141~1150	755	1211~1220	0	1281~1290	1

자료: 『高麗史』. 李 領, 『倭寇と日麗關係史』, 東京大學出版會, 1999, p25.

　　1230년 이후 몽골의 침입과 1271년 건국된 원에 의한 몽골제국의 성립으로, 이후 고려는 몽골의 세계 체제에 편입되고 원의 간섭을 받게 되었다. 그러나 고려가 몽골의 세계 체제에서 주체적이고 적극적으로 교역을 확대할 수는 없었고, 오히려 몽골의 입장에서 고려를 이용해 일본 정벌을 계획하거나, 혹은 당시의 국제 화폐인 은의 확보를 위해 고려산 은의 수탈을 추구했다.

　　한편 몽골은 고려와 장거리의 국경을 마주했으므로 유목민의 식량 확보를 위해 호시를 요구하여 국경 무역이 이루어졌으나 그 규모는 그렇게 크지 않은 것으로 보인다.[215] 원은 고려와의 접촉 초기인 원종 2년(1261) 7월, 압록강 서쪽 강변에 호시를 열기로 하고, 고려에 각장(権場)을 설치한다고 전했다.[216] 그러나 호시는 원종 3년(1262) 정월에 곧 바로 철폐되었고, 그 후 다시 원에 의해 호시 재개가 요구되었지만 허용되지 않았다. 따라서 양국간에 필요한 물건을 거래하기 위해 설치된 호시는 2~3개월 만에 폐지되고 말았다.

---

215 張東翼, 앞의 책, 133-136쪽; 張東翼, 위의 책, 138쪽.
216 《元史》 권 208, 列傳 95, 高麗, 世祖 中統 2년 10월.

원은 고려와의 접촉 초기부터 무력적 우위를 바탕으로 노골적으로 많은 공물을 요구했다. 고려를 침략하기 전인 고종 8년(1221)에는 수달피 1만 령, 가는 명주 3,000필, 가는 모시 2,000필, 솜 1만 근, 용단묵(龍團墨) 1,000 정, 붓 200자루, 종이 10만 장, 자초(紫草) 5근, 홍화(紅花)·남순(藍筍)·주홍 (朱紅) 각 50근과 자황(雌黃), 광칠(光漆), 동유(桐油) 각 10근을 강압적으로 요구했다.[217]

원은 1230년에 고려를 침공하여 복속한 후에도, 그들의 수요에 따라 각 종 명목의 공물을 요구해 왔다. 그 주된 품목은 광산물로는 금·은·동·철 등이 있다. 그리고 수공업 제품으로는 도자기, 금화옹기(金畵甕器), 화문석, 용석(龍席), 죽담(竹覃), 금 복자(金鐥), 은 복자(銀鐥), 주종(酒鍾), 진자라 (眞紫羅), 황칠(黃漆), 종이(紙), 장경지(藏經紙) 등이었다. 의복 재료로 비 단, 저포(苧布), 문저포(文苧布), 세저포(細苧布), 직문저포(織紋苧布), 포백 (布帛), 피화(皮貨) 등을 요구하였다. 또한 농수산물로는 곡물, 인삼, 해채 (海菜), 건어(乾魚), 건포(乾脯), 우육(牛肉), 고니고기(鵠肉), 꿩고기(雉肉) 등이 있고, 이 밖에 해동청(海東靑-鷹), 꿩(鷄), 요자(鷂子-매), 매(鶻), 말, 백 마, 산꿩(野稚) 등의 동물 그리고 불화(畵佛), 대장경 등을 요구하기도 하였 다. 이에 비해 원이 고려에 하사한 것은 금, 은, 폐(幣), 서금(西錦), 약 및 서적 등으로 그 품목과 규모는 미미하였다.[218]

한편 사무역에서의 주된 수출품은 차, 화문석, 묵, 종이, 그릇, 모시, 삼 베, 비단, 송자, 행인, 말·인삼, 복령(茯笭), 석유리(石溜璃), 웅장(熊掌-곰발 바닥), 립(笠) 등이었다. 특히 화문석과 송엽(松葉)으로 만든 가산묵(柯山 墨), 등잔용 석유리, 종이, 중국 용천요(龍泉窯)에 비견되는 고려자기, 모

---

217 『고려사』 권22, 고종(高宗) 8년 8월.
218 張東翼, 「2. 여·원관계의 전개」, 『신편 한국사』 20 고려 후기의 사회와 대외관계, pp 301~302.

시·삼베·비단 등은 중국인이 선호하는 기호품이었다. 수입품은 사주(絲綢), 서적, 옥기(玉器), 향료 등이 중요했다. 향료는 주로 동남아나 아라비아에서 산출되는 것이었다.[219]

고려와 원의 교역은 육로와 해로 모두 가능하였다. 대체로 육로가 공식적인 사행로로 이용되었다면, 해로는 상업적 혹은 군사적 용도로 사용되었다. 원은 주요 도로에 역참을 건설하고, 연결하였다. 해로는 송의 시대와 마찬가지로 서해안에서 산동의 등주나 절강의 명주(후의 영파)를 연결하는 것이었다. 그리고 절강의 명주를 연결하는 항로는 흑산도를 거쳐서 가는 것이 보통이었다. 상업 및 군사적 용도로 해로가 많이 이용되었으나 원나라 민간 상인이 고려에 내왕한 것은 송의 시대보다 많지 않았다. 고려인도 원에서 활동하였고, 마치 신라방과 유사한 고려인 집단 거주지인 고려장(高麗莊)이 연경의 조운 집결지인 통주(通州) 관내의 완평현(宛平縣)에 존재했다. 고려장의 주민들은 원에서 무역에 종사하였던 것으로 여겨진다.[220]

고려는 외국과의 교역을 중앙 정부로 집중하여 지방 호족을 억제하고, 경제적 이익을 직접 얻고자 하였다. 성종 대의 최승로는 사무역을 줄이고 교빙(交聘) 사신이 무역을 겸하게 하도록 상소하였다. "태조께서는 몇 해에 한 번씩 사신을 보내서 예빙(禮聘)을 닦았을 뿐이었는데, 지금은 비단 사신을 보낼 뿐아니라 또 이로 인해 무역까지 하니 사신의 내왕이 번거롭고 많아 중국이 천하게 여기게 될까 두렵습니다. 또한 왕래하다가 파선되어 목숨을 잃은 자도 많으니, 청컨대 지금부터는 교빙 사신으로 하여금 무역을 겸하여 시행하게 하고 그 나머지 무시(無時)로 매매하는 것은 일체 금지 시키십시오"라고 하였다.

---

219 金東哲, 「5. 상업과 화폐」 2) 대외 무역, 『신편 한국사』 19 고려 후기의 정치와 경제, p 400.

220 金東哲, 같은 논문, p 400.

고려조 원과의 무역은 왕실과 귀족에 의해 주도되었다. 고려는 충렬왕 이래로 원을 섬기고 원의 공주를 왕비로 맞이해 궁중의 하인에 대한 비용이 많아졌다. 또한 연경에 인사하러 가서 머무르거나 왕래의 비용을 그곳에서 변통해야 했다.[221] 이들 비용의 일부는 왕의 사장(私藏)에서 지불했다. 왕실이 경제적 이익을 사사로이 챙기고, 직접 무역에 종사한 대표적 사례는 충렬왕 정비인 원성공주이다. 원성공주는 태부시(大府寺)의 은(銀)을 내궁(內宮)으로 거두어들이고, 개인의 노비를 사적으로 차지하고, 직조에 능한 계집종을 취하기도 하였다. 또한 공주가 잣과 인삼을 강남(江南)으로 보내 두터운 이익을 얻기도 하였다.[222]

한편 고려는 일본과의 교역 관계를 유지했고, 이를 통해 동남아와도 연결되어 있었다. 고려 이전의 시기지만 중국 승려 의정(義淨)의 『대당서역구법고승전』에는 스리비자야 왕국에서 체류했던 몇 명의 신라 승려에 대한 기록이 있다.[223] 통일 신라 시대에 혜초 등의 육로를 통한 인도 방문 외에 해로와 동남아를 통한 불교 문화의 도입이 있었고, 이러한 모습이 고려조에 계승되었을 가능성이 있다. 『고려사』에는 중국의 서신을 통해 간접적으로나마 삼불제(三佛齊-스리비자야)라는 국명이 기록되어 있다.[224]

하지만 중국에 비해 상대적으로 일본과의 교류는 소원하였다. 일본은 고려 초에 고려에 대한 의구심을 가지고 있었고, 현종 대 포로 송환을 계기로 인식의 개선이 이루어졌다. 문종 10년(1056)에 등원뇌충(藤原賴忠) 등 30인이 일본의 국사(國使)로서는 처음으로 금주(金州-金海)에 왔다.[225] 이후 공물을 바치는 형식의 교역을 위한 사절의 입국이 계속되었지만 교역

---

221 정도전, 『조선경국전』, 「부전」(賦典) 경리(經理)조.
222 『高麗史』 卷89 列傳2 后妃2 齊國大長公主 참조.
223 최병욱, 『동남아시아사-전통 시대』, 산인, 2015, p 66.
224 森克己, 〈日麗交涉と刀伊賊の來寇〉(《朝鮮學報》37·38, 1966), 100-101쪽.
225 『高麗史』 世家 7, 문종 10년 10월 기유.

규모가 크거나 활발했다고 볼 수는 없다.[226]

전체적으로 고려의 대외 교역은 조선조에 비해서는 육로이든 해로이든 상대적으로 보다 다양한 통로를 가졌다고 할 수 있다. 고려를 찾는 중국 상인이나 일본 상인 혹은 아랍 상인이나 동남아 상인은 민간 상인이 주도하는 것으로 보인다. 그러나 고려 측에서의 대외 상업은 중심적으로 대외 교섭의 한 부분으로 이루어졌고, 민간의 상업 활동은 주체적으로 이루어진 것으로 생각되지는 않는다.

3. 화폐

고려조에 일반 장시의 거래에서 미곡이나 포가 주된 거래 수단이었다. 고려는 성종 15년(996)에 "여름 4월 처음으로 철전을 만들다. 중신에 명령하여 길일을 취해 행하도록 하다"라고 전해져 조선 최초로 명확히 나타난 주전의 기사가 있다.[227] 전명(錢名)이 불명인데 고려조에 동전도 철전이라 불렀고, 따라서 철전은 재료가 '쇠'라기 보다는 동전일 가능성이 크다.

다음의 목종(재위 997~1009년) 시대가 되면 폐제(廢制)가 보다 분명하게 나타난다. 목종 5년(1002) 7월에, "선왕(成宗)께서는 과거 전범(典範)을 그대로 따르고 이에 조서를 반포하여 화폐를 주조하게 하니, 수년 만에 돈꾸러미가 창고를 채웠으며, 사방에 원만하게 적절히 사용할 수 있었다. 이에 중신(重臣)에게 명하여 잔치를 열고 길일(吉日)을 택해 철전을 사용하게 하니, 이때부터 행하여 끊이지 않았다"고 하여 화폐가 사용되었음을 알 수

---

226 羅鍾宇,「Ⅱ. 대외관계 4. 일본 및 아라비아와의 관계」,『신편 한국사』15 고려 전기의 사회와 대외관계, pp 372-373 참조.
227 『고려사』世家 卷第三, 成宗 15年 4월. 『東史綱目』성종 15년(996)조

있다. 한편 시중(侍中) 한언공(韓彦恭)의 상소(上疏)에 따르면, "지금 선왕을 계승하여 철전(鐵錢)을 사용하게 하고 추포(麤布) 사용을 금지함으로써 풍속을 소란스럽게 하였으니, 나라의 이익이 되지 못하고 오히려 민의 원망만을 일으킵니다"라고 하여, 한동안 추포의 사용이 금지되었음을 알 수 있다. 그러나 이러한 불만을 해소하기 위해 목종은 "근본에 힘쓰는 마음을 다시 살려 철전을 사용하는 것을 쓰임에 따라 중단하고자 한다. 차와 술, 음식 등 여러 점포에서 교역할 때는 전과 같이 철전을 쓰도록 하고, (이외에) 백성 등이 사사로이 서로 교역할 때는 토산물(土宜)을 임의로 사용하게 하라"고 하여 철전과 함께 추포가 병용되었다.[228]

목종 사후의 90년간은 거란의 침입이 빈번하고 국내는 혼란하고 정정도 안정되지 않았으며, 화폐 주조도 행해지지 않았다. 15대 숙종 2년(1097)이 되어 전화의 주조가 재개되었다. 숙종은 12월에 "주전관을 세우고 백성들에게 두루 유통시키려 한다"[229]고 하였으나 이 때 주조된 주화는 불명이다. 숙종 7년(1102)이 되어 전명(錢名)이 비로소 기록되었다. 숙종(肅宗) 7년(1102) 12월 제서(制書)를 내리기를, "민(民)을 부유하게 하고 국가를 이롭게 하는 것으로 전화(錢貨)만큼 중요한 것이 없다. 서북의 양조(兩朝)에서는 이를 행한 지 이미 오래되었으나 우리 동방은 홀로 아직 행하지 않고 있다. 이제 처음으로 화폐를 주조하는 법을 제정하니, 이에 따라 주조 한전 15,000관을 재추(宰樞)와 문·무 양반 및 군인에게 나누어 하사하여 화폐 사용의 시작점으로 삼으며, 전문(錢文)은 해동통보(海東通寶)라고 할 것이다. 또 처음으로 전폐를 사용하게 되었음을 태묘에 고할 것이며, 이어서 경성(개경)에 좌우 주무(酒務)를 설치하고 또한 거리 양쪽에 존비에 상관없이 각각 점포를 설치하여 철전을 사용하는 이로움을 일으키게 하라"고 하

---

228 『고려사』 卷七十九, 志 卷第三十三, 食貨 二(화폐).
229 『고려사』 卷七十九, 志 卷第三十三, 食貨 二(화폐).

였다.

그러나 화폐 사용 권장에도 불구하고 주조량도 적고 지속되지 못해 일반 백성이 화폐를 널리 사용한 것으로는 생각되지 않는다. 백성은 의연히 물물 교환에 의한 일상생활을 유지했고, 전화의 주조는 숙종 시대에 끝났다. 다만 해동통보 외에 전명이 해동원보(海東元寶), 해동중보(海東重寶), 삼한통보(三韓通寶) 및 삼한중보(三韓重寶) 등인 것도 이 시기에 주조된 것으로 생각된다.[230]

전화의 주조와 사용이 장려되는 다른 한편에는 각종 현물 공납에 대해 포에 의한 절납(折納)이 허용되고, 포 상호 간에도 상호 간의 비가 환산율이 정해졌다. 문종 20년(1066)에 여러 주현의 상공(常貢) 가운데 우피근각(牛皮筋角)의 평포(平布)에 의한 대납이 인정되었다.[231] 그리고 예종 9년(1114)에는 공중포(貢中布) 1필(匹)은 공평포(貢平布) 1필 15척(尺)으로 환산하고, 공저포(貢紵布) 1필은 공평포 2필로 환산하며, 공면주(貢縣紬) 1필은 공평포 2필로 환산하였다.[232] 공평포는 마포이고, 마포가 공통적인 가치 척도로 사용되고 있음을 알 수 있다.

그러나 동전 주조가 시도되던 숙종조 6년(1101) 4월에 은병(銀甁)을 써서 화폐로 삼고자 하였다. 그 제도는 은 1근으로 만들고 '본국의 지형'을 형상했는데, 시속에서 활구(闊口)라고 명명하였다.[233] 그러나 두 달 후인 6월의 조서(詔書)에 따르면 "금·은은 천지의 정(精)이요 국가의 보화인데, 근래에 간사한 백성이 동을 섞어서 도주(盜鑄)하니 이제부터 사용하는 은

---

230 유자후, 『조선화폐고』, 이문사, 1974, pp 63-66참조.
231 『고려사』권78, 지 권제32, 식화1, 전제(공부).
232 『高麗史』 권78, 지 권제32, 식화1, 전제(공부).
233 "(숙종)六年四月 鑄錢都監奏, "國人始知用錢之利, 以爲便, 乞告于宗廟." 是年, 亦用銀甁爲貨, 其制, 以銀一斤爲之, 像本國地形, 俗名闊口. (『고려사』卷七十九, 志 卷第三十三, 食貨 二, 화폐).

병은 모두 표인(標印)하는 것을 영구한 법식으로 삼아 이를 어기는 자는 중하게 논죄한다"[234]고 하였다. 주조한 지 두 달 만에 질이 떨어지는 사주 은병이 나온 것이다. 『계림유사(鷄林類事)』에는 "은병은 병마다 그 중량을 1근으로 하였는데, 공인(工人)이 제조하는 데에는 은 12냥 반을 쓰고 동 2냥 반을 넣어서 1근으로 만들며, 동은 공장(工匠)의 값으로 충당하였다"고 하였다.[235] 그러나 사주로 인해 예종 원년(1105)에 하교하길 "간사한 백성이 모래와 흙을 쌀에 섞고 동철(銅鐵)을 은에 섞어서 어리석은 백성을 현혹시키니", 백성의 빈곤이 실로 이에 말미암았으므로 엄금하도록 하였다.[236]

은병의 형태와 관련하여 은병은 '본국의 지형' 모습을 가졌다고 한다. 현재까지 은병의 출토에 관한 기록이 존재하지 않으며, 정확한 모습이 알려진 바가 없다.[237] '병(瓶)'은 목이 좁은 수병만이 아니고, 목이 넓은 시루를 의미하기도 하고, 떡 '병(餠)'과 동음이의어이다. 은병은 『고려사』에 '본국의 지형'을 닮고, "속(俗)으로 활구(闊口)라 이름한다"라고 한다. 고려 의종이 보현사에 시주할 때 무게 30근의 은병 10개를 만들어 각각 다섯 가지 향과 다섯 가지 약을 가득 담아 절에 시납하였다고 한다.[238] 이때 만든 은병은 비록 무게가 1근이 아닌 3근(=1.8kg)이지만 형태는 작은 용기로도 이용되었고, 무게는 표준 중량 1.875kg의 마제은을 연상시킨다.

고려의 은병은 중량이 1근 정도로 표준적 마제은의 중량이 50냥(약 3근)인 것에 비하면 작았다. 마제은의 명칭은 명치기 일본에서 널리 사용되고

---

234 (숙종)六月 詔曰, "金銀, 天地之精, 國家之寶也, 近來, 奸民和銅盜鑄. 自今用銀瓶, 皆標印, 以爲永式, 違者重論."(『고려사』 卷七十九, 志 卷第三十三, 食貨 二, 화폐)

235 孫穆, 『鷄林類事』. 유자후, 『조선화폐고』, 이문사, 1974, pp 78-79.

236 『고려사』 卷十二, 世家 卷第十二, 睿宗 即位年 11월.

237 한국은행의 화폐박물관에 전시된 호리병 형태의 소은병은 출토품이라는 근거가 밝혀진 게 없다. 출처를 알지 못하므로 진품여부를 확인하기 어렵다.

238 『고려사』 권18, 세가 권제18, 의종(毅宗) 14년 10월.

보편화되었지만, 중국에서의 보다 보편적인 호칭은 '은정(銀錠)'이었고, 칭량 화폐이므로 무게도 다양했다. 따라서 1근짜리 은정도 흔했고, 고려조 사신이 금나라에 가기 위해서는 관하의 군인들로부터 은 1근씩을 받는 것이 일반화되었다고 한다.[239]

일본에서는 흔히 은정(銀錠)을 한자어가 다른 '은병(銀餠)'이라고도 하였다. 고려조 '은병(銀瓶)'과 은병(銀餠)과 동음이어이다. 고려조의 은병(銀瓶)은 단위가 대부분 몇 '구(口)'로 표시되고, 드물게 '사(事)'로 표시되었지만 이는 모두 몇 '개'를 가리키는 것이었다. 그리고 '은병 1근은 미 5석의 값어치(銀瓶一斤, 直米五碩)'[240] 라는 표현에서 보듯이 은병은 칭량 화폐였다. 또한 숙종 6년(1101)에 간민(奸民)이 은병에 구리를 섞어서 주조하므로, 앞으로는 은병에 표인(標印)을 하도록 정하였다.[241] 표인(標印)의 문면(文面)은 알 수 없지만 제조년월, 제조관서 등이 표시되었을 수 있고, 이는 은병이 본질적으로는 칭량 화폐지만 국가가 발행한 것이라는 의미이다. 『고려사』에는 은병이 한 번에 몇 개도 있지만, 때로는 수십 개 혹은 수백 개씩 거래되고 있다고 언급하고 있다.

12세기는 은병이 주조되어 은의 사용이 확대되고 있는 시기였고, 포와 은병이 모두 가치 척도로서 사용되었다. 은병은 고가 화폐이고 1개에 최하 쌀 10석에서 최고 50석에 이르러서, 대규모의 거래에만 적합했다. 그러나 인종 10년(1132)의 기근 시에는 예외적으로 은병 1개에 쌀 5석에 불과하기도 하였다.[242]

은병은 고가 화폐인데다 은의 가치가 귀해지자, 미화정가법(米貨定價法)을 시행하여 미가를 통제하고자 하였으나 성공하지 못했다. 충렬왕 8년

---

239 "時使金者 例收管下軍 銀人一斤"(『고려사』 권99, 列傳12 李公升).
240 『고려사』, 卷五十五, 志 卷第九.
241 『고려사』 卷七十九, 志 卷第三十三, 食貨 二(화폐)
242 『고려사』, 世家 卷第十六, 仁宗 10年 7월.

(1282)에 비로소 미화정가법을 시행하였다. 도평의사사(都評議使司)의 고시에, "민생의 목숨은 미곡에 달려 있다. 백금이 아무리 귀하다 하더라도 춥고 배고픔을 구제하지 못한다. 이제부터는 은병 1개에 대한 절미(折米)를 서울은 15~16석, 외방은 18~19석으로 하는데 경시서에서 그 해의 풍·흉을 보아서 정한다"고 하였다.[243] 충렬왕 9년(1283)에 감찰사(監察司)에서 고시하기를 "구례에 은병 값이 쌀 20석이었는데 이제 10석으로 개정한다"고 하였다.[244] 그러나 은병의 가치를 정부의 의지로 정하기는 어려웠으니, 은병의 가치는 시장에서 결정되고, 이에 따라 유통되었다.

한편 은병은 고가치의 화폐이므로 주조 이후 일찍부터 사주가 나타나고, 조악품이 등장하면서, 양화인 정부 주조 은병은 시장에서 구축되었다. 이의 대안으로 정부는 쇄은(碎銀)과 소은병을 사용하게 되었다. 충렬왕 13년(1287)에 쇄은을 화폐로 삼아 사용했는데, 이 또한 시중에서 은과 동을 합주하는 것을 금지하였다.[245] 충숙왕 15년(1328)에는 자섬사(資贍司)에서 "은병 값이 날로 떨어지니, 이제부터 상품 은병의 값을 종포(綜布) 10필로 정하고 첩병(貼甁)은 베 8~9필로 값을 정하도록" 했다.[246] 첩병은 상품보다 품위가 떨어지는 은병을 의미한다. 그러나 여전히 은병을 주조하면서 구리를 섞어, 관에서 비록 값을 정해도 사람들이 모두 따르지 않았다. 충혜왕 원년(1331)에 비로소 새로 만든 소은병을 썼는데 1개에 오종포(五綜布) 15필과 상당하게 하고 옛 은병은 사용을 금지했다.[247] 은병이 중량 1근의 국가가 표인한 칭량 화폐라면, 소은병은 그 보다 작은 것으로 은병과 유사한 모습이었을 것으로 생각되지만 자세히 알 수는 없다. 고려조가 12세기에

---

243 『고려사』 卷七十九, 志 卷第三十三, 食貨 二, 화폐(시고).
244 『고려사』 卷七十九, 志 卷第三十三, 食貨 二, 화폐(시고).
245 『고려사』 卷七十九, 志 卷第三十三, 食貨 二, 화폐.
246 『고려사』 卷七十九, 志 卷第三十三, 食貨 二, 화폐(시고).
247 『고려사』 卷七十九, 志 卷第三十三, 食貨 二, 화폐.

은병을 사용하고, 동전도 주조하여 유통을 장려했지만, 많은 노력에도 불구하고 모두 적정량의 주조가 지속되지 못하고, 민간에서는 화폐가 쇠퇴하니 곡물이나 포가 교환의 주된 매개 수단이 되었다.

1123년, 북송에서 사절로 고려를 방문한 서긍(徐兢)의 『선화봉사고려도경(宣和奉使高麗圖經)』에 의하면 "대개 고려의 풍속은 가게가 없다. 다만 해가 떠있는 동안 허시(墟市)를 개설할 뿐이어서 남녀노소나 관리(官吏)와 공기(工技)가 모두 자신들이 가지고 있는 것을 교역한다. 화폐제도는 없으며 저포나 은병만으로 값을 계산하고 1필이나 1냥에 미치지 못하는 자그마한 일용품은 쌀을 이용하여 치수(錙銖)를 헤아려 지불할 뿐이다. 그런데 백성들은 그러한 풍속에 오랫동안 익숙하여 자기들은 편리하다고 여긴다. 중간에 조정에서 화폐(錢寶)를 하사했지만 현재는 모두 창고(府庫)에 넣어두고 가끔 꺼내 관속(官屬)들에게 보여주어 가지고 놀게 할 뿐이다"[248]라고 하여 은, 포, 미가 화폐로 사용되었고 동전이 사용되지 않았음을 시사한다. 그리고 『송사』에는 "고려의 사신 곽원(郭元)이 말하기를 '한낮에 저자를 여는데 돈은 쓰지 아니하고 베와 쌀로 무역한다'고 하였다.[249] 그러나 고려의 물화는 모두 물건으로서 교역했으나 오직 약을 사는 것은 간혹 화폐(錢寶)로 교역했다고 한다.[250]

이 무렵 중국의 송나라는 동전을 대량 주조하여 어느 시기보다 동전이 풍부하고, 전의 사용이 보편화된 시기였다. 그러나 1127년 북송이 망하고 북부 중국은 1234년까지 금이 지배하게 되었으며 이 기간에 화북 지방은 은이 점차 서아시아로 유출되고, 동전도 부족하여 12세기 중엽에 지폐를 발행하고, 금 나라 말기에는 거의 지폐에 의존하고 있었다. 1234년 금을 멸

---

248 『宣和奉使高麗圖經』卷第三, 城邑, 貿易.
249 『송사(宋史)』(1), 外國列傳, 高麗.
250 "高麗他貨 皆以物交易 唯市藥 則間以錢寶焉", 『宣和奉使高麗圖經』卷第十六, 官府.

하고, 이어서 1279년 남송을 멸한 몽골의 원은 금을 본받아 은이나 동전 등의 금속 화폐 사용을 금지하고 지폐를 기본 화폐로 사용했다. 따라서 고려에 은화가 부족하거나 혹은 동전이 널리 사용되지 않았던 현상은 1127년의 북송이 멸망한 뒤의 화북 지방과 정도의 차이는 있지만, 공통된 것이었다.

고려는 1127년 북송이 멸망한 뒤에 새로운 동전의 주조 시도는 없었고, 금속 화폐로는 부분적으로 13세기에도 은병의 사용이 있어왔지만 그 유통량은 계속 줄고 품질은 악화되었다. 공민왕(恭愍王) 5년(1356) 9월 도당의 논의를 거쳐 상신한 간관(諫官)은, "우리나라는 근고(近古) 이래 쇄은으로 은병(銀甁)만큼의 무게를 저울질하여 화폐로 삼고 있습니다"라고 하여 칭량 화폐로 쇄은이 사용되었음을 말해 준다. 쇄은은 국가 발행이 아닌 일정한 형태가 없는 민간 주조인 것으로 추정된다. 그리고 보조적으로 5승포(五升布)가 사용되고 있는 한편 은병은 날로 변하여 점점 구리가 되어가고, 마(麻)의 올은 날로 거칠어져서 포라고 할 수 없게 되었다고 한다.[251]

이어서 은병이나 동전을 다시 사용하는 것은 "은병은 하나의 무게가 1근(斤)이고 그 가치는 포 100여 필에 해당하는" 고가 화폐여서 민간이 사용하기 어렵고, 동전(銅錢)은 "국속(國俗)에 오랫동안 동전을 쓰지 않아" 갑자기 사용하면 백성이 비방할 것이라고 반대했다. 또한 민간의 쇄은을 사용하는 것은 "아무런 표지(標誌)가 없으면, 화폐의 권한(貨幣之權)이 임금에게 있지 않으니 또한 편하지 않습니다"라고 반대하였다. 쇄은을 칭량 화폐로 사용해도 관에서 은전을 주조하고 표지(標誌)를 하며, 포(布)도 표인하여 매매에 허용하도록 할 것을 상신했다.[252] 이후 무게 등의 표지를 한

<hr>

251 『고려사』 卷七十九, 志 卷第三十三, 食貨 二(화폐).
252 "지금 은 1냥의 가치는 8필에 해당하니, 마땅히 관청에 명령하여 은전(銀錢)을 주조하게 하고 은전에 표지가 있게 하여 그 양수(兩數)의 경중(輕重)에 따라 비단과 곡식의 많고 적음을 준하게 한다면, 은병에 비하여 주조하기 쉽고 힘이 적게 들며

관주(官鑄) 쇄은이 유통되었을 가능성도 있지만 실물을 확인할 수는 없다. 한편 표인을 한 포화(布貨)는 기록상 1357년부터 사용된 것으로 보이지만 마찬가지로 실물은 존재하지 않는다. 전체적으로 고려의 화폐제도로서 은 병과 쇄은 등이 사용되고 또한 여러 이름의 동전이 주조되어 일부 유통되었지만 일반 백성의 거래는 주로 미곡이나 포를 매개로 이루어졌다고 할 수 있다.

한편 13세기 이후 원대의 중국은 송대의 동전 경제에서 은 경제로 전환되었다.[253] 그러나 은은 이미 12세기부터 금나라의 통치 아래 있던 화북 지역에서 상대적으로 금에 비해 은의 가치가 높았던 서아시아로 유출되어 국가의 은 재고는 감소했으며, 당시 금나라는 지폐를 사용하고 있었다. 1234년 금을 멸한 몽골의 오고타이(Ogodei) 칸은 화북에서 인두세로 은을 징수했다. 오르타크(Ortakh, Ortaq-동업자의 의미) 상인은 몽골의 후원자들에게서 자금을 받아 상업과 대부업에 투자했다. 결과적으로 북중국의 은은 위구르나 사라센인의 오르타크 상인에 의한 주탈전(斡脫錢=Ortakh, Ortaq 錢)[254] 이라는 고리 대용 자금으로 동부 이슬람 지역으로 유출되었다.[255]

원은 금 말기의 지폐 사용 정책을 이어서 채택하고, 1260년 쿠빌라이 칸

동전에 비해서 운반하기가 가볍고 이로움이 많아 관아와 민, 군대 모두에게 편리함이 있습니다". 또한 "포자(布子)는 정유년(丁酉年, 공민왕 6, 1357)부터 시작하여 관청에 납부하게 하여 표인(標印)한 연후에 매매를 허용하도록 할 것이며, 표인을 관할하는 관청은 개경의 경우는 경시서(京市署)가 주관하고 어사대(御史臺)가 이를 살피게 하되, 지방에서는 지방관[知官] 이상이 이를 주관하도록 해야 합니다'라고 하였다. (『고려사』 卷七十九, 志 卷第三十三, 食貨 二, 화폐)

253 陳高華, 위의 글, 355쪽.
254 '斡脫(알탈-중국발음은 '우오투오')'은 Ortakh라는 터어키, 몽골어의 음을 중국어의 한자로 음역한 것이다.
255 愛宕松男,「斡脫錢とその背景－十三世紀モンゴル元朝における銀の動向 (下)」, 『東洋史研究』32, 京都大學, 1973. Richard von Glahn, , Fountain of Fortune-Money and Monetary Policy in China 1000-1700-, University of California Press, 1996, p 57.

은 중통보초를 발행하여 전 중국에 통일된 '계산의 단위(unit of account)'와 화폐제도를 수립하고자 하였다. 원이 지폐제를 채택한 것은 팍스 몽골리카에서 거래의 편의를 위함과 동시에 은을 절약하기 위한 조치였다. 쿠빌라이 칸은 지폐의 유통량을 제한하고, 적절한 지금(bullion) 준비로 화폐 가치의 안정을 기하고자 하였다.

고려 후기의 화폐제도 발전에서 특징적인 것 중 하나는 고려가 원에 복속된 후, 원의 통화제도인 지폐가 유입되고 통용이 요구된 점이다. 『고려사』 충렬왕 9년(1283)의 기록에 의하면 "저강(楮鏹-지폐) 삼천정(錠)을 보내고 전함을 수리하는 비용으로 하다"라고 하였다.[256] 또 동 13년(1287)조에 "원사(元使)를 보내 일러 지원보초(至元寶鈔)와 중통보초(中統寶鈔)를 통용한다는 조서를 반포하고 지원보초 1관을 중통보초 5관에 해당하게 하여, 자모전으로 한다'[257]고 하였다.

한편 1292년에 원(元) 황제가 초(鈔) 1,000정(錠)을 하사하고,[258] 1301년에 황제가 왕에게 저폐(楮幣) 1만정을 하사했다.[259] 또한 계사(1311)에 원(元)의 황태후가 쇄노화(鎖魯花, 소루카)를 보내와서 초(鈔) 5,800정(錠)을 하사하여 사경(寫經)한 것을 포상하였다.[260] 또한 충혜왕 3년(1342)에 원이 '초(鈔) 3,000정'을 보냈다고 한다.[261] 공민왕 3년(1354) 음력 2월에는 원(元)에서 왕에게 저폐(楮幣) 1만 정(錠)"을 보냈다.[262] 그리고 같은 공민왕 3년(1354)에 원(元)이 공부시승(工部寺丞)을 보내 보초(寶鈔) 6만 정(錠)을 가지고 와서 (원으로 강소성 고우(高郵)의 반란군 상사성(張士誠)을 정벌하

---

256 『고려사』 卷二十九, 世家 卷第二十九, 忠烈王 9年(1283) 2월.
257 『고려사』 卷七十九, 志 卷第三十三, 食貨 二, 화폐.
258 『고려사』 卷三十, 世家 卷第三十, 忠烈王 18年 1월.
259 『고려사』 卷三十二, 世家 卷第三十二, 忠烈王 27年 3월.
260 『고려사』 卷三十四, 世家 卷第三十四, 忠宣王 3年 8월.
261 『고려사』 卷三十六, 世家 卷第三十六, 忠惠王(後) 3年 3월.
262 『고려사』 卷三十八, 世家 卷第三十八, 恭愍王 3年 1월.

기 위해) 출정하는 장졸(將卒)들에게 나누어 주게 하였다.[263] 공민왕(恭愍
王)은 그것으로 백관(百官)에게 말을 내게 하고 관(官)에서 보초(寶鈔)로
이를 사들여 고우(高郵)를 정벌하는 군사들에게 지급하였다.[264] 이때 유탁
(柳濯)과 최영(崔瑩) 등이 출전하였다.

이들 기록에서 고려조에 원이 지폐를 보내 고려에서 사용하도록 한 것
을 알 수 있고 대량으로 보낸 것은 공민왕 3년(1354)에 중국 남부의 농민
반란군 장사성(張士誠)의 정벌 목적으로 고려군을 동원하기 위한 7만 정이
었다. 이때는 중국에서 이미 보초는 태환성을 잃고, 10관에 은 1냥으로도
태환할 수 없는 때였다.

『고려사』에 보이는 원에서 유입된 지폐의 총액은 약 10만 정(錠)에 달했
고, 1정(錠)은 지폐 50관이다. '정(錠)'의 사전적 의미는 '덩이'로 자물쇠 형
태를 나타내지만, 보통 은화폐의 단위로 은 50냥 무게의 원보(元寶) 1개를
의미하고, 당·송 시대에 은 1냥은 동전 1관으로 교환되는 것이 표준이었
다. 그리고 '관(貫)'은 동전 1,000문을 의미하여 1정(錠)=은 50냥=동전 50관
(동전 5만 문)을 연상시킨다. 그러나 지폐에 기록된 화폐 단위 '관(貫)'은
동전과 독립적인 화폐 단위로서 지폐의 '관(貫)'이다. 따라서 교초(交鈔)의
1정(錠)을 50관으로 규정한 것은 송대의 화폐 단위와 사용 관행을 토대로
마련된 것으로 볼 수 있지만, 교초는 금속 화폐와 관련없이 독자적 화폐제
도로 발행되었다. 달리 말해 지폐의 화폐 단위인 '문(文)'이나 '관(貫)'은 동
전에서 유래된 용어이지만, 실제로는 동전과 관계가 없는 지폐의 화폐 단
위로 독립적인 계산의 단위이다. 송나라에서도 지폐인 교자(交子) 그리고
남송에서는 회자(會子)가 발행되었지만 그것들은 동전과의 교환권이었던
데 비해 교초는 처음부터 금속 화폐의 유통을 금지하고, 그 자체의 독자적

---

263 『고려사』卷三十八, 世家 卷第三十八, 恭愍王 3年 6월.
264 『고려사』卷八十二, 志 卷第三十六, 兵 二, 마정.

인 통화로서 발행된 것이 특징이다. 한편 원은 교초에 강제 통용력을 부여했고, 위조한 자는 참(斬)하도록 권면에 표시하였다. 다만 동전의 전통적 화폐 단위인 '관'을 교초의 단위로 사용한 것은 동전에 익숙한 민간에서 지폐의 수용성을 높이고, 백성들의 화폐 착각을 이용하기 위한 것으로 볼 수 있다.

한편 교초는 발행과 함께 금속 화폐의 유통을 금했지만 귀금속을 국고에 집중하여, 지폐의 가치를 안정시키고자 하였다. 쿠빌라이 칸은 지폐 발행에 즈음하여 민간에서의 금·은의 매매와 전화의 사용을 금지하고, 지폐와 금·은과의 태환기관인 평준고(平準庫), 평준행용고(平準行用庫)와 상한 지폐의 교환기관인 회역고(回易庫)를 설치했다. 또한 정부의 전매품인 소금의 구입 대금을 지폐로 지급할 것을 의무시하고, 지폐에 의한 납세 등에 의해 지폐를 회수하여 유통량을 조정하며, 지폐 가치를 안정시키는 제도를 정비한다. 원의 지폐에는 동전의 관, 문 등의 표시가 되어 있으나 교환으로 주어진 것은 은이고 동전의 사용은 금지되었다.[265]

지폐 가치의 안정을 위해 지폐 중에서 중통보초(中統寶鈔: 원나라의 지폐)는 초기에 제도적으로 지폐 2관이 은 1냥과 태환하도록 제도화되었지만,[266] 실제로는 시장의 변동과 재정 상황에 따라 교환 비율도 달라지고 후기에는 사실상 태환이 제대로 되지 않았다. 비록 원이 공식적으로 태환성을 부정하지는 않았지만 1270년대에는 사실상 태환이 중지되었다. 또한 남송의 병합만이 아니라 일본(1274~1281년)과 베트남(1284~1287년)에의 출병 등에 수반하는 재정 지출의 증대를 배경으로 중통보초의 발행고가 급증하고 결과적으로 지폐의 가치 하락은 지속되어 1287년 원은 최종적으로 중

265 Richard von Glahn, *Fountain of Fortune-Money and Monetary Policy in China 1000-1700-*, University of California Press, 1996. pp 57-64.
266 Richard von Glahn, 같은 책, p 61.

통보초를 80% 평가절하해 10관을 은 1냥으로 하였다. 또한 원은 1287년 새로운 지폐인 지원보초(至元寶鈔)를 발행하면서, 중통보초의 초기 가치(2관=은 1냥)로 고정시켰다. 그리고 신지폐 '지원통행보초(지원보초)' 1관은 중통보초 5관으로 병용하도록 하였다. 동일한 '관'이라는 화폐 단위가 1:5의 상이한 비율로 사용되도록 규정한, 혼란스럽고 지속되기 어려운 조치였다. 덧붙여 지원보초는 중통보초와 달리 처음부터 은과의 교환 규정이 없는 순수 명목 화폐로 발행되었다. 지원보초는 그 발행량을 제한했음에도 불구하고 지폐에 대한 신뢰는 약해지고, 인플레는 지속되었다.

고려에 보초가 대량으로 유입되는 14세기에는 이미 보초의 태환성은 사실상 사라졌고, 1309년에는 지대은초(至大銀鈔)도 발행되었다. 고려에 유입된 보초의 금액을 중통보초, 지원보초와 지대은초 별로 구분하여 파악할 수는 없다. 법적으로는 각 보초의 단위인 '관'의 가치가 서로 다르게 규정되었으나 1310년대 이후에는 이미 같은 가치로 통용되거나 혹은 중통보초가 오히려 높게 평가되었고 1350년에는 공식적으로 역전되어 지원보초 2관이 중통보초 1관으로 규정되었다.

원은 곧 14세기 첫 십 년간 지원보초를 구지폐보다 더 많이 발행했고, 그 가치는 급락했다. 지원보초의 가치는 중통보초와 같아지거나 그 이하로 되고, 중남부 중국에서는 과거에 주조된 동전으로 거래가 행해지는 형편이었다. 중통보초가 지원보초보다 오히려 가치가 높게 형성된 요인 중의 하나의 가능한 설명은 이론적으로는 중통보초는 은과 태환이 가능했지만 지원보초는 그렇지 못했기 때문이다.

1309년 원은 지폐와 은의 비가를 유지하기 위해 두 번째의 평가절하를 시행하고, 또한 다른 지폐인 '지대은초(至大銀鈔 또는 至大鈔)'를 발행했다. 그리고 지대은초 1냥의 가치는 중통보초 25관으로 정해졌다. 그러나 2년 내에 정부는 지대초(至大鈔)가 과대평가된 것을 인정하고 발행을 중지했다. 1311년에 지원보초와 중통보초의 복권 후에 파산한 원은 지폐를 계속 과대 발행했고, 그 가치는 점차 하락하였다. 그러나 1340년대 말까지 파멸적인 수준에 달하지 않았지만 1350년경에는 심각한 인플레로 인해 정부가 다시 동전을 주조하기 시작했다.

화폐 가치 결정에서의 시장의 힘에 굴복하여 원 정부는 1350년에 공식적으로 지원보초의 가치를 중통보초의 반으로 감소시켰는데, 이는 명목 가치의 90% 감소를 의미하는 것이다. 즉 원래는 지원보초 2관을 중통보초 10관으로 했는데, 지원보초 2관이 중통보초 1관이 되었으니 90% 감소한 것이고, 현실에서 이들 지폐의 시장 가치는 더욱 하락했다.

중국에서의 지폐 제도는 광대한 영역에 걸친 몽골제국의 원격지 교역에 일부 도움을 주고, 또한 서아시아 지역에도 널리 보급되는 효용도 있었지만, 재정 부족으로 인한 남발로 인해 화폐의 가치가 하락하고 쇠퇴하게 되었다. 보초는 기본적으로 불환 지폐이고 중통보초는 은과의 교환이 가능하도록 규정되었지만 공식적인 교환 비율이 1287년 이후, 2관에 은 1냥에서 10관에 은 1냥으로 바뀌었고, 그것도 사실상 교환이 불가능한 상황이었다. 그리고 명목적으로 지원보초 1관은 중통보초 5관으로 발행되었지만, 사실상 동일 가치 혹은 그 이하로 유통되다가, 1350년에 공식적으로 지원보초는 90% 평가절하되어 지원보초 2관이 중통보초 1관으로 되었다. 지폐인 각종 '초'의 화폐 단위인 '관'은 명칭은 동일해도 법적으로 동일한 화폐 단위가 아닌 난맥상을 보였다.

여하튼 이 과정에서 고려에 유입된 약 10만 정의 지폐는 각 지폐의 '관'을 편의적으로 동일하게 환산하면, 명목적으로 500만 관에 달하는 거액이었다. 몽골은 고려가 몽골제국에 편입된 정치적 환경에서 자체적인 소재 가치가 없는 보초에 강제 통용력을 부여하고자 한 것으로 볼 수 있다. 보초는 중국 시장에서의 유통 가치가 명목 가치에 전혀 미치지 못했지만, 원은 고려에서 지폐를 사용하면서 명목 가치를 내세우고, 화폐의 혼란을 이용하여 인민의 노동력과 물자를 수탈하였다. 원의 지폐는 대부분 중국으로 환류되었지만 고려의 상층부는 지폐 사용에 익숙하게 되었다. 『고려사』에 의하면 보초는 왕과 관료들 사이의 진상과 하사, 왕이나 관료 등의 원나라 왕래 비용, 연회비, 사경에 대한 대가, 말의 구입을 위한 군사비 등 다양한 용도로 사용되었다. 고위 관료가 보관하던 보초를 10정 도둑맞았다고 주장하는 기록도 있다.[267] 비록 백성 상호 간의 거래에 보초를 사용한 것으로는 생각되지 않지만, 상층부에 의한 국내외 사용의 경험이 고려 말과 조선 초의 독자적인 저화 발행 구상의 토대가 된 것으로 판단된다.

1368년에 명이 건국되고 원나라가 망하면서 고려에 대한 원의 압력은 약화되었지만 다른 한편 왜국의 침입이 잦았다. 한편 명의 건국 후 명의 동전이 유입되었고, 이에 공양왕 2년(1390) 6월에 이르러 대명전관(大明錢貫)은 본국의 포필(布疋)에 준하여 계산하기 어려웠기 때문에 이후로는 매 1관에 베 5필로 표준을 정하였다고 한다.[268]

이어 화폐 부족을 해결하기 위해 저폐 사용이 제안되었다. 공양왕 3년(1391) 3월 방사량(房士良)이 상소하기를 "천하에 비록 지방이 다르고 풍속이 다를지라도 사농공상이 각각 그 직업을 가지고 생활을 의뢰하고 있는데, 있는 것으로 없는 것을 바꾸어서 피차가 통용할 수 있는 것이 돈입니다. 원하건대, 관(官)을 세워 돈을 만들고 겸하여 저폐(楮幣)를 만들어서 화폐로 삼게 하고 추포의 사용을 일체 금하소서" 하니 왕이 이를 받아들였다.

같은 해인 1391년 7월 도평의사사(都評議使司)에서 아뢰어 홍복도감(弘福都監)을 파하여 자섬저화고(資贍楮貨庫)로 하고 저폐(楮幣)의 제조를 청하기를 "우리 동방의 돈은 동전과 은병이 아울러 폐기되어 행해지지 않게 되고, 마침내는 5종포(五綜布)만을 전용(專用)하여 화폐로 삼으니, 근년 이래로 포의 올은 거칠고 성기게 되어 점차 2승포나 3승포에 이르게 되었습

---

267 『고려사』 권122, 열전 권제35, 환자(宦者), 최세연.
268 『고려사』 卷七十九, 志 卷第三十三, 食貨 二, 화폐.

니다. 여인들이 공을 들여 비록 수고하여도 민은 사용하는데 불편했습니다. 오늘날을 위한 계책으로 은과 구리는 본국의 소산(所産)이 아니므로 동전과 은병의 화폐를 갑자기 다시 행한다는 것은 어려우니, 마땅히 담당 관청[有司]에 명령을 내려 고금의 일을 참작하고 회자(會子)·보초(寶鈔)의 법을 본받아 고려통행저화(高麗通行楮貨)의 제도를 설치하고 인장을 찍어 유포할 때 5종포와 더불어 서로 함께 사용해야 합니다"[269]라고 하였다. 그러나 저화에 사용된 인장의 구체적인 인면(印面)은 미상이다.

한편 이때 저화는 '오종포(五綜布=五升布)'와의 겸용이 결정되고, 또한 납세에서 제색(諸色), 미·공물 등의 현물에 대신하여 저화, 오종포로의 절납을 허락하였다. 이는 저화의 유통을 뒷받침하기 위해 다양한 현물 납세품을 대신해 사용할 수 있도록 의도한 것으로 보인다. 그러나 공양왕(恭讓王) 4년(1392) 4월 심덕부(沈德符) 등이 상언(上言)하기를, "첫째, 자섬저화고(資贍楮貨庫)를 혁파하고 이미 인쇄한 저화(楮貨)는 다시 합하여 종이로 만들되, 그 인판(印版)은 소각하여야 합니다"[270]라고 하여, 저화 발행이 중단된 것으로 보인다.

고려 왕조 말 1391년 공양왕은 정부가 동전을 주조하고 지폐와 함께 통용할 것을 권한 방사량의 권유를 받아들여 추포의 사용을 혁파했다. 화폐 담당 기관이 홍복도감(弘福都監)에서 자섬저화고(資贍楮貨庫)로 대치되고 지폐를 인쇄하였다. 송과 원나라 지폐 형태의 그 가치는 정포(저마) 5새 1필 혹은 면포 1/30 필, 또는 미 1두로 정해졌다. 그러나 이러한 지폐는 급속히 가치를 잃고(한 장에 미 1되 혹은 면포 1/100 필), 9개월 뒤인 1392년에 지폐와 저화고는 폐지되었다.

고려의 저화와 관련하여 서긍이 『고려도경』을 저술할 당시의 종이(紙)

---

269 『고려사』 卷七十九, 志 卷第三十三, 食貨 二, 화폐.
270 『고려사』 卷七十九, 志 卷第三十三, 食貨 二, 화폐.

에는 닥나무(楮)를 전적으로 사용하지 않고 등나무를 섞어 만드는[271] 상태에서, 저화(楮貨)라는 표현은 고려 후기에 저지(楮紙)를 사용하게 된 것을 보여준다. 고려는 저화만이 아니고 포에 관인을 날인한 화폐를 사용하고자하기도 하였다. 공민왕 5년(1356)의 화폐제도 개혁에 관한 논의에서 은화주조와 관인을 날인한 포(布)의 병용이 결정되었다. 이후 간관(諫官)의 청에 의해 포자(布子)는 공민왕 6년(1357)부터 관가(官家)에 바쳐 표인(標印)한 연후에 매매했는데, 그 표인을 관할하는 관청은 개경의 경우는 경시서(京市署)가 주관하고, 지방에서는 지방관 이상이 주관하도록 하였다.[272]

한편 저화의 구체적인 형태나 성격을 보여주는 사료는 없지만 『고려사』의 '고려통행저화(高麗通行楮貨)'라는 표현이 인장의 문면일 수도 있다. 조선조 초인 태종 10년(1410) "건문(建文) 연간(1399~1402년)에 인조(印造)했던 저화를 '영락(永樂)'이라는 연호로 개인하여 사용할 것을 허락했다"[273]고 한다. 이를 보면 조선조 저화에는 '○○년간소조저화(年間所造楮貨)'라는 문면이 인쇄되었을 것으로 보인다. 조선 초 저화의 통용 가치는 1장에 오승포 1필, 또는 미 1두, 혹은 30장에 목면 1필로 비정하였다. 조선조 저화의 사용 용례를 검토하면 그것들은 모두 포 몇 '필(疋)'로 거래된 것처럼 저화 몇 '장(張)'으로 거래되고 있다.

따라서 고려조에 인조(印造)한 저화는 발견할 수 없지만, 저화는 송과 원나라의 지폐와 달리 화폐의 계산 단위가 관, 문 등으로 특정되지 않았다. 실제로 고려에서 민간에서 화폐의 사용이 보편화되지 않았던 만큼 중국과 같은 계산 단위로서의 관, 문이 성립하지도 않았다. 따라서 저화는 지폐라고 하나 금속 화폐를 대위하거나 혹은 자체의 화폐 단위를 가진 지폐는 아

---

271 "紙不全用楮, 間以藤造". (『宣和奉使高麗圖經』 卷第二十三, 雜俗二, 土産).
272 『고려사』 卷七十九, 志 卷第三十三, 食貨 二, 화폐.
273 "戶曹啓: "請將建文年間所造楮貨, 改印永樂年號頒行" (『태종실록』 19권, 태종 10년 6월 8일 癸卯).

니었다. 저화는 몇 '장(張)'으로 거래되는, 포와 같은 물품 화폐적 요소가 있지만, 정부가 일반 종이와 구분하고 인조(印造)하여 발행하는 점에서 포화와 구분된다. 또한 여타 물품과의 비가에서 상대적으로 높은 법정 가치를 결정하되, 조세 납입 등에 사용하고 유통을 장려하며, 동시에 발행 이익을 고려했던 점에서 신용 화폐라 할 수 있다.

저화와 마찬가지로 고려조는 표인(標印)한 포화(布貨)도 화폐로 사용하고자 하였다. 그러나 저화나 포화를 상품으로서 그것들에 비해 높은 가치의 화폐로 유통시키고자 하는 정책은 실효를 거두기 어려웠다. 본질적으로 소재 가치와 괴리된 국가 발행의 화폐가 높은 가치를 유지하기 위해서는 태환 준비와 편리한 교환 등의 여러 조건이 만족되어야 하나, 이것은 쉬운 일이 아니었고 또한 발행 이익을 얻고자 하는 의도와 어긋나는 것이어서, 표인한 저화나 포화는 점차 가치가 하락하면서 유통계에서 사라져갔다.

고려조의 화폐 경제 발전에는 한계가 많지만 미나 포화의 현물 화폐 외에 수차에 걸친 동전의 주조와 유통 시도, 은병과 쇄은 등의 은화 유통, 원 지폐의 유통과 독자적 저화의 발행 시도 등 발전적 측면들이 있었다. 그러나 고려의 전반적인 화폐 경제 발전 수준은 제한적이었다. 송의 시대에 상대적으로 교역이 활발했고, 원의 시대에 고려가 세계 경제에 편입되었으나 왕실이나 귀족 외에 상인의 교역 활동은 활발하지 못했다. 이러한 제약에도 불구하고 한국 전통 사회에서 장기적 안목으로 보면, 신라 고려기의 상업, 무역 그리고 화폐제도의 빌딜은 1392년 조선 왕조의 성립 이후보다 앞서 있었다. 이들 초기의 발전들은 명백히 14세기 명조 이전 중국에서의 상업 발전과, 1368년 명조가 성립된 이후 상업 및 해외 무역으로부터 농업으로 가일층의 집중이라는 이동의 산물이었다"[274]고 판단된다. 달리 말해, 중

---

274 James B. Palais, *Confucian Statecraft and Korean Institutions-Yu Hyŏngwŏn and the Late Chosŏn Dynasty-*, University of Washington Press, 1996, pp 52-53.

국의 명조에 상업과 화폐 유통이 쇠퇴한 것이 고려조 이후 조선조 상업과
화폐의 후퇴에 간접적인 영향을 미쳤다고 볼 수 있다.

제5장

조선 시대의
가산 유교 관료제

제1절 가산 유교 관료제

1. 유교 관료제

조선이 건국되는 과정은 무력을 기반으로 역성혁명을 한 것이나 대규모의 전쟁이나 내란의 혼란기를 겪지는 않았다. 이성계를 옹립하여 조선을 개국한 정도전과 조준 등의 유학 문관들은 조선을 이상적인 유교 국가로 만들고자 했다. 신흥 정치 세력은 배불과 사전 혁파를 이념으로 지지자를 결집하고, 새로운 국가를 건설하였다. 이성계는 왕위에 오른 후 처음에는 국호를 여전히 고려(高麗)라 하고, 의장(儀章)과 법제(法制)는 한결같이 고려의 고사(故事)에 의거하도록 하였다.[1] 이후 약 반년 후에 조선(朝鮮)과 화령(和寧)의 두 이름 중 명나라의 재가를 받은 조선으로 국호를 세우게 된다.[2]

유교를 이념으로 하는 새로운 정치 세력은 불교가 넓은 면적의 면조지 전장을 가지고 재정을 해치며, 내세를 중시하고 현실의 인륜을 무시하며, 혼인도 하지 않고 놀고먹으며, 평등을 내세워 강상을 해치고, 여러 곳을 돌아다니고 심지어는 외국으로도 나가기도 하는 등 정착하지 않아 사회 불안을 가져오는 해악이 많은 것으로 비난하였다.

조선조 유학자들은 유교 경전에 나타난 중국 고대의 하, 은, 주 3국의 제도를 이상으로 하고, 유교의 가르침을 사회의 예제로 삼아 민중의 생활 속에 실현하고자 하였다. 고려조를 지배한 불교 의식과 토속적 신앙 그리고

---

1 『태조실록』, 태조 1년 7월 28일, 태조즉위교서.
2 『태조실록』, 태조 2년 2월 15일.

양계적 가족제도를 주자학적 예제와 종법적 가족제도로 전환하고자 하였다. 『주자가례』와 『소학』을 기본적인 교과서로 삼고, 전통적인 양계적 출계 의식을 부계친으로 전환하고, 혼인 관행을 서류부가혼(婿留婦家婚)에서 (반)친영제(親迎制)로, 상속제에서도 자녀 균분을 부계 친족과 장자 중심의 상속제도로 대체하고자 하였다.

신유교주의자들은 사회제도의 근간으로 종법 질서를 세우고자 하였다. 종법(宗法)의 '종'은 부계 출계 집단을 의미하고, 종법의 핵심은 적장자로 가계를 계승하고, 제사를 지내도록 하는 것이다. 부계 혈연 집단의 조상은 대종이 되고, 그에 비롯된 중자(衆子)들의 후손은 소종이 된다. 출계 집단들은 대종을 중심으로 하나의 대가정으로 연결되고, 대가정의 대종으로서 왕실에 대한 충성을 강조했다. 종법을 기반으로 출계 집단 안에 부계친 의식을 활성화하는데 효과적인 방법이 제사였다. 그러나 이러한 송대 신유학에 근거한 제도는 고대 중국에는 결코 존재하지 않았으며, 자신들의 시대에서 뿌리내리는 데도 성공하지 못했다.[3]

유학자들은 건국 이념으로 억불숭유 정책을 내세웠고, 불교의 영지나 노비를 몰수하여 교단의 물적 토대를 제거함과 동시에 불교식 장례를 유교적 장례와 조상 숭배로 바꾸고자 하였다. 나아가 불교의 전폐를 주장했지만 왕실에서 불교 의례를 계속하는 등 불교를 폐지하지는 못했고, 일반 농민들 사이에는 불교, 도교, 샤머니즘 그리고 풍수사상이 장기간 존속되었다.

고려 말부터 신유학자들은 "각 가정에는 사당이 있어야 한다"는 주자의 제안을 받아들여 사당을 건립하는데 힘썼다. 고려 말 최초의 신유학자인 정몽주는 귀족과 상민에게 사당을 세우고, 조상에게 봉사하도록 제의했

---

3 Martina Deuchler, *The Confucian Transformation of Korea*, Harvard University Press, 1992. 이훈상(역), 『한국 사회의 유교적 변환』, 아카넷, p 185.

다.[4] 건국 후 유교 관료들은 『주자가례』를 교범으로 삼고, 1403년에는 처음 입사한 관리들과 이미 입사한 관리들 중 7품 이하는 모두 『주자가례』를 시험보도록 하였다.[5] 그러나 건국 후 15세기 전반까지는 대체로 상·제례가 전통적인 불교 의식에서 크게 벗어나지 못했다.

조선 초에는 소수의 사대부 가정에 한해 유교적 예법이 수용되었고, 성종조 이후에 서서히 확산되었다. 『경국대전』은 종법 질서를 법률로서 확립했다. 『경국대전』은 본가를 영속화하는 수단으로 적장자 원칙을 확립하고, 종법(유교적 부계친 원칙)의 모델 위에 장남을 우선적인 후계자로 단일화했다. 가족제도와 상·제례 제도의 변화는 성씨, 본관 의식과 족보 편찬에도 영향을 미쳤다.[6] 고려조에 비해 조선조의 족보는 부계를 중심으로 보다 수직적 편제로 작성되었다. 이 과정에서 적서와 처첩의 구분이 강화되고, 여성의 지위가 하락하면서 남성 중심의 가족 질서가 형성되었다.

조선 시대의 유교적 재편이 중국적 제도의 한국에의 도입이었음에도 불구하고, 고대 이래의 한국의 국속과 특징이 유지되었다. 그 두드러진 것은 모계적 혈통을 중시하는 양계적 요소의 존속이다. 마르티나 도이힐러(Martina Deuchler)에 의하면 조선에는 유교화 이전의 특징이 그대로 잔존했는데, 그 중요한 것은 성씨, 즉 출계는 부계이지만, 엘리트의 신분이 고려 시대와 마찬가지로, 조선 시대에도 중국과 달리 계속 양계적 조건에 의해 결정되었다. 그 결과 적서 구별은 중국보다 더 엄격하였다.[7]

한편 국가 이념을 불교에서 유교로 전환하는 바탕에서 통치제도에서 정

---

4 Martina Deuchler, 같은 책, p 186.

5 Martina Deuchler, *The Confucian Transformation of Korea*, Harvard University Press, 1992. 이훈상(역), 『한국 사회의 유교적 변환』, 아카넷, p 159.

6 조동걸, 2)조선 초기의 사회와 문화, 『신편 한국사』 1 한국사의 전개, Ⅲ. 한국사의 시대적 특성, 2002.

7 Martina Deuchler, *The Confucian Transformation of Korea*, Harvard University Press, 1992. 이훈상(역), 『한국 사회의 유교적 변환』, 아카넷, p 412.

종 2년(1400)에 종래의 도평의사사를 고쳐 의정부로 하고, 중추원을 고쳐 삼군부로 하되 의정부에는 참예하지 못하게 하여, 의정부의 규모를 줄이고 효율적인 협의 기구로 만들었다.[8] 조선조 유학자들은 중국의 고대 삼대를 이상으로 국왕이 한 사람의 재상을 논정하고, 재상은 임금을 받들며 백관을 통괄하여 만민을 통치하는 군신공치(君臣共治)의 국가를 그렸다. 조선조는 국왕의 전제 국가라기 보다는 전 기간에 걸쳐 왕권과 신권이 긴장 관계에서 갈등하는 국가였다.

그러나 유교 개혁론자들에게 확실히 부족한 것은 고전에 대한 이어져 온 지혜보다 높은 지식의 기준으로서 이성의 찬양이었다.[9] 제도 개혁의 준거도 합리적 논리가 아닌 유교 경전이고, 타인을 설득하거나 본인을 방어하는 주된 기준도 중국 고대 삼국의 가르침인 점에서 종교적이었다.

유교적 사회 제도의 수립과 함께 경제제도에서는 농본주의를 기본으로 하였다. 정도전의 『조선경국전』에 보이는 유교적 경세론의 토대인 왕도 정치는 백성의 생활 기초인 의식(衣食)을 생산하는 농상(農桑)을 중시하는 농본주의에 기초한다. 정도전은 "백성들 가운데서 게으르고 놀기 좋아하는 자들이 모두 여기(상공업)에 종사하였다. 그러다 보니 농사를 짓는 백성은 날로 줄어들었다. 말작(末作)이 발달하고, 본실(本實)이 피폐한 것이다"[10] 고 하였다. 그러나 동과 철은 농구와 병기의 생산에, 금은도 종묘나 사대를 위해서는 필요한 것이었다. 백공(금공(金工), 옥공, 석공, 목공, 공피공(攻皮工), 전식공(塼埴工), 사시공(絲枲工), 회화공(繪畫工) 등)은 모두 없어서는 아니될 긴요한 것으로 인정했으나 검약을 근본으로 삼았다.

조선은 상업 및 수공업을 천시했지만 필요한 것들이므로 기본적으로 국

8 『정종실록』, 정종 2년(1400) 4월 6일.

9 James B. Palais, *Confucian Statecraft and Korean Institutions-Yu Hyŏngwŏn and the Late Chosŏn Dynasty-*, University of Washington Press, 1996, p 10.

10 정도전, 『조선경국전』 1, 공상세.

가의 통제 아래 두고자 하였다. 공장(工匠)은 장안(匠案)에 등록하고 관영 공장에서 순차적으로 일하도록 강제하였고, 상업도 기본적으로 국가의 통제 아래 두고, 상공인을 사회적으로 천시했다. 유교는 인의를 중히 여기고 사리의 추구를 하시하였다. 결과적으로 산업의 경시와 생산 노동의 하시를 낳고, 치자인 양반은 경제 활동을 치욕으로 여기고 소유에 의존하는 태도를 가졌다.

그러나 양반이 과거에 급제하기가 힘들고, 관료가 되어도 직전 등 국가의 급여는 적었다. 따라서 양반들은 유학의 가르침과 달리 권력을 이용하여 부를 쌓고 토지를 획득하는 것이 보통이었다. 철학적 유교의 가르침과 별개로 현실의 유교적 사회 제도는 반상제 양반 사회이고 양반 사회는 지주 사회일 수밖에 없었다. 유교에서의 산업 경시에도 불구하고 농업은 장려되었고, 농민도 제도적으로 과거에 응시할 수 있었으며, 양반도 농업에 종사할 수 있었다. 국왕의 친경, 왕비의 친잠도 농업 장려의 한 표현이었다. 그러나 보다 적극적인 농업 진흥 정책의 예를 들어 금양(禁養)을 통해 산림을 육성하거나 수리 시설을 확충하는 등의 사업은 드물었다.

조선에서 국가의 상공업에 대한 차별은 엄격했다. 먼저 공업의 장인들은 장안(匠案)에 등록하도록 하고, 수도와 지방의 각 관영 공장에서 각자의 역에 종사하도록 하였다. 신라 이래로 고려조에서도 수공업의 많은 것이 관영 공업으로 생산되어 온 것을 답습하고 법제화하였다. 장인들은 상인과 마찬가지로 천시되었다.

한편 유교를 신봉하는 관리들은 상업에서 획득한 재부에 대한 혐오감에서 결코 벗어나지 못했는데, 그들에게는 상업을 통한 재부 획득이 사회적으로 지위가 높은 이들에게는 잘 맞지 않는 방법으로 받아들여졌다.[11] 중

---

11 Martina Deuchler, *The Confucian Transformation of Korea*, Harvard University Press, 1992. 이훈상(역), 『한국 사회의 유교적 변환』, 아카넷, p 401.

국의 진신들이 과거 합격을 통한 관직의 획득과 토지를 통한 지대 수입이 모두 원활하지 않은 것을 알고, 국가의 내국 관세 등의 상업세 조세 징수 과정에서의 조세 청부나 조운 및 창고 업무 등을 통해 부를 얻어 도시에서 소위 관상이나 신상으로 활동한 것과 상이했다. 중국의 유교 관료들도 서양 근대와 달리 사리사욕의 해방을 주장하거나 개인적인 이익 추구가 시장에서 자율 조화된다고 인식하지는 않았다. 그러나 그들은 상업적 이익의 추구가 '의(義)'라는 사회적 이익에 부합할 가능성을 인정하고, '리(利)'에 내재해 있는 '의(義)'의 추구라는 상용성을 현실에서 보다 융통성 있게 수용한 것으로 판단된다.[12]

조선의 양반도 부의 취득과 토지의 집적에 관심을 가지고 또 부분적으로는 방납에 관여하여 상업적 이득을 취하기도 하였지만, 명분상으로는 '의'와 '리'를 보다 명료히 구분했다. 그들은 농민의 경작권에 대한 보호도 없으며, 상인은 천시받는 차별적 제도에서, 오직 토지 소유에만 의지하고 읍 단위 도시도 아닌 농촌에서 주로 거주했다. 그리고 토지 소유를 토대로 노비제를 이용한 지대 수취라는 경제적 '리(利)'를 추구하는 모순을 정명 사상이라는 신분제 논리로 합리화했다.

한편 유교 관료들이 흔히 토지제도와 관련하여 중국 고대의 정전제를 이상적인 것으로 언급했지만, 이는 양반 사회를 허무는 것이므로 사실상 실현 불가능한 것이었다. 조선조가 현실에서 사적 토지 소유를 강화한 것은 농업 생산성 증가에 따른 역사적 흐름이었다. 다만 상공업에 대한 차별

---

12 17세기 중엽 명말청초의 중국 유학자 황종희는 사람의 태생이 원래 자사적(自私的)이고 자리적(自利的)이라고 인식하고, 천하 사람들의 자사(自私), 자리(自利)를 실현하는 것이 천자의 '공(公)'이라고 생각했다. 또한 전통적인 농본사상(農本思想)에서 벗어나서 상업과 공업(주로 수공업)도 모두 근본 산업이라고 보는 '공상개본(工商皆本)'의 경제 사상을 가지고 있었다. 이는 서구의 근대 사상과 흡사하게 생각된다. (黃宗羲, 『明夷待訪錄』).

적 인식은 중국과 달리 보다 엄격한 입장을 가지고 있었다. 그러나 이 점이 조선 후기에 토지 소유의 불평등을 심화하고, 상공업적 출구를 찾기 어려운 상황을 보다 악화시킨 것으로 보인다.

한편 조선의 관제로 가장 위에 정치와 행정을 총괄하는 의정부(종래의 도평의사사)와 6조가 있다. 이조는 벼슬아치의 인사 관리, 호조는 호적이나 세금의 관리, 예조는 제사나 과거 시험 등의 관리, 병조는 군사 업무, 형조는 형벌, 공조는 공사를 담당했다. 이외에 직접 왕명의 출납을 맡은 승정원(承政院)이 있고, 이에는 도승지(都承旨) 이하 6승지가 각각 6조의 행정 업무를 분담하여 국왕의 비서 기능을 맡았다. 이외에 국왕의 자문 역할을 하는 옥당이라고도 하는 홍문관(弘文館), 감찰 기능의 사헌부(司憲府), 간쟁을 임무로 하는 사간원(司諫院)의 이른바 3사(三司)가 있다.

조선조 국왕은 홍문관이 주관하고 대신들이 참석하는 경연(經筵)을 밤낮으로 열고, 또한 이들 3사(三司)가 항상 국왕의 언행을 감시하여, 결과적으로 국왕이 전제를 하는 것은 어려웠다. 이들 기구 외에 중요 기관으로 의금부(義禁府), 춘추관(春秋館), 한성부(漢城府)와 포도청(捕盜廳) 등이 있다. 지방에는 군현의 통제와 조정을 위해 각도별로 감사를 두고, 부·목·군현에는 지방관이 존재한다. 각 지방의 읍사에는 지방관을 보좌하고 실무를 담당하는 향리가 존재한다. 그러나 중앙 집권이 강화되어 고려조와 달리 모든 지방관을 중앙에서 임기직으로 파견하였다. 조선조의 관리 임용에는 비록 음서제도가 존속했지만 그 범위가 축소되고 원칙적으로 과거에 급제하여야 했다. 조선조에도 신분적 요소가 존재했지만 과거를 통한 관직 획득이 강조되고, 특히 지방 관제의 정비로 향리가 지방관을 세습하는 것이 폐지되어 업적주의가 더욱 강화되었다.

조선조에는 지방관이 중앙에서 파견되었고, 향리는 여전히 세습적이지만 지방관 휘하의 실무자의 역할에 그치고, 중앙의 서리가 될 수 있는 기회도 없어서, 사회적 지위가 크게 하락했다. 『경국대전』이전(吏典)의 향리조에서 향리는 그 역에서 벗어나는 기회를 극히 제한했다.[13] 결과적으로 향리는 신분이 중인층에 고정되어 상승의 기회가 두절되고 자기 도태하였다. 국가는 또한 향리나 아전에게 급여나 직전의 사여를 중지하여 그들로 하여금 조세 징수 과정에서의 수수료나 뇌물 등에 의존하도록 했다.

관료직은 기본적으로 혈통에 의한 신분이 아닌 과거에 등과하는 업적에 따라 후천적으로 획득되었다. 향리, 중앙 서리, 기술관, 그리고 양반의 서자는 고려 시대에는 모두 중앙 관원으로 나아갈 수 있었지만, 이제 정규 관원에서 제외되었다.[14] 관료가 되기 위한 과거에는 문과, 무과 그리고 잡과, 세 종류가 있었지만 가장 중심적이며 고위직으로 승진할 수 있는 것은 문과였다. 중심적인 문과 과거 시험을 위한 과목은 중국의 제도를 모방하여, 대학·논어·맹자·중용에 대한 주자의 4서 집주를 중심으로 하였다. 학교 제도로는 성균관과 수도의 4학, 지방의 향교 등이 있고, 지방 촌락에는 사적으로 운영되는 서당이 있었다.

조선의 과거 제도의 특징은 중국과 달리 응시 자격을 제한하여 서자와 상인 및 수공업자를 과거에서 배제한 것이다. 이에 반해 중국에는 서자에 대한 장벽은 없었고, 상인들은 송나라 때에 법적인 금지가 있었지만 시험을 볼 수 있었다. 상인과 수공업자의 시험 응시의 제한은 명과 청의 시대에 제거되었다.[15] 덧붙여 사회의 상업화 과정에서 중국에서는 17세기 중엽에 학위와 관직의 매매가 성행하고, 다시 19세기 중엽의 태평 반란 시에도

---

13 향리는 문과·무과·생원·진사시에 합격하거나, 특히 군공을 세워 사패를 받은 자, 3정 1자 중에서 잡과에 합격하거나 서리에 입속하여 직에서 떠난 자는 함께 그 자손의 역을 면해준다. (『經國大典』, 吏典, 鄕吏). 그러나 아들이 6정 이상이라도 하나만 서리에 입속하거나 잡과에 나아가는 것을 허용한다고 하였다. (『經國大典註解』, 吏典, 鄕吏).

14 John B. Duncan (김범 역), 『조선 왕조의 기원』, 너머북스, 2013, p 315.

15 James B. Palais, *Confucian Statecraft and Korean Institutions-Yu Hyŏngwŏn and the Late Chosŏn Dynasty-*, University of Washington Press, 1996, p 33.

그러했다.

　조선조에 관리 임용에서 과거의 중요성은 더 높아지고, 관료의 지위는 과거라는 정규적 임용 경로를 거침으로써 정당성이 높아졌다. 그러나 고려조 이래의 유력 가문이 과거에 등과하거나 조선조 건국 과정에서 공신이 되어 귀족 가문의 영향력이 지속되었다. 존 던컨(John B. Duncan)에 의하면, 15세기 초 중앙 정부 최상위 두개의 품계에 과거제로 충원된 관료의 비율은 고려 왕조 14세기 후반에 비해 낮았다. 고려 말의 60%에 비해 40%였는데, 이는 1392년 후 관직의 고위직에 동북의 군사 그룹이 유입되었기 때문이다. 그러나 15세기 말경 그리고 나머지 왕조 기간에는 고위 품계 관리의 90% 이상이 과거 급제자였다.[16]

　한편 조선조 행정제도 개혁의 중요한 특징의 하나는 전국의 모든 지역에 중앙에서 지방관을 파견하고, 지방 통제를 강화하고자 한 것이다. 이것은 고려조에 높은 수준의 자치를 누렸던 옛 향리 가문의 지위와 권한이 그만큼 위축되었다[17]는 것을 의미한다. 결과적으로 국왕과 양반 관료의 권한이 커지고, 재정 수입의 증대에도 도움이 되었다. 또한 향리 출신으로 첨설직을 받은 사람들은 과거 급제자나 특별한 공훈을 세운 사람을 빼고 3품 이하의 중앙 품계(첨설직 관원은 2품)를 가진 모든 향리 출신은 그들의 원래 지위로 돌아갔다.[18] 새 왕조의 건설자들은 단지 향리를 중앙에서 배제하는 것에 만족하지 않았다. 그들은 향리를 한 군현에서 다른 군현으로 이동시켰고, 그럼으로써 조상 지역에 갖고 있던 전통적인 권력 기반으로부터 그들을 단절시켰다.[19] 또한 향리 출신은 과거에 응시할 수 있는 조건을 양

16　John B. Duncan (김범 역), 『조선 왕조의 기원』, 너머북스, 2013, p 201.James B. Palais, 같은 책, p 33.

17　John B. Duncan (김범 역), 『조선 왕조의 기원』, 너머북스, 2013, p 310.

18　John B. Duncan (김범 역), 『조선 왕조의 기원』, 너머북스, 2013, p 312.

19　이성무, 「조선 초기의 향리」, 『한국사연구』 5, 1970, pp 40-42. John B. Duncan (김

인보다도 까다롭게 하여 양반은 그들의 주요한 경쟁자를 배제할 수 있었다.[20]

조선조에도 정치적 격동기에 과거를 통하지 않은 공신 등의 관직 임명이 있었지만 적어도 제도적으로 업적주의가 자리잡고 신분제는 크게 약화되었으며, 특히 향리의 세습적 지방 권력은 제거되었다. 물론 과거 응시에 신분적 제한이 있고, 향리들이 이제 중하층의 실무 행정가이지만 세습이 유지되는 등 큰 틀에서는 전근대적 신분제가 유지되었다. 그러나 중앙 관료제는 제도적인 세습이 약화되어 업적주의로 전환된 측면이 있고, 결과적으로 고려조의 가산 신분 관료제는 조선조에 가산 유교 관료제로 전환되었다고 할 수 있다.

조선조 가산 유교 관료제는 가산 관료제의 발전된 형태이지만 특히 조선의 유교 관료제에는 근대적 요소가 존재했다. 유교 관료제는 법제적으로 신분적 세습에서 분리되어 업적주의적 요소가 강화되고, 점차 토지 지배로부터 분리되어 녹봉에 의존하게 되었다. 그리고 사회적으로는 토지 시장이 성립하고 이동의 자유가 존재하며 일정하게 상품 화폐 경제가 발전했다.

그러나 조선 후기의 유교 관료제도 전근대적 성격을 벗어난 것은 아니었다. 우선 과거의 등과자가 실제로는 과거의 기득권층이 대부분이어서 사실상 신분제적 요소에 강하게 윤색되었다. 또한 제도적으로는 과거제 자체가 신분제에 기초하여 응시가 제한되었고, 조선조 초와 달리 후기에는 점차 양반이 반상제에서 관료라는 직업이 아닌 세습적 신분제화 되고 있었다. 또한 관료의 비전문성과 근대적 합리성의 결여, 관료 집단의 소략함과 권한의 위계적 배분의 부재, 실무적 하급 관리인 이서의 하대, 지방 통치에서 세거 향반(世居鄕班)과 향리 집단에의 의존 등이 존재했다. 한편 재정에서 현물 재정을 토대로 정부 기관별로 다종 다양한 수입에 의존하는 분립

범 역), 『조선 왕조의 기원』, 너머북스, 2013, p 312.
20 이성무, 『조선 초기 양반 연구』, 일조각, 1980, pp 57-59.

자판제가 유지되었다. 또한 화폐 경제 발전의 저수준으로 화폐 단위가 독립되지 못해 합리적 계산을 통해 행정의 근대화를 추구할 기반이 부재했으며, 화폐를 추구하는 신흥 부르주아가 존재하지 않은 점 등이 16세 이후 서양의 근대 관료제와 다른 점들이었다.

조선의 유교 관료는 초기에 양반과 양인을 신분적으로 구별하지 않았다. 그들은 노비를 제외하고, 관리나 양반을 포함하는 모든 성인 남성이 군역을 부담하는 국방제도를 도모했다. 그러나 시간이 흐르면서 사대부는 특별한 권한과 특권, 예를 들어 부역과 군역의 면제 그리고 사실상의 부세 경감 및 형사 처벌의 감경 등 특혜를 누렸다.[21]

조선 초의 양반 개념은 기본적으로 법제적인 직업 개념이었지만, 점차 신분 개념으로 바뀌고 조선 사회는 신분제가 강인하게 존속하였다. 원칙적으로 양반은 과거의 등과자가 양반 즉 '두 종류의 관리(문반과 무반)'로 된 것을 의미한다. 그러나 조선조 양반은 정규 관료인 본인 이외에 명망 있는 관리의 가족들, 친척들(인척도 포함), 조상, 후손도 포함하는 것으로 되었다. 광의의 지배 계급은 사족으로 불리기도 했다. 양반이라는 사회적 우대의 호칭이 관직을 가진 본인이나 당대의 가족에 그치지 않고, 또한 후손에게 전승되어도 3대라는 제한된 세대에 그치지 않고 세습적인 성격이 강해지면서 양반은 직업이 아니라 귀속적 신분 개념이 되었다. 역사적으로 양반은 국가로부터 수조권을 지급받아 전주(田主)로도 불렸지만, 녹봉제가 실시되면서 개념적으로는 토지 소유와의 직접적인 관계가 단절된다. 현실적으로는 다수의 양반이 지주였지만 법제적으로는 양반이 계급으로서 토지 소유와는 괴리되었다.

---

21 Martina Deuchler, *The Confucian Transformation of Korea*, Harvard University Press, 1992. 이훈상(역), 『한국 사회의 유교적 변환』, 아카넷, p 160. 이성무, 「양반」, 『한국사』10, 1981, 참조.

조선조에서 양반이 어느 무렵부터 신분 개념이 되었는가에 관해 상이한 견해가 있다. 한영우나 유승원 등은 조선 초에는 양반이 유직자(有職者)를 의미하고, 관직이 없어지면 양인으로 돌아갔다고 한다. 그들에 의하면 조선 초의 신분 제도는 양인과 천인으로 구분되고, 양반이라는 용어는 존속했지만 직책, 직급(직이 없는 산관)이 수여된 사람, 진사 생원 등의 학위 취득자, 문과와 무과의 급제자, 교생, 군사 등을 지명하는 것이었다. 양반은 존재했지만 신분적으로 양인과 구분되지 않았으며, 양인과 양반은 한 덩어리로서 관료가 되기도 하고, 다시 양인으로 복귀하기도 하는 관계였다. 다시 말해 양반이 유직자라면 양인은 무직자라는 것이다. 양반이 양인과 구분되는 신분이 된 것은 겨우 16세기 이후이고, 17세기에 들어와서의 일이라고 한다.[22]

유승원과 한영우 등에 의하면 조선 초에는 노비를 제외한 누구나 관학에 학생으로 등록할 수 있고, 모든 수준의 시험을 볼 수 있으며, 국가의 최고위직에 임명될 수 있었다. 덧붙여 유승원은 고려조에 천인으로 간주되었던 사람들을 양인으로 올려 양인의 수를 확대하고, 모든 양인에게 차별없이 동등한 권리와 의무의 제도를 부여함으로써 기회 균등이 더욱 증진되었다고 한다. 반면에 고위 관료의 아들이나 손자가 학위가 없이도 그들 조상의 성취로 관직에 임명될 음(蔭)의 혜택을 받는 경우에도 단지 한 세대 혹은 두 세대에 국한되었다.[23] 그러나 사회적으로 관직자의 우대는 관습적

---

22 한영우, 「조선 초기 사회계층 연구에 대한 재론」, 『한국사론』12, 1985. 『조선 시대 신분사연구』, 집문당, 1997, pp 15-17. 유승원, 『조선 초기 신분제연구』, 을유문화사 1987. 참조.

23 음직의 서용 기준은 다음과 같다. "공신 및 2품 이상의 자(子)·손(孫)·서(壻)·제(弟)·질(姪)(단 원종공신(原從功臣)은 자와 손), 실직(實職) 3품인 자의 자와 손, 이조(吏曹), 병조(兵曹), 도총부(都摠府), 사헌부(司憲府), 사간원(司諫院), 홍문관(弘文館), 부장(部將), 선전관(宣傳官)을 지낸 자의 아들로 나이 20세 이상은 서용한다. 녹사에 소속되기를 원하는 자는 들어준다." (『대전통편』, 吏典, 取才, 蔭子弟).

으로는 4조 안에 현관(9품 이상의 문·무반직)이 있는지가 기준이 되기도 하였다[24]고 한다. 적어도 양반의 관직이나 그에 따른 우대는 법제적으로 3대 이상으로 지속적인 것은 아니었고, 따라서 조선 초에는 양반과 양인의 신분적 구분은 희박하고, 양천의 구분만이 존재했다고 한다.

이와 달리 조선 초에도 고려조 이래로 하나의 사회 신분으로서 양반이 양인과 구별되어 존속했다는 견해가 있다. 법제적인 면에서는 한영우와 유승원 등의 견해가 타당한 것으로 보이지만, 사회 현실에서는 고려조 이래의 중요 가문이 지속적으로 다수의 관직을 차지할 수 있었던 것도 부인하기 어렵다. 송준호와 던컨 등은 이 점을 중시하여 조선조 초에도 고려조 이래로 사실상 양인과 구분되는 양반 가문이 존속되었다고 한다. 나아가서 국가는 관직과의 관계가 희박한 양반의 존재를 특히 군역과 관련하여 법령이나 법적 특권 등으로 인정하게 되었다.

조선조 양반에 의한 과거 급제와 고위 관직의 영속성에 관해 에드워드 와그너(Edward W. Wagner)는 왕조 500년간의 문과 급제자 14,600명의 가족 배경을 조사했다.[25] 그에 의하면 가장 높은 문과에 급제자를 배출한 750개 문중 중 5세대마다 평균 1명의 합격자를 낸 36개 문중이 총 합격자의 53%를 차지했다. 그러나 다른 한편, 아마도 급제자의 80%가 8대 이내에 다른 학위 소유 친척을 가지고 있고, 그리고 어떤 가문은 10대 이후에도 급제자를 내지 못했다. 조선조의 양반은 자손이 3대에 한 번씩 등과를 하기는 어려웠지만, 과거에 관직을 가진 선조의 존재를 전제로, 사회적 상층 신분으로 존속하고 있었다.

송준호는 양반은 단순한 직업이 아니고 사회적 존경을 받는 조상을 둔

---

24 이성무, Ⅰ.「인구동향과 사회신분」 3. 양반, 『신편 한국사』 25: 조선 초기의 사회와 신분구조

25 Edward W. Wagner, "*The Ladder of Success in Yi Dynasty Korea*", Occasional Papers on Korea, no. 1, 1974, p 4. James B. Palais, 같은 책, p 39.

가문으로 생각했다.[26] 양반 가족의 부계의 명예는 그 위신을 세우는데 가장 중요한 요소였고, 고려조 이래의 전통을 반영하여 처가나 모계의 혈통도 중요시되었다. 양반의 기준으로는 관직 외에도 진사나 생원 등의 학위의 획득 그리고 유교 의례의 준행 및 유학자로서 시작(詩作)과 서예 등의 교양도 중시되었다. 조선조에도 양반은 '음(蔭)'의 특권으로 세습적 양반의 지위가 유지될 가능성이 여전히 존재했다. 조선 초에 양반도 군역을 부담해야 했지만 양인과 다른 특수 직종이어서 구별되었고, 사족에게는 1525년 그들이 범죄를 저질러도 그들과 함께 가족들이 변경으로 수송되는 고통에서 제외되었다.[27]

그러나 양반이 유직자가 아닌 신분화하는데 중요한 제도적 변화는 조선 후기에 나타난 군역의 면제이고, 이는 법제적인 면에서 양반을 양인과 구분되는 신분으로 만드는 가장 중요한 것이었다. 군역 면제 외에도 진사나 생원을 포함한 현저한 사람들의 경우 일정 한계 내의 경작을 금지하는 묘역에 대한 규정이 존재하기도 하였지만,[28] 부수적이었다. 그러나 군역이 면제되는 신분의 가문은 지속성이 강했지만 법률적으로 공인된 것은 아닌

---

26 宋俊浩, 『朝鮮社會史研究』, 一潮閣, 1987.

27 "전일에 정부의 뜻이, 내사조와 외사조에 모두 현관이 있는 사람은 전가 사변(全家徙邊)을 면할 수 있다고 했다. 만일 그렇게 한다면 한편에 현관이 없는 사람은 면하지 못하게 될 것이다. 한편에만 현관이 있더라도 역시 사족(士族)이니, 양반의 사조(四祖) 중에 한편에라도 현관이 있으면 면하도록 하는 것이 어떨지 다시 의논하여 아뢰라." (『중종실록』, 중종 20년 8월 21일).

28 경국대전에서 분묘(墳墓) 주위에는 한계를 정하여 경작(耕作)과 목축(牧畜)을 금지한다. 종친은 1품일 경우 전후좌우 모든 방면에서 각 100보(步), 2품일 경우 90보, 3품일 경우 80보, 4품일 경우 70보, 5품일 경우 60보, 6품일 경우 50보를 한계로 정한다. 문관과 무관은 종친에 비해 10보씩을 차례로 감하여 한계를 정하되, 7품 이하의 관원, 생원(生員), 진사(進士), 문음(門蔭)이 있는 자제는 6품과 똑같이 적용한다. 여자는 남편의 관직을 따라 한계를 정한다. (經國大典, 예전(禮典), 상장(喪葬), 墳墓定限).

점에서 양반은 귀속적 신분의 성격이 강하나 고정된 것은 아니었다. 그리고 사족의 특권이 허용된 것은 법제적으로는 가문에 대한 것이 아니고 개인별로 한정적인 것이었다. 개인의 범위는 법령에 의해 정의되었고, 문과 무과의 급제자와 그의 아들과 손자를 포함했고, 진사와 생원의 학위 소지자, 남편과 부인의 4조 가운데 저명한 관리를 가진 자 등이 포함되었다.

국가의 역은 가문이 아닌 개인별로 부과되는 것이어서, 소위 향반의 자제 중에도 군역을 지는 사람과 그렇지 않은 자의 구분이 있을 수 있었다. 이런 점에서 양반이 세습적 고정 신분이 아닌 측면이 존재한 것도 사실이다. 그러나 이러한 제한에도 불구하고 학위나 관직이 없이도 오랜 세대에 걸쳐 양반의 지위를 장기간 유지하는 향반들이 존재하였다.

양반은 다면적 개념이어서 직업과 계급 그리고 신분의 여러 측면을 가지고 있지만 다른 한편 엄밀하게는 어느 것도 아니라고도 할 수 있다. 가문으로서 양반은 직업일 수도 있지만, 그것은 극히 예외적이고 과거 급제자를 연속적으로 배출하는 가문은 거의 없었다. 한편 양반이 지주일 수는 없지만, 다른 한편 토지 없는 양반도 사실상 존재하기 어려웠다. 그리고 양반은 대부분 향반으로서 지방에 세거하는 세습적 신분에 가장 가까웠지만, 법제적으로 국가의 역이 개인별로 부과되는 점에서 반드시 신분과 일치하는 것은 아니었다. 말하자면 양반은 업적주의적 관료와 세습적 귀족의 혼합물이지만 신분에 가까운 것이라 할 수 있다.

한국의 유교는 중국과 달리 과거에 대한 응시 자격을 보다 제한하였다. 한국은 양반의 첩의 아들인 서자와 공상인(工商人), 즉 수공업자와 상인을 부거권과 사환권 등에서 차별했다. 결과적으로 조선의 양반은 대체로 상업 활동을 하지 않았다. 중국에는 서얼에 대한 장벽은 없었고 상인과 수공업자의 자제도 명과 청 시대에는 차별없이 과거를 볼 수 있었고, 또한 합격자도 많았다. 중국과 달리 조선의 양반들은 상업과는 거리가 먼 촌락에 거주했고, 오직 토지와 노비에 의존하여 생활을 꾸린 점에서 한편으로는 향약 등을 통한 농촌 질서 유지에 관심이 클 수밖에 없었다. 그리고 양반이 상인 부르주아로 전환하기는 힘들었지만, 그들은 곡식의 대여를 통해 이자를 얻고, 매입이나 유질(流質)을 통해 토지 소유를 집적하였다.

한편 가산 관료제로서의 조선의 관료제는 업적주의적 과거제가 시행되어 전대에 비해 개방적인 근대성이 있지만 다른 한편 응시 자격이 신분적으로 제한되고, 현실적인 등과자가 상대적으로 소수 가문에 집중되는 등 세습적 신분제의 요소를 지니고 있었다. 또한 조선의 관료제는 소략한 특징을 가지고 있다. 관료의 수가 적은 것은 절대주의 시대에 비해서는 물론이고 중국과 한국 등의 수조 봉건제 사회에서는 봉토 봉건제에 비해서도 훨씬 적었다. 이러한 소략한 관료제는 사회의 많은 부분이 국가의 직접적인 관여없이 자율적으로 작동하고 있는 것을 의미하고, 근대의 관료제와 다른 모습이었다. 또한 조선의 관료는 전문화된 일정한 기능을 가진 사람이라기 보다는 유교적 교양인이었고, 임기도 짧아 일정한 국가적 행정 목표를 추구하는 실무 관료가 되기는 어려웠다.

조선조 초의 관료의 수를 파악할 수 있는 자료는 『경국대전』이다. 조선 초 『경국대전』에 나타난 관원에 관한 연구에 의하면, 〈표 5-1〉 조선 초 경관직(京官職) 수에서 보듯이 본직만을 보면 4,793명이고, 겸직을 포함한 전체 경관직의 수는 9,802명으로 약 1만 명 정도이다.

〈표 5-1〉 조선 초 경관직 수 (종 9품 이상)

(단위: 명)

구분	본직	겸직	합계
경관 문반직	본직 817	겸직 163 이상	980 이상
경관 무반직	본직 3,835	겸직 34	3,869
동서반 잡직 체아직	동반 141	서반 1,607	1,748
동반 체아직 일람			105
서반 체아직 일람			3,005
동반 무록관			95
총계	4,793		9,802

자료:『경국대전』, 韓忠熙,「Ⅱ. 중앙 정치구조」(『신편 한국사』 23-조선 초기의 정치 구조, 2002)의 여러 표에서 재작성.

조선의 경우 중앙 관원의 수를 품관에 한하여 살펴볼 때 겸직의 포함 여부, 체아직(遞兒職)의 포함 여부에 따라 숫자가 달라지나 겸직을 제외하고 본직을 기준으로 보면 〈표 5-1〉에서 보듯이 합계 4,793명이었다. 1867년의 『육전조례』에도 중앙 품관의 수는 4,659명으로 나타나,[29] 대체로 5천 명 정도의 수준이다. 수조 봉건제 관료제의 특징을 이해하기 위해 조금 뒤에 분석하는 지방 통치의 특징을 함께 보아도 소략한 관료제가 그 중요한 특징이고, 이는 봉건제에 비해 상대적으로 낮은 조세 부담률을 동반하고 있었으며 정부의 공적 기능이 상대적으로 적었고 부국강병을 추진하지 않았던 것을 보여준다.

조선과 같이 중앙 집권적 군현제였던 청나라 말기에는 국가에 의해 지급되는 관리의 숫자는 2만 5천 명 수준에 불과했다고 한다.[30] 이 숫자는 조선의 약 5천 명에 비교해서도 소략한 것이다. 물론 공무에 종사하는 자들

---

29 김재호,「조선후기 중앙 재정의 운용:『육전조례』의 분석을 중심으로」,『경제사학』 43권, 2007, p 20.

30 Phillip C. C. Huang, *Chinese Civilization, Past and Present*, Rowman & Littlefield Publishers, Inc. 2012, p81.

의 비중을 전체적으로 이해하기 위해서는 지방관이나 향리 그리고 상비군의 수를 모두 포함해 평가되어야 한다. 그러나 소수의 중앙 관료는 수조봉건제의 소략한 관료제의 특징을 보여주는 것이고, 이는 중앙 재정의 크기가 제약된 것과 그 맥을 같이 한다.

다음 〈표 5-2〉는 조선 전기와 대조하기 위해 조선 후기인 1867년에 반포된 『육전조례(六典條例)』에 나타난 중앙 관료, 군사 및 이예(吏隸)의 수를 나타낸 것이다. 이에 의하면 중앙 정부의 각사에 속한 인원은 관료가 4,466명, 운반 등 잡역에 종사하는 도례(徒隸)가 3,702명으로 총계 9,557명 약 1만 명에 미달한다. 여기에 이외에 병조 산하 5군영에 속한 병졸 8,969명을 합하면 총 18,526명, 즉 약 2만 명에 조금 미달한다. 조선조 초의 『경국대전』에 비교해 훈련도감 등 상비군의 설치로 병전의 병졸의 수가 크게 늘어난 것을 볼 수 있다. 조선 후기에는 부분적인 병농 분리가 이루어지면서 중앙 재정에 의존하는 공무원의 수가 증가한 것이다.

이들 관원 이외에도 중앙 재정에 의존하는 인원들로는 왕실 재정에 의존하는 궁중의 환관(宦官), 여관(女官), 나인(內人) 등 2천여 명과 이외에 지게꾼과 같은 하인배를 더한 궁속(宮屬) 4천 명 이상이 있었다.[31] 이들 수치를 합하면 19세기 후반에 중앙 재정에 의존하는 인원의 합계가 『육전조례(六典條例)』의 관리를 총 약 2만 명과 궁속 약 5천 명 합해서 소계 2만 5천 명 정도로 볼 수 있다.

31 김재호, 「조선후기 중앙 재정의 운영」: 『육전조례』의 분석을 중심으로, 『조선후기 재정과 시장-경제체제론의 접근-』, pp 56-58.

〈표 5-2〉『육전조례(六典條例)』에 나타난 중앙 관료, 군사 및 이예(吏隸)

(단위: 명)

	공전	병전	예전	이전	형전	호전	계
당상관	8	135	69	46	6	18	282
참상관	8	87	70	63	6	22	256
참하관	18	204	180	57	19	123	601
기술관		90	1,030	2			1,122
이서(吏胥)	93	497	668	310	172	465	2,205
장교		1,389					1,389
병졸		8,969					8,969
도례(徒隸)	81	1,621	696	587	255	462	3,702
계	208	12,992	2,713	1,065	458	1,090	18,526

주: 겸직은 제외함.
자료: 『六典條例』(1865). 박희진, 「서울의 직업」(『조선 왕조의 재정과 시장 II』, 낙성대
경제연구소학술대회, 2008).

한편 조선의 사족들은 제한된 관직을 놓고 격렬하게 경쟁하고 여러 당
파로 분열되었다. 선조 1575년, 이조정랑의 임명을 둘러싸고 관료들은 동
인과 서인으로 분열되었다. 관료들은 혈연과 혼인 그리고 학연 및 사제 관
계에 기초한 인적 유대를 기반으로 붕당을 짓고, 다른 종파와 분열했으며
이는 세습되었다. 세습적 당파들은 다시 분열되어, 동인은 북인과 남인으
로 나뉘어지고, 북인은 대북, 소북으로 구분되었다. 그리고 좀 더 뒤에 서
인은 노론과 소론으로 구분되었다. 이들 당파의 분열은 세자의 책봉을 통
한 왕위 계승이나 예송으로 표현되는 왕가의 적통 해석과 관련하여 권력
의 장악을 둘러싼 다툼이었다.

영조 4년(1728) 남인 출신인 이인좌(李麟佐)의 난을 평정한 뒤로는 노론
이 조정에서 확고한 우위를 유지했다. 이후 영·정조의 탕평책으로 붕당의
의미는 퇴색하고, 18세기 말 사도세자의 신분 복원을 둘러싸고, 시파와 벽
파가 구분되었다. 이후 노론 벽파가 집권을 하였으나 풍양 조씨나 안동 김

씨 등 왕가의 외척에 의한 세도 정치가 행해졌다. 외척 세도 정치는 1800
년 순조 즉위 이후 대원군 이전까지 근 70년간 이어지고 조선 왕조는 위기
를 맞게 되었다.

2. 지방 통치

고려조에서는 왕조 말까지 다수의 속현과 그 아래의 향·소·부곡 등이
향리들의 행정에 맡겨져 있었던 것에 비해 조선 왕조는 각 지방에 중앙에
서 관료를 파견해 직접 통치하고, 향리는 단지 지방관의 휘하에서 실무적
인 보조 역할만 하도록 하고자 했다. 태조 때부터 이 일에 착수했고, 또한
태종 13년(1413)에 지방 군현의 개혁을 추진하여 8도의 도역이 결정되었으
며, 이어서 세조가 대대적으로 군현을 개편하여 기본적으로 이때 정해진
지방 통치 조직이 조선 말까지 지속되었다. 세조는 군현의 '병합사목(幷合
事目)'을 제정하고,[32] 이를 8도 감사에게 유시하였다. 병합 기준은 먼저 먼
저 거민(居民)의 관곡(官穀) 출납과 사송(詞訟), 왕래의 도리(道里), 원근(遠
近)을 참고하고 민호의 수와 면적 등을 고려하여, 두 고을을 합해 하나의
현을 만드는 것만이 아니라, 서너 개의 고을을 병합하여 하나로 만들 수
있다고 생각했다.

이들 개혁을 통해 고려의 군현과 향, 부곡은 1,100개가 넘었는데, 조선조
에는 336개 군현으로 통합되었다. 군현 이하의 향소부곡처장(鄕所部曲處
莊)은 모두 폐지되었다. 모든 지방 행정 단위에는 지방관이 파견되었다. 군
현 아래에는 면과 리가 있고, 면에는 권농관이 임명되었지만, 면은 17세기
까지 군현의 영역을 몇 개의 방위로 구분한 형식적인 것에 지나지 않고,

---

32 『세조실록』, 세조 2년 11월 23일

군현 아래의 실질적인 행정 단위는 리였다. 7세기 말 신라의 리 총수는 대개 4,200개 전후였고, 15~16세기 리의 총수는 대개 6,000개로 추정된다.[33]

지방 행정 체계만이 아니라 중앙 정부도 국왕을 정점으로 하는 집권 체제로 정비되었다. 고려조 후기의 국왕은 최고 의결 기구인 70~80명의 귀족이 참가하는 도평의사사의 수장과 같은 존재였다. 그러나 조선은 도평의사사를 간소화하여 의정부를 설치하고, 그 아래에 6조를 두었지만, 태종과 세조는 '6조 직계제'를 시행하여 보다 직접적으로 의사 결정권을 행사하고자 하였다. 그러나 『경국대전』의 법제에는 의정부서사제(議政府署事制)를 규정하여 6조의 업무를 먼저 의정부에 보고하도록 하여 재상이 왕권을 견제하도록 하였고, 실제의 운영은 시대에 따라 부침이 있었다.

조선 정부는 백성을 하늘로 여기는 '이민위천(以民爲天)'을 명분으로 하나, 군주제 국가이므로 군왕을 중심으로 모든 조직과 재원이 집중된다. 따라서 재정도 왕실 재정과 중앙 재정을 중심으로 조직되고, 지방은 자판하도록 구성되었다. 일본의 막부나 서양의 봉건제도 결국은 지방 분권의 자판제라 할 수 있고, 조선도 이름은 중앙 집권이나 서양의 절대 왕제와 달리 재정기관의 통일이 이루어지지 않은 기관·지방별 자판제로 운영되었다.

한편 행정적으로 조선의 중앙 정부는 각 지방에 지방관을 파견하는 중앙 집중적 군현제를 실시했다. 그러나 지방관의 임기는 짧고 지방의 유향소와 향리의 자치가 존속되었다. 군현제는 봉건제와 달리 불수불입(不輸不入)이 존재하지 않지만, 자치적 성격이 잔존하여 반수반입(半輸半入)이라 할 수 있다. 지방 행정의 보조 기구로 반상제라는 신분제와 향반들의 집합소인 유향소 등이 존재하여 보조적 행정기관의 자문 역할을 하였다.

군현제적 수조 봉건제에서 중앙 정부의 정규 관리의 수는 극히 적고, 지방 관아의 실무를 담당하는 반관반민의 향리 그리고 군관 등의 숫자가 상

---

33 이영훈, 같은 책, p 310.

대적으로 많았다. 중앙 재정도 재정기관이 분립하고, 지방 재정도 기관별로 분립하여 정부 각 기관이 다양한 자판 제도를 가지고 있어서, 분립자판적 재정제도가 성립했다. 조선 왕조는 구래의 호장층이나 토성 세력을 거세하고, 향리의 지위를 격하시켰다. 향리에게는 특정의 복식이 강요되고, 향리의 자손에게는 과거의 응시 자격을 제한했다. 향리의 역은 명예가 되지 못했고, 자손에게 세습되었다. 한편 향리의 가문도 모두 현직을 가지는 것이 아니고, 예를 들어 향리가 100호가 있으면, 그중에서 약간 명을 지방의 정수에 따라 매년 혹은 2, 3년마다 교체하였다.

지방관의 교체에 따른 수리(首吏), 즉 조선 초에는 호방, 후기에는 이방을 차지하기 위한 다툼도 있고, 이임의 수에 비해 이서의 인구가 훨씬 많았다. 그리고 수리의 선임을 둘러싼 경쟁은 청탁을 낳고, 이는 지방관이 차임하는 이서들에게 일종의 부정 방지 예탁금(筆債 또는 任債)을 거두는 관례를 낳았다. 그러나 지방관이 이를 착복하는 일이 빈번하여, 지방 사회의 부패는 걷잡을 수 없을 만큼 커졌다.[34] 향리는 대개 관에 의존해 생존하지만, 별도로 급여가 정해진 바가 없다. 향리는 그 보수가 지급되지 않고, 간혹 미 몇 가마, 전 얼마로 정해진 경우에도 각자가 상납에 부가하여 증징한 것을 소득으로 하므로 각종의 피해가 발생했다. 한편 흉년이 지속되어 서리의 소득이 감소하는 때에는 거액을 납부하는 자가 없어지고 이서도 감소하지만 풍년에는 그것을 희망하는 자가 증가하는 등 향리의 수는 가변적이었다.

지방관의 교대 기한은 대개 2년이고, 교대 시에 향리를 경질하지만 특히 수리인 이방의 교대가 중요했다. 지방의 사정과 실무에 어둡고 임기가 짧은 지방관의 성공 여부를 결정하는 것은 이방의 사람됨에 따라 달려있다고 해도 과언이 아니었다. 이방 다음가는 호장 및 형리 등은 나름대로의

---

34 이훈상, 「향리 생활」, 『조선 시대 생활사』, 한국고문서학회, 1996, p 252.

업무가 있었지만, 다수의 향리가 대개 유명무실하여 한 방에 모여 앉아 말로 세월을 보내는 용관이 아닌 경우가 드물었다.[35] 한편 군관과 장교는 평소에 주로 지방 경찰의 일을 맡고, 날이 되면 병을 끌고 진무에 종사하고, 포수 및 별포수 그리고 군뢰(軍牢) 등은 해당 군관이 지휘했다.

아래 〈표 5-3〉은 지방의 읍격에 따른 품관의 수와 함께 지방 읍사를 구성하는 유향소의 구성 및 읍격별 외아전의 수를 종합적으로 표시한 것이다. 먼저 주·부·군·현의 총수는 주 31개, 부 49개, 군 83개, 현 173개 총 336개이고, 동일한 숫자의 지방 수령이 있다. 이외에 감영에 감사와 도사가 있고, 주와 주요 부에는 판관이 있으며 기타 역관, 교관 및 심검 등이 존재하여 지방에 배치된 총 품관의 수는 781명으로 대단히 소략하다. 이외에 지방에는 〈표 5-3〉에서 보듯이 유향소와 읍사에 근무하는 외아전, 즉 향리들이 존재한다. 좌수, 별감, 서원, 일수 등의 총계가 6,860명이다. 품관과 외아전의 총수를 더하면 7,641명이다. 그러나 감영에 근무하는 외아전의 수가 누락되어 이를 합하면 최소 8천 명 이상이었다.

〈표 5-3〉 지방관과 읍사 향리 등의 수

읍격관계구분	주(부윤,종2품). 5개	주(대도호부사·목사, 정3품). 26개	부(도호부사, 종3품) 49개	군(군수, 종4품) 83개	현(현령,종5품) 33개	현(현감, 종6품) 140개
지방관 품관의 수						
감사(監司-종2) 도사(都事-종5)	8 8					
수령의 수	5	26	49	83	33	140
판관의 수	34					
역관 찰방 역승	23 18					

---

35 「朝鮮國慶尙道巡廻報告」, 『通商彙纂』, 1895. 5. 15, 재부산영사관보고.

읍격관계구분	주(부윤,종2품). 5개	주(대도호부사·목사, 정3품). 26개	부(도호부사, 종3품) 49개	군(군수, 종4품) 83개	현(현령,종5품) 33개	현(현감, 종6품) 140개
교관 교수	72					
훈도	257					
심검 약(藥)	16					
율(律)	9					
총계	781					
지방 읍사의 구성(유향소와 외아전)						
유향소 좌수	1	1	1	1	1	1
별감	3	3	3	2	2	2
외아전 서원	34	30	26	22	18	18
일수	44	40	36	32	28	28
추정 총수 좌수	5	26	49	83	33	140
별감	15	78	147	166	66	280
추정 총수 서원	170	780	1,604	1,826	594	2,520
일수	220	1,040	1,764	2,656	924	3,920
총합계	410	1,924	3,564	4,731	1,617	6,860

주: 이수건이 『신증동국여지승람』과 『세종실록 지리지』 및 『경국대전』 등에 의거해 작성한 표들을 토대로 재가공한 것이나, 주·부·군현의 고을 수 330개를 336개로 수정하였다.

자료: 이수건, 「Ⅲ. 지방 통치체제」, 『신편 한국사』 23-조선 초기의 정치구조, 2002.

　　한편 〈표 5-3〉에는 지방에 소재하는 각 군진에 근무하는 무관의 수가 누락되어 있으며, 『경국대전』에 나타난 병전 외관직의 수는 489명이다. 도에는 병마절도사가 있고 그 아래에 우후(虞侯), 기타 육군을 통할하는 곳곳에 첨사(僉使), 만호, 도위 등을 두었다. 수군은 주로 남도 지방에 한한 것인데, 전라에는 좌우영에 각 수군절도사가 있고 절도사 아래에 우후(虞侯), 기타 거문도를 비롯한 요소에는 첨사(僉使), 만호 등을 두고 있었다. 그러나 이들 병사(兵使), 수사(水使), 첨사(僉使), 만호(萬戶), 권관(權管) 등도 향리와 마찬가지로 벼슬만 설치해 놓고 먹고 살 녹봉은 주지 않아 사졸들에 의하여 해결하고 있으니, 변장(邊將)들이 사졸을 침해하는 폐단이 여기

에서 시작되었다고 한다.[36]

『경국대전』의 병전에 나타난 지방 무관에는 외관직 외에도 정5품에서 종9품에 이르는 토관이 174명 있다. 외관직과 토관을 합하면 품관이 663명이다. 그밖에 각 역(驛)에 총 약 2,700명의 일수(日守)가 배정된다.[37] 이외에도 주진·거진·제진별로 나장(羅將)과 차비군(差備軍)이 배정되었는데 대체로 그들의 수가 약 8,000명이다.[38] 따라서 지방의 군관과 그에 따른 일수, 나장 등의 총계가 약 11,000~12,000명이다.

따라서 총 관원의 수는 앞의 〈표 5-2〉에서 보듯이 중앙에 『육전조례(六典條例)』의 관리를 총 약 2만 명, 궁속 약 5천 명 해서 합계 2만 5천 명 정도로 보자. 그리고 〈표 5-3〉에서 보듯이 지방의 수령과 향리의 수 약 8천 명, 그리고 지방의 군관과 아전 및 나장 등의 합계 약 1만 2천 명, 지방 관리의 총계 2만 명 정도이다.[39] 그러나 이들 숫자는 법률상의 수치이고 실제는 이것보다 더 많았던 것으로 보인다. 개항기의 관찰 기록에 의하면 지방 군현의 아전 수가 군현은 2~3배 이상, 부·목은 5배가 넘는 곳도 있었다고 한다.[40] 지방의 아전이 규정과 달리 실제는 그 2~3배라는 관찰 기록을 감안하여 지방의 군관과 아전 및 나장 등의 합계를 사실상 규정의 약 2배

---

36 『선조수정실록』 8권, 선조 7년 1월 1일.
37 『경국대전』에 대로에 일수(日守) 20명, 중로에 15명, 소로에 10명을 두도록 되어 있고, 『세종실록』에 대로 24개, 중로 75개, 소로 166개가 열거되어 있어서, 이로부터 총수를 구하면 2,665명의 일수가 있다. 『경국대전』, 병전, 외아전 서원조. 『세종실록』, 세종 27년 7월 14일조.
38 전국에 주진이 11개, 거진이 67개, 제진이 370개 정도이고, 『경국대전』에는 나장을 주진에 30명, 거진에 20명, 제진에 10명 두고, 차비군을 주진에 20명, 거진에 14명, 제진에 4명을 두도록 되어 있다. 이것을 계산하면 8,008명이다.
39 갑오개혁기의 관제개혁 과정에서 전국의 지방관 22,300명 중에서 16,000여 명이 물러나 실직 관료군이 생겼다고 하는 바(한우근, 『한국통사』, 을유문화사, 1996, p 483), 개항 전 조선 말엽에 지방관의 수는 2만여 명 정도였을 것이다.
40 『통상휘찬』, 조선국경상도순회보고, 1895.5.15, 재부산영사관보고.

인 4만 명 정도였다고 보면 중앙의 관리 2만 5천 명, 지방의 관리 약 4만 명 총계 약 6만 5천 명이 된다. 그리고 훈련도감 이외에도 5영의 상비군이 보다 많아지고 있었으므로 이것을 감안한 상비군의 증가분 5천 명을 더하면 조선 후기의 일종의 공무원의 총수는 약 7만 명 정도가 된다. 다만 조선의 군제의 특성상 이들 상비군이 아닌 지방의 부병들이 훨씬 많이 존재했으나 이들은 제외하였다. 이들 공무원을 5인 가족 기준으로 환산하면 약 35만 명이 공무에 종사하여 생활하는 인원으로 볼 수 있다. 이는 19세기 후반의 인구를 1,600~1,800만 명으로 볼 때 약 2% 정도에 해당한다.

한편 봉토 봉건제인 일본의 경우 메이지 유신 후인 1883년의 통계에 전체 사족(士族)이 약 41.8만 명으로,[41] 가족을 포함하면 약 200만 명 미만으로 추산되고, 당시 일본 인구 약 3천만 명의 6.5%에 근접한다. 대체로 메이지 유신 이전의 막부 시절에 사족의 비중은 약 6% 수준을 유지한 것으로 추정된다. 이는 절대 왕정이기에 서구에서 관리 및 상비군을 포괄하는 공무원의 비중이 약 7% 수준에 달했던 것에 근접한다고 볼 수 있다. 봉토 봉건제인 일본에 비교하면 조선의 관리 비중은 크게 낮았다. 또한 이들은 고하 간에 모두 일정한 녹봉을 받는 유직자인 점에서 조선에서 지방 관리의 다수가 정해진 급여가 없는 것과 차이가 있고, 이는 공식적인 재정의 규모나 조세 부담률의 차이를 가져오는 요인들이다.

3. 조용조의 부세제도와 운용

조선조의 부세 체제는 당의 조용조 체제를 본받은 것이다. 세종이 하교하기를 "밭이 있으면 조(租)가 있고, 몸이 있으면 용(庸)이 있고, 호조(戶調)

---

41 '秩祿處分' (ja.wikipedia.org). 落合弘樹『明治國家と士族』吉川弘文館、2001.

또한 그러하다"[42]고 하였다. 영의정 황희(黃喜) 등은 "조용조(租庸調) 삼법이 본조(本朝)에서 시행한 것이 비록 다 당나라 제도와 같지는 않으나, 그 대략은 이미 갖추어졌사오니"[43]라고 하여, 당의 제도를 본받은 것임을 밝히고 있다.

그러나 조선의 조용조 제도가 당과 다른 점은 무엇보다도 당의 조용조 체제가 균전제를 표방한 바탕 위에 부병제가 실시되었으나 조선은 그렇지 못한 점이다. 중국의 조용조 제도는 이념적으로는 성인 남성에게 국가에서 균전을 주고, 성인 남성은 경제력을 바탕으로 결혼하여 가정을 이루어, 전에서는 조(租)를, 남정에게는 군역과 부역을, 부인이 길쌈하여 생산한 포를 호조(戶調)로 징수하는 것을 토대로 하였다. 그러나 조선에서는 조용조 제도의 바탕인 균전제가 시행되지 않았고, 이미 토지 소유가 불균한 가운데 중국과 달리 토지가 아닌 신·호에 대한 역과 공물의 부담이 많아 부세불균(賦稅不均)의 문제를 태생적으로 지니고 있었다.

전·신·호에 대한 조용조 부과의 개념을 그림으로 표시해 볼 수 있다.[44] 다음 〈그림 5-1〉은 전·신·호를 나타내는 3개의 원을 그려 그 상호 간의 교집합 관계를 여러 개의 부문으로 나타난 것이다. 개념적으로는 농민은 전·신·호에 대해 각각 조, 용, 조를 부담한다. 전·신·호의 교집합 부문 (1)의 전, 신, 호를 다 갖춘 자는 조, 용, 조를 다 부담한다. (1)이 대부분의 인구를 포괄하고, 토지 소유가 비교적 균등해야 조용조 제도의 시행에 적합한

---

42 "有田則有租, 有身則有庸, 戶調亦然", 『세종실록』, 세종 28년(1446) 4월 30일.

43 領議政黃喜、右議政河演、右贊成金宗瑞、右參贊鄭甲孫議曰: "租庸調三法, 本朝施爲, 雖不盡如唐制, 其大略則已具. 如今田分六等、年分九等之制畢成, 則租法可以正矣; 各戶貢物分定之制, 今下田制詳定所, 此制如議得施行, 則調法可以正矣; 十月始役限二十日, 豊年則加十日, 下年則減十日之法已立, 庸法亦得正矣。 『세종실록』, 세종 28년 4월 30일

44 Kent G. Deung, *Fact or Fiction? Re-examination of Chinese Premodern Population Statistics, Department of Economic History*, London School of Economics, July 2003

사회라 할 수 있다.

그러나 개념도에서 보듯이 (1)영역 이외에 전, 신, 호 중에서 하나 이상이 결여된 영역들이 있다. 개념적으로는 영역 (2)는 전세와 신역을 부담하고, (3)은 토지가 없지만 독립호를 구성하면 공물을 납부하고, 성인 남성은 신역을 부담한다. (4)는 전세와 공물을 부담하며, (5)의 전만 존재하는 경우 토지 소유자는 전세만을 내지만, 국유의 궁방전 등의 면세결도 있다. (6)의 독립호가 아닌 성인 남성도 신역을 부담하지만, '신'은 '호'를 통해서만 파악된다. 한편 영역 (7)의 토지와 성인 남성이 없는 호는 개념적으로 호세만 부담한다.

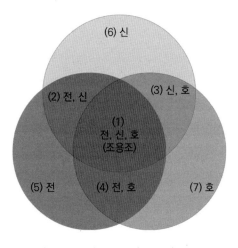

〈그림 5-1〉 조용조(組庸調) 체제

그러나 〈그림 5-1〉은 개념도이고 조선 사회는 전·신·호가 균질적이지 않았다. 토지는 은루결과 면세결 등 조세 부과에서 누락된 토지가 있고, 토지 소유는 불평등하고 균전제가 실시되지 않았으며 토지 등급의 사정이 부정확했다. 특히 '호'는 소가족 중심으로 균질화되지 않고, 잔잔호에서 다수의 노비와 혈족을 거느린 대호에 이르기까지 다양했고, 대호는 사실상 그 내부에 복수의 호를 내포하는 등 불균등했다. 또한 '호'의 구성원으로 존재하는 '신'은 신분이 양천, 사서 등으로 구별되어 군역의 부담이 동일하지 않았다. 사실상 전·신·호라는 범주가 각각 균질적이지 않고, 그 내부가 여러 개의 구성으로 구분되어 조용조라는 삼원제(三元制) 부세제도가 개념대로 시행될 수 없었다.

현실적으로 조선 사회는 토지 파악이 부정확하고, 토지 소유가 불평등할 뿐만 아니라 신분제가 강고하게 존속하며 호구 파악율도 낮아 실제의 부세와 역의 부과는 공정성을 결여한 불평등한 것이 될 수밖에 없었다. 토지 파악의 부정확과 소유의 불평등 그리고 낮은 호구 파악율과 신분제의 존속 등은 조선조 말까지도 시정되지 못했다. 이러한 문제점으로 인해 조용조는 개념적으로는 그 부과 대상을 달리 하는 것이었지만, 조선의 현실에서는 담세 능력을 고려하여 구분이 명확하지 않았다. 우선 '역'은 '신'에 부과된다는 명분에도 불구하고, '신'은 '호'에 내재하므로 담세력에 차이가 있는 호등을 고려하여 '요역'을 부과하지만, 사실상 법제적으로 토지를 단위로 부과하게 되었다. 또한 공물도 '호'를 단위로 부과하지만 사실상 점차 토지를 대상으로 부과되었다. 다만 군역의 부과는 양인이라는 신분의 특별한 '신'이 오랫동안 그 대상이 되었다.

조용조의 시행 과정을 먼저 토지에 대한 전조로부터 살펴보자. 전조는 과전법(1391) 시행 당시의 수조량이 1결당 조미(糙米) 30두였지만, 세종은 생산량의 1/20을 기준으로 상상년(上上年)에 1결의 논에 조미(糙米) 20두를, 1결의 밭에 콩 또는 잡곡 20두를 부과했다. 결당 정액의 조를 거두는 것은 소위 공법(貢法)으로 중국 고대의 정전법(井田法) 아래 시행된 정률법인 조법(助法)이나 철법(徹法)과 구분되는 것이었다.

공법(貢法)은 토지의 비옥도나 풍흉과 관계없이 결당 정액으로 징수하는 것이므로, 자연재해로 농업 생산성이 안정되지 못한 조선조에서 그 시행을 둘러싸고 찬반 논란이 많았다. 세종은 먼저 부세 불균의 문제를 해결하기 위해 1444년에 양전을 위한 척도로 주척을 기준한 육등전척(六等田尺)을 사용해, 토지의 비척에 따라 1결의 절대 면적을 달리했다. 그리고 농업 생산이 안정적이지 못해 1결당 정액 전조 미 20두는 농민에게 적지 않은 부담이어서 풍흉에 따른 연분등제(年分等第)를 실시하였다. 연분구등제는 가장 작황이 좋은 상상년에 1결당 전조를 20두로 하고, 상중년에 18두, 이런 식으로 한 등급에 2두씩 삭감하여 하하년에는 4두로 하는 것이었고, 전조는 이후 인조 12년(1634)에 1결에 미 4두로 제도적으로 고정되었다.[45]

한편 신에 대한 부과인 용(庸), 즉 역에는 요역과 군역이 있었다. 요역은 무상으로 동원되는 노동력의 징수이다. 요역에는 전세와 공물 등의 부세를 촌락에서 징수 장소로 운반하는 노동을 포함하고, 때로는 공물 생산을 위한 광산물의 채굴이나 선박 건조, 사냥 등 잡다한 노역을 포함할 수 있었다. 보다 일상적으로는 관아의 영조, 도로·제방의 개수 등 주로 토목공사에 무상으로 징발되었다.

1392년 태조의 요역법은 10정 이상은 대호(大戶), 5정 이상은 중호, 4정 이하는 소호로 하되, 요역이 있을 때 대호는 호당 1명, 중호는 2호당 1명, 소호는 3호 당 1명씩을 제공해야 한다고 규정하였다.[46] 그러나 인정 중심의 호등 파악은 이후 인정과 토지의 절충으로 나아가고, 세종조에는 토지 방식으로 정해졌다.[47] 결과적으로 노동 부역의 기초가 호에서 경작지로 바뀌면서 그 기준 면적은 변했지만 최종적으로 1471년 '8결 마다 1부(每八結

---

45 『經國大典』, 戶典, 收稅, 每歲九月望前.
46 『조선 왕조실록』, 태조 1년 9월 24일.
47 "군정(軍丁) 뽑을 때에는 인구의 다소에 의하고, 잡역(雜役)은 그 해의 농작의 답험한 실수에 의거할 것이라"고 하였다. (『세종실록』, 세종 2년 11월 5일). 그리고 각 고을의 호적은 전토의 결수를 기준으로 호등을 정하고, 차등을 지어 부역을 서도록 했다. (『세종실록』, 세종 17년 3월 6일).

出一夫)'를 내는 것으로 결정되었다.48 곧 토지 8결당 1인의 역민에게 부과되는 부역 일수는 1년에 6일 이내로 제한되었으며,49『경국대전』에 법제화되었다.

이후 '8결출일부'의 요역식은 '8결작부제'라는 수세식으로 발전한다.50 8결을 1부로 하고, 전부 중에서 살림이 넉넉하고 부지런하고 성실한 사람을 호수로 정하여 8결이 내야 하는 역을 호수를 시켜 결 내의 전부로 하여금 내도록 하는 것이었다. 그러나 '부(夫)'는 단지 역의 징수만이 아니라, 촌락에서 결세와 공물 등 각종 부세를 징수하는 단위로 되었다. 8결은 고려조에 전정 설립의 기준 면적이었는데, '8결출1부'라는 역민식은 농촌에서 오랫동안 존속해 온 농민의 공동체적 편성을 추인한 것에 다름 아니다. 8결을 가리켜 당시 사람들은 '의(矣)'라고 쓰고, '주비'라고 읽었다고 한다.51 『대전속록』에는 요역을 피하고자, 소경전을 타인의 이름으로 등록하는 자는 그 토지를 국가 소유로 돌린다고 하였다.52 결과적으로 요역은 '신'에 대한 부과가 아니라 '전역(田役)'이 되었다.

이후 '신'에 대한 부과인 '용(庸)'은 군역이 중심이었다. 법제상의 명분으로는 모든 성인 남성은 직역을 지도록 되었고, 관직을 가진 양반을 제외한 지방의 양반도 군역의 의무가 있었다. 세조는 "여러 도의 대소 한산직(大小閑散職) 3품 이하는, '부적 독서자(付籍讀書者)'와 나이가 60세 이상인 자와 독질(篤疾)·폐질(廢疾)이 있는 자를 제외하고는 모두 정병 시위(正

48 "下役民式于戶曹, 一應收稅田, 每八結出一夫", (『조선 왕조실록』, 성종 2년 3월 19일).

49 "我國役民式內, 凡田八結出一夫, 一年役民, 毋過六日", (『조선 왕조실록』, 성종 6년 7월)

50 "每八結爲一夫,… 佃夫中, 擇其饒實勤幹者, 定爲戶首. 凡其八結應納之役, 使戶首收于結內佃夫以納. (『續大典』, 戶典, 收稅, 每八結爲一夫).

51 이영훈, 같은 책, pp 403-404.

52 "窺避徭役, 將所耕田, 暗綠他人名字者, 其田屬公" (『大典續錄』, 戶典雜令).

兵侍衛)에 소속시키고, 올해 신사년 12월 그믐날 안에 나타나지 아니하는 자는 모두 변방(邊方)으로 옮기게 하라"고 하여 실직이 아닌 양반을 포함하는 모두가 정병시위(正兵侍衛)의 역을 지도록 했다.[53] 그러나 '부적 독서자(付籍讀書者)'라는 유적에 등록되어 독서하고 있는 자를 제외했고,[54] 점차 이 범주에 속하는 사람들이 늘어나 소위 양반은 유업(儒業)의 역을 진다는 명분으로 군역에서 제외되어 갔다. 사족층은 군역과 군포 납부를 기피해 17세기 중엽에는 이미 사족은 군포 납부에서 제외되었다. 한편 향리는 이역(吏役)을 부담하므로 군역에서 제외되었다.

결과적으로 군역은 모든 성인 남정이 아니라 양인 신분의 남정에게 부과되었고, 이를 위해 조선조는 호적에서 동아시아 어느 나라보다도 남정의 직역 즉 관직과 군역을 엄밀하게 파악하였다. 결과적으로 호적은 '호'를 파악하는 문서이지만, '호'보다도 오히려 '신'을 개인별로 파악하여 양인에게 군역을 부과하고, 노비를 확인하는 것이었다.

한편 호에 대해 부과되는 조(調), 즉 공물은 군현의 토산물을 조사하여 군현 단위로 물종별로 일정량의 공물을 부과하는 공안이 작성되었다. 태조 이성계는 공부상정도감(貢賦詳定都監)을 설치해 고려 왕조의 공안(貢案)을 조사해 참고하였다. 공물에는 상공과 별공이 있었고, 또한 별도로 진상이 존재했다. 상공은 지방관이 상납하는 공물 중 그 품목과 수량, 시기 등이 정해져 있는 것이고, 별공은 정부에서 필요한 물건을 수시로 지정해 부과하는 것이며, 진상은 지방관이 토산물을 상납하는 것이었다. 그러나 어느 것도 최종적 부담자는 농민이며, 조선조 농민의 공물 부담은 전세보다 훨씬 무거웠다. 민호의 부담 형태는 각종의 현물 상납도 있지만, 미·포의 상납 그리고 공물 생산을 위한 요역 등으로 구분된다.

---

53 『세조실록』, 세조 7년 7월 18일.
54 『세조실록』, 세조 7년 7월 18일

공물은 개념적으로는 호에 대한 부과이지만, 원칙적으로 전결의 다소에 따라 지방 군현에 분정되고, 지방관은 이를 다시 민호에 분정했으나 호가 균질적이지 않으므로, 그 부과 기준이 확실하지 않았다. 현실에서는 인정과 그 경작 면적을 함께 고려해 호등을 구분한 호에, 나아가서 점차 경지 면적을 단위로 하는 8결 주비에 배정하였다. 따라서 공물은 호에 대한 부담이라 하지만 사실상 국가의 입장에서는 토지에 대한 부과로 성격이 변질되었다. 공물은 공안에 따라 각종 현물로 징수하는 것이지만, 각종 현물 대신에 미·포로 징수하는 방납에 의존하는 수가 많고, 이는 농민의 부담 가중과 함께 부세 징수 과정에서의 각종 비리의 온상이 되었다. 한편 공물은 8결 작부에 의해 8결의 호수에게 배정했지만, 8결 내의 부담은 반드시 토지만이 아니라 인정을 함께 고려하는 불명확한 것이었다. 따라서 토지를 단위로 주비에 부과된 공물이 명료하게 토지에 부과되지 않고, 양반 등 상층농이 호수를 맡아 하층농에 불공정하게 배정하는 등 폐단이 존재했다.

한편 각 지역의 공물 할당량을 정한 공안은 20~30년에 한 번씩 바뀌고, 그 기간에는 지역들이 비록 그 생산을 중지했어도 동일한 항목을 제공하도록 요구되어 현실에 적합하지 못한 문제가 있었다. 특히 진상은 수시로 부과되었고, 왕실에 가까운 경기 지역 농민들의 부담이 컸다. 공물은 도별 공물의 물목이 정해지고, 읍 단위로 분정되었으며, 수취된 공물은 중앙 각 사별로 상납되어 분립자판제가 공물에도 적용되었다. 공물을 수취하는 중앙 각사는 공조, 봉상시, 군기시, 상의원, 제용감, 선공감, 사행감, 전의감, 혜민서, 사섬시, 내수사, 내섬시, 풍저창, 광흥창, 의영고, 장원서, 장흥고, 사복시, 예조, 교서관, 관상감 및 수진방 등 다양하였다.[55] 그러나 공물은 주로는 왕실의 세입인 점에서, 주로는 부중의 수입인 전세와 구분되는 것이었다.

---

55 안병직, 『경세유표에 관한 연구』, 경인문화사, 2017, p 400.

한편 중국에도 왕실에 납입되는 세입인 공물이 있지만, 중국의 공물은 능(綾)·견(絹)·시(絁)·면(綿)·마(麻) 등과 같은 화폐의 대용품으로 구성되어 있었던 것과 달리 조선의 공물은 곡물을 포함하는 다양한 향토의 토산물로 구성되었다. 또한 많은 공물은 금·은·동·철(金·銀·銅·鐵), 어류 및 야조류(野鳥類)와 같은 채집물로서 요역을 동원하여 수집하지 않으면 안 되었기 때문에 공물과 요역은 표리 관계에 있었다.

결과적으로 조선의 국가 수취는 토지에 대한 부담인 전세보다 명분상으로 신·호라는 인신 지배에 기초한 공물, 요역과 군역 등이 좀 더 무거운 비중을 차지하게 된다. 특히 부세 중에서는 공물이 컸고, 방납으로 인해 농민의 부담이 가중되었다. 그러나 시간이 지나면서 군역은 여전히 인신, 특히 양인 신분의 정(丁)에 대한 부과로 이루어진 반면에, 요역이나 공물은 토지 면적을 고려한 호등에 따라 차별적으로 부과되거나 토지 면적에 따라 배분되어 절충적이었다.

조선과 비교할 때 당시 중국은 이미 당나라 덕종 때부터 양세법(兩稅法)이 시행되어, 곡물이나 포필 등의 실물 위주의 조용조법이 금전 위주로 바뀌고 1년에 추계와 하계, 두 번에 걸쳐 징수되었다. 중국은 인신에 대한 부역이 크게 줄고, 당 초기의 정(丁) 단위의 부세 체계가 개인의 토지와 재산에 대한 부과로 바뀌었다. 호세는 호등을 감안하고, 전세는 토지의 다과를 감안하여 그 모두를 여름과 가을, 두 번으로 나누어 징수했으며, 군역도 모병제로 바뀌면서 부세가 중심이 되었다.

이에 반해 조선은 징병제가 유지되어 신분에 따른 군역의 부과가 중시되고, 여전히 요역도 중요했다. 그러나 담세 능력을 고려할 수밖에 없었으므로 역의 징수에 재산이 부과 기준으로 포함되었다. 세조 10년(1464)에 군액을 확보하기 위해 '2정을 1보로 하고, 전 5결은 1정에 준하도록 하며, 노(奴)도 봉족(奉足)수로 계상하는'56 보법을 실시하여, 군역에도 토지 면적과 노(奴)라는 재산을 감안하기도 하였다. 그러나 이후 양반제가 강화되면서 토지와 노비는 물론이고 폭 넓은 유업자(儒業者)가 군역 부과 대상에서 제외되어 적어도 군역은 인신 지배의 형태로 순화되고 국가에 대한 부담에서 가장 역진적인 것으로 되었다. 한편 여타의 역과 부세는 명분적으로 신과 호에 대한 부과라도 실제로는 토지 면적으로 대표되는 담세 능력을 중시하지 않을 수 없었다. 그러나 국가가 비록 토지를 단위로 부과해도 8 결로 된 주비 내에서의 배정은 토지 수와 인정 수, 신분적 역학 관계 등 복합적인 요소의 산물일 수 있고 많은 폐단이 초래되었다. 조선 후기의 대동법은 각종 공물을 쌀로 통일하여 방납의 폐해를 방지함과 동시에 개별 농민 차원에서도 토지 단위의 과세를 전면적으로 법제화한 것으로 볼 수 있다.

한편 조선 왕조는 국가의 중요 기능인 진휼을 위해 곡물 창고 제도인 의창을 운영했다. 흉년에 대비한 곡물의 공급에는 정부의 창고 운영과 상업적 거래를 통한 공급 및 수입 등이 있을 수 있으나, 조선 왕조는 수입은 불가능했고 지역 간 상업적 이동을 통한 공급은 교통 불편과 상인의 비축이 적어 미미했다. 따라서 정부 및 민간의 창고 운영이 거의 유일한 대안이었고, 조선 왕조는 의창을 운영했지만 대여된 곡식은 잘 회수되지 않아 항상 비축량 부족에 시달렸다.

국가가 전·신·호에 대해 부세와 역을 수취하지만 그 책임은 지방관인 군수나 현감 등에 있었다. 그러나 현실적으로 각 지역의 향리가 실무를 담당했고, 향리는 촌락별로 조세를 징수할 때 개별호에 대한 직접 징수가 아니라, 리정(里正)을 통해 중간 단계로서 몇 호의 묶음, 예를 들어 8결작부제 등을 이용했다. 촌리는 호구 파악이나 군역 부과 등에서 단위의 역할을 하였고, 조선 사회는 호적과 양안의 작성을 통해 개개인을 상세히 파악하

---

56 "二丁爲一保, 一田五結, 準一丁". "奴子準奉足數者, 不給他丁" (『세조실록』. 세조 10년 10월 15일).

고자 했지만 부정확했다. 정부의 부세 부과 대상인 촌락은 정도의 차이는 있지만 단체적 성격을 지니고 있었다. 한국은 일본에 비해 촌의 단체적 성격이 약했지만, 없었던 것은 아니고 향리들의 부세 징수에서 촌리는 중간적 단위로 기능하였다. 그리고 주비가 징수의 직접 단위로 되었고, 주비에는 복수의 소가족이 포함되고, 그 징수의 일차적 책임은 호수가 지고 있었다.

동아시아 3국에서의 부세 징수와 촌의 단체성을 비교하여 볼 수 있다. 촌의 단체성이 강한 일본에서는 조세가 촌청제(村請制)로 징수되고 촌내에서는 '이에'(家) 별로 부과되었다. 촌의 구성원인 일본의 '이에'(家)는 그 자체가 단체성이 강한 존재이고, 비혈연 가족을 포괄하는 존재였다. 일본은 메이지 유신 후에 이에(家)는 호(戶)로 바뀌고 혈연 가족 중심으로 순화되었다. 역사적으로 일본의 가는 호보다 큰 단체라면, 한국은 반대로 호가 가보다 큰 단체였다.

한편 중국은 촌의 단체적 성격이 약하고, 국가에 의한 부세 징수도 개별호의 자산과 노동력을 고려하여 호별로 부과되었다. 그러나 실제의 징수는 여러 호를 묶어서 단체로 이루어졌으며, 명대의 리갑제(里甲制)가 그 제도적 장치였다. 청(淸)에서는 지정은제로 단순화되어 개별호가 직접 현아에 설치된 궤에 자봉투궤(自封投櫃)하는 방식이 되었다. 그러나 청조는 조세를 증징하기 보다는 명조와 동일한 금액을 징수한다는 원액주의 아래 촌락별 부과액이 먼저 정해졌고, 보갑제가 시행되어 향촌 경비를 위한 촌리 조직이 존속되었다. 중국은 일본에 여 촌(村)과 가(家)의 단체적 성격이 약하고 거의 개인화되었다고 해석하는 연구도 있지만,[57] 그것은 상대적인 문제로 보인다.

조선도 일본에 비해 촌의 단체적 성격이 약했지만 없었던 것은 아니고, 농민 생활이나 부세 징수에서 기초적 공동생활의 공간이 되었다. 촌락의

---

57 足立啓二, 『專制國家史論』, 柏書房, 1998. 참조.

모습은 역사적으로 변화하는 것이지만 조선에서는 16세기 이후 농경 지역이 평야 저지대로 확산되면서 이를 주도하는 재지 사족들의 위상 강화를 배경으로 핵심 촌락을 중심으로 자연 촌락이 연결되어 성장하는 모습을 보였다.[58] 조선조의 향약이 촌의 자치체적 모습을 보여주는 것이다.

한편 일제강점기 때의 기록이지만 조선에서의 촌락의 단체적 모습을 확인할 수 있다. 조선에서 부락은 리(里) 혹은 동(洞)으로 칭하고, 지방에 따라 그것을 촌으로 칭한다. 그리고 부락은 재산을 소유하고 현금에 이르러도, 산야, 전답, 제언 등을 소유하는 것 적지 않다. 또 혼구(婚具), 장구(葬具) 등을 비치하고 또 그것을 수장하는 창고를 짓고, 이외에 금전을 축적하고 그것을 리·동 내의 주민에 대부하여 이식을 꾀하는 것 역시 드물게 존재한다. 이에 일례로 충청북도의 리·동의 소유 재산 개황을 보면 답 648두락, 밭 168일경여, 대지 19두락 있고, 또 리·동 소유의 산림이 각 군에 있다고 한다. 그리고 리·동의 재산은 혹은 주민의 사용, 수익에 바치고, 혹은 그 소득을 리·동의 비용에 충당하는 관례로 특히 관리자를 정한 경우 외에는 리·동장이 그것을 관리하고, 주민은 그 리·동을 떠나는 경우에는 수익의 자격을 잃고, 새로이 리·동에 래주(來住)하는 자는 그 자격을 얻는다고 한다.[59]

---

58 이해준, 「촌락 생활」, 『조선 시대 생활사』, 한국고문서학회, 1996, p 127.
59 朝鮮總督府, 『慣習調査報告書』, 1913, p 35.

4. 방납의 폐

조선조 초 조용조를 통한 부세의 징수 과정에서 가장 큰 폐해를 낳은 문제는 공물의 방납이었다. 공물은 중앙 정부가 수취하는 품목과 양이 공안에 정해져 있지만 실제의 부과 및 징수 과정이 명료하지 않았다. 공안에 따라 공물은 각 군별로 배정되고, 이어서 각 촌 그리고 각 호에 순차적으로 배정되었다. 촌의 민호에 대해서는 호의 인구와 그 경작 면적에 의해 배정되었다. 그러나 각 지역의 공물 할당량을 정한 공안은 20~30년에 한 번씩 바뀌고, 그 기간에는 지역들이 비록 그 생산을 중지했어도 동일한 항목을 제공하도록 요구했다. 이 경우 부득이하게 민호에게 미곡 등을 거두어 공물을 구입하여 대납하게 되었다. 방납은 중간상이 지방관이나 납세자로부터 쌀이나 포 등의 대체물을 징수하고, 그것을 사용하여 시장의 공물품을 구입하는 데에서 발생했다. 그러나 방납은 부득이한 특수한 경우만이 아니고, 다양한 중간층의 사욕에 의해 보편화되었다.

방납(防納)은 주군(州郡)에서 여러 관사(官司)에 바치는 공물(貢物)을 백성들이 혹시 스스로 준비하지 못하는 자에게 이를 대신 관에 바치고 그 값을 받아서 보상(報償)하는 것을 말한다.[60] 방납은 문자상으로는 "납부를 막는다"는 의미지만, '공물 대납 청부제도'쯤으로 이해할 수 있다. 다가와 고조(田川孝三)는 방납을 조세 청부라 불렀고, 팔레도 대납과 방납을 조세 청부(tax-contracting)로 해석했다. 합법적으로 조세 청부의 권한이 부여된 조세 징수 도급(tax-farming)과 법적 지위는 다르지만 동일한 역할을 수행했다고 볼 수 있다. 그들은 일정한 부세를 납부하는 대신 인민으로부터 조세를 징수했다. 방납은 각색 현물 징수에 따른 문제이기도 하지만, 다른 한편 통일된 재정과 효율적 관료제도가 갖추어지지 않고, 하급 관리의 급여가

---

60 『세종실록』 18권, 세종 4년 윤12월 17일

주어지지 않은 구조적 문제에서도 연유했다.

지방의 공물을 상납하는 절차는 지방의 공리가 직접 상경해 수령의 진성(陳省-공물의 명세서)을 공물과 함께 각사에 바치는 것이었다. 공리는 상경하여 그 고을의 경저리(京邸吏), 즉 경주인(京主人) 집에 묵으면서, 경주인의 도움을 받아 공물 상납을 수속하였다. 각사는 진성과 공물을 대조하여 납입을 받고, 공리에게 준납첩(准納帖)이라는 영수증을 주었다. 이 과정에서 이노(吏奴)들은 공물의 품질이 나쁘다는 등의 이유로 트집을 잡아 납입을 거절하는 점퇴(點退)를 하고 보다 높은 질의 공물을 요구하거나, 뇌물을 요구하는 경우가 적지 않았다. 호조에서 이를 방지하고자 하였지만 이노들이 여러가지 수단으로 공리를 괴롭히고, 대납을 감행하고 그보다 훨씬 높은 가치의 지불을 요구하는 등 근절하기 힘들었다.

이로 인해 농민의 부담은 커졌고, 세조 10년(1464) 양성지에 의하면 "백성들에게 세금을 거두는 것은 1가(家)의 전세(田稅)와 같은 경우에는 소출(所出)의 10분의 4인데, 잡세(雜稅)가 그중 10분의 6을 차지합니다. 이른바 잡세(雜稅)라는 것은 바로 여러 가지 종류의 공물(貢物)을 대납(代納)하는 것"이라 하였다. 달리 말해 농민 부담의 60%가 방납으로 인한 공물 대납이라는 것이다.[61] 비록 조선의 방납은 제도의 타락이고 법제상으로는 대부분 불법이었지만 현실에서 관행화되어 있었던 조세 청부업이었다. 그들은 관사(官司)에 공물(貢物)을 방납(防納)하고서, 그 대가(代價)를 수배나 징수하여 농민의 피해가 컸다. 다만 그 과정에서 방납의 수익을 얻는 주도자가 제도적으로 정해져 있지 않기 때문에 시기에 따라 승려, 관리, 이노, 지방관과 향리, 사주인 등이 자기의 지위 등을 이용해 각양 방식으로 이윤이나 뇌물을 획득하고자 하였다. 이를테면 방납이라는 불법적인 방법으로 관리

---

61 "本朝取民, 如一家田稅, 所出十分之四而雜稅居十之六, 所謂雜稅者, 卽諸色貢物代納者也", 『세조실록』, 세조 10년 5월 28일.

와 연계된 고하의 여러 계층이 조세 징수 과정에 기생하여 불법적인 수익을 얻었다. 이 과정에서 시장에서 조달되는 물품의 공급자 중에는 경강민을 포함한 여러 종류의 상인들이 있을 수 있지만, 시전은 방납을 통한 관용 물자 조달의 중요한 창구였다.

방납은 고려조에도 있었지만 그렇게 심각하지는 않았고 조선조에는 흔하게 실행되었다. 태종과 세종은 수차에 걸쳐 지방관이 방납에 참여하는 것을 금지했으나 실현되지 않았다. 특히 세종은 스스로의 방침에 반하여 두 아들과 부인의 죽음을 계기로 불교에 귀의하여, 진관사와 다른 불교 사원의 수리 등을 지원하기 위해 승려에 의한 방납을 장려하도록 결정하기도 하였다.[62] 그 결과 승려들의 방납이 성하게 되었다. 『문종실록』에는 "공물(貢物)의 방납(防納)을 금지함이 『육전(六典)』에 실려있으니 참으로 아름다운 법인데, 지금 각도에서 잡공(雜貢)을 모조리 중들에게 방납(防納)하도록 허락합니다" 라고 그 실상을 전하고 있다.[63] 이미 세종조에는 중앙의 관리는 물론이고 지방의 수령도 방납에 참여해, 수령이 상고(商賈)와 서로 결탁하여 공물(貢物)을 대신 바치게 하고는, 과중하게 징수하여 이익을 나누기도 하고, 혹은 공공연히 방납(防納)하기도 하였다.[64] 이후에도 방납은 지속되었고, 무력으로 왕위에 오른 세조는 중요한 공신을 지원하고 20세에 사망한 세자를 기념하여 불경을 간행하는 것을 지원하도록 충훈부와 간경도감의 도제로 하여금 공물 계약에 참여하는 것을 허용했다.

물론 세조도 방납의 폐해를 잘 알고 있었고, 그것을 금지하기도 했지만, 세조는 즉위 6년(1460)에 일정한 조건 아래 민간의 전세와 공물을 사람들로 하여금 경중(京中)에서 선납(先納)하고, 그 값을 민간에서 배(倍)로 징수하는 대납을 허용했다. 원칙적으로 정부 물자의 대납은 생산되지 않는 물

---

62 『세종실록』 124권, 세종 31년 5월 4일.
63 『문종실록』 4권, 문종즉위년 10월 30일
64 『세종실록』 111권, 세종 28년 1월 22일

품으로서 민호가 동의하는 경우에 한하였지만, 민호가 정원(情願-진정으로 원함)하는가의 판단을 지방수령에 맡겼기 때문에 대납하는 무리들이 반드시 먼저 세가(勢家)에게 의탁하여 그 고을 수령(守令)에게 청(請)하면서 후하게 뇌물을 주면 수령들이 그 위세(威勢)를 두려워하고 이익을 꾀하여, 억지로 대납을 하게 하므로 백성들이 감히 어기지 못했다.

이에 따라 대납은 민호의 의사와 관계없이 점차 모든 물품으로 확산되고, 공물 이외의 전세, 신공포(身貢布) 등 거의 모든 공과와 싱납에까지 적용되었다. 이를 계기로 종친, 고위 관리, 사족(士族)은 물론 승려, 상인에 이르기까지 대납에 직간접으로 개입하게 되었다. 청부 활동은 마침내 충훈부, 간경도감 등 정부기관에까지 파급되고 심지어는 대납권을 의미하는 납분(納分)까지 생겨나게 되었다. 특히 이때는 상인의 활동이 눈에 띄고 승려의 방납 행위는 쇠퇴해 갔다. 그리고 청부는 중앙뿐만 아니라 감영, 병영 및 수영까지 파급되었다.[65]

방납은 사실상 조세 납부 과정에 기생하여 이익을 추구하는 불법적인 상업 행위였다. 방납의 확산은 농민의 부담을 가중시켰다. 각사에 바치는 공물의 수량은 변함이 없지만 백성들은 그 원수(元數)를 알지 못했다. 그런데 대납이 민생을 어렵게 만든 반면 교환 경제를 촉진시킨 측면도 있다. 그러나 방납이 상업적인 사리 추구였지만, 어디까지나 국가 기구의 불법적인 부패 행위이고 금속 화폐가 결여되었기에 상업 자본의 축적을 가져오기는 힘들었다.

세조는 방납의 부작용을 정부 지출의 통제로 제한하고자 하였다. 공물의 현존 할당량을 제한하여 제도의 부패를 교정하고자 하였다. 공안의 공액은 비축주의를 토대로 하여 대체로 과잉 책정된 것이었다. 세조는 이로

---

65 田川孝三, 第6編 「貢納の請負公認と禁斷」, 『李朝貢納制の研究』, 東洋文庫論叢 제47, 1964.

인한 낭비를 시정하기 위해 적합한 예산 편성을 목적으로 이른바 횡간을 제정했다. 공안이 세입을 규정한 것이었다면 횡간은 세출에 관해 경상비를 규정한 것이었다. 그러나 이 제도는 금액이 고정되어 탄력성이 없으므로, 운영 과정에서 미리 당겨쓰는 인납(引納), 수시로 별공을 부과하는 등의 폐단을 가져왔다.[66] 『세조실록』에서는 방납, 즉 "대납(代納)하는 물건 중에서 가장 백성의 해가 되는 것은 지둔(紙芚), 유밀(油蜜), 백저(白楮), 정철(正鐵), 죽목(竹木), 공포(貢布), 공탄(貢炭), 소목(燒木), 토목(吐木), 부등방목(不等方木), 표피(豹皮), 선척(船隻)이고, 청초(靑草)에 이르러서는 곳곳에서 나는데도 백성들이 스스로 바치기를 즐겨하지 않습니다. 전세(田稅)는 국가의 큰 공물(貢物)인데도 간혹 대납(代納)하는 사람이 있게 되니, 대납의 해독이 이에 이르러 극도에 달했습니다"라고 하였다.[67] 이어서 "경비를 줄이고, 관청이나 백성이 준비하여 바치도록 할 것이나, 부득이 준비하여 바치지 못하는 것은 상정(詳定)하여 여러 고을로 하여금 헤아려서 포화(布貨)로 내게 하면 해당 관사(官司)에 운반하여 그 관사(官司)로 하여금 무역(貿易)해서 사용하도록 할 것"이라 하였다.[68]

그러나 국가 예산 통제에서의 공안과 횡간의 역할은 취약했고, 방납은 성행하고 그 폐단이 심화되었으며, 담세 능력과 괴리된 불균의 문제도 확대되었다. 1468년 예종이 즉위했을 때, 그는 세조의 의도와 달리 민호의 정원(情願) 여부와 관계없이 방납이 행해지고, 이것이 큰 폐해가 되고 있는 것을 인지하고, 다시 엄격하게 공물의 대납이나 청부를 모두 금지했다.[69]

---

66 田川孝三,「第3編 貢案と橫看について」,『李朝貢納制の研究』, 東洋文庫論叢 제47, 1964.
67 『세조실록』 40권, 세조 12년 11월 2일 경오 3번째기사.
68 『세조실록』, 세조 12년 11월 2일 경오 3번째기사.
69 "대납(代納)은 백성들에게 심히 해로움이 있으니, 이제부터 대납하는 자는 공신(功臣)·종친(宗親)·재추(宰樞)를 물론하고 곧 극형(極刑)에 처하고, 가산(家産)은 관(官)에 몰수하며", 公私를 막론하고 모두 금한다고 하였다. (『예종실록』, 예종 즉

소위 귀근(貴近)들이 '공물(貢物)을 대납(代納)하고 다시 환수(回換)하는 것을 모두 하고자 했지만, 예종은 "이일을 진계(陳啓-상주)하는자는 참형(斬刑)에 처한다는 교지(敎旨)를 내렸다.[70]

그러나 이러한 금령은 양반 관료들에 대한 경계는 되었지만 공물이 금지되지는 못했다. 다만 예종의 대납 금지로 대납의 주체가 종래와 달리 이서, 노복으로 옮겨가게 되었다. 특히 중앙 관사에 대한 규제로 공리들이 강민(江民) 등이 주체가 된 사주인(私主人) 등 상인과 결탁하여 각종 부정을 감행했다. 공리들은 시전 상인 및 행상(육상, 수상)과 밀접한 관련을 가지고 있었다. 사주인은 공리에게 숙소를 제공하고 물화를 보관하며, 영리를 위한 공물의 판매에 대한 편의를 제공했다. 이에 대항하여 이서와 노복들은 사주인과 공리 쟁탈전을 전개했다. 그들은 여전히 트집을 잡아 공물 재화의 납입을 지연시키거나 아예 거부하기도 하였으며, 쌀이나 포로 납부하도록 했다. 이들 이노(吏奴)는 사주인과 마찬가지로 관아의 사고(私庫) 주인을 겸하여 여숙 창고업을 경영하고, 조직화하여 사주인의 활동을 억압하고 15세기 말에서 16세기 초에는 이미 방납의 주체인 업자로 등장했다.[71] 이들은 사대부 종실 부상대고(富商大賈)와 연결되어 있었다. 흔히 지방의 공물 상납은 수도 관청의 아전과 노복들에게 먹잇감이 되었고, 그들은 그 이권을 가업으로 삼아 유지하고자 하고, 그 권리가 매매되기도 하였다.

공물제도는 점차 사적인 청부 제도와 불법적 시장 거래로 대체되었다. 상업과 공업을 수도에서의 국가 및 지배층의 수요품과 농촌에서의 생존 농민의 필수품의 공급에 맞추어 제한하는 제도는 약화되었다. 사상들은 제약에서 풀려나고, 도소매상에 참여하고, 자본을 축적하고, 큰 이윤을 위해

위년 10월 16일).

70 『예종실록』, 예종 1년 2월 6일

71 田川孝三, 第7編「吏胥奴隷の防納とその展開」, 『李朝貢納制の研究』, 東洋文庫論叢 제47, 1964. pp 528-536.

시장을 장악하고자 하였다. 사장(私匠)들은 그들의 국가 고용인으로부터 벗어나 그들 스스로 시장을 위해 재화를 생산하기 시작했다.

양성지는 방납이 혁파되어도, 경중 각사(各司)의 노자(奴子)와 사리에 어두운 관리들이 납입을 방해하고 즉시 채납(採納)하지 않는 폐단을 금하지 않는다면 외방에서는 백성에게서 많이 거두지 않을 수 없고, 각사(各司)의 종이 대납하게 되는 것을 아뢰고 있다.[72] 이러한 상황은 성종기에도 지속되었고, 정의공주(貞懿公主), 진주목사 안치강, 성주목사(星州牧使) 신윤보(申允甫)와 경주 부윤(慶州府尹) 홍도상(洪道常) 등 또한 방납으로 문제가 되고 있었다.[73] 이외에도 시기를 달리해 다수의 지방관이 방납에 연루되어 징계를 받고 있었다.

그러나 연산군(1494~1506년)의 사치는 이러한 종래의 법적인 금제나 비용 지출에 대한 제한 조치를 벗어나 낭비와 이를 위한 새로운 공물을 요구했고, 이로 인해 방납은 더욱 성행하게 되었다. 연산군 7년(1501)에 '신유공안(辛酉貢案)'을 제정해 기존의 공납을 크게 확대함으로써 민생의 부담과 재정의 유용이 격증하였다. 그러나 공안 상정으로 국가 재정이 대대적으로 확충되었는데도 불구하고, 국가 재정은 만성적으로 부족하여, 연산군 11년 9월에는 공물의 가정(加定)을 입법화했고, 연산군 시대의 무시진상(無時進上)은 공물과 비교가 되지 않을 정도로 해마다 증액되었다. 연산군 시대를 거치면서 왕실을 최정점으로 하는 낭비의 구조화로 인해 국가 재정은 항상 만성적인 적자에 시달리게 되었고, 가정(加定)과 인납(引納) 등의 형태가 거의 일상화되었다.[74]

지방관은 공물을 기한 내에 미납하면 징계의 대상이 되었으므로 면책을 위한 손쉬운 방법이 방납이었다. 방납은 또한 고관들의 모리 수단이기도

72 『예종실록』 6권, 예종 1년 6월 29일
73 『성종실록』 43권, 성종 5년 6월 9일
74 朴道植,「16세기 國家財政과 貢納制 운영」,『國史館論叢』第80輯 1998, p 241.

하여서 그들은 직접 경관(京官)을 통해 수령들에게 직간접으로 방납을 강요하기도 하였다[75] 그리하여 수령은 면책을 위해, 경관은 권세가의 청에 못 이겨 규찰하지 않아 방납의 폐가 이루 다 말할 수 없을 지경이었다.

이와 함께 방납의 폐단은 보편화되었다. 지방관 송세림(宋世琳)은 상소(上疏)에서, "공부(貢賦)는 판안(版案)에 정해져 있는데, 각사(各司)에서 작지(作紙)니 공사지(公事紙)니 하여 면포(綿布)를 넉넉히 받고 나서도, 다시 두승(斗升)을 높여 되고 근량(斤兩)을 무겁게 달아서 공부의 수량을 줄이고 아직 덜 거두었다고 합니다. 노예(奴隷)·고자(庫子)는 으레 방납(防納)하여, 각 고을에서 바치는 것이 비록 그 창고에 쌓여 있는 것보다 백배나 좋더라도, 아침저녁으로 틈을 엿보고 기회를 타서 온갖 꾀로 물리치고는 성화같이 독촉하니, 공리(貢吏)가 된 자는 견책을 당할까 크게 두려워서, 월리(月利)를 많이 부담하고 그 요구를 들어줘 그 본색(本色)과 아울러 주고서 겨우 바치게 됩니다'라고 하였다.[76] 그것들은 모두 백성의 부담이 되는 것이었다.

세조 이후 집권 세력인 훈구파는 방납이 확산되는 과정에서 책임 있는 위치에 있었으며, 관할 아래 각사의 공물 납입 과정에서 직·간접으로 개입되어 있었다. 연산조의 폭정을 거쳐 성립된 중종조에 등용된 신흥 사대부들은 훈구파의 훈작을 삭감할 것을 주장하고, 또한 방납의 폐를 시정하고자 하였다. 조광조는 "사람은 다 부귀(富貴)를 꾀하는 마음이 있는데 이(利)의 근원이 크게 열렸으니, 이때에 이(利)의 근원을 분명히 끊지 않으면

---

75 성종대의 윤은로(이조판서), 연산군대의 정숭조(호조판서), 중종대의 김안로(예조판서), 명종대의 이기(우의정), 정세호(호조판서), 진복창(대사헌), 허엽(장령), 윤원형(영의정) 등이 경관(京官)을 통해 수령들에게 직·간접으로 방납을 강요하기도 하였다. (高錫珪, 「16·17세기 貢納制 개혁의 방향」, 『韓國史論』 12, 서울大, 1985, pp 181-182).

76 『중종실록』 25권, 중종 11년 7월 15일.

누구인들 부귀를 꾀하려는 마음을 갖지 않겠습니까" 라고 하면서, 이(利)의 근원을 끊을 것을 주장했다.[77] 그러나 여전히 지방에서 바치는 각사(各司)의 공물로 말하면 각사의 고자(庫子) 가 먼저 방납(防納) 하고 그 값을 곱절로 각 고을의 사자(使者)들에게 징수하는 폐단은 지속되었다.[78]

『명종실록』에서는 "각사(各司)에서 방납(防納)하는 폐단은 그 유래가 이미 오래되었습니다만, 근래에 흉년으로 인하여 물가가 상승해서 옛날에 한 필 하던 값이 지금은 10배까지 올라서, 한 물건을 바치는데 가산(家産)을 탕진하게 되므로, 방납자가 이로 말미암아 더욱 이익을 노리는" 사태가 지속되었습니다.[79] 또한 "수령이 방납을 일체 허락하지 않으면 그 폐단이 영원히 끊길 것인데 수령들이 권세가의 청에 끌려 갑자기 혁파하지 못하고 있습니다. 지금 부상대고(富商大賈) 및 각사(各司) 사람들이 편히 앉아 먹으면서 사치한 의복까지 입는 것은 모두 방납에 의한 이익입니다"라고 하였다.[80]

선조 때 정인홍의 평가에 의하면 "민생이 곤궁한 것은 공상할 물건은 얼마되지도 않은데 방납(防納)으로 모리하는 무리에게 들어가는 양이 거의 3분의 2가 넘는다"고 하였다.[81] 한편 다가와 고조(田川孝三)는 공물품을 대체하기 위해 징수된 쌀과 포는 모두 인민에게서 나오는 것이지만, 50~60%는 방납자에게, 30~40%는 사주인에 들어가고, 오직 10~20%만이 관(官)에 납입된다고 평가했다.[82] 또한 실록에는 대납에 비해 2~5배를 거둔다는 기록도 있어, 대체로 농민의 실질 부담에 비해 국가의 공식 수입으로 들어

---

77 『중종실록』 37권, 중종 14년 10월 25일.
78 『중종실록』 81권, 중종 31년 5월 26일.
79 『명종실록』 6권, 명종 2년 8월 13일.
80 『명종실록』 13권, 명종 7년 9월 25일.
81 『선조실록』 15권, 선조 14년 1월 26일.
82 田川孝三, 第7編 「吏胥奴隷の防納とその展開」, 『李朝貢納制の研究』, 東洋文庫論叢 제47, 1964, p 628.

가는 것은 30% 정도를 벗어나지 못했을 것으로 생각된다.

제도적으로 방납의 폐해를 폐지하고자 한 것이 사림이 주장한 대동법의 전신이라 할 수 있는 수미법(收米法)이었다. 이율곡은 특히 공납제 개혁을 중시하여 먼저 공안을 개정해 연산군 때 늘린 분량을 없애고, 여러 고을의 물산 유무, 전결 다소, 민호 잔성(殘盛) 등을 조사하여 그에 따라 공물의 양을 정해 한결같이 균평하게 해야 한다고 생각하였다. 이러한 공안 개정을 토대로 공물의 부과 기준을 토지로 하여 결당 1두씩을 거두고, 지방관이 이 미곡으로 공물을 준비해 책임지고 경중각사(京中各司)에 납부하도록 하는 것을 제안했다.[83] 그러나 이율곡의 제안은 양반·지주들과 방납에 관여하는 권문세가들의 이익에 반하는 것이므로 실현될 수 없었다.

조선 후기에 방납의 폐를 근절하기 위해 대동법이 실시되어 사회 경제 전반에 걸쳐 커다란 영향을 미치게 되었다. 그러나 역설적으로 수미법은 종래의 각색의 공물을 쌀로 거두는, 외견상으로는 방납의 전면화와 제도화를 의미하고, 국가 지출을 상업과 연계하여 상업화를 촉진하는 것이었다.

---

83 이선민, 「이이의 갱장론」, 『한국사론』18, 1988, p 257.

제2절 농업과 토지제도

1. 과전법과 토지제도

조선조 토지제도의 초기적 법제는 1391년의 과전법이다. 과전법은 고려 관료전 제도의 전통을 이어받아 직역에 따라 토지를 사급하는 제도로 약간의 차이에도 불구하고, 기본적으로 전시과제도와 다름이 없었다. 관료에게는 품계에 따라 경기도에 과전을 지급하고 지방에는 군전 등을 두어 부병을 양성하는 것이었다. 그러나 일반 농민, 즉 부병의 토지에 대해서는 언급이 없다. 이는 이미 성립된 농민의 사적 소유, 즉 경작지를 현실 그대로 인정한 바탕에서 관료전을 설정한 것을 의미한다.

과전법에서 과전은 현직 여부를 묻지 않고, 관료들에게 수조권을 분여했다. 과전법에서는 제1과인 재내대군(在內大君)부터 문하시중까지 최고 등급에 150결, 최하인 제18과의 권무(權務)·산직(散職)에 대해서는 10결 등으로 총 18계로 등급을 나누어 과전을 지급했다. 1394년에는 이것을 개정하여 최고 150결에서 최저 5결까지 18계의 과전 지급액을 정했다. 과전은 현직의 관료층에 한해서 지급된 것이 아니고, 그 신분에 대해서 주어진 것이며, 퇴직자나 상속자에 대해서도 지급되었다. 한편 과전은 원칙적으로 관료의 당대에 한하였지만, 사후에도 수신전, 휼양전 등의 명목으로 일정 조건 아래 유지되었다.

그러나 토지가 부족해지면서 과전은 세조 12년(1466)에 직전(職田)으로 전환되어 현직자에게만 주어지고 그 총액은 10~15만 결로 추정된다. 그리고 일반 과전과는 별도로 왕자 및 왕의 사위에 대한 왕자 과전법이 1426년에 정해지고, 이는 직전제 실시 이후에도 존속했다. 이외에 공신전이나 별

사전은 왕이 개인에 대해 사여한 수조권 분여지이며, 공신전은 세습이 인정되었다. 별사전은 세습이 인정된 사패(賜牌) 별사전과 그렇지 않은 것으로 구분된다. 군전은 지방의 한량품관(閑良品官)에 대해 주어진 수조지로 5결 내지 10결이 지급되었다. 군전은 직전제 실시와 함께 폐지된 것으로 보인다. 이외에 사원전, 둔전 등이 있다.[84]

유교 사회에서 '보천지하 막비왕토(普天之下 莫非王土: 온 천하에 왕의 땅이 아닌 곳이 없다)'라 하지만, 개인의 사유를 부정하는 것은 아니고, 정전제도 경작권의 허용 여부에 따라 하나의 공전에 8개의 사전을 인정하는 것으로 해석될 수 있다. 다만 왕토사상은 사적 소유에 대한 영토 고권으로서의 국가적 규제의 권리를 강하게 함축하고 있으므로, 때때로 법가적 규제 아래 국가적 토지 소유가 시행되어 사적 소유가 부정되는 격변기들이 나타나곤 하였다. 그러나 유교적 민본주의에서 국가적 소유와 사적 소유는 끊임없는 긴장 관계에 놓여 있지만, 평상적으로 사적 소유가 인정되었다고 볼 수 있다. 과전법은 사적 소유와 양립할 수 없는 이념에서 이루어진 것이 아니고, 그 속에 이미 사적 소유를 내포하고 있었다.

조선 왕조의 창업에 참여한 정도전은 개인적으로는 상당히 혁신적인 사상을 가졌던 것으로 보인다. 그는 민본의 원리가 지켜지지 않으면 백성의 마음이 떠날 것이라 하며, 군주의 권한을 제한하기 위해 재상 중심의 권력 통치를 주장하고, 경작자가 국가에서 토지를 받도록 계구수전(計民授田)을 주장하기도 하였다.[85] 정도전은 "현실적으로 실현된 과전법에 대해 구가세족(舊家世族)들의 반대로 경내의 모든 토지를 국가에 귀속시켜 계민수전하는 옛날의 올바른 토지제도를 회복시키지는 못했지만, 토지제도를 정제(整齊)하여 고려조의 폐법(弊法)에 비해 만배나 낫지 않으냐'고 평가했다.[86]

---

84 김태영, 『조선전기토지제도사연구』, 지식산업사, 1893.
85 정도전, 『朝鮮經國典』上, 「正寶位」, 治典「摠序」. 賦典「經理」.
86 정도전, 『朝鮮經國典』上, 賦典「經理」.

그러나 실현된 과전법은 국가의 토지 소유와는 거리가 먼 것이었을 뿐만 아니라 사실상 사적 소유를 강화하는 내용을 담고 있었고,[87] 이는 당시의 신흥 유교 관리들의 이해관계와도 일치했던 것으로 생각된다.

정도전을 위시하여 조선 왕조의 창업에 참여한 신흥 성리학자들은 토지 제도만이 아니라 중앙 정부와 농촌 사회 구석구석을 주례의 공 개념에 입각하여 일종의 국가 사회주의적 형태로 일신하고자 노력했다는 평가가 있다.[88] 국가 사회주의라는 인식은 멀리는 마르크스의 '아시아 사회론' 그리고 가까이는 고려조의 전시과제도의 평가와 관련되어 있다. 그러나 중국 전통 사회에 토지 사유가 부재한 것은 아니고, 고려의 전시과 체제에서도 농민의 '소경전'이 성립하고 나아가 양반의 조업전이 인정되었다. 그리고 개간과 사실상 '소경전'의 합병을 통해 사유의 확대가 이루어지고 있었다. 정도전 등 건국 유학자들이 과전제를 통해 수립한 토지제도는 국가 사회 주의적 공유를 주장한 것은 아니고, 오히려 군신공치(君臣公治)와 함께 양반의 사적 소유를 강화한 것이었다고 생각된다.

한편 김용섭은 한국의 고대사로부터 중세사에 흐르는 농정의 두 가지 이념을 소토지 소유제와 대토지 소유제로 제시했다. 첫째, 홍익인간, 균형 있는 부의 배분, 토지제도로서 자경 소농제, 중세적 지주 전호제(地主田戶制)의 방향이다. 둘째, 노력하는 만큼 성과를 거둘 수 있는 가운데, 국가의 농업 정책이 개방, 발전, 성장을 강조함으로써 사회가 상하로 크게 분화되고, 순장(殉葬) 관행을 동반하는 대토지 소유자가 등장하여 고대 동방형 노예제 사회를 형성하는 방향이 있었다고 한다. 그런데 첫 번째 이념 중 중세적 지주 전호제는 자경 소농제와 동류의 토지제도로 볼 수 있는지 의문

---

87 "今後, 凡稱私田, 其主雖有罪犯, 不許沒爲公田". (『고려사』, 志 卷第三十二, 食貨 一, 전제 녹과전).

88 한영우, 왕조의 설계자 정도전, 지식산업사, 1999, 114-122면.이영훈, 308면.

이다. 지주 전호 관계가 허용되지 않는 자경 소농제는 국가 사회주의적 토지 소유제도일 수밖에 없고, 지주 전호제는 사적 소유에 기초한 농민 분화가 이루어진 것으로 대토지 소유로 발전될 수 있다. 그리고 순장을 수반한 동방형 노예제를 형성한 대토지 소유는 전제 군주제 아래의 고대 아시아적 사회를 의미하여, 고대 이후에도 지속되는 토지제도의 유형은 아니었다. 따라서 고대 이후의 한국의 토지 소유제도는 국가 사회주의적인 유형과 사적 토지 소유 아래의 자율적인 지주 경제의 두 이념형을 놓고 갈등이 있었지만 현실은 언제나 사적 소유 아래 자율적인 지주 경제가 중심이었다. 그리고 상공업의 발전을 통한 부국강병을 추구한 국가 자본주의는 존재하지 않았으며, 농업적 자본주의는 성립하지 않는 것이다.

과전법은 전객 농민에 대한 전주 관료의 침탈을 규제하고자 전주(田主)가 전객(佃客)의 소경전(所耕田)을 빼앗으면 처벌하고, 전객은 경작하는 토지를 '다른 호(別戶)'의 사람에게 멋대로 팔거나 멋대로 줄 수 없도록 규제하였다. 그러나 과전법은 조업전의 사유를 강화하고, 균전이나 정전을 표방하지 않았다. 과전법에서 종래와 달리 정호(丁號)에 호수의 이름을 달지 않고, 자정제(字丁制)로 전환했다. 이후 군역을 정(丁)과 토지의 결합체에 부과했던 전정제에서 토지와 상관없는 양인의 정(丁)에게 부과하게 되었다. 이는 정(丁)에게 토지를 지급하는 형식을 취한 전정제를 버리고, 제도상으로 균전제나 정전제와 단절한 것이었다.

과전법은 이미 분화된 농민의 기존 경지를 그대로 인정한 바탕에서 기본적으로 전시과와 유사한 관료전제의 형태로 국가 재정에 도움이 되는 공사전제(公私田制)를 창출한 것이다. 과전법은 사적 토지 소유에 반하는 제도가 아니었으므로, 세종조에 곧 토지의 매매를 허용하여 전면적인 사적 토지 소유를 실현하게 된다. 조선조에 지주제의 모순이 심화되면서, 토지 제도를 개혁하여 조업전을 포함한 모든 토지에 대해 정전제(井田制)나 균전제를 실시한다는 구상이 있었지만, 이는 양반이 노비제를 포기하는 것이상으로 사족의 이해관계와 배치되는 실현 불가능한 것이었다.

조준(趙浚)은 정도전과 마찬가지로『주례(周禮)』의 관제에 따라 총재(冢宰)는 6경(卿) 중에서 한 명으로 하여 나라의 육전(六典)을 관장하며 왕의 정치를 도우면서 나라를 다스리는 재상제도를 구상했다.[89] 한편 식화지를 편찬한 정인지가 고려의 토지제도는 대체로 당(唐)의 제도를 모방했다고 하였지만,[90] 사전 혁파를 주도했던 조준은 과전제의 선행 제도를 기원전 2세기 말의 주나라 문왕의 뜻을 이은 것이라고 했고,[91] 당의 균전제를 거론하지 않았다. 과전법은 당의 균전제를 본받은 것이라기보다는 군신공치적이면서 사족을 우대한 주나라의 제도를 본받은 것으로 볼 수 있고, 따라서 관료의 조업전이나 사전을 존중했다. 다만 재정 제도는 당을 본받아 조용조의 3세(稅) 제도를 도입하고자 하였으나 내실이 같은 것은 아니었다.

과전법에서 조선의 사전개혁론자들은 '계구수전'이라는 평등한 토지 소유를 추구한 것으로 생각되기 보다는 정적들의 토지와 불법적인 사전은 폐지하되, 합법적인 조업전의 소유권은 오히려 강화하고 토지의 사적 소유의 발전을 추구했다고 판단된다. 그들은 유교적 이념과 사회관에 입각해 양반들에 의한 토지 사유와 노비제의 인정, 그리고 국가의 간섭을 덜 받는 양반들이 주도하는 자율적인 사회 질서를 추구한 것으로 생각된다. 그들은 노비에 대해서 강상의 윤리를 강조하고, 일반 양인의 토지 경작권은 부정하는 양반의 자율 사회를 희망한 것으로 보인다. 과전법은 건국 이후 반세

---

89 『고려사』, 열전 권제31, 제신(諸臣) 조준.

90 『고려사』, 志 卷第三十二, 食貨 一, 전제서.

91 "멀리는 주(周)의 규전과 채지의 법을 잇고, 가까이는 문묘께서 경기를 넓히셨던 제도를 따라, 경기를 서울에 거주하면서 (왕실을) 시위하는 사람들의 토지로 지급하여 사족을 우대하셨으니, 이는 곧 문왕(文王)이 벼슬하는 사람에게 대대로 녹을 주었던 아름다운 뜻입니다". (遠述成周圭田茱地之法, 近遵文廟開廣京畿之制, 京畿則給居京侍衛者之田, 以優士族, 卽文王仕者世祿之美意也, 고려사, 志 卷第三十二, 食貨 一, 전제 녹과전)

기 만에 폐기되고, 고려조의 토지 소유에 대한 국전 이념, 즉 왕토사상이 크게 희석되고, 사적 소유제도가 성립하였다.

초기의 과전법 체제를 살펴보면 국가는 각급의 관료에게 수조권을 지급했고, 이외에 공신 등에게는 공신전과 별사전 등의 수조권을 지급했다. 종래에 이들 개인에게 수조권이 지급된 토지를 사전이라 불렀으나 사전은 개인의 사유지를 의미하는 사전 개념과 혼동된다. 오히려 소유권을 기준으로 민전과 국유전으로 구분하고, 민전 내에 수조권을 기준으로 하는 공전과 사전(=과전)이 있고, 사유지도 민전에 포함되는 것으로 보는 것이 일관성이 있다.

과전법은 현직 관료 외에 산직이나 퇴직자 그리고 수신전, 휼양전 등의 명목으로도 토지가 지급되었으며 각자 수세하는 것은 동일하였다. 과전이 점차 확대되어 토지 부족 문제가 생기고, 또한 공전은 재정기관인 호조의 광흥창이나 풍저창의 수입이 되는 토지 외에도 정부 각 기관의 독자적인 수입원인 각사위전(各司位田)으로 구분되어 복잡하였다.

세종은 즉위 년인 1419년에 사전에 대한 답험(踏驗)도 공전과 같이 경차관이 하도록 하는 바탕 위에 1444년에 공법을 실시하고, 이듬해인 1445년에 수조권이 국가기관들 사이에 분산된 토지를 통합하는 국용전제를 시행하였다. 국용전제는 주군(州郡)의 역관(驛館), 공아(公衙), 공수(公須) 등 위전(位田) 이외의 경중의 두 창(倉)과 각사(各司)의 위전(位田)을 일체 모두 없애고, 아울러 국용전(國用田)이라 일컫고 각각 그 고을에서 경중의 각사에 바치던 일정한 수량을 계산하여, 민호(民戶)에 나눠 배정하여 수납(輸納)하게 하고, 그 나머지는 모두 그 고을 국고(國庫)에 들이게 할 것[92]을 정했다. 이에 따라 각사위전의 폐지와 함께 각자 수세지가 크게 축소되었다.

한편 세조는 1466년에 과전을 폐지하고 현직의 관리에게만 토지를 지급

92 『세종실록』 109권, 세종 27년 7월 14일 을유 1번째기사.

하는 직전법을 시행하였다. 수신전(守信田), 휼양전(恤養田)의 명목으로 관료의 미망인이나 자녀 등 유가족에게 지급되던 토지는 폐지되었다. 토지의 지급량도 감소하여 정일품이 과전 150결에서 직전 110결로, 정·종9품이 과전 15결에서 직전 10결로 되었다. 이어서 성종 원년(1470)에는 직전세를 소재지의 관리로 하여금 감독하여 거두어 주는 관수관급제를 시행하여,[93] 직전 등의 모든 조세의 징수 업무를 군수에게 이양하니 공신전도 예외가 아니었다. 관수관급제 이후에는 수조권자에 따른 공사전의 구분은 의미가 없어지고, '왕실 및 국·관유전(官有田)'을 제외하면 모두 지방관이 징수하게 되었다. 이로써 직전의 수조권은 토지 지배와 분리되어 녹과(祿科)의 성격을 띠게 되고, 녹봉제로 나아가게 된다.

세종의 토지 매매, 즉 사유의 허용 이후 모든 토지는 민전과 광의의 국유전 즉 왕실 및 국·관유전으로 구분될 수 있게 되었다. 민전은 농민의 경작지이고, 세습적 경작권이 소유권으로 상승된 것이다. 다음 〈그림 5-2〉는 세종조 이후의 토지제도를 도시화한 것이다. 먼저 모든 농지는 사유지인 민전과 국유지인 왕실·관유전으로 구분하여 표시되었고, 국유지에는 미간지도 포함되었다. 〈그림 5-2〉에 경영 형태는 표시하지 않았지만, 소유권의 귀속과 관계없이 자경 토지와 농장 등의 노비 사역형 그리고 병작형으로 구분될 수 있다.

조선 초의 토지는 지방관이 징수하는 전조(田租)의 귀속을 기준으로 민전의 경우 국고수조지, 각사위전, 과전, 지방관아위전 등으로 구분될 수 있었다. 그리고 국유전은 지방관에 대한 조세가 없는 무세전이었다.

---

93 『성종실록』, 성종 1년 4월 20일.

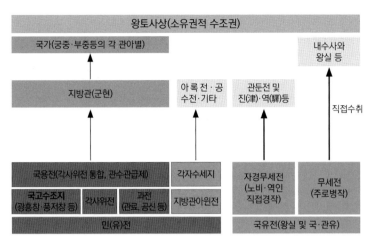

〈그림 5-2〉 15세기 중엽(사유제 및 국용전제) 이후 조선의 토지제도

　그러나 세종조에 국용전제가 실시되고, 곧 이어 성종 원년(1470)의 관수
관급제가 시행되어 과전과 국가 공기관의 각자 수세지는 기본적으로 국용
전으로 통합되었다. 다만 국용전제 이후에도 민전 중에서 지방관아위전 등
일부 토지가 '각자 수세지'라는 명칭 아래 여전히 지방관 등의 각종 국역
부담자가 전조를 수취했다. 『경국대전』「제전(諸田)」조의 각자 수세지에는
사전(寺田), 아록전(衙祿田), 공수전(公須田), 도전(渡田), 숭의전전(崇義殿
田), 수부전(水夫田), 장전(長田), 부장전(副長田), 급주전(急走田) 등이 존재
하였다.[94] 이것들은 고려조 공해전(公廨田)과 성격이 유사한 것으로 볼 수
있다.
　〈그림 5-2〉에는 이러한 분립자관적 재정제도에 따른 여러 종류의 토지
를 구분 표시하였다. 예를 들어 민전 중의 국가 수조 토지가 조선조 초에
는 세분되어 풍저창(豊儲倉)과 광흥창(廣興倉)으로 대표되는 호조의 관할

---

94 『經國大典』, 「戶典」, 諸田. 李載龒, 「Ⅱ. 經濟構造」 1. 田制, 『한국사』 10 조선
　- 양반 관료 국가의 사회 구조.

외에 각사위전 등으로 구분되어 있었다. 독자의 수입원을 가진 국가기관 즉 각사에는 군자감(軍資監)을 비롯해 공조(工曹), 내자시(內資寺), 내섬시(內贍寺) 등 여러 관서가 존재했다. 세종은 이들 각사위전을 철폐하고 국용전으로 통합했다. 그러나 각사의 수입원이 되는 토지는 통합되었지만, 징수한 부세는 여전히 중앙의 각사에게 정해진 액수만큼 별도로 상납되어 재정기관이 통일되지는 않았고, 분립자판제 재정은 존속되었다. 전세와 구분되는 공물도 군현에서 징수되어 중앙 각사로 정해진 액수만큼 별도로 상납되는 것은 마찬가지였다.

구체적으로 수취된 조는 국가의 일반 행정상의 경비에 충당하기 위한 풍저창과 급료를 위한 광흥창, 그리고 군량에 충당하기 위한 군자(軍資) 및 중앙 정부기관별로 구분되어 상납되었다. 『경국대전』에는 중앙 관청이 지방의 공전조(公田租)를 수납하는 절차로서 "각 읍이 전세로 공납하는 미곡으로 먼저 내자시(內資寺), 내섬시(內贍寺), 내빈시(內賓寺), 사도시(司導寺), 풍저창(豊儲倉), 광흥창(廣興倉), 소격서(昭格署)와 양현고(養賢庫) 등 각 관아의 필요량에 충당한 뒤 나머지로 군자삼감, 즉 본감(本監), 강감(江監), 분감(分監) 등 군감(軍監)에 분납한다"고 규정하고 있다.[95] 결과적으로 국용전제 이후 공전의 부세는 지방관을 통해 징수되고 국가기관으로 상납하여 사용되었지만, 사실상 그 상납처는 여전히 재정기관인 호조로 통일되지는 않았고, 각 기관별로 분립적으로 수취하여 자판적으로 사용하는 부분이 적지 않았다.

한편 민전과 달리 왕실·관유전은 광의의 국유전이고 국가에 대한 전조가 면제되었다. 그중에 자경무세전은 관둔전이나 진·역 등에서 직접 자경하여 그 수입을 경비로 삼는 토지였다. 자경무세전의 종류로는 『경국대전』에 관둔전(官屯田), 마전(馬田), 원전(院田), 진부전(津夫田), 빙부전(氷夫

---

95 『대전통편』, 호전(戶典), 요부(徭賦) 제읍전세미두(諸邑田稅米豆).

田), 수릉군전(守陵軍田) 등이 나열되어 있다.[96] 그리고 또 다른 국유전으로서 무세전이 존재했고, 이는 자경하지 않고 직접 병작 지대를 수취하여 궁사(宮司)를 위시한 여러 기관의 수입으로 삼은 유조무세지(有租無稅地)로 보인다. 『경국대전』에는 국행수륙전(國行水陸田), 제향공상제사채전(祭享供上諸司柴田), 내수사전과 혜민서종약전 등이 예시되어 있다.[97] 내수사전이 이들 유조무세지의 주된 사전 중 하나였다.

조선의 토지제도를 형성하는데 과전법이 최초의 것으로 중요했지만, 과전법은 고려조의 전시과제도를 이어받은 것으로 특별히 새로운 것은 아니었다. 물론 시지를 제외하고 전지만 지급하였다거나, 고려조와 달리 경기도에 한하여 과전을 지급하는 차이가 있었다. 그리고 정호에 자정제를 실시하는 등 중요한 변화도 있었다. 그러나 고려조와 확실히 구분되는 제도는 토지 매매를 허용하여 사적 토지 소유를 분명하게 인정한 것이고, 따라서 병작제도 자유화 된 것이다.

조선조의 근본적인 제도 변화는 세종조 이후 토지 사유제의 도입으로 나타났다. 그리고 이후에 점진적으로 관영 수공업 체제도 쇠락하여 민간 수공업 체제로 바뀌고 통제적 상업도 완화된다. 조선 후기는 전기와 달리 국가주의적 통제가 보다 약화되고, 상업화가 진전되면서 반상제에 의한 사적 지주 경제가 강화되고 부분적으로 화폐 경제가 발전되어 간다. 정치적으로는 척족에 의한 세도 정치가 나타나고 삼정이 문란하고 농민 경제는 어려움이 가중되었다. 이것은 조선 전기 중에 발생한 제도의 이완이지만 새로운 발전의 주체가 형성되지 않은 점에서 혼란이 일었다.

먼저 태종 6년(1406) 좌정승 하륜이 "전지(田地)의 병작(竝作)은 환과 고독(鰥寡孤獨)으로 자식(子息)이 없고, 노비(奴婢)가 없는 자로서 3·4결(結)

96 『經國大典』, 「戶典」, 諸田.
97 『大典會通』, 戶典, 諸田 [收稅原則-經國大典].

이하를 경작하는 자 이외는 일절 금단하도록'98 상언한 것을 보면, 조선 초에 병작이 현실에서 이루어지고 있지만 제도적으로 예외적인 경우를 제외하고는 금기시되고 있었다. 이후 세종의 토지 매매 허용으로 자연히 병작에 관한 규제도 해제되었다.

토지 매매의 허용은 세종 6년(1424) 기사에서 확인된다. 당시의 경기 감사가 계하기를, "무릇 전지(田地)를 방매(放賣)한 사람은 혹 부모의 상장(喪葬)이나, 혹 숙채(宿債)의 상환이나, 혹 집이 가난해서 살아갈 수 없으므로 인하여 모두 어찌할 수 없는 사정인데, 그 값을 모두 관에서 몰수하니 원통하고 억울함이 적지 아니합니다. 또 서울 안에서는 주택을 건축할 기지(基地)와 채전(菜田)은 방매를 허가하면서 유독 외방에 있는 전지(田地)의 매매는 금하는 것은 옳지 못한 일이니, 청컨대 매매를 금하지 말도록 할 것이며, 그 가운데에 국세도 청산하지 않고 관청 수속도 없이 처리된 것만 율에 의하여 시행하소서" 하니, 세종은 율문에 의해 시행하라고 하고, 그밖에 연한을 두고 방매한 전택(田宅)은 명문(明文)에 따라 결급(決給)하라고 명하였다.99

이 기록에서 토지 매매의 허용이라는 중대한 제도의 변화가 새로운 제도의 시행이라기보다는 종래 관행의 불합리한 점을 시정하는 차원에서 이루어지고 있음을 알 수 있다. 다시 말해 도시의 택지와 채마밭은 이전부터 매매가 되었고, 지방의 전지도 간혹 불가피한 사정으로 매매가 되어 왔음을 알 수 있다. 그리고 매매가 불법이었으므로 관에서 그 값을 몰수하기도 하였으나 매입자에게는 매매를 무효로 하거나, 처벌한 내용이 보이지 않는

---

98 『태종실록』 12권, 태종 6년(1406) 11월 23일 기묘 2번째기사
99 『세종실록』 23권, 세종 6년 3월 23일. 京畿監司啓: "凡田地放賣人, 或因父母喪葬, 或因宿債收贖, 或因家貧不能自存, 皆緣不得已之事, 而其價錢並皆沒官, 冤抑不小。且京中造家基地菜田, 猶許放賣, 獨外方田地, 禁其買賣未便。請毋禁買賣, 其不稅契不過割者, 依律施行。" 命依律文施行, 其限年放賣田宅, 從明文決給。

것을 보면 토지 거래의 규제는 매도자에게 집중된 것이었음을 알 수 있다.

이후 토지 거래의 허용은 법제화되었다. 『경국대전』에는 "전지(田地)와 가사(家舍)의 매매는 15일을 기한으로 하여 물릴 수 없고, 모두 1백일 안에 관아에 고하여 입안(立案)을 받아야 한다. 노비에 대해서도 같다. 소와 말은 5일을 기한으로 하여 물릴 수 없다"[100]고 정하였다. 즉 전지와 가사는 매매를 허용하되 15일 이내에는 환매할 수 있지만, 그 기한이 지나면 거래가 확정되는 것이었다. 토지 매매가 허용되면서 농민에 대한 호칭도 고려조 이래의 전객에서 세조 때 전부로 변경되었고, 국가의 경작자에 대한 인식이 왕토사상 아래 전객과 전주의 중간 정도의 호칭으로 높아진 것으로 생각된다.

한편 전조의 수취 수준은 공사전을 불문하고 수확의 1/10로 제한되어, 수전 1결에 조미(糙米) 30두, 한전 1결에 잡곡 30두로 정했다. 이를 역산하면 14세기 말 수전 1결의 생산량은 조미(糙米) 300두, 도정 이전의 조(租)로 600두 정도이다. 10세기 말 수전 1결의 평균 생산량을 조 300두라 하면 조미 300두는 결당 생산량이 약 2배 증가한 것을 의미한다. 사전, 즉 과전 및 공신전과 사사전(寺社田)은 개인에게 수조권을 사급한 것이지만 이들에 대해서도 1결에 미 2두, 즉 조의 1/10을 세(稅)로 수취하여 군자에 충동하도록 하였다.[101] 하타다 다카시(旗田巍)는 이에 관해 "과전법에서는 조와 세는 명확히 구별되고, 세는 주로 사전주가 국가에 내는 것, 조는 공·사전의 경작자(전객)가 내는 것으로 되었다. 거기에는 조=지대, 세=세라는 견해가 생기는 경향이 있다"고 하였지만,[102] 이러한 해석은 혼란스럽다.

---

100 "田地·家舍買賣, 限十五日勿改, 竝於百日內, 告官受立案。奴婢同。牛馬, 則限五日勿改" (經國大典戶典買賣限[田地·家舍買賣]. 대전통편호전(戶典)매매한(買賣限)[田地家舍買賣… 1].

101 『태종실록』 3권, 태종 2년 2월 5일 무오 5번째기사.

102 旗田巍, 「李朝初期の公田」, 『朝鮮史研究會論文集』 제3집, 1967, p 54.

종래에 조(租)는 지대와 조세가 통일된 것이었지만, 병작이 이루어지면서 지주의 지대와 국가에 내는 전세, 즉 전조가 분리된다. 세종조 이후 매매와 병작의 공인 및 관수 관급제에 따라 국유지를 제외하면 면조지는 없어지고, 국가에 대한 조(租)는 전세로 된다. 병작 지주가 수취하는 지대가 생산성 향상으로 증가된 농업 잉여 생산물의 대부분이 된다. 수조권자의 공·사전 여부에 관계없이 결당 '조'의 1/10을 받는 '세'는 전세인 '전조(田租)'에 대한 부가세이지, 지대와 세의 분리를 보여주는 지표는 아니다. 지대와 조세의 분리를 보여주는 지표는 병작의 발생이지, 부가세가 아니다.

한편 건국 후 조선은 양전을 통해 경작 토지를 보다 정밀히 파악하고 조세 수입을 늘리고자 하였다. 1388년 과전법 제정 무렵의 양전에서 북방의 양계를 제외한 전국의 결수가 약 80만 결이었는데, 경지의 확대와 조세 징수를 위한 등록은 지속되었고, 1404년 경기를 제외하고 전국에 782,543결이 등록되었다.[103] 여기에 1401년에 조사된 경기 지역의 결수 149,300결을 더하면[104] 총 93만여 결로 고려 말에 비해 약 16% 정도 증가했다.

이러한 결수 증대로 인한 지세 수입의 증가로 재정 문제가 약간 완화되었지만 해결된 것은 아니었다. 왕조 초의 연간 곡물 수입은 40만 석이었고, 그중 4만 석이 군인의 배급으로 사용되었다. 그러나 위급 시의 충분한 비축을 준비하는데 문제가 있었다. 1403년 정부는 군사적 준비로 오직 2만 석만 가지고 있었고, 1413년 정부와 지방의 창고는 단지 357,000석만 가지고 있었는데, 이는 과다한 관리의 제거 그리고 급여와 사원령의 축소 등에 의해 성취된 것이었다. 그러나 여러 어려움에도 불구하고, 이러한 조선조의 수치

---

103 『태종실록』, 태종 4년 4월 25일.
104 경기 지역의 결수 149,300에서 결은 창고(倉庫)·궁사(宮司)·각사(各司)의 각 위전(位田)을 제외한다면 직전으로 과전(科田)이 84,100결, 공신전(功臣田)이 31,240여결 해서 115,340결이 사용되고, 이외에 사사전(寺社田)이 4,680결이 있었다. 태종실록 3권, 태종 2년 2월 5일 무오 5번째 기사.

는 고려 중앙 정부의 수입을 크게 능가하는 것이었음을 보여준다.[105]

2. 양안·결부·전세 및 농업 생산

1) 양안·결부·전세

조선 왕조는 인구와 토지를 호적과 양안(量案)으로 조사했다. 양전(量田)은 신라와 고려 시대에도 있었지만, 양안은 남아 있지 않다. 조선조에서는 20년마다 실시하도록 규정되어 있지만, 실현되지 않았다. 양안은 양전의 결과로 만들어지는 토지대장이지만 조선조 초기의 양안은 역시 남아 있지 않다.

양안은 국가가 양전을 통해 조세 부과의 대상이 되는 토지와 납세자를 파악한 일종의 토지대장이지만 시대별로 형식의 차이가 있다. 그러나 대체로 양안은 면별로 작성하되, 토지가 소재하는 들판(坪)의 이름을 표시하고, 하나의 들마다 순서대로 토지를 측정하되 천자문의 순서에 따라 자호를 부과하고, 매 자호마다 1번에서부터 필지별로 순서를 매겨 지번을 표시했다. 필지별로는 양전 시 측량의 방향을 표시하고, 전과 답을 구분하여 지목을 표시하고, 생긴 모양을 네모, 긴 네모와 세모 등으로 표시했다. 그리고 필지별로 장(長)·광(廣)·활(闊)·고(股) 등 측량 결과를 척수로 표시했다. 그 결과 필지별 면적을 결부(結負)로 표시하고. 필지의 동·서·남·북을 나타내는 사표(四標)를 표기했다. 또한 토지의 소유주인 납세 책임자를 기주(起

---

105 천관우, 「韓國土地制度史 下」, 『한국문화사대계』, 고려대 민족문화연구소, 1965, pp 1426, 1430. 한영우, 「태종세종조의 대사전 시책」, 『한국사연구』3, 1969, p 45. James B. Palais, *Confucian Statecraft and Korean Institutions-Yu Hyŏngwŏn and the Late Chosŏn Dynasty-*, University of Washington Press, 1996, p 48.

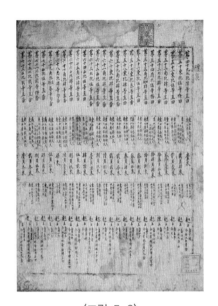

〈그림 5-3〉
「경상도 예천 경자개량전안」
출처: 서울대학교 규장각 한국학연구원

主) 등으로 표기했지만, 실제로는 본인 대신에 타인의 이름을 대(代)·분록(分錄)하는 경우가 많았다. 그리고 양안의 말미에는 해당 면과 군의 총 결수를 집계하여 표시하였다.

다음 〈그림 5-3〉은 「경상도 예천 경자개량전안」이다. 양안들 중에서 비교적 문면이 깨끗한 조선 후기 숙종조 1720년 경자양전의 결과물인 예천 지역의 양안을 보여주는 것이다.

〈그림 5-3〉의 양안을 행으로 읽어 보면, 먼저 토지의 지번, 그리고 양전의 방향을 표시한 양범(量犯)의 방향, 토지의 등급, 전과 답으로 구분한 지목과 토지의 형태를 표시했다. 그리고 남북의 길이와 동서의 넓이의 척수를 표시하고 다음으로 면적을 결부(結負)로, 이어서 동·서·남·북의 사표를 표시하고, 마지막에 경작자인 기주 혹은 묵힌 땅의 주인인 진주를 표시하였다. 면적의 단위인 결부는 곡식의 수확량을 기준으로 하는 면적의 단위이다. 벼를 수확하기 위하여 낫질을 할 때, 벼 한 줌을 파(把)라 하고, 10파를 1속(束), 10속을 1부(負), 100부를 1결(結, 먹)이라고 하였다. 그러나 시기에 따라 토지의 비척을 고려하지 않은 절대 면적의 단위로 결부를 사용하기도 하였다. 대체로 한국의 결부제(結負制)는 고려 중엽까지는 절대 면적 단위였으나, 이후 일정한 수확고를 생산하는 면적 단위로 되었다. 따라서 비옥한 토지는 절대 면적이 상대적으로 적고 척박한 토지는 커지지만, 같은 결부의 토지는 동일한 수확고에 따라서 동일한 전세를 부

과하는 토지로 간주되었다.

이와 달리 중국의 경묘제(頃畝制)는 절대 면적 기준으로, 경(頃)-묘(畝)-보(步)의 단위였고, 중세 이전에는 1보는 25평방척(1척은 32센티), 1묘는 100보, 1경은 100묘여서, 1경은 대체로 25,600m²였다. 그러나 명·청 시대에는 1묘=240보가 되어 1경은 61,440m²였다.

한편 신라에서 고려 중엽까지 사용된 절대 면적 단위 1결의 면적은 시기별로 달랐다. 고려 후기에 토지의 등급을 구분하여 1결의 면적이 달라지기 시작했지만, 세종조에 새로운 공법을 실시하면서 토지 등급을 6등으로 구분하고 등급에 따라 절대 면적을 달리했다.

세종은 양전시 등급에 따라 길이가 다른 '자(尺)'를 사용하는 '수등이척제'를 적용했다. '수등이척제'는 주척(周尺-약 20-21cm)을 기준으로 비척에 의한 토지 등급에 따라, 1등 전척은 주척 기준 4,775척, 2등 전척은 5,179척, 3등 전척은 5,703척, 4등 전척은 6,434척, 5등 전척은 7,550척, 6등 전척은 9,550척으로 결정되었다. 그러나 이후 인조 갑술양전(1634) 때 이등동척제(異等同尺制)로 전환하였다. 그러나 전품(田品)에 따른 결부의 비율을 별도로 정하여, 면적이 1등 전이 100부이고 2등 전이면 85부, 3등 전이면 70부, 4등 전이면 55부, 5등 전이면 40부, 6등 전은 25부로 정했다. 따라서 결과적인 등급별 결부의 절대 면적은 세종조와 다름이 없었고, 1등전 1결과 6등전 1결의 면적 비율은 1:4로 되었다. 이후 1902년 대한제국 시대에 미터법에 대응하여 '자(척)'의 길이 기준을 종래의 주척에서 20cm로 환산하고 사방 5자 평방을 1m²로 정했다.

세종조 1결의 평균 면적은 고려조에 비해 증가했으며, 세종은 조세율을 1/20로 정하고, 상상년은 1결에 20두로 하였으며, 작황에 따라 조세량을 조정했다. 상상년의 결당 조세 미 20두가 수확고의 1/20이라면, 이것은 결당 수확고가 미 400두, 조 1,000두 수준이었음을 전제로 하는 것이다. 그러나 실제의 토지 생산성은 이보다 크게 못 미치고, 주기적인 재해 등으로 안정적이지도 못해서, 연분 9등제 등으로 전조를 경감했다고 보인다.

양전의 결과 얻어진 총 결수는 과전법 무렵의 고려 말에는 전국 총 80여 만 결로 조사되었다. 조선 건국 후 1401년의 양전에서는 경기 지역이 149,300결이고 그중에 창고(倉庫)·궁사(宮司)·각사(各司)의 각 위전(位田)을 제외한다면 직전으로 과전(科田)이 84,100결, 공신전(功臣田)이 31,240여결 115,340결이 사용되고, 이외에 사사전(寺社田)이 4,680여 결이 있었다.[106]

다음 〈표 5-4〉는 조선 초 전국의 결수의 크기와 변동을 살펴본 것이다. 먼저 국가에 의한 보다 정확한 경지의 등록은 지속되고, 조세 수입원이 확충되었다. 태종조인 1404년 경기를 제외한 전국의 토지를 양전한 결과 전국적으로 등록된 총수는 782,543결이었고,[107] 여기에 누락된 경기도의 경우 1401년의 결수를 포함하면 전국 93만여 결로 고려 말에 비해 16% 정도 증가했다.

이후 『세종실록』의 「지리지」(1432)에 의하면 전국 163만여 결이 등록되어, 왕조 전시기에 걸쳐 최대 수준을 기록했다. 이는 미간지의 개간과 함께, 기경지와 미간지를 모두 조사한 새로운 양전 방식의 결과이기도 하지만, 주로 종래 극히 소액만 등록되었던 평안과 함경 양계의 토지가 조사되어 약 43만 결이 증액되고, 이외에도 전라도 20만 결, 경상도 8만여 결, 경기도 6만여 결 등이 증가했기 때문이다. 『세종실록』 이후의 조사에 기초한 『반계수록』의 숫자에서는 전국 151만여 결로 표시되어 있다. 이후 조선 후기에도 전국적 결수가 대체로 140~150만 결로 조사되었다.

세종조 이후의 전국 결수가 변동하고 줄어든 것은 지역별로 평안과 함경 양계의 결수가 20여만 결 이상 줄고, 경기도의 결수도 5~6만 결 이상 줄었지만 전라도는 15만 결 이상 증가하여 전체적으로 10만 결 이상 감소

---

106 『태종실록』 3권, 태종 2년 2월 5일 무오 5번째기사
107 『태종실록』, 태종 4년 4월 25일.

했다. 특히 평안과 함경도의 결수 감소가 전체적 감소의 주요인이지만, 그 원인으로는 이들 지역 농지의 전품이 열악해 전분 6등제에 따라 대부분 하등전으로 평가되어 결수가 감소했을 가능성이 있다. 그러나 이러한 요인 외에 원래 중앙 재정에의 상납분이 없는 곳이어서 정부의 관심이 적었던 것도 커다란 요인이 되었을 것으로 생각된다.

〈표 5-4〉 전국 도별 결수의 변화

도별/년도	태종실록	세종지리지	반계수록
경기도	149,300*	207,119**	147,300
충청도	223,090	236,300	252,504
경상도	224,625	301,147	315,027
전라도	173,990	277,588	442,189
황해도	90,922	104,772	106,833
강원도	59,989	65,916	34,831
서북면 평안도	3,271	308,751	153,009
동북면 함경도	6,648	130,413	63,822
합계	931,835	1,632,006***	1,515,515

* 1401년도 수치임.
** 경기도 207,119결은 한성부 1,415결, 개성 5,357결 및 경기도 200,247결을 합한 수임.
*** 『세종실록』「지리지」에는 도별 총수와 각 읍별 간전 수의 합계가 다르고 특히 황해도의 경우는 약 12만 결의 큰 차이가 있다. 읍별 수를 합계하면 총계가 171만여 결이 되지만 도별 총수를 택했다.
자료: 『태종실록』, 태종 4년 4월 25일;『세종실록』「지리지」 도별총수의 숫자임.;『반계수록』.

한편 『세종실록』의 「지리지」에서 전국 읍별 경지를 모두 합한 결수에서 밭이 72%, 논이 28%를 차지하여 농업의 중심은 여전히 밭농사, 즉 한전작이었다. 도별로는 상당한 차이가 있어서 경기, 충청, 경상, 전라의 남부 지방에서 논의 비중은 37~46%인 반면, 황해, 강원, 평안, 함길의 북부 산간 지방에서 그것은 10%대에 불과했다. 재배하는 군현의 수를 기준으로 한 5

대 주요 작물은 기장, 벼, 보리, 피의 순이었다. 이것을 5대 작물이라 불렀고, 15세기 전반 조선의 농업은 크게 말해 동일 위도에 놓인 중국 화북의 농업과 비슷한 구조였다.[108]

조선의 건국 후, 농업 생산력 증대와 적극적인 양전을 통한 세수 증대로 재정은 어느 정도 안정을 회복한 것으로 보인다. 그러나 사유제의 발전으로 토지 소유의 집중이 진전되고 대지주와 노비 소유주는 평민 및 노비의 소작인들을 이용한 병작으로 고율 지대를 수취했다. 결과적으로 토지가 적은 직접 경작자의 생활 수준이 향상되기는 쉽지 않았을 것으로 보인다. 이러한 불평등을 완화하기 위해 한편에서 중앙 관료들에 의해 정전법이나 한전법의 실시, 혹은 보다 정확한 양전의 필요성이 제기되었으나 개혁은 이루어지지 않았고, 사회 분화는 점점 심화되어 갔다.

2) 농업 생산

조선조 초의 농업 생산 방법의 모습과 그 개선을 보여주는 주요 자료는 세종조에 간행된 농서인『농사직설』이다.『농사직설』은 수전과 한전 모두에서 종래의 '세역(歲易)', 즉 2년 1작의 휴한 농법을 극복하고 상경 연작 농법이 성립했음을 보여준다.

한전작에서도 집약 농법의 발전의 중요한 것이 2년 3작식의 윤작법이 소개되었다.『농사직설』에는 속(조) 다음에 맥(보리 또는 밀) 그리고 두류(콩 또는 팥)에 이은 동기 휴한의 2년 3모작 작법이 소개되었는데, 15세기 전반에는 이미 상당히 보급되었을 것으로 생각된다. 2년 3작의 보급에는 지력의 보충을 위한 시비법의 보급과 기경법의 발전 그리고 농우의 보급 등이 필요했다.

---

108 이영훈, 같은 책, p 335.

논 농사에서는 벼와 맥의 이모작이 성립했다. 연작 농법이 성립하기 위해서는 농기구의 개선을 통한 기경과 정지의 발전도 필요하지만 시비법의 발전으로 토지의 지력을 높여주는 것이 중요했다. 『농사직설』은 축력에 의한 기경 정지구(整地具)로서 쟁기, 써레, 번지, 밀개 등을 소개하고, 아울러 쇠스랑, 곰배, 호미와 같은 인력 농구도 소개했다. 특히 한국적인 정경세작(精耕細作), 즉 알뜰 농법의 주요 도구인 호미의 존재가 주목된다. 이러한 농구의 발전을 기초로 지력을 높이기 위한 시비법이 권장되었다. 수도작에서 밭을 갈기 전에 '입분(入糞)', '입토(入土)', '입잡초(入雜草)' 등의 시비를 지시하고 있다. 한전작의 경우에도 작물마다 숙분(熟糞)과 뇨회(尿灰) 등의 시비법을 소개하고 있다.

논에서 벼 재배의 경종법으로는 수경(水耕) 즉 물이 질척한 논에 직접 파종하는 것과, 건경(乾耕) 즉 마른 논에 직접 씨를 뿌리고 이후 물을 대는 것, 그리고 묘종(苗種) 즉 이앙법의 세 종류를 소개했지만 당시의 지배적인 방법은 수경 직파(直播)였다. 이앙법은 소개되었지만, 이앙법에 대해 제초에는 편리하지만, 가물면 위험하다고 경계하여 권장하지 않았다.

한편 밭 작물의 중요한 것은 기장(黍)과 조(粟) 등이고, 보리나 밀 등의 맥류(麥類)에 대해서는 상대적으로 언급이 적었다. 『농사직설』은 여전히 중국의 한전 지대인 화북 지역의 농업을 중심으로 하여, 비교적 넓은 면적의 경지를 다양한 축력 농구와 인력 농구를 결합하여 경작하는 농민을 상정하고 있다. 가족 농업은 일찍이 발선했지만 단혼 가족을 기준으로 하는 소농의 본격적인 발전은 보다 점진적이었다.

조선 초기의 의식주 생활은 점진적이나마 개선되었다. 유교적 합리주의와 실용주의가 느리게나마 확산되었다. 농법의 개선으로 농업 생산이 증가하고, 품종의 개량과 새로운 도입도 이루어졌다. 특히 면화의 도입과 재배의 확산은 의류생활에 커다란 변모를 가져오고, 종래의 마포, 저포와 함께 널리 사용되었다. 16세기 이후에는 목면의 재배가 보편화되고, 면포가 의류의 중심이 되었다. 동절기 한파가 심한 한국에서 면직물은 국민 의류생활에 획기적인 발전을 가져왔다. 한편 주거생활에서 여전히 대부분의 농민이나 도시 서민의 주택은 초가삼간으로 대표되는 작은 초가집이었으나, 일부 관공서나 양반, 토호들의 주택은 기와집을 짓기도 하였다.

조선조 초의 농업 생산력을 보여주는 직접적인 자료는 없다. 흔히 수조량을 역산하여 생산성을 파악하기도 한다. 건국 초 태조가 생산량의 1/10을 기준으로 1결의 논에 조미(糙米-현미) 30두를, 1결의 밭에 콩 또는 잡곡 30두를 부과했다. 이후 세종은 공법을 시행하며 생산량의 1/20을 기준으로 1결의 논에 조미(糙米) 20두를, 1결의 밭에 콩 또는 잡곡 20두를 부과했다. 이를 토대로 역산하면 조선 초에 국가는 논 1결에 현미 300~400두를 생산하는 것으로 볼 수 있다. 이것을 도정(搗精) 이전의 벼로 환산하면 최소 그 두 배인 600~800두로 볼 수 있지만 이는 적어도 평균치로는 과도한 수치로 판단된다.

조선 후기의 전라도 지방에 관해 19세기초 정약용이 『목민심서』에서 논 1결의 생산량을 벼 600~800두라고 하였다.[109] 이에 비추어 조선 초에 상상년에 일부 논에서 그 정도의 수확을 거둘 수 있었겠지만, 평균치가 될 수는 없었고, 따라서 연분제로 경감할 수밖에 없었다고 생각된다. 그러나 상등전 풍년의 경우 결당 생산량이 조선 후기와 비슷한 수준에 도달했고, 이후의 농법 발전은 생산량의 증대와 보편화 그리고 1년 2모작과 다각화 등의 방향이 중요했을 것으로 보인다.

『세종실록』의 「지리지」에서는 전국 8도의 경지는 각 군현 별계 총 171만여 결인데, 밭이 123만여 결로서 72%, 논이 47만여 결로서 28%이다.[110] 농업의 중심은 여전히 밭농사에 있었다. 도별로는 상당한 차이가 있어서

---

109 (丁若鏞 1979: 253).
110 이호철, 조선전기농업경제사, 한길사, 1986, p 262.

경기, 충청, 경상, 전라의 남부 지방에서 논의 비중은 37~46%인 반면, 황해, 강원, 평안, 함길의 북부 산간 지방에서 그것은 10%대에 불과했다. 15세기 전반 조선의 농업은 크게 말해 동일 위도에 놓인 중국 화북의 농업과 비슷한 구조였다. 한편 목면의 재배는 경상도와 전라도를 중심으로 한 42개 군현에 불과했고, 목면의 재배가 일반화하고 면포가 의류의 중심을 차지하는 것은 16세기 이후의 일이다.[111]

『농사직설』에 소개된 농법은 밭이나 논 모두 연작 농법이다. 휴한 농법 대신에 연작 농법이 성립한 것은 다양한 재료를 이용한 시비법의 발달 때문이다. 조선 전기의 비료는 크게 세 가지 유형이 있었다.[112] 첫째, 객토, 녹비, 초목비 등의 가공 과정을 거치지 않은 것이며, 둘째, 초회분, 요회(尿灰), 외양간 거름 등의 회(灰)와 요(尿)그리고 분(糞)등을 풀 등과 함께 부숙시킨 것이다. 셋째, 종자, 누에똥 등 비료군이 있었는데 이는 보편적인 것이 아니었다.

조선 전기 수전 농업에서의 시비법은 객토와 초목비가 비료로 사용되었고, 이들은 대부분 초경과 재경 사이에 시비되었다. 한전에서는 파종할 때 거름을 주는 분종법 외에도 점차 작물이 성장하는 도중에도 주는 추비법이 도입되었지만 이 때에는 회분이 중심이었다.[113]

『농사직설』은 다량의 축력을 기반으로 한 노동 생산성 중심의 노동 절약적·토지 집약적 기술에 근거한 조방적인 대농법이었다. 그리고 이 대농법과 함께 이에 대칭되는 『금양잡록』 농법이라는 토지 생산성 중심의 소농법이 공존했다.[114]

『농사직설』도 여러 작물 중 벼농사에 관한 기술이 가장 많기는 하나 밭

111 이영훈, 같은 책, pp 333-335.
112 이호철, 『농업경제사연구』, 경북대학교출판부, 1992, p 49.
113 이호철, 위와 같은 책, pp 48-49.
114 이호철, 「1. 농업과 농업기술」, 『신편 한국사』29, 2002, p 189.

작물에 관한 기술이 더 많았다면,『금양잡록』은 좀 더 미곡 중심인 점에서 집약적 소농경영이 중심일 수밖에 없었다. 그러나『농사직설』에서도 산지나 경사지가 많다는 한국 특유의 지형 조건 때문에 축력 농구 이외에 보조 수단으로 보다 많은 인력 농구를 함께 사용할 수밖에 없었다. 이와 같은 축력 농구와 인력 농구의 적절한 결합은 곧 이 시대『농사직설』농법의 고유한 특성이었다.115

또한『농사직설』의 농업은 축력 농구와 인력 농구의 결합 농법을 보여준다. 축력 농구로는 써레, 번지, 밀개 등이 있고, 인력 농구로는 쇠스랑, 곰배, 호미 등이 있다. 기경구에 대한 언급이 없는데 쟁기에 의한 우경을 당연한 것으로 전제하고 있다.『농사직설』에 소개된 논농사의 경종법은 수경, 건경과 묘종 세 가지가 있다. 가장 중시한 밭작물은 기장과 조이다. 대조적으로 18세기 이후 밭작물의 중심이 되는 맥류에 대해서는 관심이 적었다.116

조선 초는 기경과 정지법의 발전과 함께 시비법이 개선되면서 연작상경 (連作常耕)이 보편화되고 동시에 비교적 조방적인 한전 농업 대신에 보다 노동 집약적인 수전 농업이 발전하는 시기였다. 이태진은 신흥 사족들이 성리학을 받아들이면서 연작상경 단계의 강남 농법(江南農法)을 적극적으로 채택하고 그것을 배경으로 권문세족에 대항할 수 있는 경제력을 확보하였다고 한다.117 한편 이호철은 15~16세기까지의 농법은 2 두리(頭犁)의 대형 경리(耕犁)를 기반으로 솔하노비(率下奴婢)를 동원시킨 15명 정도의 부역 노동 수준이 가장 선진적인 형태였다고 한다.118 이 밖에도 농기구의

115 이호철,「1. 농업과 농업기술」,『신편 한국사』29, 2002, p 190.
116 이영훈, (336-338면)
117 李泰鎭,「15·6세기 新儒學 정착의 社會經濟的 배경」,『朝鮮儒敎社會史論』, 지식산업사, 1989.
118 李鎬澈,「農莊과 小農民經營」,『朝鮮前期農業經濟史』, 한길사, 1986.

발달 단계를 검토하여 조방적 농법 단계로부터 집약적 농법 단계로 전환되고 있음을 연구한 결과도 있으며,[119] 16세기에 이르면 이앙법(移秧法)이 이미 경상도 전역으로 확산되었을 뿐만 아니라 전라도 지역을 거쳐 충청도 지역으로 전파되는 추세에 있었으며 17세기에는 전국적으로 보급되었다.[120] 이러한 발전은 앙묘 관리와 앙기(秧基), 시비(施肥) 등의 기술 발전에 힘입은 것이었다.

119 李春寧, 「韓國 古代의 農業技術과 生產力 研究」, 『국사관 논총』 제31집, 1992.
120 廉定燮, 「15~16세기 水田農法의 전개」, 『韓國史論』 31, 1994.

제3절 신분, 군역 및 호적

1. 신분

기본적으로 근대 이전의 사회는 신분 사회이고 전형적으로는 계급과 신분이 일치했다. 조선의 치자인 관리가 과거제로 선발되므로 신분제가 아니라는 해석도 있지만 양반제 혹은 반상제는 엄연히 존재한다. 부분적으로 양반이라는 관직은 업적으로 얻어지고, 이를 바탕으로 새로운 신분을 획득하며 또한 부분적으로 양반이 쇠락하여 일반 상민이 되는 수도 없지는 않을 것이다. 그러나 조선조 사회가 신분제임에는 변함이 없고, 다만 좁은 범위에서나 사회적 대류가 이루어지는 신분제였다고 할 수 있다.

조선 초의 신분제에 관해 양천제라는 설과 사실상 고려조의 양반 신분제가 지속되었다는 양설이 있다. 법제적으로나 사회적으로 천민을 제외한 양인인 사농공상 간 사회적 대류가 이루어진다면 양천제에 합당하다. 그러나 조선 초에 사환권이 보다 개방되었지만, 양인도 동질적인 것이 아니었고, 사회적으로는 급제자가 상대적으로 소수의 가문에 집중되는 현상이 있었다. 이들 관료나 유학자의 가문이 사회적 존경의 대상이 되고, 국역 체계 작게는 군역 부담에서 차이를 두면서 반상(班常)의 구별이 이루어진다.

고려조 이래로 조선조에서도 모든 백성은 국가의 '역'을 부담하도록 되었다. 16~60세의 성인 남자는 양천(良賤)으로 구분되고, 각각 상응하는 신역을 졌다. 천인은 노와 비의 역이 지워졌다. 양인에게는 관료, 향리, 역리, 군인, 장인(匠人), 상인 등의 직과 역이 부과되었다. 그러나 점차 군역의 부담 내용에서 양반, 양인, 향리, 천민 등 구분되었고, 이것이 신분의 중요한 기준이 되었다고 할 수 있다. 결과적으로 조선의 신분제는 초기의 양천제에서 양인이 양반과 상인(常人)으로 구분되고, 또한 양반에서 중인이 분리되면서 대체로 양반, 중인, 양인과 천민 네가지 신분으로 구별되었다.

법제적인 의미에서의 양반은 관직을 가진 유직자이고 무직자인 양인과 구별되었으며 양인도 과거에 급제하면 유직자로 되고, 양반도 후손이 관직이 없게 되면 무직자인 양인으로 환원된다. 양반의 관직은 당상관, 참상관과 참하관으로 구별되고, 과거지에 4조까지 기록하여 제시하는 것에서 보듯이 관료의 후손은 3대까지 조상의 혜택을 입는다. 양반도 초기에는 중앙군의 군역을 부담했지만, 이후 군역이 양인에게 한정되면서 향반이 성립한다. 군역을 지지 않는 지방의 향반은 생원, 진사, 유음자제(有蔭子弟), 성중관(成衆官) 등과 그 밖의 교생(校生), 학생 등이 유업(儒業)을 명목으로 군역을 지지 않았다. 흔히 이들 군역을 지지 않는 자들을 양반이라 불렀고, 이를 위해서는 군현에서 향안이라는 재지 사족들의 명부에 이름을 올리는 것이 필요했다. 향반이 성립하고 반상제로의 이행이 명료해지는 것은 17세기 이후라고 본다.

한편 중인은 의술, 천문, 지리, 수학, 제사, 통역 등 특수 직능의 역할을 수행한다. 중인도 드물게 수령 등에 임명될 수 있지만, 그 승진에는 한계가 있었다. 마지막으로 천인은 노비를 의미하고 그들에게는 노와 비의 역이 지워졌다. 노비의 부담은 그 소속 주에 대한 출역(出役), 즉 무상의 노무를 제공하거나 또는 신포의 출공(出貢), 즉 일정액의 포를 납부하여야 했다.

조선조의 중핵을 담당하는 양인에는 여러 부류가 존재하였다. 양인은 직업적으로 사농공상으로 분류되고, 이들 간에 법제적 구분은 없었다. 그러나 현실에서 사회적 대류가 활발하지 않아, 유직자인 사가 양반으로 분리되고, 사서(士庶)의 구분이 이루어졌다. 서민들의 직업에는 농·공·상이 있었다. 양인의 바닥에는 특수한 국역을 담당하는 간척지도(干尺之徒)라는 신량역천(身良役賤)이 있었다.

이들 양인 중 농민은 치자가 될 수 있는 과거 응시권, 즉 부거권(赴擧權)

과 사환권(仕宦權)을 가진 공민이었다. 한편 공·상인(工·商人)은 사농공상 이라는 사민(四民)에 속하는 존재들로서 법제적으로 양인이고 부거권이 없 지는 않았지만, 공·상인은 자주 공상천례(工商賤隸)로 불리며 사·농과 구분 되어 천례와 함께 한묶음으로 불리게 되었다. 정부기관에 등록된 공·상인 은 농민과는 달리 군역을 지지 않았지만, 공·상인은 모두가 장안이나 시전 등의 상적(商籍)에 등록된 것은 아니었다. 한편 양인의 가장 아래 층인 간척 (干尺)은 신량역천이라 하여 천대 받았지만 노비와는 구별되는 존재였다.

양인에 속하는 공·상인이 중국이나 일본과 달리 농민보다 더 하대받는 것은 조선조의 중요한 특징이다. 고려조에 농·공·상 구별은 희박했다. 건 국 초 간관이 태조 이성계에게 시무 4조목을 진술할 때, 고려 말에는 공상 (工商)이나 천례(賤隸)가 현관(顯官)의 임명을 받아 조정을 욕되게 하였는 데 앞으로는 고려조와 달리 "공상(工商)이나 천례(賤隸)들이 만약 공로가 있으면 재화(財貨)로써 상을 주고, 관직은 임명하지 말도록"121 하였다. 또 한 세종조에는 천첩 자손의 속신법과 관련하여 전조(前朝) 3품 이하와 본 조의 공상 천례 자손의 속신은 한결같이 모두 금지하도록 하였다.122 또한 세종은 관직에 문무반 외에 잡직을 신설하여 공·상인은 문무반의 유품(流 品)관직에 오를 수 없고, 공상천례, 조례 등과 함께 잡직에 속하도록 하였 다.123 조선 후기에는 공상천례는 관직의 유무와 관계없이 사대부를 향해 욕하거나 대들면 장형(杖刑)과 도형(徒刑)을 아울러 시행한다고 하여 더욱 차별되었다.124

---

121 『태조실록』 15권, 태조 7년 11월 11일
122 『세종실록』 46권, 세종 11년 12월 3일
123 문무반이 아닌 자로 궁궐에서 일하는 공상천례(工商賤隸), 조례(皂隸) 등까지 관 직을 얻으면 조회에 참여했는데, 이를 배제하기 위하여 잡직제를 만들었다. 세종 실록 49권, 세종 12년 9월 7일
124 "工商賤隸之無論有無職向士夫詈罵者, 律止杖徒", 『刑曹受敎類』, 正祖 10年 (1786).

조선조 공·상인은 천민은 아니었지만 농민과 차별되었고, 국가의 장적이나 상적에 수록된 상인은 군역을 지지 않아 흔히 천례와 함께 사회적으로 하대받는 신분이었다. 중국의 상인이 과거를 보아 벼슬을 하고, 진신(縉紳-중국의 양반)이 상업 활동을 한 것과는 많이 달랐다. 일본에서도 상인은 물론 농민과 함께 피통치자이지만, 농민과 구별되는 천대를 받지는 않았고 쵸닌(町人), 즉 공·상인들은 영주들의 상업 진흥을 위한 정책에 의해 어느 정도 상업 활동의 자유를 보장받고 있었다.[125] 조선조 공·상인을 천시하는 농본주의는 양반이나 농민 모두의 출구를 막고, 양반 지주제로 귀결되는 것이었다.

비록 후기의 기록이지만 18세기 말 대사성 유당의 상소에 "백성들 가운데 사족(士族)이란 명색(名色)의 사람이 거의 5분의 2나 됩니다. 농·공·상(農工商)은 천민(賤民)이 아닐 경우 하지 않게 되고, 사족으로서 이를 하면 천하게 여기므로 문사(文士)도 아니고 무사(武士)도 아니면서 편안히 앉아서 먹고 살기를 바라고 있고, 천민인 경우도 조금이지만 보리 10석(石)만 있게 되면 사족들의 하는 일을 본받아 스스로 좋아하고 있습니다"고 하여 조선조 사회상을 말하고 있다.[126] 양반의 증가는 소위 유교 문화 및 유교 예제의 보편화와 함께 나타난다.

---

125 일본의 영주들은 '라쿠이치(樂市)' 정책으로 자유로운 상업 활동을 보장하여 '조카마치(城下町)'에 상인을 모아 시장을 진흥하고자 하였다. 또한 이와 관련하여 "자(座)'라는 일본의 상인 조합에 의한 독점을 규제하고 자유로운 상업을 진흥하기 위한 라쿠자(樂座)' 정책을 실시하였다. 또한 중앙의 막부는 에도 외에도 나라, 교토, 오사카, 나가사키 등을 직할령으로 하였고, 이 중에서 나가사키는 유일한 개항장으로서 대외 무역의 창구였고, 오사카는 에도와 연결되는 국내 무역의 중심지이고 관서 지방 산물의 집산지이며 관서 지역 영주들의 교역 중심지였다. 막부는 이들 상업 중심지를 통해 전국의 물류를 장악하면서, 제한적이지만 이들 지역 상인들의 자치와 영업의 자유를 보장하고자 하였다.
126 정조실록 5권, 정조 2년(1778) 윤6월 23일 대사성 유당이 인재 등용, 민생 안정 등의 방도에 대해 상소를 올리다.

한편 양인들과 구별되는 천인은 과거를 볼 수 없고, 나장(羅將), 조졸(漕卒), 일수(日守), 공사천(公私賤) 등이 불법으로 응시하면 수군의 군역을 지우도록 하고 사면령이 내려도 용서하지 않는다고 하였다.[127] 조선조에 신분이 가장 낮은 전형적인 천인인 노비에는 공노비와 사노비가 있다. 공노비 중 궁노비는 국왕을 비롯한 왕족과 종친이 소유하는 것이고, 일반 관노비는 국가기관에서 소유했다. 사노비의 주된 소유주는 양반이지만 때로는 서인 심지어는 노비가 노비를 소유하는 경우도 있었다.

조선의 세습적 노비제는 고려 이래의 한국 사회의 중요한 특징이었다. 『고려사』의 「식화지」를 편찬한 정인지는 노비제가 풍속의 교화와 내외(內外), 귀천의 구분, 예의(禮義)를 실천하는 데 도움이 되었다고 긍정적으로 평가했다.[128]

고려조 노비의 비중에 관해서는 뚜렷한 통계적 연구는 존재하지 않으나, 고려조가 11세기부터 30% 이상의 노비 인구를 가진 노예제 사회였을 가능성이 대단히 크다는 평가와,[129] 아무리 많이 잡아도 10% 미만이라는 평가 등 크게 엇갈리고 있다.[130] 고려조의 노비의 비중은 호적 등에서 확인할 수 없는 문제가 있다. 그러나 고려조 노비의 30% 이상 설은 노비의 투탁과 토지 겸병으로 인한 양인 전호의 노비화를 고려하지 않으면 납득하기 어렵다.

고려 말에 유민으로 농장(農莊)에 초집(招集)된 농민 등은 국가에 3세(稅) 중 아무것도 내지 않아 신분적 양인(良人)이었지만 사실상 농장 내(農莊內) 노비의 경우와 동일한 지위에 있는 것으로 볼 수도 있다. 그러한 관

---

127 "諸賤人不許冒赴。羅將·漕卒·日守·公私賤冒赴, 竝水軍充定, 勿揀赦前"『續大典』, 兵典,武科 總論.
128 『고려사』, 지 권제39, 형법2(刑法 二), 노비 노비 서.
129 James B. Palais, *Confucian Statecraft and Korean Institutions-Yu Hyŏngwŏn and the Late Chosŏn Dynasty-*, University of Washington Press, 1996, p 41.
130 이영훈, 한국 경제사1, 일조각, 2016, p 388.

계에 따라 농장 내에 있어 전호층(佃戶層)은 점차 노비화되어 전호의 수는 줄어든 대신 노비의 수는 급격한 증가를 이루고 있었다.[131] 그러나 이들은 사회 경제적으로 노비와 같은 처지라 하더라도 법제적으로 신분이 세습되는 노비는 아니었다. 이들을 제외한 법제적 노비의 비율은 아마도 많아야 10% 미만이었을 것이다. 그러나 법제가 문란해져서 노비의 유래를 정확히 확인하지 못하고 압량위천(壓良爲賤)이 호적에서 합법화되면 노비의 비중은 크게 증가될 수 있었다.

고려조에 많아야 10% 미만으로 평가되는 노비의 비중이 15~16세기에는 호적상에서 30~40%로 증가한 것으로 보인다. 이러한 비중의 증가를 가져온 요인으로는 먼저 양반에 의한 개간 및 토지 집적에 의한 토지 소유의 증가와 무토지 양인의 증가를 들지 않을 수 없다. 여기에 국가에 의한 군역과 군보세의 증징으로 양인이 토지를 잃고, 소작인으로 전락하고 나아가 일부는 부득이하게 양반에게 투탁하여 생계를 구하고 군역을 피하고자 노비로 되었다. 제임스 팔레(James Palais)는 이 과정에서 주가에서 멀리 떨어져 주가의 농지를 경작하는 외거노비를 "수확물을 나누어 신공이라는 명목으로 실제로는 지대를 내는, 사실상의 분익 소작농이 되었다"고 평가하였다.[132] 지주들은 토지 경작을 위해 노비나 분익 소작동 외에 고공을 이용하였다.

그러나 노비의 증가에는 이러한 경제 여건의 변화 이외에 그것을 가능하게 한 제도적 변화가 있었던 것으로 보인다. 고려조에서도 양반 호적이 작성되고, 그들이 소유하는 노비가 기록되었으나 세습적 신분으로서 노비가 아닌 투탁 (投托) 등에 의한 사회 경제적 노비는 누락되었을 것으로 보

---

131 林英正, 3. 奴婢 問題, 한국사 8 고려 - 고려후기의 사회와 문화, 1981, pp 95-98.
132 James B. Palais, *Confucian Statecraft and Korean Institutions-Yu Hyŏngwŏn and the Late Chosŏn Dynasty-*, University of Washington Press, 1996, p 68. 참조.

인다. 그러나 조선조의 호적 작성과 호구 파악의 확대 과정에서 투탁 등에 의한 전호 농민이 노비로 기록되는 경우가 많았을 것으로 판단된다.

고려의 신분 사회에서 노비는 국가와 양반에게 긴요한 노동력의 원천이 었지만, 그 증가에는 엄격한 규제가 있었다. 1361년에 도첨의사사에서 기민을 먹여 살리는 사람이 양인을 노비로 삼을 수 있도록 건의하였으나 공민왕이 거부했다.[133] 또한 공노비(公奴婢)나 사노비(私奴婢)를 유인하여 도망시키거나 다른 사람에게 팔아버린 자는 처음에는 귀향형(歸鄕刑)에 처하고, 두 번째에는 충상호형(充常戶刑)에 처한다[134]고 하여 노비의 매매를 금했다. 그리고 노비의 상속과 증여도 오직 같은 집안 내에서만 행하도록 하고, 권문이나 사찰 등의 타인에게 양도하거나 매매할 수 없도록 하였다. 이는 노비를 일단 천인이지만 천민(天民), 즉 사람으로 생각했기 때문이다.[135] 그리고 '천자수모법(賤者隨母法)'을 시행했는데[136] '천자수모'란 비

---

133 갑술(1361) 도첨의사사(都僉議使司)에서 건의하기를, "흉년이 들어 굶어 죽는 사람이 매우 많으나 구제할 방도가 없습니다. 스스로 먹고 살 수 없는 양인(良人)의 경우에는 부유한 자에게 그를 먹여 살리면서 그 사람에게 한해 노역시킬 수 있게 할 것이며, 노비를 소유한 사람이 그 노비를 먹이지 못할 경우 그를 먹여 살리는 사람이 영구히 그 노비를 차지할 수 있게 하소서"라고 하였다. 그러나 왕은 민(民)이 노비가 되는 것을 인정하는 것을 싫어하여 그 건의서를 태워버렸다. (『고려사』, 世家 卷第三十九, 恭愍王 10年 5월).

134 『고려사』. 지 권제38, 형법1(刑法 一) 호혼.

135 공양왕(恭讓王) 3년(1391) 낭사(郎舍)에서 상소하기를, "근래에 들어 분경(奔競)이 풍조를 이루어 모두가 외람되게 권문(權門)에게 총애를 얻고자 하여, 비록 자손이 있는 자라고 하더라도 조상 대대로 내려온 노비[祖業人口]들을 모두 다른 사람에게 주고 있습니다. 노비(奴婢)가 비록 천(賤)하다고 하더라도 또한 하늘의 백성(天民)인데, 예사로 재물로 논하며 거리낌 없이 매매하고 혹은 소나 말과 이를 바꾸기도 하는데 1필(匹)의 말에 대해 (노비) 2~3명을 지급하고도 오히려 값을 치르기에 부족하니, 소와 말이 사람 목숨보다 더욱 중요하게 되었습니다. 엎드려 생각하건대, 전하께서는 고루 살피시어, 조상 대대로 내려온 노비(祖業人口)들은 자손 이외의 사람들에게는 서로 전하지 못하게 하십시오. 비록 후손이 없는 자라고 하더라도 그 부부 중의 동종(同宗)인 자를 수양(收養)하게 하여 서로 전하게

(婢)의 자식은 그 모를 따라 천인이 되고, 또한 그 소유는 비주(婢主)의 것이 된다는 의미이다. 한편 충렬왕(忠烈王) 4년(1278) 공노비(公奴婢)와 사노비(私奴婢)를 석방하여 양인(良人)이 되게 하는 것을 금지하였다.[137] 충렬왕 26년 10월에 왕이 원에 상표(上表)하면서부터 부모 중에 천인이 있으면 그 소생 아녀(兒女)도 모두 천인이 되는 '일천즉천(一賤卽賤)'의 원칙이 합법화되었다.[138]

고려 말부터는 '일천즉천'의 원칙이 존재했고, 천인을 속량하여도 그것은 본인에게만 해당되고, 그 후손은 여전히 천인이었고, 노비의 주인이 그 후사가 끊겼다고 하더라도 또한 동종(同宗)에 소속시키도록 하였는데, 이는 천인을 끝까지 양인으로 되지 못하게 하기 위한 것이었다.[139] 공양왕(恭讓王) 4년(1392)에도 정애(情愛)와 공로를 논해 노비를 역에서 풀어줄 때에는 단지 그 본인에게만 그치도록 하고 자손에게까지는 해당되지 못하도록 하였다.[140] 한편 양반의 노비는 "주인에 대한 역(役)이 각기 별도로 있으므로 예로부터 공역(公役)과 잡렴(雜歛)이 있지 않았다"고 하여,[141] 양민들이 세력가의 집으로 들어가 관역에 이바지하지 않게 되는 것을 금지했다. 또한 노처(奴妻)와 비부 (婢夫)는 주인에게 그들의 처지를 맡긴다고 하였다.

노비의 매매를 금했지만 노비의 법정 가격은 존재했다. 성종 5년(987)의 교서에 의하면, "남자 종의 나이가 15세 이상 60세 이하는 값이 포 100필

하며, 사고파는 사람과 절에 헌납하는 폐단을 모두 금지하시고 벌을 주신다면 어찌 성스러운 다스림에 만분의 일이라도 도움이 되지 않겠습니까?" 라고 하니, 이를 따랐다. (『고려사』, 志 卷第三十九, 刑法 二, 노비).

136 "정종 5년(1039) 천자수모법을 정하다" (『고려사』, 志 卷第三十九, 刑法 二, 노비).
137 『고려사』, 지 권제39, 형법2(刑法 二), 노비.
138 林英正, 3. 奴婢 問題, 한국사 8 고려 - 고려후기의 사회와 문화, 1981, p 105.
139 『고려사』, 世家 卷第三十一, 忠烈王 26年 10월.
140 『고려사』, 지 권제39, 형법2(刑法 二), 노비.
141 『고려사』, 志 卷第三十九, 刑法 二, 노비. (충렬왕 24년(1298), 정월 교서).

이며, 15세 이하 60세 이상은 50필이며, 여자 종(婢)으로 15세 이상 50세 이하는 120필이고, 15세 이하 또는 50세 이상은 60필"이라고 하였다.[142] 노의 가격보다 비의 가격을 20% 정도 더 높게 책정하였다. 고려조의 노비법제는 수모법을 근간으로 노비와 양인을 엄격히 구분하여, 양천 교혼을 금지하고, 동시에 속량도 엄격히 규제하였으며, 매매도 금지하고 노비는 가족 내에서만 전수되도록 하였다. 고려조는 적어도 법제적으로는 노비의 공급이 크게 증가하기 어려운 구조였다. 그러나 이러한 법 정신에도 불구하고, 고려 후기의 현실에서는 모수사패(冒受賜牌)를 통해 외관노비를 얻거나[143] 압량위천으로 양인을 천민으로 만드는 일들이 벌어지고 있었다.[144]

고려조의 노비 인식은 조선조에도 기본적으로 계승되었고, 조선조는 유교적 강상의 윤리를 강조하여 노비에 대한 차별을 합리화하였다. 한편 조선조의 태종까지는 고려조의 노비 정책을 계승하여 노비의 증대, 즉 양인의 감소를 엄격히 규제했다. 태종은 노비의 매매를 금지하고, 노비는 가족 간 한정된 촌수 내에서만 상속 이전하고, 4촌 이내가 없는 경우는 속공(屬公)하도록 하였다. 태종은 노비의 속량도 허가하지 않았지만, 양인을 노비

---

142 『고려사』, 志 卷第三十九, 刑法 二, 노비.
143 "근래에 양인(良人)을 억압하여 천민(賤民)으로 만드는 자가 매우 많으니, 유사(有司)로 하여금 그 문서(文契)가 없는 자 및 가짜로 만든 자를 조사하여 죄를 주라". (충렬왕 24년(1298) 정월 교서). (고려사〉卷八十五〉志 卷第三十九〉刑法 二〉노비〉양인을 억압해 천인으로 만들거나 함부로 사패 받는 행위 등을 금지시킨 개혁 교서) 二十四年正月, 教曰, "一, 近來, 壓良爲賤者, 甚多, 其令有司, 劾其無文契, 及詐僞者, 罪之. 一, 不念公理, 的望外官奴婢, 冒受賜牌者, 一切禁斷. 一, 兩班奴婢, 以其主役各別, 自古, 未有公役雜歛. 今良民, 盡入勢家, 不供官役, 反以兩班奴婢, 代爲良民之役, 今後一禁. 乃至奴妻婢夫, 任許其主."
144 근년 이래로 호적법(戶籍法)이 폐해져서 양반(兩班) 세계를 알아보기 어려워졌을 뿐만 아니라, 혹 양인을 억압해 천인으로 삼거나[壓良爲賤] 천인을 양인으로 만드니[以賤從良] 결국 옥송(獄訟)이 뜰에 가득차고 관련 문서[案牘]는 매우 어지러워졌습니다. (공양왕(恭讓王) 2년(1390) 7월 고려사〉卷七十〉志 卷第三十三〉食貨 二〉호구〉도당이 호적제도 시행을 건의하다).

로 만드는 것을 금지하는 고려조의 정책을 지속했다. 태종은 압량위천하거나, 노비를 숨기고 있거나 타인의 노비를 전당으로 차지하는 것 등을 엄격히 벌했고, 또한 공사천인이 양녀에게 장가드는 양천교혼을 금하고, 혼인한 자는 강제로 이혼을 시켰다.

나아가서 조선조 태종은 즉위 14년(1414)에 부모 중 한 사람만 천인이어도 그 자손은 천인이 된다는 고려조의 '일천즉천'과 천인수모법의 원칙을 개혁했다. 태종은 고려조의 천인수모법은 하늘의 백성에 귀천이 없는 천리에 어긋난다고 하여 그것을 허물고 종부위량법(從父爲良法)을 실시하여 노비의 증가를 억제했다. 태종의 노비관은 혁신적이었고, 이러한 엄격한 제도에서는 비록 양반들이 노비에 대한 수요가 많다고 해도 노비의 비중이 증가하기는 어려웠다.

그러나 세종조에 들어와 종부위량법이 폐기되었다. 세종은 유교적 강상의 윤리를 중시하여, 즉위 4년(1422)에 부사(府史)와 서도(胥徒)가 그 관리(官吏)와 품관(品官)을 고발하고, 이민(吏民)이 그 감사와 수령을 고발하지 못하게 하고, 또한 노비고주(奴婢告主), 즉 노비가 주인을 고소하는 것을 금지하고, 고소하면 교형(絞刑)에 처하도록 하였다.[145] 강상의 논리에서 세종 14년(1432)에는 신하들의 뜻에 따라 종부위량법을 폐기하였다. 강상의 논리는 생민(生民)은 귀천이 없다는 유교의 생동적 개혁성이 후퇴하고, 신분적 윤리가 앞서게 되는 것을 보여준다.

세종도 즉위 6년(1424)까지는 이조판서 허조가 종래의 종부위량법을 폐기할 것을 상언했으나 이는 천리에 어긋난다고 생각하여 응하지 않았다. 그러나 세종은 비와 노 사이에 생긴 아이를 양인으로 만들고자 비가 노의 아버지를 부인하고 양인의 자식이라고 하는 사태가 상륜(常倫-인륜)에 어긋난다고 생각하게 되었다. 그러나 세종은 신하들이 종모법에 따라 아비가

---

145 『세종실록』, 세종 4년 2월 3일

양인이어도 비의 자손을 천인으로 삼자는 주장에 대해서는 여전히 반대했다. 모순된 인식 속에 결과적으로 도출된 것은 양천교혼을 금지하되, 그럼에도 "불법으로 교혼하여 낳은 자식은 각각 그 주인에게 돌려준다(其犯法所生, 各還於主)'고 하였다.[146] 이 규정은 세종의 윤리관, 즉 천리에 어긋나지 않으면서도 인륜을 벗어나지 않아야 한다는 입장에서 나온 것이지만, 현실에 적용하지 못한 것이었다. 현실의 진행은 양천교혼이 이루어지고, 그 자식은 결국 노비가 되는 결과를 가져왔다. 이후 법적으로는 애매한 상태가 지속되다가 세조 14년에 다시 종모법이 시행되고,[147] 1485년, 성종 때 만들어진 『경국대전(經國大典)』에서 '일천즉천'이 법제화되었다.[148] 결과적으로 노비가 급증하여 16세기에는 노비의 비중이 30~40%에 달했던 것으로 평가된다. 조선 시대 현존하는 최초의 호적은 1606년의 산음현 호적이고 이를 포함하여 울산부, 단성현, 대구부 등 17세기 호적들에서 노비의 비중은 대체로 40%에 달하였다.[149]

노비는 주로 양반의 소유였고, 천 명 이상을 소유하는 경우도 드물지 않았다. 이수건에 의하면 조선 전기 사림의 재산 상속과 관련하여 각종 분재기(分財記)와 토지와 노비 관계의 명문을 종합적으로 고찰해 보면 토지보

---

146 『세종실록』, 세종 14년 3월 25일

147 "上卽命凡賤人所係從母役, 許其父贖身, 爲僧後所生, 皆屬公賤". (『세조실록』, 세조 14년(1468) 6월 14일)

148 "凡賤人所係, 從母役. 唯賤人娶良女所生, 從父役". (『經國大典』, 刑典公賤 賤人從母役).

149 한기범의 1606년의 단성현 호적 (韓基範, 「17世紀 丹城縣民의 身分構成-戶籍分析을 중심으로-」, 『호서사학』 10, 1982), 정석종의 1606년의 산음현 호적(鄭奭鍾, 「朝鮮後期 社會身分制의 變化」(『朝鮮後期社會變動硏究』, 일조각, 1983), 김영모의 1630년의 단성현 호적 (金泳謨, 『韓國社會階層硏究』, 일조각, 1982), 그리고 시카타 히로시(四方 博)의 1690년의 대구부 호적 등의 연구에서 17세기 노비의 비중은 모두 30~40% 이상으로 조사되었다. (全炯澤, 「奴婢制度 및 그 變遷에 관한 諸說의 整理」, 『國史館論叢』 第68輯, 1996).

다도 노비에 더 많은 비중이 두어졌다고 한다. 당시에 세력가는 훈구파나 사림파 또는 재조·재야 세력을 막론하고 엄청나게 많은 노비를 갖고 있었다. 성종 때 영응대군(永膺大君)의 노비 수는 1만 명 아래로 내려가지 않았고 홍길문과 유한의 노비도 1천여 명이나 되었으며, 승려 혜경(惠敬)은 자기 노비를 구암사(龜巖寺)에 시납했는데 그 노비도 가족을 이뤄 수천 명에 달했다고 하였다. 이맹현(李孟賢) 부처의 노비는 700명을 넘었고, 유의손(柳義孫) 남매가 나눠 가진 그 부모의 노비도 381명이나 되었다. 일반적으로 재지 사족들의 가문에서도 노비가 보통 수백 명은 넘었다.[150]

조선 초에 노비의 급증을 가져온 요인으로 양천교혼은 양반이 자기 재산인 노비의 수를 늘리는 효과적인 방법이었다. 노주(奴主)는 노(奴)가 같은 천인인 비(婢)와 혼인하면 그 소생이 비주의 것이 되므로 양인과 결혼하도록 권장했고, 비는 어느 신분과 결혼해도 그 소생이 비주의 것이므로 신분을 가릴 이유는 적었다.[151] 그리고 법적으로 투탁이나 자매로 양인이 노비가 되는 것을 금지했지만, 현실에서는 진행되었다. 종부위량법 폐지 후, 양천교혼도 많아져 그 수가 크게 증가했다. 그러나 법적 규제에도 불구하고 투탁에 의한 노비의 증대를 감안하지 않으면 양천교혼만으로 15세기 중엽 이후 100~150여년 만에 노비의 비중이 최소 4~5배 이상 폭증한 것을 설명하기는 어렵다.

시카타 히로시(四方博)는 이마무라 도모(今村鞆)의 주장을 인용하여, 노비의 다수는 투탁자였다고 평가한다. 조선조 세종대에 이르러 고려 시대와 마찬가지로 사전 점유의 폐단이 생기고, 이들이 갖고 있는 부조 이래의 전래의 노예는 적은 수이고, 토지도 매수한 것이 아니라 일시적인 권세로 관

---

150 李樹健, 1. 사림세력의 성장기반, 『신편 한국사』28, 2002, p 149.
151 한영국, 「조선 중엽의 노비결혼 양태」, 『역사학보』, 75~76 합집, 1977. 77집, 1978. 참조.

유·사유의 전지를 점거하고 전호에게서 착취한 것이며, 경영도 대부분 전호 경영이었다고 한다.[152] 토지 없는 농민이 양산되는 과정에서 토지를 매도하거나 토지와 함께 투탁하는 과정이 없었다면 조선 초의 노비의 급격한 증대를 이해하기 어렵다. 조선 초 세종조 이후 100~150년 사이에 노비의 비중이 아무리 많아도 10% 미만에서 40%까지 증대한 것을 양천교혼에 의한 것만으로 설명하기는 어렵다.

법제적으로만 보면 압량위천의 경우 전가사변(全家徙邊)하고, 공물을 받을 수 없으며(非使喚收貢), 장 100대에 삼천리 밖으로 유배하도록 하였다(則杖一百流三千里).[153] 이것은 엄격한 규제였지만 투탁의 경우는 이해관계가 일치하여 이루어진 것이므로 적발하기가 쉬운 것만은 아니었다. 조선 초기에 무거운 군역 부담이 투탁의 주요인이었다. 비록 조선 말기의 기록이지만 "군정(軍政)으로 말하면, 사대부의 묘지가 있는 마을, 고을의 계방(契防), 향교(鄕校)와 서원(書院)의 보솔(保率)은 투탁(投託)해 들어가서 군역(軍役)을 면제받는 중요한 도피처가 되어 버렸습니다. … 모두 본래의 군역으로 되돌리고, 사칭하여 가탁(假託)한 무리들을 적발하여 군대에 충원시켜야 합니다"라고 하였다.[154]

노비는 법제적으로는 노비안(奴婢案)에 등록하도록 되어 있었다. 예를 들어 각사노비(各司奴婢)는 노비안에 등록하고, 3년마다 속안(續案)을 작성하고, 20년마다 정안(定案)을 만들어 형조, 의정부, 장예원, 사섬시, 노비가 소속된 각 본사, 그들이 거주하는 지방 본도와 본읍 등에 보관하도록 되어 있었다. 공노비와 달리 사노비는 주인의 호적에 기록되었다. 노비 중에서 내수사(內需司)의 노비(奴婢)는 역사(役使)가 수월하기 때문에 특히 투탁(投托)하는 자가 많았다. 이를 방지하기 위해 『경국대전』에는 "정안

---

152 今村鞆, '推奴の話' (『朝鮮』, 昭和十年 六月號).
153 『增補典錄通考』刑典公賤. 『新補受敎輯錄』
154 『고종실록』, 고종 3년 6월 2일

(正案)에 부모·조부모와 자신의 이름자가 명백하게 나타나 붙은 외에, 끌어 투탁(投托)하는 자는 모두 청리(聽理)하지 아니한다"고 하였다.[155] 그러나 투탁이 많은 가운데, 법제적으로 성종 21년(1490) 5월 19일의 승전(承傳)에 따르면 압량위천의 경우는 비록 3년을 경과했어도 분별해서 형률에 따라 처벌해야 하지만 양인과 천인의 분간 등의 사항은 3년의 기한을 경과하면 청리할 수 없게 되었다.[156]

『왕조실록』에서는 "어떤 사람이 군역(軍役)이 고통스러워 권세가(權勢家)에 투탁(投託)한 자가 그 일족도 아울러 사천(私賤)으로 투탁했는데 저 권세가는 일부러 기한이 지나기를 기다리느라 즉시 부리지 않으며, 그러다 보면 그들 일족이 사실을 깨달았을 때는 3년이 지난 뒤일 것인데 이것 역시 3년이 지난 것은 청리(聽理)하지 않는다는 제한에 구애될 것이니, 그 억울함을 풀 수 있겠습니까?[157]라고 하여, 3년이 지나면 압량위천이 사실상 용인되었음을 보여준다. 이를테면 군역으로 투탁을 하여 3년이 지나면 노비가 되어도 그 후에 다시 되돌리기는 어렵다는 것이다. 3년의 제한 규정은 군역을 피해 투탁하고 그들을 받는 자들에게 기회를 줄 수 있는 것이었다. 이를 방지하기 위해 성종 즉위년(1469)에 허인진고법(許人陳告法)을 만들어 호패 성적 때 사천으로 된 사람을 적발하고 진고하는 자에게 상을 주도록 하였다.[158]

그러나 한명회에 의하면 "공·사천을 용납하여 숨겨주는 자를 국가에서 금단하지만, 자수(自首)하게 될 리 없고, 진고(陳告)하는 사람에게 상(賞)으로 주는 것도 단지 그의 자신까지만 한정을 하여, 진고한 사람이 죽고 나면 국가에서 도로 찾아옵니다. 이러하므로 상으로 받은 노비(奴婢)가 만일

---

155 『經國大典註解』後集 刑典 秋官 司寇 公賤條 投托.
156 『典錄通考』刑典下 聽理『受敎輯錄』壓良爲賤過三年.
157 성종실록 240권, 성종 21년 5월 17일
158 『성종실록』16권, 성종 3년(1472) 3월 1일

도망하게 되면 진고한 사람의 집이 도리어 해를 받는데 누가 달갑게 진고하려 하겠습니까?"[159] 라고 하여, 노비의 도망과 허접(許接)이 흔했음을 말하고 있다. 결과적으로 15세기 중엽 이후 양천교혼과 투탁, 도망 등으로 전례 없이 노비가 급증하였다.

한편 양반·지주는 전래 노비와 투탁 노비를 이용해 주로 낮은 구릉지를 개간했고, 이외에 매매 및 장리 등을 이용해 증가되는 소유 토지를, 노비 노동과 소작인을 이용하여 농장 또는 병작의 형태로 경영하였다. 조선조 초 15세기 중엽에는 이미 농민의 3/10이 무전(無田) 농민이라는 기록이 있고, 양반이 지방의 호족이 되면서 토지를 겸병하고, 토지 없는 농민을 노비로 사민화 해가는 과정이 동시에 진행될 수밖에 없었다고 생각된다. 농장 경영에는 직접적인 노비 경작인 가작(家作)도 있었지만 노비에게 토지를 할당하여 경작하게 하는 작개(作介)를 하되 그 소출의 절반부터 전량을 노주가 차지하고, 대신 노비에게는 사경(私耕)이라고 하는 토지를 주어 그 소출을 차지하도록 하였다.[160] 노주의 집에서 비교적 먼 경작지는 병작이 널리 이용되었다.

이영훈에 의하면 16세기 경상도 북부 지방의 양반 가(家)에 전해지는 24종의 상속 문서에서 노비의 수는 보통 50명을 넘고, 많게는 317명에 달했다. 토지 규모는 더욱 다양한데, 대개 200두락(斗落)을 초과하고 최대는 2,312두락이었다. 두락이란 1말(斗)의 종자를 파종하는 면적을 말하는데, 16세기에는 100~120평이었다(1평=3.3㎡). 노비와 토지 재산의 규모는 상속주의 관료로서 지위와 밀접한 관련이 있었다. 상속주가 중앙 정부의 고위직일 경우 토지와 노비의 규모가 훨씬 컸다.[161]

인구의 큰 비중을 노비가 차지하게 된 조선 사회에서 노비의 성격을 둘

---

159 『성종실록』, 성종 15년 9월 18일
160 김건태, 「16세기 양반 가의 작개제」(『역사와 현실』 9, 1993).
161 이영훈, 전게서, pp 369-371.

러싸고 농노제설과 노예제설이 대립되고 있었지만, 사실상 문제 설정 자체가 혼동을 자초하는 면이 있다. 먼저 팔레(James Palais)는 외거노비를 분익(分益) 소작농이면서 동시에 노예로 인식하고 있다. 이러한 양면적 인식은 생산 양식으로서 농노제, 노예제 개념에서는 성립할 수 없는 것이다. 생산 양식적 개념에서는 분익 소작농은 당연히 농노일 수는 있어도 노예일 수가 없다. 그럼에도 팔레가 노비를 노예라고 부르는 것은 그가 생산 양식적 개념을 사용하지 않기 때문에 성립하는 것이다. 분익 소작농은 자기 경영이 부분적으로 존재하고, 또한 조선의 노비는 토지 소유주일 수도 있고 심지어는 노비를 소유, 상속할 수도 있기 때문에 계급적 노예의 개념과 합치되지 않는다. 전근대 사회에서 신분과 계급이 일치하는 것이 보통이지만 조선 사회에서는 신분과 계급이 반드시 일치하지는 않았다.

수조 봉건제에서 흔히 노예로 비정되는 노비의 존재 형태는 경제적 수익성과 계산에 기초한 '살아있는 자본'으로서 성격이 약하고, 신분제 아래의 천민이었다. 기본적으로 노예는 주인의 거주지에 근주하여 주가의 경제적 이익에 도움이 되어야 하나, 주가의 토지 소유가 많지 않으면 노비의 사역이 토지 없는 상민에 비해 유리하지 않고, 노비의 매매 시장이 사실상 존재하지 않았으며, 노비와 상민은 외관상 구별되지 않아 노비가 유민의 일부로 이주해도 구분이 되지 않는 등 사실상 노비와 상민은 혼효하였다. 법제상 양인과 노비는 엄격히 구분되지만 사회 경제적으로는 토지 없는 양인과 혼효되었다.

농본 사회는 사회적 분업이 단순하고 사회적 유동성이 낮아 이를 반영한 신분제가 고착되기가 쉽다. 전제 군주제 아래서의 양반 관료층은 서비스의 대가로 토지가 주어지고, 동시에 토지를 경작할 부자유의 생산 노동이 필요했다. 독서 계층인 양반은 육체적 생산 노동을 기피하는 사회제도가 존재했고 이를 가능하게 한 것이 노비제이다. 또한 전근대 사회는 군사적 편제의 필요성에 의해 결정되는 것이 신분이 결정되는 특징이 있다. 조선의 군사 체제는 진관 체제에 의한 일종의 예비군의 전시 동원 체제이고, 농민이 중심이었다. 따라서 군역의 중심 부담 계층인 양인이 특정되고 이들을 보호하기 위한 토지 매매에 대한 규제도 이념적으로 존재했으나 경제적 분화에 따른 기탁과 매매의 진전으로 노비제의 확대와 양인의 감소가 초래되었다.

조선조 양반의 육체노동을 경시하는 악습은 지금도 뿌리 깊게 존재하여, 소위 식자층이 경계해야 할 한국 사회 병폐의 하나이다. 당시 육체노동을 회피한 양반에게 노비는 자본재의 성격 이상으로 양반을 유한 독서층으로 존재할 수 있게 하는 필수적인 사회적 신분재(status goods)로서의 성격이 존재했다. 천민은 세습적 천역을 지는 인민을 의미하는 바, 공노비와 사노비가 있었다. 사노비는 물론 매매의 대상이 되어 '동산노예'(chattel slave)'로서의 일면을 지닌 것도 사실이지만, 상품 화폐 경제 자체가 발전하지 못해 '살아있는 자본'으로서 성격이 약하고, 공개적인 노비 시장이 성립하였던 것도 아니다. 그리고 기본적으로 농업 노동에 종사하는 노비는 신체적 부자유는 없었고, 채무나 투탁 노비가 발생의 주요인이었으며, 법적으로 채무 노비나 투탁 노비는 허용되는 것은 아니었지만 사실상 성립하여 법적 신분으로서 노비가 된 것이었다. 그렇기 때문에 노비에 했다고 보기 어렵고 도망 노예에 대한 처벌도 관대했다고 보인다.

그러나 이러한 개념적 문제를 떠나 노비의 실태를 좀 더 살펴보도록 하자. 노비는 그 소유주가 국가기관인가 개인인가에 따라 공노비와 사노비가 있다. 이들 노비는 주거 형태와 생활 방식에 따라 입역(立役)노비와 납공(納貢)노비로 분류된다. 입역 노비는 노동력을 제공하는 것이고 대체로 솔거 형태를 가진다. 그리고 납공 노비는 생산물을 제공하는 노비이고 대체로 외거 형태를 가진다. 조선조 초에는 솔거하는 입역 노비가 많고, 후기로 갈수록 외거하는 납공 노비가 많아진다. 주인에게 정기적으로 신공을 바치는 납공 노비는 주인의 토지와 무관한 곳에서 자신의 가족과 토지를 보유했다.

공노비 중 입역 노비는 직접 노동력을 제공하는 것이지만, 납공 노비는 『경국대전』의 호전 요부(徭賦)에 따르면 신공(身貢)으로 매년 노는 면포 한 필과 저화(楮貨) 20장, 비는 면포 한 필과 저화 10장을 바치도록 규정하고 있다. 당시 저화 20장은 면포 한 필에 해당했으므로 노는 면포 두 필, 비는 한 필 반에 해당한다. 노비 신공은 점차 감액되어 1774년에 노의 신공은 한 필이었고, 비의 신공은 폐지되었다. 이들에 의해 납입되는 신공은 국가 재정에 중요한 몫을 하였다. 사노비는 법전에서 정한 바는 없지만 대체로 공노비에 준하여 변화한 것으로 생각된다.

납공 노비의 성격을 어떻게 규정할지는 노비제의 성격 결정에 중요한 문제이다. 납공 노비는 14세기 고려 말기에 번창한 사노비에 그 기원이 있다. 사원은 조부의 수탈을 피해 몸을 의탁한 농민들을 노비로 맞아들였다. 사원은 보호의 대가로서 연간 정액의 공물을 수취하였다. 조선 왕조가 들어서자 이들 사원 노비는 공노비로 몰수되었으며, 1392년 그 수가 전국적으로 8만 명을 헤아렸다. 연후에 이들 공노비는 왕실과 공전, 양반 관료의 노비로 배분되었다. 이 같은 역사적 유래로 인해 납공 노비는 여러 지방에 분산적으로 분포하였다.[162]

한편 사노비에 비해 공노비는 생활 여건이 나았고, 공노비의 일부는 잡직계를 받아 중앙에서 근무하기도 하였다. 세종조에 비(婢)가 양인 남편과 혼인하는 범법 행위로 인해 낳은 자녀는 다 속공(屬公)하게 하는 것에 대해 맹사성은 "사삿집의 노비로서 주인을 배반하고 공에 투탁(投托)하는 자가 홍수처럼 범람하고 있습니다. 만약 그러한 법을 세운다면 사비(私婢)는 자기의 자녀가 속공되는 것을 기쁘게 여겨, 모두 양민의 남편을 얻어 그의 자녀로 하여금 다 공천이 되게 할 것입니다. 그렇게 되면 백 년을 넘지 않

---

162 이영훈, 같은 책, p 385.

아서 사천은 거의 없어질 것입니다'라고 하였다.[163]

공노비 중에서도 납공 노비의 부담이 입역 노비에 비해 크게 낮았다. 사료에 따르면 "제사(諸司)의 노자(奴子)가 많으면 3, 4년 혹은 5, 6년에 교대되어 선상(選上)되고, 적으면 매년(每年), 혹은 한 해 걸러서 교대되어 그 더디고 빠름이 같지 아니하며, 신공(身貢)을 바치는 노비(奴婢)는 1년에 다만 정포(正布) 한 필(匹)만 바치면 되니, 선상노자(選上奴子)의 고통이 납공노비(納貢奴婢)에 비하여 10배나 더합니다"고 하였다.[164] 이후 『경국대전』에서는 노는 면포 1필과 저화 20장을, 비는 면포 1필과 저화 10장을 바치도록 규정되었다.[165] 성종 16년(1484)의 경우 사섬시에서 거둬들인 노비 신공이 면포 72만 4천 5백여 필, 정포 18만여 필에 이르고 있었다.[166] 또한 공노비 중에서 궁궐의 무수리 등의 여자 노비는 왕비가 되거나 그 자식이 왕이 되는 사례도 있었다.

공노비에 비해 사노비의 처지는 좀 더 열악했다. 사노비는 노비주의 재산이고, 『경국대전』에서는 고려조와 달리 토지, 주택과 함께 노비의 매매를 허용하고, 15일 내에 물릴 수 있고, 100일 이내에 관에 고하고 입안을 받도록 하였다.[167] 그러나 노비의 매매는 관에 고하고, 마음대로 매매할 수 없으며, 공정 가격을 정하는 등 사실상 시장이 성립하기 어렵고, 세전을 원칙으로 하는 것이었다. 사노비는 노비주에 대한 신역 부담이 있고, 이것은 외거하는 경우 신공으로 대체되기도 하였다. 사노비의 신공 부담의 크기는 "매년 추포(麤布) 1~2단(端)에 불과하다" 거나 "무릇 공사천례(公私賤隷)의 일년 신공은 면포 2필에 불과하다"는 등 위정자들이 공노비와 사노비의

163 『세종실록』 55권, 세종 14년 3월 25일
164 『단종실록』 12권, 단종 2년 12월 3일.
165 「대전통편」, 호전(戶典), 요부(徭賦)外居奴婢收貢.
166 『成宗實錄』, 성종 16년 10월 을유. 全炯澤, 같은 논문, p 236.
167 『經國大典』, 戶典, 買賣限 田地·家舍買賣.

신공을 같은 수준에서 언급하고 있다.[168]

한편 조선 시대에 사노비에게는 원칙적으로 국역 부담이 없었으나, 세종 23년 (1441)에 잡색군(雜色軍)을 설치하면서 사천(私賤)도 잡역을 면제해주는 대신 때때로 군역이 부과되기도 하였다.[169] 그리고 세조 10년의 군보법에서 노비도 1인의 군역 자원으로 산입되었고, 이후 『경국대전』에서는 0.5인으로 경감되었지만 여전히 군보 대상이었다. 노비는 직접 상번하는 정병이 되지는 않았지만, 군역 부담에서 완전히 제외된 것은 아니었다. 한편 임란 후 조선 후기에는 노비도 속오군으로 군역을 지게 되었다. 따라서 고려조와 달리 조선조에 노비가 3세(稅)의 부담을 모두 벗어난 것은 아니었다.

한편 노비는 비록 천인으로 주인에게 불경하면 강상을 문란케한 죄로 엄하게 처벌받았지만,[170] 반대로 주인이라 할지라도 노비의 생살여탈권을 가지고 있는 것은 아니었다. 세종은 노비를 함부로 구타하거나 죽이지 말 것을 형조에 전지하였다.[171] 율문(律文)은 '가장(家長)'이 관사(官司)에 고하

---

168 全炯澤, 「6 천인」, 『신편 한국사』 25-조선 초기의 사회와 신분구조, p 229.
169 『世宗實錄』, 세종 23년 6월 계유. 全炯澤, 「6 천인」, 『신편 한국사』 25-조선 초기의 사회와 신분구조, p 229.
170 율문에는 노비가 가장을 구타한 경우에는 참형, 모욕한 경우에는 교형, 고소한 경우에는 장 100대, 도 3년이고, 고공은 각각 1등을 감하는 것으로 규정되어 있다. (『經國大典註解』 後集, 刑典, 秋官, 司寇,告尊長條).
171 『세종실록』 105권, 세종 26년 윤7월 24일. 세종은 "우리 나라의 노비(奴婢)의 법은 상하(上下)의 구분을 엄격하게 하기 위한 것이다. 노비가 죄가 있어서 그 주인이 그를 죽인 경우에 모두 그 주인을 치켜 올리고 그 노비를 억누르면서, 이것은 진실로 좋은 법이고 아름다운 뜻이라고 한다. 그러나, 상 주고 벌주는 것은 임금된 자의 대권(大權)이건만, 임금된 자라도 한 사람의 죄 없는 자를 죽이는 것은 오히려 함부로 하지 못하는 것이다. 더욱이 노비는 비록 천민이나 하늘이 낸 백성 아님이 없으니, 어찌 무고(無辜)한 사람을 함부로 죽일 수 있단 말인가. 임금된 자의 덕(德)은 살리기를 좋아해야 할 뿐인데, 무고한 백성이 많이 죽는 것을 보고 앉아서 오히려 근심하고 두려워하지 않겠는가. 지금부터 만약 노비가

지 아니하고 노비를 구타해 죽인 것은 장(杖) 1백 대에 처하고, 죄가 없는 데 죽인 자는 장 60대에 도(徒) 1년에 처하며, 당방인구(當房人口-같이 사는 노비를 의미)는 모두 놓아서 종량(從良)하게 하는 것이었다.[172]

조선조 노비의 사회 경제적 성격은 고려조와 달랐다. 노비는 고려조까지 대체로 신분과 계급이 일치했던 것으로 보인다. 고려조에는 입역 노비가 많고 사노비는 솔거 노비가 많으며, 토지의 매매가 원칙적으로 허용되지 않아 노비가 토지를 소유할 수 없었다. 또한 고려조에는 노비는 조용조의 3세를 지불하지 않아 국가의 공민이 아니었으며, 주인이 노비에게 죽음이 아닌 한 사적 형벌을 가해도 처벌에 관한 법적 규정이 없었다. 그러나 조선조에는 노비가 대부분 납공 노비이고, 노비도 토지를 소유하고 자손에게 상속할 수 있으며,[173] 사노비는 군보의 대상이고, 부거권(赴擧權)이 없는 천인이지만 노비주가 사적으로 마음대로 형벌을 가할 수 없는 (반)공민이었던 점에서 차이가 있고 신분과 계급이 괴리되었다. 신분으로서의 노비는 천민이었지만 계급으로서 노예는 아니었고, 매매가 자유로운 시장이 성립된 개인의 재산이 아니어서, 굳이 말하면 농노와 노예의 중간적인 열악한 농노였다.

공·사노비의 규모를 정확히 알기는 어렵지만, 조선 전기의 공노비 숫자에 관해서 성종 15년(1484) 추쇄도감(推刷都監)에서 집계한 노비의 수는 경외(京外)의 노비(奴婢) 261,984명이고, 여러 고을과 여러 역(驛)의 노비는

죄가 있는 것을 관(官)에 고발하지 않고 구타하여 죽인 자는 일체 율문에 따라 과단(科斷)할 것이며, 만약 포(炮)·락의월(烙削刖)·경면(黥面)·고족(刳足)과 혹은 쇠붙이 칼날을 사용하거나, 목석을 사용하는 등 모든 참혹한 방법으로 함부로 죽인 자는 당방인구를 모두 율에 따라 속공한다"고 정하였다. (秋官志秋官志卷之十掌隷部私賤奴主濫殺奴婢)

172 『성종실록』 49권, 성종 5년 11월 1일.
173 사천(私賤)으로서 자녀 없이 사망했을 때 본인의 물건은 사천의 주인에게 준다. 경국대전「공천(公賤)」조에 보인다.

모두 90.581명이었다.[174] 이를 합하면 공노비의 전체 수는 352,495명이다. 한편 한 달쯤 뒤 한명회(韓明澮)는, "공·사천(公私賤)의 추쇄한 수가 지난 날에는 20만 명에 지나지 않았는데, 이번은 30만 명이나 됩니다. 그러나 지금 다 추쇄하지 못한 자가 어찌 10만 명이 되지 못하겠는가"라고 하였다.[175] 이것을 앞의 숫자에 합하면 공노비가 45만 명은 될 것으로 보인다.

조선 초 사노비의 숫자는 밝혀진 바가 없지만 대체로 공노비의 규모는 되었을 것으로 생각된다. 성종조 한명회에 의하면, "지금 공·사천구(公私 賤口)들이 도망하여 누락되고 숨기어 허접(許接) 한 것이 무려 1백만 명이 된다"고 하였다.[176] 이를 토대로 도망하지 않은 노비도 있을 것이므로, 공노비와 사노비를 합한 인구가 적어도 150만 명은 되지 않았을까 추정된다. 이들 공·사노비들이 모두 가정을 이루었거나 모두 동일한 신분과 결혼한 것은 아니지만, 단순화해서 모두 같은 신분의 노비끼리 가정을 이루었다고 간주하면 약 75만의 노비 호가 얻어진다. 노비의 가구 당 구수를 조금 작은 4명 정도로 생각하면 노비 가족의 수는 대략 300만 명에 달하지 않았을까 추정된다. 1600년경 조선의 전체 인구를 900~1,000만 명으로 본다면 그 비중이 30% 이상이었을 것으로 보인다.

이들 조선조 노비의 사회 경제적 성격을 파악하기 위해서는 조선조 사회의 특징을 고려할 필요가 있다. 조선조는 중앙 집권의 군현제적 수조 봉건제 사회이고, 이 사회는 호적제도로 농민의 이동이 제한되었지만, 토지 긴박이 느슨한 사회였으니 주기적인 흉년으로 빈궁한 소농은 지역적으로 이동이 불가피했다. 또한 봉토 봉건제와 달리 매매, 기진, 장리 등으로 농민 토지의 소유 분화가 심하게 진행되었다. 그러나 이 과정은 서구와 달리 상인 부르주아의 발전이나 근대적 관료제의 형성 등의 근대적 모습을 동

---

174 『성종실록』, 성종 15년(1484) 8월 3일
175 『성종실록』, 성종 15년 9월 18일
176 『성종실록』, 성종 15년 9월 29일

반하지 않았다.

이 과정에서 조선의 지주는 토지를 집적하였고, 농민의 경작권은 인정되지 않아 소작 농민은 노동자는 아니지만 상대적으로 이동 가능한 자유로운 무산자였다. 신분상 양인과 노비는 구분되지만 토지 없는 농민은 사회 경제적으로 무산 노동자에 가까운 공통적 존재였다. 자본의 축적은 없는 가운데, 토지 없는 농민의 집적은 조선 사회의 안정을 근간에서 약화시키고 있었다.

중앙 집권적 수조 봉건제 아래에서 노비는 양반제를 뒷받침하는 존재이고, 농장·병작 지주 경영의 직접 생산자로서 농노의 한 모습으로 생각된다. 사노비는 '동산노예'(chattel slave)'로서의 일면을 지닌 것도 사실이지만, 노비는 세전의 대상이지 자유로운 상품이 아니어서 화매는 금지되고 법정 가격이 존재하는 등 경제적 수익성과 계산에 기초한 '살아있는 자본'으로서 성격은 희박하였다.

2. 군역과 군보제

조선은 병농일치에 의한 부병제를 지향하였지만 균전제가 실시되지 않아 군역이 군보제로 나타나게 되었다. 고려조에는 비록 실질적 균전의 지급은 없었지만 외양으로는 족정과 반정 등 일정한 토지 면적을 단위로 정군의 징병이 이루어지는 모습이었다. 그러나 조선조에는 고려조와 달리 토지가 아닌 인정 중심의 군호가 편성되었고, 군호 편성의 원리가 군보제였다.

고려조와 조선조의 부병제를 연결하는 제도로서 고려조 공민왕 병신년(1356) 교서에 '삼가위일호(三家爲一戶)' 제도가 있다. 이는 3가(家)를 1호(戶)로 삼고 백호(百戶)를 통주(統主)로 삼아 원수영(元帥營)에 예속시키고, 일이 없으면 3가가 번상(番上)하게 하고, 일이 있으면 모두 출동하며 일이급하면 가정(家丁)을 모두 징발하는 것이었다.[177] 이는 토지가 아닌 인정 기준의 군호 편성의 원리이고, 이는 대체로 조선조 건국 후의 군보법으로 계승되었다.

조선 초기에는 양반 중 관직을 가진 자나 그들의 친척도 비록 시위 등의 특수 군종이라 하더라도 어떤 형태든 군사적 의무를 부담하는 보편적 군역의 명분은 유지되었다. 양반의 특수 병종에는 조선 초기 전지(田地)를 받고 번상(番上)하여 숙위(宿衛)하던 시위패(侍衛牌)와 토지를 받지 못한 채 시위 근무하는 무수전비(無受田牌)가 있고, 갑사(甲士), 별시위(別待衛), 친군위(親軍衛), 내금위(內禁衛), 내시위(內侍衛), 겸사복(兼司僕)과 선전관(宣傳官) 등 직업군인이 있었다. 이외에도 국왕의 친족, 공신·훈신 자제들이 들어가는 족친위(族親衛), 공신적장(功臣嫡長), 충의위(忠義衛), 충찬위(忠贊衛)와 충순위(忠順衛) 등 귀족 숙위군 등이 있었다. 이들은 조선 국가에서 왕실과 국가를 보위하는 주력으로 간주되었다.[178]

일반 군역을 지는 양인 남정은 순환하는 번상군과 비번군으로 나누어지고, 번상군은 왕복 여비나 경비 등을 스스로 부담해야 하며, 영농을 할 수 없는 문제가 있었다 비번군은 실역을 대신하여 경제적 부담을 분담하는 봉족, 혹은 군보가 되었다. 지방에는 감영과 병영 및 수영 그리고 대진, 진에 이르기까지 병농의 동원 체제가 위계적으로 구성되어 있었다.

그러나 군역 대상을 선정하는 기준이 고려의 토지 중심에서 조선조에는 인정 중심으로 나아갔다. 조선은 건국 후, 고려 공민왕 때의 '병신(1356) 지교'에서 3가(家)를 1호(戶)로, 100호를 통(統)으로 만들어 통주(統主)를 원수의 군영에 예속시켜 일이 없을 때에는 3가가 차례로 번상하게 하고, 일

---

177 "先王丙申之敎, 以三家爲一戶, 以百戶統主, 隸於帥營, 無事則三家番上, 有事則俱出, 事急則悉發家丁, 誠爲良法". (『고려사』卷八十一, 志 卷第三十五, 兵一 병제).
178 李成茂, 「3. 양 반」, 『신편 한국사』25, 2002, p 84.

이 발생하면 함께 출동하고 사태가 위급해지면 각 집의 장정을 모두 징발하는 제도를 높게 평가하였다.[179]

조선조는 3가로 구성되는 1호를 기준으로 하여 군정 1인을 징발하는 제도를 계승하되, 호가 보다 분화된 현실을 반영하여 군역 자원이 되는 인정을 보다 개별적으로 파악하고자 하였다. 여러 군역 자원 중에서 번상하는 정병 1인에 대해서는 그 경제적 뒷받침을 위해 봉족을 배정하도록 하였다. 봉족의 수는 병종에 따라 달랐지만, 품관마병(品官馬兵)은 봉족 4명, 무직마병(無職馬兵)은 봉족 3명, 보병의 경우 봉족 2명 등을 배정하도록 하였다.[180]

이후 여러 차례의 봉족 지급 기준 및 군호의 편성 원칙에 관한 제도의 변동이 있었지만, 세조는 새로운 급보제를 시행하기 전에 먼저 인정(人丁)을 정확하게 파악하고자 하였다. 이를 위해 세조는 즉위 5년(1459)에 호패법을 실시하고, 호적과 군적을 새롭게 작성하였다.

이후 세조 10년(1464)에 실시된 급보 제도는 종래 자연 가호를 중심으로 한 3정 1호제에서 인정을 중심으로 한 2정 1보제로 바꾸었다.[181] 이것은 인정 중심이었지만, 이외에 전 5결을 1정에 준하도록 하고, 노자(奴子)도 봉족 수에 준하도록 하여 계정(計丁)과 계전(計田)의 절충법에 의한 것이었고, 토지와 노비의 소유자인 양반에 대해서도 비교적 균등한 부담을 지우고자 한 것이었다. 그러나 이에 대해 양성지 등에 의해 이의가 제기되었고, 이후 양반들의 이해를 반영하여 그들에게 유리하게 수정한 급보제(給保制)가 법제화되고 시행되었다.

군역과 군보는 병행하는 것이어서, 1정(丁)이 상번하면 그 군역의 종류에 따라 수인의 보인이 경제적 뒷받침을 하는 것이 군역을 포함한 조선 역제의 근본 정신이었다. 대체로 군역 이외에 역리(驛吏)·장인(匠人) 등의 특

179 『고려사』, 列傳 卷第四十八, 禑王 9年 8월. 『태조실록』 1권, 총서 69번째기사
180 『태조실록』, 태조 6년(1397) 2월 11일.
181 金甲周, 「朝鮮後期 保人 硏究」 II保制의 由來, 『國史館論叢』 第17輯.

정 노동 징발의 역(役)이 있으면, 다른 한편에 그것을 뒷받침하는 보(保)가 있었다. 『경국대전』에 법제화된 조선의 군역제는 세조의 수정된 '급보제(給保制)'였다. 급보제는 2정을 1보로 하고, 번상하는 경외군사에게 경제적 지원을 위해 군종에 따라 상이한 수의 보를 지급하도록 하였다. 연후에 병종에 따라 군호를 이루는 보의 수를 정하였다.

보다 구체적으로 2보가 배정되는 보병의 군호를 편성하는 과정은 다음과 같다. 우선 그에 배정된 2보 각각으로부터 군인을 1명씩 뽑는다. 그러면 군인이 2명이다. 그 가운데 신체 조건이나 무술 실력을 고려하여 어느 한 사람을 정군으로 지정하면, 나머지 한 사람은 그의 보인이 된다. 달리 말해 평균적으로 1가는 2정으로 구성되어 1보가 되고, 그중에서 1명의 군인을 뽑는다. 그리고 2가 2명의 군인에서 1명의 보병 정군이 상번한다. 그러면 4명의 남정에서 1명의 정군이 보병으로 상번하는 것이다. 그러나 1정군에 지급된 평균 보수는 2.5보이고, 이는 5명의 남성의 도움으로 1명의 정군이 선발되어 결국 7명의 남정에서 1명의 정군이 선발되는 것을 의미한다.

『경국대전』의 규정은 2정을 1보로 하는 점에서 세조 10년의 보법과 동일하지만, 군사 및 조졸(漕卒)의 동거자서(同居子婿)와 제질(弟姪) 등은 비록 보수(保數)를 초과하더라도 2정은 타역(他役)에 배정되지 않도록 하여[182] 2정 이상의 호강한 가에 혜택을 제공하고 있다. 그리고 토지의 전결수는 정(丁)의 계산에서 누락되고, "노자(奴子)는 감반급보(減半給保)한다"고 하여 1노를 1/2로 계산하였다. 이는 세조 10년의 보법에 비교하여 전결과 노를 소유한 양반들에게 혜택을 주는 것이었다. 『경국대전』의 급보제는 토지와는 분리된 계정법으로 되었지만, 노비는 절반으로 계산되었다. 한편 급보수는 병종에 따라 달리 하였다.[183]

---

182 "軍士及漕卒同居子·壻·弟, 雖過保數, 二丁毋定他役", 『經國大典』,兵典,給保 京·外軍士.

조선조 인정 기준의 급보법은 양인 농민에게 커다란 부담이었다. 가난한 농민의 부자 2정을 1보로 하고, 세조의 보법 수정으로 다량의 인정, 토지와 노비를 보유한 양반 관료의 군역 부담은 한결 가벼워진 반면에 보수(保數)가 줄어 결과적으로 양인의 군역 부담은 보다 무거워졌다. 군호를 편성하는 보의 수가 줄자, 법제에도 어긋나게 보병의 경우 1보 2정만으로 하나의 군호를 편성하게 되었고, 군역의 부담으로 하층 농민은 양반 관료의 노로 몸을 의탁하는 경우가 많아졌다. 이러한 현상은 족징(族徵)·인징(隣徵)으로 발전하여 일족(一族)과 절린(切隣)까지 도망하게 되는 것이 보제성립(保制成立) 이후의 일반적인 현상이었다. 국가의 지배 체제에서 이탈하는 농민의 수가 많아지면서, 전국의 호수가 1464년의 약 130만 호에서 1519년에는 75만여 호로 약 55만 호가 줄었다.

정병의 규모는 1475년(성종 6)의 기록에 의하면,[184] 정병(正兵)이 72,109명, 수군(水軍)이 48,800명이라 하였다. 정병 72,109명 중에 북방 2도에서 부방(赴防)하는 18,682명과 개성부에서만 근무하는 600명을 제외하면 약 52,800명이 남는다. 번상은 8교대로 2개월씩 근무하고, 유방은 4교대로 1개월씩 근무했으며, 실제 번상하는 인원수는 1번마다 3,452명이고, 유방하는 군인의 수는 1번마다 6,355명이었다. 유방(留防)이 1번마다 6,355명이니 합하면 25,200명이고, 번상(番上)이 1번마다 3,452명이니 합하면 27,620명이라 하였다. 그러나 합계에서 약간의 오차가 있는 것은 유념할 필요가 있다.[185]

한편 제도(諸道) 군정(軍丁)의 정액(定額)은 갑사(甲士)가 14,800명 안에

183 甲士(兩界甲士는 1丁을 加給)는2保를, 騎正兵, 吹螺赤, 大平簫, 水軍은 1保 1丁을, 그리고 步正兵, 壯勇衛, 破敵衛, 隊卒, 彭排, 破陣軍, 漕卒, 烽燧軍, 差備軍(雜色軍도 同)은 1保로 하였다. (『經國大典』,兵典,給保 京·外軍士).

184 『성종실록』, 성종 6년 9월 8일. 성종 6년 9월 10일

185 『성종실록』의 기록은 비록 1단위까지 기록하고 있으나 기록을 따라 계산하면 합계에서 수십 명 수준에서 수치가 상호 일치하지 않는다.

서, 양계(兩界)에 각각 3,400명이고, 별시위(別侍衛)가 1,500명이며, 파적위(破敵衛)가 2,500명, 팽배(彭排)가 5,000명, 대졸(隊卒)이 3,000명, 취라치(吹螺赤)가 640명, 태평소(太平簫)가 60명, 친군위(親軍衛)가 40명 등이었다.[186] 이후 『경국대전』에도 갑사는 14,800명으로 규정되었다. 그러나 상번 갑사(上番甲士)의 번차는 늘어나고, 복무기간은 짧아졌으며 당번 갑사의 수는 대체로 1,000~2,000명에 머물렀고, 중앙에서의 군사적 비중은 큰 편이 아니었다.

그러나 번상에 따른 왕복 여행경비나 체류비 등은 모두 상번 군인의 부담이고 외지인인 농민에게 버거운 것이었으며, 본인의 부재 시에 노동력을 확보하는 것은 보인제에도 불구하고 쉽지 않은 일이었다. 한편 16세기에는 평화의 지속으로 번상 보병의 업무가 사실상 잡역부로 되면서 번상병을 고용 인부가 대리하는 현상이 나타났다. 번상하는 대신에 대가를 지불하여 고용 인부가 대립(代立)하게 하는 것은, 번상병이 질병 등으로 부득이한 경우도 있었겠지만, 대립제(代立制)는 군역 임무 수행의 일반적 형태로 발전하여 15세기 말부터 16세기 전반 동안의 기간에는 보편적인 현상으로 나타났다.

그런데 이들 군정은 반드시 국방에 종사하는 군인이라기보다 대개 경찰의 임무에 가깝고, 때로는 토목·영선 등을 위한 공역 인부(公役人夫)로도 종사했다. 전문적인 군인을 요하지 않으므로 고군(雇軍)으로도 충분하고, 고군은 대포제를 낳았으며, 지방의 군인들이 자주 군포를 재정 수입으로 삼아 유용(流用)하기도 하였다. 점차 보인(保人)은 보포(保布) 제공의 의무를 짐과 동시에, 군정(軍丁)은 대포(代布)의 납부로 그 신역을 대신했다. 군관도 역시 최소한의 필요 인원 외에는 군역을 사람이 아닌 수포제로 족하여 신역도 재정적 수입 형태로 간주되게 된다. 이에 군역과 군보는 많은

---

186 『성종실록』, 성종 6년 9월 8일.

경우에 같은 즉 신공의 일종으로 되었다. 급여가 없는 향리나 군관들은 군포의 징수나 사용 과정에서 부정 수입을 얻고자 하였다.

한편 군보법은 주로 북방 여진의 침입 등 국지적 전투에 적합한 지역 방어 체제인 진관 체제와 함께 시행된 것이었다. 진관 체제는 병농일치에 의한 예비군 체제여서, 군사적 취약성을 지니고 있었으므로, 임진왜란 이후 부병제에서 부분적인 상비군 체제라 할 수 있는 5군영 체제로 변화한다. 종래의 농민군의 상번제에서 이제 일반 양인에게서 군포를 징수하여 모병을 하는 제도로 변화하여 간다.

결과적으로 변형되었지만 병농일치의 부병제의 기본을 살리고자 한 조선의 급보제는 16세기 중반 이후가 되면 쇠퇴하고, 부병제 대신 고립제가 보편화되었다. 임진왜란 후 조선 왕조는 무너진 군사 제도를 재건하기 위해 훈련도감을 비롯하여 5군영을 설치하고, 각 군영은 정기적으로 번상하는 농민군을 대신하여 직업군인을 고용하였다. 이에 따라 군역은 정군의 직접적 상번제가 지양되고 수포제로 이행하였다.

중종 36년(1541)에 정부는 번상 정군 중에 기병을 제외한 보병에 대해서는 대립가의 수납을 공식화하는 군적수포법(軍籍收布法)을 실시했다. 번상의 대립(代立)이 공인되기 위해서는 번상병이 보인에게서 받는 조역가(助役價)가 공정(公定)되어야 가능하게 된다. 조역가(助役價)는 『경국대전』에서 1인당 면포 1필을 초과할 수 없도록 규정되었다.[187] 그러나 재정 수입을 목적으로 대립가도 1인당 면포 1필을 초과할 수 없다는 법규와는 달리 15~18필을 요구하기도 하였다. 본인 스스로 복무하려 하면 관리들은 이를 방해하고 대립가(代立價)를 강제로 납부하도록 하는 소위 '방역(防役)'을 하였다. 이것은 보인들에 대한 과도한 보포 징수로 이어져서, 우선 보인의

---

187 "一 '一': [만력] '二'. 人每朔, 毋過綿布一 '一': [만력], [규1298], [아영] 결락. 匹", (『經國大典』,兵典,給保[京·外軍士]).

도망과 유리를 야기하고 나아가 정군의 도망을 초래하여 군호(軍戶)의 파괴를 가져왔다.

군역의 수포화가 진행되면서, 양인의 남정은 연간 2필의 군포를 납부하지만, 포납제의 시행 과정에서 양반은 군포 부담에서 제외되었다. 결과적으로 납포화(納布化) 개혁으로 정병과 보인의 구별은 유명무실하게 되고, 양역화된 군역이 양인에게 한정된 양포제로 되었다. 그러나 양포는 양인에게 부과되는 것이므로 호적을 통한 신분 파악과 호수제를 통한 조세 징수가 여전히 중요한 역할을 유지했다. 중국의 양세법이 조용조 중에서 특히 인적 과세나 신역을 폐지한 것인 반면 조선은 끝까지 신역이 존재하고, 지세에 비해 호세가 무거운 특징이 있었다.

한편 중종 말 군적수포법 이후에도 『경국대전』의 급보 규정인 2정 1보의 원칙이 지켜지고 있었지만, 반세기 이후인 16세기 말에는 1정 1보제로 바뀌었다. 또한 1정 1보제가 정착되면서 보인과 봉족의 명칭이 혼용되었다. 그리고 급보수(給保數)에 있어서도 『경국대전』과 달리 갑사(甲士)의 경우, 2정 1보제에서 2보를 소유했던 것이 1정 1보제에서도 2보를 소유하였다. 보병의 경우, 2정 1보제에서 1보를 소유했던 것이 1정 1보제에서도 1보를 소유했다. 결국 갑사와 보병은 급보수가 반감되었다. 단지 기병만은 2정 1보제에서 1보 1정을 소유했던 것이 1정 1보제에서 3보를 소유하여 급보수가 동일했다. 이는 보병 등의 납포화에도 불구하고 기병만이 계속 번상병으로 남아 있었기 때문이라 판단된다.[188]

군적수포제로 사실상 군역은 양인이 1년에 군포 2필을 납부하는 '신(身)'에 대한 부세가 되었고, 국가 재정 수입의 한 수단이 되었다. 다른 한편 군역은 병농일치의 징병제에서 사실상 모병제로 변화하되 그 경제적 부담은 양인 농민이 지는 것으로 되어 간다.

---

188 金甲周, 「朝鮮後期 保人 研究」, 『國史館論叢』 第17輯, 1990, p 170.

농촌에서 반상제가 성립되고 양반이 군역에서 면제되는 과정은 군현에서 유향소라는 자치기구가 형성되는 것과 밀접한 관련이 있다. 15세기 초부터 설치와 폐지를 거듭했지만 16세기에는 확고하게 자리잡았다. 유향소에는 농촌 향안이라는 명부가 작성되어 자치적 특권층을 형성했다. 향안에 등록된 품관의 자식들은 향교에 출입하면서 유학을 공부하는 교생, 업유의 신분으로 점차 군역의 부담에서 벗어나게 되었다.

농촌 양반의 성립은 향리의 사회적 지위를 하락시키는 과정과 병행하였고, 양반은 촌락에서 향약 등으로 자기들의 지배 논리를 정당화하였다. 유향소의 품관은 수령 다음으로 고을의 권병을 주관하므로 향리는 부조(賦租)·용조(傭調)를 전혀 관여할 수 없는 사례도 있고, 심지어는 품관이 관노비뿐만 아니라 향리·서원 등의 이속들도 자신의 노복으로 만들고, 자신의 요역·공부를 직접 촌민 혹은 관속 지인에게 전가하는 방법을 사용하기도 하였다. 품관과 향리의 관계에서 14세기까지는 향리 주도의 시기, 15세기 초·중반에는 품관과 향리가 세력 균형을 이루는 시기, 그리고 15세기 후반에 이르면서 점차 품관 우위로 이행되는 시기로 정립되어 갔다".[189]

한편 군사 편제의 중심인 중앙의 오위제와 지방의 진관 체제는 16세기 이후 수포대역제(收布代役制)가 성행하면서 크게 변화하였다. 특히 중앙은 임진왜란 이후에 훈련도감을 비롯한 오군영이 설치되어 조직의 중심을 이루게 되면서 오위제는 유명무실하게 되었다. 1592년 임진왜란을 계기로 만들어진 훈련도감을 비롯해 어영청, 총융청, 금위영, 수어청 등 5군영이 중앙군제로 되었고, 이들은 직업군인화 되었다.

---

189 崔鍾鐸,「朝鮮初 鄕村支配勢力의 力學構圖」Ⅲ. 品官·鄕吏의 지배구조,『國史館論叢』第92輯, p 254.

3. 호적과 인구

토지 파악을 위한 장부가 양안이듯이 신분과 인구를 파악하기 위한 장부가 호적이다. '신'은 호에 내포되어 있고, '호'는 집에서 같이 사는 가족을 의미하므로, 호구를 파악하기 위해서는 주택의 조사가 기본이 될 수밖에 없다. 그러나 개별적 건물을 모두 호로 파악할 수도 없기 때문에 근주하는 혈연 가족을 파악하는 방식에 따라 호수가 달라질 수밖에 없다. 대체로 조선조는 점차 단혼 가족을 중심으로 호를 파악하게 되었지만 왕조 말까지도 조사율은 반 정도에 불과했다.

호적 작성과 관련하여 고려 왕조는 귀족, 관료, 중앙군의 국인을 대상으로 8조를 신고하여 신분증명을 받게 하는 호구제도를 운영했다. 1390년의 호구 조사에 이르러 3계의 신고는 4조로 축소되었다. 1414년 조선 왕조는 다음과 같이 호구제도를 정비했다. "근년 이래 호구의 법이 분명하지 못하여 역의 수취가 고르지 못하고, 양과 천이 어지럽게 섞여 그 폐단이 적지 않다. 지금부터 경외의 각관으로 하여금 이전의 적을 따져서 호수인 부처의 4조, 솔거하는 자손 제질 노비의 나이까지 갖추어 등록하라"고 하였다.[190] 이렇게 작성된 호적은 1건은 호조에, 1건은 감사영의 창고에, 또 1건은 각관에 두도록 하였다.

조선의 호적제도는 양반이나 향리에 국한되지 않고 모든 인민에게 적용되었지만 반대로 모든 인민이 호적에 의해 파악된 것은 아니었다. 호구단자(戶口單子)의 형식에 관해서도 논의와 개정이 있었지만, 세종의 개혁 과정에서 최종 결정된 호구단자의 형식은 호주의 주소, 직역, 성명, 나이, 본관, 4조 그리고 호주의 처 나이, 본관, 4조, 솔거하는 자녀와 사위의 이름과 나이, 솔거하는 노비, 고공의 이름과 나이의 기재로 이루어졌다.[191]

---

190 『태종실록』 27권, 태종 14년 4월 2일

한편 세조 7년(1461)에 보다 엄밀한 호구식을 세워 호구 파악을 정확하게 하고자 하였다. 먼저 긴 울타리(長籬) 안에 따로 집을 지어 한 집이라 일컫는 것은 따로 한 호(戶)를 만들도록 하였다. 그리고 추쇄(推刷)할 때에 해당 서리, 권농관(勸農官), 이정(里正), 통주(統主) 등이 숨기고 빠뜨려서 고하지 않는 자와, 적(籍)을 만들 때에 빠뜨리고 기록하지 않는 자는 온 집안을 강원도의 잔역리(殘驛吏)에 소속시켰다. 또한 여러 고을의 의학(醫學)과 율학(律學)은 일정한 액수(額數)를 정하고, 여러 영진(營鎭)의 액수 외의 나장(螺匠), 일수(日守), 서원(書員), 의학, 율학, 제색인(諸色人) 등과 액수 외의 조정(助丁) 및 지나치게 많이 점령한 인구는 같이 호적에 기록하도록 하였다.[192]

이러한 원칙 아래 『경국대전』에서는 3년마다 호적을 작성하여 호조, 한성부나 각 도, 각 읍에 비치하도록 했다. 그리고 5호로 1통을 삼고 통주(統主)를 두도록 하고, 경외에는 5통마다 리정(里正), 1면마다 권농관을 두고, 한성에는 1방(坊)마다 관령(管領)을 두도록 하였다. 그러나 조선 왕조가 작성한 군현의 호적으로서 15~16세기의 것은 현재 전하지 않고, 1606년의 경상도 산음현 월음동의 호적을 보면 이후의 호적과 달리 일정한 규식이 정착되지 않은 것을 볼 수 있다. 예를 들어 어느 호를 기재한 다음 행을 바꾸지 않고 다음 호를 기재하고 있지만 이후에는 일목정연하게 행을 바꾸어 기재한다. 그리고 현 이하의 행정 단위로서 면은 보이지 않고 바로 동이 나타나지만, 17세기 말이 되면 현-면-동의 위계로 바뀐다.

〈그림 5-4〉는 비록 후기의 것이지만 『경국대전』의 호적식에 정형화된 양식의 호적을 보여주는 것이다. 규장각에 소장된 1804년의 울산 농소면의 호적대장이다. 호적에는 제1통수 장운한(張雲翰) 아래 5개 호의 호주와 그

191 『경국대전』, 예전, 호구식
192 『세조실록』 25권, 세조 7년 7월 24일.

구성원이 표시되어 있다. 호
주의 직역과 나이 및 본관 그
리고 사조가 기록되어 있다.
또한 처와 나이, 본관, 처의
사조가 포함되고 이외에 동
거하는 자녀와 노비 그리고
그 나이 등이 기록되어 있는
것을 볼 수 있다.

조선조에 호구식이 정비되
면서 호구수가 늘고 호구 파
악률이 높아졌지만, 조선 말
까지도 40~50% 수준을 벗어
나지는 못했다. 조선 정부가
건국 초부터 호구 파악의 정

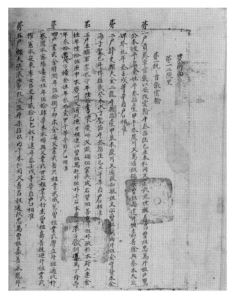

〈그림 5-4〉 울산 농소면 호적대장
출처: 서울대학교 규장각 한국학연구원

확성을 높이고자 하였지만, 그 실을 달성하지 못한 것은 호적 작성의 주된
목적이 주로 특정 세역(稅役)을 확보하기 위한 목적에서 출발하고, 호구의
조사 과정에서 신분을 고려하여 차별적 접근을 하였기 때문이다.

정도전은 고려 말에 굶주림과 추위 때문에 인구가 줄고, 일부는 부역에
못견뎌 권세가에 의탁하고, 혹은 공상업에 종사하여 전인구의 10분의 5나
6이 호적에서 빠져나갔다고 한다. 또한 노비는 제외되고 호적에 편성된 백
성도 가장이 숨기거나 간사한 관리가 점유하여 한 호의 가족이 모두 호적
에 올라 있는 것도 아니었다고 한다. 이러면 백성의 수효를 세밀히 파악할
수 없고 부역이 균등해질 수 없다고 개탄하였다.[193]

그러나 조선조에서도 이런 상황이 쉽사리 개선되지 않았다. 조선 초의

---

193 정도전, 『조선경국전』, 부전,版籍條.

호구 파악은 고려조에서 군정을 확보하기 위해 기초가 되었던 전정제의 영향을 받은 것으로 보인다. 전정은 반정(半丁)이 8결 내외이므로 그 내부에 복수의 호를 가지고 있었다. 따라서 조선조 초에 파악된 호구수는 실제의 추정 호구수에 비해 1/10 정도를 벗어나지 못했다. 그러나 국가가 안정되고, 국방 강화의 필요성이 제기되면서 보다 정밀한 파악에 대한 요구가 높아졌다. 태종은 명의 영락제가 베트남 '쩐(陳)'조의 어린 왕을 살해하고 성립된 '호(胡)'조를 멸하는 것을 보면서, 그것이 형제의 난을 거쳐 집권한 자신을 향할 가능성을 경계하지 않을 수 없었고, 군사적 대비를 위해서도 정확한 군정 파악이 필요했다.

태종은 즉위 7년(1407)에 인보법을 시행하여 보다 정확하게 군정을 파악하고자 했다. 인보법은 가장 가까이 사는 자로서 수효를 정해 혹 10호(戶), 혹은 3, 4호(戶)로써 한 인보(隣保))를 삼고 그중에 항산이 있고 믿을 만한 자를 정장(正長)으로 삼아, 그 인보 안의 인구(人口)를 기록하여 관장(管掌)하게 하는 것이었다. 정장은 인보 내의 인구, 성명, 나이와 신분 그리고 그 변동을 기재하여 관에 고하고, 관은 3년마다 호적을 작성해 의정부에 보고하도록 하였다.[194] 인보법이 시행되면서 인보적(隣保籍)이 작성되기 시작한 것으로 보인다.[195]

태종 14년(1414)에는 보다 상세하게 호적제도를 정비했다. 호구(戶口)의 법이 밝지 못해 차역(差役)이 고르지 못함을 시정하고 양천(良賤)을 구분하고자 하였다. "금후로는 경외의 관에서 추고(推考) 성적(成籍)하여, 호수인(戶首人) 부처 내외(夫妻內外)의 4조와 솔거 자손, 제질(弟姪)에서 노비에 이르기까지 해마다 갖추어 등록하도록"[196] 하였다. 그리고 호구단자를

---

194 『태종실록』 13권, 태종 7년 1월 19일 영의정부사 성석린.
195 "曾有王旨, 點考各色烟戶軍丁, 又令擧行隣保之法。 當此凶年, 似難一時竝行, 乞俟隣保籍成, 然後點考軍丁," 從之. (『태종실록』 15권, 태종 8년 1월 2일).
196 『태종실록』, 태종 14년 4월 2일.

제출하는 대상이 이전의 양반이나 향리 외에 백성 및 각색인에 이르기까지 모든 신분으로 확대되었다. 한편 이렇게 작성된 호적에 따라 성인 남정은 태종 13년(1413)에 호패를 차도록 규정했으나 3년 후 중단되었다.

태종조의 인보법은 세종조에도 이어졌으나 호패에 관해서는 여러 차례에 걸쳐 몇 가를 묶어 작통을 하고, 호패제를 실시하는 논의가 있었지만 또한 시행되지 못했다. 이후 논의가 계속되는 중에 문종 즉위(1450) 이후 단종 2년(1454)에 이르는 그 어느 시기에 오가작통제(五家作統制)는 전격적으로 제정·시행된 것으로 평가된다.[197] 한편 세조는 향곡(鄕曲)의 세력 있고 교활한 자들인 장리호가 울타리 안에 3호(戶) 이상이 둔취(屯聚)하여 거주하는 것을 적발하고, 용인하는 지방관은 적발하여 내쫓도록 하여,[198] 보다 정확한 호구 파악을 추진했다. 이러한 토대 위에 성종 7년(1476)에 완성된 『경국대전』에서 오가작통법이 법제화되었다.

『경국대전』에는 양반이나 일반민을 가리지 않고, 가좌(家座)의 순서에 따라 호적을 작성하고, 5호를 1통으로 편제하도록 하였다. 그러나 이 과정에서 혹은 나머지가 있거나 다섯에 차지 않아도, 다른 동네(坊)나 면으로 넘겨 혼잡을 초래하지 말고, 비록 5를 넘겨도 1통으로 하고, 혹 3~4호가 남아 5에 차지 않아도 1통을 만들도록 하였다.[199] 호적은 3년마다 작성하여 호조, 한성부, 본도 및 본읍에 보관하도록 하였으나 후기에 호조에 두는 것은 폐지하였다.[200]

197 한영국, 「3. 호구정책의 강화」, 『신편 한국사』 34 조선 후기의 사회, p 211.

198 長籬圍設之家, 率皆鄕曲豪猾, 里正畏其氣勢, 莫敢誰何, 守令亦視爲餘事。 自今觀察使嚴加糾摘, 籬內三戶以上屯居者, 當身及里正, 坐以隣境人戶隱蔽律, 守令罷黜. (『세조실록』 2년 9월 10일).

199 士夫·常漢, 一從家座次第, 五家作統, 而或有餘戶未准五數, 則不必越合他坊他面以致混錯, 或餘一二戶, 則雖過五數, 合作一統, 或餘三四戶, 則雖未滿五數, 作爲一統. (『秋官志』卷6,考律部,定制,戶籍事目五家統事目).

200 每三年, 改戶籍, 藏於本曹·漢城府·本道·本邑. (增) 本曹藏籍, 今廢. 每式年翌

이 과정에서 호패법은 세조 5년(1459)부터 10년간 다시 시행되었으나 성종 즉위년(1469)에 다시 폐지되었고, 광해군 때 2년간 시행되었으나 또 다시 폐지되고, 인조 3년(1625)에 다시 시행되어 조선 왕조 호패법의 전형으로 지속되었다.[201]

『경국대전』 이후 보다 정밀하게 된 조선조 호적 작성의 기초 자료는 가좌부 혹은 침기부(砧基簿)였던 것으로 생각된다. 가좌부는 전에부터 있었지만 정약용은 일목요연한 도책을 구상하였고, 그 상세한 기록은 정약용의 『목민심서』에서 볼 수 있다. 정약용은 "호적을 정비하려면 먼저 가좌(家坐)를 살펴야 한다. 허와 실을 두루 알아야 호수(戶數)를 증감할 수 있으니 가좌부(家坐簿)를 소홀히 해서는 안 된다"고 하였다. 또한 "호적을 작성할 시기가 되거든 이 가좌부를 근거로 더하고 덜고 옮겨서 여러 리(里)의 호액(戶額)이 아주 공평하고 확실하여 허위가 없도록 할 것이다"라고 하여, 호적의 작성에 가좌부를 기초로 할 것을 강조했다.[202]

정약용은 "가좌책은 송나라 사람들의 이른바 침기부이다. 침기부에는 원래 토지와 자산을 기록하되 아무리 미세한 것일지라도 빠뜨림이 없는 법이니, 이제 가좌책 역시 그와 같이 할 것이다. 호적은 비록 관법을 쓰되, 가좌책은 반드시 핵법을 쓸 일이니, 한 치 한 끝도 어긋나서는 안 될 것이다"라고 하였다.[203] 말하자면 마을의 위에서 순서에 따라 자리잡은 집터는 하나도 빠짐없이 조사하여 기록하되, 호적은 그 집터를 모두 호로 파악한 것은 아니고, 그것들을 일정한 원칙에 따라 묶어서 일정한 비례에 따라 기

春, 藏帳籍於江都, 仍曬舊籍. (『大典通編』, 戶典, 戶籍 每三年改戶籍).

201 한영국, 「3. 호구정책의 강화」, 『신편 한국사』 34 조선 후기의 사회, pp 216-221.
202 "將整戶籍, 先察家坐. 周知虛實, 乃行增減, 家坐之簿, 不可忽也". "戶籍期至,
　　 乃據此簿, 增減推移, 使諸里戶額, 大均至實, 無有虛僞" 『목민심서』 권6, 호전
　　 (戶典), 제4조 호적(戶籍)
203 『목민심서』 권6, 호전(戶典), 제4조 호적(戶籍)

록하도록 하는 관법을 쓴 것이다. 정약용의 설명에 의하면 예를 들어 어느 고을의 "침기표를 가지고 조사하여 그 고을의 대호(大戶)가 총 2,000호이며, 중호(中戶)가 총 4,000호이며, 소호(小戶)가 총 8,000호가 되는데, 경사(京司)에 마감한 그 고을의 호적 총수(지난 식년의 것)가 본래 4,000호에 불과하다면, 침기표에 나타난 호적의 실제 수로 그 마감된 원액을 나누어 배당하도록 할 것이다." 보다 구체적으로 "매 소호 2개로서 중호 1에 해당되며 중호 2개로서 대호 1에 해당된다. 총괄하면 소호 6개가 1호가 되고 중호는 3개가 1호가 되며 대호는 1개 반이 1호가 된다"고 하였다.204 그러면 결과적으로 2호가 대체로 호적에 1호로 되는 관법이 시행되는 것을 보여준다.

정약용은 이렇게 조사하여 정확하게 파악된 호액(戶額)이라 하여도, 이전의 호총(戶總)과 비교하여 갑작스럽게 변화하는 것은 천도(天道)에 어긋나는 것으로 생각했다. 그는 "이전의 호총과 새로 만든 호총을 가지고 사정을 참작하되, 줄어든 경우에는 비례상으로는 비록 조금 미치지 못함이 있을지라도 그 모자라는 것을 다 채우지 말 것이요, 늘어난 경우에는 비례상으로는 비록 남음이 있을지라도 더 많이 배정하지는 말 것이다"라고 하여, 약간의 여유를 두었다.205

조선 초에도 주택의 존재를 기초로 하면서, 일정한 기준의 관법에 따라 호를 등록했을 것으로 판단되나 실제로 호적에 파악되는 1호에 포함되는 구수 혹은 장정의 수를 어느 정도를 기준으로 할 것이냐는 시대에 따라 그리고 국가의 정책적 목적에 따라 달라져 왔다고 할 수 있다.

다음 〈표 5-5〉는 조선 전기에 국가가 파악한 호수와 구수를 나타낸 것이다. 표에 기록된 수치는 한성의 호구수는 제외된 경외의 호구수지만 예외

---

204 『목민심서』 권6, 호전(戶典), 제4조 호적(戶籍)
205 『목민심서』 권6, 호전(戶典), 제4조 호적(戶籍)

적으로 1404년에는 한성 외에 경기의 호구수도 누락되어 있다. 1404년과 1406년을 비교하면 1404년 경기가 누락되었던 것을 감안하면 급격한 수치의 변동은 없고 따라서 제도적 변화도 없었다고 볼 수 있다. 그러나 태종시대의 특징은 그의 정확한 파악 의지에도 불구하고, 호수의 절대적 파악율이 대단히 낮았고, 구수도 성인 남정의 정수(丁數)를 파악하는데 집중하여 호당 평균 구수가 2.1명에 불과했다. 이때까지만 해도 고려조의 전정제(田丁制)에서 호수(戶首)가 전국 10여만 명에 불과했던 구제도의 영향 아래 호구 파악을 했을 것으로 생각된다. 바꿔 말해 고려조의 전정제나 조선초의 호적은 군역 자원인 다수의 정(丁)에서 1명의 정병을 배출하는 호수를 파악하는데 중점을 두고, 전체적인 호구의 파악을 시도하지 않았던 것으로 보인다. 태종은 1407년 인보법(隣保法)을 시행하여 보다 정확하게 호구를 파악하고자 했지만 현실적으로 큰 개선은 이루어지지 않은 것으로 보인다.

〈표 5-5〉에서 세종조에 태종 이래의 노력으로 호의 수가 27,000여 호 늘었으나 큰 제도적 변화를 인식하기는 어렵고, 다만 구의 수는 1.9배 증가하고, 호당 구수도 3.39인으로 1.6배 이상 증가하는 변화가 있었다. 이는 호내의 구수 파악이 보다 자세하게 된 것이지만 여전히 일반적 가구 수에 비해 크게 못 미치는 남정 중심의 파악이었던 것으로 보인다. 「지리지」의 편찬자는 "본조(本朝)는 인구의 파악이 밝지 못하여, 문적에 적힌 것이 겨우 열의 한 둘이 되므로, 나라에서 매양 바로잡으려 하나, 너무 인심을 잃게되어, 그럭저럭 이제까지 이르렀으므로, 각 도, 각 고을의 인구 수가 이렇게 되었고, 다른 도들도 모두 이렇다"고 하였다.[206] 15세기 조선의 인구가 최소한 800만 명에 달했을 것으로 추정되므로, 실제로 「지리지」에 파악된

---

206 "本朝人口之法, 不明錄于籍者, 僅十之一二. 國家每欲正之, 重失民心, 因循至今, 故各道各官人口之數止此, 他道皆然". (『세종실록』148권, 地理志京畿).

인구 702,870명은 누락된 한성부의 인구를 감안할 때 대체로 1/10수준이었다.

〈표 5-5〉 조선 전기의 호수와 구수의 파악

년도	호수	구수(구, 정)	구/호	비고*
1404	153,404	322,786	2.10	태종실록 4년 4월 25일**
1406	180,246	370,365(丁)	2.05	태종실록 6년 10월 30일
1432	207,516	702,870	3.39	세종실록 지리지***
1519	754,146	3,745,482	4.97	중종 14년 12월 29일
1543	836,669	4,162,021	4.97	중종실록 38년 12월 29일
1639	441,827	1,521,265	3.44	영조실록 10년 11월 2일
1669	1,342,074	5,164,524	3.85	현종실록 10년 12월 29일

  * 모든 년도에서 한성의 호구수는 누락되어 있음.
 ** 1404년도에는 한성 외에 경기도 누락된 수치임.
*** 『세종실록』의 「지리지」에는 한성의 호수만 나오고 구수가 나오지 않는 등의 문제가
    있어서 한성은 호수·구수 모두 제외하였다. 또한 도별 총수와 군현 별수의 계가 맞
    지 않고 특히 함길도의 차이가 큰 문제점이 있지만 도별 총수를 택했다.

관련하여 세조 3년(1457) 양성지에 의하면,[207] 호구법의 불명으로 경기
와 충청도는 그렇게 심하지 않지만 강원도, 황해도와 평안도에는 1정 1호
인 경우가 있고, 경상도, 전라도와 함경도에는 수십 인이 1호로 된 경우가
있었다. 그는 이로 인해 요역의 불공평이 심하므로 모두 호적에 등재하여

---

207 《世祖實錄》권7, 世祖 3년 3월 戊寅. "今本朝戶口之法不明 江原 黃海 平安道
    多以一丁爲一戶 慶尙 全羅道 及咸吉道六鎭 或有數十人爲一戶 而京畿 忠淸
    道 不至甚濫 江原 黃海 山郡之民 流亡失業 以一戶供前日數戶之役 日 以彫弊
    慶尙 全羅 沿海之郡 豪猾之家 外爲一門 內置數家 如或刷之 乘船入海 至有奴
    毆本主者 平時則富者免 而貧者常代其勞……乞今後 京都 漢城府 外方八道
    申明戶口之法 不論尊卑老少男女 皆置戶口 無者科罪其士族 率居奴婢 及平民
    與父母同居者外 每三丁爲一戶 而三年一考之 漏一丁者 五家及監考 管領 悉
    徙北邊 漏一家者 并罪守令及兵房吏 仍許人陳告 以犯人田産充賞 又入仕與訴
    冤者 皆先考戶口 如是則無一人以國民而漏籍 無一兵以單丁而立役 良人盡出
    而軍額足 通逃出而盜賊息……至於市井之徒 皆著于籍."

솔거 노비나 부모동거자 등을 제외하고는 3정을 1호로 성적(成籍)할 것을 건의하여 시행하게 되었다. "금후에는 경도 한성부와 외방팔도에 호구법을 신명하여 존비, 노소, 남녀를 막론하고 모든 호구를 비치하되 (호적이) 없는 자를 처벌하고 사족의 솔거 노비 및 평민이 부모와 동거하는 자 이외는 3정을 1호로 하며, 3년마다 한 번씩 조사하도록" 상언하였다.[208] 정(丁)의 수를 기준으로 호적을 작성한다는 것은 사실상 여전히 군정을 징발하기 위한 단위로서의 호(戶)를 파악하는 고려조 이래의 제도가 지속되고 있는 것을 보여준다.

세조는 양성지의 의견을 받아 받아들였지만, 4년 뒤인 1461년에는 새로운 군보법을 세워 2정을 1보로 묶는 좀 더 정밀한 호구 작성을 하고자 하였다. 2정을 1보로 하는 것은 3정 1호의 원칙에 비해 단혼 가족의 모습에 가까운 것이고, 좀 더 정밀한 소가족을 파악하는 정책이었다. 세조는 호구제도와 보법을 개혁하여, 국방을 강화하고, 군역의 부담을 공평하게 하고자 하였다.

세조의 개혁으로 〈표 5-5〉에서 보듯이 1519년이 되면, 호수도 세종조에 비해 3.6배 증가한 75만여 호가 되고, 구수는 더욱 크게 늘어 5.3배가 되며, 호당 구수는 4.97명으로 대체적으로 가구원 수를 반영하는 수준으로 증가했다. 세조의 호적제도 및 군보제 개혁과 뒤를 이은 오가작통법의 시행과 『경국대전』에의 법제화 등이 토대가 되어 16세기 초에 급격한 호구수의 증가가 이루어진 것으로 보인다.

이후 임진왜란으로 1639년에는 호수가 44만여로 급감하고, 구수는 더욱 큰 폭으로 감소하여 152만여로 되었다. 이후 호구 파악이 급증하여 현종 10년(1669)에는 호수가 134만에 이르고 구수가 516만 명에 이르게 된다. 세종조 「지리지」에서 총 20여만이었던 호수가 약 100여년 만에 6.5배인 130

---

208 『세조실록』 7권, 세조 3년 3월 15일

여만 호로 증가한 것은 부분적으로는 인구 증가에 기인하겠으나 주요인은 세조의 군보법 이후 소가족이나 직계 가족 등이 호로 등록되는 경우가 많아졌기 때문으로 추정된다. 물론 이 수준도 실제의 호구수에 비하면 그 파악률이 40~50% 수준에 불과했을 것으로 생각되지만 이는 조선조 후기까지 변함이 없었다.

호적이 작성되는 순서는 매 식년마다 각 호에서는 호구단자라는 호구신고서를 제출하고, 지방 관아에서는 그 허실을 검토하여 합당하면 제출한 호구단자의 내용을 확인하는 준호구를 호주에게 주어 일종의 신분증명서 역할을 하도록 했다. 한편 검토된 호구단자는 면·동리별로 약간 신축성이 있지만 원칙적으로 5호를 기준으로 오가작통을 하여, 호적대장을 만들고, 이것을 3부 작성하여 호조, 감영과 군현에 각각 비치하도록 했다.

『경국대전』의 호구식에는 한성에서는 부·방·리, 경외에서는 면·리를 표시하고, 호주의 직역, 성명, 연령, 본관, 사조 그리고 호주처의 성, 연령, 본관, 사조 이어서 솔거 자녀의 나이(사위는 본관도 기재)를 표시하고, 또한 노비·고공은 이름과 연령 등을 기록하도록 하였다.[209] 좀 더 풀이하면, 호적에는 호주의 직역, 성명과 연령, 호주 3조의 직역과 성명 및 연령, 처의 성과 본관 및 연령 그리고 외조부의 직역, 성명 연령 등을 표시한다. 이어서 호주의 처의 성, 본관, 연령 그리고 처의 3조 및 외조부의 직역, 성명, 본관 등을 기록한다. 이외에 호주의 자녀 기타 동거인의 호주와의 관계, 직역, 성명 및 연령 등을 표시하고, 소유 노비의 계통과 노비모의 성명과 노비의 성명 및 연령 등을 기록하는 것이었다. 조사된 16세 이상 모든 남정에게 성명, 나이, 주소를 기록한 호패를 발급하도록 하였으나 호패법은 시

---

209 "戶某部·某坊·第幾里(外則稱某面·某里)住. 某職·姓名·年甲·本貫·四祖. 妻某氏·年甲·本貫·四祖. (宗親錄自己職銜·四祖. 尙某主. 庶人錄自己及妻四祖. 庶人不知四祖者不須盡錄). 率居子女某某年甲. (女婿則幷錄本貫) 奴·婢·雇工某某年甲." (『經國大典』 禮典 準戶口式.)

행과 중단을 지속하다가 후기에 가서야 정착되었다.

조선 왕조 15~16세기에서 작성된 호적 관련 서류 중에서 몇 개의 개인에게 발급된 준호구 외에 공식적인 호적대장은 발견된 것이 없다. 17세기 이후의 호적대장이 전해지지만 그 기재 양식은 초기에는 통일되지 않았다. 규장각에 소장된 울산 호적대장을 중심으로 하는 호적들에서 17세기 초의 호적은 아마도 임진왜란의 영향도 있고 하여, 각 통별로 5호가 통일적으로 정리되어 있지 않고, 어느 호를 기재한 다음 행을 바꾸지 않고 연달아 다음 호를 기재하기도 한다. 그러나 17세기 말이 되면 5가작통의 원칙이 비교적 잘 지켜지고, 행정 단위도 현·면·동으로 정리되어 나타난다.

호적을 통해 조선 정부가 파악한 호수, 구수를 확인할 수 있다. 그리고 호적상의 직역을 통해 신분을 추정할 수 있고, 특히 양인에게 부과된 군역을 징수할 수 있는 토대가 되었다. 이외에 호적은 공물의 부과 원천이고, 요역의 근본이어서 부역을 고르게 하기 위해서는 호적을 고르게 파악하는 것이 무엇보다 중요한 것이었다.210

조선조 호적은 아시아 어느 국가에 비해서도 정밀한 것이었다. 호적에서 각 호의 개인별로 직역이 명시되고, 개인에 대해 신분에 따른 역역(力役) 수취가 세분되었다. 이는 제도상으로는 원(元)과 명(明)의 영향을 받은 측면이 있을 것으로 생각된다. 유목을 주로 하는 초원의 사회적 전통은 토지보다 인구를 통제하는 것이었고, 몽골은 한족을 다수의 직업군으로 분류하여 호구 등록하고 과세하며, 직업은 세습하도록 하였다.

명을 건국한 홍무제(洪武帝)는 몽골에 대한 적대감에도 불구하고 원(元)의 선례를 따라 인구를 세습적 직업 그룹으로 등록하는 부역황책(賦役黃册)을 작성하였다.211 그리고 어린도(魚鱗圖)를 작성하여 좀 더 정확한 토

---

210 "戶籍者諸賦之源, 衆徭之本, 戶籍均以後賦役均". (정약용, 목민심서 卷六, 戶典 제육조).

지의 면적과 소유주를 파악하고자 하였다. 이와 같이 중국도 토지와 호구가 별도로 파악되었지만, 실제의 조세 운영과 정은 종합적 판단 위에 양세(兩稅)를 기반으로 지세 중심의 일조편법이 운영되었다. 중국은 한국과 달리 병농일치를 중지하고 직업군인제도가 성립되었기 때문에 조선과 같이 신분에 따른 무거운 군역 부과가 이루어지지 않았고 노비의 세습제가 일찍이 소멸되고 그 규모도 적었다 특히 청대에는 1729년 정(丁) 부역의 토지세로의 합병으로 편심(編審)의 조사가 불필요하게 되고,[212] 인구 등록이 재정 목적과 무관하게 되었다.

이러한 중국의 변화와 별도로 조선에서는 신분제와 인신 지배가 강고히 지속되고 이것이 재정 목적과 직결된 데에는 여러 요인이 있다. 조선에서는 조선 후기까지 호에 대한 신역은 조세로 합병되지 않았고 신분제는 유지되었다. 조선에서 사(士)에 대한 군역 및 부역 면제가 이루어지고 있었고, 특히 심한 사농공상의 차별로 중국과 달리 사(士)의 상업 진출이 저지되었다. 『왕조실록』에는 "인사(人士)들의 태반(太半)이 높은 벼슬을 지낸 분들의 후손들로서 경작(耕作)을 일삼고 싶어도 애당초 조그마한 농토로 생계를 꾸려갈 수 없으며, 공상(工商)을 생업으로 삼으려 해도 또한 국가의 풍속에서 벗어날 수 없는 분위기가 있다"라고 하였다.[213] 결과적으로 조선의 사(士)는 오직 지대에 의존했으므로 촌락 내의 신분 질서의 유지에 집중하였다.

물론 권세가들이 방납 능의 조세 청부에 기생하거나 매관매직 등을 이

---

211 인구의 다수는 민호이고, 다음에 군호, 그 외에 장호, 염호 그밖에 80종 이상의 세분된 미, 채, 마, 승 등의 호가 존재하였다. 그리고 토지에 대해서는 어린도를 작성하여 일필별로 그 토지의 형상, 주위의 형상, 지번, 지목, 면적 조세 부담액, 소유자 등을 기록하였다. Richard von Glahn, *The Economic History of China*, Cambridge University Press, 2016, p 287.
212 Richard von Glahn, 전게서, p 314.
213 『정조실록』 17권, 정조 8년 3월 18일 수찬 신기의 상소.

용한 예가 적지 않지만 중심적인 것은 아니었다. 이와 함께 조선에서는 실제로는 급보제도였으나 병농일치를 표방하여 양인에 대한 신역으로서 군역제도가 지속된 것이 중요했고, 평화가 지속되어 천민에 대한 억압 체제가 유지될 수 있었고, 상공업의 미발달로 노동의 배출구가 없었던 것이, 호적과 그에 기초한 노비제를 지속시킨 사회적 요인이었다.

이로 인해 조선에는 양반의 토지 지배를 가능하게 하는 사회적 제도로서 반상의 구별이 엄존하는 가운데 토지의 소유 분화가 진전되어 토지 없는 농민의 비율이 증가했다. 그러나 이러한 계급 분화와 신분제의 존재로 인간의 개별화가 진전되어 갔음에도 불구하고, 주된 산업인 농업 생산에 불가결한 협업이라는 사회적 재생산의 터전을 유지한 것이 촌락이다.

제4절 상공업과 화폐

1. 국내 상업

유교는 농본주의 사회에 적합한 윤리이다. 유교는 종교적으로는 조상 숭배이므로 보편적인 종교가 아니고, 개별적이고 다신교적이다. 사회적으로는 씨족 질서를 존중하고 친친존존(親親尊尊)의 윤리로 가족 중심적 이기주의 논리이다. 따라서 개인주의에 비해서도 객관적 불편성, 보편성과 합리성 등에서 부족하고 정실주의적이다. 한편 경제적으로는 불교가 오히려 상업과 이익 추구에 관대한 것에 비해 유교는 농본적이고 근검을 숭상하며 사치를 배제하며 사농공상의 차별을 수반한다.

정도전은 "우리나라는 이전에 공업과 상업에 관한 제도가 없었다. 때문에 백성들 가운데서 게으르고 놀기 좋아하는 자들이 모두 여기에 종사했다. 그러다 보니 농사를 짓는 백성은 날로 줄었다. 말작이 발달하고 본실이 피폐한 것이다. 이는 염려하지 않을 수 없다. 그러므로 나는 이편에서 공업과 상업에 대한 과세법을 자세히 열거하고자 한다. 이를 거행하는 것이야말로 조정이 할 일이다.[214]라고 하여, 세금을 거두어 규제할 것을 제안했다.

『경국대전』의 '잡세'조에는 공장(工匠)의 등급 및 좌상(坐商)과 공랑(公廊)의 수를 기록하여 호조와 공조, 본도(本道)와 본읍(本邑)에 보관하고 이들에게 세를 거두도록 하였다. 공장 상등(上等)은 매달 저화(楮貨) 9장(張), 중등(中等)은 6장, 하등은 3장으로 정했다. 그리고 지방의 야장(冶匠)과 유철장(鍮鐵匠), 주철장(鑄鐵匠), 수철장(水鐵匠)등에게는 규모에 따라 달리

---

214 정도전, 『조선경국전』, 부전, 공상세.

하지만, 봄으로 일정한 수의 면포와 가을에 일정한 양의 미곡을 거두도록 정했다. 다만 영안도와 평안도는 포를 거두지 않고, 경기, 충청도, 강원도와 황해도는 대장간의 경우 미나 포 대신에 규모에 따라 일정 근수의 수철을 징수했다.

한편 공장에 대해서는 공역(公役)의 일수(日數)를 계산하여 제하고 세를 경감하고, 좌상에게는 매달 저화 4장을, 공랑은 1칸마다 봄과 가을에 각각 저화 20장을 거두었다. 이 밖에 행상(行商)에게는 노인(路引)을 발급하고 세를 거두는데, 육상(陸商)의 경우 매달 저화 8장을 거뒀으며, 수상(水商)의 경우 대선(大船)은 1백 장, 중선(中船)은 50장, 소선(小船)은 30장을 거두었다.[215]

조선조에 상공인은 규제 대상이었지만, 사회에 필수불가결한 것이어서 소위 사민(四民)에 속하는 것이었고, 일찍부터 존재했다. 먼저 상업의 형태를 보면, 이는 국내 상업과 해외 무역으로 구분될 수 있다. 국내 상업은 도시의 시전과 지방의 장시가 대표적이고, 시전에는 시전 상인이 그리고 장시는 행상인 보부상이 상업 활동을 하였다. 특히 시전 상업은 수도에서 통치자를 비롯한 관용 물자를 조달하고, 일반 백성의 필요 물자를 조달하는 중요한 것이어서 도읍지를 정하면서 동시에 시전의 건축이 추진되었다. 그러나 조선조의 상업 정책은 기본적으로 통제 정책이었다. 시전 상인은 등록하도록 하고 그 운영을 통제했으며 지방에서도 보부상만이 상업을 하도록 규제하였다.

조선조에 부상단(負商團)은 비록 개별적으로 영세하지만 일찍부터 단체를 조직해 활동하였다. 이성계의 건국 과정에 기여한 백달원(白達元)이 일찍이 부상들의 팔도도반수(八道都班首)가 되었고, 국가에서도 부상청을 설치하여 일정하게 보호하였다고 한다.[216] 특히 부상은 어(魚), 염(鹽), 목기

---

215 『대전통편』, 호전(戶典), 잡세(雜稅).

(木器), 토기(土器), 수철기(水鐵器) 등의 전매권(專賣權)을 줄 것을 청했으므로 정부에서는 그들의 소원대로 오조물건(五條物件)의 전매권을 부여하였다.

조선조 초에도 고려조 이래의 지방 군현의 장시는 있었지만 초기에 점차 쇠퇴했던 것으로 보인다. 그러나 시간이 흐르면서 장시가 부활하고 당국에서 지방에 따라 주중 특정한 날에 고정 시장을 설치했다. 처음에는 부정기적이었으나 일반적으로 한 달에 5일을 열고, 하루의 여행 거리가 30~40리씩 떨어진 곳의 행상인 보부상에 의해 서비스가 제공되는 시장 네트워크가 전국적으로 창출되었다. 유원동에 의하면 조선조 최초의 시장은 "경인년(1470)에 흉년이 들었을 때 전라도 나주의 백성이 스스로 서로 모여서 시포를 열고 장문(場門)이라 불렀는데, 사람들이 이것에 힘입어 보전하였다"[217] 라고 했다. 이후 장시가 조금씩 보급되었지만 초기의 장시는 한 달에 한번 열기도 하고, 보름만에 열기도 하는 등 일정하지 않았지만 후기에 들어 오늘날과 같은 5일장으로 정착되었다.

장시의 물종은 농민의 일반적인 생활 물자였고, 전국적인 특산물들이 집산되고 판매되기는 어려웠다. 따라서 좀더 귀하고 고급스러운 물자의 조달에는 양반들 상호 간 선물 교환이 중요한 역할을 하였다. 이것은 장기간의 사회적 거래에 해당하는 것으로 사실상의 신분 내적 상호 보험적 거래라고 볼 수 있다. 선물의 종류는 지역별 특산물을 포함하여, 다양한 생활 자료에 걸친 것이었다. 단기적 시장 거래가 발전하지 못한 사회의 재생산을 위한 보조 역할이었다고 볼 수 있다.

조선조의 정부는 왕도를 한성으로 옮기면서 곧 도시민의 생활 물자를 공급할 시전을 짓기 시작했다. 태종 3년(1403) "시가(市街)의 동랑(東廊) 27

---

216 유원동, 「2 상업」, 『한국사』 10 조선-양반 관료국가의 사회구조, 1981, p 298,
217 『성종실록』 27권, 성종 4년(1473) 2월 11일

간(間)이 불탔다"는 기록에서 이미 시전이 존재했음을 알 수 있다.218 한편 태종 10년 2월에는 시전의 지역적 한계를 정해 대시(大市)는 장통방, 미곡 잡물은 동부 연화동구(蓮花洞區), 남부 혜도방(蕙陶坊), 서부 혜정교, 북부 안국방, 중부 광통교(廣通橋), 소와 말은 장통방 하천변에서 각각 매매하도 록 하고, 여항소시(閭巷小市)는 각각 사는 곳의 문 앞에서 영위하도록 하였 다.219 동시에 그 감독 기관으로 경시감(京市監)을 설치하여 시내 상업 교 역에 관한 물자 조절, 기광(欺誑) 방지, 간도(奸盜) 단속, 상세(商稅) 징수 등의 일을 주관케 했으며, 별도로 청재감(淸齋監)을 설치하여 시가의 청결 을 감독하게 하였다. 이 지역적 한계를 기준으로 태종 12년 2월부터는 실 제 공사에 착수했다. 이때 "비로소 시전(市廛)의 좌우 행랑(左右行廊) 8백 여 간의 터를 닦았다"고 한다.220 1414년에는 도로 양면에 91개의 시전이 건설되었다. 1410년 태종은 경시감과 총제감을 설치하여 가격 규제, 상업 세 징수, 시장 구역의 청결을 도모했다. 그리고 세조 시대에는 경시서(京市 署)를 시전 가까이 설치하여 "물가(物價)의 하락과 앙등과 저자 물건의 행 람(行濫)을 살피도록" 하였다.221

한편 시전에 대해서는 일정한 조세를 거두었다. 세조 6년(1460)의 『호전 등록(戶典謄錄)』에 의하면, "시전(市廛)은 1간마다 춘추(春秋)로 각각 세전 (稅錢) 1백 20문(文)을 거두고, 제색 장인(諸色匠人)은 매월 세전을 거두되, 상등(上等)은 90문, 중등은 60문, 하등은 30문이며, 행상(行商)은 세전 80문 을 거두고, 좌고(坐賈)는 40문을 거둬 제용감(濟用監)으로 실어 보낸다"고 하였다.222 그러나 상인의 파악이 정확하지 않아 탈루가 있으므로, 단종 때

---

218 『태종실록』, 태종 3년 3월 4일.
219 『태종실록』 19권, 태종 10년 2월 7일, 유원동 「1. 도시상업」, 『신편 한국사』 24 조선 초기의 경제 구조, p 124.
220 『태종실록』 23권, 태종 12년 2월 10일.
221 『세조실록』 33권, 세조 10년 7월 24일.

에는 "이제부터는 시전의 칸수 및 장인의 등급과 상고(商賈)의 성명과 세저화(稅楮貨)의 액수를 명백하게 기록하여 실어 보내도록" 하였다.[223]

시전은 일반 한성 부민의 생활 물자 조달도 중요하지만 사실상 정부의 공인 역할을 하였다. 16세기에는 정해진 공물이 공안에 기재되어 있음에도 불구하고, 쓸 때에는 번번이 모두 시전에서 사다가 쓰는 폐해가 지적되고 있다. 이로 인해 백성들에게 폐해가 있고, 국가 재정에도 큰 지장을 주고 있었다.[224] 국가의 필요 물자를 공물이 아닌 시전에서 구매하여 조달하는 것은 방납에서 비롯된 것이었다.

그렇다면 15~16세기 조선 전기의 방납의 확산 과정을 어떻게 이해할 것인가에 관해 다가와 고조(田川孝三)나 제임스 팔레(James. B. Palais)는 이러한 방납의 성행을 조선 사회의 상업화로 평가했다. 궁극적으로 농민의 수탈로 조달되지만, 수수료, 위탁수수료 및 상납 등이 덧붙은 채 징수된 미, 포 등 공물은 이제 시장에서 판매되고 필요한 물자를 구매하는 상업적 체제로 전환되었다. 조선 초 중국 고대의 3대 제도를 이상으로 삼았던 유교적 이념에 비해 방납을 통한 사리의 추구는 타락이었고, 이율곡은 이것을 건국 200년이 된 조선의 중간 쇠퇴기, 즉 중쇠기로 평가하기도 했으며, 중국 3대의 제도를 이상으로 조선 초의 제도를 복원하고자 하였다.[225] 그러나 이미 토지 생산력이 높아지고, 토지의 사유화가 진행된 사회에서 정전을 토대로 하는 고대 이상 사회의 구상이 과연 가능한지 그리고 근본적인 개혁책이 될 수 있었는지는 의문이다.

유학자들은 인간이 사리사욕을 억제하고, 끊임없는 수양으로 의(義)와 도(道)를 구현하고자 하는 철학을 가졌지만, 현실의 유교적 양반 사회는 탐

---

222 『단종실록』 7권, 단종 1년 8월 12일
223 『단종실록』 7권, 단종 1년 8월 12일
224 『중종실록』 71권, 중종 26년(1531) 6월 5일
225 이선민, 「이이의 갱정론」, 『한국사론』18, 1988, p 235.

제5장 조선 시대의 가산 유교 관료제 543

욕으로 넘쳐나고, 소유 분화는 진전되고 있었다. 이것을 개혁하고 방납의 폐를 제거하여 안민을 실현하기 위한 수미법이 국가 기구의 부패를 줄이는데 도움이 되었지만, 다른 한편 사회의 전반적 상업화를 촉진하는 계기가 되었다. 이것은 비유하자면 역사에 구현된다고 하는 '이성의 간지'일지도 모른다.

방납으로 국가의 상인에 대한 규제도 이완되고, 난전과 활동적 사상들도 발생하였다. 그러나 방납으로 대표되는 조선의 상업화와 세속화, 그리고 유교 국가 기구의 타락은 화폐가 결여된 가운데 나타나는 특수성을 가지고 있었다. 팔레는 방납 등 상업화에 관해, "경제 변화의 이례적인 것은 보다 발전된 화폐 형태가 조선 경제에서 사라져갈 때 발생하고 있었다"[226]는 것을 지적했다. 서구의 화폐 경제에서의 상업화는 그것이 전근대적 자본이었다 하더라도 화폐 자본의 축적으로 귀결되었지만, 조선에서는 농민의 궁핍화와 토지의 집적을 통한 지주제를 초래했다. 조선 후기에 화폐 자본의 축적은 결여된 가운데 자·소작 무산자는 퇴적되고 사회의 전반적 상업화가 진전되었다. 이것은 조선 후기 사회의 두드러진 특징이었다.

한편 시전과 장시 외에 포구 등의 교통의 요충지나 화물 집산지에 객주 여각 등 위탁 대리상이 존재했다. 그들은 재화 판매인의 중개인 역할을 하거나, 혹은 그들 창고에서 위탁으로 재화를 판매하고, 대부를 하고, 상인이나 여행객을 위한 가게나 숙소를 세웠으며 상인이나 여행객은 그들의 서비스에 대하여 수수료를 지불하였다.

---

226 James B. Palais, *Confucian Statecraft and Korean Institutions-Yu Hyŏngwŏn and the Late Chosŏn Dynasty-*, University of Washington Press, 1996, p 74.

2. 수공업·광업

유교 국가인 조선은 상공업의 필요성을 인식했지만 그것을 말업으로 여겼다. 정도전은 말업인 상공업에 종사하는 사람을 줄이고, 농민들이 농업을 버리지 않도록 징벌적 조세를 부과할 필요성을 강조했다. 농업 사회에서 농민은 생존을 위해 곡물을 생산하고 가정에서 의류를 생산하는 자급적인 생산 단위이고, 국가의 기본이었다. 이에 반해 장인은 신분적으로는 천인 이외에 양인인 경우가 많이 존재했지만, 그들은 대부분은 장안에 등록되고 중앙 정부나 지방 정부의 기구에 고용되어 노동을 제공하여야 했다. 장인들은 관영 공장에서의 부역에서 벗어나면, 그들은 스스로 수공업 생산을 할 수 있었지만 국가에 대한 장인세를 부담하여야 했다.

장안에 등록된 전문적 수공업자들은 『경국대전』에서 근 150여 종에 달하는 세분화된 장인들로 구분되었다. 그들은 전문화된 저포, 견직, 신발, 가구, 모자, 옹기, 거울, 먹, 도장, 염색, 활자, 가족제품, 타일, 종이, 칠, 도자기, 활·칼 등의 무기와 갑옷, 그리고 금속의 용해와 주물 등의 생산에 참여했다. 『경국대전』에 기록된 공장(工匠)의 정액은 약 6,600명이고, 그중 130개 범주의 2,800명은 수도의 경공장에, 그리고 27개 범주의 3,800명은 지방의 외공장에 고용되었다. 중앙 관아 중에서 공장(工匠)이 가장 많이 소속되어 있는 기구는 군기감(軍器監)과 상의원(尙衣院), 사옹원(司甕院), 선공감(繕工監), 공조(工曹), 그리고 교서관(校書館) 등이 있다.

한편 외공장은 등록된 지방 장인의 1/3가량을 차지하는 경상도가 가장 많고, 눈에 띄는 것은 감영·병영의 야장(冶匠)과 성주, 상주, 안동, 영천, 선산, 예천 등지의 석장(席匠)과 경주, 진주, 밀양 등지의 지장(紙匠)이다. 다음으로는 전라도지만, 전주, 남원 등을 위시한 여러 지역에 지장(紙匠)이 많았다. 그러나 이와 같이 몇 개 지역에서 특수한 몇 종류의 수공업을 제외한 대부분의 지방 수공업은 분업이 거의 이루어지지 않았던 것으로 추측된다.[227] 이들 관영 수공업은 부역 노동을 이용한 것이어서 상업성은 결여된 것이었다.

조선 초기의 정부가 필요로 하는 공산품은 대부분 부역 노동을 이용하여 관영 공장에서 생산, 조달되었다. 그러나 조선 사회가 상업화되면서 조선 후기에는 관영 공장 제도가 크게 와해되고, 공장들이 무역 노동에서 풀려나는 변화가 생긴다. 18세기 말『대전통편』에는 그 동안의 연혁이 기술되어 있다. 이에 의하면 경공장의 여러 관사 가운데 "사섬시(司贍寺), 전함사(典艦司), 소격서(昭格署), 사온서(司醞署), 귀후서(歸厚署)는 지금 모두 혁파되었고, 내자시(內資寺), 내섬시(內贍寺), 사도시(司䆃寺), 예빈시(禮賓寺), 제용감(濟用監), 전설사(典設司), 장원서(掌苑署), 사포서(司圃署), 양현고(養賢庫), 도화서(圖畫署)에는 지금 공장(工匠)이 없다. 그밖에 여러 관사의 경우는 신구(新舊)의 명색(名色)이 서로 다르고 인원수의 가감(加減)이 정해져 있지 않다. 성적(成籍)을 공조에 보관하는 규정은 점차 폐지되어 시행되지 않고 있는데, 속대전(續大典)을 만들었을 때 거론하지 않았기 때문에 지금 모두 예전 그대로 두고 고치지 않았다"고 한다.[228]

또한 외공장에 관해서는 "『경국대전』에서는 각 도(道)와 각 고을에 모두 공장(工匠)이라는 명색이 있었지만, 지금은 외공장(外工匠)의 경우 대장(臺帳)을 본도(本道)에 보관하는 규정이 없고 관아에서 부릴 일이 있으면 사공(私工)을 고용하여 쓰기 때문에 속대전(續大典)을 만들었을 때 거론하지 않은 것이다. 지금은 『경국대전』에 따라 한 도내 각 고을의 공장이라는 명색의 인원수를 통틀어 계산해서 기록하여, 번거로움을 줄이고 예전 것을 보존하는 토대로 삼았다"고 한다.[229] 달리 말해 조선조 초에는 관영 공장이 지배적이었던 것이 점차 시장 경제화 되어간 것을 알 수 있다.

---

227 강만길, 「5. 手工業」 (1) 官匠制手工業, 『한국사』 10 조선 - 양반 관료국가의 사회구조
228 『대전통편』, 공전(工典), 경공장(京工匠), 沿革.
229 『대전통편』, 공전(工典), 외공장(外工匠), 沿革.

이들 관영 공장 외에 민수품을 위한 민간 수공업이 광범하게 존재했다. 민간 수공업 중 가장 큰 비중을 차지하는 것은 직물류였다. 직물은 마포, 저포, 면포 등이 대표적인 것이지만 견직은 오랜 역사와 신라 시대의 높은 솜씨에도 불구하고 지속적으로 발전하지 못해 생산량도 적었지만, 흔히 비단이라 부르는 여러 가지 색상의 견사로 짠 무늬 있는 고품질의 견직물은 조선조에 중국의 수입품 중 가장 중요한 것이었다. 면직은 원대에 중앙아시아에서 전파되어 중국에서 시작되었고, 면화씨는 고려 말 1364년에 최초로 도입되었다. 그러나 조선조 초에는 그 재배 면적이 극히 제한적이서 주된 의류가 아니었다. 그러나 1469년, 양성지가 공물로 면포를 하삼도에서 바치도록 건의할 정도로 보편화되고, 16세기 초에는 일반인들의 대중적 의류로 면직물이 보급되어 의류생활의 혁신을 가져온 것으로 보인다.

민간 수공업에는 직물 외에도 농기구, 야철, 도자기, 옹기, 죽세공품, 돗자리나 멍석, 종이 제조 등의 수공업이 존재했다. 이 밖에 식품 가공업으로는 여러 가지 장류 제조가 이루어지고 있었으며, 이들 민간 수공업 중에서 제지업도 중요한 것 중 하나였다. 이들 제품은 장시에서 거래되는 중요한 것들이었다.

한편 조선 정부는 수공업과 마찬가지로 광산업의 필요성을 인식하고 있었지만 그 개발은 억제되었다. 조선 왕조 초에 국가는 필요한 금, 은, 납, 철, 동, 유황 등을 추출하기 위해 광산을 개설하였다. 광업도 수공업과 마찬가지로 관의 직영이거나 관의 엄중한 감독 아래 이루어졌다. 광업은 여러 금속에 대해 걸쳐 있었지만 정부는 중국에 대한 공물을 위한 금, 은의 생산에 많은 관심을 가지고 있었다.

중국의 금·은 세공 요구는 고려 말에 이미 명태조에 의해 금 100근, 은 1만 냥, 양마 100필, 세포 1만 필의 거액을 요구하고 있다. 고려가 보낸 것은 이에 크게 못 미치는 것이었고, 조선은 금·은의 산지가 아니므로 그 경감을 구했으나 허락하지 않다가, 홍무 17년(1384)에 마 1필에 은 300냥, 또는 금 50냥에 준하도록 요청하여 허락을 받았다.[230] 그리고 명제(明帝)가 세공을 면제하니 3년 1조, 공마(貢馬) 50필로 경감되었다.[231] 그러나 조선 건국 후 세공이 부활되고 태종 17년(1417)의 기록에 의하면 세공이 황금 150냥, 백은 700냥이었다.[232] 정부는 금·은 기명의 제한 금지를 행하고, 민간 소재의 금·은을 구입하고 금·은 광산의 채굴을 기도하고, 민간 금·은의 남용 특히 해외 무역을 금지하는 등 그 마련에 고심하는 한편 금·은의 공납 면제를 명나라에 주청하였다.

당시 국내 금·은의 생산액은 많지 않았고, 정부는 지금의 유통을 규제하고, 개인 보유를 금지하기도 하였다. 정부는 중국에 대해 금·은은 토산품이 아니라는 논리로 공물에서 면제해 줄 것을 요청하여 세종 11년(1429)에 허락을 받았다. 그러나 조선은 금·은 면공(金銀免貢) 이후에도 다시 중국의 공물 요구의 위험을 떨어버릴 수가 없었으므로 국가는 금·은 광산을 개발하는 동시에 국내 외의 금·은 유통을 규제하는 이중 정책을 견지하였다."[233]

국내 금 생산지로는 함경남도의 단천, 영흥, 안변, 화주(和州) 등지와 강원도의 회양(淮陽), 정선 등이 주된 것이었다. 은 산지로는 평해도의 태천(泰川), 은산, 가산(嘉山), 경기도의 금천(衿川), 황해도의 곡산과 봉산, 경상도의 김해, 안동 등이었다. 그러나 금은 모두 산출량이 적고, 그 비용과 노고에 비해 보잘 것이 없었다. 특히 성종조 이후에는 왜금의 유입이 나타나면서 조선의 채금 사업은 위축되었다. 은의 산출도 단천광의 번성 이전에

---

230 『고려사』 卷一百三十五, 列傳 卷第四十八, 禑王 10年 7월
231 『明史』, 朝鮮條, 洪武 18년 정월 (小葉田 淳, 『金銀貿易史の研究』, 法政大學出版局, 1976, p 78).
232 『태종실록』 34권, 태종 17년 8월 25일
233 柳承宙, 鑛工業의 生産形態 -金銀鑛工業을 中心으로-, 『한국사론』 11-조선전기의 상공업, 1982, p 205.

는 볼 것이 없었다.

한편 성종 1년 구치관의 헌의로 "금·은 등이 국내에도 산출되지만 민채(民採)를 허락하지 않아 항상 부족해도 민간의 금·은이 많아지면 국가에서 취하여 쓰기가 어렵지 않을 것이니, 사채를 허용하도록" 청하여 인정되었다.[234] 이후 연산군 무렵에 단천, 영흥 등 은산(銀山)이 많아지면서 다시 정부의 간섭이 심화되었다. 그러나 이러한 은산의 증대는 다시 중국의 세공 요구를 가져올 가능성이 있어 중종 8년(1513) 5월경에 단천에서의 채은(採銀)이 금지되었다.

이후 중종 10년 2월 정광필의 상계로 민으로 하여금 채은시키되 소정의 은 가격의 곡물을 바치게 하는 안이 제기되었지만 채택되지 않았다. 정부의 은 부족이 심하여 경상도 청송이나 평안도 단천에 채은경차관(採銀敬差官)을 파견하여 채굴하는 관채가 재개되었다.[235] 단천 이외의 여러 지역에 채광이 시도되고 부상대고가 참여하기도 하였다. 그러나 중종 말년인 16세기 중엽에는 일본 은의 유입이 많아지고, 중국으로 유출이 증가하면서 또 다시 중국의 은세공 요구 가능성을 걱정하게 되면서, 은 채굴에 대한 정부의 태도는 소극적으로 될 수밖에 없었다.

조선의 금·은(金銀)의 무역에 관한 방침은 제한과 금지이고, 정부는 특수한 공적 교환 이외에는 일본, 중국 및 북방의 여진에 대해서도 같은 방침을 가지고 있었다. 국내에서 금·은의 생산은 적었고, 특히 은은 중국으로 유출되어 중국 측의 세공 요구의 가능성을 경계하였다. 민간 소재의 금·은이 유출되고 중국산 비단의 수입 등이 증가하여 사치 풍조가 늘어남에 따라 일반 서민이 사족보다 호사스러운 모습을 하는 것도 경계하였다.

조선은 건국 초부터 사(紗), 나(羅), 능(綾), 기(綺) 등 각색 무늬 있는 비

---

234 『성종실록』 4권, 성종 1년 4월 19일.
235 『중종실록』 24권, 중종 11년 2월 18일. 중종 15년(1520) 2월 28일.

단과 진채(眞彩)는 수입품이고, 금과 은은 또 해마다 공물(貢物)로 바치게 되어 있으니, 원컨대 이제부터는 사(紗), 나(羅), 능(綾), 기(綺)와 금·은으로 만든 패물 같은 것은 진상과 관원의 품대(品帶)에 소용되는 이외에는 의정부와 중추부 이하 시민에 이르기까지 일체 금하고, 공사(公私)의 가옥이나 사원(寺院)에는 진채를 쓰지 못하게 하며, 승지 이상 이외에는 금이나 옥으로 만든 갓끈을 달지 못하게 금지하였다.[236] 또한 명나라 조정에 들어가는 사신(使臣)의 타재법(駄載法)을 세워, "사신(使臣)의 한짐 바리[駄]에 1백근을 넘지 못하게 하고, 토산물(土産物)이외에 금·은(金銀)과 같은 금물(禁物)을 가지고 가는 것을" 금지하였다.[237]

조선은 한편으로 금은의 유통을 규제했지만, 대(對)중국 무역의 필수적 거래 수단이므로 한편으로는 채은을 할 수밖에 없는 구조였다. 조선조 초의 국내에 비축되거나 유통되는 금·은의 양이 얼마인지 알기는 어렵고, 일본 은의 유입량에 대한 계통 자료도 존재하지 않는다. 그러나 조선은 전기간을 통해 국내산 금·은과 일본에서 유입되는 은이 중국으로 세공(歲貢)이나 헌물(獻物) 뿐만 아니라 상품의 수입대금의 결제를 위해 유출되는 구조를 가지고 있었다. 국내에 금·은의 재고가 증가하기도 어려운 구조였지만, 혹시 금·은의 유통이 증가하면 이것이 중국의 금·은 세공 요구로 이어질 가능성을 경계하였다. 유승주는 "고려 중엽 이후에는 원상(元商)들과의 거래를 통해 금·은이 국내로 유입되었고 개국 후 국내에도 금·은 광산이 개발되기 시작하였으며, 한편 합법적 또는 비합법적인 루트를 통해서 명나라의 금·은도 유입되고 있었다. 이 때문에 조선 전기의 관료나 부상대고 등 부민가와 경외 관아 및 사찰 등에는 금·은 기명을 일일이 열거할 수 없을 만큼 상당량이 보유되어 있었다"[238]고 하지만, 풍부할 수는 없는 구조였다.

236 『태조실록』 6권, 태조 3년 6월 1일.
237 『태종실록』 9권, 태종 5년 2월 20일.
238 柳承宙, 「鑛工業의 生産形態 -金銀鑛工業을 中心으로-」, 『한국사론』11-조선전

조선의 금·은은 사행과 그에 부수하는 무역을 통해 중국으로 유출되는 구조를 가지고 있었다. 사행 무역에 부상대고들이 사신의 일행으로 참여하기도 했지만, 공물 호송군의 일부로 요동에까지 동행하여 요동이나 의주에서 교역하였다. 그들은 인삼이나 금·은 등 휴대하기 편리하고 값비싼 물품을 가져가 팔고 중국산 비단이나 약재 등을 구매하였다. 이것은 수지가 맞는 것이어서 금·은이 계속 유출되고 있었고, 이러한 귀금속의 유통은 중국이 다시 금·은 세공을 요구할 빌미를 제공할 위험이 있으므로 규제하지 않을 수 없었다. 이러한 폐단을 막기 위하여 국가는 "첫째, 사행원역(使行員役)이 가지고 가는 수신행리(隨身行李-수하물)의 수량을 제한하고, 둘째, 금·은의 유출을 통제할 수 있는 엄한 벌칙을 마련하지 않으면 안 되었다"고 한다.[239] 그러나 중종 말년에서 명종에 이르러 금·은 유출이 크게 증가하여, 정부는 그 대책에 고심하였다. 그 원인으로서는 단천 은광이 아직 위축되지 않은 것도 있지만, 특히 일본 은 수입의 성황을 보게 된 것도 크게 작용했다고 본다.[240]

한편 귀금속 외에 중요한 광물은 철인데, 철광은 국가에 의해 농민의 부역 노동으로 개발되었다. 각 지역의 철장은 인근의 농민들에게 부과된 철까지 공동으로 채납하여 공납하는 도회(都會)로 설정되었고, 중앙에서 파견된 도회읍(都會邑)의 수령인 도회관(都會官)의 관장 아래 운영되었고 철장의 채굴·제련 작업은 감야관(監冶官)이 지시, 감독하였다. 감야관은 관찰사가 본 읍이나 인근 제읍에서 '유직렴근(有職廉謹)'한 자를 선임하도록 되어 있었다.[241] 생산된 철광석은 야장, 철장 등에 의해 가공되고, 무기나

기의 상공업, 1982, pp 206-207.
239 柳承宙, 「鑛工業의 生産形態 -金銀鑛工業을 中心으로-」, 『한국사론』11-조선전기의 상공업, 1982, p 207.
240 小葉田 淳, 『金銀貿易史の研究』, 法政大學出版局, 1976, p 92.
241 柳承宙, 「鑛工業의 生産形態 -金銀鑛工業을 中心으로-」, 『한국사론』11-조선전

갑옷 등을 생산하는데 사용되었다.

철광 외에 동광은 유기나 동전의 주조를 위해 개발되고, 특히 1423년 동전의 주조 결정으로 장려되었다. 그러나 동전은 유통에 실패하여 1445년 주조가 종료되었다. 동은 군사적 무기의 재료로도 사용되어 동 생산을 유지했지만, 생산량은 많지 못하고, 민간의 수요도 제한적이어서 동광 개발이 확대되어 간 것으로는 보이지 않는다.

인간생활에 있어 필수불가결한 물자 중 하나가 소금이다. 소금은 고려조에서도 국가가 생산을 통제하고, 염전 권리의 특권을 왕자들이나 유력자들이 차지하게 하였다. 고려는 중국 원나라를 본받아 1309년 충선왕이 사적인 유력자들이 소유한 모든 염전을 몰수하고, 대신에 해변의 특정 가구를 염호로 지정하여 소금 생산의 책임을 맡기고, 소금의 전매제를 실시했다. 그러나 왕조 말 소금 생산은 부패한 관리들에 넘어가고, 부유한 개인과 밀수업자에게 넘어갔다. 그리고 염호는 과도한 부과를 피해 도망가거나 왜구들에 의해 염전에서 쫓겨났다.

조선 시대의 제염 형태는 고려와 동일하여, 전국의 염분(鹽盆)은 원칙적으로 국유이고 등록하도록 하였으며, 전매제를 실시했다. 소금을 국가 관리 아래에 두고 생산하며, 생산된 소금은 염창(鹽倉)에 저장하고, 미곡이나 포로 교환하여 군자(軍資)에 사용하는 것이었다. 제염 방법은 동해안 지역에서 주로 행해지던 바닷물을 바로 끓이는 직자식(直煮式)과 서·남해안 지역에서 주로 행해지던 바닷물을 가두어 증발시키고 소금을 얻는 염전식의 두 가지로 구분되나, 염전식이 대량 생산이 가능한 방법이다. 조선의 소금 전매 제도는 중국에 비하면 재정에 대한 기여가 극히 적었다. 조선은 3 면이 해안이라 1면만 바다인 중국과 달리 어디에서나 소량의 생산은 가능했고, 연관하여 국가에 의한 독점적 관리와 판매가 어려웠던 것도 주요한 원

기의 상공업, 1982, p 231.

인 중의 하나였다.

3. 대외 무역

조선 왕조는 사실상의 쇄국 체제였고, 대외 관계는 중국과의 조공관계가 중심이고, 일본과의 간헐적인 접촉이 이루어진 것에 불과했다. 이외에도 여진과 유구와도 교역했으나 부수적이었다. 조선은 중국과는 육상으로 연결되었고, 일본과는 동래를 통해 해상으로 연결되었다. 그러나 명·청나라 시대의 중국이 기본적으로 해금을 유지하는 바탕에서 조공 무역이나 제한 무역을 수동적으로 허용하는 입장이었기 때문에 중국의 상인이 교역을 위해 해외로 진출하는 것은 엄격히 규제되었다. 일본 무로마치(室町) 막부 시대의 초기에는 왜구가 성행하였고, 왜구의 통제에 성공한 후에는 중국과의 제한 무역인 감합(勘合) 무역을 했고 조선과도 통상의 확대를 추구했지만, 조선은 무역에 따른 비용 부담이 컸기 때문에 소극적이었다. 조선이 상업적 목적의 교역을 위해 공적으로나 사적으로 바다로 나간 적은 없었다. 따라서 해외 무역은 조선 왕조에서 경제 발전의 출구가 될 수 없었다. 조선의 쇄국은 중국의 해금과도 연관이 있지만 조선이 중국의 조공국으로 복속하여 조공관계의 규칙과 제약을 받았고, 유교적 농본주의에서 비롯된 것이었다.

조선 시대 대외 교역은 고려조보다 크게 제한적이었고 거의 중국 무역과 일본 무역에 국한되었다. 중국과의 교역은 조공 사절에 제한되었고, 외교 사절에 수반하여 약간의 상인의 동행이 허용되어 공무역과 함께 제한적인 사무역을 하였을 뿐이다. 처음에는 한국을 방문하는 중국 사절과의 교역은 금지되었다. 그러나 1442년 이후 세종은 상인들이 비단과의 교환으로 저포, 마포 그리고 해표피, 인삼, 백단, 백반 그리고 후추를 거래하는 것을 허용했다. 이 밖에도 국경의 개시나 불법적인 밀수가 존재하였으나 17세기까지 그 규모는 제한적이었다.

이 과정에서 중국과의 교역에는 특히 금·은 세공이 포함된 진헌물의 마련이 큰 부담이었다. 초기의 진헌물에는 금은기명(金銀器皿), 나전소함(螺鈿梳函), 백면주(白綿紬), 각색저포(各色苧布), 용문염석(龍文簾席), 각색세화석(各色細花席), 표피(豹皮), 달피(獺皮), 황모필(黃毛筆), 백면지(白綿紙), 인삼, 종마(種馬) 등 다양한 품목이 포함되었다.[242] 이들 세공품의 마련과 사신의 왕래 비용은 무거웠고, 군사적 필요도 있어서 함경도와 평안도는 중앙에 대한 부세 납부가 면제되었다. 특히 평안도는 중국과의 주된 통로이므로 군사적 수요도 있었지만 사행의 왕래에 따른 비용 부담이 많았다. 따라서 평안도 재정도 군사, 외교적 목적으로 자체적으로 사용되었다. 또한 경상도의 부세 중 큰 부분이 일본과의 무역품 마련에 지출되어 국가 전체적으로 사행과 무역에 따른 부담이 적지 않았다.

한편 정기적인 사행 무역 외에 예외적으로 중국이나 조선의 필요에 따라 특수 교역이 이루어지기도 하였는데, 그 대표적인 것이 중국의 필요에 의해 조선의 말과 중국의 견직물을 교환하는 마필 교역이 있었다. 태조 6년(1397)에서 세종 11년(1429)까지 말 58,611필이 명에 진헌되었다.[243] 명의 절실한 필요에 따라 이루어지는 특수 무역의 대표가 마필 교역이라고 한다면, 서책 교역은 조선의 필요에 의해 이루어지는 대명 무역의 대표격이라고 할 수 있다. 특히 유교를 지도 이념으로 하는 유교 사회의 건설을 지향하는 조선으로서는 명으로부터 문물제도를 도입하여야 하는데, 여기에는 각종 서적을 수입하여 간행하는 일이 필수적이었다.

조선의 서책 교역은 양국 관계가 비교적 안정기에 접어드는 태종 연간

---

242 『大明會典』, 禮部 63, 朝貢.
243 南都泳, 「麗末鮮初 馬政上으로 본 對明關係」, 『東國史學』 6, 1960, pp 55-56.

에 시작되어 세종대에 보다 활발하게 되었다. 이러한 서책 교역에는 주로 포필(布匹)이 교환 수단으로 이용되었다. 세종 7년에『집성소학(集成小學)』 100권, 세종 22년『영충록(蠃蟲錄)』과『대명집례(大明集禮)』등을 구입했다. 서책 교역은 조선 중기에 들어서 연산군 연간 당시 한때 침체되었으나 중종 연간에는 다시 활발하게 회복되어 인쇄술의 발달을 촉진시키고 유교 문화를 널리 보급시키는 것에 크게 기여하였다.[244]

일본과의 무역은 서울에 마련된 동평관(東平館) 등의 객관(客館)과 지정된 항구 등에서 이루어졌다. 대체로 서울에서의 교역은 공식적인 사행 무역이고 상업적 거래인 사무역은 포구에서 이루어졌다. 지정된 항구로는 태종 초년에 동래의 부산포, 웅천의 내이포 등을 지정했고, 세종 8년(1426)년에 울산의 염포를 추가하여 3포가 되었다. 지정된 항구에 출입하는 일본의 선박은 편수와 톤수 등을 제한하고, 3포에 거주하는 일본인의 생활을 조선이 보장했지만 그 숫자를 60여명으로 제한하는 등 전제가 있었다. 그러나 이들 지역에 거주하는 일본인의 수가 늘어나 2천여 명에 이르러, 중종이 그 초과 인원의 철수를 주장하고 세금을 부과하는 등 조치를 취하자, 이들 일본인들이 대마도주의 지원 아래 중종 5년(1510)에 소위 '삼포의 난'이라는 분란을 일으키기도 하였으나, 대마도주의 사죄로 일단락되고 무역은 재개되었다.

조일(朝日) 무역에서 일본으로의 수출품으로서는 미곡과 대두 등의 곡물 그리고 마포, 저포, 면포, 면주, 의복 등 섬유 제품 이외에 화문석, 바다표범 가죽 등 장식품과 인삼 등의 약재, 그리고 대장경, 서적, 문방구 등 문화 제품 등이 있었다. 조선에서 수출된 품목을 보면 약재와 문화 제품 등 귀족 취향의 물건도 없지는 않았지만 전체적으로 일본인들의 의식(衣

---

244 朴元熇,「Ⅱ. 조선 초기의 대외관계」2. 명과의 관계,『신편 한국사』22, 2002, pp 307-308.

食) 생활에 꼭 필요한 생활필수품이 대부분이었다. 곡물은 특히 식량이 부족한 대마도의 생존에 필수적인 것이었고, 대량의 면포 수출은 당시 일본인의 의복생활에 중요한 일부를 차지했다. 조선이 일본에 무역품에 대한 답례로 회봉(回奉)하는 것이 50만 필이 넘어, 2년 수입이 1년 비용을 지탱하지 못한다고 할 정도로 조선에는 부담이었다.[245]

이들과의 교환으로 조선으로 수입된 것은 금, 은, 동, 주석, 납, 유황, 칼(刀) 등이 주요한 것들이고, 이외에 동남아산 품목들인 소목(蘇木, 丹木), 주홍(朱紅) 등의 염료, 호초(胡椒), 감초(甘草), 장뇌(樟腦) 등의 약재와 침향(沈香), 백단(白檀) 등의 향료, 그리고 수우각, 상아 등이 있었다. 이 가운데 구리는 놋그릇, 무기, 화폐, 활자 등은 제조에 소요되었던 만큼 수입품의 근간을 이루었고, 유황도 약재와 화약재로서 필요하였다. 대체로 일본에 수출된 것은 생활필수품인 반면에 수입품은 금속류가 주종이고 기타 향료 및 수우각 등 군기품이었다. 일본이 언제나 무역 확대를 요구하는 편이었고, 조선은 무역량을 제한하는 입장이었다. 무역은 지방 관리의 엄격한 감독 아래서 3항구에서의 사무역으로 이루어지고, 사무역은 광해군 2년(1610)까지는 왜관에서 1개월에 3일간 개시했으나, 이후 한 달에 여섯 번으로 증가되었고, 이외에 특별시가 열리기도 하였다.

한편 조선의 주된 무역국인 중국과의 관계에서 가장 중요한 결제 수단은 역시 인삼과 은이었다. 조선은 주로 비단을 비롯한 사치품을 구입하는 데 은을 지참하거나 산삼을 공납받아 지참했다. 산삼을 공납받는 것이 서북 지역 백성들에게 큰 부담이었고, 금제에도 불구하고 상인들이 공납 이전에 산삼을 매집하는 경향도 없지 않았다. 산삼 등의 수출로 조선에는 일본의 은이 유입되고 있었고, 다른 한편 조선의 사신들이 북경에 사행을 갈 때 대량의 은을 지참하고, 값비싼 사치품이나 약재 등을 구입해 와 국내에

---

245 『성종실록』 197권, 성종 17년(1486) 11월 10일.

사치 풍조를 조성하는 등 문제가 나타나고 있었다. 그리고 조선 정부가 두려워한 문제 중의 하나는 일본 은이나 국내산 은이 유통되는 것을 중국이 알게 되면 또 다시 금·은의 세공을 요구할 가능성이었다.

따라서 정부는 은의 유통을 경계하고, 또한 은이 유입되어 사치 풍조가 생기는 것도 걱정하였다. 실록에는 "근래 사치가 날로 심해지고 이익이 생기는 근원이 날로 열려서 혼사에 이르기까지 다른 나라 물건이 아니면 혼례를 치를 수 없을 정도입니다. 경·사대부가 다투어 사치를 일삼고 노복하천(下賤)까지도 중국의 물건을 씁니다. 더구나 왜(倭)의 은이 유포되어 시전(市廛)을 가득 채우고 있습니다. 북경에 가는 사람들이 공공연히 은을 싣고 가는데, 한 사람이 3천 냥 이상을 가져갑니다. 그러나 이것만이 아닙니다. 중국의 서반(序班)이 우리 나라 사신에게 예전에는 당신네 나라에서 은이 생산되지 않는다고 하더니 근래에는 매우 많이 가져오는데 어디에서 나왔는가?' 라고 묻는다고 합니다. 멋대로 은을 가져가는 폐단이 이처럼 극에 이르렀으니 얼마 안 있어 그 화(禍)가 국가에까지 미치게 될 것입니다"라고 하였다.[246]

금이나 은이라는 귀금속 화폐의 교역에는 두가지 측면이 있다. 하나는 금·은이 각각 화폐지만 상품이므로 양자의 상대 가격이 지역별로 차이가 있으면 교역이 이루어진다. 둘째로는 금·은이 국제 교역의 결제 수단이므로 무역수지의 차액을 결제하는 방법으로 한 지역에서 다른 지역으로 이전된다. 조선의 금·은(金銀) 무역을 섬토하기 위해서는 이 두 측면이 다 필요하지만, 기본적으로 조선의 무역은 수입 초과이고 그 결제 수단으로 은이 유출되는 구조였다.

그러나 다른 한편 금과 은의 상대 가격 차이로 인한 둘의 이동도 이루어졌으며, 코바타 아츠시(小葉田 淳)는 이것을 개략적이나마 검토하였다. 코

---

246 『중종실록』 93권, 중종 35년 7월 25일.

바타에 의하면 조선 초에는 일본에 비해 조선의 은이 금에 비해 상대적으로 싸서 일본 금이 조선으로 유출되고, 반면에 은이 일본으로 유출되었다.[247]

일본에서 16세기에 금·은 광업의 현저한 발전이 이루어지고,[248] 무로마치(室町) 중기의 비약은 근세 초기의 광산 성시로 이어졌다. 이 과정에서 금 가격은 동전을 기준으로 텐몬(天文) 10년(1541) 전후를 획기로 점차 저락하고, 은 가격도 하락하였다. 특히 은의 폭락은 금에 비해 현저하고, 그 때문에 금·은 비가(比價)는 텐몬(天文) 이후는 1대 10 전후로 되고, 이 비율은 근세 초기에 이르면 더욱 커졌다. 이것은 또한 은 생산액의 상대적 격증(激增)을 말하는 것이다.[249] 이것은 무역에도 큰 영향을 미쳐 1530년대에는 금·은 무역이 전기와 달리 일본에서 은의 대량 수출로 나타난다. 중종 37년(1542)에는 막부의 사신 안심동당(安心東堂)이 서계를 올려, 일본 북쪽에 은산이 있어서 근래 은을 생산하는데 중국이 적극적이어서 조선에 8만 냥을 가져와 교역을 원했다. 조정에서는 의논 끝에 1만 5천 냥의 공무를 허용한 것으로 보인다.[250]

유원동은 무역 구조가 무역 확대의 가능성과 국내 경제의 자극을 제한했다고 평가했다. 그는 "매년 파견하는 세폐, 연례방물(年例方物), 별사방물(別使方物) 등은 확실히 상대국(中國)으로부터 고압적 요구에 인한 것으로 볼 것이며, 그것으로 인한 불평등한 무역 관계는 국내적 모순을 격화하

---

247 금·은 비가는 고려 말 1384년 5월, 중국에 대한 공급액(貢金額)을 마필의 수로 환산할 때 마 1필에 은 300냥, 금으로는 50냥이었으니까 그 비율은 금 1에 은 6이었다. 그러나 코바타에 의하면 이조 초기의 비율은 거의 금 1에 대해 은 10전후로 보아 무리가 없다고 한다. 한편 당시 일본의 금·은 비가는 금 1에 대해 은 4내지 5이었다. 小葉田 淳,『金銀貿易史の硏究』, 法政大學出版局, 1976, pp 100-101.
248 코오로쿠(亨祿)·텐몬(天文)(1528~1555)경부터 텐쇼우(天正)·분로쿠(文祿)(1573~1595)에 걸쳐서 나타났다.
249 小葉田 淳,『金銀貿易史の硏究』, 法政大學出版局, 1976, p 112.
250 小葉田 淳,『金銀貿易史の硏究』, 法政大學出版局, 1976, p 115.

며 모든 산업 부문의 침체를 초래하게 되었다"고 한다.251 조선의 무역은 대중(對中)과 대일(對日) 무역에서 중심적으로는 상인의 상업적 판단에서 이루어진 무역은 아니었고, 무역 품목도 조선이 수출하는 상품은 기본적으로 부세로 징수된 것이 대부분이었고 거래 가격도 비록 사무역은 상인의 계산이 일정하게 반영되어 변동적이었지만, 공무역은 고정 가격으로 조선에 불리했다.

한편 수입 상품은 대중적 소비품이 아니었다. 무역 경로상 의주, 평양, 개성, 서울, 동래 등지에도 상인들이 존재했지만 조선 전기에는 주로 서울 경상(京商)의 활동이 전국적으로 두드러지게 나타난다. 경상은 일본이 성주 화원에 가져다 놓은 동철(銅鐵)을 거래하고,252 동래에서 일상과 거래했으며,253 의주를 왕래하고 은으로 상거래를 하는254 등 여러 기록들이 남아 있다. 이 과정에서 특히 일부 경상(京商)은 부를 축적했을 것으로 생각되나 그 상업적 부의 결실이 비교적 장기적인 상사(merchant house)를 형성한 증거는 조선 초에 보이지 않는다.

일본에서 1520년대 후반부터 세계 화폐인 은의 생산이 늘면서 은을 수출하고 중국의 생사나 비단을 수입하는 무역이 확대되었다. 1520년대부터 중국 동남 연안에는 절강의 쌍서(双嶼), 복건 장주(漳州)의 월항(月港) 등 밀무역의 거점이 드러났다. 한편 16세기 중엽은 동아시아에서 서세동점(西勢東漸)이 현실화되기 시작하는 시기이다. 포르투갈이 가장 먼저 진출했고, 이전부디 중국이나 일본과의 개항을 요구했으나 1555년 중국의 마카오에 근거지를 확보하고 1570년에 나가사키에 입항하여 교역하는 권리를 얻었다. 포르투갈 상인은 일본의 은을 중국에 수출하고, 중국의 생사와 비단

251 유원동, 2 상업, 한국사 10 조선 양반 관료국가의 사회구조, 1981, 312면.
252 『성종실록』 278권, 성종 24년 윤5월 8일.
253 『인조실록』 17권, 인조 5년 11월 30일.
254 『중종실록』 102권, 중종 39년 2월 27일. 중종실록 105권, 중종 39년 10월 10일.

을 일본에 파는 중개 무역에 종사하면서, 다른 한편으로는 중국의 비단과 도자기를 사서 말라카, 인도의 고아(Goa)로, 그리고 최종적으로 유럽으로 수출하기도 하였다.

당시의 중국은 세계 최고의 수출 상품 생산국이었고, 일본은 금속 화폐인 은의 세계적인 생산국이어서 서구 상인의 커다란 관심을 받았다. 또한 동남아는 전통적인 동서 무역인 향료 무역의 주 생산지였다. 그러나 조선은 새롭게 형성되는 세계 무역망에서 특별한 생산물을 갖지 못하였다. 그러나 그중 제한적이나마 일본이 대마도 교역을 통해 조선의 문호를 두드리고 있었지만 조선은 주 수출품이 미곡과 면포 그리고 인삼 등이어서 소극적일 수밖에 없었다.

4. 화폐 경제

조선의 건국 이념은 유교였고 고려의 잔류 화폐인 쇄은과 은병의 유통을 금지하지 않았지만 사실상 교환의 주요한 수단은 여전히 미와 포였다. 그러나 중국의 초법(鈔法)을 본받아, 태종 원년(1401) 하륜의 건의로 사섬서(司贍署)를 설치하고 저화를 발행하도록 하였고,[255] 이듬해에는 저화(楮貨)만 사용하고, 오승포의 사용을 금지하였다.[256] 그리고 저화의 가치 보증을 위해 민간 소유 금·은·포 등의 매상 및 풍저창에 있는 쌀을 저화로 매각하고, 경상과 전라 양도에 있는 미곡의 매각 등을 실행하였다.[257] 그러나 저화는 수도권에서만 주로 유통되고, 저화의 미곡으로의 태환은 지역적 양

---

255 『태종실록』 1권, 태종 1년 4월 6일.
256 『태종실록』 3권, 태종2년 5월 24일.
257 『태종실록』 3권, 태종 2년 2월 14일.

적으로 제한된 일시적인 것에 불과했다.258 결과적으로 저화는 가치가 하락하고, 민간에서 금지된 포가 계속 사용되는 상황에서 태종 3년(1403) 9월에는 더 이상의 저화 유통을 포기하고, 사섬서를 혁파하였다. 민간의 저화가 사실상 구매력을 잃게 되는 것은 민재(民財)를 뺏는 것이고, 민채(民債)를 지는 것이었으며,259 역설적으로 백성들에게는 정부의 화폐에 대한 경각심을 고조시키는 것이었다.

태종대 저화의 강제 통용을 시도했을 때, 민간에서는 그것을 미(米)·포(布) 화폐와는 달리 "굶주려도 먹을 수 없고 추위도 입을 수 없는 한 조각의 검은 보자기(緇帛)에 불과한 것"260으로 인식하였다 한다. 그러나 태종의 지폐 유통 의지는 강해서 즉위 8년에 다시 저화를 발행하고 그 유통을 장려하기 위해 종래의 은병이나 은화의 사용을 금지했지만,261 저화의 유통이 원활하지 않았다.

태종 10년(1410)에 저화의 사용을 더욱 강력히 추진하기 위해 오승포(五升布)의 사용을 중지하고, 공납(貢納)하는 포(布)를 한결같이 저화로 받게 하고, 수조(收租)할 때 저화를 받게 했으며, 녹봉의 1/3을 저화로 지급하고, 공장이나 상공의 세를 저화로 받게 하는 등의 방법을 시행하기도 하였다. 또한 정부가 쌀을 팔거나 포를 사는 경우에도 저화를 사용하도록 하였다.262 이와 함께 서울과 개성에 화매소(和賣所)를 세워 저화로 정부 보유 물자를 매매하기도 하였다.263 그러나 화매는 지속적이고 제한적이어서 저화 가치는 하락하고 민간의 저화 사용은 확대되지 않았다. 특히 지방에서

---

258 이종영, 「조선 초 화폐제의 변천」, 『인문과학』 7, 1962, p 298.
259 『태종실록』 6권, 태종 3년 9월 5일.
260 『太宗實錄』, 3년 8월 20일.
261 "太宗八年(戊子)廢銀甁禁用銀貨從大司憲南在之言也" (度支志, 外篇 卷8, 版籍司, 財用部,金銀事實.).
262 『태종실록』 20권, 태종 10년 11월 2일
263 『태종실록』 20권, 태종 10년 10월 28일

는 오직 미포만 사용하고 저화는 사용되지 않는 실정이었다.[264] 이러한 현실을 반영하여 태종 15년(1415)에 외방의 민간 매매에 저화 외에도 포물의 사용을 허락하였다.[265] 이는 국가 발행 화폐가 아닌 포물이 화폐로 통용되는 것을 허용한 것이다.

이 시기 저화가 인쇄 발행되었지만 현존하는 게 없어서 정확한 양식은 불명이다. 그러나 태종 10년(1410)에 "건문(建文) 연간(1399~1402년)에 인조(印造)하였던 저화를 '영락(永樂)'이라는 년호로 개인하여 사용할 것을 허락하였다"[266]는 기록이 있다. 이를 보면 조선조 저화에는 연호가 인쇄되었던 것으로 보인다. 한편 저화는 금속 화폐를 대위하거나 혹은 자체의 화폐 단위를 가지지 않았으며, 그 점에서 중국의 지폐인 초(鈔)와 달랐다. 저화는 몇 '장(張)'으로 거래되는, 등나무 대신 닥나무를 사용한 고급지로 만든 지화(紙貨)였다. 그러나 저화는 정부가 일반 종이와 구분하여 날인(印造)한 것이고, 여타 물품과의 비가(比價)를 결정했으며, 그 법정 가치를 유지하기 위해 그 유통을 장려하고 조세 납입에 사용하도록 하였다. 태종 2년(1402)에 저화 1장은 5승포 1필, 미(米) 2두로 정해져,[267] 그 가치가 상당히 높게 책정되었다. 저화는 정부가 저지(楮紙)에 화폐 표시의 날인을 하는 과정을 거쳐서 종이라는 상품과 구분되는 높은 가치의 화폐로 발행된 점에서 신용 화폐였지만 별도의 화폐 단위를 갖지 않았다.

정부의 장려에도 불구하고 백성들은 자신들의 자산인 저화의 가치 하락을 염려했고, 그 법정 가치에 비한 저화의 시장 가치 및 소재 가치를 모두 고려했다. 본질적으로 저화는 물품 화폐적 성격을 가지고 있어서 백성은

---

264 『태종실록』 28권, 태종 14년 12월 29일
265 『태종실록』 29권, 태종 15년 1월 16일
266 "戶曹啓: 請將建文年間所造楮貨, 改印永樂年號頒行" (『태종실록』 19권, 태종 10년 6월 8일 癸卯).
267 "楮貨一張, 準常五升布一匹者, 直米二斗". 『태종실록』, 태종 2년 1월 9일.

물론이고 관가에서도 "새것과 헌것, 좋고 나쁜 것, 두껍고 얇은 것, 빳빳하고 부드러운 것을 고르는" 경향이 있었다.[268] 한편 저화는 종이에 도장을 찍은 즉 인조(印造)한 것이고, "도장이 명백한 것은 비록 더럽고 찢어졌더라도 다 같이 통용하게 하도록" 하는 것이었다.[269] 따라서 저화는 그 가치가 완전히 시장에서 결정되는 물품 화폐는 아니고, 정부에서 그 소재 가치보다는 높은 가격으로 통용하고자 하는 법정 화폐이고, 그 가치는 미와 포가 연계되어 사용되도록 의도했다. 그러나 저화 1장=오승포 1필=미 2두라는 법정 상대 가격을 유지하는 것은 힘든 일이었다. 시장에서의 교환 비율은 변동하는데도 불구하고, 법정 가격 유지를 위해 정부가 법정 가치대로 미와 포를 저화와 교환해 준다는 것은 어려운 일이다. 백성은 시장 가치와 법정 가치가 괴리되면 언제나 그 차익을 재정 거래를 통해 얻고자 하는 만큼, 정부가 그 부담을 감당하기 어려운 일이다.

국가에서는 저화나 동전 등의 화폐가 잘 유통되지 않을 경우, 그 사용을 장려하기 위해 화매(和賣)를 하였다.[270] 화매는 화폐와의 교환으로 곡물 등을 판매하는 것인데 그 교환 비율은 화매소에서 정하지만 대체로 백성에

---

268 『태종실록』 23권, 태종 12년 6월 19일.
269 『세종실록』 4권, 세종 1년 6월 18일.
270 임금이 말하기를, "국가에서 화매(和賣)를 행할 때는 돈의 값이 조금 높아 백성이 돈을 좀 쓰다가, 화매가 끝난 뒤에는 또 전날과 같이 돈이 쓰이지 않게 된다. 이제 국가의 창고에 저장한 묵은 곡식이 많으니, 매달 약 1백 석을 민간 시세에 따라 끊임없이 화매하기를 10년 동안 하면 1만 2천 석이 될 것이요, 10년을 행하게 되면 가히 민간에서 좋아하고 싫어함을 알 수 있을 것이다. 이것이 비록 좋은 정책은 아니라 하더라도 돈을 행하게 하는 하나의 도움은 될 수 있을 것이다" 라고 하였다. 호조 판서 안순 등이 계하기를 "풍저창, 군자감, 내자시, 내섬시, 인순부, 인수부 등 각사(各司)의 묵은 곡식을 매달 1백 석을 화매하며, 군자 부정(軍資副正) 안구(安玖)와 위의 각사의 관리에게 맡겨서 교지에 따라 돈을 받고 곡식을 주되, 한 사람에게 한 말이 넘지 않도록 하소서" 하니, 그대로 따랐다. (『세종실록』 38권, 세종 9년(1427) 10월 12일)

게 약간 유리하게 정한 것으로 보인다. 백성들은 화매할 때에 화폐를 사용했으나, 국가가 화매를 지속할 능력도 없었고, 따라서 화폐 사용도 널리 확대되지 않았다. 백성은 국가의 화폐 정책에 대응하여 화폐 자산의 감가를 피하기 위해 현명하게 대처했고, 소재 가치와 괴리된 신용 화폐를 국가가 정하는 법정 가치대로 유통시키는 것은 계산 단위로서의 화폐가 성립하지 못한 전근대 사회에서 불가능한 것이었다.

저화는 국가의 도장을 찍은 인조(印造)만으로 그 가치를 유지하기 어려웠고, 백성들은 그 사용을 즐겨하지 않고, 시장의 거래 가격은 법정 가치에서 괴리되어 하락하고, 이는 다시 그 사용을 기피하게 하는 등으로 점차 그 가치가 하락되었다. 세종 원년 8월경에는 1장에 미 3승이었고, 동 3년 4월경에는 1장에 미 2승으로 하락했으며, 동 3년 7월경에는 1장에 미 1승으로 하락했다. 또한 세종 4년(1422) 10월경에는 저화는 거의 사용되지 않게 되었으며, 동년 말에는 저화 3장=미1승으로 하락하였다.271

그러나 1464년의 『경국대전』에는 여전히 저화는 국폐였다. "국폐는 포화(布貨)와 저화(楮貨)를 통용한다. 정포(正布) 1필(匹)은 상포(常布) 2필에 상당(相當)하고, 상포 1필은 저화 20장(張)에 상당하며, 저화 1장은 미(米) 1되(升)에 준한다. 속(贖)을 징수할 때는 전부 저화로 거두고, 값을 주고 매입할 때는 포와 저화를 반반 사용한다"고 규정되었다.272 태종 2년(1402)에 비하면 저화 1장의 가치는 쌀을 기준으로 법적으로 1/20로 하락한 것이다.

조선조 법전에서 말하는 국폐는 '일반적인 교환의 매개 수단'을 의미하기 이전에 국가가 발행하고 인정하는 지불 수단이라는 의미를 가지고 있다. 달리 말해 민간의 교역을 위한 편의 제공과 함께 정부의 또 다른 재정 수단이라는 목적을 가지고 있었다. 조선 초에는 포화와 저화가 국폐였지

---

271 이종영, 「조선 초 화폐제의 변천」, 『인문과학』 7, 1962, pp 310-311.
272 『經國大典』, 호전, 국폐.

만, 조선 후기에는 동전만이 국폐였다. 그러나 조선 전기간을 통해 사실상 민간에서 포가 거래 수단으로 사용되었고, 무엇보다 쌀이 가장 일반적인 교환의 매개 수단이었지만 미곡이 국폐로 지정된 바가 없다. 조선에서 쌀은 가장 중요한 민생 물자였지만 그것은 목표물이지 국가 제정의 또 다른 수단이 될 수 없었고, 따라서 국폐가 될 수는 없었다. 국가는 먹고 입는 쌀과 베가 아닌 것을 화폐로 삼고자 하였다.

그런 점에서 조선 정부는 상당히 집요하게 저화의 발행과 유통에 관심을 가졌고, 저화가 사라진 한참 후인 1469년에 성종이 즉위한 후에도 지폐를 재생하고자 하였다. 성종은 저화를 시장 거래에, 형벌의 속죄에, 약재 구입비의 반액, 공노비의 노비공, 장인 상인 상점에 대한 인당 조세 등의 사용에 강제하고자 하였다. 그러나 1472년 그는 35만 명에 달한 공노비의 신공을 곡물로 납부하도록 허용함으로써 사실상 실패를 자인했다. 그리고 정부의 의지와 관계없이 저화 가치는 하락하고, 저화 1장은 『경국대전』의 쌀 1되에서 1473년 말에는 1/20~1/30되로 떨어졌다.[273]

성종은 저화 가치가 하락하고 있었지만, 1474년 정부 보유 저화를 폐기하기보다는 재생시키고자 시도하였다. 그는 저화의 크기를 줄인 신저화를 발행하여 유통의 편리성을 높여, 저화 가치가 상승하기를 기대하였다. 한편 저화의 인조량은 지속적으로 증가하여 101,078장이었고, 구저화가 3,722,903장에 달해 성종 20년(1489)에 사섬시에 간직한 수량만도 신저화가 만 장이었다. 신저화는 민간에 유통되어 남아있는 게 적고 구저화는 적체되었다. 신저화는 작아서 사용하고 간직하기 쉬운 반면에 구저화는 커서 사용을 기피했고 관리들 이월세(月稅), 전매약재(典賣藥材), 수속(收贖) 및 노비신공(奴婢身貢) 등에 구저화 대신 신저화를 쓰게 한 때문이었다. 이에 대해 구화의 뒷면에 '구폐통행(舊幣通行)'이라는 도장을 찍어 유통하자는 제안

---

273 『성종실록』 35권, 성종 4년 10월 2일

에 대해, 결론은 이전과 같이 월세와 수속(收贖)에 구화를 쓰게 하고 그렇게 하지 않는 자에게는 죄를 주어 구저화를 통용하도록 하였다.[274]

이로부터 당시의 저화의 유통량을 알기는 어렵다. 다만 사섬시에 저장된 저화량이 약 400만 장인 점을 감안하면 최소 그 배 정도는 유통되고 있었다고 추정된다. 이것은 쌀로 약 800만 되, 즉 약 5만 석 정도의 가치에 해당하는 것으로 볼 수 있다. 이후 중종이 1512년 그리고 1515년에 실패한 저화를 다시 사용하고자 또 다른 시도를 했지만,[275] 저화는 점차 시장에서 사라져갔다. 이미 중종 7년(1512) 정월에 이르러 저화의 법이 대전에 실려 있지만 근래에 폐지하고 전혀 쓰지 않는 실정이었다.[276]

한편 포화는 고려조부터 사용된 현물 화폐이고 14세기 말경에는 마포가 화폐로 사용된 지배적 자료가 되었다. 역사적으로 대단히 섬세한 20새 이상까지의 훌륭한 마포도 생산되었고 점차 새수가 감소했지만, 조선 건국 이후에도 12새의 세포가 명 황제나 한국의 왕에게 공물로 보내졌다. 조선조에서도 가장 널리 화폐로 사용된 정포라 불리는 것은 5새였고, 처음에는 저마였으나 15세기 중엽에는 거의 면포로 바뀌었다. 추포는 2~3새의 것이고, 가장 싼 것이어서, 시장에서의 그 사용 증가는 상품 가격을 상승시키고, 그레셤의 법칙에 따라 보다 비싼 정포를 시장에서 구축했다.

국가가 화폐로 사용한 오승포(五升=縱絲 400本)는 35척을 1필로 삼고 50필을 1동으로 삼았으며, 주(紬)와 모시도 같았다. 그러나 백성들은 흔히 장시에서 추포로 거래했고, 이는 자연스러운 경제 법칙이었다. 포화의 품질 저하가 문제시된 15세기 후반은 각지에 지방시가 출현하기 시작한 시기로서, 소액의 상거래에 적합한 화폐에 대한 수요가 증가되어, 포화의 품질 저하나 한 필의 포화를 몇 개로 절단하여 사용하게 되었다고 생각된다.

---

274 『성종실록』 226권, 성종 20년(1489) 3월 17일.
275 『중종실록』, 중종 7년 1월 20일. 『중종실록』, 중종 10년(1515) 6월 17일.
276 『중종실록』 15권, 중종 7년 1월 20일.

16세기 서울에서도 2승포를 자른 단포(端布)를 가지고 식량을 구입하는 영세민이 헤아릴 수 없이 많았다고 한다.

백성들은 장시에서 주로 포화를 현물 화폐로 사용했지만 국가는 고려조에서부터 포에 관인을 날인한 포화를 화폐로 사용하기도 했다. 국가에서 날인을 한다는 것은 화폐로서 포화나 저화를 상품으로서 포(布)나 저지(楮紙)와 구분하는 것이고, 화폐의 발행권을 국가가 장악하고자 한 것이다. 조선조에서도 태종 연간에 포화에 대해 포(布)로 초법(鈔法)을 모방하여, 포에다 관서의 명칭과 '조선포화'라는 날인을 하고 그 값을 조미(糙米)의 양으로 정해 유통하자는 제안을 하기도 했으나 채택되지는 않았다.277 고양 원각사에서 「조선통폐지인(朝鮮通幣之印)」이라는 포화에 날인하는 전서체의 네모난 도장이 발견된 바 있다.278

포화는 저화나 동전과 달리 조선 전시기를 통해 화폐로 사용된 점에서 특징적이다. 그러나 태종은 즉위 초부터 저화 통용을 확대하기 위해 한 때 민간에서 생산·유통하는 오승포(五升布)의 유통을 금지했고, 태종 10년 (1410)에는 단기간에 그치기는 했지만 다시 저화 유통을 위해 오승포의 직조를 금지하고, 또한 공사 무역에 사용하지 못하도록 하기도 하였다. 그러나 포의 사용이 두절된 것은 아니고 1474년 성종은 공노비의 신공으로 포의 사용을 명하였다. 다만 이 무렵의 포화는 5승포 기준이었고 이는 백성들의 일상적인 거래를 위해서는 고가의 물품이어서 거래에 보편적으로 사용되기 어려운 문제점을 가지고 있었다.

명종 때의 기록에 의하면, 당시 상목(常木-3승포)을 철폐하고 오로지 회봉(回俸-5~6승포)만 사용하므로, 소액 거래에 사용할 수 없었다. 따라서 백성들이 땔감, 꿀, 물고기, 소금, 채소와 과일 등 작은 물품을 살 때 반드시

---

277 『태종실록』 1권, 태종 1년 4월 19일.
278 원각사 성보박물관 소장.

곡식을 가지고 교환해야 되고, 번(番)을 선 군졸이 죄를 범했을 때 거두는 속(贖)도 모두 쌀로 하며, 심지어 각 지방의 공물(貢物)의 값과 작지(作紙), 속포(贖布)도 지금은 회봉을 옛날의 상목 대신 쓰기 때문에 여염 백성들의 쌀이 모두 시전(市廛)으로 몰리고 있었다. 이에 따라 군졸들이 자루를 들고 다니며 외방에서 구걸하고, 동네마다 날로 쓸쓸해지고, 백성들이 곤궁해졌다.[279] 이러한 소액 거래의 불편을 해결하기 위해, 상목을 써야 한다고도 하고 혹 동전(銅錢)을 사용해야 한다고도 하며, 혹 저화(楮貨)를 사용해야 한다고도 하는 등 의논이 분분하였다.

이에 대한 해결책으로 "3승(升) 면포는 그래도 민간에서 옷을 만들어 입을 만하고 또 회봉(回俸)과 같이 값이 비싸지는 않으니 함께 사용한다면 그 유통 매매에 크게 편리함이 있을 것"이라는 논리로 상목도 통용할 것을 헌의하였다.[280] 수일 후 왕은 절목을 마련하여 저화와 미·포를 겸용하게 하였다.[281] 결과적으로 포화는 백성들이 생산한 물품 자체가 화폐로 사용되고 국가가 그 발행권을 가진 것이 아닌 점에서 저화와 구분되는 것이었다.

조선조 초에 국가는 강력하고도 지속적으로 저화의 유통을 시도하였다. 그러나 국가의 강력한 유통 장려에도 불구하고, 저화는 널리 행용되지 않고 가치가 하락하는 가운데, 1415년 이후, 태종은 동전 주조의 전망을 고려하기 시작했다. 태종 15년(1415) 6월 호조는 전폐법(錢幣法)을 설치할 것을 상주하여 호조에 주전 제도를 의논하도록 하였다. 그러나 지폐의 가치가 쌀 1/3되로까지 가치가 떨어지고, 기근이 경제적 곤경을 가중시킨 세종 5년(1423)에 호조의 건의에 따라 사섬서에서 조선통보(朝鮮通寶)라는 동전을 주조하였다.

그러나 동전의 관리는 동의 부족으로 지폐보다 결코 쉽지 않았다. 1424

---

279 『명종실록』 12권, 명종 6년(1551) 9월 9일.
280 『명종실록』 12권, 명종 6년 9월 17일.
281 『명종실록』 12권, 명종 6년 9월 29일.

년과 1425년에 단지 17,107관의 동전이 주조되었을 뿐이다. 여전히 주조를 위한 동이 부족하여 세종은 1426년 불교의 종, 불상 그리고 기타 시설을 녹이고 새로운 동기의 제조와 사용을 금지하여 주조를 위한 동의 공급을 증가시키고자 하였다. 세종조 사섬서(司贍署)의 보고에는 당시 주전야로(鑄錢冶爐)는 30노(爐) 정도로 하루 평균의 소요량은 135근, 월간 4,050근으로 추정되었다.[282] 동 1근에 130~150문의 동전을 주조하므로 대체로 동 1근은 대체로 550~600관문의 동전을 주조하는 양이고, 1년에 약 7,500관문의 동전 생산이 기대되었다.

주전소는 경사의 외에 세종 6년 12월에는 경상우도의 합포진(合浦鎭), 경상좌도 울산진 및 전라도 내상(內廂)에 두고, 야로 각 15개 정도를 설치하여 경중의 능숙한 전장(錢匠)을 파견하여 교습시켰다.[283] 조선통보의 주조액은 정확히 알 수 없으나 다음해 2월 호조 참판 목진공(睦進恭)에 의하면 "지금 반포한 돈은 3천 관(三千貫)이나 관가에 유치해 있는 것이 2만 4천여 관"이었다라고 했다.[284] 그리고 경상 양도의 주전별감의 보고에 의하면 세종 7년(1425)에 경상좌도에서 5,326관 578매 동우도에서 5,040관 56문 등으로 총 10,400관 정도가 주조되었다. 그러나 여전히 동전은 주조량이 극히 적고 민간에 널리 반포되지 못했다. 동전의 생산을 늘리는 것이 중요하여, 국내에서도 원료인 동광을 개발하기 위해 창원, 황해도의 수안, 장연 등을 비롯한 여러 지역에서 시도했으나 소량에 그치고, 국내의 동광은 빈약하였다. 세종 8년 12월에는 공·사(公私) 모두 동기명(銅器皿)의 신조(新造)를 금지하기도 하였다. 따라서 대부분 수입에 의존할 수밖에 없었다. 세종은 도내(道內)의 파손되어 없어진 사사(寺社)의 동(銅)으로 만든 기물을 쓰고자 하였다.[285]

---

282 『세종실록』 23권, 세종 6년 1월 18일.
283 『세종실록』 23권, 세종 6년 2월 7일.
284 『세종실록』 28권, 세종 7년 4월 14일.

한편 세종은 저화의 사용에도 지속적인 관심을 가져 1445년 저화의 사용을 회복하기 위해 시도하였다. 그는 새로운 저화 한 장에 50문 혹은 곡물 1말(1문은 1/5되)로 값을 정하고, 1426년에 기 발행된 지폐를 41문의 가치로 법정하였다. 비록 면포의 사용을 금했지만, 징세(徵稅)와 화매(和賣) 등 백성이 관가에 바치는 것은 모두 전(錢)과 저(楮)의 통용을 허용하도록 결정하였다. 그리고 관료의 녹봉(祿俸)과 각사(各司)의 시탄(柴炭), 채소(菜蔬), 등유(燈油), 필묵(筆墨), 거전(車錢)은 모두 저화를 사용하도록 명하였다. 화폐 공급을 보호하기 위해, 상고(商賈)의 무리가 전문(錢文)을 숨겨 가지고 다른 지경에 가서 무역하는 자는 객관(客館)의 금·은(金銀) 무역례(貿易例)에 따라 크게 징치(懲治)하여 뒷사람을 경계하고, 범인의 가산(家産)을 몰수하도록 하였다.286 다만 그는 1447년 이러한 가혹한 법률을 완화하여 유기를 만들기 위해 주화를 용해하는 것을 금지하는 것을 해제하였다.

정부는 주화를 공급하면서, 저화도 사용하고자 하였지만 주화가 잘 통용되지 않았고, 저화도 정부의 의지와 달리 널리 유통되지 않았다. 1450년에 포가 사적 거래를 위해 지폐보다 많이 사용되는 것이 분명하였고, 문종은 수도의 관청이 그들의 경비를 포로 지급하여 저화의 가치가 오르도록 하는 것이 좋겠다고 언급했다.287 그러나 저화의 발행량 제한만으로 물품화폐적 성격을 벗어나지 못한 저화의 가치가 오르기는 어려웠다.

조선 정부는 화폐 발행을 통한 재정 수단의 확보에 큰 관심을 가지고 있었으므로 동전의 주조를 증대하고자 하였다. 따라서 조선은 일본으로부터

---

285 『세종실록』, 세종 6년 2월 16일.
286 『세종실록』 110권, 세종 27년 12월 4일.
287 "내가 들건대 저화(楮貨)를 잘 쓰지 않는 것은 각사(各司)에서 쓰는 것이 모두 저화(楮貨)여서 저화(楮貨)의 값이 천하기 때문이라 한다. 나의 생각으로는 이제부터 각사(各司)에서 지급하는 비용은 저화(楮貨)를 쓰지 말고 포(布)를 쓴다면 저화(楮貨)가 귀해지고 그 값도 또한 귀해질 것이다." 『문종실록』 4권, 문종 즉위년 (1450) 10월 6일.

동의 수입을 늘리고자 하였다. 세종 2년(1420)~세종 10년(1428) 사이에 한국은 공식 무역에서 14,960근과,[288] 1428년에 사무역으로 2만 8천 근을 수입하여[289] 총 약 4만 3천 근을 수입했는데, 이 기간에 일본이 명에 수송한 15~30만 근에 비하면 여전히 미미한 것이었다.[290] 일본에서의 동 수입은 일본의 도쿠가와 막부의 수립 이후인 17세기 초에도 증가하지 않았으며, 일본 동의 수입 공급은 평균 연 2만 7천 근에 지나지 않았다.[291] 이것으로 모두 동전을 주조해도 연 4천 관문 정도에 불과했다.

민간에 반포한 돈은 세종 7년(1425)에 3천 관에 불과했고, 관가에 유치하고 있는 것이 24,000여 관이었다. 세종은 동전의 유통을 위해 저화를 못쓰게 하는 것은 어려우니 동전 1문과 저화 1장을 바꾸어 저화를 거두어 들이고 동전을 배포하도록 하였다.[292] 그리고 동전의 사용을 장려하기 위해 세종 7년(1425)에 노비와 무당, 무녀 등 신공 납부 시에 일정 부분을 동전으로 거두도록 하였다.[293] 또한 호조에서 전문(錢文)으로 수납(收納)하는 조건(條件)을 아뢰어, 장인(匠人)의 월세, 행랑세와 신참 말값(新參馬價) 등을 전문으로 수납하도록 하였다.[294]

그러나 동전의 사용은 여전히 제한적이었고, 주조량이 적은 데도 불구

---

288 小葉田 淳, 『金銀貿易史の硏究』, 法政大學出版局, 1976, pp 160-161에서 계산.
289 일본의 좌위문대랑(左衛門大郎)·평만경(平滿景)·종금(宗金)이 사람을 보내어 사사로이 동(銅)과 철(鐵) 2만 8천 근을 가지고 와서 내이포(乃而浦)·부산포(富山浦)의 두 포(浦)에 정박하고는 면주(綿紬) 2천 8백 필을 본도(本道)에 수송하여 시가(市價)에 준하여 무역(貿易)하기를 청합니다." 하니, 그대로 따랐다. 『세종실록』, 세종 10년 1월 25일.
290 James B. Palais, *Confucian Statecraft and Korean Institutions-Yu Hyŏngwŏn and the Late Chosŏn Dynasty-*, University of Washington Press, 1996, p 55.
291 James B. Palais, 위와 같음.
292 『세종실록』 28권, 세종 7년 4월 14일.
293 『세종실록』 28권, 세종 7년 6월 14일.
294 『세종실록』 29권, 세종 7년 8월 20일.

하고 그 유통 가치는 하락했다. 동전은 쌀을 기준으로 하는 평가에서 그 가치가 하락했다. 세종 4년(1422)에 동전은 1관문이 저화 30장으로 계산하도록 하고,[295] 1425년에 쌀 한 되에 3문으로 되어 있었다.[296] 그러나 1425년에는 저화 1장과 쌀 1말과 값을 맞잡는다면, 쌀 1되 값은 전(錢) 4문(文)으로 되었다.[297] 그리고 1429년에는 민간에서 전의 사용을 좋아하지 않고, 쌀 1되의 값은 12~13문이 되었다.[298] 세종은 동전의 유통을 확대하기 위해 동전으로 시중의 저화를 매입하도록 하기도 하였으나 동전의 유통은 확대되지 않았다. 1438년 세종은 동철이 국내 생산이 아닌 데도 몰래 국경 너머로 나가고, 또한 공장들이 돈을 녹여 기명(器皿)을 만들어 동전의 유통이 원활하지 않음을 지적하였다.[299] 이러한 상황은 지속되어 1445년에도 "동(銅)이 다른 나라의 소산(所産)이어서 잇대기 어려운 물건이고, 또 이미 주조(鑄造)한 전문(錢文)을 공장(工匠)이 녹이고, 또는 왜국(倭國)으로 흘러 들어가서 날마다 감(減)해지기"[300] 때문에 유통이 어렵다고 지적하고 있다. 밀수업자들은 정부의 금령에도 불구하고 동철을 역으로 일본에 수출하였다.

동전이 부족하고, 심지어 소재 가치에도 미달하여 동기로 용해되는 실정에도 불구하고 화폐로 가치 있게 사용되지 못하는 이유는 무엇일까? 물론 유통 가치가 소재 가치에 못 미치면 용해하는 것이 합리적이지만, 유통 가치가 그렇게 하락한 이유는 역시 백성들이 동전 사용에 익숙지 못하고, 비록 소재 가치가 높다 하더라도 일반 개인이 느끼는 사용 가치는 쌀이나 포에 비해 적기 때문으로 생각된다. 백성들은 그 가치가 하락하는 것을 보면서, 장래에도 화폐 가치의 지속성에도 의문을 가졌기 때문이 아닐까 생

---

295 『세종실록』 18권, 세종 4년(1422) 10월 22일.
296 『세종실록』 28권, 세종 7년 5월 8일.
297 『세종실록』 29권, 세종 7년(1425) 8월 20일.
298 "時民間不喜用錢, 米一升直錢十二三文". 『세종실록』 45권, 세종 11년 9월 23일.
299 『세종실록』 80권, 세종 20년(1438) 2월 12일.
300 『세종실록』 110권, 세종 27년(1445) 10월 11일.

각된다. 그러나 장인들은 그 소재 가치를 제대로 평가하고 있었다고 볼 수 있다.

포화와 저화 그리고 극소량의 동전이 유통되는 가운데 세조는 즉위 10년(1464)에 전폐(箭幣)의 주조를 명하였다. 세조는 전폐(箭幣)를 해마다 10만개(箇)씩 주조하게 하니, 전폐(箭幣)의 모양이 유엽전(柳葉箭)과 같았는데, 살촉의 길이가 1촌 8푼이고, 줄기가 1촌 7푼이며, 줄기 끝의 양면에 「팔방통화(八方通貨)」라는 네 글자를 나누어 주조하니, 1개의 값이 저화 3장에 맞먹었다.[301] 세조는 화살촉을 닮은 전폐가 군국(軍國)에 유익하다고 생각하여 시행한 것으로 보이나 이 팔방통화(八方通貨)는 현존하지 않아 그 소재나 중량을 알 수 없다.

일본 동의 수입은 소량으로 지속되었으나 15세기 말이 되면 무로마치 막부(室町幕府)의 권위가 하락하고 전국 시대가 되어 동의 생산지인 주고쿠 지방 및 조선과 왕래하는 규슈 북부 지역과의 소통이 어려워지게 되었다. 또한 삼포의 난(1510)으로 일본의 동 수입에 영향을 받았고, 명종 시대에는 동의 수입이 현저하게 감퇴하였다. 구리가 부족해 명종 11년(1556)에 동전이 아닌 총통을 제작하기 위해 민간의 동철을 낮은 가격으로 징납하여 백성들의 원성을 낳기도 하였다.[302]

결과적으로 16세기 중엽에는 동전이 한국 시장에서 사라졌다. 그리고 저화도 아마도 1537년경에는 더 이상 유통되지 않은 것으로 추정된다. 이 시기는 군적수포법(軍籍收布法)을 반포한 때인데, 이 법은 군역세를 포로 납부하도록 규정하고 있다. 정부가 발행한 화폐 대신 민간에서는 전통적인 교환 수단인 쌀과 포가 주된 교환의 매개 수단으로 사용되었다. 그리고 포도 국가가 인조하여 발행한 포화가 아니라 현물 화폐로서 포가 주로 사용

---

301 『세조실록』 34권, 세조 10년 11월 13일.
302 『명종실록』 21권, 명종 11년 10월 5일.

되었다. 이러한 현상은 "화폐 유통이 보다 많은 무역량과, 보다 활력 있는 경제를 반영하던 한국 역사 초기의 퇴화"였다고 평가된다.[303]

그러나 팔레(J, B, Palais)가 지적하듯이 "조선 초기 경제 정책의 흥미로운 특징 중 하나는 신왕조의 신유교주의적 지지자들이 농업 생산에 기초한 생존 경제에서 재화의 교환을 촉진하게 하는데 필요한 수준 이상의 공업 및 상업의 확장에 반대하는데 반해, 다수의 왕들은 많은 고급 관료들의 도움 아래 포나 곡물 대신에 동전이나 지폐를 보다 널리 사용하도록 장려하고자 한 것이다."[304] 국왕은 확실히 상대적으로 힘이 덜 드는 지폐의 인쇄나 동전의 주전을 통해 수입을 개선하고, 한발이나 기근 때 구호품의 지급을 개선할 수 있는 가능성을 높게 평가했다.

조선 정부는 화폐 발행권이 백성에 의해, 그렇지 않으면 국가에 의해 이루어지는지의 차이를 잘 인식하고 있었고, 국가가 '이권재상'(利權在上)이라는 토대에서 주조 이익을 얻고자 한 측면이 없지 않았다. 1603년, 이덕형(李德馨)은 조선은 천화(泉貨)가 없고 단지 쌀과 베만 사용하기 때문에 나라가 빈약하여, 나라가 어지러운 때를 당하여 뜻밖에 써야 할 일이 생기면 속수무책임을 걱정했다. 그는 "파격적 방법을 마련하여 이권재상(利權在上)으로 통용시켜야만 국가의 재정도 지탱해 갈 수 있고, 군량도 조치해 갈 수 있을 것입니다"라고 하였다.[305] 이이(李珥)는 저화에 대하여 의논하기를 "동국은 본래 가난한 나라여서 민간에서 쓰는 것이 단지 쌀과 베뿐 통행하는 재물이 다시없어 공사(公私)의 축적이 이로 인해 더욱 곤궁해져, 화폐를 만드는 의논은 그만 둘 수 없는 바가 있다"고 하였다.[306]

---

303 James B. Palais, *Confucian Statecraft and Korean Institutions-Yu Hyŏngwŏn and the Late Chosŏn Dynasty-*, University of Washington Press, 1996, p 51.

304 James B. Palais, 같은 책, p 53.

305 "不得已破格設法, 使利權在上而通行, 然後國計可以支度, 兵餉可以措備" (『선조실록』 163권, 선조 36년(1603) 6월 24일).

다만 국가가 화폐 발행을 통해 또 다른 재정 수입원을 확보할 필요성은 인식하고 있었지만, '이권재상'이 단순하게 화폐 발행의 이익을 얻고자 하는 것은 아니고 보다 넓은 의미에서 교역의 편의를 제공하여 민생을 이롭게 한다는 의도를 가지고 있었다. 태종은 "원망을 들으면서 국가에 이익이 된들 무슨 이익이 있겠는가"라고 하였다.[307] 한편 국가의 화폐 발행에서 발행 이익을 고려한 것은 사실이지만, 그것은 쉽게 얻어질 수 있는 것이 아니었다. 특히 동전은 중국에서도 유통 가치와 소재 가치가 비슷하여 국가에게 발행 이익은 없었고, 더군다나 조선은 동전의 재료를 거의 일본에서의 수입에 의존하여 발행 이익을 얻기는 힘들었다.

저화의 경우 일종의 신용 화폐의 발행을 통해 발행 이익을 얻고자 하는 의도가 비교적 명백한 것이었지만 그것도 실현되기 어려운 것이었다. 먼저 조선에는 화폐 단위의 독립이 이루어지지 않았고, 국가 발행의 화폐만을 교환의 매개 수단으로 사용하도록 강제할 수 있는 여건도 갖추어지지 않았다. 국가는 저화나 포화에 도장을 찍어 화폐로 유통하고 쌀과의 교환 비가를 정해 소재보다 높은 가치로 유통시키고자 시도했지만, 정해진 비가(比價)대로 미곡과의 교환이 이루어지도록 화폐 가치를 안정시킬 방법이 없었다. 따라서 '이권재상'을 민생의 이익이 아닌 좁은 의미에서의 화폐 발행 이익이란 관점에서 볼 경우에도, 그것은 현실적으로 화폐 발행권은 국가에 있고, 이것을 민간의 임의에 맡기는 것은 합당하지 않다는 정도 이상의 의미를 가지기는 어려웠다.

조선 후기 대략 1670년대 말에 법전에서의 국폐는 『경국대전』과 달리 저화와 상목은 제외되고, 유일하게 동전이 국폐로 지정되어, 정은(丁銀) 1냥을 동전 2냥으로 대신하여 사용하도록 하였다.[308] 이것은 상평통보가 발

---

306 『增補文獻備考』 제159권, 財用考六.
307 "取怨於民, 以利於國, 亦何益之有哉" (『태종실록』 6권, 태종 3년 9월 10일).
308 『대전통편』, 호전(戶典), 국폐(國幣).

행되고, 16세기 이후 일본 은의 유입이 증가되어 사실상 은이 화폐로 사용되고 있었던 정황을 반영한 것으로 생각된다.

실록에 의하면 중종 33년(1538), 34년(1539) 이후에는 "근래 왜인이 가져오는 상용(商用)의 물품은 전에 교역(交易)하던 숫자보다 감하여 무역(貿易)합니다. 그런 까닭에 아예 가져오지 않습니다. 들으니 이번에 온 왜인도 은냥(銀兩)만을 가져왔을 뿐이고 다른 물품은 가져오지 않았습니다"라고 했다.[309] 공식적인 무역 외에 밀무역으로도 은이 유입되었다. 정부는 은의 유입에 소극적이었고, 명종 이후 막부 사신의 공식적 무역품으로 많은 것은 호초, 단목, 침향, 장뇌 등 남방의 물자이고 이를 면포와 교역하였다. 그러나 아직 동의 수송이 눈에 띄지 않는다. 왜의 은은 정부의 금지에도 불구하고 16세기 초중엽부터 주로 사무역을 통해 대량으로 유입되었지만, 이는 다시 중국에 대한 수입품의 대가로 유출되고, 이 과정에서 은의 사용이 중국에 알려져, 이로 인해 다시 세공의 요구로 이어질 가능성을 경계하였다.

그러나 임진왜란이 발발하여 명의 대군이 들어오고, 그들이 은을 사용함으로써 국내에서의 은의 유통은 보다 빈번하게 되었다. 명조(明朝)에서 은(銀) 3천 냥을 발송하여 우리 나라의 공이 있는 장령(將領) 및 순직한 원역(員役)에게 나누어 주게 하였다.[310] 신흠(申欽)이 말하기를 "임진왜란에 이르러 중국에서 은을 우리나라에 내려주고 군량과 군상(軍賞)도 모두 은을 쓰니, 이로 인해 은화가 크게 유행하여 중국에 은화를 유통하는 금령도 폐하고 행하지 않게 되었다. 그리하여 시정(市井)에서 매매하는 무리가 다른 재물은 저축하지 아니하고 오직 은으로 재물의 고하를 정하였다. 조정에서는 재물을 탐하는 관리가 서로 뇌물을 주는 데 있어 이를 버리고는 할

---

309 "近來倭人所齎商物, 例減舊數而貿易, 故專不持來矣. 聞今來倭人, 只持銀兩, 而不持他物云". 『중종실록』 88권, 중종 33년 8월 19일.
310 『선조실록』 36권, 선조 26년(1593) 3월 9일.

수가 없었다. 그리하여 관작(官爵)의 제배(除拜)와 형옥(刑獄)의 사면도 모두 이로써 소개되니, 세변(世變)이 유행되기는 쉽고 막기는 어렵다는 것을 이에서도 볼 수 있다"고 하였다.[311] 은의 사용이 많아지면서 나타난 세태의 변화를 잘 보여주고 있다.

그러나 조선은 중국의 금·은 세공 요구의 가능성을 염려하여 은광의 개발에는 여전히 소극적이었다. 선조 35년(1602)에 호조에서 은을 채취하기를 청하였으나 국왕은 "지금 중국 조정에는 태감(太監)이 13성에 나누어 배치되어 은혈(銀穴)을 크게 개발하여 작은 리(利)까지도 다 찾아내는데, 만약 우리나라에 은산이 있다는 말이 중국에 알려져서 관(官)을 설치하고 광(礦)을 개발하기를 전조(고려) 때 행성(行省)에서 하던 것과 같이 한다면 그때를 당하여 어떻게 대처할지 감히 모르겠다"고 하여 거부하였다.[312]

조선조 내내 국내에서는 은의 사용이 억제되었지만, 은은 외국과의 무역에 계속 사용되었고, 북부 지방의 경우 16세기 초반까지 사용되고 있었다. 1590년대의 임진왜란 중 상당량의 은이 명나라 군에 의해 조선으로 유입되었다. 그러나 정부는 은화의 유통을 매우 강경하게 억제했다. 이로 말미암아 은의 공급은 증대될 수가 없었다. 그러나 1620년대 은화의 유통량이 증가했다. 정부는 동화의 가치를 은으로 환산하여 고정시켰다. 이러한 상황이 조선 왕조 말기까지 계속되는 동안, 18세기에는 동전이 지배적인 교환 수단이 되고 은은 주로 비축 화폐로서 간주되었다.[313]

15세기의 화폐사는 조선 정부가 상당히 끈질기게 지폐와 동전, 특히 저

---

311 『增補文獻備考』第160卷, 財用考七.
312 『增補文獻備考』第160卷, 財用考七.
313 장국종, 「17세기 금속 화폐(銅貨)의 유통에 대하여」, 『력사과학』 6, 1961, pp 52-53. 중국과 일본으로 막대한 양의 은을 수출한 결과 17세기 말엽에는 금속의 부족을 가져왔다. 은은 소규모의 거래를 하기에는 너무 가치가 커서 은의 유통은 크게 저하되었다. (James B. Palais(李勛相譯), 『傳統韓國의 政治와 政策』, 신원문화사, 1993, p 273).

화의 유통을 시도했지만 그것이 실패했음을 보여준다. 그것은 신유교주의 경세론의 강령 때문이 아니라, 국가의 강력한 추진에도 불구하고 일반 백성들, 그리고 관료들도 법정 가치가 사용 가치나 소재 가치를 초과하여 결국 유통 가치의 하락이 예상되는 국폐를 교환의 매개 수단으로 삼는 것을 싫어하였기 때문이다.

그러나 이와 함께 정부의 본질적인 경제 정책이 영향을 미친 것을 부정하기는 힘들다. 조선 초기의 어느 왕도 산업 및 상업 활동을 확대할 계획을 갖지 않았다. 그러한 환경에서 지폐와 동전을 도입할 시도가 성공할 것이라고 생각하는 것은 비현실적이다. 16세기 초의 교환의 매개 수단으로서 포와 곡물로의 회귀는 전반적 경제 정책의 보수화의 상징이었다"고 한다.[314] 여기에 중국의 세공 요구의 가능성을 의식하며 그나마 유입되거나 생산되는 귀금속의 국내 유통을 금지하는 상황이 지속되었다. 조선 정부는 상공업을 천시하고 시장의 자율적 기능을 이해할 수 없었으며, 다른 한편 백성들은 사용 가치가 별로 없는 화폐를 거래의 목적으로 보유할 여유가 적었다. 상인이 화폐 자본을 축적해야 유통량이 증가할 수 있었지만 귀금속은 법적으로 유통 금지이고 기타 정부 발행 화폐는 그 가치가 유지되기 힘든 상태에서 화폐 수요와 통화량이 증가하기는 어려웠다.

---

314 James B. Palais, *Confucian Statecraft and Korean Institutions-Yu Hyŏngwŏn and the Late Chosŏn Dynasty-*, University of Washington Press, 1996, p 59.

■ 지은이 소개

오두환

출생
1951년 오영근·신필주의 차남

학력
1972년 서울대 경제학과
1985년 서울대 경제학박사

경력
1976~1981 계명대학교
1981~2017 인하대학교
인하대학교 경상대학장
경제사학회장
하바드대학교 방문교수
메이지대학 초빙교수
황조근정훈장 수훈

비교한국경제사 (上)

초판 1쇄 인쇄 2023년 10월 27일
초판 1쇄 발행 2023년 11월 3일

지 은 이 오두환

발 행 인 한정희
발 행 처 경인문화사
출 판 신 고 제406-1973-000003호
주   소 경기도 파주시 회동길 445-1 경인빌딩 B동 4층
대 표 전 화 031-955-9300 팩 스 031-955-9310
홈 페 이 지 http://www.kyunginp.co.kr
이 메 일 kyungin@kyunginp.co.kr

ISBN 978-89-499-6750-9 93300
값 46,000원